The Republic of Plato

Plato

THE REPUBLIC

OF

PLATO

London: C. J. CLAY AND SONS,
CAMBRIDGE UNIVERSITY PRESS WAREHOUSE,
AVE MARIA LANE.
Glasgow: 263, ARGYLE STREET.

Leipzig: F. A. BROCKHAUS.
New York: THE MACMILLAN COMPANY.
Bombay: E. SEYMOUR HALE.

THE REPUBLIC

OF

PLATO

EDITED

*WITH CRITICAL NOTES AND AN INTRODUCTION
ON THE TEXT*

BY

JAMES ADAM, M.A.

FELLOW AND TUTOR OF EMMANUEL COLLEGE, CAMBRIDGE

STEREOTYPED EDITION.

CAMBRIDGE
AT THE UNIVERSITY PRESS
1900

First Edition 1899. *Reprinted* 1900.

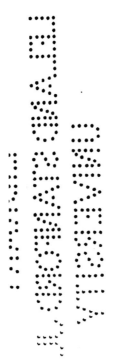

𝕮𝖆𝖒𝖇𝖗𝖎𝖉𝖌𝖊:

PRINTED BY J. & C. F. CLAY,
AT THE UNIVERSITY PRESS.

STUDIORUM PLATONICORUM

EGREGIO ANTISTITI FAUTORIQUE

HENRICO JACKSON, Litt.D.,

HOC OPUS

BENEFICIORUM MEMOR DEDICO.

INTRODUCTION.

THE text of the Republic, as is well known, rests chiefly upon Codex Parisinus A (number 1807). This noble Manuscript so excited the admiration of Cobet that he was willing to commit the others to the flames. 'Vile damnum,' he exclaims, 'si omnes ad unum flammis comburerentur[1].' Later critics, while recognizing the unchallenged supremacy of A, have admitted that the Venetian codex Π has some title to consideration. According to Schanz, Π is the best representative of the second of the two families or groups into which he divides Bekker's twelve Manuscripts of the Republic[2]. Beyond the limits of these two MSS, Schanz declines to go[3].

An editor of the Republic might well be thankful if he could be spared the necessity of using any MSS except only A and Π. But it must first be proved that all the other MSS are directly descended either from A, or from Π, or from both of

---

[1] *Mnemosyne N.S.* III (1875), p. 197. The MS has been described by Cobet *l.c.* pp. 157 ff.; by Schanz *Rheinisches Museum* XXXIII (1878), pp. 303 ff., and recently with great fulness by Waddell in his edition of the *Parmenides*, pp. xciv ff.

[2] *Hermes* XII (1877), pp. 173 ff.: see also Jordan *ib.* XIII (1878), p. 479. Π has been described by Wohlrab in *Die Platonhandschriften und ihre gegenseitigen Beziehungen* (Leipzig, 1887), pp. 688—689, and by Castellani in Jowett and Campbell's edition of the *Republic*, Vol. II p. 73. See also Waddell *l.c.* pp. lxxxv ff.

[3] *Hermes l.c.* p. 181, and *Über den Platocodex der Markusbibliothek*, pp. 77—82.

these MSS together. Such a proposition, in default of external
evidence, can only be established by the fulfilment of three
conditions, not one of which has yet been adequately fulfilled.
We must, in the first place, possess a thoroughly full and
trustworthy collation of all the MSS[1]. That Bekker's collations
are sometimes wrong, and frequently incomplete, has been
abundantly proved by Schneider[2], Dübner[3], and Castellani[4].
The second requisite is a careful comparison of each of the
later MSS with A and Π. The comparison must be ex-
haustive: it must take account not merely of isolated passages,
but of every individual instance both of agreement and of
difference. So comprehensive and laborious an inquiry has
not yet been undertaken, nor can it be fruitfully begun until we
are assured of the correctness of our collations. Finally, when
these two conditions have been fulfilled, it will still not be
satisfactorily proved that any of the later MSS is a direct
descendant of A or Π, or of any one or more of its extant
predecessors, until every case of divergence between the copy
and its supposed original has been explained by a theory which
not only may, but must, be true. It cannot be affirmed that
we have already reached this stage in the criticism of Platonic

[1] Cf. J. L. V. Hartman *Notae Criticae ad Platonis de Republica
libros*, p. xii: "Aliquando fortasse, si accurate variae cuiusque codicis
manus enotatae fuerint, certiora iudicia de cognatione, qua Politiae codices
contineantur, proferre licebit, verum adhuc percaute virorum doctorum de
ea suspicionibus et hariolationibus fides habenda est."

[2] Vol. I pp. xviii ff., Vol. II pp. iii ff. After giving the results of a
recollation of the first four books of Φ, Schneider remarks "Profecto
optandum est ut omnibus deinceps, quam nobis nunc uni licuit, aliquando
adhibeatur retractatio." The wish has now been fulfilled as far as some of
the most important MSS are concerned; but we have still no revision of
Bekker in 7 out of his 12 MSS. It is especially the inference from
Bekker's silence which is apt to be fallacious.

[3] For Parisinus A. Dübner's collation, which is used by the Zurich
editors, was first published in full by Schneider in his *Additamenta* (1854).

[4] In his recollation of Π and Ξ for Jowett and Campbell's edition.

MSS: we may even doubt whether it is attainable without the help of such external evidence as we can never hope to find[1].

On the other hand we have one solid fact which renders these inferior MSS of some practical value to the student of the Republic. They contain many indubitably right readings which are not to be found either in A or in Π. How is the presence of these readings to be explained on the theory that A and Π are the originals of all our MSS? Some of them are no doubt due to conjecture: but it would be rash to affirm that they are all arrived at in this way. Even if they were, no critical edition of the Republic can dispense with conjectural readings altogether; and why neglect the efforts of the Manuscripts in this direction, especially when they are admitted to be sound? The result of ignoring all MSS except A and Π would only be to restore by conjecture in many cases the reading of the very MS which we have condemned unheard[2]. But there is strong reason for believing that the right readings in some of these MSS do not rest upon conjecture, but represent a tradition which is independent of both A and Π. They are too numerous, and too convincing to admit of any

---

[1] In *Hermes* XII pp. 180—181 Schanz inclines to hold that the 'Mutterhandschrift' of Ξ and three other MSS is derived from A. He cites a few cases in which these MSS agree with A. What of the numerous cases where they disagree? 'Nicht zu verwundern ist, dass bei der grossen zeitlichen Entfernung von A die Handschriften mΞvt Interpolationen und Ergänzungen der Lücken, welche A bietet, aus der zweiten Klasse erfahren haben.' This is quite *possible*, but other alternatives are equally so. What the true explanation is we have no chance of knowing except by such an exhaustive inquiry as is sketched above. The same criticism applies to Schanz's later view on the descent of Ξ from A (*Über den Platocodex* etc. p. 81).

[2] It is a fact that some of the best-known emendations have been made in ignorance that they are already contained in one or other of the inferior MSS, notably (for example) Orelli's στραγγευομένῳ for στρατευομένῳ in 472 A. In such cases I have generally cited the MS authority and ignored the emendator.

b 2

other explanation[1]. Nor is the affiliation of all other MSS to A or Π, whether immediately, or through intervening ancestors, in harmony with the antecedent probabilities. We may provisionally admit that the MSS can be roughly divided into two groups[2]. But is there any *a priori* reason why the parent of each group should still be extant? In that case A must have been the only MS of the first class in existence at one period, and Π the only MS of the second; or else they must have been the only MSS from which copies were made. For neither alternative is there any external evidence whatever; and the probabilities are strongly against both. It is far more likely that our MSS reach back collaterally in several lines of descent through links which have often disappeared, to the archetype from which they are all derived.

On these grounds I have not felt myself at liberty, in preparing the present text, to neglect any of the MSS of which collations are available. The fundamental principle to which I have endeavoured to conform is this. *By reason of its age and excellence, Parisinus A is the primary authority for the text of the Republic, but the other MSS are valuable for correcting its errors and supplying its omissions*[3]. The primary criterion by which at all events an editor should determine the relative value of the other MSS is the assistance which they give when A breaks down.

---

[1] Examples will be found (for the codices Ξ and *q*) in the notes upon 388 E 392 A 407 C 411 D 415 C 425 D 431 B 440 C 454 D 501 A 532 A 532 D 540 C 544 C 580 D 590 E 604 C 606 C 610 D 611 C 615 B. These instances, which could easily be multiplied, are not likely to be all of them conjectural. The argument against deriving Ξ from A and *q* from Π would be still further strengthened by a comparison of the passages in which A (or Π) is right and Ξ (or *q*) wrong.

[2] This is made probable by a comparison of the omissions in the different MSS: cf. Schanz *Hermes l.c.* pp. 173—174. Professor Campbell has however given reasons for holding that there were three groups: Vol. II pp. 67—96.

[3] Cf. Schneider, Vol. I pp. iiii—v.

By applying this general principle in accordance with certain canons to be presently explained, I have been able to keep the notes in this edition within short compass. The MSS which have had to be cited in one or more places are the following :—

(1) Parisinus A. Ninth Century.

Of this MS I have used a collation made by myself in 1891 [1].

(2) Venetus Π. Twelfth Century.

(3) Venetus Ξ. Fifteenth Century.

Of these two MSS I have used Castellani's collation, lent me by Professor Campbell.

(4) Monacensis *q*. Fifteenth Century. Recollated, after Bekker, by Schneider.

(5) Angelicus *v*. Sixteenth Century. Collated by Bekker.

(6) Vaticanus Θ. Twelfth Century (?). Collated by Bekker. I have also recollated the first three books.

(7) Vindobonensis Φ. Collated by Bekker, and after him by Schneider.

(8) Parisinus K. Fifteenth Century. Collated by Bekker.

(9) Vaticanus *m*. Contains only Books II—X. Collated by Bekker.

(10) Vaticanus *r*. Collated by Bekker.

The above MSS were (together with two others) all of them used by Bekker. The following, which are occasionally cited in the notes, were collated by De Furia. Stallbaum in his edition makes use of De Furia's collation.

(11) Flor. B = Stallbaum's *b*. Contains only Books I—II. I—II 358 E was written in the twelfth century : the rest is later.

(12) Flor. R = Stallbaum's *x*.

---

[1] Professor Campbell's collation is published in Jowett and Campbell's edition, Vol. II pp. 132—145. I have recently examined the MS again, in order to settle the few and insignificant discrepancies between Professor Campbell's collation and my own.

(13) Flor. T = Stallbaum's α'. Fifteenth Century.

(14) Flor. U = Stallbaum's β'. Fifteenth Century[1] (?).

Besides these, the following three Vienna MSS collated by Schneider are once or twice referred to.

(15) Vind. D. Contains only Books I—V.

(16) Vind. E. This MS omits Book II 379 B—III 399 B.

(17) Vind. F. Fourteenth Century.

(18) Cesenas M. Twelfth or Thirteenth Century. Collated by Rostagno for Jowett and Campbell's edition[2].

The only MSS besides A which are referred to with any frequency are Π, Ξ, and *q*. The two last, though both, and especially *q*, shew manifest signs of editing, are, according to my estimate, more useful than any others (Π only excepted) for correcting the errors of A ; and—what is of great importance— they have been carefully recollated with Bekker's collation.

In the case, therefore, of A, Π, Ξ, and *q*, we now possess collations on which we can fully rely. For our knowledge of *v*, which next to these four I have found the most valuable in correcting A, we are still dependent upon Bekker[3]. It is very seldom necessary to refer to any of the remaining MSS.

The specific canons by which I have endeavoured to apply

---

[1] I have adopted Schneider's notation of De Furia's MSS (Flor. B etc.) in preference to Stallbaum's, chiefly because Schneider's edition is in- dispensable for a critical study of the text of the Republic. Schneider is the only editor who gives a collation of all the MSS used by Bekker, Stallbaum, and himself.

[2] See Vol. II pp. 157—164.

[3] *v* has been cited in all more than twenty times. In these cases it is supported sometimes by no other MSS, sometimes by a small number. Only in three instances have I inferred the reading of *v* from Bekker's silence, viz. in 400 A, 429 C, 504 C, and in the first two passages the reading in question is found also in Cesenas M. In a few cases it is perhaps still open to doubt whether *v* is right ; but the general result—that where A is wrong, *v* is right oftener than any other single MS except Π, Ξ and *q*—is, I believe, firmly established.

the aforesaid general principle in writing the notes to this edition are as follows :—

I.   Follow A wherever possible[1].

II.   Where A must be deserted, state the reading of A and the source of the reading adopted.

If the right reading is (1) that of Π alone or with other MSS, cite Π only.   If (2) that of Ξ *q* alone or with other MSS, cite Ξ *q* only.   If (3) that of Ξ or *q* alone or with other MSS, cite Ξ or *q* only.   If (4) that of *v* alone or with other MSS, cite *v* only[2].

In the few cases where the right reading (as it appears to me) is not given by any of the above MSS, I cite all its supporters among (5) Bekker's MSS or, failing these, (6) the MSS of de Furia and Schneider.   Cesenas M appears to be the only MS which preserves the right reading in two places[3], and I have accordingly referred to it there and there only. Finally, where an emendation has been adopted in preference to the reading of any of the Manuscripts, I mention its author.

These canons are subject to certain reservations.

Codex A, as is well known, has suffered more than one revision.   We frequently meet with corrections both in the

---

[1] 'Possible' is of course a term which different editors and critics will always interpret differently.   On the whole, I think it will be found that the present edition follows A pretty closely.   In several instances I have been able to restore the reading of A where it has been abandoned even by the most conservative editors, e.g. πρὸς τὸ λογιστικόν in 440 E (on the strength of CIA II 317. 9, cf. Meisterhans *Grammatik der Attischen Inschriften*[2], p. 158).

[2] In a small number of cases, where the reading of A has been retained in the text, I have added in the footnote a reading from one (or more) of the later MSS.   By this it is intended to suggest that, though A is probably right, the alternative reading is not unworthy of consideration.

[3] 492 E and 547 B.   It should perhaps have been noted that in 390 A the first hand of M wrote παράπλειαι (sic), not παράπλειαι or παραπλειαι. This—so far as it goes—is perhaps in favour of the restoration παρὰ πλέαι (adopted in the text) or παρὰ πλεῖαι, if πλεῖαι can be scanned πλέιαι.

body of the text and in the margin. It is usual to ascribe these indiscriminately to "A²," but no one supposes that they all come from the same hand[1]. We have to distinguish between (1) marginal additions of words omitted by the copyist, (2) marginal various readings, glosses, etc., (3) corrections added above the words in the text itself, (4) words or letters written over an erasure. Of the first category, some are due to the original hand, although the majority perhaps is somewhat later: few if any are very late. With few exceptions, they have all been noted in this edition[2]. The corrections and glosses in the margin are of widely different date and value, and I have cited them only where they seem to me to give the right reading. A similar remark will apply to the third category, except that I usually refrain from citing them in any case. When correct, they are usually letters, syllables, or particles accidentally omitted, and when wrong, they are for the most part late variants of no authority. The corrections belonging to the fourth category are much more interesting and important. Many, if not most of them, are in all probability by the original hand, which, as Professor Campbell observes[3], "corrected many slips in the course of writing." Traces of the original reading can sometimes be detected in spite of the erasure, but it is more frequently divined with more or less of certainty.

[1] On the different hands in A see Schanz *Rhein. Mus.* XXXIII (1878), pp. 303 ff.; Campbell, Vol. II p. 70; and Waddell's *Parmenides*, p. C.

[2] I have omitted to add a note in the following cases: 328 D ὡς παρὰ φίλους τε 333 E οὐκ ἂν οὖν (οὔκουν is written in the text of A) 360 A τῶν παρὰ τὸν βασιλέα 364 D καὶ τραχεῖαν after ἀνάγτη (not in Π and therefore rejected as probably spurious) 367 C the second ἀλλὰ τὸ δοκεῖν 373 E καὶ ἰδίᾳ καὶ δημοσίᾳ 376 C φιλόσοφον 382 B ἐψεῦσθαι καὶ 454 C καὶ τὴν 493 D εἴτε δὴ—ὁμιλῇ. Many of the omissions are mere slips, due to homoioteleuton; others are perhaps due to the accidental omission of one or more lines in copying (cf. Schanz *Rhein. Mus. l.c.* pp. 303—307). Most, if not all of them, are in the text of Π; and probably few, if any, are spurious, unless they can be shewn to be so on independent grounds.

[3] Vol. II p. 71.

Apart from orthography, it is not the original text (so far as it can be deciphered), but its revision which is usually correct. This is in harmony with the view which assigns most of this class of corrections to the first hand. There are, however, a considerable number of cases in which the original reading is probably right, and in most of these we may perhaps suspect that the correction is not by the first hand. A desire to lighten the notes has usually prevented me from drawing attention except when absolutely necessary to cases of this kind; but it may be useful to have a list—nearly, if not quite, complete[1]—of the instances in which the original reading has been preferred to that written over an erasure.

Book I. 337 B ἀποκρίνωμαι A¹ ἀποκρίνομαι A²: 338 B ψεύδει A¹ ψεύδη A²: 340 E ἐπιλιπούσης A¹ ἐπιλειπούσης A². (In the last two cases A² may be right.)

Book II. 361 D ἴτω A¹ ἤτω A²: 368 B χρήσωμαι A¹ χρήσομαι A²: 368 E μεῖζον (bis) A¹ μείζων A²: 370 A σίτου A¹ σιτίου A².

Book III. 402 A ἐμοὶ γοῦν A¹ ἔμοιγ' οὖν A²: 402 C γνωρίζωμεν—αἰσθανώμεθα—ἀτιμάζωμεν A¹ γνωρίζομεν—αἰσθανόμεθα—ἀτιμάζομεν A²: 415 B φυλάξουσι A¹ φυλάξωσι A².

Book IV. 426 B αὐτὸν A¹ αὐτῶν A²: 437 C ἐρωτῶντος A¹ ἐρῶντος A²: 437 D εἴη A¹ εἰ ἦ A²: 442 D ἀπαμβλύνεται A¹ ἀπαμβλύνηται A².

Book V. 464 E ἐπιμέλειαν A¹ ἐπιμελείᾳ A² (here I have restored A¹): 466 A εἶμεν A¹ εἰ μὲν A²: 469 B προσκυνήσομεν A¹ προσκυνήσωμεν A²: 472 B τοῦτο A¹ τοῦτό γ' A²: 473 A δοκεῖ A¹ δοκῇ A².

Book VI. 487 C λέγωσιν A¹ λέγουσιν A²: 491 D εἴτε τῶν A¹ εἴ τέ των A²: 509 C παραλίπῃς A¹ παραλείπῃς A².

Book VII. 515 E ἀνείη A¹ ἀνίη A²: 533 A ἀπολίποι A¹ ἀπολείποι A²: 534 A ἐπιστήμην A¹ ἐπιστήμη A²: 537 A ὃ A¹ ὦ A² (intended for ᾧ. The omission of the iota adscript proves the lateness of this correction).

Book VIII. 545 B ταύτην A¹ ταύτῃ A²: 547 A φήσομεν A¹ φήσωμεν A²: 547 B χρυσίου A¹ χρυσοῦ A²: 558 D εἶμεν A¹ εἰ μὲν A²:

---

[1] Differences merely of accentuation, breathings, and spelling are ignored. I also omit those cases which are mentioned in the notes.

564 D προεστὸς A¹ προεστὼς A²: 566 D μέλλει A¹ μέλει A²: 567 B αὐτὸν A¹ ἀστὸν A².

Book IX. 573 B ἀποκτείνει—ὠθεῖ A¹ ἀποκτείνῃ—ὠθῇ A²: 573 E ἐπιλίπῃ A¹ ἐπιλείπῃ A²: 577 B προσποιησώμεθα A¹ προσποιησόμεθα A²: 585 B οἷον A¹ οἷα A²: 586 D λέγωμεν—λαμβάνωσι A¹ λέγομεν—λαμβάνουσι A²: 588 A πλείονι A¹ πλεῖον A² (πλεῖον is possible, but A nearly always has πλέον, which is the only true Attic form).

Book X. 604 C ὅ τε A¹ ὅ τι A²: 605 A τε A¹ γε A²: 605 B ποιῶν A¹ ποιοῦν A²: 607 D ἀπολογησαμένη A¹ ἀπολογησομένη A²: 608 E ἔγωγ' A¹ ἔγωγε τοῦτό γ' (sic) A²: 614 B οὐ A¹ οὖν A²: 615 A ὅσους A¹ οὓς A²: 615 E διαλαβόντες A¹ ἰδίᾳ λαβόντες A²: 621 D χιλιέτει A¹ χιλιέτι A².

I have not chronicled the instances in which I desert the punctuation, accentuation, or spelling, of A. As regards the last, A¹ preserves several traces of the true Attic orthography, such as ἀποκτείνυμι (for example in 360 C), ὑός and a few others[1]. These I have sedulously preserved. In general I have silently abandoned the spelling of A wherever the evidence of Inscriptions[2] appeared conclusive against it, and sometimes also (though rarely) on other grounds, as for example in φιλόνικος versus φιλόνεικος[3]. Otherwise, in doubtful cases, where no sure guidance comes from Inscriptions, such as the addition or omission of ν ἐφελκυστικόν, εὐπαθία versus εὐπαθεία and the like[4], I have invariably aimed at following the practice of the first hand in A. I have also deferred to Inscriptions so far as to exclude those grammatical forms which have conclusively been shewn to be unattic, such as ἔστωσαν (352 A et al.), ψευδέσθωσαν (381 D), εὑρῆσθαι (for ηὑρῆσθαι), and a few

[1] Cf. Schanz *Platonis Opera* Vol. VIII p. vi. ὑός is found also in Π.

[2] As given in Meisterhans *Gr. der Att. Inschr.* ed. 2.

[3] Cf. Schanz *l.c.* Vol. VI p. x. That the derivation of φιλόνικος from νίκη was known to Plato can hardly be doubted in view of *Rep.* 581 A—B, 586 C: see the editor's note on *Prot.* 336 E.

[4] Cf. Schanz *Theaet.* pp. vii ff. The orthography of this edition will be found to be in general agreement with that adopted by Schanz in his *Platonis opera.*

others; but where there seems to be some room for doubt, the reading of A has been retained. In general, the cases where it has seemed necessary to abandon A on these and similar grounds are few and insignificant.

So much with regard to Manuscripts. The other documentary materials on which editors occasionally rely are citations of the Republic in ancient authors, the translation by Ficinus (1491), the Aldine edition (1513), the two editions published at Bâle (1534 and 1556), and that of Stephanus' (1578).

The excerpts from the Republic in Stobaeus, Galen, and other ancient writers, have been carefully collated by Schneider. They are seldom of value for determining the text. The instances in which they seem to be right and Plato's MSS wrong, are specified in the notes. Schneider has also collated Ficinus' translation, and all the early editions which I have named, with very little practical result.

Besides these *subsidia critica*, there are, of course, emendations. The number of conjectures on the Republic, already enormous, is steadily increasing. I have a large collection, gathered from German, French, and English editions, periodicals, dissertations, and monographs, but I cannot hope that it is quite complete². There is hardly a single passage of the slightest difficulty on which corrections have not been proposed, and, where the difficulties are at all serious, we have a positive *embarras de choix*.

The favourite weapon of a certain school of critics is excision. Everything which can be cut out without detriment to the syntax, or serious injury to the meaning, is "interpolated." The warcries of this party are 'Apage nugas istas!' 'Apage foedum emblema!' 'Putidissimum interpretamentum!'

---

¹ It should be mentioned that the paging of the present edition has been throughout revised with that of Stephanus.

² In his *Notae Criticae ad Platonis de Republica libros* (1896) Hartman has collected the conjectures on Books I—V up to the end of 1894. His work, when it is finished, will be a great boon to editors of the Republic.

'Credat Judaeus Apella!' and so on. Rational criticism is less clamorous, but more effective. "It is to be regretted," says Professor Jebb, "when a habit of mind such as might be fostered by the habitual composition of telegrams is applied to the textual criticism of poetry,—or, indeed, of prose[1]." This observation applies with especial force to the often half-poetical prose of Plato, all of whose discourses, as Aristotle reminds us, ἔχουσι τὸ περιττόν[2]. A suspected interpolation should not be condemned unless it is not only superfluous, but unsound, in language, or sentiment, or both, and unless we can reasonably explain its intrusion. The neglect of these two canons plunges us into "der wüste Dilettantismus der Glossenspürerei," of which Usener justly complains[3]. Their observance seldom involves the cancelling of any words or clauses which occur in A: the tendency of that MS is rather to err in the opposite direction[4].

Of the corrections which have been suggested on the text itself, a large number are wholly worthless. "Dum alienos errores emendare nituntur, ostendunt suos." They are the Cimmerian offspring of Chaos and old Night, and, in common charity, we should restore them to the darkness out of which they sprang. Others possess a certain exegetical value, and serve to draw attention to real difficulties, which may have escaped the notice of commentators. A more careful interpretation will prove them unnecessary, and therefore wrong. A third class includes those which are probable, and may be right. To the highest grade belong those which are certain, not of course mathematically, but dialectically certain—πιθανὰ

---

[1] *Electra*, p. liii.

[2] *Pol.* II 6. 1265ᵃ 10. Aristotle is primarily speaking of the genius of Plato, but the exuberance of his genius is reflected in the copiousness of his style.

[3] *Unser Platontext* p. 26.

[4] I have drawn attention in the notes to some passages which have perhaps been interpolated in A. They are not, however, expelled from the text except when they are (in my opinion) demonstrably spurious.

καὶ ἀπερίσπαστα καὶ περιωδευμένα, as Carneades might have said. A truly successful emendation of the Republic is impossible unless the following conditions are observed. It must first be shewn that the text of A is corrupt. The next step is to examine the readings of the later MSS. If any of these furnishes a reading which is entirely satisfactory in point of sense, and such that it might easily have been corrupted into the existing text of A, emendation is at once put out of court[1]. Otherwise we are at liberty to exercise the art. The final test is threefold. Does our emendation result in a thoroughly suitable meaning? Is it linguistically above suspicion? Was it likely, in accordance with the universal laws of palaeographical corruption, and—if possible—in accordance with the particular tendencies of A, to have degenerated into the reading of the oldest and best of our Manuscripts[2]? The forgetfulness of these conditions leads to " der wüste Dilettantismus der Coniecturenjagd[3]."

I have endeavoured to admit only such conjectures as are (in my judgment) either certain, in the sense just given to the

[1] Examples will be found in the notes on 348 E 400 A 466 A 472 A 473 C 582 C 620 B.

[2] Codex A is singularly free from palaeographical errors. Its chief fault is a tendency (whether native, or inherited) to omit letters, syllables, and words under the influence of homoioteleuton and the like. I have presumed upon this in making several corrections which will be found in the notes. This particular error is apt to cause dislocation if the omitted words are put back in the wrong place, and two or three new emendations have been suggested on the strength of this. Other errors which occasionally occur in A are (1) wrong accents (2) wrong division of words (3) confusion of α and αι, ε and αι, ε and η, η and ει, η and ι, η and ῃ, ι and ει (frequent), ο and ου, ο and ω (frequent), ω and ῳ, ω and οι, γ and τ, π and τ, τ and τι (4) final ν wrongly added or omitted (tolerably frequent) (5) προσ- for προ- in compound verbs (6) omission of ἄν (7) the optative after ὅταν (ὅτ' ἄν in A), and κἄν (8) assimilation of the inflexional endings of neighbouring words which are not in grammatical agreement. For examples of these errors, as well as of emendations presupposing them, consult the notes.

[3] Usener, l.c.

word, or at all events probable[1]. Those which I regard as
sure and well-established among the emendations due to
previous editors and critics will be found in the following
passages: 364 C 377 B 428 C 431 C (παισὶ) 432 C 437 D 442 A
445 C 468 B 493 B 494 B 499 B 504 A 554 B 606 C 608 A
615 C (αὐτόχειρος). A few others are in a high degree probable.
Where I regard the MS reading as certainly corrupt, the emen-
dation has generally been inserted in the text; but in cases of
doubt, where the balance of evidence still seems to be slightly
in favour of the MSS, I have sometimes added a conjecture
after the MS reading in the notes.

Of my own suggestions, a few have already appeared in the
Classical Review or elsewhere, but the majority are now
published for the first time. They are the result of a minute
and laborious study of the text of the Republic during the
last nine years. Some of them require for their defence a
close examination of the argument in the passage where they
occur[2]. This duty I shall endeavour to discharge on another
occasion. A few will, I trust, carry conviction as they stand[3].
I have honestly endeavoured to try them by the same tests as
have been used in accepting or rejecting the proposals of

[1] Many emendations which have obtained wide currency are excluded
from the notes because I have been unable to convince myself that they are
even probable. I have, however, mentioned Badham's well-known
conjecture δι' ὤτων for ἰδιωτῶν (560 D), though (in common with Jowett and
Campbell) I believe it to be wrong. Palaeographically considered, it is
excellent; but the contrast between the formal alliance (αὐτὴν τὴν ξυμμαχίαν)
and the representations of private individuals (ἰδιωτῶν) is precisely what
the sense requires, and A is therefore right. Moreover, the ἀλάζονες λόγοι
are personified, and consequently δι' ὤτων εἰσδέχονται naturally means
'admit through their *own* ears.' So that we have λόγοι admitting λόγοι
through their ears! For these reasons I think that if only our MSS had
all read δι' ὤτων, ἰδιωτῶν would already have been restored. Cobet and
Madvig have loudly applauded Badham for this "palmaria emendatio,"
ἀμφότεροι (as one is tempted to say) ὤτα τοῦ νοῦ προστησάμενοι (*Rep.* 531 A).

[2] This is true in particular of the corrections on 585 C and 602 E.

[3] Such as ἁπλῆς for ἄλλης in 396 E, and δὲ ἰδὲ for δεῖ δὲ in 580 D.

others ; but emendators are generally more partial to their offspring than even parents or poets, and my verdict, in this as in other cases, may well be sometimes mistaken. The text of the Republic—long may it be so !—is jealously guarded by a vast array of scholars, but there is no edition which dispenses with corrections altogether; and we must beware of stereotyping an emendation because it is old, or fathered by an illustrious name[1]. It is the duty, as well as the right, of every editor to go back to the MSS, and, whenever they err, to test every emendation, including his own, solely by the standard of its intrinsic probability. This has been my aim throughout; and as often as my corrections and suggestions are proved to be wrong, I shall gladly accept better remedies from others, or make atonement to the injured MSS in the larger edition of the Republic which I have in preparation.

It only remains for me to express my thanks to those who have lent assistance and advice in connexion with the work. Professor Campbell's generous and unsolicited loan of the collations made by Castellani and Rostagno has proved of the very greatest service. Dr Jackson has looked over most of the proofs, and constantly helped me in many other ways. But for him, indeed, this edition would not have been undertaken. Mr C. E. S. Headlam has also helped me in the revision of the notes. Finally, it is perhaps not too late to thank M. Delisle of the Bibliothèque Nationale for the facilities which he gave me for collating Paris A under circumstances of some difficulty.

I desire also to thank the Managers and Staff of the University Press for their unfailing courtesy and consideration.

---

[1] Ruhnken's βλίττεται for βλίττει in 564 E is, I think, a case in point.

EMMANUEL COLLEGE, CAMBRIDGE.
July 5, 1897.

ΤΑ ΤΟΥ ΔΙΑΛΟΓΟΥ ΠΡΟΣΩΠΑ.

ΣΩΚΡΑΤΗΣ

ΓΛΑΥΚΩΝ

ΠΟΛΕΜΑΡΧΟΣ

ΘΡΑΣΥΜΑΧΟΣ

ΑΔΕΙΜΑΝΤΟΣ

ΚΕΦΑΛΟΣ

ΠΛΑΤΩΝΟΣ ΠΟΛΙΤΕΙΑ.

A.

I. Κατέβην χθὲς εἰς Πειραιᾶ μετὰ Γλαύκωνος τοῦ
Ἀρίστωνος, προσευξόμενός τε τῇ θεῷ καὶ ἅμα τὴν ἑορτὴν
βουλόμενος θεάσασθαι ,τίνα τρόπον ποιήσουσιν, ἅτε νῦν
πρῶτον ἄγοντες. καλὴ μὲν οὖν μοι καὶ ἡ τῶν ἐπιχωρίων
πομπὴ ἔδοξεν εἶναι, οὐ μέντοι ἧττον ἐφαίνετο πρέπειν ἣν
οἱ Θρᾷκες ἔπεμπον. προσευξάμενοι δὲ καὶ θεωρήσαντες
ἀπῇμεν πρὸς τὸ ἄστυ. κατιδὼν οὖν πόρρωθεν ἡμᾶς B
οἴκαδε ὡρμημένους Πολέμαρχος ὁ Κεφάλου ἐκέλευσε
δραμόντα τὸν παῖδα περιμεῖναί ἑ κελεῦσαι. καί μου
ὄπισθεν ὁ παῖς λαβόμενος τοῦ ἱματίου, Κελεύει ὑμᾶς,
ἔφη, Πολέμαρχος περιμεῖναι. καὶ ἐγὼ μετεστράφην τε
καὶ ἠρόμην ὅπου αὐτὸς εἴη. Οὗτος, ἔφη, ὄπισθεν προσέρ-
χεται· ἀλλὰ περιμένετε. Ἀλλὰ περιμενοῦμεν, ἦ δ' ὃς ὁ
Γλαύκων. καὶ ὀλίγῳ ὕστερον ὅ τε Πολέμαρχος ἧκε καὶ C
Ἀδείμαντος ὁ τοῦ Γλαύκωνος ἀδελφὸς καὶ Νικήρατος ὁ
Νικίου καὶ ἄλλοι τινές, ὡς ἀπὸ τῆς πομπῆς. ὁ οὖν
Πολέμαρχος ἔφη Ὦ Σώκρατες, δοκεῖτέ μοι πρὸς ἄστυ
ὡρμῆσθαι ὡς ἀπιόντες. Οὐ γὰρ κακῶς δοξάζεις, ἦν δ'
ἐγώ. Ὁρᾷς οὖν ἡμᾶς, ἔφη, ὅσοι ἐσμέν; Πῶς γὰρ οὔ;
Ἢ τοίνυν τούτων, ἔφη, κρείττους γένεσθε ἢ μένετ' αὐτοῦ.
Οὐκοῦν, ἦν δ' ἐγώ, ἔτι ἓν λείπεται¹, τὸ ἢν πείσωμεν ὑμᾶς,

¹ ἐν λείπεται Ξ q et γρ in marg. A²: ἐλλείπεται A.

ὡς χρὴ ἡμᾶς ἀφεῖναι; Ἦ καὶ δύναισθ᾽ ἄν, ἦ δ᾽ ὅς,
πεῖσαι μὴ ἀκούοντας; Οὐδαμῶς, ἔφη ὁ Γλαύκων. Ὡς
τοίνυν μὴ ἀκουσομένων, οὕτω διανοεῖσθε. καὶ ὁ Ἀδεί-
328 μαντος, Ἆρά γε, | ἦ δ᾽ ὅς, οὐδ᾽ ἴστε ὅτι λαμπὰς ἔσται πρὸς
ἑσπέραν ἀφ᾽ ἵππων τῇ θεῷ; Ἀφ᾽ ἵππων; ἦν δ᾽ ἐγώ·
καινόν γε τοῦτο. λαμπάδια ἔχοντες διαδώσουσιν ἀλ-
λήλοις ἁμιλλώμενοι τοῖς ἵπποις; ἢ πῶς λέγεις; Οὕτως,
ἔφη ὁ Πολέμαρχος· καὶ πρός γε παννυχίδα ποιήσουσιν,
ἣν ἄξιον θεάσασθαι. ἐξαναστησόμεθα γὰρ μετὰ τὸ
δεῖπνον καὶ τὴν παννυχίδα θεασόμεθα καὶ ξυνεσόμεθά
τε πολλοῖς τῶν νέων αὐτόθι καὶ διαλεξόμεθα. ἀλλὰ
B μένετε καὶ μὴ ἄλλως ποιεῖτε. καὶ ὁ Γλαύκων, Ἔοικεν,
ἔφη, μενετέον εἶναι. Ἀλλ᾽ εἰ δοκεῖ, ἦν δ᾽ ἐγώ, οὕτω χρὴ
ποιεῖν.

II. Ἦιμεν οὖν οἴκαδε εἰς τοῦ Πολεμάρχου, καὶ Λυ-
σίαν τε αὐτόθι κατελάβομεν καὶ Εὐθύδημον, τοὺς τοῦ
Πολεμάρχου ἀδελφούς, καὶ δὴ καὶ Θρασύμαχον τὸν Καλ-
χηδόνιον καὶ Χαρμαντίδην τὸν Παιανιέα καὶ Κλειτοφῶντα
τὸν Ἀριστωνύμου· ἦν δ᾽ ἔνδον καὶ ὁ πατὴρ ὁ τοῦ
Πολεμάρχου Κέφαλος. καὶ μάλα πρεσβύτης μοι ἔδοξεν
C εἶναι· διὰ χρόνου γὰρ καὶ ἑωράκη αὐτόν. καθῆστο δὲ
ἐστεφανωμένος ἐπί τινος προσκεφαλαίου τε καὶ δίφρου·
τεθυκὼς γὰρ ἐτύγχανεν ἐν τῇ αὐλῇ. ἐκαθεζόμεθα οὖν
παρ᾽ αὐτόν· ἔκειντο γὰρ δίφροι τινὲς αὐτόθι κύκλῳ.
εὐθὺς οὖν με ἰδὼν ὁ Κέφαλος ἠσπάζετό τε καὶ εἶπεν Ὦ
Σώκρατες, οὐδὲ θαμίζεις ἡμῖν καταβαίνων εἰς τὸν Πει-
ραιᾶ· χρῆν μέντοι. εἰ μὲν γὰρ ἐγὼ ἔτι ἐν δυνάμει ἦν τοῦ
ῥᾳδίως πορεύεσθαι πρὸς τὸ ἄστυ, οὐδὲν ἄν σε ἔδει δεῦρο
D ἰέναι, ἀλλ᾽ ἡμεῖς ἂν παρὰ σὲ ἦμεν· νῦν δέ σε χρὴ πυ-
κνότερον δεῦρο ἰέναι· ὡς εὖ ἴσθι ὅτι ἔμοιγε, ὅσον αἱ ἄλλαι
αἱ κατὰ τὸ σῶμα ἡδοναὶ ἀπομαραίνονται, τοσοῦτον αὔξον-
ται αἱ περὶ τοὺς λόγους ἐπιθυμίαι τε καὶ ἡδοναί. μὴ οὖν
ἄλλως ποίει, ἀλλὰ τοῖσδέ τε τοῖς νεανίαις ξύνισθι καὶ δεῦρο

παρ' ἡμᾶς φοίτα ὡς παρὰ φίλους τε καὶ πάνυ οἰκείους.
Καὶ μήν, ἦν δ' ἐγώ, ὦ Κέφαλε, χαίρω διαλεγόμενος τοῖς
σφόδρα πρεσβύταις· δοκεῖ γάρ μοι χρῆναι παρ' αὐτῶν Ε
πυνθάνεσθαι, ὥσπερ τινὰ ὁδὸν προεληλυθότων, ἣν καὶ
ἡμᾶς ἴσως δεήσει πορεύεσθαι, ποία τίς ἐστιν, τραχεῖα
καὶ χαλεπή, ἢ ῥᾳδία καὶ εὔπορος· καὶ δὴ καὶ σοῦ ἡδέως
ἂν πυθοίμην, ὅ τί σοι φαίνεται τοῦτο, ἐπειδὴ ἐνταῦθα
ἤδη εἶ τῆς ἡλικίας, ὃ δὴ ἐπὶ γήραος οὐδῷ φασὶν εἶναι οἱ
ποιηταί, πότερον χαλεπὸν τοῦ βίου ἢ πῶς σὺ αὐτὸ ἐξαγ-
γέλλεις.

III. Ἐγώ σοι, ἔφη, νὴ τὸν Δία ἐρῶ, ὦ Σώκρατες,
| οἷόν γέ μοι φαίνεται. πολλάκις γὰρ συνερχόμεθά τινες 329
εἰς ταὐτὸ παραπλησίαν ἡλικίαν ἔχοντες, διασῴζοντες τὴν
παλαιὰν παροιμίαν. οἱ οὖν πλεῖστοι ἡμῶν ὀλοφύρονται
ξυνιόντες, τὰς ἐν τῇ νεότητι ἡδονὰς ποθοῦντες καὶ ἀνα-
μιμνῃσκόμενοι περί τε τὰφροδίσια καὶ περὶ πότους καὶ
εὐωχίας καὶ ἄλλ' ἄττα ἃ τῶν τοιούτων ἔχεται, καὶ ἀγα-
νακτοῦσιν ὡς μεγάλων τινῶν ἀπεστερημένοι καὶ τότε μὲν
εὖ ζῶντες, νῦν δὲ οὐδὲ ζῶντες. ἔνιοι δὲ καὶ τὰς τῶν
οἰκείων προπηλακίσεις τοῦ γήρως ὀδύρονται, καὶ ἐπὶ Β
τούτῳ δὴ τὸ γῆρας ὑμνοῦσιν ὅσων κακῶν σφίσιν αἴτιον.
ἐμοὶ δὲ δοκοῦσιν, ὦ Σώκρατες, οὗτοι οὐ τὸ αἴτιον αἰ-
τιᾶσθαι. εἰ γὰρ ἦν τοῦτο αἴτιον, κἂν ἐγὼ τὰ αὐτὰ ταῦτα
ἐπεπόνθη ἕνεκά γε γήρως καὶ οἱ ἄλλοι πάντες ὅσοι ἐν-
ταῦθα ἦλθον ἡλικίας. νῦν δ' ἔγωγε ἤδη ἐντετύχηκα οὐχ
οὕτως ἔχουσιν καὶ ἄλλοις, καὶ δὴ καὶ Σοφοκλεῖ ποτὲ τῷ
ποιητῇ παρεγενόμην ἐρωτωμένῳ ὑπό τινος Πῶς, ἔφη, ὦ
Σοφόκλεις, ἔχεις πρὸς τὰφροδίσια; ἔτι οἷός τε εἶ γυναικὶ C
συγγίγνεσθαι; καὶ ὅς, Εὐφήμει, ἔφη, ὦ ἄνθρωπε· ἀσμεν-
έστατα μέντοι αὐτὸ ἀπέφυγον, ὥσπερ λυττῶντά τινα
καὶ ἄγριον δεσπότην ἀποφυγών. εὖ οὖν μοι καὶ τότε
ἔδοξεν ἐκεῖνος εἰπεῖν καὶ νῦν οὐχ ἧττον. παντάπασι
γὰρ τῶν γε τοιούτων ἐν τῷ γήρᾳ πολλὴ εἰρήνη γίγνεται

καὶ ἐλευθερία. ἐπειδὰν αἱ ἐπιθυμίαι παύσωνται κατατεί-
νουσαι καὶ χαλάσωσιν, παντάπασιν τὸ τοῦ Σοφοκλέους
D γίγνεται· δεσποτῶν πάνυ πολλῶν ἐστι καὶ μαινομένων
ἀπηλλάχθαι. ἀλλὰ καὶ τούτων πέρι καὶ τῶν γε πρὸς τοὺς
οἰκείους μία τις αἰτία ἐστίν, οὐ τὸ γῆρας, ὦ Σώκρατες,
ἀλλ' ὁ τρόπος τῶν ἀνθρώπων. ἂν μὲν γὰρ κόσμιοι καὶ
εὔκολοι ὦσιν, καὶ τὸ γῆρας μετρίως ἐστὶν ἐπίπονον· εἰ δὲ
μή, καὶ γῆρας, ὦ Σώκρατες, καὶ νεότης χαλεπὴ τῷ τοιούτῳ
ξυμβαίνει.

IV. Καὶ ἐγὼ ἀγασθεὶς αὐτοῦ εἰπόντος ταῦτα, βου-
E λόμενος ἔτι λέγειν αὐτὸν ἐκίνουν καὶ εἶπον· Ὦ Κέφαλε,
οἶμαί σου τοὺς πολλούς, ὅταν ταῦτα λέγῃς, οὐκ ἀποδέ-
χεσθαι, ἀλλ' ἡγεῖσθαί σε ῥᾳδίως τὸ γῆρας φέρειν οὐ διὰ
τὸν τρόπον, ἀλλὰ διὰ τὸ πολλὴν οὐσίαν κεκτῆσθαι· τοῖς
γὰρ πλουσίοις πολλὰ παραμύθιά φασιν εἶναι. Ἀληθῆ,
ἔφη, λέγεις· οὐ γὰρ ἀποδέχονται. καὶ λέγουσι μέν τι,
οὐ μέντοι γε ὅσον οἴονται, ἀλλὰ τὸ τοῦ Θεμιστοκλέους
εὖ ἔχει, ὃς τῷ Σεριφίῳ λοιδορουμένῳ καὶ λέγοντι, ὅτι οὐ
330 δι' αὑ|τὸν ἀλλὰ διὰ τὴν πόλιν εὐδοκιμοῖ, ἀπεκρίνατο,
ὅτι οὔτ' ἂν αὐτὸς Σερίφιος ὢν ὀνομαστὸς ἐγένετο οὔτ'
ἐκεῖνος Ἀθηναῖος. καὶ τοῖς δὴ μὴ πλουσίοις, χαλεπῶς δὲ
τὸ γῆρας φέρουσιν, εὖ ἔχει ὁ αὐτὸς λόγος, ὅτι οὔτ' ἂν ὁ
ἐπιεικὴς πάνυ τι ῥᾳδίως γῆρας μετὰ πενίας ἐνέγκοι, οὔθ'
ὁ μὴ ἐπιεικὴς πλουτήσας εὔκολός ποτ' ἂν ἑαυτῷ γένοιτο.
Πότερον δέ, ἦν δ' ἐγώ, ὦ Κέφαλε, ὧν κέκτησαι τὰ πλείω
B παρέλαβες ἢ ἐπεκτήσω; Ποῖ¹ ἐπεκτησάμην, ἔφη, ὦ Σώ-
κρατες; μέσος τις γέγονα χρηματιστὴς τοῦ τε πάππου
καὶ τοῦ πατρός. ὁ μὲν γὰρ πάππος τε καὶ ὁμώνυμος ἐμοὶ
σχεδόν τι ὅσην ἐγὼ νῦν οὐσίαν κέκτημαι παραλαβὼν
πολλάκις τοσαύτην ἐποίησεν, Λυσανίας δὲ ὁ πατὴρ ἔτι
ἐλάττω αὐτὴν ἐποίησε τῆς νῦν οὔσης· ἐγὼ δὲ ἀγαπῶ, ἐὰν
μὴ ἐλάττω καταλίπω τούτοισιν, ἀλλὰ βραχεῖ γέ τινι πλείω

---

¹ ποῖ' Π² : ποῖ Α.

ἢ παρέλαβον.   Οὗ τοι[1] ἕνεκα ἠρόμην, ἦν δ' ἐγώ, ὅτι μοι
ἔδοξας οὐ σφόδρα ἀγαπᾶν τὰ χρήματα.   τοῦτο δὲ ποιοῦσιν C
ὡς τὸ πολὺ οἳ ἂν μὴ αὐτοὶ κτήσωνται· οἱ δὲ κτησάμενοι
διπλῇ ἢ οἱ ἄλλοι ἀσπάζονται αὐτά.   ὥσπερ γὰρ οἱ ποιηταὶ
τὰ αὑτῶν ποιήματα καὶ οἱ πατέρες τοὺς παῖδας ἀγαπῶσιν,
ταύτῃ τε δὴ καὶ οἱ χρηματισάμενοι περὶ τὰ χρήματα
σπουδάζουσιν ὡς ἔργον ἑαυτῶν, καὶ κατὰ τὴν χρείαν,
ᾗπερ[2] οἱ ἄλλοι.   χαλεποὶ οὖν καὶ ξυγγενέσθαι εἰσίν, οὐδὲν
ἐθέλοντες ἐπαινεῖν ἀλλ' ἢ τὸν πλοῦτον.   Ἀληθῆ, ἔφη,
λέγεις.

V. Πάνυ μὲν οὖν, ἦν δ' ἐγώ.   ἀλλά μοι ἔτι τοσόνδε D
εἰπέ· τί μέγιστον οἴει ἀγαθὸν ἀπολελαυκέναι τοῦ πολλὴν
οὐσίαν κεκτῆσθαι;   Ὅ, ἦ δ' ὅς, ἴσως οὐκ ἂν πολλοὺς πεί-
σαιμι λέγων.   εὖ γὰρ ἴσθι, ἔφη, ὦ Σώκρατες, ὅτι, ἐπειδάν
τις ἐγγὺς ᾖ τοῦ οἴεσθαι τελευτήσειν, εἰσέρχεται αὐτῷ
δέος καὶ φροντὶς περὶ ὧν ἔμπροσθεν οὐκ εἰσῄει.   οἵ τε
γὰρ λεγόμενοι μῦθοι περὶ τῶν ἐν Ἅιδου, ὡς τὸν ἐνθάδε
ἀδικήσαντα δεῖ ἐκεῖ διδόναι δίκην, καταγελώμενοι τέως,
τότε δὴ στρέφουσιν αὐτοῦ τὴν ψυχὴν μὴ ἀληθεῖς ὦσιν· E
καὶ αὐτὸς ἤτοι ὑπὸ τῆς τοῦ γήρως ἀσθενείας, ἢ καὶ ὥσπερ
ἤδη ἐγγυτέρω ὢν τῶν ἐκεῖ μᾶλλόν τι καθορᾷ αὐτά.   ὑπο-
ψίας δ' οὖν καὶ δείματος μεστὸς γίγνεται καὶ ἀναλογίζεται
ἤδη καὶ σκοπεῖ, εἴ τινά τι ἠδίκηκεν.   ὁ μὲν οὖν εὑρίσκων
ἑαυτοῦ ἐν τῷ βίῳ πολλὰ ἀδικήματα καὶ ἐκ τῶν ὕπνων,
ὥσπερ οἱ παῖδες, θαμὰ ἐγειρόμενος δειμαίνει καὶ ζῇ
μετὰ κακῆς ἐλπίδος· τῷ | δὲ μηδὲν ἑαυτῷ ἄδικον ξυνειδότι 331
ἡδεῖα ἐλπὶς ἀεὶ πάρεστι καὶ ἀγαθή, γηροτρόφος, ὡς
καὶ Πίνδαρος λέγει.   χαριέντως γάρ τοι, ὦ Σώκρατες,
τοῦτ' ἐκεῖνος εἶπεν, ὅτι ὃς ἂν δικαίως καὶ ὁσίως τὸν
βίον διαγάγῃ, γλυκεῖά οἱ καρδίαν ἀτάλλοισα γη-
ροτρόφος συνάορεῖ ἐλπίς, ἃ μάλιστα θνατῶν
πολύστροφον γνώμαν κυβερνᾷ.   εὖ οὖν λέγει θαυ-

---

[1] οὗ τοι Flor. B: οὗτοι A.   [2] ᾗπερ Π: ἧπερ A.

μαστῶς ὡς σφόδρα. πρὸς δὴ τοῦτ᾽ ἔγωγε τίθημι τὴν
τῶν χρημάτων κτῆσιν πλείστου ἀξίαν εἶναι, οὔ τι
B παντὶ ἀνδρί, ἀλλὰ τῷ ἐπιεικεῖ.· τὸ γὰρ μηδὲ ἄκοντά
τινα ἐξαπατῆσαι ἢ ψεύσασθαι, μηδ᾽ αὖ ὀφείλοντα ἢ θεῷ
θυσίας τινὰς ἢ ἀνθρώπῳ χρήματα, ἔπειτα ἐκεῖσε ἀπιέναι
δεδιότα, μέγα μέρος εἰς τοῦτο, ἡ τῶν χρημάτων κτῆσις
συμβάλλεται. ἔχει δὲ καὶ ἄλλας χρείας πολλάς· ἀλλά γε
ἓν ἀνθ᾽ ἑνὸς οὐκ ἐλάχιστον ἔγωγε θείην ἂν εἰς τοῦτο
ἀνδρὶ νοῦν ἔχοντι, ὦ Σώκρατες, πλοῦτον χρησιμώτατον
C εἶναι. Παγκάλως, ἦν δ᾽ ἐγώ, λέγεις, ὦ Κέφαλε.· τοῦτο δ᾽
αὐτό, τὴν δικαιοσύνην, πότερα τὴν ἀλήθειαν αὐτὸ φή-
σομεν εἶναι ἁπλῶς οὕτως καὶ τὸ ἀποδιδόναι, ἄν τίς τι
παρά του λάβῃ, ἢ καὶ αὐτὰ ταῦτα ἔστιν ἐνίοτε μὲν δι-
καίως, ἐνίοτε δὲ ἀδίκως ποιεῖν; οἷον τοιόνδε λέγω· πᾶς
ἄν που εἴποι, εἴ τις λάβοι παρὰ φίλου ἀνδρὸς σωφρονοῦν-
τος ὅπλα, εἰ μανεὶς ἀπαιτοῖ, ὅτι οὔτε χρὴ τὰ τοιαῦτα
ἀποδιδόναι, οὔτε δίκαιος ἂν εἴη ὁ ἀποδιδούς, οὐδ᾽ αὖ
πρὸς τὸν οὕτως ἔχοντα πάντα ἐθέλων τἀληθῆ λέγειν.
D Ὀρθῶς, ἔφη, λέγεις. Οὐκ ἄρα οὗτος ὅρος ἐστὶ δικαιο-
σύνης, ἀληθῆ τε λέγειν καὶ ἃ ἂν λάβῃ τις ἀποδιδόναι.
Πάνυ μὲν οὖν, ἔφη, ὦ Σώκρατες, ὑπολαβὼν ὁ Πολέμαρ-
χος, εἴπερ γέ τι χρὴ Σιμωνίδῃ πείθεσθαι. Καὶ μέντοι,
ἔφη ὁ Κέφαλος, καὶ παραδίδωμι ὑμῖν τὸν λόγον· δεῖ
γάρ με ἤδη τῶν ἱερῶν ἐπιμεληθῆναι. Οὐκοῦν, ἔφη, ἐγὼ,
ὁ Πολέμαρχος τῶν γε σῶν κληρονόμος; Πάνυ γε, ἦ δ᾽ ὃς
γελάσας· καὶ ἅμα ᾔει πρὸς τὰ ἱερά.
E   VI. Λέγε δή, εἶπον ἐγώ, σὺ ὁ τοῦ λόγου κληρονό-
μος, τί φῂς τὸν Σιμωνίδην λέγοντα ὀρθῶς λέγειν περὶ
δικαιοσύνης; Ὅτι, ἦ δ᾽ ὅς, τὸ τὰ ὀφειλόμενα ἑκάστῳ
ἀποδιδόναι δίκαιόν ἐστι· τοῦτο λέγων δοκεῖ ἔμοιγε καλῶς
λέγειν. Ἀλλὰ μέντοι, ἦν δ᾽ ἐγώ, Σιμωνίδῃ γε οὐ ῥᾴδιον
ἀπιστεῖν· σοφὸς γὰρ καὶ θεῖος ἀνήρ[1]· τοῦτο μέντοι ὅ τι

----
[1] ἀνήρ Bekker: ἀνὴρ A.

ποτε λέγει, σὺ μέν, ὦ Πολέμαρχε, ἴσως γιγνώσκεις, ἐγὼ
δὲ ἀγνοῶ. δῆλον γὰρ ὅτι οὐ τοῦτο λέγει, ὅπερ ἄρτι ἐλέ-
γομεν, τὸ ‚τινος παρακαταθεμένου τι ὀτφοῦν μὴ σωφρό-
νως ἀπαιτοῦντι ἀποδιδόναι· καίτοι γε ὀφει|λόμενόν πού 332
ἐστιν τοῦτο, ὃ παρακατέθετο· ἢ γάρ ; Ναί. Ἀποδοτέον δέ
γε οὐδ᾽ ὁπωστιοῦν‚τότε, ὁπότε τις μὴ σωφρόνως ἀπαι-
τοῖ; Ἀληθῆ, ἦ δ᾽ ὅς. Ἄλλο δή τι ἢ τὸ τοιοῦτον, ὡς ἔοικεν,
λέγει Σιμωνίδης τὸ τὰ ὀφειλόμενα δίκαιον εἶναι ἀποδι-
δόναι. Ἄλλο μέντοι νὴ Δί᾽, ἔφη· τοῖς γὰρ φίλοις οἴεται
ὀφείλειν τοὺς φίλους ἀγαθὸν μέν τι δρᾶν, κακὸν δὲ μη-
δέν. ‚Μανθάνω, ἦν δ᾽ ἐγώ· ὅτι οὐ τὰ ὀφειλόμενα ἀποδί-
δωσιν, ὃς‚ἄν τῳ χρυσίον ἀποδῷ παρακαταθεμένῳ, ἐάνπερ B
ἡ ἀπόδοσις καὶ ἡ λῆψις βλαβερὰ γίγνηται, φίλοι δὲ
ὦσιν ὅ τε ἀπολαμβάνων καὶ ὁ ἀποδιδούς· οὐχ οὕτω λέ-
γειν φὴς τὸν Σιμωνίδην ; Πάνυ μὲν οὖν. Τί δέ ; τοῖς
ἐχθροῖς ἀποδοτέον, ὅ τι ἂν τύχῃ ὀφειλόμενον ; Παντάπασι
μὲν οὖν, ἔφη, ὅ γε ὀφείλεται αὐτοῖς. ὀφείλεται δέ¹, οἶμαι,
παρά γε τοῦ ἐχθροῦ τῷ ἐχθρῷ, ὅπερ καὶ προσήκει, κακόν
τι.

VII. Ἠινίξατο ἄρα, ἦν δ᾽ ἐγώ, ὡς ἔοικεν, ὁ Σιμωνίδης
ποιητικῶς τὸ δίκαιον ὃ εἴη. διενοεῖτο μὲν γάρ, ὡς φαίνεται, C
ὅτι τοῦτ᾽ εἴη δίκαιον, τὸ προσῆκον ἑκάστῳ ἀποδιδόναι,
τοῦτο δὲ ὠνόμασεν ὀφειλόμενον. Ἀλλὰ τί οἴει ; ἔφη.
Ὦ πρὸς Διός, ἦν δ᾽ ἐγώ, εἰ οὖν τις αὐτὸν ἤρετο, ὦ Σιμω-
νίδη, ἡ τίσιν οὖν τί ἀποδιδοῦσα ὀφειλόμενον καὶ προσῆκον
τέχνη ἰατρικὴ καλεῖται ; τί ἂν οἴει ἡμῖν αὐτὸν ἀποκρίνα-
σθαι ; Δῆλον ὅτι, ἔφη, ἡ σώμασιν φάρμακά τε καὶ σιτία καὶ
ποτά. Ἡ δὲ τίσιν τί ἀποδιδοῦσα ὀφειλόμενον καὶ προσῆ-
κον τέχνη μαγειρικὴ καλεῖται ; Ἡ τοῖς ὄψοις τὰ ἡδύσματα. D
Εἶεν· ἡ οὖν δὴ τίσιν τί ἀποδιδοῦσα τέχνη δικαιοσύνη ἂν
καλοῖτο ; Εἰ μέν τι, ἔφη, δεῖ ἀκολουθεῖν, ὦ Σώκρατες, τοῖς
ἔμπροσθεν εἰρημένοις, ἡ τοῖς φίλοις τε καὶ ἐχθροῖς ὠφελίας

---

¹ δὲ Ξ: δέ γε Α.

τε καὶ βλάβας ἀποδιδοῦσα. Τὸ τοὺς φίλους ἄρα εὖ ποιεῖν
καὶ τοὺς ἐχθροὺς κακῶς δικαιοσύνην λέγει; Δοκεῖ μοι.
Τίς οὖν δυνατώτατος κάμνοντας φίλους εὖ ποιεῖν καὶ
ἐχθροὺς κακῶς πρὸς νόσον καὶ ὑγίειαν; Ἰατρός. Τίς δὲ
Ε πλέοντας πρὸς τὸν τῆς θαλάττης κίνδυνον; Κυβερνήτης.
Τί δέ; ὁ δίκαιος ἐν τίνι πράξει καὶ πρὸς τί ἔργον δυνατώ-
τατος φίλους ὠφελεῖν καὶ ἐχθροὺς βλάπτειν; Ἐν τῷ
προσπολεμεῖν καὶ ἐν τῷ ξυμμαχεῖν, ἔμοιγε δοκεῖ. Εἶεν·
μὴ κάμνουσί γε μήν, ὦ φίλε Πολέμαρχε, ἰατρὸς ἄχρηστος.
Ἀληθῆ. Καὶ μὴ πλέουσι δὴ κυβερνήτης. Ναί. Ἆρα καὶ
τοῖς μὴ πολεμοῦσιν ὁ δίκαιος ἄχρηστος; Οὐ πάνυ μοι
δοκεῖ τοῦτο. Χρήσιμον ἄρα καὶ ἐν εἰρήνῃ δικαιο|σύνη;
333 Χρήσιμον. Καὶ γὰρ γεωργία· ἢ οὔ; Ναί. Πρός γε
καρποῦ κτῆσιν. Ναί. Καὶ μὴν καὶ σκυτοτομική; Ναί.
Πρός γε ὑποδημάτων ἄν, οἶμαι, φαίης κτῆσιν. Πάνυ γε.
Τί δὲ δή; τὴν δικαιοσύνην πρὸς τίνος χρείαν ἢ κτῆσιν ἐν
εἰρήνῃ φαίης ἂν χρήσιμον εἶναι; Πρὸς τὰ ξυμβόλαια, ὦ
Σώκρατες. Ξυμβόλαια δὲ λέγεις κοινωνήματα, ἤ τι ἄλλο;
Β Κοινωνήματα δῆτα. Ἆρ' οὖν ὁ δίκαιος ἀγαθὸς καὶ χρή-
σιμος κοινωνὸς εἰς πεττῶν θέσιν, ἢ ὁ πεττευτικός; Ὁ
πεττευτικός. Ἀλλ' εἰς πλίνθων καὶ λίθων θέσιν ὁ δίκαιος
χρησιμώτερός τε καὶ ἀμείνων κοινωνὸς τοῦ οἰκοδομικοῦ;
Οὐδαμῶς. Ἀλλ' εἰς τίνα δὴ κοινωνίαν ὁ δίκαιος ἀμείνων
κοινωνὸς τοῦ κιθαριστικοῦ, ὥσπερ ὁ κιθαριστικὸς τοῦ
δικαίου εἰς κρουμάτων; Εἰς ἀργυρίου, ἔμοιγε δοκεῖ. Πλὴν
γ' ἴσως, ὦ Πολέμαρχε, πρὸς τὸ χρῆσθαι ἀργυρίῳ, ὅταν δέῃ
C ἀργυρίου κοινῇ πρίασθαι ἢ ἀποδόσθαι ἵππον· τότε δέ, ὡς
ἐγὼ οἶμαι, ὁ ἱππικός· ἢ γάρ; Φαίνεται. Καὶ μὴν ὅταν γε
πλοῖον, ὁ ναυπηγὸς ἢ ὁ κυβερνήτης. Ἔοικεν. Ὅταν οὖν
τί δέῃ ἀργυρίῳ ἢ χρυσίῳ κοινῇ χρῆσθαι, ὁ δίκαιος χρησι-
μώτερος τῶν ἄλλων; Ὅταν παρακαταθέσθαι καὶ σῶν εἶναι,
ὦ Σώκρατες. Οὐκοῦν λέγεις, ὅταν μηδὲν δέῃ αὐτῷ χρῆ-
σθαι ἀλλὰ κεῖσθαι; Πάνυ γε. Ὅταν ἄρα ἄχρηστον ᾖ

ἀργύριον, τότε χρήσιμος ἐπ' αὐτῷ ἡ δικαιοσύνη; Κινδυ- D
νεύει. Καὶ ὅταν δὴ δρέπανον δέῃ¹ φυλάττειν, ἡ δικαιοσύνη
χρήσιμος καὶ κοινῇ καὶ ἰδίᾳ· ὅταν δὲ χρῆσθαι, ἡ ἀμπελουρ-
γική; Φαίνεται. Φήσεις δὲ καὶ ἀσπίδα καὶ λύραν ὅταν δέῃ
φυλάττειν καὶ μηδὲν χρῆσθαι, χρήσιμον εἶναι τὴν δικαιο-
σύνην, ὅταν δὲ χρῆσθαι, τὴν ὁπλιτικὴν καὶ τὴν μουσικήν;
Ἀνάγκη. Καὶ περὶ τἆλλα δὴ πάντα ἡ δικαιοσύνη, ἑκάστου
ἐν μὲν χρήσει ἄχρηστος, ἐν δὲ ἀχρηστίᾳ χρήσιμος; Κιν-
δυνεύει.

VIII. Οὐκ ἂν οὖν, ὦ φίλε, πάνυ γέ τι σπουδαῖον εἴη E
ἡ δικαιοσύνη, εἰ πρὸς τὰ ἄχρηστα χρήσιμον ὂν τυγχάνει.
τόδε δὲ σκεψώμεθα. ἀρ' οὐχ ὁ πατάξαι δεινότατος ἐν μάχῃ
εἴτε πυκτικῇ εἴτε τινὶ καὶ ἄλλῃ, οὗτος καὶ φυλάξασθαι;
Πάνυ γε. Ἆρ' οὖν καὶ νόσον ὅστις δεινὸς φυλάξασθαι,
καὶ λαθεῖν οὗτος δεινότατος ἐμποιήσας²; Ἔμοιγε δοκεῖ.
Ἀλλὰ μὴν στρατοπέ|δου γε ὁ αὐτὸς φύλαξ ἀγαθός, ὅσπερ 334
καὶ τὰ τῶν πολεμίων κλέψαι καὶ βουλεύματα καὶ τὰς
ἄλλας πράξεις. Πάνυ γε. Ὅτου τις ἄρα δεινὸς φύλαξ,
τούτου καὶ φὼρ δεινός. Ἔοικεν. Εἰ ἄρα ὁ δίκαιος ἀργύριον
δεινὸς φυλάττειν, καὶ κλέπτειν δεινός. Ὡς γοῦν ὁ λόγος,
ἔφη, σημαίνει. Κλέπτης ἄρα τις ὁ δίκαιος, ὡς ἔοικεν,
ἀναπέφανται· καὶ κινδυνεύεις παρ' Ὁμήρου μεμαθηκέναι
αὐτό. καὶ γὰρ ἐκεῖνος τὸν τοῦ Ὀδυσσέως πρὸς μητρὸς
πάππον Αὐτόλυκον ἀγαπᾷ τε καὶ φησιν αὐτὸν πάντας B
ἀνθρώπους κεκάσθαι κλεπτοσύνῃ θ' ὅρκῳ τε. ἔοικεν
οὖν ἡ δικαιοσύνη καὶ κατὰ σὲ καὶ καθ' Ὅμηρον καὶ κατὰ
Σιμωνίδην κλεπτική τις εἶναι, ἐπ' ὠφελίᾳ μέντοι τῶν
φίλων καὶ ἐπὶ βλάβῃ τῶν ἐχθρῶν. οὐχ οὕτως ἔλεγες;
Οὐ μὰ τὸν Δί', ἔφη, ἀλλ' οὐκέτι οἶδα ἔγωγε ὅ τι ἔλεγον·
τοῦτο μέντοι ἔμοιγε δοκεῖ ἔτι, ὠφελεῖν μὲν τοὺς φίλους ἡ
δικαιοσύνη, βλάπτειν δὲ τοὺς ἐχθρούς. Φίλους δὲ λέγεις
εἶναι πότερον τοὺς δοκοῦντας ἑκάστῳ χρηστοὺς εἶναι, ἢ C

¹ δέῃ q: δέοι A.   ² ἐμποιήσας Schneider: ἐμποιῆσαι A.

τοὺς ὄντας, κἂν μὴ δοκῶσι, καὶ ἐχθροὺς ὡσαύτως; Εἰκὸς
μέν, ἔφη, οὓς ἄν τις ἡγῆται χρηστούς, φιλεῖν, οὓς δ᾽ ἂν
πονηρούς, μισεῖν. Ἀρ᾽ οὖν οὐχ ἁμαρτάνουσιν οἱ ἄνθρω-
ποι περὶ τοῦτο, ὥστε δοκεῖν αὐτοῖς πολλοὺς μὲν χρηστοὺς
εἶναι μὴ ὄντας, πολλοὺς δὲ τοὐναντίον; Ἁμαρτάνουσιν.
Τούτοις ἄρα οἱ μὲν ἀγαθοὶ ἐχθροί, οἱ δὲ κακοὶ φίλοι; Πάνυ
γε. Ἀλλ᾽ ὅμως δίκαιον τότε τούτοις, τοὺς μὲν πονηροὺς
D ὠφελεῖν, τοὺς δὲ ἀγαθοὺς βλάπτειν. Φαίνεται. Ἀλλὰ
μὴν οἵ γε ἀγαθοὶ δίκαιοί τε καὶ οἷοι μὴ ἀδικεῖν. Ἀληθῆ.
Κατὰ δὴ τὸν σὸν λόγον τοὺς μηδὲν ἀδικοῦντας δίκαιον
κακῶς ποιεῖν. Μηδαμῶς, ἔφη, ὦ Σώκρατες· πονηρὸς γὰρ
ἔοικεν εἶναι ὁ λόγος. Τοὺς ἀδίκους ἄρα, ἦν δ᾽ ἐγώ, δίκαιον
βλάπτειν, τοὺς δὲ δικαίους ὠφελεῖν. Οὗτος ἐκείνου καλ-
λίων φαίνεται. Πολλοῖς ἄρα, ὦ Πολέμαρχε, ξυμβήσεται,
E ὅσοι διημαρτήκασιν τῶν ἀνθρώπων, δίκαιον εἶναι τοὺς μὲν
φίλους βλάπτειν· πονηροὶ γὰρ αὐτοῖς εἰσίν· τοὺς δ᾽ ἐχθροὺς
ὠφελεῖν· ἀγαθοὶ γάρ· καὶ οὕτως ἐροῦμεν αὐτὸ τοὐναντίον
ἢ τὸν Σιμωνίδην ἔφαμεν λέγειν. Καὶ μάλα, ἔφη, οὕτω
ξυμβαίνει. ἀλλὰ μεταθώμεθα· κινδυνεύομεν γὰρ οὐκ
ὀρθῶς τὸν φίλον καὶ ἐχθρὸν θέσθαι. Πῶς θέμενοι, ὦ
Πολέμαρχε; Τὸν δοκοῦντά χρηστόν, τοῦτον φίλον εἶναι.
Νῦν δὲ πῶς, ἦν δ᾽ ἐγώ, μεταθώμεθα; Τὸν δοκοῦντά τε, ἦ
335 δ᾽ ὅς, καὶ τὸν ὄντα χρηστὸν φίλον· τὸν δὲ δοκοῦντα | μέν,
ὄντα δὲ μή, δοκεῖν ἀλλὰ μὴ εἶναι φίλον· καὶ περὶ τοῦ
ἐχθροῦ δὲ ἡ αὐτὴ θέσις. Φίλος μὲν δή, ὡς ἔοικε, τούτῳ τῷ
λόγῳ ὁ ἀγαθὸς ἔσται, ἐχθρὸς δὲ ὁ πονηρός. Ναί. Κελεύεις
δὴ ἡμᾶς προσθεῖναι τῷ δικαίῳ, ἤ, ὡς τὸ πρῶτον ἐλέγομεν,
λέγοντες δίκαιον εἶναι τὸν μὲν φίλον εὖ ποιεῖν, τὸν δ᾽ ἐχθρὸν
κακῶς, νῦν πρὸς τούτῳ ὧδε λέγειν, ὅτι ἔστιν δίκαιον τὸν
μὲν φίλον ἀγαθὸν ὄντα εὖ ποιεῖν, τὸν δ᾽ ἐχθρὸν κακὸν ὄντα
B βλάπτειν; Πάνυ μὲν οὖν, ἔφη, οὕτως ἄν μοι δοκεῖ καλῶς
λέγεσθαι.

IX. Ἔστιν ἄρα, ἦν δ᾽ ἐγώ, δικαίου ἀνδρὸς βλάπτειν

καὶ ὁντινοῦν ἀνθρώπων; Καὶ πάνυ γε, ἔφη, τούς γε πο-
νηρούς τε καὶ ἐχθροὺς δεῖ βλάπτειν. Βλαπτόμενοι δ᾽
ἵπποι βελτίους ἢ χείρους γίγνονται; Χείρους. Ἆρα εἰς
τὴν τῶν κυνῶν ἀρετήν, ἢ εἰς τὴν τῶν ἵππων; Εἰς τὴν τῶν
ἵππων. Ἆρ᾽ οὖν καὶ κύνες βλαπτόμενοι χείρους γίγνονται
εἰς τὴν τῶν κυνῶν, ἀλλ᾽ οὐκ εἰς τὴν τῶν ἵππων ἀρετήν;
Ἀνάγκη. Ἀνθρώπους δέ, ὦ ἑταῖρε, μὴ οὕτω φῶμεν, C
βλαπτομένους εἰς τὴν ἀνθρωπείαν ἀρετὴν χείρους γίγνε-
σθαι; Πάνυ μὲν οὖν. Ἀλλ᾽ ἡ δικαιοσύνη οὐκ ἀνθρωπεία
ἀρετή; Καὶ τοῦτ᾽ ἀνάγκη. Καὶ τοὺς βλαπτομένους ἄρα,
ὦ φίλε, τῶν ἀνθρώπων ἀνάγκη ἀδικωτέρους γίγνεσθαι.
Ἔοικεν. Ἆρ᾽ οὖν τῇ μουσικῇ οἱ μουσικοὶ ἀμούσους δύ-
νανται ποιεῖν; Ἀδύνατον. Ἀλλὰ τῇ ἱππικῇ οἱ ἱππικοὶ
ἀφίππους; Οὐκ ἔστιν. Ἀλλὰ τῇ δικαιοσύνῃ δὴ οἱ δίκαιοι
ἀδίκους; ἢ καὶ ξυλλήβδην ἀρετῇ οἱ ἀγαθοὶ κακούς; Ἀλλὰ D
ἀδύνατον. Οὐ γὰρ θερμότητος, οἶμαι, ἔργον ψύχειν,
ἀλλὰ τοῦ ἐναντίου. Ναί. Οὐδὲ ξηρότητὸς ὑγραίνειν, ἀλλὰ
τοῦ ἐναντίου. Πάνυ γε. Οὐδὲ δὴ τοῦ ἀγαθοῦ βλάπτειν,
ἀλλὰ τοῦ ἐναντίου. Φαίνεται. Ὁ δέ γε δίκαιος ἀγαθός;
Πάνυ γε. Οὐκ ἄρα τοῦ δικαίου βλάπτειν ἔργον, ὦ Πολέ-
μαρχε, οὔτε φίλον οὔτ᾽ ἄλλον οὐδένα, ἀλλὰ τοῦ ἐναντίου,
τοῦ ἀδίκου. Παντάπασί μοι δοκεῖς ἀληθῆ λέγειν, ἔφη, ὦ
Σώκρατες. Εἰ ἄρα τὰ ὀφειλόμενα ἑκάστῳ ἀποδιδόναι E
φησίν τις δίκαιον εἶναι, τοῦτο δὲ δὴ νοεῖ αὐτῷ, τοῖς μὲν
ἐχθροῖς βλάβην ὀφείλεσθαι παρὰ τοῦ δικαίου ἀνδρός, τοῖς
δὲ φίλοις ὠφελίαν, οὐκ ἦν σοφὸς ὁ ταῦτα εἰπών· οὐ γὰρ
ἀληθῆ ἔλεγεν· οὐδαμοῦ γὰρ δίκαιον οὐδένα ἡμῖν ἐφάνη
ὂν βλάπτειν. | Συγχωρῶ, ἦ δ᾽ ὅς. Μαχούμεθα ἄρα, ἦν δ᾽
ἐγώ, κοινῇ ἐγώ τε καὶ σύ, ἐάν τις αὐτὸ φῇ ἢ Σιμωνίδην
ἢ Βίαντα ἢ Πιττακὸν εἰρηκέναι ἤ τιν᾽ ἄλλον τῶν σοφῶν
τε καὶ μακαρίων ἀνδρῶν; ἐγὼ γοῦν, ἔφη, ἕτοιμός εἰμι
κοινωνεῖν τῆς μάχης. Ἀλλ᾽ οἶσθα, ἦν δ᾽ ἐγώ, | οὔ μοι δο- 336
κεῖ εἶναι τὸ ῥῆμα, τὸ φάναι δίκαιον εἶναι τοὺς μὲν φίλους

ὠφελεῖν, τοὺς δ' ἐχθροὺς βλάπτειν; Τίνος; ἔφη. Οἶμαι
αὐτὸ Περιάνδρου εἶναι ἢ Περδίκκου ἢ Ξέρξου ἢ Ἰσμηνίου
τοῦ Θηβαίου ἤ τινος ἄλλου μέγα οἰομένου δύνασθαι πλου-
σίου ἀνδρός. Ἀληθέστατα, ἔφη, λέγεις. Εἶεν, ἦν δ' ἐγώ·
ἐπειδὴ δὲ οὐδὲ τοῦτο ἐφάνη ἡ δικαιοσύνη ὂν οὐδὲ τὸ δί-
καιον, τί ἂν ἄλλο τις αὐτὸ φαίη εἶναι;

B   X. Καὶ ὁ Θρασύμαχος πολλάκις μὲν καὶ διαλεγομέ-
νων ἡμῶν μεταξὺ ὥρμα ἀντιλαμβάνεσθαι τοῦ λόγου,
ἔπειτα ὑπὸ τῶν παρακαθημένων διεκωλύετο βουλομένων
διακοῦσαι τὸν λόγον· ὡς δὲ διεπαυσάμεθα καὶ ἐγὼ ταῦτ'
εἶπον, οὐκέτι ἡσυχίαν ἦγεν, ἀλλὰ συστρέψας ἑαυτὸν ὥσπερ
θηρίον ἧκεν ἐφ' ἡμᾶς ὡς διαρπασόμενος. καὶ ἐγώ τε
καὶ ὁ Πολέμαρχος δείσαντες διεπτοήθημεν· ὁ δ' εἰς τὸ
C μέσον φθεγξάμενος Τίς, ἔφη, ὑμᾶς πάλαι φλυαρία ἔχει,
ὦ Σώκρατες; καὶ τί εὐηθίζεσθε πρὸς ἀλλήλους ὑποκατα-
κλινόμενοι ὑμῖν αὐτοῖς; ἀλλ' εἴπερ ὡς ἀληθῶς βούλει
εἰδέναι τὸ δίκαιον ὅ τι ἐστί, μὴ μόνον ἐρώτα, μηδὲ φιλοτι-
μοῦ ἐλέγχων, ἐπειδάν τίς τι ἀποκρίνηται, ἐγνωκὼς τοῦτο,
ὅτι ῥᾷον ἐρωτᾶν ἢ ἀποκρίνεσθαι, ἀλλὰ καὶ αὐτὸς ἀπό-
κριναι καὶ εἰπέ, τί φῂς εἶναι τὸ δίκαιον· καὶ ὅπως μοι μὴ
D ἐρεῖς, ὅτι τὸ δέον ἐστὶν μηδ' ὅτι τὸ ὠφέλιμον μηδ' ὅτι τὸ
λυσιτελοῦν μηδ' ὅτι τὸ κερδαλέον μηδ' ὅτι τὸ ξυμφέρον,
ἀλλὰ σαφῶς μοι καὶ ἀκριβῶς λέγε ὅ τι ἂν λέγῃς· ὡς ἐγὼ
οὐκ ἀποδέξομαι, ἐὰν ὕθλους τοιούτους λέγῃς. καὶ ἐγὼ
ἀκούσας ἐξεπλάγην καὶ προσβλέπων αὐτὸν ἐφοβούμην,
καί μοι δοκῶ, εἰ μὴ πρότερος ἑωράκη αὐτὸν ἢ ἐκεῖνος ἐμέ,
ἄφωνος ἂν γενέσθαι. νῦν δὲ ἡνίκα ὑπὸ τοῦ λόγου ἤρχετο
ἐξαγριαίνεσθαι, προσέβλεψα αὐτὸν πρότερος, ὥστε αὐτῷ
E οἷός τ' ἐγενόμην ἀποκρίνασθαι, καὶ εἶπον ὑποτρέμων Ὦ
Θρασύμαχε, μὴ χαλεπὸς ἡμῖν ἴσθι· εἰ γὰρ ἐξαμαρτά-
νομεν ἐν τῇ τῶν λόγων σκέψει ἐγώ τε καὶ ὅδε, εὖ ἴσθι ὅτι
ἄκοντες ἁμαρτάνομεν. μὴ γὰρ δὴ οἴου, εἰ μὲν χρυσίον
ἐζητοῦμεν, οὐκ ἄν ποτε ἡμᾶς ἑκόντας εἶναι ὑποκατακλίνε-

σθαι ἀλλήλοις ἐν τῇ ζητήσει καὶ διαφθείρειν τὴν εὕρεσιν
αὐτοῦ, δικαιοσύνην δὲ ζητοῦντας, πρᾶγμα πολλῶν χρυσίων
τιμιώτερον, ἔπειθ' οὕτως ἀνοήτως ὑπείκειν ἀλλήλοις καὶ
οὐ σπουδάζειν ὅ τι μάλιστα φανῆναι αὐτό. οἶου γε[1] σύ,
ὦ φίλε· ἀλλ', οἶμαι, οὐ δυνάμεθα· ἐλεεῖσθαι οὖν ἡμᾶς
πολὺ μᾶλλον εἰκός ἐστίν | που | ὑπὸ ὑμῶν τῶν δεινῶν ἢ 337
χαλεπαίνεσθαι.

XI. Καὶ ὃς ἀκούσας ἀνεκάγχασέ τε μάλα σαρδάνιον
καὶ εἶπεν Ὦ Ἡράκλεις, ἔφη, αὕτη 'κείνη ἡ εἰωθυῖα εἰρωνεία
Σωκράτους, καὶ ταῦτ' ἐγὼ ᾔδη τε καὶ τούτοις προὔλεγον,
ὅτι σὺ ἀποκρίνασθαι μὲν οὐκ ἐθελήσοις, εἰρωνεύσοιο δὲ
καὶ πάντα μᾶλλον ποιήσοις ἢ ἀποκρινοῖο[2], εἰ τίς τί σ'
ἐρωτῷ[3]. Σοφὸς γὰρ εἶ, ἦν δ' ἐγώ, ὦ Θρασύμαχε· εὖ οὖν
ᾔδησθα ὅτι, εἴ τινα ἔροιο ὁπόσα ἐστὶ τὰ δώδεκα, καὶ ἐρό-
μενος προείποις αὐτῷ· ὅπως μοι, ὦ ἄνθρωπε, μὴ ἐρεῖς, ὅτι B
ἔστιν τὰ δώδεκα δὶς ἓξ μηδ' ὅτι τρὶς τέτταρα μηδ' ὅτι
ἑξάκις δύο μηδ' ὅτι τετράκις τρία· ὡς οὐκ ἀποδέξομαί σου,
ἐὰν τοιαῦτα φλυαρῇς· δῆλον, οἶμαι, σοὶ ἦν ὅτι, οὐδεὶς
ἀποκρινοῖτο[2] τῷ οὕτως πυνθανομένῳ. ἀλλ' εἴ σοι εἶπεν· ὦ
Θρασύμαχε, πῶς λέγεις; μὴ ἀποκρίνωμαι ὧν προεῖπες
μηδέν; πότερον, ὦ θαυμάσιε, μηδ' εἰ τούτων τι τυγχάνει
ὄν, ἀλλ' ἕτερον εἴπω τι τοῦ ἀληθοῦς; ἢ πῶς λέγεις; τί
ἂν αὐτῷ εἶπες πρὸς ταῦτα; Εἶεν, ἔφη· ὡς δὴ ὅμοιον C
τοῦτο ἐκείνῳ. Οὐδέν γε κωλύει, ἦν δ' ἐγώ· εἰ δ' οὖν καὶ
μὴ ἔστιν ὅμοιον, φαίνεται δὲ τῷ ἐρωτηθέντι τοιοῦτον,
ἧττόν τι αὐτὸν οἴει ἀποκρινεῖσθαι[4] τὸ φαινόμενον ἑαυτῷ,
ἐάν τε ἡμεῖς ἀπαγορεύωμεν ἐάν τε μή; Ἄλλο τι οὖν, ἔφη,
καὶ σὺ οὕτω ποιήσεις; ὧν ἐγὼ ἀπεῖπον, τούτων τι ἀπο-
κρινεῖ; Οὐκ ἂν θαυμάσαιμι, ἦν δ' ἐγώ, εἴ μοι σκεψαμένῳ
οὕτω δόξειεν. Τί οὖν, ἔφη, ἂν ἐγὼ δείξω ἑτέραν ἀπόκρισιν D

---

[1] γε Bekker: τε A.　　　[2] ἀποκρινοῖο et ἀποκρινοῖτο q: ἀποκρίνοιο et
ἀποκρίνοιτο A.　　[3] ἐρωτῷ Goodwin: ἐρωτᾷ A.　　[4] ἀποκρινεῖσθαι
Π: ἀποκρίνεσθαι A.

παρὰ πάσας ταύτας περὶ δικαιοσύνης βελτίω τούτων; τί
δι᾽ ἀξιοῖς παθεῖν; Τί ἄλλο, ἦν δ᾽ ἐγώ, ἢ ὅπερ προσήκει
πάσχειν τῷ μὴ εἰδότι; προσήκει δέ που μαθεῖν παρὰ τοῦ
εἰδότος· καὶ ἐγὼ οὖν τοῦτο ἀξιῶ παθεῖν. Ἡδὺς γὰρ εἶ,
ἔφη. ἀλλὰ πρὸς τῷ μαθεῖν καὶ ἀπότεισον ἀργύριον.
Οὐκοῦν ἐπειδάν μοι γένηται, εἶπον. Ἀλλ᾽ ἔστιν, ἔφη ὁ
Γλαύκων· ἀλλ᾽ ἕνεκα ἀργυρίου, ὦ Θρασύμαχε, λέγε·
E πάντες γὰρ ἡμεῖς Σωκράτει εἰσοίσομεν. Πάνυ γε, οἶμαι, ἦ
δ᾽ ὅς, ἵνα Σωκράτης τὸ εἰωθὸς διαπράξηται, αὐτὸς μὲν μὴ
ἀποκρίνηται, ἄλλου δ᾽ ἀποκρινομένου λαμβάνῃ λόγον, καὶ
ἐλέγχῃ. Πῶς γὰρ ἄν, ἔφην ἐγώ, ὦ βέλτιστε, τὶς ἀποκρί-
ναιτο πρῶτον μὲν μὴ εἰδὼς μηδὲ φάσκων εἰδέναι, ἔπειτα,
εἴ τι καὶ οἴεται περὶ τούτων, ἀπειρημένον αὐτῷ εἴη[1], ὅπως
ἃ μηδὲν ἐρεῖ ὧν ἡγεῖται, ὑπ᾽ ἀνδρὸς οὐ φαύλου; ἀλλὰ σὲ δὴ
338 μᾶλλον εἰκὸς λέγειν· σὺ γὰρ δὴ | φῂς εἰδέναι καὶ ἔχειν
εἰπεῖν. μὴ οὖν ἄλλως ποίει, ἀλλ᾽ ἐμοί τε χαρίζου ἀποκρι-
νόμενος, καὶ μὴ φθονήσῃς καὶ Γλαύκωνα τόνδε διδάξαι
καὶ τοὺς ἄλλους.

XII. Εἰπόντος δέ μου ταῦτα ὅ τε Γλαύκων καὶ οἱ
ἄλλοι ἐδέοντο αὐτοῦ μὴ ἄλλως ποιεῖν. καὶ ὁ Θρασύμαχος
φανερὸς μὲν ἦν ἐπιθυμῶν εἰπεῖν, ἵν᾽ εὐδοκιμήσειεν,
ἡγούμενος ἔχειν ἀπόκρισιν παγκάλην· προσεποιεῖτο δὲ
φιλονικεῖν πρὸς τὸ ἐμὲ εἶναι τὸν ἀποκρινόμενον. τελευτῶν
B δὲ ξυνεχώρησεν, κἄπειτα Αὕτη δή, ἔφη, ἡ Σωκράτους
σοφία, αὐτὸν μὲν μὴ ἐθέλειν διδάσκειν, παρὰ δὲ τῶν
ἄλλων περιιόντα μανθάνειν, καὶ τούτων μηδὲ χάριν ἀποδι-
δόναι. Ὅτι μέν, ἦν δ᾽ ἐγώ, μανθάνω παρὰ τῶν ἄλλων,
ἀληθῆ εἶπες, ὦ Θρασύμαχε· ὅτι δὲ οὔ με φῂς χάριν ἐκτίνειν,
ψεύδει· ἐκτίνω γὰρ ὅσην δύναμαι· δύναμαι δὲ ἐπαινεῖν
μόνον· χρήματα γὰρ οὐκ ἔχω· ὡς δὲ προθύμως τοῦτο
δρῶ, ἐάν τίς μοι δοκῇ εὖ λέγειν, εὖ εἴσει αὐτίκα δὴ
C μάλα, ἐπειδὰν ἀποκρίνῃ· οἶμαι γάρ σε εὖ ἐρεῖν. Ἄκουε

---

[1] εἴη A : delevit Bremius, fortasse recte.

δή, ἦ δ' ὅς. φημὶ γὰρ ἐγὼ εἶναι τὸ δίκαιον οὐκ ἄλλο τι ἢ
τὸ τοῦ κρείττονος ξυμφέρον. ἀλλὰ τί οὐκ ἐπαινεῖς; ἀλλ'
οὐκ ἐθελήσεις. Ἐὰν μάθω γε πρῶτον, ἔφην, τί λέγεις·
νῦν γὰρ οὔπω οἶδα. τὸ τοῦ κρείττονος φῂς ξυμφέρον
δίκαιον εἶναι. καὶ τοῦτο, ὦ Θρασύμαχε, τί ποτε λέγεις;
οὐ γάρ που τό γε τοιόνδε φῄς· εἰ Πουλυδάμας ἡμῶν κρείτ-
των ὁ παγκρατιαστὴς καὶ αὐτῷ ξυμφέρει τὰ βόεια κρέα
πρὸς τὸ σῶμα, τοῦτο τὸ σιτίον εἶναι καὶ ἡμῖν τοῖς ἥττοσιν D
ἐκείνου ξυμφέρον ἅμα καὶ δίκαιον. Βδελυρὸς γὰρ εἶ, ἔφη,
ὦ Σώκρατες, καὶ ταύτῃ ὑπολαμβάνεις, ᾗ ἂν κακουργήσαις
μάλιστα τὸν λόγον. Οὐδαμῶς, ὦ ἄριστε, ἦν δ' ἐγώ·
ἀλλὰ σαφέστερον εἰπὲ τί λέγεις. Εἶτ' οὐκ οἶσθ', ἔφη,
ὅτι τῶν πόλεων αἱ μὲν τυραννοῦνται, αἱ δὲ δημοκρατοῦν-
ται, αἱ δὲ ἀριστοκρατοῦνται; Πῶς γὰρ οὔ; Οὐκοῦν τοῦτο
κρατεῖ ἐν ἑκάστῃ πόλει, τὸ ἄρχον; Πάνυ γε. Τίθεται
δέ γε τοὺς νόμους ἑκάστη[1] ἡ ἀρχὴ πρὸς τὸ αὑτῇ ξυμφέρον, E
δημοκρατία μὲν δημοκρατικούς, τυραννὶς δὲ τυραννικούς,
καὶ αἱ ἄλλαι οὕτως· θέμεναι δὲ ἀπέφηναν τοῦτο δίκαιον
τοῖς ἀρχομένοις εἶναι, τὸ σφίσι ξυμφέρον, καὶ τὸν τούτου
ἐκβαίνοντα κολάζουσιν ὡς παρανομοῦντά τε καὶ ἀδικοῦντα.
τοῦτ' οὖν ἐστίν, ὦ βέλτιστε, ὃ λέγω, ἐν ἁπάσαις ταῖς
| πόλεσιν ταὐτὸν εἶναι δίκαιον, τὸ τῆς καθεστηκυίας ἀρχῆς 339
ξυμφέρον· αὕτη δέ που κρατεῖ· ὥστε ξυμβαίνει τῷ
ὀρθῶς λογιζομένῳ πανταχοῦ εἶναι τὸ αὐτὸ δίκαιον, τὸ τοῦ
κρείττονος ξυμφέρον. Νῦν, ἦν δ' ἐγώ, ἔμαθον ὃ λέγεις·
εἰ δὲ ἀληθὲς ἢ μή, πειράσομαι μαθεῖν. τὸ ξυμφέρον μὲν
οὖν, ὦ Θρασύμαχε, καὶ σὺ ἀπεκρίνω δίκαιον εἶναι· καίτοι
ἔμοιγε ἀπηγόρευες ὅπως μὴ τοῦτο ἀποκρινοίμην· πρόσ-
εστι δὲ δὴ αὐτόθι τὸ τοῦ κρείττονος. Σμικρά γε ἴσως, B
ἔφη, προσθήκη. Οὔπω δῆλον οὐδ' εἰ μεγάλη· ἀλλ' ὅτι
μὲν τοῦτο σκεπτέον εἰ ἀληθῆ λέγεις, δῆλον. ἐπειδὴ γὰρ
ξυμφέρον γέ τι εἶναι καὶ ἐγὼ ὁμολογῶ τὸ δίκαιον, σὺ δὲ

---

[1] ἑκάστῃ Π: ἑκάστῃ Α.

προστίθης καὶ αὐτὸ φῂς εἶναι τὸ τοῦ κρείττονος, ἐγὼ δὲ
ἀγνοῶ, σκεπτέον δή. Σκόπει, ἔφη.

XIII. Ταῦτ᾽ ἔσται, ἦν δ᾽ ἐγώ. καί μοι εἰπέ· οὐ καὶ
πείθεσθαι μέντοι τοῖς ἄρχουσιν δίκαιον[1] φῂς εἶναι; Ἔγωγε.
C Πότερον δὲ ἀναμάρτητοί εἰσιν οἱ ἄρχοντες ἐν ταῖς πόλεσιν
ἑκάσταις ἢ οἷοί τι καὶ ἁμαρτεῖν; Πάντως που, ἔφη, οἷοί τι
καὶ ἁμαρτεῖν. Οὐκοῦν ἐπιχειροῦντες νόμους τιθέναι τοὺς
μὲν ὀρθῶς τιθέασιν, τοὺς δέ τινας οὐκ ὀρθῶς; Οἶμαι
ἔγωγε. Τὸ δὲ ὀρθῶς ἆρα τὸ τὰ ξυμφέροντά ἐστι τίθεσθαι
ἑαυτοῖς, τὸ δὲ μὴ ὀρθῶς ἀξύμφορα; ἢ πῶς λέγεις; Οὕτως.
Ἃ δ᾽ ἂν θῶνται, ποιητέον τοῖς ἀρχομένοις, καὶ τοῦτό
ἐστι τὸ δίκαιον; Πῶς γὰρ οὔ; Οὐ μόνον ἄρα δίκαιόν
D ἐστι κατὰ τὸν σὸν λόγον τὸ τοῦ κρείττονος ξυμφέρον
ποιεῖν, ἀλλὰ καὶ τοὐναντίον, τὸ μὴ ξυμφέρον. Τί λέγεις
σύ; ἔφη. Ἃ σὺ λέγεις, ἔμοιγε δοκῶ· σκοπῶμεν δὲ[2]
βέλτιον. οὐχ ὡμολόγηται τοὺς ἄρχοντας τοῖς ἀρχομένοις
προστάττοντας ποιεῖν ἄττα ἐνίοτε διαμαρτάνειν τοῦ ἑαυ-
τοῖς βελτίστου, ἃ δ᾽ ἂν προστάττωσιν οἱ ἄρχοντες δίκαιον
εἶναι τοῖς ἀρχομένοις ποιεῖν; ταῦτ᾽ οὐχ ὡμολόγηται; Οἶ-
E μαι ἔγωγε, ἔφη. Οἴου τοίνυν, ἦν δ᾽ ἐγώ, καὶ τὸ ἀξύμφορα
ποιεῖν τοῖς ἄρχουσί τε καὶ κρείττοσι δίκαιον εἶναι ὡμολο-
γῆσθαί σοι, ὅταν οἱ μὲν ἄρχοντες ἄκοντες κακὰ αὑτοῖς
προστάττωσιν, τοῖς δὲ δίκαιον εἶναι φῂς ταῦτα ποιεῖν ἃ
ἐκεῖνοι προσέταξαν· ἆρα τότε, ὦ σοφώτατε Θρασύμαχε,
οὐκ ἀναγκαῖον συμβαίνειν αὐτὸ οὑτωσί, δίκαιον εἶναι
ποιεῖν τοὐναντίον ἢ ὃ σὺ λέγεις; τὸ γὰρ τοῦ κρείττονος
ἀξύμφορον δήπου προστάττεται τοῖς ἥττοσιν ποιεῖν. Ναὶ
340 | μὰ Δί᾽, ἔφη, ὦ Σώκρατες, ὁ Πολέμαρχος, σαφέστατά
γε. Ἐὰν σύ γ᾽, ἔφη, αὐτῷ μαρτυρήσῃς, ὁ Κλειτοφῶν
ὑπολαβών. Καὶ τί, ἔφη, δεῖται μάρτυρος; αὐτὸς γὰρ
Θρασύμαχος ὁμολογεῖ τοὺς μὲν ἄρχοντας ἐνίοτε ἑαυτοῖς
κακὰ προστάττειν, τοῖς δὲ ἀρχομένοις δίκαιον εἶναι ταῦτα

---

[1] δίκαιον Π : καὶ δίκαιον Α.   [2] δὲ Ξ q : δὴ Α.

ποιεῖν. Τὸ γὰρ τὰ κελευόμενα ποιεῖν, ὦ Πολέμαρχε, ὑπὸ
τῶν ἀρχόντων δίκαιον εἶναι ἔθετο Θρασύμαχος. Καὶ γὰρ
τὸ τοῦ κρείττονος, ὦ Κλειτοφῶν, συμφέρον δίκαιον εἶναι
ἔθετο. ταῦτα δὲ ἀμφότερα θέμενος ὡμολόγησεν αὖ ἐνίοτε B
τοὺς κρείττους τὰ αὑτοῖς ἀξύμφορα κελεύειν τοὺς ἥττους
τε καὶ ἀρχομένους ποιεῖν. ἐκ δὲ τούτων τῶν ὁμολογιῶν
οὐδὲν μᾶλλον τὸ τοῦ κρείττονος ξυμφέρον δίκαιον ἂν εἴη
ἢ τὸ μὴ ξυμφέρον. Ἀλλ᾽, ἔφη ὁ Κλειτοφῶν, τὸ τοῦ κρείτ-
τονος ξυμφέρον ἔλεγεν ὃ ἡγοῖτο ὁ κρείττων αὑτῷ ξυμφέ-
ρειν· τοῦτο ποιητέον εἶναι τῷ ἥττονι, καὶ τὸ δίκαιον τοῦτο
ἐτίθετο. Ἀλλ᾽ οὐχ οὕτως, ἦ δ᾽ ὃς ὁ Πολέμαρχος, ἐλέγετο.
Οὐδέν, ἦν δ᾽ ἐγώ, ὦ Πολέμαρχε, διαφέρει, ἀλλ᾽ εἰ νῦν C
οὕτω λέγει Θρασύμαχος, οὕτως αὐτοῦ ἀποδεχώμεθα.

XIV. Καί μοι εἰπέ, ὦ Θρασύμαχε· τοῦτο ἦν ὃ ἐβού-
λου λέγειν τὸ δίκαιον, τὸ τοῦ κρείττονος ξυμφέρον[1] δοκοῦν
εἶναι τῷ κρείττονι, ἐάν τε ξυμφέρῃ ἐάν τε μή; οὕτως
σε φῶμεν λέγειν; Ἥκιστά γ᾽, ἔφη· ἀλλὰ κρείττω με οἴει
καλεῖν τὸν ἐξαμαρτάνοντα, ὅταν ἐξαμαρτάνῃ; Ἔγωγε,
εἶπον, ᾤμην σε τοῦτο λέγειν, ὅτε τοὺς ἄρχοντας ὡμολό-
γεις οὐκ ἀναμαρτήτους εἶναι, ἀλλά τι καὶ ἐξαμαρτάνειν. D
Συκοφάντης γὰρ εἶ, ἔφη, ὦ Σώκρατες, ἐν τοῖς λόγοις·
ἐπεὶ αὐτίκα ἰατρὸν καλεῖς σὺ τὸν ἐξαμαρτάνοντα περὶ
τοὺς κάμνοντας κατ᾽ αὐτὸ τοῦτο ὃ ἐξαμαρτάνει; ἢ λογι-
στικόν, ὃς ἂν ἐν λογισμῷ ἁμαρτάνῃ, τότε ὅταν ἁμαρτάνῃ,
κατὰ ταύτην τὴν ἁμαρτίαν; ἀλλ᾽, οἶμαι, λέγομεν τῷ
ῥήματι οὕτως, ὅτι ὁ ἰατρὸς ἐξήμαρτεν καὶ ὁ λογιστὴς
ἐξήμαρτεν καὶ ὁ γραμματιστής· τὸ δ᾽, οἶμαι, ἕκαστος
τούτων, καθ᾽ ὅσον τοῦτ᾽ ἔστιν ὃ προσαγορεύομεν αὐτόν, E
οὐδέποτε ἁμαρτάνει· ὥστε κατὰ τὸν ἀκριβῆ λόγον, ἐπειδὴ
καὶ σὺ ἀκριβολογεῖ, οὐδεὶς τῶν δημιουργῶν ἁμαρτάνει.
ἐπιλιπούσης γὰρ ἐπιστήμης ὁ ἁμαρτάνων ἁμαρτάνει, ἐν ᾧ
οὐκ ἔστι δημιουργός· ὥστε δημιουργὸς ἢ σοφὸς ἢ ἄρχων

---

[1] ξυμφέρον A: ξυμφέρον, <τὸ ξυμφέρον> Bonitz.

οὐδεὶς ἁμαρτάνει τότε ὅταν ἄρχων ᾖ, ἀλλὰ πᾶς γ᾽ ἂν εἴποι,
ὅτι ὁ ἰατρὸς ἥμαρτεν καὶ ὁ ἄρχων ἥμαρτεν. τοιοῦτον οὖν
δή σοι καὶ ἐμὲ ὑπόλαβε νῦν δὴ ἀποκρίνεσθαι· τὸ δὲ
ἀκριβέστατον ἐκεῖνο τυγχάνει ὄν, τὸν ἄρχοντα, καθ᾽ ὅσον
341 | ἄρχων ἐστί, μὴ ἁμαρτάνειν, μὴ ἁμαρτάνοντα δὲ τὸ αὑτῷ
βέλτιστον τίθεσθαι, τοῦτο δὲ τῷ ἀρχομένῳ ποιητέον. ὥστε,
ὅπερ ἐξ ἀρχῆς ἔλεγον, δίκαιον λέγω τὸ τοῦ κρείττονος
ποιεῖν συμφέρον.

XV. Εἶεν, ἦν δ᾽ ἐγώ, ὦ Θρασύμαχε· δοκῶ σοι συκο-
φαντεῖν; Πάνυ μὲν οὖν, ἔφη. Οἴει γάρ με ἐξ ἐπιβουλῆς
ἐν τοῖς λόγοις κακουργοῦντά σε ἐρέσθαι ὡς ἠρόμην; Εὖ
μὲν οὖν οἶδα, ἔφη· καὶ οὐδέν γέ σοι πλέον ἔσται· οὔτε
B γὰρ ἄν με λάθοις κακουργῶν, οὔτε μὴ λαθὼν βιάσασθαι
τῷ λόγῳ δύναιο. Οὐδέ γ᾽ ἂν ἐπιχειρήσαιμι, ἦν δ᾽ ἐγώ,
ὦ μακάριε. ἀλλ᾽ ἵνα μὴ αὖθις ἡμῖν τοιοῦτον ἐγγένηται,
διόρισαι, ποτέρως λέγεις τὸν ἄρχοντά τε καὶ τὸν κρείτ-
τονα, τὸν ὡς ἔπος εἰπεῖν ἢ τὸν ἀκριβεῖ λόγῳ, ὃ νῦν δὴ
ἔλεγες, οὗ τὸ ξυμφέρον κρείττονος ὄντος δίκαιον ἔσται
τῷ ἥττονι ποιεῖν. Τὸν τῷ ἀκριβεστάτῳ, ἔφη, λόγῳ ἄρ-
χοντα ὄντα. πρὸς ταῦτα κακούργει καὶ συκοφάντει, εἴ τι
C δύνασαι· οὐδέν σου παρίεμαι· ἀλλ᾽ οὐ μὴ οἷός τ᾽ ᾖς. Οἴει
γὰρ ἄν με, εἶπον, οὕτω μανῆναι, ὥστε ξυρεῖν ἐπιχειρεῖν
λέοντα καὶ συκοφαντεῖν Θρασύμαχον; Νῦν γοῦν, ἔφη,
ἐπεχείρησας, οὐδὲν ὢν καὶ ταῦτα. Ἅδην, ἦν δ᾽ ἐγώ, τῶν
τοιούτων. ἀλλ᾽ εἰπέ μοι· ὁ τῷ ἀκριβεῖ λόγῳ ἰατρός, ὃν
ἄρτι ἔλεγες, πότερον χρηματιστής ἐστιν ἢ τῶν καμνόντων
θεραπευτής; καὶ λέγε τὸν τῷ ὄντι ἰατρὸν ὄντα. Τῶν
καμνόντων, ἔφη, θεραπευτής. Τί δὲ κυβερνήτης; ὁ ὀρθῶς
κυβερνήτης ναυτῶν ἄρχων ἐστὶν, ἢ ναύτης; Ναυτῶν
D ἄρχων. Οὐδέν, οἶμαι, τοῦτο ὑπολογιστέον, ὅτι πλεῖ ἐν
τῇ νηΐ, οὐδ᾽ ἐστὶν κλητέος ναύτης· οὐ γὰρ κατὰ τὸ πλεῖν
κυβερνήτης καλεῖται, ἀλλὰ κατὰ τὴν τέχνην καὶ τὴν τῶν
ναυτῶν ἀρχήν. Ἀληθῆ, ἔφη. Οὐκοῦν ἑκάστῳ τούτων

ἔστιν τι ξυμφέρον; Πάνυ γε. Οὐ καὶ ἡ τέχνη, ἦν δ' ἐγώ,
ἐπὶ τούτῳ πέφυκεν, ἐπὶ τῷ τὸ ξυμφέρον ἑκάστῳ ζητεῖν τε
καὶ ἐκπορίζειν; Ἐπὶ τούτῳ, ἔφη. Ἆρ' οὖν καὶ ἑκάστῃ τῶν
τεχνῶν ἔστιν τι ξυμφέρον ἄλλο ἢ ὅ τι μάλιστα τελέαν[1]
εἶναι; Πῶς τοῦτο ἐρωτᾷς; Ὥσπερ, ἔφην ἐγώ, εἴ με Ε
ἔροιο, εἰ ἐξαρκεῖ σώματι εἶναι σώματι ἢ προσδεῖταί τινος,
εἴποιμ' ἂν ὅτι Παντάπασι μὲν οὖν προσδεῖται. διὰ ταῦτα
καὶ ἡ τέχνη ἐστὶν ἡ ἰατρικὴ νῦν ηὑρημένη, ὅτι σῶμά ἐστι
πονηρὸν καὶ οὐκ ἐξαρκεῖ αὐτῷ τοιούτῳ εἶναι. τούτῳ οὖν
ὅπως ἐκπορίζῃ τὰ συμφέροντα, ἐπὶ τούτῳ παρεσκευάσθη ἡ
τέχνη. ἢ ὀρθῶς σοι δοκῶ, ἔφην, ἂν εἰπεῖν οὕτω λέγων, ἢ οὔ;
Ὀρθῶς, | ἔφη. Τί δὲ δή; αὐτὴ ἡ ἰατρικὴ ἐστιν πονηρά, ἢ 342
ἄλλη τις τέχνη ἔσθ', ὅ τι προσδεῖταί τινος ἀρετῆς, ὥσπερ
ὀφθαλμοὶ ὄψεως, καὶ ὦτα ἀκοῆς, καὶ διὰ ταῦτα ἐπ' αὐτοῖς
δεῖ τινος τέχνης τῆς τὸ ξυμφέρον εἰς ταῦτα σκεψομένης τε
καὶ ἐκποριούσης[2]; ἆρα καὶ ἐν αὐτῇ τῇ τέχνῃ ἔνι τις πονη-
ρία, καὶ δεῖ[3] ἑκάστῃ τέχνῃ ἄλλης τέχνης, ἥτις αὐτῇ τὸ ξυμ-
φέρον σκέψεται, καὶ τῇ σκοπουμένῃ ἑτέρας αὖ τοιαύτης,
καὶ τοῦτ' ἔστιν ἀπέραντον; ἢ αὐτὴ αὑτῇ τὸ ξυμφέρον B
σκέψεται; ἢ οὔτε αὑτῆς οὔτε ἄλλης προσδεῖται ἐπὶ τὴν
αὑτῆς πονηρίαν τὸ ξυμφέρον σκοπεῖν· οὔτε γὰρ πονηρία
οὔτε ἁμαρτία οὐδεμία οὐδεμιᾷ τέχνῃ πάρεστιν, οὐδὲ προσ-
ήκει τέχνῃ ἄλλῳ τὸ ξυμφέρον ζητεῖν ἢ ἐκείνῳ οὗ τέχνη
ἐστίν, αὐτὴ δὲ ἀβλαβὴς καὶ ἀκέραιός ἐστιν ὀρθὴ οὖσα,
ἕωσπερ ἂν ᾖ ἑκάστη ἀκριβὴς ὅλη ἥπερ ἐστί; καὶ σκόπει
ἐκείνῳ τῷ ἀκριβεῖ λόγῳ· οὕτως ἢ ἄλλως ἔχει; Οὕτως,
ἔφη, φαίνεται. Οὐκ ἄρα, ἦν δ' ἐγώ, ἰατρικὴ ἰατρικῇ τὸ C
ξυμφέρον σκοπεῖ ἀλλὰ σώματι. Ναί, ἔφη. Οὐδὲ ἱππικὴ
ἱππικῇ ἀλλ' ἵπποις· οὐδὲ ἄλλη τέχνη οὐδεμία ἑαυτῇ, οὐδὲ
γὰρ προσδεῖται, ἀλλ' ἐκείνῳ οὗ τέχνη ἐστίν. Φαίνεται,

---

[1] Ita A : sed malim ἄλλο, ἢ ὅ τι μάλιστα τελέαν <δεῖ> εἶναι;
[2] ἐκποριούσης q : ἐκποριζούσης A.   [3] δεῖ Π : δεῖ ἀεὶ A.

ἔφη, οὕτως. Ἀλλὰ μήν, ὦ Θρασύμαχε, ἄρχουσί γε αἱ
τέχναι καὶ κρατοῦσιν ἐκείνου, οὗπέρ εἰσιν τέχναι. Συνε-
χώρησεν ἐνταῦθα καὶ μάλα μόγις. Οὐκ ἄρα ἐπιστήμη γε
οὐδεμία τὸ τοῦ κρείττονος ξυμφέρον σκοπεῖ οὐδ' ἐπιτάττει,
D ἀλλὰ τὸ τοῦ ἥττονός τε καὶ ἀρχομένου ὑπὸ ἑαυτῆς.
Ξυνωμολόγησε μὲν καὶ ταῦτα τελευτῶν, ἐπεχείρει δὲ περὶ
αὐτὰ μάχεσθαι· ἐπειδὴ δὲ ὡμολόγησεν, Ἄλλο τι οὖν, ἦν
δ' ἐγώ, οὐδὲ ἰατρὸς οὐδείς, καθ' ὅσον ἰατρός, τὸ τῷ ἰατρῷ
ξυμφέρον σκοπεῖ οὐδ' ἐπιτάττει, ἀλλὰ τὸ τῷ κάμνοντι;
ὡμολόγηται γὰρ ὁ ἀκριβὴς ἰατρὸς σωμάτων εἶναι ἄρχων
ἀλλ' οὐ χρηματιστής. ἢ οὐχ ὡμολόγηται; Ξυνέφη.
Οὐκοῦν καὶ ὁ κυβερνήτης ὁ ἀκριβὴς ναυτῶν εἶναι ἄρχων
E ἀλλ' οὐ ναύτης; Ὡμολόγηται. Οὐκ ἄρα ὅ γε τοιοῦτος
κυβερνήτης τε καὶ ἄρχων τὸ τῷ κυβερνήτῃ ξυμφέρον
σκέψεταί τε καὶ προστάξει, ἀλλὰ τὸ τῷ ναύτῃ τε καὶ
ἀρχομένῳ. Ξυνέφησε μόγις. Οὐκοῦν, ἦν δ' ἐγώ, ὦ
Θρασύμαχε, οὐδὲ ἄλλος οὐδεὶς ἐν οὐδεμιᾷ ἀρχῇ, καθ' ὅσον
ἄρχων ἐστίν, τὸ αὑτῷ ξυμφέρον σκοπεῖ οὐδ' ἐπιτάττει,
ἀλλὰ τὸ τῷ ἀρχομένῳ καὶ ᾧ ἂν αὐτὸς δημιουργῇ, καὶ πρὸς
ἐκεῖνο βλέπων, καὶ τὸ ἐκείνῳ ξυμφέρον καὶ πρέπον καὶ
λέγει ἃ λέγει καὶ ποιεῖ ἃ ποιεῖ ἅπαντα.

343 XVI. | Ἐπειδὴ οὖν ἐνταῦθα ἦμεν τοῦ λόγου, καὶ πᾶσι
καταφανὲς ἦν, ὅτι ὁ τοῦ δικαίου λόγος εἰς τοὐναντίον
περιειστήκει, ὁ Θρασύμαχος, ἀντὶ τοῦ ἀποκρίνεσθαι, Εἰπέ
μοι, ἔφη, ὦ Σώκρατες, τίτθη σοι ἔστιν; Τί δέ; ἦν δ' ἐγώ·
οὐκ ἀποκρίνεσθαι χρῆν μᾶλλον ἢ τοιαῦτα ἐρωτᾶν; Ὅτι
τοί σε, ἔφη, κορυζῶντα περιορᾷ καὶ οὐκ ἀπομύττει, δεό-
μενον, ὅς γε αὐτῇ οὐδὲ πρόβατα οὐδὲ ποιμένα γιγνώσκεις.
B Ὅτι δὴ τί μάλιστα; ἦν δ' ἐγώ. Ὅτι οἴει τοὺς ποιμένας
ἢ τοὺς βουκόλους τὸ τῶν προβάτων ἢ τὸ τῶν βοῶν ἀγαθὸν
σκοπεῖν καὶ παχύνειν αὐτοὺς καὶ θεραπεύειν πρὸς ἄλλο
τι βλέποντας ἢ τὸ τῶν δεσποτῶν ἀγαθὸν καὶ τὸ αὑτῶν,
καὶ δὴ καὶ τοὺς ἐν ταῖς πόλεσιν ἄρχοντας, οἳ ὡς ἀληθῶς

ἄρχουσιν, ἄλλως πως ἡγεῖ διανοεῖσθαι πρὸς τοὺς ἀρ-
χομένους ἢ ὥσπερ ἄν τις πρὸς πρόβατα διατεθείη, καὶ
ἄλλο τι σκοπεῖν αὐτοὺς διὰ νυκτὸς καὶ ἡμέρας ἢ τοῦτο
ὅθεν αὐτοὶ ὠφελήσονται. καὶ οὕτω πόρρω εἶ περί τε τοῦ C
δικαίου καὶ δικαιοσύνης καὶ ἀδίκου τε καὶ ἀδικίας, ὥστε
ἀγνοεῖς, ὅτι ἡ μὲν δικαιοσύνη καὶ τὸ δίκαιον ἀλλότριον
ἀγαθὸν τῷ ὄντι, τοῦ κρείττονός τε καὶ ἄρχοντος ξυμφέρον,
οἰκεία δὲ τοῦ πειθομένου τε καὶ ὑπηρετοῦντος βλάβη,
ἡ δὲ ἀδικία τοὐναντίον, καὶ ἄρχει τῶν ὡς ἀληθῶς εὐηθικῶν
τε καὶ δικαίων, οἱ δ' ἀρχόμενοι ποιοῦσιν τὸ ἐκείνου
ξυμφέρον κρείττονος ὄντος, καὶ εὐδαίμονα ἐκεῖνον ποιοῦσιν
ὑπηρετοῦντες αὐτῷ, ἑαυτοὺς δὲ οὐδ' ὁπωστιοῦν. σκο- D
πεῖσθαι δέ, ὦ εὐηθέστατε Σώκρατες, οὑτωσὶ χρή, ὅτι
δίκαιος ἀνὴρ ἀδίκου πανταχοῦ ἔλαττον ἔχει. πρῶτον μὲν
ἐν τοῖς πρὸς ἀλλήλους ξυμβολαίοις, ὅπου ἂν ὁ τοιοῦτος
τῷ τοιούτῳ κοινωνήσῃ, οὐδαμοῦ ἂν εὕροις ἐν τῇ διαλύσει
τῆς κοινωνίας πλέον ἔχοντα τὸν δίκαιον τοῦ ἀδίκου ἀλλ'
ἔλαττον· ἔπειτα ἐν τοῖς πρὸς τὴν πόλιν, ὅταν τέ τινες
εἰσφοραὶ ὦσιν, ὁ μὲν δίκαιος ἀπὸ τῶν ἴσων πλέον εἰσφέρει,
ὁ δ' ἔλαττον, ὅταν τε λήψεις, ὁ μὲν οὐδέν, ὁ δὲ πολλὰ Ε
κερδαίνει. καὶ γὰρ ὅταν ἀρχήν τινα ἄρχῃ ἑκάτερος, τῷ
μὲν δικαίῳ ὑπάρχει, καὶ εἰ μηδεμία ἄλλη ζημία, τά γε
οἰκεῖα δι' ἀμέλειαν μοχθηροτέρως ἔχειν, ἐκ δὲ τοῦ δημοσίου
μηδὲν ὠφελεῖσθαι διὰ τὸ δίκαιον εἶναι, πρὸς δὲ τούτοις,
ἀπεχθέσθαι τοῖς τε οἰκείοις καὶ τοῖς γνωρίμοις, ὅταν μη-
δὲν ἐθέλῃ αὐτοῖς ὑπηρετεῖν παρὰ τὸ δίκαιον· τῷ δὲ ἀδίκῳ
πάντα τούτων τἀναντία ὑπάρχει. λέγω γὰρ ὅνπερ νῦν δὴ
ἔλεγον, τὸν μεγάλα δυνάμενον πλεονεκτεῖν. τοῦτον οὖν 344
σκόπει, εἴπερ βούλει κρίνειν, ὅσῳ μᾶλλον ξυμφέρει ἰδίᾳ
αὐτῷ ἄδικον εἶναι, ἢ τὸ δίκαιον. πάντων δὲ ῥᾷστα μαθή-
σει, ἐὰν ἐπὶ τὴν τελεωτάτην ἀδικίαν ἔλθῃς, ἣ τὸν μὲν
ἀδικήσαντα εὐδαιμονέστατον ποιεῖ, τοὺς δὲ ἀδικηθέντας
καὶ ἀδικῆσαι οὐκ ἂν ἐθέλοντας, ἀθλιωτάτους. ἔστιν δὲ

τοῦτο τυραννίς, ἣ οὐ κατὰ σμικρὸν τἀλλότρια καὶ λάθρᾳ
καὶ βίᾳ ἀφαιρεῖται, καὶ ἱερὰ καὶ ὅσια καὶ ἴδια καὶ δημόσια,
B ἀλλὰ ξυλλήβδην, ὧν ἐφ᾽ ἑκάστῳ μέρει, ὅταν τις ἀδικήσας
μὴ λάθῃ, ζημιοῦταί τε καὶ ὀνείδη ἔχει τὰ μέγιστα· καὶ
γὰρ ἱερόσυλοι καὶ ἀνδραποδισταὶ καὶ τοιχωρύχοι καὶ
ἀποστερηταὶ καὶ κλέπται οἱ κατὰ μέρη ἀδικοῦντες τῶν
τοιούτων κακουργημάτων καλοῦνται· ἐπειδὰν δέ τις πρὸς
τοῖς τῶν πολιτῶν χρήμασιν καὶ αὐτοὺς ἀνδραποδισάμενος
δουλώσηται, ἀντὶ τούτων τῶν αἰσχρῶν ὀνομάτων εὐδαί-
μονες καὶ μακάριοι κέκληνται, οὐ μόνον ὑπὸ τῶν πολιτῶν
C ἀλλὰ καὶ ὑπὸ τῶν ἄλλων, ὅσοι ἂν πύθωνται αὐτὸν τὴν
ὅλην ἀδικίαν ἠδικηκότα· οὐ γὰρ τὸ ποιεῖν τὰ ἄδικα
ἀλλὰ τὸ πάσχειν φοβούμενοι ὀνειδίζουσιν οἱ ὀνειδίζοντες
τὴν ἀδικίαν. οὕτως, ὦ Σώκρατες, καὶ ἰσχυρότερον καὶ
ἐλευθεριώτερον καὶ δεσποτικώτερον ἀδικία δικαιοσύνης
ἐστὶν ἱκανῶς γιγνομένη, καὶ ὅπερ ἐξ ἀρχῆς ἔλεγον, τὸ μὲν
τοῦ κρείττονος ξυμφέρον τὸ δίκαιον τυγχάνει ὄν, τὸ δ᾽
ἄδικον ἑαυτῷ λυσιτελοῦν τε καὶ ξυμφέρον.

D   XVII. Ταῦτα εἰπὼν ὁ Θρασύμαχος ἐν νῷ εἶχεν ἀπιέ-
ναι, ὥσπερ βαλανεὺς ἡμῶν καταντλήσας κατὰ τῶν ὤτων
ἀθρόον καὶ πολὺν τὸν λόγον. οὐ μὴν εἴασάν γε αὐτὸν οἱ
παρόντες, ἀλλ᾽ ἠνάγκασαν ὑπομεῖναί τε καὶ παρασχεῖν
τῶν εἰρημένων λόγον. καὶ δὴ ἔγωγε καὶ αὐτὸς πάνυ ἐδεό-
μην τε καὶ εἶπον Ὦ δαιμόνιε Θρασύμαχε, οἷον ἐμβαλὼν
λόγον ἐν νῷ ἔχεις ἀπιέναι, πρὶν διδάξαι ἱκανῶς ἢ μαθεῖν
εἴτε οὕτως εἴτε ἄλλως ἔχει; ἢ σμικρὸν οἴει ἐπιχειρεῖν
E πρᾶγμα διορίζεσθαι, ἀλλ᾽ οὐ βίου διαγωγήν, ᾗ ἂν διαγό-
μενος ἕκαστος ἡμῶν λυσιτελεστάτην ζωὴν ζῴη; Ἐγὼ γὰρ
οἶμαι, ἔφη ὁ Θρασύμαχος, τουτὶ ἄλλως ἔχειν; Ἔοικας, ἦν
δ᾽ ἐγώ, ἤτοι ἡμῶν γε οὐδὲν κήδεσθαι, οὐδέ τι φροντίζειν
εἴτε χεῖρον εἴτε βέλτιον βιωσόμεθα ἀγνοοῦντες ὃ σὺ φὴς
εἰδέναι. ἀλλ᾽, ὦ 'γαθέ, προθυμοῦ καὶ ἡμῖν ἐνδείξασθαι·

¹ βίᾳ Π: βία Α.

οὗτοι κα|κῶς σοι κείσεται, ὅ τι ἂν ἡμᾶς τοσούσδε ὄντας 345
εὐεργετήσῃς. ἐγὼ γὰρ δή σοι λέγω τό γ' ἐμόν, ὅτι οὐ
πείθομαι οὐδ' οἶμαι ἀδικίαν δικαιοσύνης κερδαλεώτερον
εἶναι, οὐδ' ἐὰν ἐᾷ τις αὐτὴν καὶ μὴ διακωλύῃ πράττειν
ἃ βούλεται. ἀλλ', ὦ 'γαθέ, ἔστω μὲν ἄδικος, δυνάσθω δὲ
ἀδικεῖν ἢ τῷ λανθάνειν ἢ τῷ διαμάχεσθαι· ὅμως ἐμέ γε
οὐ πείθει ὡς ἔστι τῆς δικαιοσύνης κερδαλεώτερον. ταῦτ'
οὖν καὶ ἕτερος ἴσως τις ἡμῶν πέπονθεν, οὐ μόνος ἐγώ. Β
πεῖσον οὖν, ὦ μακάριε, ἱκανῶς ἡμᾶς, ὅτι οὐκ ὀρθῶς βου-
λευόμεθα δικαιοσύνην ἀδικίας περὶ πλείονος ποιούμενοι.
Καὶ πῶς, ἔφη, σὲ πείσω; εἰ γὰρ οἷς νῦν δὴ ἔλεγον μὴ
πέπεισαι, τί σοι ἔτι ποιήσω; ἢ εἰς τὴν ψυχὴν φέρων ἐνθῶ
τὸν λόγον; Μὰ Δί', ἦν δ' ἐγώ, μὴ σύ γε· ἀλλὰ πρῶτον
μέν, ἃ ἂν εἴπῃς, ἔμμενε τούτοις, ἢ ἐὰν μετατιθῇ, φανερῶς
μετατίθεσο καὶ ἡμᾶς μὴ ἐξαπάτα. νῦν δὲ ὁρᾷς, ὦ
Θρασύμαχε, ἔτι γὰρ τὰ ἔμπροσθεν ἐπισκεψώμεθα, ὅτι τὸν C
ὡς ἀληθῶς ἰατρὸν τὸ πρῶτον ὁριζόμενος, τὸν ὡς ἀληθῶς
ποιμένα οὐκέτι ᾤου δεῖν ὕστερον ἀκριβῶς φυλάξαι, ἀλλὰ
ποιμαίνειν[1] οἴει αὐτὸν τὰ πρόβατα, καθ' ὅσον ποιμὴν
ἐστιν, οὐ πρὸς τὸ τῶν προβάτων βέλτιστον βλέποντα, ἀλλ'
ὥσπερ δαιτυμόνα τινὰ καὶ μέλλοντα ἑστιάσεσθαι, πρὸς
τὴν εὐωχίαν, ἢ αὖ πρὸς τὸ ἀποδόσθαι, ὥσπερ χρημα-
τιστὴν ἀλλ' οὐ ποιμένα. τῇ δὲ ποιμενικῇ οὐ δήπου ἄλλου D
του μέλει ἤ, ἐφ' ᾧ τέτακται, ὅπως τούτῳ τὸ βέλτιστον
ἐκποριεῖ· ἐπεὶ τά γε αὑτῆς, ὥστ' εἶναι βελτίστη, ἱκανῶς
δήπου ἐκπεπόρισται, ἕως γ' ἂν μηδὲν ἐνδέῃ τοῦ ποιμενικῇ
εἶναι· οὕτω δὲ ᾤμην ἔγωγε, νῦν δὴ ἀναγκαῖον εἶναι ἡμῖν
ὁμολογεῖν, πᾶσαν ἀρχήν, καθ' ὅσον ἀρχή, μηδενὶ ἄλλῳ
τὸ βέλτιστον σκοπεῖσθαι ἢ ἐκείνῳ τῷ ἀρχομένῳ τε καὶ
θεραπευομένῳ, ἔν τε πολιτικῇ καὶ ἰδιωτικῇ ἀρχῇ. σὺ δὲ Ε
τοὺς ἄρχοντας ἐν ταῖς πόλεσιν, τοὺς ἀληθῶς ἄρχοντας,
ἑκόντας οἴει ἄρχειν; Μὰ Δί' οὔκ, ἔφη, ἀλλ' εὖ οἶδα.

---

[1] ποιμαίνειν Π et γρ in marg. A²: πιαίνειν A.

XVIII. Τί δέ; ἦν δ' ἐγώ, ὦ Θρασύμαχε, τὰς ἄλλας
ἀρχὰς οὐκ ἐννοεῖς ὅτι οὐδεὶς ἐθέλει ἄρχειν ἑκών, ἀλλὰ
μισθὸν αἰτοῦσιν, ὡς οὐχὶ αὐτοῖσιν ὠφελίαν ἐσομένην ἐκ
346 τοῦ ἄρχειν ἀλλὰ τοῖς ἀρχο|μένοις; ἐπεὶ τοσόνδε εἰπέ· οὐχὶ
ἑκάστην μέντοι φαμὲν ἑκάστοτε τῶν τεχνῶν τούτῳ ἑτέραν
εἶναι, τῷ ἑτέραν τὴν δύναμιν ἔχειν; καί, ὦ μακάριε, μὴ
παρὰ δόξαν ἀποκρίνου, ἵνα τι καὶ περαίνωμεν. Ἀλλὰ
τούτῳ, ἔφη, ἑτέρα. Οὐκοῦν καὶ ὠφελίαν ἑκάστη ἰδίαν
τινὰ ἡμῖν παρέχεται, ἀλλ' οὐ κοινήν, οἷον ἰατρικὴ μὲν
ὑγίειαν, κυβερνητικὴ δὲ σωτηρίαν ἐν τῷ πλεῖν, καὶ αἱ
ἄλλαι οὕτω; Πάνυ γε. Οὐκοῦν καὶ μισθωτικὴ μισθόν;
B αὕτη γὰρ αὐτῆς ἡ δύναμις. ἢ τὴν ἰατρικὴν σὺ καὶ τὴν
κυβερνητικὴν τὴν αὐτὴν καλεῖς; ἢ ἐάνπερ βούλῃ ἀκρι-
βῶς διορίζειν, ὥσπερ ὑπέθου, οὐδέν τι μᾶλλον, ἐάν τις
κυβερνῶν ὑγιὴς γίγνηται, διὰ τὸ ξυμφέρειν[1] αὐτῷ πλεῖν ἐν
τῇ θαλάττῃ, ἕνεκα τούτου καλεῖς μᾶλλον αὐτὴν ἰατρικήν;
Οὐ δῆτα, ἔφη. Οὐδέ γ', οἶμαι, τὴν μισθωτικήν, ἐὰν
ὑγιαίνῃ τις μισθαρνῶν. Οὐ δῆτα. Τί δέ; τὴν ἰατρικὴν
C μισθαρνητικήν, ἐὰν ἰώμενός τις μισθαρνῇ; Οὐκ ἔφη.
Οὐκοῦν τήν γε ὠφελίαν ἑκάστης τῆς τέχνης ἰδίαν ὡμο-
λογήσαμεν εἶναι; Ἔστω, ἔφη. Ἥντινα ἄρα ὠφελίαν
κοινῇ ὠφελοῦνται πάντες οἱ δημιουργοί, δῆλον ὅτι κοινῇ
τινι τῷ αὐτῷ προσχρώμενοι ἀπ' ἐκείνου ὠφελοῦνται.
Ἔοικεν, ἔφη. Φαμὲν δέ γε τὸ μισθὸν ἀρνυμένους ὠφελεῖ-
σθαι τοὺς δημιουργοὺς ἀπὸ τοῦ προσχρῆσθαι τῇ μισθω-
τικῇ τέχνῃ γίγνεσθαι αὐτοῖς. Ξυνέφη μόγις. Οὐκ ἄρα
D ἀπὸ τῆς αὑτοῦ τέχνης ἑκάστῳ αὕτη ἡ ὠφελία ἐστίν, ἡ
τοῦ μισθοῦ λῆψις, ἀλλ', εἰ δεῖ ἀκριβῶς σκοπεῖσθαι, ἡ μὲν
ἰατρικὴ ὑγίειαν ποιεῖ, ἡ δὲ μισθαρνητικὴ μισθόν, καὶ ἡ
μὲν οἰκοδομικὴ οἰκίαν, ἡ δὲ μισθαρνητικὴ αὐτῇ ἑπομένη
μισθόν, καὶ αἱ ἄλλαι πᾶσαι οὕτως· τὸ αὑτῆς ἑκάστη ἔργον
ἐργάζεται καὶ ὠφελεῖ ἐκεῖνο, ἐφ' ᾧ τέτακται. ἐὰν δὲ μὴ

[1] ξυμφέρειν Ξ² q : ξυμφέρον Α.

μισθὸς αὐτῇ προσγίγνηται, ἔσθ' ὅ τι ὠφελεῖται ὁ δη-
μιουργὸς ἀπὸ τῆς τέχνης; Οὐ φαίνεται, ἔφη. Ἆρ' οὖν
οὐδ' ὠφελεῖ τότε, ὅταν προῖκα ἐργάζηται; Οἶμαι ἔγωγε. Ε
Οὐκοῦν, ὦ Θρασύμαχε, τοῦτο ἤδη δῆλον, ὅτι οὐδεμία
τέχνη οὐδὲ ἀρχὴ τὸ αὐτῇ ὠφέλιμον παρασκευάζει, ἀλλ',
ὅπερ πάλαι ἐλέγομεν, τὸ τῷ ἀρχομένῳ καὶ παρασκευάζει
καὶ ἐπιτάττει, τὸ ἐκείνου ξυμφέρον ἥττονος ὄντος σκο-
ποῦσα, ἀλλ' οὐ τὸ τοῦ κρείττονος. διὰ δὴ ταῦτα ἔγωγε, ὦ
φίλε Θρασύμαχε, καὶ ἄρτι ἔλεγον μηδένα ἐθέλειν ἑκόντα
ἄρχειν καὶ τὰ ἀλλότρια κακὰ μεταχειρίζεσθαι ἀνορθοῦντα,
ἀλλὰ μισθὸν αἰτεῖν, ὅτι ὁ μέλλων καλῶς τῇ τέχνῃ | πράξειν 347
οὐδέποτε αὐτῷ τὸ βέλτιστον πράττει οὐδ' ἐπιτάττει κατὰ
τὴν τέχνην ἐπιτάττων, ἀλλὰ τῷ ἀρχομένῳ· ὧν[1] δὴ ἕνεκα,
ὡς ἔοικε, μισθὸν δεῖν ὑπάρχειν τοῖς μέλλουσιν ἐθελήσειν
ἄρχειν, ἢ ἀργύριον ἢ τιμήν, ἢ ζημίαν, ἐὰν μὴ ἄρχῃ.

XIX. Πῶς τοῦτο λέγεις, ὦ Σώκρατες; ἔφη ὁ Γλαύ-
κων. τοὺς μὲν γὰρ δύο μισθοὺς γιγνώσκω· τὴν δὲ ζημίαν
ἥντινα λέγεις καὶ ὡς ἐν μισθοῦ μέρει εἴρηκας, οὐ ξυνῆκα.
Τὸν τῶν βελτίστων ἄρα μισθόν, ἔφην, οὐ ξυνιεῖς, δι' ὃν Β
ἄρχουσιν οἱ ἐπιεικέστατοι, ὅταν ἐθέλωσιν ἄρχειν. ἢ οὐκ
οἶσθα, ὅτι τὸ φιλότιμόν τε καὶ φιλάργυρον εἶναι ὄνειδος
λέγεταί τε καὶ ἔστιν; Ἔγωγε, ἔφη. Διὰ ταῦτα τοίνυν, ἦν
δ' ἐγώ, οὔτε χρημάτων ἕνεκα ἐθέλουσιν ἄρχειν οἱ ἀγαθοὶ
οὔτε τιμῆς· οὔτε γὰρ φανερῶς πραττόμενοι τῆς ἀρχῆς
ἕνεκα μισθὸν μισθωτοὶ βούλονται κεκλῆσθαι, οὔτε λάθρα
αὐτοὶ ἐκ τῆς ἀρχῆς λαμβάνοντες κλέπται· οὐδ' αὖ τιμῆς
ἕνεκα· οὐ γάρ εἰσι φιλότιμοι. δεῖ δὴ[2] αὐτοῖς ἀνάγκην C
προσεῖναι καὶ ζημίαν, εἰ μέλλουσιν ἐθέλειν ἄρχειν· ὅθεν
κινδυνεύει τὸ ἑκόντα ἐπὶ τὸ ἄρχειν ἰέναι, ἀλλὰ μὴ ἀνάγκην
περιμένειν, αἰσχρὸν νενομίσθαι. τῆς δὲ ζημίας μεγίστη τὸ
ὑπὸ πονηροτέρου ἄρχεσθαι, ἐὰν μὴ αὐτὸς ἐθέλῃ ἄρχειν·

---

¹ ὧν Ξ: ᾧ Α.　　　　　² δὴ Π: δὲ Α.

ἣν δείσαντές μοι φαίνονται ἄρχειν, ὅταν ἄρχωσιν, οἱ
ἐπιεικεῖς, καὶ τότε ἔρχονται ἐπὶ τὸ ἄρχειν, οὐχ ὡς ἐπ'
ἀγαθόν τι ἰόντες οὐδ' ὡς εὐπαθήσοντες ἐν αὐτῷ, ἀλλ' ὡς
D ἐπ' ἀναγκαῖον καὶ οὐκ ἔχοντες ἑαυτῶν βελτίοσιν ἐπιτρέψαι
οὐδὲ ὁμοίοις. ἐπεὶ κινδυνεύει, πόλις ἀνδρῶν ἀγαθῶν εἰ
γένοιτο, περιμάχητον ἂν εἶναι τὸ μὴ ἄρχειν, ὥσπερ νυνὶ
τὸ ἄρχειν, καὶ ἐνταῦθ' ἂν καταφανὲς γενέσθαι, ὅτι τῷ
ὄντι ἀληθινὸς ἄρχων οὐ πέφυκε τὸ αὑτῷ ξυμφέρον σκο-
πεῖσθαι, ἀλλὰ τὸ τῷ ἀρχομένῳ· ὥστε πᾶς ἂν ὁ γιγνώσκων
τὸ ὠφελεῖσθαι μᾶλλον ἕλοιτο ὑπ' ἄλλου, ἢ ἄλλον ὠφελῶν
πράγματα ἔχειν. τοῦτο μὲν οὖν ἔγωγε οὐδαμῇ συγχωρῶ
E Θρασυμάχῳ, ὡς τὸ δίκαιόν ἐστιν τὸ τοῦ κρείττονος ξυμφέ-
ρον. ἀλλὰ τοῦτο μὲν δὴ καὶ εἰσαῦθις σκεψόμεθα· πολὺ
δέ μοι δοκεῖ μεῖζον εἶναι, ὃ νῦν λέγει Θρασύμαχος, τὸν
τοῦ ἀδίκου βίον φάσκων εἶναι κρείττω ἢ τὸν τοῦ δικαίου.
σὺ οὖν ποτέρως, ἦν δ' ἐγώ, ὦ Γλαύκων, αἱρεῖ, καὶ πότερον
ἀληθεστέρως[1] δοκεῖ σοι λέγεσθαι; Τὸν τοῦ δικαίου ἔγωγε,
ἔφη, λυσιτελέστερον βίον εἶναι. Ἤκουσας, ἦν δ' ἐγώ,
348 | ὅσα ἄρτι Θρασύμαχος ἀγαθὰ διῆλθε τῷ τοῦ ἀδίκου;
Ἤκουσα, ἔφη, ἀλλ' οὐ πείθομαι. Βούλει οὖν αὐτὸν πεί-
θωμεν, ἂν δυνώμεθά πῃ ἐξευρεῖν, ὡς οὐκ ἀληθῆ λέγει;
Πῶς γὰρ οὐ βούλομαι; ἦ δ' ὅς. Ἂν μὲν τοίνυν, ἦν δ'
ἐγώ, ἀντικατατείναντες λέγωμεν αὐτῷ λόγον παρὰ λόγον,
ὅσα αὖ ἀγαθὰ ἔχει τὸ δίκαιον εἶναι, καὶ αὖθις οὗτος,
καὶ ἄλλον ἡμεῖς, ἀριθμεῖν δεήσει τἀγαθὰ καὶ μετρεῖν ὅσα
B ἑκάτεροι ἐν ἑκατέρῳ, λέγομεν, καὶ ἤδη δικαστῶν τινῶν
τῶν διακρινούντων δεησόμεθα· ἂν δὲ ὥσπερ ἄρτι ἀνομο-
λογούμενοι πρὸς ἀλλήλους σκοπῶμεν, ἅμα αὐτοί τε
δικασταὶ καὶ ῥήτορες ἐσόμεθα. Πάνυ μὲν οὖν, ἔφη. Ὁπο-
τέρως οὖν σοι, ἦν δ' ἐγώ, ἀρέσκει. Οὕτως, ἔφη.

XX. Ἴθι δή, ἦν δ' ἐγώ, ὦ Θρασύμαχε, ἀπόκριναι
ἡμῖν ἐξ ἀρχῆς· τὴν τελέαν ἀδικίαν τελέας οὔσης δικαιο-

―――――――
[1] ἀληθεστέρως v: ὡς ἀληθεστέρως A.

σύνης λυσιτελεστέραν φῂς εἶναι; Πάνυ μὲν οὖν καὶ φημί,
ἔφη, καὶ δι' ἅ, εἴρηκα. Φέρε δὴ τὸ τοιόνδε περὶ αὐτῶν C
πῶς λέγεις; τὸ μέν που ἀρετὴν αὐτοῖν καλεῖς, τὸ δὲ κα-
κίαν; Πῶς γὰρ οὔ; Οὐκοῦν τὴν μὲν δικαιοσύνην ἀρετήν,
τὴν δὲ ἀδικίαν κακίαν; Εἰκός γ', ἔφη, ὦ ἥδιστε, ἐπειδὴ
καὶ λέγω ἀδικίαν μὲν λυσιτελεῖν, δικαιοσύνην δ' οὔ.
Ἀλλὰ τί μήν; Τοὐναντίον, ἦ δ' ὅς. Ἦ τὴν δικαιοσύνην
κακίαν; Οὔκ, ἀλλὰ πάνυ γενναίαν εὐήθειαν. Τὴν ἀδικίαν D
ἄρα κακοήθειαν καλεῖς; Οὔκ, ἀλλ' εὐβουλίαν, ἔφη. Ἦ
καὶ φρόνιμοί σοι, ὦ Θρασύμαχε, δοκοῦσιν εἶναι καὶ ἀγαθοὶ
οἱ ἄδικοι; Οἵ γε τελέως, ἔφη, οἷοί τε ἀδικεῖν, πόλεις τε
καὶ ἔθνη δυνάμενοι ἀνθρώπων ὑφ' ἑαυτοὺς ποιεῖσθαι. σὺ
δὲ οἴει με ἴσως τοὺς τὰ βαλλάντια ἀποτέμνοντας λέγειν.
λυσιτελεῖ μὲν οὖν, ἦ δ' ὅς, καὶ τὰ τοιαῦτα, ἐάνπερ
λανθάνῃ· ἔστι δὲ οὐκ ἄξια λόγου, ἀλλ' ἃ νῦν δὴ ἔλεγον.
Τοῦτο μέντοι, ἔφην, οὐκ ἀγνοῶ ὅ τι βούλει λέγειν· ἀλλὰ E
τόδε ἐθαύμασα, εἰ ἐν ἀρετῆς καὶ σοφίας τίθης μέρει τὴν
ἀδικίαν, τὴν δὲ δικαιοσύνην ἐν τοῖς ἐναντίοις. Ἀλλὰ
πάνυ οὕτω τίθημι. Τοῦτο, ἦν δ' ἐγώ, ἤδη στερεώτερον,
ὦ ἑταῖρε, καὶ οὐκέτι ῥᾴδιον[1] ἔχειν ὅ τί τις εἴπῃ. εἰ γὰρ
λυσιτελεῖν μὲν τὴν ἀδικίαν ἐτίθεσο, κακίαν μέντοι ἢ
αἰσχρὸν αὐτὸ ὡμολόγεις εἶναι, ὥσπερ ἄλλοι τινές, εἴχομεν
ἄν τι λέγειν κατὰ τὰ νομιζόμενα λέγοντες· νῦν δὲ δῆλος εἶ
ὅτι φήσεις αὐτὸ καὶ καλὸν καὶ ἰσχυρὸν εἶναι καὶ τἆλλα
αὐτῷ πάντα προσθήσεις, ἃ ἡμεῖς τῷ δικαίῳ προσετίθεμεν, 349
ἐπειδή γε καὶ ἐν ἀρετῇ αὐτὸ καὶ σοφίᾳ ἐτόλμησας θεῖναι.
Ἀληθέστατα, ἔφη, μαντεύει. Ἀλλ' οὐ μέντοι, ἦν δ' ἐγώ,
ἀποκνητέον γε τῷ λόγῳ ἐπεξελθεῖν σκοπούμενον, ἕως ἄν
σε ὑπολαμβάνω λέγειν ἅπερ διανοεῖ. ἐμοὶ γὰρ δοκεῖς σύ,
ὦ Θρασύμαχε, ἀτεχνῶς νῦν οὐ σκώπτειν, ἀλλὰ τὰ δο-
κοῦντα περὶ τῆς ἀληθείας[2] λέγειν. Τί δέ σοι, ἔφη, τοῦτο
διαφέρει, εἴτε μοι δοκεῖ εἴτε μή, ἀλλ' οὐ τὸν λόγον ἐλέγ-

---

[1] ῥᾴδιον v: ῥᾷον A.   [2] ἀληθείας A: ἀδικίας coniecit H. Wolf.

B χεις; Οὐδέν, ἦν δ' ἐγώ. ἀλλὰ τόδε μοι πειρῶ ἔτι πρὸς
τούτοις ἀποκρίνασθαι· ὁ δίκαιος τοῦ δικαίου δοκεῖ τί σοι
ἂν ἐθέλειν πλέον ἔχειν; Οὐδαμῶς, ἔφη· οὐ γὰρ ἂν ἦν
ἀστεῖος, ὥσπερ νῦν, καὶ εὐήθης. Τί δέ; τῆς δικαίας
πράξεως; Οὐδὲ τῆς <πράξεως τῆς[1]> δικαίας, ἔφη. Τοῦ δὲ
ἀδίκου πότερον ἀξιοῖ ἂν πλεονεκτεῖν, καὶ ἡγοῖτο δίκαιον
εἶναι, ἢ οὐκ ἂν ἡγοῖτο δίκαιον; Ἡγοῖτ' ἄν, ἦ δ' ὅς, καὶ
ἀξιοῖ, ἀλλ' οὐκ ἂν δύναιτο. Ἀλλ' οὐ τοῦτο, ἦν δ' ἐγώ,
C ἐρωτῶ, ἀλλ' εἰ τοῦ μὲν δικαίου μὴ ἀξιοῖ πλέον ἔχειν μηδὲ
βούλεται ὁ δίκαιος, τοῦ δὲ ἀδίκου; Ἀλλ' οὕτως, ἔφη, ἔχει.
Τί δὲ δὴ ὁ ἄδικος; ἆρα ἀξιοῖ τοῦ δικαίου πλεονεκτεῖν καὶ
τῆς δικαίας πράξεως; Πῶς γὰρ οὔκ; ἔφη, ὅς γε πάντων
πλέον ἔχειν ἀξιοῖ. Οὐκοῦν καὶ ἀδίκου ἀνθρώπου τε καὶ
πράξεως ὁ ἄδικος πλεονεκτήσει καὶ ἁμιλλήσεται ὡς ἁπάν-
των πλεῖστον αὐτὸς λάβῃ; Ἔστι ταῦτα.

XXI. Ὧδε δὴ λέγωμεν, ἔφην· ὁ δίκαιος τοῦ μὲν
ὁμοίου οὐ πλεονεκτεῖ, τοῦ δὲ ἀνομοίου, ὁ δὲ ἄδικος τοῦ τε
D ὁμοίου καὶ τοῦ ἀνομοίου. Ἄριστα, ἔφη, εἴρηκας. Ἔστιν
δέ γε, ἔφην, φρόνιμός τε καὶ ἀγαθὸς ὁ ἄδικος, ὁ δὲ δίκαιος
οὐδέτερα. Καὶ τοῦτ', ἔφη, εὖ. Οὐκοῦν, ἦν δ' ἐγώ, καὶ
ἔοικε τῷ φρονίμῳ καὶ τῷ ἀγαθῷ ὁ ἄδικος, ὁ δὲ δίκαιος οὐκ
ἔοικεν; Πῶς γὰρ οὐ μέλλει, ἔφη, ὁ τοιοῦτος ὢν καὶ
ἐοικέναι τοῖς τοιούτοις, ὁ δὲ μὴ ἐοικέναι; Καλῶς. τοιοῦτος
ἄρα ἐστὶν ἑκάτερος αὐτῶν οἷσπερ ἔοικεν. Ἀλλὰ τί μέλλει;
ἔφη. Εἶεν, ὦ Θρασύμαχε· μουσικὸν δέ τινα λέγεις, ἕτερον
E δὲ ἄμουσον; Ἔγωγε. Πότερον φρόνιμον καὶ πότερον
ἄφρονα; Τὸν μὲν μουσικὸν δήπου φρόνιμον, τὸν δὲ ἄμου-
σον ἄφρονα. Οὐκοῦν καὶ ἅπερ φρόνιμον, ἀγαθόν, ἃ δὲ
ἄφρονα, κακόν; Ναί. Τί δὲ ἰατρικόν; οὐχ οὕτως; Οὕτως.
Δοκεῖ ἂν οὖν τίς σοι, ὦ ἄριστε, μουσικὸς ἀνὴρ ἁρμοττό-
μενος λύραν ἐθέλειν μουσικοῦ ἀνδρὸς ἐν τῇ ἐπιτάσει καὶ
ἀνέσει τῶν χορδῶν πλεονεκτεῖν ἢ ἀξιοῦν πλέον ἔχειν;

[1] πράξεως τῆς nos : om. codd.

Οὐκ ἔμοιγε. Τί δέ; ἀμούσου; Ἀνάγκη, ἔφη. Τί δὲ
ἰατρικός; | ἐν τῇ ἐδωδῇ ἢ πόσει ἐθέλειν ἄν τι ἰατρικοῦ 350
πλεονεκτεῖν ἢ ἀνδρὸς ἢ πράγματος; Οὐ δῆτα. Μὴ
ἰατρικοῦ δέ; Ναί. | Περὶ πάσης δὲ ὅρα ἐπιστήμης τε καὶ
ἀνεπιστημοσύνης, εἴ τίς σοι δοκεῖ. ἐπιστήμων ὁστισοῦν
πλείω ἂν ἐθέλειν αἱρεῖσθαι ἢ ὅσα ἄλλος ἐπιστήμων ἢ
πράττειν ἢ λέγειν, καὶ οὐ ταὐτὰ τῷ ὁμοίῳ ἑαυτῷ εἰς τὴν
αὐτὴν πρᾶξιν. Ἀλλ' ἴσως, ἔφη, ἀνάγκη τοῦτό γε οὕτως
ἔχειν. Τί δὲ ὁ ἀνεπιστήμων; οὐχὶ ὁμοίως μὲν ἐπιστή-
μονος πλεονεκτήσειεν ἄν, ὁμοίως δὲ ἀνεπιστήμονος; Ἴσως. Β
Ὁ δὲ ἐπιστήμων σοφός; Φημί. Ὁ δὲ σοφὸς ἀγαθός;
Φημί. Ὁ ἄρα ἀγαθός τε καὶ σοφὸς τοῦ μὲν ὁμοίου οὐκ
ἐθελήσει πλεονεκτεῖν, τοῦ δὲ ἀνομοίου τε καὶ ἐναντίου.
Ἔοικεν, ἔφη. Ὁ δὲ κακός τε καὶ ἀμαθὴς τοῦ τε ὁμοίου
καὶ τοῦ ἐναντίου. Φαίνεται. Οὐκοῦν, ὦ Θρασύμαχε, ἦν
δ' ἐγώ, ὁ ἄδικος ἡμῖν τοῦ ἀνομοίου τε καὶ ὁμοίου πλεον-
εκτεῖ; ἢ οὐχ οὕτως ἔλεγες; Ἔγωγε, ἔφη. Ὁ δέ γε
δίκαιος τοῦ μὲν ὁμοίου οὐ πλεονεκτήσει, τοῦ δὲ ἀνομοίου; C
Ναί. Ἔοικεν ἄρα, ἦν δ' ἐγώ, ὁ μὲν δίκαιος τῷ σοφῷ καὶ
ἀγαθῷ, ὁ δὲ ἄδικος τῷ κακῷ καὶ ἀμαθεῖ. Κινδυνεύει.
Ἀλλὰ μὴν ὡμολογοῦμεν, ᾧ γε ὅμοιος ἑκάτερος εἴη, τοιοῦτον
καὶ ἑκάτερον εἶναι. Ὡμολογοῦμεν γάρ. Ὁ μὲν ἄρα
δίκαιος ἡμῖν ἀναπέφανται ὢν ἀγαθός τε καὶ σοφός, ὁ δὲ
ἄδικος ἀμαθής τε καὶ κακός. ✗

XXII. Ὁ δὲ Θρασύμαχος ὡμολόγησε μὲν πάντα
ταῦτα, οὐχ ὡς ἐγὼ νῦν ῥᾳδίως λέγω, ἀλλ' ἑλκόμενός καὶ D
μόγις, μετὰ ἱδρῶτος θαυμαστοῦ ὅσου, ἅτε καὶ θέρους ὄντος.
τότε καὶ εἶδον ἐγώ, πρότερον δὲ οὔπω, Θρασύμαχον
ἐρυθριῶντα. ἐπειδὴ δὲ οὖν διωμολογησάμεθα τὴν δικαιο-
σύνην ἀρετὴν εἶναι καὶ σοφίαν, τὴν δὲ ἀδικίαν κακίαν
τε καὶ ἀμαθίαν, Εἶεν, ἦν δ' ἐγώ, τοῦτο μὲν ἡμῖν οὕτω
κείσθω, ἔφαμεν δὲ δὴ καὶ ἰσχυρὸν εἶναι τὴν ἀδικίαν· ἢ οὐ
μέμνησαι, ὦ Θρασύμαχε; Μέμνημαι, ἔφη· ἀλλ' ἔμοιγε

οὐδὲ ἃ νῦν λέγεις ἀρέσκει, καὶ ἔχω περὶ αὐτῶν λέγειν. εἰ
Ε οὖν λέγοιμι, εὖ οἶδ᾽ ὅτι δημηγορεῖν ἄν με φαίης· ἢ οὖν
ἔα με εἰπεῖν ὅσα βούλομαι, ἤ, εἰ βούλει ἐρωτᾶν, ἐρώτα·
ἐγὼ δέ σοι, ὥσπερ ταῖς γραυσὶν ταῖς τοὺς μύθους λεγού-
σαις, εἶεν ἐρῶ καὶ κατανεύσομαι καὶ ἀνανεύσομαι. Μη-
δαμῶς, ἦν δ᾽ ἐγώ, παρά γε τὴν σαυτοῦ δόξαν. Ὥστε σοι,
ἔφη, ἀρέσκειν, ἐπειδήπερ οὐκ ἐᾷς λέγειν. καίτοι τί ἄλλο
βούλει; Οὐδὲν μὰ Δία, ἦν δ᾽ ἐγώ, ἀλλ᾽ εἴπερ τοῦτο
ποιήσεις, ποίει· ἐγὼ δὲ ἐρωτήσω. Ἐρώτα δή. Τοῦτο
351 τοίνυν ἐρωτῶ, ὅπερ ἄρτι, ἵνα καὶ ἑξῆς διασκεψώμεθα | τὸν
λόγον, ὁποῖόν τι τυγχάνει ὂν δικαιοσύνη πρὸς ἀδικίαν.
ἐλέχθη γάρ που, ὅτι καὶ δυνατώτερον καὶ ἰσχυρότερον εἴη
ἀδικία δικαιοσύνης· νῦν δέ γ᾽, ἔφην, εἴπερ σοφία τε καὶ
ἀρετή ἐστιν δικαιοσύνη, ῥᾳδίως, οἶμαι, φανήσεται καὶ
ἰσχυρότερον ἀδικίας, ἐπειδήπερ ἐστὶν ἀμαθία ἡ ἀδικία·
οὐδεὶς ἂν ἔτι τοῦτο ἀγνοήσειεν. ἀλλ᾽ οὔ τι οὕτως
ἁπλῶς, ὦ Θρασύμαχε, ἔγωγε ἐπιθυμῶ, ἀλλὰ τῇδέ πῃ,
Β σκέψασθαι· πόλιν φαίης ἂν ἄδικον εἶναι καὶ ἄλλας πόλεις
ἐπιχειρεῖν δουλοῦσθαι ἀδίκως καὶ καταδεδουλῶσθαι πολ-
λὰς δὲ καὶ ὑφ᾽ ἑαυτῇ ἔχειν δουλωσαμένην; Πῶς γὰρ οὔκ;
ἔφη· καὶ τοῦτό γε ἡ ἀρίστη μάλιστα ποιήσει καὶ τελεώ-
τατα οὖσα ἄδικος. Μανθάνω, ἔφην· ὅτι σὸς οὗτος ἦν ὁ
λόγος. ἀλλὰ τόδε περὶ αὐτοῦ σκοπῶ· πότερον ἡ κρείττων
γιγνομένη πόλις πόλεως ἄνευ δικαιοσύνης τὴν δύναμιν
ταύτην ἕξει, ἢ ἀνάγκη αὐτῇ μετὰ δικαιοσύνης; Εἰ μέν,
C ἔφη, ὡς σὺ ἄρτι ἔλεγες ἔχει, ἡ δικαιοσύνη σοφία, μετὰ
δικαιοσύνης· εἰ δ᾽ ὡς ἐγὼ ἔλεγον, μετὰ ἀδικίας. Πάνυ
ἄγαμαι, ἦν δ᾽ ἐγώ, ὦ Θρασύμαχε, ὅτι οὐκ ἐπινεύεις μόνον
καὶ ἀνανεύεις, ἀλλὰ καὶ ἀποκρίνει πάνυ καλῶς. Σοὶ γάρ,
ἔφη, χαρίζομαι.

XXIII. Εὖ γε σὺ ποιῶν· ἀλλὰ δὴ καὶ τόδε μοι
χάρισαι καὶ λέγε· δοκεῖς ἂν ἢ πόλιν ἢ στρατόπεδον ἢ
λῃστὰς ἢ κλέπτας ἢ ἄλλο τι ἔθνος, ὅσα κοινῇ ἐπί τι

ἔρχεται ἀδίκως, πρᾶξαι ἄν τι δύνασθαι, εἰ ἀδικοῖεν ἀλλή-
λους; Οὐ δῆτα, ἦ δ᾽ ὅς. Τί δ᾽ εἰ μὴ ἀδικοῖεν; οὐ μᾶλλον; D
Πάνυ γε. Στάσεις γάρ που, ὦ Θρασύμαχε, ἥ γε ἀδικία
καὶ μίση καὶ μάχας ἐν ἀλλήλοις παρέχει, ἡ δὲ δικαιοσύνη
ὁμόνοιαν καὶ φιλίαν· ἦ γάρ; Ἔστω, ἦ δ᾽ ὅς, ἵνα σοι μὴ
διαφέρωμαι[1], Ἀλλ᾽ εὖ γε σὺ ποιῶν, ὦ ἄριστε. τόδε δέ
μοι λέγε· ἆρα εἰ τοῦτο ἔργον ἀδικίας, μῖσος ἐμποιεῖν ὅπου
ἂν ἐνῇ, οὐ καὶ ἐν ἐλευθέροις τε καὶ δούλοις ἐγγιγνομένη,
μισεῖν ποιήσει ἀλλήλους καὶ στασιάζειν καὶ ἀδυνάτους
εἶναι κοινῇ μετ᾽ ἀλλήλων πράττειν; Πάνυ γε. Τί δέ; ἂν E
ἐν δυοῖν ἐγγένηται, οὐ διοίσονται καὶ μισήσουσιν καὶ
ἐχθροὶ ἔσονται ἀλλήλοις τε καὶ τοῖς δικαίοις; Ἔσονται,
ἔφη. Ἐὰν δὲ δή, ὦ θαυμάσιε, ἐν ἑνὶ ἐγγένηται, ἀδικία,
μῶν μὴ ἀπολεῖ τὴν αὑτῆς δύναμιν, ἢ οὐδὲν ἧττον ἕξει;
Μηδὲν ἧττον ἐχέτω, ἔφη. Οὐκοῦν τοιάνδε τινὰ φαίνεται
ἔχουσα τὴν δύναμιν, οἵαν, ᾧ ἂν ἐγγένηται, εἴτε πόλει τινὶ,
εἴτε γένει, εἴτε στρατοπέδῳ εἴτε ἄλλῳ ὁτῳοῦν, πρῶτον μὲν
ἀδύνατον | αὐτὸ ποιεῖν[2] πράττειν μεθ᾽ αὑτοῦ διὰ τὸ στασιά- 352
ζειν καὶ διαφέρεσθαι, ἔτι δ᾽ ἐχθρὸν εἶναι ἑαυτῷ τε καὶ τῷ
ἐναντίῳ παντὶ καὶ τῷ δικαίῳ; οὐχ οὕτως; Πάνυ γε. Καὶ
ἐν ἑνὶ δή, οἶμαι, ἐνοῦσα ταῦτα πάντα ποιήσει, ἅπερ
πέφυκεν ἐργάζεσθαι· πρῶτον μὲν ἀδύνατον αὐτὸν πράτ-
τειν, ποιήσει στασιάζοντα, καὶ οὐχ ὁμονοοῦντα αὐτὸν
ἑαυτῷ, ἔπειτα ἐχθρὸν καὶ ἑαυτῷ καὶ τοῖς δικαίοις· ἦ γάρ;
Ναί. Δίκαιοι δέ γ᾽ εἰσίν, ὦ φίλε, καὶ οἱ θεοί; Ἔστων, ἔφη. B
Καὶ θεοῖς ἄρα ἐχθρὸς ἔσται ὁ ἄδικος, ὦ Θρασύμαχε, ὁ δὲ
δίκαιος φίλος. Εὐωχοῦ τοῦ λόγου, ἔφη, θαρρῶν· οὐ γὰρ
ἔγωγέ σοι ἐναντιώσομαι, ἵνα μὴ τοῖσδε ἀπέχθωμαι. Ἴθι
δή, ἦν δ᾽ ἐγώ, καὶ τὰ λοιπά μοι τῆς ἑστιάσεως ἀποπλήρω-
σον, ἀποκρινόμενος ὥσπερ καὶ νῦν. ὅτι μὲν γὰρ καὶ
σοφώτεροι καὶ ἀμείνους καὶ δυνατώτεροι πράττειν οἱ

---

[1] διαφέρωμαι Π: διαφέρωμεν Α.   [2] ποιεῖν Π: ποιεῖ Α.

δίκαιοι φαίνονται, οἱ δὲ ἄδικοι οὐδὲν πράττειν μετ᾽ ἀλλή-
C λων οἷοί τε, ἀλλὰ δὴ καὶ οὓς φαμεν ἐρρωμένως πώποτέ
τι μετ᾽ ἀλλήλων κοινῇ πρᾶξαι ἀδίκους ὄντας, τοῦτο οὐ
παντάπασιν ἀληθὲς λέγομεν· οὐ γὰρ ἂν ἀπείχοντο ἀλλή-
λων κομιδῇ ὄντες ἄδικοι, ἀλλὰ δῆλον ὅτι ἐνῆν τις αὐτοῖς
δικαιοσύνη, ἣ αὐτοὺς ἐποίει μήτοι καὶ ἀλλήλους γε καὶ ἐφ᾽
οὓς ᾖσαν ἅμα ἀδικεῖν, δι᾽ ἣν ἔπραξαν ἃ ἔπραξαν, ὥρμησαν
δὲ ἐπὶ τὰ ἄδικα, ἀδικίᾳ ἡμιμόχθηροι ὄντες, ἐπεὶ οἵ γε
παμπόνηροι καὶ τελέως ἄδικοι τελέως εἰσὶν καὶ πράττειν
D ἀδύνατοι· ταῦτα μὲν οὖν ὅτι οὕτως ἔχει, μανθάνω, ἀλλ᾽
οὐχ ὡς σὺ τὸ πρῶτον ἐτίθεσο. εἰ δὲ καὶ ἄμεινον ζῶσιν οἱ
δίκαιοι τῶν ἀδίκων καὶ εὐδαιμονέστεροί εἰσιν, ὅπερ τὸ
ὕστερον προὐθέμεθα σκέψασθαι, σκεπτέον. φαίνονται
μὲν οὖν καὶ νῦν, ὥς γέ μοι[1] δοκεῖ, ἐξ ὧν εἰρήκαμεν· ὅμως
δ᾽ ἔτι[2] βέλτιον σκεπτέον. οὐ γὰρ περὶ τοῦ ἐπιτυχόντος ὁ
λόγος, ἀλλὰ περὶ τοῦ ὅντινα τρόπον χρὴ ζῆν. Σκόπει δή,
ἔφη. Σκοπῶ, ἦν δ᾽ ἐγώ. καί μοι λέγε· δοκεῖ τί σοι εἶναι
E ἵππου ἔργον; Ἔμοιγε. Ἆρ᾽ οὖν τοῦτο ἂν θείης καὶ ἵππου
καὶ ἄλλου ὁτουοῦν ἔργον, ὃ ἂν ἢ μόνῳ ἐκείνῳ ποιῇ τις ἢ
ἄριστα; Οὐ μανθάνω, ἔφη. Ἀλλ᾽ ὧδε· ἔσθ᾽ ὅτῳ ἂν ἄλλῳ
ἴδοις ἢ ὀφθαλμοῖς; Οὐ δῆτα. Τί δέ; ἀκούσαις ἄλλῳ ἢ
ὠσίν; Οὐδαμῶς. Οὐκοῦν δικαίως[3] ταῦτα τούτων φαμὲν
353 ἔργα εἶναι; Πάνυ γε. Τί δέ; | μαχαίρᾳ ἂν[4], ἀμπέλου
κλῆμα ἀποτέμοις καὶ σμίλῃ καὶ ἄλλοις πολλοῖς; Πῶς γὰρ
οὔ; Ἀλλ᾽ οὐδενί γ᾽ ἄν, οἶμαι, οὕτω καλῶς, ὡς δρεπάνῳ
τῷ ἐπὶ τοῦτο ἐργασθέντι. Ἀληθῆ. Ἆρ᾽ οὖν οὐ τοῦτο
τούτου ἔργον θήσομεν; Θήσομεν μὲν οὖν.

XXIV. Νῦν δή, οἶμαι, ἄμεινον ἂν μάθοις, ὃ ἄρτι
ἠρώτων, πυνθανόμενος εἰ οὐ τοῦτο ἑκάστου εἴη ἔργον,
ὃ ἂν ἢ μόνον τι ἢ κάλλιστα τῶν ἄλλων ἀπεργάζηται.

---

1 ὥς γέ Ξ q: ὥστέ Α.　　　　　　2 δ᾽ ἔτι Ξ q: δέ τι Α.
3 δικαίως cum uno Stobaei codice dedimus: δικαίως ἂν Α.
4 ἂν ν cum Stobaeo: om. Α.

'Αλλ', ἔφη, μανθάνω τε καί μοι δοκεῖ τοῦτο ἑκάστου
πράγματος ἔργον εἶναι. Εἶεν, ἦν δ' ἐγώ· οὐκοῦν καὶ B
ἀρετὴ δοκεῖ σοι εἶναι ἑκάστῳ, ᾧπερ καὶ ἔργον τι προστέ-
τακται; ἴωμεν δὲ ἐπὶ τὰ αὐτὰ πάλιν. ὀφθαλμῶν, φαμέν,
ἔστιν ἔργον; Ἔστιν. Ἆρ' οὖν καὶ ἀρετὴ ὀφθαλμῶν ἔστιν;
Καὶ ἀρετή. Τί δέ; ὤτων ἦν τι ἔργον; Ναί. Οὐκοῦν καὶ
ἀρετή; Καὶ ἀρετή. Τί δὲ πάντων πέρι τῶν ἄλλων; οὐχ
οὕτω; Οὕτω. Ἔχε δή· ἆρ' ἄν ποτε ὄμματα τὸ αὑτῶν
ἔργον καλῶς ἀπεργάσαιντο μὴ ἔχοντα τὴν αὑτῶν οἰκείαν C
ἀρετήν, ἀλλ' ἀντὶ τῆς ἀρετῆς κακίαν; Καὶ πῶς ἄν; ἔφη·
τυφλότητα γὰρ ἴσως λέγεις ἀντὶ τῆς ὄψεως. Ἥτις, ἦν δ'
ἐγώ, αὐτῶν ἡ ἀρετή· οὐ γάρ πω τοῦτο ἐρωτῶ, ἀλλ' εἰ τῇ
οἰκείᾳ μὲν ἀρετῇ, τὸ αὑτῶν ἔργον εὖ ἐργάσεται, τὰ ἐργαζό-
μενα, κακίᾳ δὲ κακῶς. Ἀληθές, ἔφη, τοῦτό γε λέγεις.
Οὐκοῦν καὶ ὦτα στερόμενα τῆς αὑτῶν ἀρετῆς κακῶς τὸ
αὑτῶν ἔργον ἀπεργάσεται; Πάνυ γε. Τίθεμεν οὖν καὶ
τἆλλα πάντα εἰς τὸν αὐτὸν λόγον; Ἔμοιγε δοκεῖ. Ἴθι D
δή, μετὰ ταῦτα τόδε σκέψαι· ψυχῆς ἔστιν τι ἔργον, ὃ
ἄλλῳ τῶν ὄντων οὐδ' ἂν ἑνὶ πράξαις; οἷον τὸ τοιόνδε· τὸ
ἐπιμελεῖσθαι καὶ ἄρχειν καὶ βουλεύεσθαι καὶ τὰ τοιαῦτα
πάντα, ἔσθ' ὅτῳ ἄλλῳ ἢ ψυχῇ, δικαίως ἂν αὐτὰ ἀποδοῖ-
μεν καὶ φαῖμεν ἴδια ἐκείνου[1] εἶναι; Οὐδενὶ ἄλλῳ. Τί δ' αὖ
τὸ ζῆν; ψυχῆς φήσομεν ἔργον εἶναι; Μάλιστά γ', ἔφη.
Οὐκοῦν καὶ ἀρετήν φαμέν τινα ψυχῆς εἶναι; Φαμέν. Ἆρ' E
οὖν ποτέ, ὦ Θρασύμαχε, ψυχὴ τὰ αὑτῆς ἔργα εὖ ἀπεργά-
σεται στερομένη τῆς οἰκείας ἀρετῆς, ἢ ἀδύνατον; Ἀδύνα-
τον. Ἀνάγκη ἄρα κακῇ ψυχῇ κακῶς ἄρχειν καὶ ἐπιμελεῖ-
σθαι, τῇ δὲ ἀγαθῇ πάντα ταῦτα εὖ πράττειν. Ἀνάγκη.
Οὐκοῦν ἀρετήν γε συνεχωρήσαμεν ψυχῆς εἶναι δικαιοσύ-
νην, κακίαν δὲ ἀδικίαν; Συνεχωρήσαμεν γάρ. Ἡ μὲν
ἄρα δικαία ψυχὴ καὶ ὁ δίκαιος ἀνὴρ εὖ βιώσεται, κακῶς
δὲ ὁ ἄδικος. Φαίνεται, ἔφη, κατὰ τὸν σὸν λόγον. | Ἀλλὰ 354

---

[1] ἐκείνου Ξ q: ἐκείνης A.

A. REP.　　　　　　　　　　3

μὴν ὅ γε εὖ ζῶν μακάριός τε καὶ εὐδαίμων, ὁ δὲ μὴ
τἀναντία. Πῶς γὰρ οὔ; Ὁ μὲν δίκαιος ἄρα εὐδαίμων, ὁ
δ' ἄδικος ἄθλιος. Ἔστων, ἔφη. Ἀλλὰ μὴν ἄθλιόν γε
εἶναι οὐ λυσιτελεῖ, εὐδαίμονα δέ. Πῶς γὰρ οὔ; Οὐδέποτ'
ἄρα, ὦ μακάριε Θρασύμαχε, λυσιτελέστερον ἀδικία δικαι-
οσύνης. Ταῦτα δή σοι, ἔφη, ὦ Σώκρατες, εἰστιάσθω ἐν
τοῖς Βενδιδείοις. Ὑπὸ σοῦ γε, ἦν δ' ἐγώ, ὦ Θρασύμαχε,
ἐπειδή μοι πρᾶος ἐγένου καὶ χαλεπαίνων ἐπαύσω. οὐ
B μέντοι καλῶς γε εἱστίαμαι, δι' ἐμαυτόν, ἀλλ' οὐ διὰ σέ·
ἀλλ' ὥσπερ οἱ λίχνοι τοῦ ἀεὶ παραφερομένου ἀπογεύονται
ἁρπάζοντες, πρὶν τοῦ προτέρου μετρίως ἀπολαῦσαι, καὶ
ἐγώ μοι δοκῶ οὕτω, πρὶν ὃ τὸ πρῶτον ἐσκοπούμεν εὑρεῖν,
τὸ δίκαιον ὅ τί ποτ' ἐστίν, ἀφέμενος ἐκείνου ὁρμῆσαι ἐπὶ
τὸ σκέψασθαι περὶ αὐτοῦ, εἴτε κακία ἐστὶν καὶ ἀμαθία
εἴτε σοφία καὶ ἀρετή, καὶ ἐμπεσόντος αὖ ὕστερον λόγου,
ὅτι λυσιτελέστερον ἡ ἀδικία τῆς δικαιοσύνης, οὐκ ἀπε-
σχόμην, τὸ μὴ οὐκ ἐπὶ τοῦτο ἐλθεῖν ἀπ' ἐκείνου, ὥστε μοι
C νυνὶ γέγονεν ἐκ τοῦ διαλόγου μηδὲν εἰδέναι· ὁπότε γὰρ τὸ
δίκαιον μὴ οἶδα ὅ ἐστιν, σχολῇ εἴσομαι εἴτε ἀρετή τις
οὖσα τυγχάνει, εἴτε καὶ οὔ, καὶ πότερον ὁ ἔχων αὐτὸ οὐκ
εὐδαίμων ἐστὶν ἢ εὐδαίμων.

ΤΕΛΟC ΠΟΛΙΤΕΙΑC Α΄.

B.

I. Ἐγὼ μὲν οὖν ταῦτα εἰπὼν ᾤμην λόγου ἀπηλλά- 357
χθαι· τὸ δ᾽ ἦν ἄρα, ὡς ἔοικε, προοίμιον. ὁ γὰρ Γλαύκων
ἀεί τε ἀνδρειότατος ὢν τυγχάνει πρὸς ἅπαντα, καὶ δὴ καὶ
τότε τοῦ Θρασυμάχου τὴν ἀπόρρησιν οὐκ ἀπεδέξατο, ἀλλ᾽
ἔφη Ὦ Σώκρατες, πότερον ἡμᾶς βούλει δοκεῖν πεπεικέναι,
ἢ ὡς ἀληθῶς πεῖσαι, ὅτι παντὶ τρόπῳ ἄμεινόν ἐστιν B
δίκαιον εἶναι ἢ ἄδικον; Ὡς ἀληθῶς, εἶπον, ἔγωγ᾽ ἂν
ἑλοίμην, εἰ ἐπ᾽ ἐμοὶ εἴη. Οὐ τοίνυν, ἔφη, ποιεῖς ὃ βούλει.
λέγε γάρ μοι· ἆρά σοι δοκεῖ τοιόνδε τι εἶναι ἀγαθόν, ὃ
δεξαίμεθ᾽ ἂν ἔχειν, οὐ τῶν ἀποβαινόντων ἐφιέμενοι, ἀλλ᾽
αὐτὸ αὑτοῦ ἕνεκα ἀσπαζόμενοι; οἷον τὸ χαίρειν καὶ αἱ
ἡδοναὶ ὅσαι ἀβλαβεῖς καὶ μηδὲν εἰς τὸν ἔπειτα χρόνον διὰ
ταύτας γίγνεται ἄλλο ἢ χαίρειν ἔχοντα. Ἔμοιγε, ἦν δ᾽
ἐγώ, δοκεῖ τι εἶναι τοιοῦτον. Τί δέ; ὃ αὐτό τε αὑτοῦ C
χάριν ἀγαπῶμεν καὶ τῶν ἀπ᾽ αὐτοῦ γιγνομένων; οἷον αὖ
τὸ φρονεῖν καὶ τὸ ὁρᾶν καὶ τὸ ὑγιαίνειν· τὰ γὰρ τοιαῦτά
που δι᾽ ἀμφότερα ἀσπαζόμεθα. Ναί, εἶπον. Τρίτον δὲ
ὁρᾷς τι, ἔφη, εἶδος ἀγαθοῦ, ἐν ᾧ τὸ γυμνάζεσθαι καὶ τὸ
κάμνοντα ἰατρεύεσθαι καὶ ἰάτρευσίς τε καὶ ὁ ἄλλος
χρηματισμός; ταῦτα γὰρ ἐπίπονα φαῖμεν ἄν, ὠφελεῖν δὲ
ἡμᾶς, καὶ αὐτὰ μὲν ἑαυτῶν ἕνεκα οὐκ ἂν δεξαίμεθα ἔχειν, D
τῶν δὲ μισθῶν τε χάριν καὶ τῶν ἄλλων ὅσα γίγνεται ἀπ᾽
αὐτῶν. Ἔστιν γὰρ οὖν, ἔφην, καὶ τοῦτο τρίτον. ἀλλὰ τί
δή; Ἐν ποίῳ, ἔφη, τούτων τὴν δικαιοσύνην τίθης; Ἐγὼ

858 μὲν οἶμαι, ἦν δ' ἐγώ, ἐν τῷ καλλίστῳ, ὃ καὶ δι' αὐτὸ καὶ
διὰ τὰ γιγνόμενα ἀπ' αὐτοῦ ἀγαπητέον τῷ μέλλοντι
μακαρίῳ ἔσεσθαι. Οὐ τοίνυν δοκεῖ, ἔφη, τοῖς πολλοῖς,
ἀλλὰ τοῦ ἐπιπόνου εἴδους, ὃ μισθῶν θ' ἕνεκα, καὶ εὐδοκι-
μήσεων διὰ δόξαν[1] ἐπιτηδευτέον, αὐτὸ δὲ δι' αὐτὸ φευκτέον,
ὡς ὂν χαλεπόν.

II. Οἶδά, ἦν δ' ἐγώ, ὅτι δοκεῖ οὕτω, καὶ πάλαι ὑπὸ
Θρασυμάχου, ὡς τοιοῦτον ὂν ψέγεται, ἀδικία δ' ἐπαινεῖται[2].
B ἀλλ' ἐγώ τις, ὡς ἔοικε, δυσμαθής. Ἴθι δή, ἔφη, ἄκουσον
καὶ ἐμοῦ, ἐάν σοι ταὐτὰ δοκῇ. Θρασύμαχος γάρ μοι
φαίνεται πρωΐτερον τοῦ δέοντος, ὑπὸ σοῦ ὥσπερ ὄφις
κηληθῆναι, ἐμοὶ δὲ οὔπω κατὰ νοῦν ἡ ἀπόδειξις γέγονεν
περὶ ἑκατέρου· ἐπιθυμῶ γὰρ ἀκοῦσαι τί τ' ἔστιν ἑκάτερον,
καὶ τίνα ἔχει δύναμιν αὐτὸ καθ' αὑτὸ ἐνὸν ἐν τῇ ψυχῇ,
τοὺς δὲ μισθοὺς καὶ τὰ γιγνόμενα ἀπ' αὐτῶν ἐᾶσαι
χαίρειν. οὑτωσὶ οὖν ποιήσω, ἐὰν καὶ σοὶ δοκῇ· ἐπανα-
C νεώσομαι τὸν Θρασυμάχου λόγον, καὶ πρῶτον μὲν ἐρῶ
δικαιοσύνην οἷον εἶναι φασιν, καὶ ὅθεν γεγονέναι· δεύτερον
δὲ ὅτι πάντες αὐτὸ οἱ ἐπιτηδεύοντες ἄκοντες ἐπιτηδεύουσιν
ὡς ἀναγκαῖον ἀλλ' οὐχ ὡς ἀγαθόν· τρίτον δὲ ὅτι εἰκότως
αὐτὸ δρῶσι· πολὺ γὰρ ἀμείνων ἄρα ὁ τοῦ ἀδίκου ἢ ὁ τοῦ
δικαίου βίος, ὡς λέγουσιν. ἐπεὶ ἔμοιγε, ὦ Σώκρατες, οὔτι
δοκεῖ οὕτως· ἀπορῶ μέντοι διατεθρυλημένος τὰ ὦτα,
ἀκούων Θρασυμάχου καὶ μυρίων ἄλλων, τὸν δὲ ὑπὲρ τῆς
D δικαιοσύνης λόγον, ὡς ἄμεινον ἀδικίας, οὐδενός πω ἀκήκοα,
ὡς βούλομαι· βούλομαι δὲ αὐτὸ καθ' αὑτὸ ἐγκωμιαζό-
μενον ἀκοῦσαι. μάλιστα δ' οἶμαι ἂν σοῦ πυθέσθαι· διὸ
κατατείνας ἐρῶ τὸν ἄδικον βίον ἐπαινῶν, εἰπὼν δὲ ἐνδεί-
ξομαί σοι, ὃν τρόπον αὖ βούλομαι καὶ σοῦ ἀκούειν ἀδικίαν
μὲν ψέγοντος, δικαιοσύνην δὲ ἐπαινοῦντος. ἀλλ' ὅρα, εἴ
σοι βουλομένῳ ἃ λέγω. Πάντων μάλιστα, ἦν δ' ἐγώ·

---

[1] διὰ δόξαν codd.: seclusit Herwerden. Cf. 363 A.   [2] ἀδικία δ'
ἐπαινεῖται Π: om. A.

περὶ γὰρ τίνος ἂν μᾶλλον πολλάκις τις νοῦν ἔχων χαίροι Ε
λέγων καὶ ἀκούων; Κάλλιστα, ἔφη, λέγεις· καὶ ὃ πρῶτον
ἔφην ἐρεῖν, περὶ τούτου ἄκουε, οἷόν τέ τι καὶ ὅθεν γέγονε
δικαιοσύνη.

Πεφυκέναι γὰρ δή φασιν τὸ μὲν ἀδικεῖν ἀγαθόν, τὸ δὲ
ἀδικεῖσθαι κακόν, πλέονι δὲ κακῷ ὑπερβάλλειν τὸ ἀδι-
κεῖσθαι ἢ ἀγαθῷ τὸ ἀδικεῖν, ὥστ' ἐπειδὰν ἀλλήλους
ἀδικῶσί τε καὶ ἀδικῶνται καὶ ἀμφοτέρων γεύωνται, τοῖς
μὴ δυναμένοις τὸ μὲν ἐκφεύγειν | τὸ δὲ αἱρεῖν, δοκεῖν² 359
λυσιτελεῖν ξυνθέσθαι ἀλλήλοις μήτ' ἀδικεῖν μήτ' ἀδι-
κεῖσθαι· καὶ ἐντεῦθεν δὴ ἄρξασθαι νόμους τίθεσθαι καὶ
ξυνθήκας αὑτῶν, καὶ ὀνομάσαι τὸ ὑπὸ τοῦ νόμου ἐπίταγμα
νόμιμόν τε καὶ δίκαιον· καὶ εἶναι δὴ ταύτην γένεσίν τε
καὶ οὐσίαν δικαιοσύνης, μεταξὺ οὖσαν τοῦ μὲν ἀρίστου
ὄντος, ἐὰν ἀδικῶν μὴ διδῷ δίκην, τοῦ δὲ κακίστου, ἐὰν
ἀδικούμενος τιμωρεῖσθαι ἀδύνατος ᾖ· τὸ δὲ δίκαιον ἐν
μέσῳ ὂν τούτων ἀμφοτέρων, ἀγαπᾶσθαι οὐχ ὡς ἀγαθόν, Β
ἀλλ' ὡς ἀρρωστίᾳ τοῦ ἀδικεῖν τιμώμενον· ἐπεὶ τὸν
δυνάμενον αὐτὸ ποιεῖν καὶ ὡς ἀληθῶς ἄνδρα, οὐδ' ἂν ἑνί
ποτε ξυνθέσθαι τὸ μήτε ἀδικεῖν μήτε ἀδικεῖσθαι· μαίνεσθαι
γὰρ ἄν. ἡ μὲν οὖν δὴ φύσις δικαιοσύνης, ὦ Σώκρατες,
αὕτη τε καὶ τοιαύτη, καὶ ἐξ ὧν πέφυκε, τοιαῦτα, ὡς ὁ
λόγος.

III. Ὡς δὲ καὶ οἱ ἐπιτηδεύοντες ἀδυναμίᾳ τοῦ ἀδικεῖν
ἄκοντες αὐτὸ ἐπιτηδεύουσι, μάλιστ' ἂν αἰσθοίμεθα, εἰ
τοιόνδε ποιήσαιμεν τῇ διανοίᾳ· δόντες ἐξουσίαν ἑκατέρῳ C
ποιεῖν ὅ τι ἂν βούληται, τῷ τε δικαίῳ καὶ τῷ ἀδίκῳ, εἶτ'
ἐπακολουθήσαιμεν θεώμενοι, ποῖ ἡ ἐπιθυμία ἑκάτερον
ἄξει. ἐπ' αὐτοφώρῳ οὖν λάβοιμεν ἂν τὸν δίκαιον, τῷ
ἀδίκῳ εἰς ταὐτὸν ἰόντα, διὰ τὴν πλεονεξίαν, ὃ πᾶσα φύσις
διώκειν πέφυκεν ὡς ἀγαθόν, νόμῳ δὲ βίᾳ παράγεται ἐπὶ

---

¹ οἷόν τέ τι nos: τί ὄν τε A: τί οἷόν τε Π: τί οἴονται q.   ² δοκεῖν
Ast: δοκεῖ codd.

τὴν τοῦ ἴσου τιμήν.   εἴη δ' ἂν ἡ ἐξουσία ἣν λέγω τοιάδε
μάλιστα, εἰ αὐτοῖς γένοιτο, οἵαν ποτέ φασιν δύναμιν τῷ
D <Γύγῃ, τῷ>[1] Γύγου τοῦ Λυδοῦ προγόνῳ, γενέσθαι.   εἶναι
μὲν γὰρ αὐτὸν ποιμένα, θητεύοντα παρὰ τῷ τότε Λυδίας
ἄρχοντι, ὄμβρου δὲ πολλοῦ γενομένου καὶ σεισμοῦ ῥαγῆναί
τι τῆς γῆς, καὶ γενέσθαι χάσμα κατὰ τὸν τόπον ᾗ ἔνεμεν·
ἰδόντα δὲ καὶ θαυμάσαντα καταβῆναι· καὶ ἰδεῖν ἄλλα τε
δὴ μυθολογοῦσιν θαυμαστά, καὶ ἵππον χαλκοῦν κοῖλον,
θυρίδας ἔχοντα, καθ' ἃς ἐγκύψαντα ἰδεῖν ἐνόντα νεκρόν,
ὡς φαίνεσθαι, μείζω ἢ κατ' ἄνθρωπον· τοῦτον δὲ ἄλλο
E μὲν οὐδέν, περὶ δὲ τῇ χειρὶ χρυσοῦν δακτύλιον[2], περιε-
λόμενον ἐκβῆναι.   συλλόγου δὲ γενομένου τοῖς ποιμέσιν
εἰωθότος, ἵν' ἐξαγγέλλοιεν κατὰ μῆνα τῷ βασιλεῖ τὰ περὶ
τὰ ποίμνια, ἀφικέσθαι καὶ ἐκεῖνον ἔχοντα τὸν δακτύλιον.
καθήμενον οὖν μετὰ τῶν ἄλλων τυχεῖν τὴν σφενδόνην
τοῦ δακτυλίου περιαγαγόντα πρὸς ἑαυτὸν εἰς τὸ εἴσω τῆς
360 χειρός.   τούτου δὲ γενομένου ἀφανῆ αὐτὸν γενέσθαι τοῖς
παρακαθημένοις, καὶ διαλέγεσθαι ὡς περὶ οἰχομένου.   καὶ
τὸν θαυμάζειν τε καὶ πάλιν ἐπιψηλαφῶντα τὸν δακτύλιον
στρέψαι ἔξω τὴν σφενδόνην, καὶ στρέψαντα φανερὸν
γενέσθαι.   καὶ τοῦτο ἐννοήσαντα ἀποπειρᾶσθαι τοῦ δακ-
τυλίου, εἰ ταύτην ἔχοι τὴν δύναμιν, καὶ αὐτῷ οὕτω
ξυμβαίνειν, στρέφοντι μὲν εἴσω τὴν σφενδόνην ἀδήλῳ
γίγνεσθαι, ἔξω δὲ δήλῳ.   αἰσθόμενον δὲ εὐθὺς διαπρά-
B ξασθαι τῶν ἀγγέλων γενέσθαι τῶν παρὰ τὸν βασιλέα·
ἐλθόντα δὲ καὶ τὴν γυναῖκα αὐτοῦ μοιχεύσαντα, μετ'
ἐκείνης ἐπιθέμενον τῷ βασιλεῖ, ἀποκτεῖναι καὶ τὴν ἀρχὴν
κατασχεῖν.   εἰ οὖν δύο τοιούτω δακτυλίω γενοίσθην, καὶ
τὸν μὲν ὁ δίκαιος περιθεῖτο, τὸν δὲ ὁ ἄδικος, οὐδεὶς ἂν
γένοιτο, ὡς δόξειεν, οὕτως ἀδαμάντινος, ὃς ἂν μείνειεν ἐν

---

¹ <Γύγῃ, τῷ> nos: om. codd. Cf. 612 B.   ² δακτύλιον Jackson:
δακτύλιον ὃν codd.   Vulgo legunt cum Π ἄλλο μὲν ἔχειν—δακτύλιον ὃν
κ.τ.λ.

τῇ δικαιοσύνῃ καὶ τολμήσειεν ἀπέχεσθαι τῶν ἀλλοτρίων
καὶ μὴ ἅπτεσθαι, ἐξὸν αὐτῷ καὶ ἐκ τῆς ἀγορᾶς ἀδεῶς ὅ τι
βούλοιτο λαμβάνειν, καὶ εἰσιόντι εἰς τὰς οἰκίας συγγί- C
γνεσθαι ὅτῳ βούλοιτο, καὶ ἀποκτεινύναι, καὶ ἐκ δεσμῶν
λύειν οὕστινας βούλοιτο, καὶ τἆλλα πράττειν ἐν τοῖς
ἀνθρώποις ἰσόθεον ὄντα. οὕτω δὲ δρῶν οὐδὲν ἂν διάφορον
τοῦ ἑτέρου ποιοῖ, ἀλλ' ἐπὶ ταὐτὸν ἴοιεν ἀμφότεροι. καίτοι
μέγα τοῦτο τεκμήριον ἂν φαίη τις, ὅτι οὐδεὶς ἑκὼν δίκαιος
ἀλλ' ἀναγκαζόμενος, ὡς οὐκ ἀγαθοῦ ἰδίᾳ ὄντος, ἐπεὶ ὅπου
γ' ἂν οἴηται ἕκαστος οἷός τε ἔσεσθαι ἀδικεῖν, ἀδικεῖν.
λυσιτελεῖν γὰρ δὴ οἴεται πᾶς ἀνὴρ πολὺ μᾶλλον ἰδίᾳ τὴν D
ἀδικίαν τῆς δικαιοσύνης, ἀληθῆ οἰόμενος, ὡς φήσει ὁ περὶ
τοῦ τοιούτου λόγου λέγων· ἐπεὶ εἴ τις τοιαύτης ἐξουσίας
ἐπιλαβόμενος μηδέν ποτε ἐθέλοι ἀδικῆσαι, μηδὲ ἅψαιτο
τῶν ἀλλοτρίων, ἀθλιώτατος μὲν ἂν δόξειεν εἶναι τοῖς
αἰσθανομένοις, καὶ ἀνοητότατος, ἐπαινοῖεν δ' ἂν αὐτὸν
ἀλλήλων ἐναντίον ἐξαπατῶντες ἀλλήλους, διὰ τὸν τοῦ
ἀδικεῖσθαι φόβον. ταῦτα μὲν οὖν δὴ οὕτω.

IV. Τὴν δὲ κρίσιν αὖ τὴν[1] τοῦ βίου πέρι ὧν λέγομεν, E
ἐὰν διαστησώμεθα τόν τε δικαιότατον καὶ τὸν ἀδικώτατον,
οἷοί τ' ἐσόμεθα κρῖναι ὀρθῶς· εἰ δὲ μή, οὔ. τίς[2] οὖν δὴ ἡ
διάστασις; ἥδε· μηδὲν ἀφαιρῶμεν μήτε τοῦ ἀδίκου ἀπὸ
τῆς ἀδικίας, μήτε τοῦ δικαίου ἀπὸ τῆς δικαιοσύνης, ἀλλὰ
τέλεον ἑκάτερον εἰς τὸ ἑαυτοῦ[3] ἐπιτήδευμα τιθῶμεν.
πρῶτον μὲν οὖν ὁ ἄδικος ὥσπερ οἱ δεινοὶ δημιουργοὶ
ποιείτω· οἷον κυβερνήτης ἄκρος ἢ ἰατρὸς τά τε ἀδύνατα
ἐν τῇ τέχνῃ καὶ τὰ δυνατὰ διαισθάνεται, καὶ | τοῖς μὲν 361
ἐπιχειρεῖ, τὰ δὲ ἐᾷ· ἔτι δὲ ἐὰν ἄρα πῃ σφαλῇ, ἱκανὸς
ἐπανορθοῦσθαι· οὕτω καὶ ὁ ἄδικος ἐπιχειρῶν ὀρθῶς τοῖς
ἀδικήμασιν λανθανέτω, εἰ μέλλει σφόδρα ἄδικος εἶναι·
τὸν ἁλισκόμενον δὲ φαῦλον ἡγητέον· ἐσχάτη γὰρ ἀδικία
δοκεῖν δίκαιον εἶναι μὴ ὄντα. δοτέον οὖν τῷ τελέως

---

[1] αὖ τὴν nos: αὐτὴν A.   [2] τίς Π: τί A.   [3] ἑαυτοῦ Π: ἑαυτῷ A.

ἀδίκῳ τὴν τελεωτάτην ἀδικίαν, καὶ οὐκ ἀφαιρετέον, ἀλλ'
ἐατέον τὰ μέγιστα ἀδικοῦντα τὴν μεγίστην δόξαν αὑτῷ
B παρεσκευακέναι εἰς δικαιοσύνην, καὶ ἐὰν ἄρα σφάλληταί
τι, ἐπανορθοῦσθαι δυνατῷ εἶναι, λέγειν τε ἱκανῷ ὄντι πρὸς
τὸ πείθειν, ἐάν τι μηνύηται τῶν ἀδικημάτων, καὶ βιά-
σασθαι, ὅσα ἂν βίας δέηται, διά τε ἀνδρείαν καὶ ῥώμην
καὶ διὰ παρασκευὴν φίλων καὶ οὐσίας. τοῦτον δὲ τοιοῦτον
θέντες, τὸν δίκαιον παρ' αὐτὸν ἱστῶμεν τῷ λόγῳ, ἄνδρα
ἁπλοῦν καὶ γενναῖον, κατ' Αἰσχύλον, οὐ δοκεῖν ἀλλ' εἶναι
ἀγαθὸν ἐθέλοντα. ἀφαιρετέον δὴ τὸ δοκεῖν. εἰ γὰρ δόξει
C δίκαιος εἶναι, ἔσονται αὐτῷ τιμαὶ καὶ δωρεαὶ δοκοῦντι
τοιούτῳ εἶναι· ἄδηλον οὖν εἴτε τοῦ δικαίου εἴτε τῶν
δωρεῶν τε καὶ τιμῶν ἕνεκα τοιοῦτος εἴη[1]. γυμνωτέος δὴ
πάντων πλὴν δικαιοσύνης, καὶ ποιητέος ἐναντίως δια-
κείμενος τῷ προτέρῳ· μηδὲν γὰρ ἀδικῶν δόξαν ἐχέτω τὴν
μεγίστην ἀδικίας, ἵνα ᾖ βεβασανισμένος εἰς δικαιοσύνην
τῷ μὴ τέγγεσθαι ὑπὸ κακοδοξίας καὶ τῶν ἀπ'[2] αὐτῆς
D γιγνομένων· ἀλλὰ ἴτω ἀμετάστατος μέχρι θανάτου, δοκῶν
μὲν εἶναι ἄδικος διὰ βίου, ὢν δὲ δίκαιος, ἵνα ἀμφότεροι εἰς
τὸ ἔσχατον ἐληλυθότες, ὁ μὲν δικαιοσύνης, ὁ δὲ ἀδικίας,
κρίνωνται ὁπότερος αὐτοῖν εὐδαιμονέστερος.

V. Βαβαί, ἦν δ' ἐγώ, ὦ φίλε Γλαύκων, ὡς ἐρρωμένως
ἑκάτερον ὥσπερ ἀνδριάντα εἰς τὴν κρίσιν ἐκκαθαίρεις τοῖν
ἀνδροῖν. Ὡς μάλιστ', ἔφη, δύναμαι. ὄντοιν δὲ τοιούτοιν,
οὐδὲν ἔτι, ὡς ἐγῷμαι, χαλεπὸν ἐπεξελθεῖν τῷ λόγῳ, οἷος
E ἑκάτερον βίος ἐπιμένει. λεκτέον οὖν· καὶ δὴ κἂν ἀγροι-
κοτέρως λέγηται, μὴ ἐμὲ οἴου λέγειν, ὦ Σώκρατες, ἀλλὰ
τοὺς ἐπαινοῦντας πρὸ δικαιοσύνης ἀδικίαν. ἐροῦσι δὲ
τάδε, ὅτι οὕτω διακείμενος ὁ δίκαιος μαστιγώσεται, στρε-
βλώσεται, δεδήσεται, ἐκκαυθήσεται τὠφθαλμώ, τελευτῶν
362 πάντα κακὰ παθὼν ἀνασχινδυλευθήσεται καὶ γνώσεται,
ὅτι οὐκ εἶναι δίκαιον ἀλλὰ δοκεῖν δεῖ ἐθέλειν· τὸ δὲ τοῦ

[1] εἴη codd.: seclusit Madvig.   [2] ἀπ' Eusebius: ὑπ' codd.   Cf. 366 E.

Αἰσχύλου πολὺ ἦν ἄρα ὀρθότερον λέγειν κατὰ τοῦ ἀδίκου. τῷ ὄντι γὰρ φήσουσι τὸν ἄδικον, ἅτε ἐπιτηδεύοντα, πρᾶγμα ἀληθείας ἐχόμενον καὶ οὐ πρὸς δόξαν ζῶντα, οὐ δοκεῖν ἄδικον ἀλλ' εἶναι ἐθέλειν,

βαθεῖαν ἄλοκα διὰ φρενὸς καρπούμενον,
ἐξ ἧς τὰ κεδνὰ βλαστάνει βουλεύματα,   B

πρῶτον μὲν ἄρχειν ἐν τῇ πόλει δοκοῦντι δικαίῳ εἶναι, ἔπειτα γαμεῖν ὁπόθεν ἂν βούληται, ἐκδιδόναι εἰς οὓς ἂν βούληται, ξυμβάλλειν, κοινωνεῖν οἷς ἂν ἐθέλῃ, καὶ παρὰ ταῦτα πάντα ὠφελεῖσθαι κερδαίνοντα τῷ μὴ δυσχεραίνειν τὸ ἀδικεῖν· εἰς ἀγῶνας τοίνυν ἰόντα καὶ ἰδίᾳ καὶ δημοσίᾳ περιγίγνεσθαι καὶ πλεονεκτεῖν τῶν ἐχθρῶν, πλεονεκτοῦντα δὲ πλουτεῖν καὶ τούς τε φίλους εὖ ποιεῖν καὶ τοὺς ἐχθροὺς βλάπτειν, καὶ θεοῖς θυσίας καὶ ἀναθήματα C ἱκανῶς καὶ μεγαλοπρεπῶς θύειν τε καὶ ἀνατιθέναι καὶ θεραπεύειν τοῦ δικαίου πολὺ ἄμεινον τοὺς θεούς, καὶ τῶν ἀνθρώπων οὓς ἂν βούληται, ὥστε καὶ θεοφιλέστερον αὐτὸν εἶναι μᾶλλον προσήκειν ἐκ τῶν εἰκότων ἢ τὸν δίκαιον. οὕτω φασίν, ὦ Σώκρατες, παρὰ θεῶν καὶ παρ' ἀνθρώπων τῷ ἀδίκῳ παρεσκευάσθαι τὸν βίον ἄμεινον ἢ τῷ δικαίῳ.

VI. Ταῦτ' εἰπόντος τοῦ Γλαύκωνος, ἐγὼ μὲν ἐν νῷ D εἶχόν τι λέγειν πρὸς ταῦτα, ὁ δὲ ἀδελφὸς αὐτοῦ Ἀδείμαντος, Οὔ τί που οἴει, ἔφη[1], ὦ Σώκρατες, ἱκανῶς εἰρῆσθαι περὶ τοῦ λόγου; Ἀλλὰ τί μήν; εἶπον. Αὐτό, ἦ δ' ὅς, οὐκ εἴρηται ὃ μάλιστα ἔδει ῥηθῆναι. Οὐκοῦν, ἦν δ' ἐγώ, τὸ λεγόμενον, ἀδελφὸς ἀνδρὶ παρείη· ὥστε καὶ σύ, εἴ τι ὅδε ἐλλείπει, ἐπάμυνε. καίτοι ἐμέ γε ἱκανὰ καὶ τὰ ὑπὸ τούτου ῥηθέντα καταπαλαῖσαι καὶ ἀδύνατον ποιῆσαι βοηθεῖν δικαιοσύνῃ. Καὶ ὅς, Οὐδέν, ἔφη, λέγεις, ἀλλ' ἔτι καὶ τάδε E ἄκουε· δεῖ γὰρ διελθεῖν ἡμᾶς καὶ τοὺς ἐναντίους λόγους

---

[1] ἔφη Π: om. A.

ὧν ὅδε εἶπεν, οἱ δικαιοσύνην μὲν ἐπαινοῦσιν, ἀδικίαν δὲ
ψέγουσιν, ἵν᾽ ᾖ σαφέστερον ὅ μοι δοκεῖ βούλεσθαι
Γλαύκων. λέγουσι δέ που καὶ παρακελεύονται πατέρες
τε ὑέσιν καὶ πάντες οἱ τινῶν κηδόμενοι, ὡς χρὴ δίκαιον
363 | εἶναι, οὐκ αὐτὸ δικαιοσύνην ἐπαινοῦντες, ἀλλὰ τὰς ἀπ᾽
αὐτῆς εὐδοκιμήσεις, ἵνα δοκοῦντι δικαίῳ εἶναι γίγνηται
ἀπὸ τῆς δόξης ἀρχαί τε καὶ γάμοι καὶ ὅσαπερ Γλαύκων
διῆλθεν ἄρτι, ἀπὸ τοῦ εὐδοκιμεῖν ὄντα τῷ δικαίῳ. ἐπὶ
πλέον δὲ οὗτοι τὰ τῶν δοξῶν λέγουσιν· τὰς γὰρ παρὰ
θεῶν εὐδοκιμήσεις ἐμβάλλοντες ἄφθονα ἔχουσι λέγειν
ἀγαθὰ τοῖς ὁσίοις, ἅ φασι θεοὺς διδόναι, ὥσπερ ὁ γενναῖος
Β Ἡσίοδός τε καὶ Ὅμηρός φασιν, ὁ μὲν τὰς δρῦς τοῖς
δικαίοις τοὺς θεοὺς ποιεῖν

    ἄκρας μέν τε φέρειν βαλάνους, μέσσας δὲ με-
      λίσσας·

    εἰροπόκοι δ᾽ ὄιες, φησίν, μαλλοῖς καταβεβρίθασι,

καὶ ἄλλα δὴ πολλὰ ἀγαθὰ τούτων ἐχόμενα· παραπλήσια
δὲ καὶ ὁ ἕτερος· ὥστε τεῦ γάρ φησιν

    ἤ βασιλῆος ἀμύμονος, ὅστε θεουδὴς
C εὐδικίας ἀνέχῃσι, φέρῃσι δὲ γαῖα μέλαινα
    πυροὺς καὶ κριθάς, βρίθῃσι δὲ δένδρεα καρπῷ,
    τίκτῃ δ᾽ ἔμπεδα μῆλα, θάλασσα δὲ παρέχῃ ἰχθῦς.

Μουσαῖος δὲ τούτων νεανικώτερα τἀγαθὰ καὶ ὁ ὑὸς αὐτοῦ
παρὰ θεῶν διδόασιν τοῖς δικαίοις· εἰς Ἅιδου γὰρ ἀγα-
γόντες τῷ λόγῳ καὶ κατακλίναντες καὶ συμπόσιον τῶν
D ὁσίων κατασκευάσαντες, ἐστεφανωμένους ποιοῦσιν, τὸν
ἅπαντα χρόνον ἤδη διάγειν μεθύοντας, ἡγησάμενοι κάλ-
λιστον ἀρετῆς μισθὸν μέθην αἰώνιον· οἱ δ᾽ ἔτι τούτων
μακροτέρους ἀποτίνουσιν[1] μισθοὺς παρὰ θεῶν· παῖδας γὰρ
παίδων φασὶ καὶ γένος κατόπισθεν λείπεσθαι τοῦ ὁσίου
καὶ εὐόρκου. ταῦτα δὴ καὶ ἄλλα τοιαῦτα ἐγκωμιάζουσιν

---

[1] ἀποτίνουσιν q: ἀποτείνουσιν Α.

δικαιοσύνην· τοὺς δὲ ἀνοσίους αὖ καὶ ἀδίκους εἰς πηλόν
τινα κατορύττουσιν ἐν Ἅιδου, καὶ κοσκίνῳ ὕδωρ ἀν-
αγκάζουσι φέρειν, ἔτι τε ζῶντας εἰς κακὰς δόξας ἄγοντες, Ε
ἅπερ Γλαύκων περὶ τῶν δικαίων δοξαζομένων δὲ ἀδίκων
διῆλθε τιμωρήματα, ταῦτα περὶ τῶν ἀδίκων λέγουσιν,
ἄλλα δὲ οὐκ ἔχουσιν. ὁ μὲν οὖν ἔπαινος καὶ ὁ ψόγος
οὗτος ἑκατέρων.

VII. Πρὸς δὲ τούτοις σκέψαι, ὦ Σώκρατες, ἄλλο αὖ
εἶδος λόγων περὶ δικαιοσύνης τε καὶ ἀδικίας ἰδίᾳ τε
λεγόμενον καὶ ὑπὸ ποιητῶν. | πάντες γὰρ ἐξ ἑνὸς στόματος 364
ὑμνοῦσιν, ὡς καλὸν μὲν ἡ σωφροσύνη τε καὶ δικαιοσύνη[1],
χαλεπὸν μέντοι καὶ ἐπίπονον· ἀκολασία δὲ καὶ ἀδικία
ἡδὺ μὲν καὶ εὐπετὲς κτήσασθαι, δόξῃ δὲ μόνον καὶ νόμῳ
αἰσχρόν. λυσιτελέστερα δὲ τῶν δικαίων τὰ ἄδικα ὡς ἐπὶ
τὸ πλῆθος λέγουσι, καὶ πονηροὺς πλουσίους καὶ ἄλλας
δυνάμεις ἔχοντας εὐδαιμονίζειν καὶ τιμᾶν εὐχερῶς ἐθέ-
λουσιν δημοσίᾳ τε καὶ ἰδίᾳ, τοὺς δὲ ἀτιμάζειν καὶ
ὑπερορᾶν, οἳ ἄν πῃ ἀσθενεῖς τε καὶ πένητες ὦσιν, ὁμο- Β
λογοῦντες αὐτοὺς ἀμείνους εἶναι τῶν ἑτέρων. τούτων δὲ
πάντων, οἱ περὶ θεῶν τε λόγοι, καὶ ἀρετῆς θαυμασιώτατοι
λέγονται, ὡς ἄρα καὶ θεοὶ πολλοῖς μὲν ἀγαθοῖς, δυστυχίας
τε καὶ βίον κακὸν ἔνειμαν, τοῖς δ᾽ ἐναντίοις ἐναντίαν
μοῖραν. ἀγύρται δὲ καὶ μάντεις ἐπὶ πλουσίων θύρας
ἰόντες πείθουσιν ὡς ἔστι παρὰ σφίσι δύναμις ἐκ θεῶν
ποριζομένη θυσίαις τε καὶ ἐπῳδαῖς, εἴτε τι ἀδίκημά του
γέγονεν αὐτοῦ ἢ προγόνων, ἀκεῖσθαι μεθ᾽ ἡδονῶν τε καὶ C
ἑορτῶν· ἐάν τέ τινα ἐχθρὸν πημῆναι ἐθέλῃ, μετὰ σμικρῶν
δαπανῶν ὁμοίως δίκαιον ἀδίκῳ βλάψειν[2] ἐπαγωγαῖς τισὶν
καὶ καταδέσμοις, τοὺς θεούς, ὥς φασιν, πείθοντές σφισιν
ὑπηρετεῖν. τούτοις δὲ πᾶσιν τοῖς λόγοις μάρτυρας ποιητὰς
ἐπάγονται, οἱ μὲν κακίας περὶ εὐπετείας ᾄδοντες[3]

---

[1] τε καὶ δικαιοσύνη Π: om. A.   [2] βλάψειν q: βλάψει A.   [3] περὶ—
ᾄδοντες Muretus: πέρι—διδόντες codd.

ὡς τὴν μὲν κακότητα καὶ ἰλαδὸν ἔστιν ἑλέσθαι

D ῥηϊδίως· λείη μὲν ὁδός, μάλα δ᾽ ἐγγύθι ναίει·
τῆς δ᾽ ἀρετῆς ἱδρῶτα θεοὶ προπάροιθεν ἔθηκαν

καὶ τινα ὁδὸν μακράν τε καὶ ἀνάντη· οἱ δὲ τῆς τῶν θεῶν
ὑπ᾽ ἀνθρώπων παραγωγῆς τὸν Ὅμηρον μαρτύρονται, ὅτι
καὶ ἐκεῖνος εἶπεν

λιστοὶ δέ τε[1] καὶ θεοὶ αὐτοί,
καὶ τοὺς μὲν θυσίαισι καὶ εὐχωλαῖς ἀγαναῖσιν

E λοιβῇ τε κνίσῃ τε παρατρωπῶσ᾽ ἄνθρωποι
λισσόμενοι, ὅτε κέν τις ὑπερβήῃ καὶ ἁμάρτῃ.

βίβλων δὲ ὅμαδον παρέχονται Μουσαίου καὶ Ὀρφέως,
Σελήνης τε καὶ Μουσῶν ἐκγόνων, ὥς φασι, καθ᾽ ἃς θυη-
πολοῦσιν, πείθοντες οὐ μόνον ἰδιώτας ἀλλὰ καὶ πόλεις,
ὡς ἄρα λύσεις τε καὶ καθαρμοὶ ἀδικημάτων διὰ θυσιῶν
365 καὶ παιδιᾶς ἡδονῶν, εἰσὶ μὲν ἔτι | ζῶσιν, εἰσὶ δὲ καὶ
τελευτήσασιν, ἃς δὴ τελετὰς καλοῦσιν, αἳ τῶν ἐκεῖ κακῶν
ἀπολύουσιν ἡμᾶς, μὴ θύσαντας δὲ δεινὰ περιμένει.

VIII. Ταῦτα πάντα, ἔφη, ὦ φίλε Σώκρατες, τοιαῦτα
καὶ τοσαῦτα λεγόμενα ἀρετῆς πέρι καὶ κακίας, ὡς ἄν-
θρωποι καὶ θεοὶ περὶ αὐτὰ ἔχουσι τιμῆς, τί οἰόμεθα
ἀκουούσας νέων ψυχὰς ποιεῖν, ὅσοι εὐφυεῖς καὶ ἱκανοὶ ἐπὶ
πάντα τὰ λεγόμενα ὥσπερ ἐπιπτόμενοι συλλογίσασθαι ἐξ

B αὐτῶν, ποῖός τις ἂν ὤν, καὶ πῇ πορευθείς, τὸν βίον ὡς
ἄριστα διέλθοι; λέγοι γὰρ ἂν ἐκ τῶν εἰκότων πρὸς αὐτὸν
κατὰ Πίνδαρον ἐκεῖνο τὸ Πότερον δίκᾳ τεῖχος ὕψιον,
ἢ σκολιαῖς ἀπάταις ἀναβάς, καὶ ἐμαυτὸν οὕτω περι-
φράξας διαβιῶ; τὰ μὲν γὰρ λεγόμενα δικαίῳ μὲν ὄντι μοι,
ἐὰν καὶ μὴ δοκῶ, ὄφελος οὐδέν φασιν εἶναι, πόνους δὲ καὶ
ζημίας φανερᾶς· ἀδίκῳ δὲ δόξαν δικαιοσύνης παρασκευα-

C σαμένῳ θεσπέσιος βίος λέγεται. οὐκοῦν, ἐπειδὴ τὸ δοκεῖν,

---

[1] λιστοὶ δέ τε Schneider: λιστοὶ δὲ στρεπτοί τε A¹: λιστοὶ δὲ στρεπτοὶ δέ
τε A².

ὡς δηλοῦσί μοι οἱ σοφοί, καὶ τὰν ἀλάθειαν βιᾶται καὶ
κύριον εὐδαιμονίας, ἐπὶ τοῦτο δὴ τρεπτέον ὅλως· πρόθυρα
μὲν καὶ σχῆμα κύκλῳ περὶ ἐμαυτὸν σκιαγραφίαν ἀρετῆς
περιγραπτέον, τὴν δὲ τοῦ σοφωτάτου Ἀρχιλόχου ἀλώπεκα
ἑλκτέον ἐξόπισθεν κερδαλέαν καὶ ποικίλην. ἀλλὰ
γάρ, φησί τις, οὐ ῥᾴδιον ἀεὶ λανθάνειν κακὸν ὄντα. οὐδὲ
γὰρ ἄλλο οὐδὲν εὐπετές, φήσομεν, τῶν μεγάλων· ἀλλ᾽
ὅμως, εἰ μέλλομεν εὐδαιμονήσειν, ταύτῃ ἰτέον, ὡς τὰ ἴχνη D
τῶν λόγων φέρει. ἐπὶ γὰρ τὸ λανθάνειν ξυνωμοσίας τε
καὶ ἑταιρίας συνάξομεν, εἰσίν τε πειθοῦς διδάσκαλοι
σοφίαν δημηγορικήν τε καὶ δικανικὴν διδόντες, ἐξ ὧν τὰ
μὲν πείσομεν, τὰ δὲ βιασόμεθα, ὡς πλεονεκτοῦντες, δίκην
μὴ διδόναι. ἀλλὰ δὴ θεοὺς οὔτε λανθάνειν οὔτε βιάσασθαι
δυνατόν. οὐκοῦν, εἰ μὲν μὴ εἰσὶν, ἢ μηδὲν αὐτοῖς τῶν
ἀνθρωπίνων μέλει, οὐδ᾽[1] ἡμῖν μελητέον τοῦ λανθάνειν· εἰ E
δὲ εἰσί τε καὶ ἐπιμελοῦνται, οὐκ ἄλλοθέν τοι αὐτοὺς ἴσμεν
ἢ ἀκηκόαμεν, ἢ ἔκ τε τῶν λόγων καὶ τῶν γενεαλογησάντων
ποιητῶν· οἱ δὲ αὐτοὶ οὗτοι λέγουσιν, ὡς εἰσὶν οἷοι
θυσίαις τε καὶ εὐχωλαῖς ἀγανῇσιν, καὶ ἀναθήμασιν
παράγεσθαι ἀναπειθόμενοι· οἷς ἢ ἀμφότερα, ἢ οὐδέτερα
πειστέον· εἰ δ᾽ οὖν πειστέον, ἀδικητέον καὶ θυτέον ἀπὸ
τῶν ἀδικημάτων. | δίκαιοι μὲν γὰρ ὄντες ἀζήμιοι ὑπὸ θεῶν 366
ἐσόμεθα, τὰ δ᾽ ἐξ ἀδικίας κέρδη ἀπωσόμεθα· ἄδικοι δὲ
κερδανοῦμέν τε καὶ λισσόμενοι ὑπερβαίνοντες καὶ ἁμαρ-
τάνοντες, πείθοντες αὐτοὺς ἀζήμιοι ἀπαλλάξομεν. ἀλλὰ
γὰρ ἐν Ἅιδου δίκην δώσομεν ὧν ἂν ἐνθάδε ἀδικήσωμεν, ἢ
αὐτοὶ < ἢ παῖδες >[2] ἢ παῖδες παίδων. ἀλλ᾽ ὦ φίλε, φήσει
λογιζόμενος, αἱ τελεταὶ αὖ μέγα δύνανται[3] καὶ οἱ λύσιοι
θεοί, ὡς αἱ μέγισται πόλεις λέγουσι καὶ οἱ θεῶν παῖδες, B
ποιηταὶ καὶ προφῆται τῶν θεῶν γενόμενοι, οἳ ταῦτα οὕτως
ἔχειν μηνύουσι.

---

[1] οὐδ᾽ q: καὶ A.   [2] < ἢ παῖδες > Baiter: om. codd.   [3] αὖ
μέγα δύνανται ΙΙ: om. A.

IX. Κατὰ τίνα οὖν ἔτι λόγον δικαιοσύνην ἂν πρὸ
μεγίστης ἀδικίας αἱροίμεθ᾽ ἄν; ἣν ἐὰν μετ᾽ εὐσχημοσύνης
κιβδήλου κτησώμεθα, καὶ παρὰ θεοῖς καὶ παρ᾽ ἀνθρώποις
πράξομεν κατὰ νοῦν, ζῶντές τε καὶ τελευτήσαντες, ὡς ὁ
τῶν πολλῶν τε καὶ ἄκρων λεγόμενος[1] λόγος. ἐκ δὴ πάντων
C τῶν εἰρημένων τίς μηχανή, ὦ Σώκρατες, δικαιοσύνην τιμᾶν
ἐθέλειν, ᾧ τις δύναμις ὑπάρχει ψυχῆς, ἢ χρημάτων ἢ
σώματος ἢ γένους, ἀλλὰ μὴ γελᾶν ἐπαινουμένης ἀκούοντα;
ὡς δή τοι εἴ τις ἔχει ψευδῆ μὲν ἀποφῆναι ἃ εἰρήκαμεν,
ἱκανῶς δὲ ἔγνωκεν ὅτι ἄριστον δικαιοσύνη, πολλήν που
συγγνώμην ἔχει καὶ οὐκ ὀργίζεται τοῖς ἀδίκοις· ἀλλ᾽ οἶδεν,
ὅτι πλὴν εἴ τις θείᾳ φύσει δυσχεραίνων τὸ ἀδικεῖν ἢ
D ἐπιστήμην λαβὼν ἀπέχεται αὐτοῦ, τῶν γε ἄλλων οὐδεὶς
ἑκὼν δίκαιος, ἀλλὰ ὑπὸ ἀνανδρίας ἢ γήρως ἤ τινος ἄλλης
ἀσθενείας ψέγει τὸ ἀδικεῖν, ἀδυνατῶν αὐτὸ δρᾶν. ὡς δέ,
δῆλον· ὁ γὰρ πρῶτος τῶν τοιούτων εἰς δύναμιν ἐλθὼν
πρῶτος ἀδικεῖ, καθ᾽ ὅσον ἂν οἷός τ᾽ ᾖ. καὶ τούτων ἁπάν-
των οὐδὲν ἄλλο αἴτιον ἢ ἐκεῖνο, ὅθενπερ ἅπας ὁ λόγος
οὗτος ὥρμησεν, καὶ τῷδε καὶ ἐμοὶ πρὸς σέ, ὦ Σώκρατες,
εἰπεῖν, ὅτι Ὦ θαυμάσιε, πάντων ὑμῶν, ὅσοι ἐπαινέται
E φατὲ δικαιοσύνης εἶναι[2], ἀπὸ τῶν ἐξ ἀρχῆς ἡρώων ἀρξά-
μενοι, ὅσων λόγοι λελειμμένοι, μέχρι τῶν νῦν ἀνθρώπων
οὐδεὶς πώποτε ἔψεξεν ἀδικίαν, οὐδ᾽ ἐπῄνεσεν δικαιοσύνην
ἄλλως ἢ δόξας τε καὶ τιμὰς καὶ δωρεὰς τὰς ἀπ᾽ αὐτῶν
γιγνομένας· αὐτὸ δ᾽ ἑκάτερον τῇ αὐτοῦ δυνάμει ἐν τῇ τοῦ
ἔχοντος ψυχῇ ἐνὸν καὶ λανθάνον θεούς τε καὶ ἀνθρώπους,
οὐδεὶς πώποτε οὔτ᾽ ἐν ποιήσει, οὔτ᾽ ἐν ἰδίοις λόγοις,
ἐπεξῆλθεν ἱκανῶς τῷ λόγῳ, ὡς τὸ μὲν μέγιστον κακῶν
ὅσα ἴσχει ψυχὴ ἐν αὐτῇ, δικαιοσύνη δὲ μέγιστον ἀγαθόν.
367 εἰ | γὰρ οὕτως ἐλέγετο ἐξ ἀρχῆς ὑπὸ πάντων ὑμῶν καὶ ἐκ
νέων ἡμᾶς ἐπείθετε, οὐκ ἂν ἀλλήλους ἐφυλάττομεν μὴ
ἀδικεῖν, ἀλλ᾽ αὐτὸς αὑτοῦ ἦν ἕκαστος φύλαξ, δεδιὼς μὴ

---

[1] λεγόμενος codd.: an λεγομένων?   [2] εἶναι Π: om. A.

ἀδικῶν τῷ μεγίστῳ κακῷ ξύνοικος ᾖ. ταῦτα, ὦ Σώκρατες,
ἴσως δὲ καὶ ἔτι τούτων πλείω, Θρασύμαχός τε καὶ ἄλλος
πού τις ὑπὲρ δικαιοσύνης τε καὶ ἀδικίας λέγοιεν. ἂν
μεταστρέφοντες αὐτοῖν τὴν δύναμιν, φορτικῶς, ὥς γέ μοι
δοκεῖ· ἀλλ' ἐγώ, οὐδὲν γάρ σε δέομαι ἀποκρύπτεσθαι, Β
σοῦ ἐπιθυμῶν ἀκοῦσαι τἀναντία, ὡς δύναμαι μάλιστα
κατατείνας λέγω. μὴ οὖν ἡμῖν μόνον ἐνδείξῃ τῷ λόγῳ,
ὅτι δικαιοσύνη ἀδικίας κρεῖττον, ἀλλὰ τί ποιοῦσα ἑκατέρα
τὸν ἔχοντα αὐτὴ δι' αὑτήν, ἡ μὲν κακόν, ἡ δὲ ἀγαθόν ἐστιν·
τὰς δὲ δόξας ἀφαίρει, ὥσπερ Γλαύκων διεκελεύσατο. εἰ
γὰρ μὴ ἀφαιρήσεις ἑκατέρωθεν τὰς ἀληθεῖς, τὰς δὲ
ψευδεῖς προσθήσεις, οὐ τὸ δίκαιον φήσομεν ἐπαινεῖν σε,
ἀλλὰ τὸ δοκεῖν, οὐδὲ τὸ ἄδικον εἶναι ψέγειν, ἀλλὰ τὸ C
δοκεῖν, καὶ παρακελεύεσθαι ἄδικον ὄντα λανθάνειν, καὶ
ὁμολογεῖν Θρασυμάχῳ, ὅτι τὸ μὲν δίκαιον ἀλλότριόν
ἀγαθόν, ξυμφέρον τοῦ κρείττονος, τὸ δὲ ἄδικον αὑτῷ μὲν
ξυμφέρον καὶ λυσιτελοῦν, τῷ δὲ ἥττονι ἀξύμφορον. ἐπειδὴ
οὖν ὡμολόγησας τῶν μεγίστων ἀγαθῶν εἶναι δικαιοσύνην,
ἃ τῶν τε ἀποβαινόντων ἀπ' αὐτῶν ἕνεκα ἄξια κεκτῆσθαι,
πολὺ δὲ μᾶλλον αὐτὰ αὑτῶν, οἷον ὁρᾶν, ἀκούειν, φρονεῖν,
καὶ ὑγιαίνειν δή, καὶ ὅσ' ἄλλα ἀγαθὰ γόνιμά τῇ αὑτῶν D
φύσει ἀλλ' οὐ δόξῃ ἐστίν,—τοῦτ' οὖν αὐτὸ ἐπαίνεσον
δικαιοσύνης, ὃ αὐτὴ δι' αὑτὴν τὸν ἔχοντα ὀνίνησιν, καὶ
ἀδικία βλάπτει· μισθοὺς δὲ καὶ δόξας πάρες ἄλλοις
ἐπαινεῖν. ὡς ἐγὼ τῶν μὲν ἄλλων ἀποδεχοίμην[1] ἂν οὕτως
ἐπαινούντων δικαιοσύνην καὶ ψεγόντων ἀδικίαν, δόξας τε
περὶ αὐτῶν καὶ μισθοὺς ἐγκωμιαζόντων καὶ λοιδορούντων,
σοῦ δὲ οὐκ ἄν, εἰ μὴ σὺ κελεύοις, διότι πάντα τὸν βίον
οὐδὲν ἄλλο σκοπῶν διελήλυθας ἢ τοῦτο. μὴ οὖν ἡμῖν Ε
ἐνδείξῃ μόνον τῷ λόγῳ, ὅτι δικαιοσύνη ἀδικίας κρεῖττον,
ἀλλὰ τί ποιοῦσα ἑκατέρα τὸν ἔχοντα αὐτὴ δι' αὑτήν, ἐάν

---

[1] ἀποδεχοίμην Π et in mg. Α: ἀποσχοίμην in contextu Α.

τε λανθάνῃ ἐάν τε μὴ θεούς τε καὶ ἀνθρώπους, ἡ μὲν ἀγαθόν,
ἡ δὲ κακόν ἐστι.

X.   Καὶ ἐγὼ ἀκούσας, ἀεὶ μὲν δὴ τὴν φύσιν τοῦ τε
Γλαύκωνος καὶ τοῦ Ἀδειμάντου ἠγάμην, ἀτὰρ οὖν καὶ
368 τότε πάνυ γε ἥσθην | καὶ εἶπον· Οὐ κακῶς εἰς ὑμᾶς, ὦ
παῖδες ἐκείνου τοῦ ἀνδρός, τὴν ἀρχὴν τῶν ἐλεγείων
ἐποίησεν ὁ Γλαύκωνος ἐραστής, εὐδοκιμήσαντας περὶ τὴν
Μεγαροῖ μάχην, εἰπών·

παῖδες Ἀρίστωνος, κλεινοῦ θεῖον γένος ἀνδρός.

τοῦτό μοι, ὦ φίλοι, εὖ δοκεῖ ἔχειν· πάνυ γὰρ θεῖον
πεπόνθατε, εἰ μὴ πέπεισθε ἀδικίαν δικαιοσύνης ἄμεινον
εἶναι, οὕτω δυνάμενοι εἰπεῖν ὑπὲρ αὐτοῦ.   δοκεῖτε δή μοι
B ὡς ἀληθῶς οὐ πεπεῖσθαι· τεκμαίρομαι δὲ ἐκ τοῦ ἄλλου
τοῦ ὑμετέρου τρόπου, ἐπεὶ κατά γε αὐτοὺς τοὺς λόγους
ἠπίστουν ἂν ὑμῖν· ὅσῳ δὲ μᾶλλον πιστεύω, τοσούτῳ
μᾶλλον ἀπορῶ ὅ τι χρήσωμαι· οὔτε γὰρ ὅπως βοηθῶ
ἔχω· δοκῶ γάρ μοι ἀδύνατος εἶναι· σημεῖον δέ μοι, ὅτι ἃ
πρὸς Θρασύμαχον λέγων ᾤμην ἀποφαίνειν, ὡς ἄμεινον
δικαιοσύνη ἀδικίας, οὐκ ἀπεδέξασθέ μου· οὔτ' αὖ ὅπως μὴ
βοηθήσω ἔχω· δέδοικα γάρ, μὴ οὐδ' ὅσιον ᾖ, παραγενό-
C μενον δικαιοσύνῃ κακηγορουμένῃ, ἀπαγορεύειν καὶ μὴ
βοηθεῖν ἔτι ἐμπνέοντα καὶ δυνάμενον φθέγγεσθαι.   κρά-
τιστον οὖν οὕτως ὅπως δύναμαι ἐπικουρεῖν αὐτῇ.   ὅ τε
οὖν Γλαύκων καὶ οἱ ἄλλοι ἐδέοντο παντὶ τρόπῳ βοηθῆσαι
καὶ μὴ ἀνεῖναι τὸν λόγον, ἀλλὰ διερευνήσασθαι τί τέ
ἐστιν ἑκάτερον, καὶ περὶ τῆς ὠφελίας αὐτοῖν τἀληθὲς
ποτέρως ἔχει.   εἶπον οὖν ὅπερ ἐμοὶ ἔδοξεν, ὅτι Τὸ ζήτημα
ᾧ ἐπιχειροῦμεν οὐ φαῦλον ἀλλ' ὀξὺ βλέποντος, ὡς ἐμοὶ
D φαίνεται.   ἐπειδὴ οὖν ἡμεῖς οὐ δεινοί, δοκεῖ μοι, ἦν δ'
ἐγώ, τοιαύτην ποιήσασθαι ζήτησιν αὐτοῦ, οἵανπερ ἂν εἰ
προσέταξέ τις γράμματα σμικρὰ πόρρωθεν ἀναγνῶναι, μὴ
πάνυ ὀξὺ βλέπουσιν, ἔπειτά τις ἐνενόησεν, ὅτι τὰ αὐτὰ

γράμματα ἔστι που καὶ ἄλλοθι μείζω τε καὶ ἐν μείζονι·
ἕρμαιον ἂν ἐφάνη, οἶμαι, ἐκεῖνα πρῶτον ἀναγνόντας οὕτως
ἐπισκοπεῖν τὰ ἐλάττω, εἰ τὰ αὐτὰ ὄντα τυγχάνει.   Πάνυ
μὲν οὖν, ἔφη ὁ Ἀδείμαντος· ἀλλὰ τί τοιοῦτον, ὦ Σώκρατες,
ἐν τῇ περὶ τὸ δίκαιον ζητήσει καθορᾷς; Ἐγώ σοι, ἔφην, Ε
ἐρῶ.   δικαιοσύνη, φαμέν, ἔστι μὲν ἀνδρὸς ἑνός, ἔστι δέ
που καὶ ὅλης πόλεως; Πάνυ γε, ἦ δ' ὅς.   Οὐκοῦν μεῖζον
πόλις ἑνὸς ἀνδρός; Μεῖζον, ἔφη.   Ἴσως τοίνυν πλείων ἂν
δικαιοσύνη ἐν τῷ μείζονι ἐνείη καὶ ῥᾴων καταμαθεῖν.   εἰ
οὖν βούλεσθε, πρῶτον ἐν | ταῖς πόλεσι ζητήσωμεν ποῖόν τι 369
ἐστιν· ἔπειτα οὕτως ἐπισκεψώμεθα καὶ ἐν ἑνὶ ἑκάστῳ,
τὴν τοῦ μείζονος ὁμοιότητα ἐν τῇ τοῦ ἐλάττονος ἰδέᾳ
ἐπισκοποῦντες.   Ἀλλά μοι δοκεῖς, ἔφη, καλῶς λέγειν.
Ἆρ' οὖν, ἦν δ' ἐγώ, εἰ γιγνομένην πόλιν θεασαίμεθα λόγῳ,
καὶ τὴν δικαιοσύνην αὐτῆς ἴδοιμεν ἂν γιγνομένην καὶ τὴν
ἀδικίαν; Τάχ' ἄν, ἦ δ' ὅς.   Οὐκοῦν γενομένου αὐτοῦ ἐλπὶς
εὐπετέστερον ἰδεῖν ὃ ζητοῦμεν; Πολύ γε.   Δοκεῖ οὖν Β
χρῆναι ἐπιχειρῆσαι περαίνειν; οἶμαι μὲν γὰρ οὐκ ὀλίγον
ἔργον αὐτὸ εἶναι· σκοπεῖτε οὖν.   Ἔσκεπται, ἔφη ὁ
Ἀδείμαντος· ἀλλὰ μὴ ἄλλως ποίει.

XI.   Γίγνεται τοίνυν, ἦν δ' ἐγώ, πόλις, ὡς ἐγῷμαι,
ἐπειδὴ τυγχάνει ἡμῶν ἕκαστος οὐκ αὐτάρκης, ἀλλὰ
πολλῶν ἐνδεής· ἢ τίν' οἴει ἀρχὴν ἄλλην πόλιν οἰκίζειν;
Οὐδεμίαν, ἦ δ' ὅς.   Οὕτω δὴ ἄρα παραλαμβάνων ἄλλος
ἄλλον ἐπ' ἄλλου, τὸν δ' ἐπ' ἄλλου χρείᾳ, πολλῶν δεόμενοι, C
πολλοὺς εἰς μίαν οἴκησιν ἀγείραντες κοινωνούς τε καὶ
βοηθούς—ταύτῃ τῇ ξυνοικίᾳ ἐθέμεθα πόλιν ὄνομα.   ἦ
γάρ; Πάνυ μὲν οὖν.   Μεταδίδωσι δὴ ἄλλος ἄλλῳ, εἴ τι
μεταδίδωσιν, ἢ μεταλαμβάνει, οἰόμενος αὑτῷ ἄμεινον
εἶναι; Πάνυ γε.   Ἴθι δή, ἦν δ' ἐγώ, τῷ λόγῳ ἐξ ἀρχῆς
ποιῶμεν πόλιν.   ποιήσει δὲ αὐτήν, ὡς ἔοικεν, ἡ ἡμετέρα
χρεία.   Πῶς δ' οὔ; Ἀλλὰ μὴν πρώτη γε καὶ μεγίστη D
τῶν χρειῶν ἡ τῆς τροφῆς παρασκευὴ τοῦ εἶναί τε καὶ ζῆν

ἕνεκα. Παντάπασί γε. Δευτέρα δὴ οἰκήσεως, τρίτη δὲ
ἐσθῆτος καὶ τῶν τοιούτων. Ἔστι ταῦτα. Φέρε δή, ἦν
δ' ἐγώ, πῶς ἡ πόλις ἀρκέσει ἐπὶ τοσαύτην παρασκευήν;
ἄλλο τι γεωργὸς μὲν εἷς, ὁ δὲ οἰκοδόμος, ἄλλος δέ τις
ὑφάντης; ἢ καὶ σκυτοτόμον αὐτόσε, προσθήσομεν, ἤ τιν'
ἄλλον τῶν περὶ τὸ σῶμα θεραπευτήν; Πάνυ γε. Εἴη δ'
E ἂν ἥ γε ἀναγκαιοτάτη πόλις ἐκ τεττάρων ἢ πέντε ἀνδρῶν.
Φαίνεται. Τί δὴ οὖν; ἕνα ἕκαστον τούτων δεῖ τὸ αὑτοῦ
ἔργον ἅπασι κοινὸν κατατιθέναι, οἷον τὸν γεωργὸν ἕνα
ὄντα παρασκευάζειν σιτία τέτταρσιν καὶ τετραπλάσιον
χρόνον τε καὶ πόνον ἀναλίσκειν ἐπὶ σίτου παρασκευῇ, καὶ
ἄλλοις κοινωνεῖν, ἢ ἀμελήσαντα ἑαυτῷ μόνον τέταρτον
870 μέρος ποιεῖν τούτου τοῦ | σίτου ἐν τετάρτῳ μέρει τοῦ
χρόνου, τὰ δὲ τρία, τὸ μὲν ἐπὶ τῇ τῆς οἰκίας παρασκευῇ
διατρίβειν, τὸ δὲ ἱματίου, τὸ δὲ ὑποδημάτων, καὶ μὴ
ἄλλοις κοινωνοῦντα πράγματα ἔχειν, ἀλλ' αὐτὸν δι' αὑτὸν
τὰ αὑτοῦ πράττειν; καὶ ὁ Ἀδείμαντος ἔφη, Ἀλλ' ἴσως, ὦ
Σώκρατες, οὕτω ῥᾷον[1] ἢ 'κείνως. Οὐδέν, ἦν δ' ἐγώ, μὰ
Δία ἄτοπον. ἐννοῶ γὰρ καὶ αὐτὸς εἰπόντος σοῦ, ὅτι
B πρῶτον μὲν φύεται ἕκαστος οὐ πάνυ ὅμοιος ἑκάστῳ, ἀλλὰ
διαφέρων τὴν φύσιν, ἄλλος ἐπ' ἄλλου ἔργου πρᾶξιν. ἢ
οὐ δοκεῖ σοι; Ἔμοιγε. Τί δέ; πότερον κάλλιον πράττοι
ἄν τις εἷς ὤν, πολλὰς τέχνας ἐργαζόμενος, ἢ ὅταν μίαν εἷς;
Ὅταν, ἦ δ' ὅς, εἷς μίαν. Ἀλλὰ μήν, οἶμαι, καὶ τόδε
δῆλον, ὡς, ἐάν τίς τινος παρῇ ἔργου καιρόν, διόλλυται.
Δῆλον γάρ. Οὐ γάρ, οἶμαι, ἐθέλει τὸ πραττόμενον τὴν
τοῦ πράττοντος σχολὴν περιμένειν, ἀλλ' ἀνάγκη τὸν
C πράττοντα τῷ πραττομένῳ ἐπακολουθεῖν μὴ ἐν παρέργου
μέρει. Ἀνάγκη. Ἐκ δὴ τούτων πλείω τε ἕκαστα γίγνεται
καὶ κάλλιον[2] καὶ ῥᾷον, ὅταν εἷς ἓν κατὰ φύσιν καὶ ἐν
καιρῷ, σχολὴν τῶν ἄλλων ἄγων, πράττῃ. Παντάπασι
μὲν οὖν. Πλειόνων δή, ὦ Ἀδείμαντε, δεῖ πολιτῶν ἢ

---

[1] ῥᾷον q: ῥάδιον A.   [2] κάλλιον codd.: an καλλίω?

τεττάρων ἐπὶ τὰς παρασκευὰς ὧν ἐλέγομεν. ὁ γὰρ
γεωργός, ὡς ἔοικεν, οὐκ αὐτὸς ποιήσεται ἑαυτῷ τὸ ἄροτρον,
εἰ μέλλει καλὸν εἶναι, οὐδὲ σμινύην οὐδὲ τἆλλα ὄργανα D
ὅσα περὶ γεωργίαν. οὐδ' αὖ ὁ οἰκοδόμος· πολλῶν δὲ καὶ
τούτῳ δεῖ. ὡσαύτως δ' ὁ ὑφάντης τε καὶ ὁ σκυτοτόμος.
Ἀληθῆ. Τέκτονες δὴ καὶ χαλκῆς καὶ τοιοῦτοί τινες
πολλοὶ δημιουργοί, κοινωνοὶ ἡμῖν τοῦ πολιχνίου γιγνό-
μενοι, συχνὸν αὐτὸ ποιοῦσιν. Πάνυ μὲν οὖν. Ἀλλ' οὐκ
ἂν πω πάνυ γε μέγα τι εἴη, εἰ αὐτοῖς βουκόλους τε καὶ
ποιμένας τούς τε ἄλλους νομέας προσθεῖμεν, ἵνα οἵ τε
γεωργοὶ ἐπὶ τὸ ἀροῦν ἔχοιεν βοῦς, οἵ τε οἰκοδόμοι πρὸς τὰς E
ἀγωγὰς μετὰ τῶν γεωργῶν χρῆσθαι ὑποζυγίοις, ὑφάνται
δὲ καὶ σκυτοτόμοι δέρμασίν τε καὶ ἐρίοις. Οὐδέ γε, ἦ δ'
ὅς, σμικρὰ πόλις ἂν εἴη ἔχουσα πάντα ταῦτα. Ἀλλὰ
μήν, ἦν δ' ἐγώ, κατοικίσαι γε αὐτὴν[1] τὴν πόλιν εἰς
τοιοῦτον τόπον, οὗ ἐπεισαγωγίμων μὴ δεήσεται, σχεδόν τι
ἀδύνατον. Ἀδύνατον γάρ. Προσδεήσει ἄρα ἔτι καὶ
ἄλλων, οἳ ἐξ ἄλλης πόλεως αὐτῇ κομιοῦσιν ὧν δεῖται.
Δεήσει. Καὶ μὴν κενὸς ἂν ἴῃ[2] ὁ διάκονος, μηδὲν ἄγων ὧν
ἐκεῖνοι δέονται, παρ' ὧν ἂν κομίζωνται, ὧν ἂν αὐτοῖς
χρεία, κενὸς ἄπεισιν. ἦ γάρ; Δοκεῖ μοι. Δεῖ δὴ τὰ 371
οἴκοι μὴ μόνον ἑαυτοῖς ποιεῖν ἱκανά, ἀλλὰ καὶ οἷα καὶ ὅσα
ἐκείνοις ὧν ἂν δέωνται. Δεῖ γάρ. Πλειόνων δὴ γεωργῶν
τε καὶ τῶν ἄλλων δημιουργῶν δεῖ ἡμῖν τῇ πόλει. Πλειό-
νων γάρ. Καὶ δὴ καὶ τῶν ἄλλων διακόνων που τῶν τε
εἰσαξόντων καὶ ἐξαξόντων ἕκαστα. οὗτοι δέ εἰσιν ἔμ-
ποροι· ἦ γάρ; Ναί. Καὶ ἐμπόρων δὴ δεησόμεθα. Πάνυ
γε. Καὶ ἐὰν μέν γε κατὰ θάλατταν ἡ ἐμπορία γίγνηται,
συχνῶν καὶ ἄλλων προσδεήσεται τῶν ἐπιστημόνων τῆς B
περὶ τὴν θάλατταν ἐργασίας. Συχνῶν μέντοι.

XII. Τί δὲ δή; ἐν αὐτῇ τῇ πόλει πῶς ἀλλήλοις

---

[1] αὐτὴν codd: αὖ Herwerden.　　　[2] ἴῃ q: εἴη A.

μεταδώσουσιν ὧν ἂν ἕκαστοι ἐργάζωνται; ὧν δὴ ἕνεκα
καὶ κοινωνίαν ποιησάμενοι πόλιν ᾠκίσαμεν. Δῆλον δή, ἦ
δ' ὅς, ὅτι πωλοῦντες καὶ ὠνούμενοι. Ἀγορὰ δὴ ἡμῖν καὶ
νόμισμα ξύμβολον τῆς ἀλλαγῆς ἕνεκα γενήσεται ἐκ
C τούτου. Πάνυ μὲν οὖν. Ἂν οὖν κομίσας ὁ γεωργὸς εἰς
τὴν ἀγοράν τι ὧν ποιεῖ, ἤ τις ἄλλος τῶν δημιουργῶν, μὴ
εἰς τὸν αὐτὸν χρόνον ἥκῃ τοῖς δεομένοις τὰ παρ' αὐτοῦ
ἀλλάξασθαι, ἀργήσει τῆς αὐτοῦ δημιουργίας καθήμενος
ἐν ἀγορᾷ; Οὐδαμῶς, ἦ δ' ὅς, ἀλλὰ εἰσὶν οἱ τοῦτο ὁρῶντες
ἑαυτοὺς ἐπὶ τὴν διακονίαν τάττουσιν ταύτην, ἐν μὲν ταῖς
ὀρθῶς οἰκουμέναις πόλεσι σχεδόν τι οἱ ἀσθενέστατοι τὰ
σώματα καὶ ἀχρεῖοί τι ἄλλο ἔργον πράττειν. αὐτοῦ γὰρ
D δεῖ μένοντας αὐτοὺς περὶ τὴν ἀγορὰν τὰ μὲν ἀντ' ἀργυρίου
ἀλλάξασθαι τοῖς τι δεομένοις ἀποδόσθαι, τοῖς δὲ ἀντὶ αὖ
ἀργυρίου διαλλάττειν, ὅσοι τι δέονται πρίασθαι. Αὕτη
ἄρα, ἦν δ' ἐγώ, ἡ χρεία καπήλων ἡμῖν γένεσιν ἐμποιεῖ τῇ
πόλει. ἢ οὐ καπήλους καλοῦμεν τοὺς πρὸς ὠνήν τε καὶ
πρᾶσιν διακονοῦντας ἱδρυμένους ἐν ἀγορᾷ, τοὺς δὲ πλά-
νητας ἐπὶ τὰς πόλεις ἐμπόρους; Πάνυ μὲν οὖν. Ἔτι δή
τινες, ὡς ἐγῷμαι, εἰσὶ καὶ ἄλλοι διάκονοι, οἳ ἂν τὰ μὲν τῆς
E διανοίας μὴ πάνυ ἀξιοκοινώνητοι ὦσιν, τὴν δὲ τοῦ σώματος
ἰσχὺν ἱκανὴν ἐπὶ τοὺς πόνους ἔχωσιν· οἳ δὴ πωλοῦντες
τὴν τῆς ἰσχύος χρείαν, τὴν τιμὴν ταύτην μισθὸν κα-
λοῦντες, κέκληνται, ὡς ἐγῷμαι, μισθωτοί· ἢ γάρ; Πάνυ
μὲν οὖν. Πλήρωμα δὴ πόλεώς εἰσιν, ὡς ἔοικε, καὶ μισθω-
τοί. Δοκεῖ μοι. Ἆρ' οὖν, ὦ Ἀδείμαντε, ἤδη ἡμῖν
ηὔξηται ἡ πόλις, ὥστ' εἶναι τελέα; Ἴσως. Ποῦ οὖν ἄν
ποτε ἐν αὐτῇ εἴη ἥ τε δικαιοσύνη καὶ ἡ ἀδικία; καὶ τίνι
372 ἅμα ἐγγενομένη ὧν ἐσκέμμεθα; Ἐγὼ μέν, ἔφη, | οὐκ ἐννοῶ,
ὦ Σώκρατες, εἰ μή που ἐν αὐτῶν τούτων χρείᾳ τινὶ τῇ
πρὸς ἀλλήλους. Ἀλλ' ἴσως, ἦν δ' ἐγώ, καλῶς λέγεις· καὶ
σκεπτέον γε καὶ οὐκ ἀποκνητέον.

πρῶτον οὖν σκεψώμεθα, τίνα τρόπον διαιτήσονται οἱ

οὕτω παρεσκευασμένοι. ἄλλο τι ἢ σῖτόν τε ποιοῦντες καὶ
οἶνον καὶ ἱμάτια καὶ ὑποδήματα; καὶ οἰκοδομησάμενοι
οἰκίας θέρους μὲν τὰ πολλὰ γυμνοί τε καὶ ἀνυπόδητοι
ἐργάσονται, τοῦ δὲ χειμῶνος ἠμφιεσμένοι τε καὶ ὑποδεδε- B
μένοι ἱκανῶς· θρέψονται δὲ ἐκ μὲν τῶν κριθῶν ἄλφιτα
σκευαζόμενοι, ἐκ δὲ τῶν πυρῶν ἄλευρα· τὰ μὲν πέψαντες,
τὰ δὲ μάξαντες μάζας γενναίας καὶ ἄρτους ἐπὶ κάλαμόν
τινα παραβαλλόμενοι ἢ φύλλα καθαρά, κατακλινέντες
ἐπὶ στιβάδων ἐστρωμένων μίλακί τε καὶ μυρρίναις,
εὐωχήσονται αὐτοί τε καὶ τὰ παιδία, ἐπιπίνοντες τοῦ
οἴνου, ἐστεφανωμένοι καὶ ὑμνοῦντες τοὺς θεούς, ἡδέως
ξυνόντες ἀλλήλοις, οὐχ ὑπὲρ τὴν οὐσίαν ποιούμενοι τοὺς C
παῖδας, εὐλαβούμενοι πενίαν ἢ πόλεμον.

XIII. Καὶ ὁ Γλαύκων ὑπολαβών, Ἄνευ ὄψου, ἔφη,
ὡς ἔοικας, ποιεῖς τοὺς ἄνδρας ἑστιωμένους. Ἀληθῆ, ἦν δ᾽
ἐγώ, λέγεις. ἐπελαθόμην ὅτι καὶ ὄψον ἕξουσιν. ἅλας τε
δῆλον ὅτι καὶ ἐλάας, καὶ τυρὸν καὶ βολβοὺς καὶ λάχανα
οἷα δὴ ἐν ἀγροῖς ἑψήματα ἑψήσονται. καὶ τραγήματά που
παραθήσομεν αὐτοῖς τῶν τε σύκων καὶ ἐρεβίνθων καὶ
κυάμων, καὶ μύρτα καὶ φηγοὺς σποδιοῦσιν πρὸς τὸ πῦρ, D
μετρίως ὑποπίνοντες· καὶ οὕτω διάγοντες τὸν βίον ἐν
εἰρήνῃ μετὰ ὑγιείας, ὡς εἰκός, γηραιοὶ τελευτῶντες ἄλλον
τοιοῦτον βίον τοῖς ἐκγόνοις παραδώσουσιν. καὶ ὅς, Εἰ
δὲ ὑῶν πόλιν, ὦ Σώκρατες, ἔφη, κατεσκεύαζες, τί ἂν αὐτὰς
ἄλλο ἢ ταῦτα ἐχόρταζες; Ἀλλὰ πῶς χρή, ἦν δ᾽ ἐγώ, ὦ
Γλαύκων; Ἅπερ νομίζεται, ἔφη· ἐπί τε κλινῶν κατα-
κεῖσθαι, οἶμαι, τοὺς μέλλοντας μὴ ταλαιπωρεῖσθαι, καὶ
ἀπὸ τραπεζῶν δειπνεῖν, καὶ ὄψα ἅπερ καὶ οἱ νῦν ἔχουσι E
καὶ τραγήματα. Εἶεν, ἦν δ᾽ ἐγώ, μανθάνω· οὐ πόλιν, ὡς
ἔοικε, σκοποῦμεν μόνον ὅπως γίγνεται, ἀλλὰ καὶ τρυφῶ-
σαν πόλιν. ἴσως οὖν οὐδὲ κακῶς ἔχει· σκοποῦντες γὰρ
καὶ τοιαύτην τάχ᾽ ἂν κατίδοιμεν τήν τε δικαιοσύνην καὶ
ἀδικίαν ὅπῃ ποτὲ ταῖς πόλεσιν ἐμφύονται. ἡ μὲν οὖν

ἀληθινὴ πόλις δοκεῖ μοι εἶναι ἣν διεληλύθαμεν, ὥσπερ
ὑγιής τις· εἰ δ᾽ αὖ βούλεσθε καὶ φλεγμαίνουσαν πόλιν
θεωρήσωμεν, οὐδὲν ἀποκωλύει. ταῦτα γὰρ δή τισιν, ὡς
373 δοκεῖ, | οὐκ ἐξαρκέσει, οὐδὲ αὕτη ἡ δίαιτα, ἀλλὰ κλῖναί τε
προσέσονται καὶ τράπεζαι καὶ τἆλλα σκεύη, καὶ ὄψα δὴ
καὶ μύρα καὶ θυμιάματα καὶ ἑταῖραι καὶ πέμματα, ἕκαστα
τούτων παντοδαπά. καὶ δὴ καὶ ἃ τὸ πρῶτον ἐλέγομεν
οὐκέτι τἀναγκαῖα θετέον, οἰκίας τε καὶ ἱμάτια καὶ ὑποδή-
ματα, ἀλλὰ τήν τε ζῳγραφίαν κινητέον καὶ τὴν ποικιλίαν[1]
καὶ χρυσὸν καὶ ἐλέφαντα καὶ πάντα τὰ τοιαῦτα κτητέον.
B ἦ γάρ; Ναί, ἔφη. Οὐκοῦν μείζονά τε αὖ τὴν[2] πόλιν δεῖ
ποιεῖν, ἐκείνη γὰρ ἡ ὑγιεινὴ οὐκέτι ἱκανή, ἀλλ᾽ ἤδη ὄγκου
ἐμπληστέα καὶ πλήθους, ἃ οὐκέτι τοῦ ἀναγκαίου ἕνεκά
ἐστιν ἐν ταῖς πόλεσιν, οἷον οἵ τε θηρευταὶ πάντες οἵ τε
μιμηταί, πολλοὶ μὲν οἱ περὶ τὰ σχήματά τε καὶ χρώματα,
πολλοὶ δὲ οἱ περὶ μουσικήν, ποιηταί τε καὶ τούτων
ὑπηρέται, ῥαψῳδοί, ὑποκριταί, χορευταί, ἐργολάβοι, σκευῶν
C τε παντοδαπῶν δημιουργοί, τῶν τε ἄλλων καὶ τῶν περὶ
τὸν γυναικεῖον κόσμον. καὶ δὴ καὶ διακόνων πλειόνων
δεησόμεθα. ἢ οὐ δοκεῖ δεήσειν παιδαγωγῶν, τιτθῶν,
τροφῶν, κομμωτριῶν, κουρέων, καὶ αὖ ὀψοποιῶν τε καὶ
μαγείρων; ἔτι δὲ καὶ συβωτῶν προσδεησόμεθα· τοῦτο
γὰρ ἡμῖν ἐν τῇ προτέρᾳ πόλει οὐκ ἐνῆν· ἔδει γὰρ οὐδέν·
ἐν δὲ ταύτῃ καὶ τούτου προσδεήσει, δεήσει δὲ καὶ τῶν
ἄλλων βοσκημάτων παμπόλλων, εἴ τις αὐτὰ ἔδεται. ἦ
D γάρ; Πῶς γὰρ οὔ; Οὐκοῦν καὶ ἰατρῶν ἐν χρείαις ἐσόμεθα
πολὺ μᾶλλον οὕτω διαιτώμενοι ἢ ὡς τὸ πρότερον; Πολύ
γε.

XIV. Καὶ ἡ χώρα που ἡ τότε ἱκανὴ τρέφειν τοὺς
τότε σμικρὰ δὴ ἐξ ἱκανῆς ἔσται· ἢ πῶς λέγομεν; Οὕτως,
ἔφη. Οὐκοῦν τῆς τῶν πλησίον χώρας ἡμῖν ἀποτμητέον,
εἰ μέλλομεν ἱκανὴν ἕξειν νέμειν τε καὶ ἀροῦν, καὶ ἐκείνοις

---

[1] καὶ τὴν ποικιλίαν Π: om. A.   [2] αὖ τὴν Π: αὐτὴν A.

αὖ τῆς ἡμετέρας, ἐὰν καὶ ἐκεῖνοι ἀφῶσιν αὐτοὺς ἐπὶ
χρημάτων κτῆσιν ἄπειρον, ὑπερβάντες τὸν τῶν ἀναγκαίων Ε
ὅρον; Πολλὴ ἀνάγκη, ἔφη, ὦ Σώκρατες. Πολεμήσομεν
τὸ μετὰ τοῦτο, ὦ Γλαύκων; ἢ πῶς ἔσται; Οὕτως, ἔφη.
Καὶ μηδέν γέ πω λέγωμεν, ἦν δ' ἐγώ, μήτ' εἴ τι κακὸν μήτ'
εἰ ἀγαθὸν ὁ πόλεμος ἐργάζεται, ἀλλὰ τοσοῦτον μόνον, ὅτι
πολέμου αὖ γένεσιν ηὑρήκαμεν, ἐξ ὧν μάλιστα ταῖς
πόλεσιν καὶ ἰδίᾳ καὶ δημοσίᾳ κακὰ γίγνεται ὅταν γίγνη-
ται. Πάνυ μὲν οὖν. Ἔτι δή, ὦ φίλε, μείζονος τῆς
πόλεως δεῖ οὔτι σμικρῷ, ἀλλ' ὅλῳ στρατο|πέδῳ, ὃ ἐξελθὸν 374
ὑπὲρ τῆς οὐσίας ἁπάσης καὶ ὑπὲρ ὧν νῦν δὴ ἐλέγομεν
διαμαχεῖται τοῖς ἐπιοῦσιν. Τί δέ; ἦ δ' ὅς· αὐτοὶ οὐχ
ἱκανοί; Οὔκ, εἰ σύ γε, ἦν δ' ἐγώ, καὶ ἡμεῖς ἅπαντες
ὡμολογήσαμεν καλῶς, ἡνίκα ἐπλάττομεν τὴν πόλιν·
ὡμολογοῦμεν δέ που, εἰ μέμνησαι, ἀδύνατον ἕνα πολλὰς
καλῶς ἐργάζεσθαι τέχνας. Ἀληθῆ λέγεις, ἔφη. Τί οὖν;
ἦν δ' ἐγώ· ἡ περὶ τὸν πόλεμον ἀγωνία οὐ τεχνικὴ δοκεῖ Β
εἶναι; Καὶ μάλα, ἔφη. Ἢ οὖν τι σκυτικῆς δεῖ μᾶλλον
κήδεσθαι ἢ πολεμικῆς; Οὐδαμῶς. Ἀλλ' ἄρα τὸν μὲν
σκυτοτόμον διεκωλύομεν μήτε γεωργὸν ἐπιχειρεῖν εἶναι
ἅμα μήτε ὑφάντην μήτε οἰκοδόμον, ἀλλὰ σκυτοτόμον[1],
ἵνα δὴ ἡμῖν τὸ τῆς σκυτικῆς ἔργον καλῶς γίγνοιτο, καὶ
τῶν ἄλλων ἑνὶ ἑκάστῳ ὡσαύτως ἓν ἀπεδίδομεν, πρὸς ὃ
ἐπεφύκει ἕκαστος καὶ ἐφ' ᾧ ἔμελλε τῶν ἄλλων σχολὴν C
ἄγων διὰ βίου αὐτὸ ἐργαζόμενος οὐ παριεὶς τοὺς καιροὺς
καλῶς ἀπεργάζεσθαι· τὰ δὲ δὴ περὶ τὸν πόλεμον πότερον
οὐ περὶ πλείστου ἐστὶν εὖ ἀπεργασθέντα; ἢ οὕτω ῥᾴδιον,
ὥστε καὶ γεωργῶν τις ἅμα πολεμικὸς ἔσται καὶ σκυτο-
τομῶν καὶ ἄλλην τέχνην ἡντινοῦν ἐργαζόμενος, πεττευ-
τικὸς δὲ ἢ κυβευτικὸς ἱκανῶς οὐδ' ἂν εἷς γένοιτο μὴ αὐτὸ
τοῦτο ἐκ παιδὸς ἐπιτηδεύων, ἀλλὰ παρέργῳ χρώμενος;
καὶ ἀσπίδα μὲν λαβὼν ἤ τι ἄλλο τῶν πολεμικῶν ὅπλων τε D

---

[1] ἀλλὰ σκυτοτόμον Π: om. A.

καὶ ὀργάνων αὐθημερὸν ὁπλιτικῆς ἤ τινος ἄλλης μάχης
τῶν κατὰ πόλεμον ἱκανὸς ἔσται ἀγωνιστής, τῶν δὲ ἄλλων
ὀργάνων οὐδὲν οὐδένα δημιουργὸν οὐδὲ ἀθλητὴν ληφθὲν
ποιήσει, οὐδ' ἔσται χρήσιμον τῷ μήτε τὴν ἐπιστήμην
ἑκάστου λαβόντι μήτε τὴν μελέτην ἱκανὴν παρασχομένῳ;
Πολλοῦ γὰρ ἄν, ἦ δ' ὅς, τὰ ὄργανα ἦν ἄξια.

XV. Οὐκοῦν, ἦν δ' ἐγώ, ὅσῳ μέγιστον τὸ τῶν
E φυλάκων ἔργον, τοσούτῳ σχολῆς τε τῶν ἄλλων πλείστης
ἂν εἴη καὶ αὖ τέχνης τε καὶ ἐπιμελείας μεγίστης δεόμενον.
Οἶμαι ἔγωγε, ἦ δ' ὅς. Ἆρ' οὖν οὐ καὶ φύσεως ἐπιτηδείας
εἰς αὐτὸ τὸ ἐπιτήδευμα; Πῶς δ' οὔ; Ἡμέτερον δὴ ἔργον
ἂν εἴη, ὡς ἔοικεν, εἴπερ οἷοί τ' ἐσμέν, ἐκλέξασθαι, τίνες
τε καὶ ποῖαι φύσεις ἐπιτήδειαι εἰς πόλεως φυλακήν.
Ἡμέτερον μέντοι. Μὰ Δία, ἦν δ' ἐγώ, οὐκ ἄρα φαῦλον
πρᾶγμα ἠράμεθα· ὅμως δὲ οὐκ ἀποδειλιατέον, ὅσον γ' ἂν
375 δύναμις παρείκῃ. | Οὐ γὰρ οὖν, ἔφη. Οἴει οὖν τι, ἦν δ'
ἐγώ, διαφέρειν φύσιν γενναίου σκύλακος εἰς φυλακὴν
νεανίσκου εὐγενοῦς; Τὸ ποῖον λέγεις; Οἷον ὀξύν τέ που
δεῖ αὐτοῖν ἑκάτερον εἶναι πρὸς αἴσθησιν καὶ ἐλαφρὸν πρὸς
τὸ αἰσθανόμενον διωκαθεῖν, καὶ ἰσχυρὸν αὖ, ἐὰν δέῃ
ἑλόντα διαμάχεσθαι. Δεῖ γὰρ οὖν, ἔφη, πάντων τούτων.
Καὶ μὴν ἀνδρεῖόν γε, εἴπερ εὖ μαχεῖται. Πῶς δ' οὔ;
Ἀνδρεῖος δὲ εἶναι ἆρα ἐθελήσει ὁ μὴ θυμοειδὴς εἴτε ἵππος
B εἴτε κύων ἢ ἄλλο ὁτιοῦν ζῷον; ἢ οὐκ ἐννενόηκας, ὡς
ἄμαχόν τε καὶ ἀνίκητον θυμός, οὗ παρόντος ψυχὴ πᾶσα
πρὸς πάντα ἄφοβός τέ ἐστι καὶ ἀήττητος; Ἐννενόηκα.
Τὰ μὲν τοίνυν τοῦ σώματος οἷον δεῖ τὸν φύλακα εἶναι,
δῆλα. Ναί. Καὶ μὴν καὶ τὰ τῆς ψυχῆς, ὅτι γε θυμοειδῆ.
Καὶ τοῦτο. Πῶς οὖν, ἦν δ' ἐγώ, ὦ Γλαύκων, οὐκ ἄγριοι
ἀλλήλοις ἔσονται καὶ τοῖς ἄλλοις[1] πολίταις, ὄντες τοιοῦτοι
τὰς φύσεις; Μὰ Δία, ἦ δ' ὅς, οὐ ῥᾳδίως. Ἀλλὰ μέντοι
C δεῖ γε πρὸς μὲν τοὺς οἰκείους πράους αὐτοὺς εἶναι, πρὸς

---

[1] ἄλλοις q: ἀλλοτρίοις A.

δὲ τοὺς πολεμίους χαλεπούς· εἰ δὲ μή, οὐ περιμενοῦσιν
ἄλλους σφᾶς διολέσαι, ἀλλ' αὐτοὶ φθήσονται αὐτὸ δρά-
σαντες. Ἀληθῆ, ἔφη. Τί οὖν, ἦν δ' ἐγώ, ποιήσομεν;
πόθεν ἅμα πρᾶον καὶ μεγαλόθυμον ἦθος εὑρήσομεν;
ἐναντία γάρ που θυμοειδεῖ πραεῖα φύσις. Φαίνεται.
Ἀλλὰ μέντοι τούτων ὁποτέρου ἂν στέρηται, φύλαξ
ἀγαθὸς οὐ μὴ γένηται· ταῦτα δὲ ἀδυνάτοις ἔοικεν, καὶ
οὕτω δὴ ξυμβαίνει ἀγαθὸν φύλακα ἀδύνατον γενέσθαι. D
Κινδυνεύει, ἔφη. καὶ ἐγὼ ἀπορήσας τε καὶ ἐπισκεψάμενος
τὰ ἔμπροσθεν, Δικαίως γε, ἦν δ' ἐγώ, ὦ φίλε, ἀπορούμεν·
ἧς γὰρ προὐθέμεθα εἰκόνος ἀπελείφθημεν. Πῶς λέγεις;
Οὐκ ἐνοήσαμεν, ὅτι εἰσὶν ἄρα φύσεις, οἵας ἡμεῖς οὐκ
ᾠήθημεν, ἔχουσαι τἀναντία ταῦτα. Ποῦ δή; Ἴδοι μὲν
ἄν τις καὶ ἐν ἄλλοις ζῴοις, οὐ μέντ' ἂν ἥκιστα ἐν ᾧ ἡμεῖς
παρεβάλλομεν τῷ φύλακι. οἶσθα γάρ που τῶν γενναίων E
κυνῶν, ὅτι τοῦτο φύσει αὐτῶν τὸ ἦθος, πρὸς μὲν τοὺς
συνήθεις τε καὶ γνωρίμους ὡς οἷόν τε πραοτάτους εἶναι,
πρὸς δὲ τοὺς ἀγνῶτας τοὐναντίον. Οἶδα μέντοι. Τοῦτο
μὲν ἄρα, ἦν δ' ἐγώ, δυνατόν, καὶ οὐ παρὰ φύσιν ζητοῦμεν
τοιοῦτον εἶναι τὸν φύλακα. Οὐκ ἔοικεν.

XVI. Ἆρ' οὖν σοι δοκεῖ ἔτι τοῦδε προσδεῖσθαι ὁ
φυλακικὸς ἐσόμενος, πρὸς τῷ θυμοειδεῖ ἔτι προσγενέσθαι
φιλόσοφον[1] τὴν φύσιν; Πῶς δή; ἔφη· οὐ γὰρ | ἐννοῶ. 376
Καὶ τοῦτο, ἦν δ' ἐγώ, ἐν τοῖς κυσὶν κατόψει, ὃ καὶ ἄξιον
θαυμάσαι τοῦ θηρίου. Τὸ ποῖον; Ὅτι ὃν[2] μὲν ἂν ἴδῃ
ἀγνῶτα, χαλεπαίνει, οὐδὲν δὴ[3] κακὸν προπεπονθώς[4]· ὃν
δ' ἂν γνώριμον, ἀσπάζεται, κἂν μηδὲν πώποτε ὑπ' αὐτοῦ
ἀγαθὸν πεπόνθῃ. ἢ οὔπω τοῦτο ἐθαύμασας; Οὐ πάνυ,
ἔφη, μέχρι τούτου προσέσχον τὸν νοῦν· ὅτι δέ που δρᾷ
ταῦτα, δῆλον. Ἀλλὰ μὴν κομψόν γε φαίνεται τὸ πάθος
αὐτοῦ τῆς φύσεως καὶ ὡς ἀληθῶς φιλόσοφον. Πῇ δή; B

---

[1] φιλόσοφον nos: φιλόσοφος codd.   [2] ὅτι ὃν Π: ὃν Α.   [3] δὴ q:
δὲ Α.   [4] προπεπονθὼς Π: προσπεπονθὼς Α¹: προπεπονθὸς Α².

Ἧι, ἦν δ' ἐγώ, ὄψιν οὐδενὶ ἄλλῳ φίλην καὶ ἐχθρὰν
διακρίνει, ἢ τῷ τὴν μὲν καταμαθεῖν, τὴν δὲ ἀγνοῆσαι.
καίτοι πῶς οὐκ ἂν φιλομαθὲς εἴη, συνέσει τε καὶ ἀγνοίᾳ
ὁριζόμενον τό τε οἰκεῖον καὶ τὸ ἀλλότριον; Οὐδαμῶς, ἦ δ'
ὅς, ὅπως οὔ. Ἀλλὰ μέντοι, εἶπον ἐγώ, τό γε φιλομαθὲς
καὶ φιλόσοφον ταὐτόν; Ταὐτὸν γάρ, ἔφη. Οὐκοῦν θαρ-
ροῦντες τιθῶμεν καὶ ἐν ἀνθρώπῳ, εἰ μέλλει πρὸς τοὺς
C οἰκείους καὶ γνωρίμους πρᾷός τις ἔσεσθαι, φύσει φιλό-
σοφον καὶ φιλομαθῆ αὐτὸν δεῖν εἶναι; Τιθῶμεν, ἔφη.
Φιλόσοφος δὴ καὶ θυμοειδὴς καὶ ταχὺς καὶ ἰσχυρὸς ἡμῖν
τὴν φύσιν ἔσται ὁ μέλλων καλὸς κἀγαθὸς ἔσεσθαι φύλαξ
πόλεως; Παντάπασι μὲν οὖν, ἔφη. Οὗτος μὲν δὴ ἂν
οὕτως ὑπάρχοι. θρέψονται δὲ δὴ ἡμῖν οὗτοι καὶ παιδευ-
θήσονται τίνα τρόπον; καὶ ἆρά τι προὔργου ἡμῖν ἐστιν αὐτὸ
D σκοποῦσι πρὸς τὸ κατιδεῖν, οὗπερ ἕνεκα πάντα σκοποῦμεν,
δικαιοσύνην τε καὶ ἀδικίαν τίνα τρόπον ἐν πόλει γίγνεται,
ἵνα μὴ ἐῶμεν ἱκανὸν λόγον ἢ συχνὸν διεξίωμεν[1]; καὶ
ὁ τοῦ Γλαύκωνος ἀδελφὸς Πάνυ μὲν οὖν, ἔφη, ἔγωγε
προσδοκῶ προὔργου εἶναι εἰς τοῦτο ταύτην τὴν σκέψιν.
Μὰ Δία, ἦν δ' ἐγώ, ὦ φίλε Ἀδείμαντε, οὐκ ἄρα ἀφετέον,
οὐδ' εἰ μακροτέρα τυγχάνει οὖσα. Οὐ γὰρ οὖν. Ἴθι οὖν,
ὥσπερ ἐν μύθῳ μυθολογοῦντές τε καὶ σχολὴν ἄγοντες
E λόγῳ παιδεύωμεν τοὺς ἄνδρας. Ἀλλὰ χρή.

XVII. Τίς οὖν ἡ παιδεία; ἢ χαλεπὸν εὑρεῖν βελτίω
τῆς ὑπὸ τοῦ πολλοῦ χρόνου ηὑρημένης; ἔστιν δέ που ἡ
μὲν ἐπὶ σώμασι γυμναστική, ἡ δ' ἐπὶ ψυχῇ μουσική.
Ἔστιν γάρ. Ἀρ' οὖν οὐ μουσικῇ πρότερον ἀρξόμεθα
παιδεύοντες ἢ γυμναστικῇ; Πῶς δ' οὔ; Μουσικῆς δ',
εἶπον[2], τίθης λόγους, ἢ οὔ; Ἔγωγε. Λόγων δὲ διττὸν
εἶδος, τὸ μὲν ἀληθές, ψεῦδος δ' ἕτερον; Ναί. Παιδευτέον
377 δ' | ἐν ἀμφοτέροις, πρότερον δ' ἐν τοῖς ψεύδεσιν; Οὐ

---

[1] ἵνα—διεξίωμεν, quae in marg. praebet A, nescio an sint delenda.
[2] εἶπον v: εἰπὼν A.

μανθάνω, ἔφη, πῶς λέγεις. Οὐ μανθάνεις, ἦν δ' ἐγώ, ὅτι
πρῶτον τοῖς παιδίοις μύθους λέγομεν; τοῦτο δέ που ὡς τὸ
ὅλον εἰπεῖν ψεῦδος, ἔνι δὲ καὶ ἀληθῆ. πρότερον δὲ μύθοις·
πρὸς τὰ παιδία ἢ γυμνασίοις χρώμεθα. Ἔστι ταῦτα.
Τοῦτο δὴ ἔλεγον, ὅτι μουσικῆς πρότερον ἁπτέον ἢ γυ-
μναστικῆς. Ὀρθῶς, ἔφη. Οὐκοῦν οἶσθ' ὅτι ἀρχὴ παντὸς
ἔργου μέγιστον, ἄλλως τε καὶ νέῳ καὶ ἁπαλῷ ὁτῳοῦν; Β
μάλιστα γὰρ δὴ τότε πλάττεται καὶ ἐνδύεται τύπον[1], ὃν
ἄν τις βούληται ἐνσημήνασθαι ἑκάστῳ. Κομιδῇ μὲν οὖν.
Ἆρ' οὖν ῥᾳδίως οὕτω παρήσομεν τοὺς ἐπιτυχόντας ὑπὸ
τῶν ἐπιτυχόντων μύθους πλασθέντας ἀκούειν τοὺς παῖδας
καὶ λαμβάνειν ἐν ταῖς ψυχαῖς ὡς ἐπὶ τὸ πολὺ ἐναντίας
δόξας ἐκείναις, ἅς, ἐπειδὰν τελεωθῶσιν, ἔχειν οἰησόμεθα
δεῖν αὐτούς; Οὐδ' ὁπωστιοῦν παρήσομεν. Πρῶτον δὴ
ἡμῖν, ὡς ἔοικεν, ἐπιστατητέον τοῖς μυθοποιοῖς, καὶ ὃν μὲν Ϲ
ἂν καλὸν ποιήσωσιν, ἐγκριτέον, ὃν δ' ἂν μή, ἀποκριτέον·
τοὺς δ' ἐγκριθέντας πείσομεν τὰς τροφούς τε καὶ μητέρας
λέγειν τοῖς παισὶν καὶ πλάττειν τὰς ψυχὰς αὐτῶν τοῖς
μύθοις πολὺ μᾶλλον ἢ τὰ σώματα ταῖς χερσίν· ὧν δὲ νῦν
λέγουσι τοὺς πολλοὺς ἐκβλητέον. Ποίους δή; ἔφη. Ἐν
τοῖς μείζοσιν, ἦν δ' ἐγώ, μύθοις ὀψόμεθα καὶ τοὺς
ἐλάττους. δεῖ γὰρ δὴ τὸν αὐτὸν τύπον εἶναι καὶ ταὐτὸν
δύνασθαι τούς τε μείζους καὶ τοὺς ἐλάττους. ἢ οὐκ οἴει; Ð
Ἔγωγ', ἔφη· ἀλλ' οὐκ ἐννοῶ οὐδὲ τοὺς μείζους τίνας
λέγεις. Οὓς Ἡσίοδός τε, εἶπον, καὶ Ὅμηρος ἡμῖν ἐλεγέ-
την καὶ οἱ ἄλλοι ποιηταί. οὗτοι γάρ που μύθους τοῖς
ἀνθρώποις ψευδεῖς συντιθέντες ἔλεγόν τε καὶ λέγουσι.
Ποίους δή, ἢ δ' ὅς, καὶ τί αὐτῶν μεμφόμενος λέγεις;
Ὅπερ, ἦν δ' ἐγώ, χρὴ καὶ πρῶτον καὶ μάλιστα μέμφεσθαι,
ἄλλως τε καὶ ἐάν τις μὴ καλῶς ψεύδηται. Τί τοῦτο; Ε
Ὅταν εἰκάζῃ τις κακῶς τῷ λόγῳ περὶ θεῶν τε καὶ ἡρώων
οἷοί εἰσιν, ὥσπερ γραφεὺς μηδὲν ἐοικότα γράφων οἷς ἂν

---

[1] τύπον H. Richards: τύπος codd.

ὅμοια βουληθῇ γράψαι. Καὶ γάρ, ἔφη, ὀρθῶς ἔχει τά γε
τοιαῦτα μέμφεσθαι. ἀλλὰ πῶς δὴ λέγομεν καὶ ποῖα;
.Πρῶτον μέν, ἦν δ' ἐγώ, τὸ μέγιστον καὶ περὶ τῶν
μεγίστων ψεῦδος ὁ εἰπὼν οὐ καλῶς ἐψεύσατο, ὡς Οὐρανός
τε εἰργάσατο ἅ φησι δρᾶσαι αὐτὸν Ἡσίοδος, ὅ τε αὖ
378 Κρόνος ὡς ἐτιμωρήσατο αὐτόν· τὰ δὲ δὴ | τοῦ Κρόνου
ἔργα καὶ πάθη ὑπὸ τοῦ ὑέος, οὐδ' ἂν εἰ ἦν ἀληθῆ, ᾤμην
δεῖν ῥᾳδίως οὕτω λέγεσθαι πρὸς ἄφρονάς τε καὶ νέους,
ἀλλὰ μάλιστα μὲν σιγᾶσθαι, εἰ δὲ ἀνάγκη τις ἦν λέγειν,
δι' ἀπορρήτων ἀκούειν ὡς ὀλιγίστους, θυσαμένους οὐ
χοῖρον, ἀλλά τι μέγα καὶ ἄπορον θῦμα, ὅπως ὅ τι
ἐλαχίστοις συνέβη ἀκοῦσαι. Καὶ γάρ, ἦ δ' ὅς, οὗτοί γε
B οἱ λόγοι χαλεποί. Καὶ οὐ λεκτέοι γ', ἔφην, ὦ Ἀδείμαντε,
ἐν τῇ ἡμετέρᾳ πόλει, οὐδὲ λεκτέον νέῳ ἀκούοντι, ὡς
ἀδικῶν τὰ ἔσχατα οὐδὲν ἂν θαυμαστὸν ποιοῖ, οὐδ' αὖ
ἀδικοῦντα πατέρα κολάζων παντὶ τρόπῳ, ἀλλὰ δρῴη ἂν
ὅπερ θεῶν οἱ πρῶτοί τε καὶ μέγιστοι. Οὐ μὰ τὸν Δία, ἦ
δ' ὅς, οὐδὲ αὐτῷ μοι δοκεῖ[1] ἐπιτήδεια εἶναι λέγειν. Οὐδέ
γε, ἦν δ' ἐγώ, τὸ παράπαν, ὡς θεοὶ θεοῖς πολεμοῦσί τε καὶ
C ἐπιβουλεύουσι καὶ μάχονται· οὐδὲ γὰρ ἀληθῆ· εἴ γε δεῖ
ἡμῖν τοὺς μέλλοντας τὴν πόλιν φυλάξειν αἴσχιστον
νομίζειν τὸ ῥᾳδίως ἀλλήλοις ἀπεχθάνεσθαι· πολλοῦ δεῖ
γιγαντομαχίας τε μυθολογητέον αὐτοῖς καὶ ποικιλτέον,
καὶ ἄλλας ἔχθρας πολλὰς καὶ παντοδαπὰς θεῶν τε καὶ
ἡρώων πρὸς συγγενεῖς τε καὶ οἰκείους αὐτῶν. ἀλλ' εἴ
πως μέλλομεν πείσειν, ὡς οὐδεὶς πώποτε πολίτης ἕτερος
ἑτέρῳ ἀπήχθετο οὐδ' ἔστιν τοῦτο ὅσιον, τοιαῦτα λεκτέα[2]
D μᾶλλον πρὸς τὰ παιδία εὐθὺς καὶ γέρουσι καὶ γραυσί, καὶ
πρεσβυτέροις γιγνομένοις καὶ τοὺς ποιητὰς ἐγγὺς τούτων
ἀναγκαστέον λογοποιεῖν. Ἥρας δὲ δεσμοὺς ὑπὸ ὑέος καὶ
Ἡφαίστου ῥίψεις ὑπὸ πατρός, μέλλοντος τῇ μητρὶ τυπτο-
μένῃ ἀμύνειν, καὶ θεομαχίας ὅσας Ὅμηρος πεποίηκεν οὐ

[1] δοκεῖ ν: δοκῶ Α. [2] λεκτέα Π: om. Α.

παραδεκτέον εἰς τὴν πόλιν, οὔτ' ἐν ὑπονοίαις πεποιημένας
οὔτε ἄνευ ὑπονοιῶν. ὁ γὰρ νέος οὐχ οἷός τε κρίνειν ὅ
τί τε ὑπόνοια καὶ ὃ μή, ἀλλ' ἃ ἂν τηλικοῦτος ὢν λάβῃ
ἐν ταῖς δόξαις, δυσέκνιπτά τε καὶ ἀμετάστατα φιλεῖ E
γίγνεσθαι. ὧν δὴ ἴσως ἕνεκα περὶ παντὸς ποιητέον, ἃ
πρῶτα ἀκούουσιν, ὅ τι κάλλιστα μεμυθολογημένα πρὸς
ἀρετὴν ἀκούειν.

XVIII. Ἔχει γάρ, ἔφη, λόγον. ἀλλ' εἴ τις αὖ καὶ
ταῦτα ἐρωτῴη ἡμᾶς, ταῦτα ἄττα ἐστὶν καὶ τίνες οἱ μῦθοι,
τίνας ἂν φαῖμεν; καὶ ἐγὼ εἶπον Ὦ Ἀδείμαντε, οὐκ ἐσμὲν
ποιηταὶ ἐγώ τε καὶ σὺ ἐν τῷ παρόντι, | ἀλλ' οἰκισταὶ 379
πόλεως. οἰκισταῖς δὲ τοὺς μὲν τύπους προσήκει εἰδέναι,
ἐν οἷς δεῖ μυθολογεῖν τοὺς ποιητάς, παρ' οὓς ἐὰν ποιῶσιν
οὐκ ἐπιτρεπτέον, οὐ μὴν αὐτοῖς γε ποιητέον μύθους.
Ὀρθῶς, ἔφη· ἀλλ' αὐτὸ δὴ τοῦτο, οἱ τύποι περὶ θεολογίας,
τίνες ἂν εἶεν; Τοιοίδε πού τινες, ἦν δ' ἐγώ· οἷος τυγχάνει
ὁ θεὸς ὤν, ἀεὶ δήπου ἀποδοτέον, ἐάν τέ τις αὐτὸν ἐν ἔπεσιν
ποιῇ, ἐάν τε ἐν μέλεσιν¹, ἐάν τε ἐν τραγῳδίᾳ. Δεῖ γάρ.
Οὐκοῦν ἀγαθὸς ὅ γε θεὸς τῷ ὄντι τε καὶ λεκτέον οὕτω; B
Τί μήν; Ἀλλὰ μὴν οὐδέν γε τῶν ἀγαθῶν βλαβερόν. ἢ
γάρ; Οὔ μοι δοκεῖ. Ἆρ' οὖν ὃ μὴ βλαβερόν, βλάπτει;
Οὐδαμῶς. Ὁ δὲ μὴ βλάπτει, κακόν τι ποιεῖ; Οὐδὲ
τοῦτο. Ὁ δέ γε μηδὲν κακὸν ποιεῖ, οὐδ' ἂν τινος εἴη
κακοῦ αἴτιον; Πῶς γάρ; Τί δέ; ὠφέλιμον τὸ ἀγαθόν;
Ναί. Αἴτιον ἄρα εὐπραγίας; Ναί. Οὐκ ἄρα πάντων γε
αἴτιον τὸ ἀγαθόν, ἀλλὰ τῶν μὲν εὖ ἐχόντων αἴτιον, τῶν δὲ
κακῶν ἀναίτιον. Παντελῶς γ', ἔφη. Οὐδ' ἄρα, ἦν δ' ἐγώ, C
ὁ θεός, ἐπειδὴ ἀγαθός, πάντων ἂν εἴη αἴτιος, ὡς οἱ πολλοὶ
λέγουσιν, ἀλλὰ ὀλίγων μὲν τοῖς ἀνθρώποις αἴτιος, πολλῶν
δὲ ἀναίτιος· πολὺ γὰρ ἐλάττω τἀγαθὰ τῶν κακῶν ἡμῖν·
καὶ τῶν μὲν ἀγαθῶν οὐδένα ἄλλον αἰτιατέον, τῶν δὲ

---

¹ ἐάν τε ἐν μέλεσιν Π: om. A.

κακῶν ἀλλ᾽ ἄττα δεῖ ζητεῖν τὰ αἴτια, ἀλλ᾽ οὐ τὸν θεόν.
Ἀληθέστατα, ἔφη, δοκεῖς μοι λέγειν.   Οὐκ ἄρα, ἦν δ᾽ ἐγώ,
D ἀποδεκτέον οὔτε Ὁμήρου οὔτ᾽ ἄλλου ποιητοῦ ταύτην τὴν
ἁμαρτίαν περὶ τοὺς θεοὺς ἀνοήτως ἁμαρτάνοντος καὶ λέγον-
τος, ὡς δοιοὶ πίθοι

κατακείαται ἐν Διὸς οὔδει
κηρῶν ἔμπλειοι, ὁ μὲν ἐσθλῶν, αὐτὰρ ὁ δειλῶν·
καὶ ᾧ μὲν ἂν μείξας ὁ Ζεὺς δῷ ἀμφοτέρων,
ἄλλοτε μέν τε κακῷ ὅ γε κύρεται, ἄλλοτε δ᾽
ἐσθλῷ,

ᾧ δ᾽ ἂν μή, ἀλλ᾽ ἄκρατα τὰ ἕτερα,
τὸν δὲ κακὴ βούβρωστις ἐπὶ χθόνα δῖαν ἐλαύνει·
E οὐδ᾽ ὡς ταμίας ἡμῖν Ζεὺς

ἀγαθῶν τε κακῶν τε τέτυκται.

XIX.   Τὴν δὲ τῶν ὅρκων καὶ σπονδῶν σύγχυσιν, ἣν
ὁ Πάνδαρος συνέχεεν, ἐάν τις φῇ δι᾽ Ἀθηνᾶς τε καὶ Διὸς
380 γεγονέναι, οὐκ ἐπαινεσόμεθα, οὐδὲ θεῶν ἔριν τε καὶ κρίσιν
διὰ Θέμιτός τε καὶ Διός· οὐδ᾽ αὖ, ὡς Αἰσχύλος λέγει,
ἐατέον ἀκούειν τοὺς νέους, ὅτι

θεὸς μὲν αἰτίαν φύει βροτοῖς,
ὅταν κακῶσαι δῶμα παμπήδην θέλῃ.

ἀλλ᾽ ἐάν τις ποιῇ, ἐν οἷς ταῦτα τὰ ἰαμβεῖα ἔνεστιν[1], τὰ
τῆς Νιόβης πάθη ἢ τὰ Πελοπιδῶν ἢ τὰ Τρωϊκὰ ἤ τι ἄλλο
τῶν τοιούτων, ἢ οὐ θεοῦ ἔργα ἐατέον αὐτὰ λέγειν, ἢ εἰ θεοῦ,
ἐξευρετέον αὐτοῖς σχεδὸν ὃν νῦν ἡμεῖς λόγον ζητοῦμεν,
B καὶ λεκτέον, ὡς ὁ μὲν θεὸς δίκαιά τε καὶ ἀγαθὰ εἰργάζετο,
οἱ δὲ ὠνίναντο κολαζόμενοι· ὡς δὲ ἄθλιοι μὲν οἱ δίκην
διδόντες, ἦν δὲ δὴ ὁ δρῶν ταῦτα θεός, οὐκ ἐατέον λέγειν
τὸν ποιητήν.   ἀλλ᾽ εἰ μὲν ὅτι ἐδεήθησαν κολάσεως λέγοιεν

---

[1] ἐν οἷς—ἔνεστι codd. : deleuit J. A. Platt, fortasse recte.

ὡς ἄθλιοι οἱ κακοί, διδόντες δὲ δίκην ὠφελοῦντο ὑπὸ τοῦ
θεοῦ, ἐατέον· κακῶν δὲ αἴτιον φάναι θεόν τινι γίγνεσθαι
ἀγαθὸν ὄντα, διαμαχετέον παντὶ τρόπῳ μήτε τινὰ λέγειν
ταῦτα ἐν τῇ αὑτοῦ πόλει, εἰ μέλλει εὐνομήσεσθαι, μήτε
τινὰ ἀκούειν μήτε νεώτερον μήτε πρεσβύτερον, μήτε[1] ἐν C
μέτρῳ μήτε ἄνευ μέτρου μυθολογοῦντα, ὡς οὔτε ὅσια ἂν
λεγόμενα, εἰ λέγοιτο, οὔτε ξύμφορα ἡμῖν οὔτε σύμφωνα
αὐτὰ αὑτοῖς. Σύμψηφός σοί εἰμι, ἔφη, τούτου τοῦ νόμου,
καί μοι ἀρέσκει. Οὗτος μὲν τοίνυν, ἦν δ᾽ ἐγώ, εἷς ἂν εἴη
τῶν περὶ θεοὺς νόμων τε καὶ τύπων, ἐν ᾧ δεήσει τοὺς
λέγοντας λέγειν καὶ τοὺς ποιοῦντας ποιεῖν, μὴ πάντων
αἴτιον τὸν θεόν, ἀλλὰ τῶν ἀγαθῶν. Καὶ μάλ᾽, ἔφη,
ἀπόχρη.

Τί δὲ δὴ ὁ δεύτερος ὅδε; ἆρα γόητα τὸν θεὸν οἴει εἶναι D
καὶ οἷον ἐξ ἐπιβουλῆς φαντάζεσθαι ἄλλοτε ἐν ἄλλαις
ἰδέαις, τοτὲ μὲν αὐτὸν γιγνόμενον καὶ ἀλλάττοντα τὸ
αὑτοῦ εἶδος εἰς πολλὰς μορφάς, τοτὲ δὲ ἡμᾶς ἀπατῶντα
καὶ ποιοῦντα περὶ αὑτοῦ τοιαῦτα δοκεῖν, ἢ ἁπλοῦν τε
εἶναι καὶ πάντων ἥκιστα τῆς ἑαυτοῦ ἰδέας ἐκβαίνειν;
Οὐκ ἔχω, ἔφη, νῦν γε οὕτως εἰπεῖν. Τί δὲ τόδε; οὐκ
ἀνάγκη, εἴπερ τι ἐξίσταιτο τῆς αὑτοῦ ἰδέας, ἢ αὐτὸ ὑφ᾽
ἑαυτοῦ μεθίστασθαι ἢ ὑπ᾽ ἄλλου; Ἀνάγκη. Οὐκοῦν ὑπὸ E
μὲν ἄλλου τὰ ἄριστα ἔχοντα ἥκιστα ἀλλοιοῦταί τε καὶ
κινεῖται; οἷον σῶμα ὑπὸ σιτίων τε καὶ ποτῶν καὶ πόνων,
καὶ πᾶν φυτὸν ὑπὸ εἰλήσεών τε καὶ ἀνέμων καὶ τῶν
τοιούτων παθημάτων, οὐ τὸ ὑγιέστατον καὶ ἰσχυρότατον
ἥκιστα | ἀλλοιοῦται; Πῶς δ᾽ οὔ; Ψυχὴν δὲ οὐ τὴν 381
ἀνδρειοτάτην καὶ φρονιμωτάτην ἥκιστ᾽ ἄν τι ἔξωθεν
πάθος ταράξειέν τε καὶ ἀλλοιώσειεν; Ναί. Καὶ μήν που
καὶ τά γε ξύνθετα πάντα σκεύη τε καὶ οἰκοδομήματα καὶ
ἀμφιέσματα[2] κατὰ τὸν αὐτὸν λόγον τὰ εὖ εἰργασμένα

---

[1] μήτε Π: μὴ Α.　　　[2] καὶ ἀμφιέσματα Π: om. Α.

καὶ εὖ ἔχοντα ὑπὸ χρόνου τε καὶ τῶν ἄλλων παθημάτων
ἥκιστα ἀλλοιοῦται. Ἔστι δὴ ταῦτα. Πᾶν δὴ τὸ καλῶς
B ἔχον, ἢ φύσει ἢ τέχνῃ ἢ ἀμφοτέροις, ἐλαχίστην μεταβολὴν
ὑπ' ἄλλου ἐνδέχεται. Ἔοικεν. Ἀλλὰ μὴν ὁ θεός γε[1] καὶ
τὰ τοῦ θεοῦ πάντῃ ἄριστα ἔχει. Πῶς δ' οὔ; Ταύτῃ μὲν
δὴ ἥκιστα ἂν πολλὰς μορφὰς ἴσχοι ὁ θεός. Ἥκιστα
δῆτα.

XX. Ἀλλ' ἆρα αὐτὸς αὑτὸν μεταβάλλοι ἂν καὶ
ἀλλοιοῖ; Δῆλον, ἔφη, ὅτι, εἴπερ ἀλλοιοῦται. Πότερον
οὖν ἐπὶ τὸ βέλτιόν τε καὶ κάλλιον μεταβάλλει ἑαυτόν, ἢ
ἐπὶ τὸ χεῖρον καὶ τὸ αἴσχιον ἑαυτοῦ; Ἀνάγκη, ἔφη, ἐπὶ
C τὸ χεῖρον, εἴπερ ἀλλοιοῦται. οὐ γάρ που ἐνδεᾶ γε
φήσομεν τὸν θεὸν κάλλους ἢ ἀρετῆς εἶναι. Ὀρθότατα,
ἦν δ' ἐγώ, λέγεις· καὶ οὕτως ἔχοντος δοκεῖ ἄν τίς σοι, ὦ
Ἀδείμαντε, ἑκὼν αὑτὸν χείρω ποιεῖν ὁπῃοῦν ἢ θεῶν ἢ
ἀνθρώπων; Ἀδύνατον, ἔφη. Ἀδύνατον ἄρα, ἔφην, καὶ
θεῷ ἐθέλειν αὑτὸν ἀλλοιοῦν· ἀλλ', ὡς ἔοικε, κάλλιστος
καὶ ἄριστος ὢν εἰς τὸ δυνατὸν ἕκαστος αὐτῶν μένει ἀεὶ
ἁπλῶς ἐν τῇ αὑτοῦ μορφῇ. Ἅπασα, ἔφη, ἀνάγκη ἔμοιγε
D δοκεῖ. Μηδεὶς ἄρα, ἦν δ' ἐγώ, ὦ ἄριστε, λεγέτω ἡμῖν τῶν
ποιητῶν, ὡς

θεοὶ ξείνοισιν ἐοικότες ἀλλοδαποῖσι
παντοῖοι τελέθοντες ἐπιστρωφῶσι πόληας·

μηδὲ Πρωτέως καὶ Θέτιδος καταψευδέσθω μηδείς, μηδ'
ἐν τραγῳδίαις μηδ' ἐν τοῖς ἄλλοις ποιήμασιν εἰσαγέτω
Ἥραν ἠλλοιωμένην ὡς ἱέρειαν ἀγείρουσαν

Ἰνάχου Ἀργείου ποταμοῦ παισὶν βιοδώροις·

E καὶ ἄλλα τοιαῦτα πολλὰ μὴ ἡμῖν ψευδέσθων· μηδ' αὖ
ὑπὸ τούτων ἀναπειθόμεναι αἱ μητέρες τὰ παιδία ἐκδει-
ματούντων, λέγουσαι τοὺς μύθους κακῶς, ὡς ἄρα θεοί τινες
περιέρχονται νύκτωρ πολλοῖς ξένοις καὶ παντοδαποῖς

[1] γε Π: τε Α.

ἰνδαλλόμενοι, ἵνα μὴ ἅμα μὲν εἰς θεοὺς βλασφημῶσιν,
ἅμα δὲ τοὺς παῖδας ἀπεργάζωνται δειλοτέρους. Μὴ γάρ,
ἔφη. Ἀλλ' ἆρα, ἦν δ' ἐγώ, αὐτοὶ μὲν οἱ θεοί εἰσιν οἷοι μὴ
μεταβάλλειν, ἡμῖν δὲ ποιοῦσιν δοκεῖν σφᾶς παντοδαποὺς
φαίνεσθαι, ἐξαπατῶντες καὶ γοητεύοντες; Ἴσως, ἔφη. Τί
δέ; ἦν δ' ἐγώ· ψεύδεσθαι | θεὸς ἐθέλοι ἂν ἢ λόγῳ ἢ ἔργῳ 382
φάντασμα προτείνων; Οὐκ οἶδα, ἦ δ' ὅς. Οὐκ οἶσθα, ἦν
δ' ἐγώ, ὅτι τό γε ὡς ἀληθῶς ψεῦδος, εἰ οἷόν τε τοῦτο
εἰπεῖν, πάντες θεοί τε καὶ ἄνθρωποι μισοῦσιν; Πῶς, ἔφη,
λέγεις; Οὕτως, ἦν δ' ἐγώ, ὅτι τῷ κυριωτάτῳ που ἑαυτῶν
ψεύδεσθαι καὶ περὶ τὰ κυριώτατα οὐδεὶς ἑκὼν ἐθέλει,
ἀλλὰ πάντων μάλιστα φοβεῖται ἐκεῖ αὐτὸ κεκτῆσθαι.
Οὐδὲ νῦν πω, ἦ δ' ὅς, μανθάνω. Οἴει γάρ τί με, ἔφην, Β
σεμνὸν λέγειν· ἐγὼ δὲ λέγω, ὅτι τῇ ψυχῇ περὶ τὰ ὄντα
ψεύδεσθαί τε καὶ ἐψεῦσθαι καὶ ἀμαθῆ εἶναι καὶ ἐνταῦθα
ἔχειν τε καὶ κεκτῆσθαι τὸ ψεῦδος πάντες ἥκιστα ἂν
δέξαιντο καὶ μισοῦσι μάλιστα αὐτὸ ἐν τῷ τοιούτῳ. Πολύ
γε, ἔφη. Ἀλλὰ μὴν ὀρθότατά γ' ἄν, ὃ νῦν δὴ ἔλεγον,
τοῦτο ὡς ἀληθῶς ψεῦδος καλοῖτο, ἡ ἐν τῇ ψυχῇ ἄγνοια, ἡ
τοῦ ἐψευσμένου· ἐπεὶ τό γε ἐν τοῖς λόγοις μίμημά τι τοῦ
ἐν τῇ ψυχῇ ἐστιν παθήματος, καὶ ὕστερον γεγονός, C
εἴδωλον, οὐ πάνυ ἄκρατον ψεῦδος. ἢ οὐχ οὕτω; Πάνυ
μὲν οὖν.

XXI. Τὸ μὲν δὴ τῷ ὄντι ψεῦδος οὐ μόνον ὑπὸ θεῶν
ἀλλὰ καὶ ὑπ' ἀνθρώπων μισεῖται. Δοκεῖ μοι. Τί δὲ δή;
τὸ ἐν τοῖς λόγοις ψεῦδος πότε καὶ τῷ χρήσιμον, ὥστε μὴ
ἄξιον εἶναι μίσους; ἆρ' οὐ πρός τε τοὺς πολεμίους, καὶ
τῶν καλουμένων φίλων, ὅταν διὰ μανίαν ἤ τινα ἄνοιαν
κακόν τι ἐπιχειρῶσιν πράττειν, τότε ἀποτροπῆς ἕνεκα ὡς
φάρμακον χρήσιμον γίγνεται; καὶ ἐν αἷς νῦν δὴ ἐλέγομεν D
ταῖς μυθολογίαις, διὰ τὸ μὴ εἰδέναι ὅπῃ τἀληθὲς ἔχει περὶ
τῶν παλαιῶν, ἀφομοιοῦντες τῷ ἀληθεῖ τὸ ψεῦδος ὅ τι
μάλιστα, οὕτω χρήσιμον ποιοῦμεν; Καὶ μάλα, ἦ δ' ὅς,

οὕτως ἔχει. Κατὰ τί δὴ οὖν τούτων τῷ θεῷ τὸ ψεῦδος χρήσιμον; πότερον διὰ τὸ μὴ εἰδέναι τὰ παλαιὰ ἀφομοιῶν ἂν ψεύδοιτο; Γελοῖον μέντ᾽ ἂν εἴη, ἔφη. Ποιητὴς μὲν ἄρα ψευδὴς ἐν θεῷ οὐκ ἔνι. Οὔ μοι δοκεῖ. Ἀλλὰ δεδιὼς
E τοὺς ἐχθροὺς ψεύδοιτο; Πολλοῦ γε δεῖ. Ἀλλὰ δι᾽ οἰκείων ἄνοιαν ἢ μανίαν; Ἀλλ᾽ οὐδείς, ἔφη, τῶν ἀνοήτων καὶ μαινομένων θεοφιλής. Οὐκ ἄρα ἔστιν οὗ ἕνεκα ἂν θεὸς ψεύδοιτο. Οὐκ ἔστιν. Πάντῃ ἄρα ἀψευδὲς τὸ δαιμόνιόν τε καὶ τὸ θεῖον. Παντάπασι μὲν οὖν, ἔφη. Κομιδῇ ἄρα ὁ θεὸς ἁπλοῦν καὶ ἀληθὲς ἔν τε ἔργῳ καὶ ἐν λόγῳ, καὶ οὔτε αὐτὸς μεθίσταται οὔτε ἄλλους ἐξαπατᾷ, οὔτε κατὰ φαντασίας[1] οὔτε κατὰ λόγους οὔτε κατὰ σημείων πομπὰς
883 ὕπαρ οὐδ᾽ ὄναρ[2]. | Οὕτως, ἔφη, ἔμοιγε καὶ αὐτῷ φαίνεται σοῦ λέγοντος. Συγχωρεῖς ἄρα, ἔφην, τοῦτον δεύτερον τύπον εἶναι, ἐν ᾧ δεῖ περὶ θεῶν καὶ λέγειν καὶ ποιεῖν, ὡς μήτε αὐτοὺς γόητας ὄντας τῷ μεταβάλλειν ἑαυτοὺς μήτε ἡμᾶς ψεύδεσι παράγειν ἐν λόγῳ ἢ ἐν ἔργῳ; Συγχωρῶ. Πολλὰ ἄρα Ὁμήρου ἐπαινοῦντες ἄλλα τοῦτο οὐκ ἐπαινεσόμεθα, τὴν τοῦ ἐνυπνίου πομπὴν ὑπὸ Διὸς τῷ Ἀγαμέμνονι, οὐδὲ Αἰσχύλου, ὅταν φῇ ἡ Θέτις τὸν Ἀπόλλω ἐν τοῖς αὑτῆς
B γάμοις ᾄδοντα

ἐνδατεῖσθαι τὰς ἑὰς εὐπαιδίας,
νόσων τ᾽ ἀπείρους καὶ μακραίωνας βίους.
ξύμπαντά τ᾽ εἰπών, θεοφιλεῖς ἐμὰς τύχας
παιῶν᾽ ἐπηυφήμησεν, εὐθυμῶν ἐμέ.
κἀγὼ τὸ Φοίβου θεῖον ἀψευδὲς στόμα
ἤλπιζον εἶναι, μαντικῇ βρύον τέχνῃ·
ὁ δ᾽, αὐτὸς ὑμνῶν, αὐτὸς ἐν θοίνῃ παρών,
αὐτὸς τάδ᾽ εἰπών, αὐτός ἐστιν ὁ κτανὼν
τὸν παῖδα τὸν ἐμόν.

---

[1] οὔτε κατὰ φαντασίας Π: om. A. dum A[1]: οὔθ᾽ ὕπαρ οὐδ᾽ ὄναρ A[2] Π.

[2] ὕπαρ οὐδ᾽ ὄναρ dedimus secundum A[1]: οὔθ᾽ ὕπαρ οὐδ᾽ ὄναρ A[2] Π.

ὅταν τις τοιαῦτα λέγῃ περὶ θεῶν, χαλεπανοῦμέν τε καὶ C
χορὸν οὐ δώσομεν, οὐδὲ τοὺς διδασκάλους ἐάσομεν ἐπὶ
παιδείᾳ χρῆσθαι τῶν νέων, εἰ μέλλουσιν ἡμῖν οἱ φύλακες
θεοσεβεῖς τε καὶ θεῖοι γίγνεσθαι, καθ' ὅσον ἀνθρώπῳ
ἐπὶ πλεῖστον οἷόν τε. Παντάπασιν, ἔφη, ἔγωγε τοὺς τύ-
πους τούτους συγχωρῶ καὶ ὡς νόμοις ἂν χρῴμην.

τέλος πολιτείας β΄.

Γ.

886   I. Τὰ μὲν δὴ περὶ θεούς, ἦν δ᾽ ἐγώ, τοιαῦτ᾽ ἄττα, ὡς
ἔοικεν, ἀκουστέον τε καὶ οὐκ ἀκουστέον εὐθὺς ἐκ παίδων
τοῖς θεούς τε τιμήσουσιν καὶ γονέας τήν τε ἀλλήλων
φιλίαν μὴ περὶ σμικροῦ ποιησομένοις.   Καὶ οἶμαί γ᾽, ἔφη,
ὀρθῶς ἡμῖν φαίνεσθαι.   Τί δὲ δή; εἰ μέλλουσιν εἶναι ἀν-
δρεῖοι, ἆρα οὐ ταῦτά τε λεκτέον καὶ οἷα αὐτοὺς ποιῆσαι
B ἥκιστα τὸν θάνατον δεδιέναι; ἢ ἡγεῖ τινά ποτ᾽ ἂν γενέσθαι
ἀνδρεῖον, ἔχοντα ἐν αὑτῷ τοῦτο τὸ δεῖμα; Μὰ Δία, ἦ
δ᾽ ὅς, οὐκ ἔγωγε.   Τί δέ; τὰν Ἅιδου ἡγούμενον εἶναί τε
καὶ δεινὰ εἶναι οἴει τινὰ θανάτου ἀδεῆ ἔσεσθαι, καὶ ἐν ταῖς
μάχαις αἱρήσεσθαι πρὸ ἥττης τε καὶ δουλείας θάνατον;
Οὐδαμῶς.   Δεῖ δή, ὡς ἔοικεν, ἡμᾶς ἐπιστατεῖν καὶ περὶ
τούτων τῶν μύθων τοῖς ἐπιχειροῦσιν λέγειν, καὶ δεῖσθαι
μὴ λοιδορεῖν ἁπλῶς οὕτως τὰ ἐν Ἅιδου, ἀλλὰ μᾶλλον
C ἐπαινεῖν, ὡς οὔτε ἀληθῆ λέγοντας οὔτε ὠφέλιμα τοῖς μέλ-
λουσιν μαχίμοις ἔσεσθαι.   Δεῖ μέντοι, ἔφη.   Ἐξαλείψομεν
ἄρα, ἦν δ᾽ ἐγώ, ἀπὸ τοῦδε τοῦ ἔπους ἀρξάμενοι πάντα τὰ
τοιαῦτα,

βουλοίμην κ᾽ ἐπάρουρος ἐὼν θητευέμεν ἄλλῳ
ἀνδρὶ παρ᾽ ἀκλήρῳ, ᾧ μὴ βίοτος πολὺς εἴη[1],
ἢ πᾶσιν νεκύεσσι καταφθιμένοισιν ἀνάσσειν·
καὶ τὸ

---

[1] ᾧ—εἴη Π : om. A.

οἰκία δὲ θνητοῖσι καὶ ἀθανάτοισι φανείη   **D**
σμερδαλέ᾽ εὐρώεντα, τά τε στυγέουσι θεοί περ·
καὶ

ὦ πόποι, ἦ ῥά τις ἔστι καὶ εἰν Ἀΐδαο δόμοισιν
ψυχὴ καὶ εἴδωλον, ἀτὰρ φρένες οὐκ ἔνι πάμπαν·
καὶ τὸ

οἴῳ πεπνῦσθαι, ταὶ δὲ σκιαὶ ἀΐσσουσι·
καὶ

ψυχὴ δ᾽ ἐκ ῥεθέων πταμένη Ἄϊδόσδε βεβήκει,
ὃν πότμον γοόωσα, λιποῦσ᾽ ἀνδροτῆτα καὶ ἥβην·
| καὶ τὸ   **387**

ψυχὴ δὲ κατὰ χθονός, ἠΰτε κάπνός,
ᾤχετο τετριγυῖα·
καὶ

ὡς δ᾽ ὅτε νυκτερίδες μυχῷ ἄντρου θεσπεσίοιο
τρίζουσαι ποτέονται, ἐπεί κέ τις ἀποπέσῃσιν
ὁρμαθοῦ ἐκ πέτρης, ἀνά τ᾽ ἀλλήλῃσιν ἔχονται,
ὣς αἱ τετριγυῖαι ἅμ᾽ ᾖσαν.

ταῦτα καὶ τὰ τοιαῦτα πάντα παραιτησόμεθα Ὅμηρόν τε **B**
καὶ τοὺς ἄλλους ποιητὰς μὴ χαλεπαίνειν ἂν διαγράφωμεν,
οὐχ ὡς οὐ ποιητικὰ καὶ ἡδέα τοῖς πολλοῖς ἀκούειν, ἀλλ᾽
ὅσῳ ποιητικώτερα, τοσούτῳ ἧττον ἀκουστέον παισὶ καὶ
ἀνδράσιν, οὓς δεῖ ἐλευθέρους εἶναι, δουλείαν θανάτου μᾶλλον
πεφοβημένους.   Παντάπασι μὲν οὖν.

II. Οὐκοῦν ἔτι καὶ τὰ περὶ ταῦτα ὀνόματα πάντα
τὰ δεινά τε καὶ φοβερὰ ἀποβλητέα, κωκυτούς τε καὶ στύ-
γας καὶ ἐνέρους καὶ ἀλίβαντας, καὶ ἄλλα ὅσα τούτου τοῦ **C**
τύπου ὀνομαζόμενα φρίττειν δὴ ποιεῖ[1] πάντας τοὺς ἀκού-
οντας. καὶ ἴσως εὖ ἔχει πρὸς ἄλλο τι· ἡμεῖς δὲ ὑπὲρ[2]
τῶν φυλάκων φοβούμεθα, μὴ ἐκ τῆς τοιαύτης φρίκης
θερμότεροι καὶ μαλακώτεροι τοῦ δέοντος γένωνται ἡμῖν.

---

[1] ποιεῖ Hertz: ποιεῖ ὡς οἴεται A: ποιεῖ ὡς οἷόν τε q.   [2] ὑπὲρ Π: ὑπὸ A.

Καὶ ὀρθῶς γ᾽, ἔφη, φοβούμεθα. Ἀφαιρετέα ἄρα; Ναί.
Τὸν δὲ ἐναντίον τύπον τούτοις λεκτέον καὶ ποιητέον;

D Δῆλα δή. Καὶ τοὺς ὀδυρμοὺς ἄρα ἐξαιρήσομεν καὶ τοὺς
οἴκτους τοὺς τῶν ἐλλογίμων ἀνδρῶν. Ἀνάγκη, ἔφη, εἴπερ
καὶ τὰ πρότερα. Σκόπει δή, ἦν δ᾽ ἐγώ, εἰ ὀρθῶς ἐξαιρή-
σομεν ἢ οὔ. φαμὲν δὲ δή, ὅτι ὁ ἐπιεικὴς ἀνὴρ τῷ ἐπιεικεῖ,
οὗπερ καὶ ἑταῖρός ἐστιν, τὸ τεθνάναι οὐ δεινὸν ἡγήσεται.
Φαμὲν γάρ. Οὐκ ἄρα ὑπέρ γ᾽ ἐκείνου ὡς δεινόν τι πεπον-
θότος ὀδύροιτ᾽ ἄν. Οὐ δῆτα. Ἀλλὰ μὴν καὶ τόδε λέγομεν,
ὡς ὁ τοιοῦτος μάλιστα αὐτὸς αὐτῷ αὐτάρκης πρὸς τὸ εὖ

E ζῆν, καὶ διαφερόντως τῶν ἄλλων ἥκιστα ἑτέρου προσδεῖται.
Ἀληθῆ, ἔφη. Ἥκιστα ἄρ᾽ αὐτῷ δεινὸν στερηθῆναι ὑέος ἢ
ἀδελφοῦ ἢ χρημάτων ἢ ἄλλου του τῶν τοιούτων. Ἥκιστα
μέντοι. Ἥκιστ᾽ ἄρα καὶ ὀδύρεται, φέρει[1] δὲ ὡς πρᾳότατα,
ὅταν τις αὐτὸν τοιαύτη ξυμφορὰ καταλάβῃ. Πολύ γε.
Ὀρθῶς ἄρ᾽ ἂν[2] ἐξαιροῖμεν τοὺς θρήνους τῶν ὀνομαστῶν
ἀνδρῶν, γυναιξὶ δὲ ἀποδιδοῖμεν, καὶ οὐδὲ ταύταις σπου-

388 δαίαις, καὶ | ὅσοι κακοὶ τῶν ἀνδρῶν, ἵνα ἡμῖν δυσχεραίνωσιν
ὅμοια τούτοις ποιεῖν οὓς δή φαμεν ἐπὶ φυλακῇ τῆς χώρας
τρέφειν. ●Ὀρθῶς, ἔφη. Πάλιν δὴ Ὁμήρου τε δεησόμεθα
καὶ τῶν ἄλλων ποιητῶν μὴ ποιεῖν Ἀχιλλέα, θεᾶς παῖδα,

ἄλλοτ᾽ ἐπὶ πλευρᾶς κατακείμενον, ἄλλοτε δ᾽ αὖτε
ὕπτιον, ἄλλοτε δὲ πρηνῆ,
τοτὲ δ᾽ ὀρθὸν ἀναστάντα
πλωΐζοντ᾽[3] ἀλύοντ᾽ ἐπὶ θῖν᾽ ἁλὸς ἀτρυγέτοιο,

B μηδὲ ἀμφοτέραισιν χερσὶν ἑλόντα κόνιν αἰθαλόεσ-
σαν, χευάμενον κὰκ κεφαλῆς, μηδὲ ἄλλα κλαίοντά τε
καὶ ὀδυρόμενον, ὅσα καὶ οἷα ἐκεῖνος ἐποίησε· μηδὲ Πρίαμον,
ἐγγὺς θεῶν γεγονότα, λιτανεύοντά τε καὶ
κυλινδόμενον κατὰ κόπρον,

---

[1] φέρει coniecit Stallbaum: ὀδύρεσθαι, φέρειν A.   Cf. 407 c.
[2] ἄρ᾽ ἂν Π: ἄρα A.   [3] πλωΐζοντ᾽ corruptum esse constat: an ἀφλοίζοντ᾽?
Cf. Il. xv 607.

ἐξονομακλήδην ὀνομάζοντ' ἄνδρα ἕκαστον.
πολὺ δ' ἔτι τούτων μᾶλλον δεησόμεθα μήτοι θεούς γε
ποιεῖν ὀδυρομένους καὶ λέγοντας

ὤμοι ἐγὼ δειλή, ὤμοι δυσαριστοτόκεια·   C

εἰ δ' οὖν θεούς, μήτοι τόν γε μέγιστον τῶν θεῶν τολμῆσαι
οὕτως ἀνομοίως μιμήσασθαι, ὥστε· ὦ πόποι, φάναι,

ἦ φίλον ἄνδρα διωκόμενον περὶ ἄστυ
ὀφθαλμοῖσιν ὁρῶμαι, ἐμὸν δ' ὀλοφύρεται ἦτορ·
καὶ

αἲ αἲ ἐγών, ὅ τέ μοι Σαρπηδόνα φίλτατον ἀνδρῶν
μοῖρ' ὑπὸ Πατρόκλοιο Μενοιτιάδαο δαμῆναι."   D

III. Εἰ γάρ, ὦ φίλε Ἀδείμαντε, τὰ τοιαῦτα ἡμῖν οἱ
νέοι σπουδῇ ἀκούοιεν καὶ μὴ καταγελῷεν ὡς ἀναξίως λε-
γομένων, σχολῇ ἂν ἑαυτόν γέ τις ἄνθρωπον ὄντα ἀνάξιον
ἡγήσαιτο τούτων καὶ ἐπιπλήξειεν, εἰ καὶ ἐπίοι αὐτῷ τοι-
οῦτον, ἢ λέγειν ἢ ποιεῖν, ἀλλ' οὐδὲν αἰσχυνόμενος οὐδὲ
καρτερῶν πολλοὺς ἐπὶ σμικροῖσιν παθήμασιν, θρήνους ἂν
ᾄδοι καὶ ὀδυρμούς. Ἀληθέστατα, ἔφη, λέγεις. Δεῖ δέ γε   E
οὐχ, ὡς ἄρτι ἡμῖν ὁ λόγος ἐσήμαινεν· ᾧ πειστέον, ἕως ἄν
τις ἡμᾶς ἄλλῳ καλλίονι πείσῃ. Οὐ γὰρ οὖν δεῖ. Ἀλλὰ
μὴν οὐδὲ φιλογέλωτάς γε δεῖ εἶναι. σχεδὸν γὰρ ὅταν τις
ἐφιῇ[1] ἰσχυρῷ γέλωτι, ἰσχυρὰν καὶ μεταβολὴν ζητεῖ τὸ
τοιοῦτον. Δοκεῖ μοι, ἔφη. Οὔτε ἄρα ἀνθρώπους ἀξίους
λόγου κρατουμένους ὑπὸ γέλωτος ἄν τίς ποιῇ, | ἀποδεκτέον, 389
πολὺ δὲ ἧττον, ἐὰν θεούς. Πολὺ μέντοι, ἦ δ' ὅς. Οὐκοῦν
Ὁμήρου οὐδὲ τὰ τοιαῦτα ἀποδεξόμεθα περὶ θεῶν·

ἄσβεστος δ' ἄρ' ἐνῶρτο γέλως μακάρεσσι θεοῖσιν,
ὡς ἴδον Ἥφαιστον διὰ δώματα ποιπνύοντα

οὐκ ἀποδεκτέον κατὰ τὸν σὸν λόγον. Εἰ σύ, ἔφη, βούλει
ἐμὸν τιθέναι· οὐ γὰρ οὖν δὴ ἀποδεκτέον.

---

[1] ἐφιῇ (vel potius ἐφίη) Ξ: ἔφην A.

B   Ἀλλὰ μὴν καὶ ἀλήθειάν γε περὶ πολλοῦ ποιητέον. εἰ
γὰρ ὀρθῶς ἐλέγομεν ἄρτι, καὶ τῷ ὄντι θεοῖσι μὲν ἄχρηστον
ψεῦδος, ἀνθρώποις δὲ χρήσιμον ὡς ἐν φαρμάκου εἴδει,
δῆλον, ὅτι τό γε τοιοῦτον ἰατροῖς δοτέον, ἰδιώταις δὲ οὐχ
ἁπτέον. Δῆλον, ἔφη. Τοῖς ἄρχουσιν δὴ τῆς πόλεως, εἴπερ
τισὶν ἄλλοις, προσήκει ψεύδεσθαι ἢ πολεμίων ἢ πολιτῶν
ἕνεκα ἐπ' ὠφελίᾳ τῆς πόλεως, τοῖς δὲ ἄλλοις πᾶσιν οὐχ
C ἁπτέον τοῦ τοιούτου, ἀλλὰ πρός γε δὴ τοὺς τοιούτους ἄρ-
χοντας ἰδιώτῃ ψεύσασθαι ταὐτὸν καὶ μεῖζον ἁμάρτημα
φήσομεν, ἢ κάμνοντι πρὸς ἰατρόν, ἢ ἀσκοῦντι πρὸς παιδο-
τρίβην περὶ τῶν τοῦ αὐτοῦ σώματος παθημάτων, μὴ τἀληθῆ
λέγειν, ἢ πρὸς κυβερνήτην περὶ τῆς νεώς τε καὶ τῶν ναυτῶν
μὴ τὰ ὄντα λέγοντι ὅπως ἢ αὐτὸς ἤ τις τῶν ξυνναυτῶν
πράξεως ἔχει. Ἀληθέστατα, ἔφη. Ἂν ἄρ' ἄλλον τινὰ
D λαμβάνῃ ψευδόμενον ἐν τῇ πόλει τῶν οἳ δημιουργοὶ
ἔασι,

   μάντιν ἢ ἰητῆρα κακῶν ἢ τέκτονα δούρων,
κολάσει ὡς[1] ἐπιτήδευμα εἰσάγοντα πόλεως ὥσπερ νεὼς
ἀνατρεπτικόν τε καὶ ὀλέθριον. Ἐάν γε, ἦ δ' ὅς, ἐπί γε
λόγῳ ἔργα τελῆται.

   Τί δέ; σωφροσύνης ἆρα οὐ δεήσει ἡμῖν τοῖς νεανίαις;
Πῶς δ' οὔ; Σωφροσύνης δὲ ὡς πλήθει οὐ τὰ τοιάδε μέγιστα,
E ἀρχόντων μὲν ὑπηκόους εἶναι, αὐτοὺς δὲ ἄρχοντας τῶν περὶ
πότους καὶ ἀφροδίσια καὶ περὶ ἐδωδὰς ἡδονῶν; Ἔμοιγε
δοκεῖ. Τὰ δὴ τοιάδε φήσομεν, οἶμαι, καλῶς λέγεσθαι, οἷα
καὶ Ὁμήρῳ Διομήδης λέγει,

   τέττα, σιωπῇ ἧσο, ἐμῷ δ' ἐπιπείθεο μύθῳ,
καὶ τὰ τούτων ἐχόμενα, τὰ

      ἴσαν μένεα πνείοντες Ἀχαιοί,
σιγῇ, δειδιότες σημάντορας,

---

[1] κολάσει ὡς Π : κολάσεως Α.

καὶ ὅσα ἄλλα τοιαῦτα. Καλῶς. Τί δέ; τὰ τοιάδε

οἰνοβαρές, κυνὸς ὄμματ᾽ ἔχων, κραδίην δ᾽ ἐλάφοιο

| καὶ τὰ τούτων ἐξῆς, ἆρα καλῶς, καὶ ὅσα ἄλλα τις ἐν λόγῳ 390
ἢ ἐν ποιήσει εἴρηκε νεανιεύματα[1] ἰδιωτῶν εἰς ἄρχοντας;
Οὐ καλῶς. Οὐ γάρ, οἶμαι, εἴς γε σωφροσύνην νέοις ἐπιτή-
δεια ἀκούειν. εἰ δέ τινα ἄλλην ἡδονὴν παρέχεται, θαυμα-
στὸν οὐδέν. ἢ πῶς σοι φαίνεται; Οὕτως, ἔφη.

IV. Τί δέ; ποιεῖν ἄνδρα τὸν σοφώτατον λέγοντα, ὡς
δοκεῖ αὐτῷ κάλλιστον εἶναι πάντων, ὅταν

παρὰ πλέαι[2] ὦσι τράπεζαι

σίτου καὶ κρειῶν, μέθυ δ᾽ ἐκ κρητῆρος ἀφύσσων B
οἰνοχόος φορέῃσι καὶ ἐγχείῃ δεπάεσσι,

δοκεῖ σοι ἐπιτήδειον εἶναι πρὸς ἐγκράτειαν ἑαυτοῦ ἀκούειν
νέῳ; ἢ τὸ

λιμῷ δ᾽ οἴκτιστον θανέειν καὶ πότμον ἐπισπεῖν;

ἢ Δία, καθευδόντων τῶν ἄλλων θεῶν τε καὶ ἀνθρώπων,
ὡς, μόνος ἐγρηγορὼς ἃ ἐβουλεύσατο, τούτων πάντων
ῥᾳδίως ἐπιλανθανόμενον διὰ τὴν τῶν ἀφροδισίων ἐπι- C
θυμίαν, καὶ οὕτως ἐκπλαγέντα ἰδόντα τὴν Ἥραν, ὥστε
μηδ᾽ εἰς τὸ δωμάτιον ἐθέλειν ἐλθεῖν, ἀλλ᾽ αὐτοῦ βουλόμενον
χαμαὶ ξυγγίγνεσθαι, καὶ λέγοντα ὡς οὕτως ὑπὸ ἐπιθυμίας
ἔχεται, ὡς οὐδ᾽ ὅτε τὸ πρῶτον ἐφοίτων πρὸς ἀλλή-
λους φίλους λήθοντε τοκῆας; οὐδὲ Ἄρεώς τε καὶ
Ἀφροδίτης ὑπὸ Ἡφαίστου δεσμὸν δι᾽ ἕτερα τοιαῦτα. Οὐ
μὰ τὸν Δία, ἦ δ᾽ ὅς, οὔ μοι φαίνεται ἐπιτήδειον. Ἀλλ᾽ εἴ
πού τινες, ἦν δ᾽ ἐγώ, καρτερίαι πρὸς ἅπαντα καὶ λέγονται D
καὶ πράττονται ὑπὸ ἐλλογίμων ἀνδρῶν, θεατέον τε καὶ
ἀκουστέον, οἷον καὶ τὸ

_____

[1] νεανιεύματα Π² q : νεανικεύματα A.   [2] παρὰ πλέαι nos : παραπλεῖαι
vel παράπλειαι codd. Cf. Od. IX 8.

στῆθος δὲ πλήξας, κραδίην ἠνίπαπε μύθῳ·
τέτλαθι δή, κραδίη· καὶ κύντερον ἄλλο ποτ'
   ἔτλης.

Παντάπασι μὲν οὖν, ἔφη. Οὐ μὲν δὴ δωροδόκους γε
Ε ἐατέον εἶναι τοὺς ἄνδρας οὐδὲ φιλοχρημάτους. Οὐδαμῶς.
Οὐδ' ᾀστέον αὐτοῖς ὅτι

δῶρα θεοὺς πείθει, δῶρ' αἰδοίους βασιλῆας·

οὐδὲ τὸν τοῦ Ἀχιλλέως παιδαγωγὸν Φοίνικα ἐπαινετέον,
ὡς μετρίως ἔλεγε συμβουλεύων αὐτῷ δῶρα μὲν λαβόντι
ἐπαμύνειν τοῖς Ἀχαιοῖς, ἄνευ δὲ δώρων, μὴ ἀπαλλάττε-
σθαι τῆς μήνιος. οὐδ' αὐτὸν τὸν Ἀχιλλέα ἀξιώσομεν οὐδ'
ὁμολογήσομεν οὕτω φιλοχρήματον εἶναι, ὥστε παρὰ τοῦ
Ἀγαμέμνονος δῶρα λαβεῖν, καὶ τιμὴν αὖ λαβόντα νεκροῦ
391 ἀπολύειν, | ἄλλως δὲ μὴ 'θέλειν. Οὔκουν δίκαιόν γε, ἔφη,
ἐπαινεῖν τὰ τοιαῦτα. Ὀκνῶ δέ γε, ἦν δ' ἐγώ, δι' Ὅμηρον
λέγειν, ὅτι οὐδ' ὅσιον ταῦτά γε κατὰ Ἀχιλλέως φάναι καὶ
ἄλλων λεγόντων πείθεσθαι, καὶ αὖ ὡς πρὸς τὸν Ἀπόλλω
εἶπεν

ἔβλαψάς μ' ἑκάεργε, θεῶν ὀλοώτατε πάντων·
ἦ σ' ἂν τεισαίμην, εἴ μοι δύναμίς γε παρείη,

Β καὶ ὡς πρὸς τὸν ποταμόν, θεὸν ὄντα, ἀπειθῶς εἶχεν καὶ
μάχεσθαι ἕτοιμος ἦν, καὶ αὖ τὰς τοῦ ἑτέρου ποταμοῦ
Σπερχειοῦ ἱερὰς τρίχας

Πατρόκλῳ ἥρωϊ, ἔφη, κόμην ὀπάσαιμι φέρεσθαι,

νεκρῷ ὄντι, καὶ ὡς ἔδρασεν τοῦτο, οὐ πειστέον. τάς τε
αὖ Ἕκτορος ἕλξεις περὶ τὸ σῆμα τὸ Πατρόκλου καὶ τὰς
τῶν ζωγρηθέντων σφαγὰς εἰς τὴν πυράν, ξύμπαντα ταῦτα
οὐ φήσομεν ἀληθῆ εἰρῆσθαι, οὐδ' ἐάσομεν πείθεσθαι τοὺς
C ἡμετέρους, ὡς Ἀχιλλεύς, θεᾶς ὢν παῖς καὶ Πηλέως,
σωφρονεστάτου τε καὶ τρίτου ἀπὸ Διός, καὶ ὑπὸ τῷ
σοφωτάτῳ Χείρωνι τεθραμμένος, τοσαύτης ἦν ταραχῆς
πλέως, ὥστ' ἔχειν ἐν αὐτῷ νοσήματε δύο ἐναντίω ἀλλήλοιν,

ἀνελευθερίαν μετὰ φιλοχρηματίας καὶ αὖ ὑπερηφανίαν
θεῶν τε καὶ ἀνθρώπων. Ὀρθῶς, ἔφη, λέγεις.

V. Μὴ τοίνυν, ἦν δ᾽ ἐγώ, μηδὲ τάδε πειθώμεθα μηδ᾽
ἐῶμεν λέγειν, ὡς Θησεὺς Ποσειδῶνος υἱὸς Πειρίθους τε
Διὸς ὥρμησαν οὕτως ἐπὶ δεινὰς ἁρπαγάς, μηδέ τιν᾽ ἄλλον[1] D
θεοῦ παῖδά τε καὶ ἥρω τολμῆσαι ἂν δεινὰ καὶ ἀσεβῆ
ἐργάσασθαι, οἷα νῦν καταψεύδονται αὐτῶν· ἀλλὰ προσ-
αναγκάζωμεν τοὺς ποιητὰς ἢ μὴ τούτων αὐτὰ ἔργα φάναι,
ἢ τούτους μὴ εἶναι θεῶν παῖδας, ἀμφότερα δὲ μὴ λέγειν,
μηδὲ ἡμῖν ἐπιχειρεῖν πείθειν τοὺς νέους, ὡς οἱ θεοὶ κακὰ
γεννῶσιν, καὶ ἥρωες ἀνθρώπων οὐδὲν βελτίους. ὅπερ γὰρ
ἐν τοῖς πρόσθεν ἐλέγομεν, οὔθ᾽ ὅσια ταῦτα οὔτε ἀληθῆ. E
ἐπεδείξαμεν γάρ που, ὅτι ἐκ θεῶν κακὰ γίγνεσθαι ἀδύ-
νατον. Πῶς γὰρ οὔ; Καὶ μὴν τοῖς γε ἀκούουσιν βλαβερά.
πᾶς γὰρ ἑαυτῷ ξυγγνώμην ἕξει κακῷ ὄντι, πεισθεὶς ὡς
ἄρα τοιαῦτα πράττουσίν τε καὶ ἔπραττον καὶ

οἱ θεῶν ἀγχίσποροι,
οἱ[2] Ζηνὸς ἐγγύς, ὧν κατ᾽ Ἰδαῖον πάγον
Διὸς πατρῴου βωμός ἐστ᾽ ἐν αἰθέρι,
καὶ οὔ πώ σφιν ἐξίτηλον αἷμα δαιμόνων.

ὧν ἕνεκα παυστέον τοὺς τοιούτους μύθους, μὴ ἡμῖν πολλὴν
εὐχέρειαν | ἐντίκτωσι τοῖς νέοις πονηρίας. Κομιδῇ μὲν οὖν, 392
ἔφη.

Τί οὖν, ἦν δ᾽ ἐγώ, ἡμῖν[3] ἔτι λοιπὸν εἶδος λόγων περὶ
ὁριζομένοις[4] οἵους τε λεκτέον καὶ μή; περὶ γὰρ θεῶν ὡς
δεῖ λέγεσθαι εἴρηται, καὶ περὶ δαιμόνων τε καὶ ἡρώων καὶ
τῶν ἐν Ἅιδου. Πάνυ μὲν οὖν. Οὐκοῦν καὶ περὶ ἀνθρώ-
πων τὸ λοιπὸν εἴη ἄν; Δῆλα δή. Ἀδύνατον δή, ὦ φίλε,
ἡμῖν τοῦτό γε ἐν τῷ παρόντι τάξαι. Πῶς; Ὅτι οἶμαι
ἡμᾶς ἐρεῖν, ὡς ἄρα καὶ ποιηταὶ καὶ λογοποιοὶ κακῶς

---

[1] ἄλλον Π: ἄλλου Α.   [2] οἱ Bekker: om. codd.   [3] ἡμῖν Π: om. Α.
[4] πέρι ὁριζομένοις q: περιορίζομεν οἷς Α.

B λέγουσιν περὶ ἀνθρώπων τὰ μέγιστα, ὅτι εἰσὶν ἄδικοι μέν,
εὐδαίμονες δὲ πολλοί, δίκαιοι δὲ ἄθλιοι, καὶ ὡς λυσιτελεῖ
τὸ ἀδικεῖν, ἐὰν λανθάνῃ, ἡ δὲ δικαιοσύνη ἀλλότριον μὲν
ἀγαθόν, οἰκεία δὲ ζημία· καὶ τὰ μὲν τοιαῦτα ἀπερεῖν
λέγειν, τὰ δ' ἐναντία τούτων προστάξειν ᾄδειν τε καὶ
μυθολογεῖν· ἢ οὐκ οἴει; Εὖ μὲν οὖν, ἔφη, οἶδα. Οὐκοῦν
ἐὰν ὁμολογῇς ὀρθῶς με λέγειν, φήσω σε ὡμολογηκέναι ἃ
C πάλαι ζητοῦμεν[1]; Ὀρθῶς, ἔφη, ὑπέλαβες. Οὐκοῦν περὶ
ἀνθρώπων ὅτι τοιούτους δεῖ λόγους λέγεσθαι, τότε διο-
μολογησόμεθα, ὅταν εὕρωμεν, οἷόν ἐστιν δικαιοσύνη, καὶ
ὡς φύσει λυσιτελοῦν τῷ ἔχοντι, ἐάν τε δοκῇ ἐάν τε μὴ
τοιοῦτος εἶναι; Ἀληθέστατα, ἔφη.

VI. Τὰ μὲν δὴ λόγων πέρι ἐχέτω τέλος, τὸ δὲ λέξεως,
ὡς ἐγὼ οἶμαι, μετὰ τοῦτο σκεπτέον, καὶ ἡμῖν ἅ τε λεκτέον
καὶ ὡς λεκτέον παντελῶς ἐσκέψεται. καὶ ὁ Ἀδείμαντος,
Τοῦτο, ἦ δ' ὅς, οὐ μανθάνω ὅ τι λέγεις. Ἀλλὰ μέντοι,
D ἦν δ' ἐγώ, δεῖ γε. ἴσως οὖν τῇδε μᾶλλον εἴσει. ἆρ' οὐ
πάντα, ὅσα ὑπὸ μυθολόγων ἢ ποιητῶν λέγεται, διήγησις
οὖσα τυγχάνει ἢ γεγονότων ἢ ὄντων ἢ μελλόντων; Τί
γάρ, ἔφη, ἄλλο; Ἆρ' οὖν οὐχὶ ἤτοι ἁπλῇ διηγήσει, ἢ διὰ
μιμήσεως γιγνομένῃ, ἢ δι' ἀμφοτέρων περαίνουσιν; Καὶ
τοῦτο, ἦ δ' ὅς, ἔτι δέομαι σαφέστερον μαθεῖν. Γελοῖος,
ἦν δ' ἐγώ, ἔοικα διδάσκαλος εἶναι καὶ ἀσαφής. ὥσπερ
E οὖν οἱ ἀδύνατοι λέγειν, οὐ κατὰ ὅλον ἀλλ' ἀπολαβὼν
μέρος τι πειράσομαί σοι ἐν τούτῳ δηλῶσαι ὃ βούλομαι.
καί μοι εἰπέ· ἐπίστασαι τῆς Ἰλιάδος τὰ πρῶτα, ἐν οἷς ὁ
ποιητής φησι τὸν μὲν Χρύσην δεῖσθαι τοῦ Ἀγαμέμνονος
ἀπολῦσαι τὴν θυγατέρα, τὸν δὲ χαλεπαίνειν, τὸν δέ, ἐπειδὴ
393 οὐκ ἐτύγχανεν, | κατεύχεσθαι τῶν Ἀχαιῶν πρὸς τὸν θεόν;
Ἔγωγε. Οἶσθ' οὖν, ὅτι μέχρι μὲν τούτων τῶν ἐπῶν,

καὶ ἐλίσσετο πάντας Ἀχαιούς,
Ἀτρείδα δὲ μάλιστα δύω, κοσμήτορε λαῶν,

[1] ζητοῦμεν Stallbaum (cum Ficino): ἐζητοῦμεν codd.

λέγει τε αὐτὸς ὁ ποιητὴς, καὶ οὐδὲ ἐπιχειρεῖ ἡμῶν τὴν
διάνοιαν ἄλλοσε τρέπειν, ὡς ἄλλος τις ὁ λέγων ἢ αὐτός·
τὰ δὲ μετὰ ταῦτα, ὥσπερ αὐτὸς ὢν ὁ Χρύσης λέγει, καὶ
πειρᾶται ἡμᾶς ὅ τι μάλιστα ποιῆσαι μὴ Ὅμηρον δοκεῖν Β
εἶναι τὸν λέγοντα, ἀλλὰ τὸν ἱερέα, πρεσβύτην ὄντα. καὶ
τὴν ἄλλην δὴ πᾶσαν σχεδόν τι οὕτω πεποίηται διήγησιν
περί τε τῶν ἐν Ἰλίῳ καὶ περὶ τῶν ἐν Ἰθάκῃ καὶ ὅλῃ
Ὀδυσσείᾳ παθημάτων. Πάνυ μὲν οὖν, ἔφη. Οὐκοῦν
διήγησις μέν ἐστιν καὶ ὅταν τὰς ῥήσεις ἑκάστοτε λέγῃ, καὶ
ὅταν τὰ μεταξὺ τῶν ῥήσεων; Πῶς γὰρ οὔ; Ἀλλ’ ὅταν γέ
τινα λέγῃ ῥῆσιν ὥς τις ἄλλος ὤν, ἆρ’ οὐ τότε ὁμοιοῦν
αὐτὸν φήσομεν ὅ τι μάλιστα τὴν αὑτοῦ λέξιν ἑκάστῳ, ὃν C
ἂν προείπῃ ὡς ἐροῦντα; Φήσομεν· τί γάρ; Οὐκοῦν τό γε
ὁμοιοῦν ἑαυτὸν ἄλλῳ ἢ κατὰ φωνὴν ἢ κατὰ σχῆμα
μιμεῖσθαί ἐστιν ἐκεῖνον, ᾧ ἄν τις ὁμοιοῖ; Τί μήν; Ἐν δὴ
τῷ τοιούτῳ, ὡς ἔοικεν, οὗτός τε καὶ οἱ ἄλλοι ποιηταὶ διὰ
μιμήσεως τὴν διήγησιν ποιοῦνται. Πάνυ μὲν οὖν. Εἰ δέ
γε μηδαμοῦ ἑαυτὸν ἀποκρύπτοιτο ὁ ποιητής, πᾶσα ἂν
αὐτῷ ἄνευ μιμήσεως ἥ ποίησίς τε καὶ διήγησις γεγονυῖα
εἴη. ἵνα δὲ μὴ εἴπῃς, ὅτι οὐκ αὖ μανθάνεις, ὅπως ἂν τοῦτο D
γένοιτο, ἐγὼ φράσω. εἰ γὰρ Ὅμηρος εἰπών, ὅτι ἦλθεν ὁ
Χρύσης τῆς τε θυγατρὸς λύτρα φέρων, καὶ ἱκέτης τῶν
Ἀχαιῶν, μάλιστα δὲ τῶν βασιλέων, μετὰ τοῦτο, μὴ ὡς
Χρύσης γενόμενος ἔλεγεν, ἀλλ’ ἔτι ὡς Ὅμηρος, οἶσθ’ ὅτι
οὐκ ἂν μίμησις ἦν ἀλλ’ ἁπλῆ διήγησις. εἶχε δ’ ἂν ὧδέ
πως· φράσω δὲ ἄνευ μέτρου· οὐ γὰρ εἰμι ποιητικός·
ἐλθὼν ὁ ἱερεὺς ηὔχετο ἐκείνοις μὲν τοὺς θεοὺς δοῦναι Ε
ἑλόντας τὴν Τροίαν αὐτοὺς σωθῆναι, τὴν δὲ θυγατέρα οἱ
λῦσαι δεξαμένους ἄποινα καὶ τὸν θεὸν αἰδεσθέντας. ταῦτα
δὲ εἰπόντος αὐτοῦ, οἱ μὲν ἄλλοι ἐσέβοντο καὶ συνῄνουν, ὁ
δὲ Ἀγαμέμνων ἠγρίαινεν, ἐντελλόμενος νῦν τε ἀπιέναι καὶ
αὖθις μὴ ἐλθεῖν, μὴ αὐτῷ τό τε σκῆπτρον καὶ τὰ τοῦ θεοῦ
στέμματα οὐκ ἐπαρκέσοι· πρὶν δὲ λυθῆναι αὐτοῦ τὴν

θυγατέρα, ἐν Ἄργει ἔφη γηράσειν μετὰ οὗ· ἀπιέναι δ'
394 ἐκέλευεν καὶ μή ἐ¹ ἐρεθίζειν, ἵνα σῶς οἴκαδε | ἔλθοι. ὁ δὲ
πρεσβύτης ἀκούσας ἔδεισέν τε καὶ ἀπῄει σιγῇ, ἀπο-
χωρήσας δὲ ἐκ τοῦ στρατοπέδου πολλὰ τῷ Ἀπόλλωνι
ηὔχετο, τάς τε ἐπωνυμίας τοῦ θεοῦ ἀνακαλῶν, καὶ ὑπο-
μιμνῄσκων καὶ ἀπαιτῶν, εἴ τι πώποτε ἢ ἐν ναῶν οἰκοδο-
μήσεσιν ἢ ἐν ἱερῶν θυσίαις, κεχαρισμένον δωρήσαιτο· ὧν
δὴ χάριν κατηύχετο τεῖσαι τοὺς Ἀχαιοὺς τὰ ἃ δάκρυα
τοῖς ἐκείνου βέλεσιν. οὕτως, ἦν δ' ἐγώ, ὦ ἑταῖρε, ἄνευ
B μιμήσεως ἁπλῆ διήγησις γίγνεται. Μανθάνω, ἔφη.

VII. Μάνθανε τοίνυν, ἦν δ' ἐγώ, ὅτι ταύτης αὖ
ἐναντία γίγνεται, ὅταν τις τὰ τοῦ ποιητοῦ τὰ μεταξὺ τῶν
ῥήσεων ἐξαιρῶν τὰ ἀμοιβαῖα καταλείπῃ. Καὶ τοῦτο, ἔφη,
μανθάνω, ὅτι ἔστιν τὸ περὶ τὰς τραγῳδίας τοιοῦτον. Ὀρ-
θότατα, ἔφην, ὑπέλαβες, καὶ οἶμαί σοι ἤδη δηλοῦν δ⁴
ἔμπροσθεν οὐχ οἷός τ' ἦ, ὅτι τῆς ποιήσεώς τε καὶ μυθο-
C λογίας ἡ μὲν διὰ μιμήσεως ὅλη ἐστίν, ὥσπερ σὺ λέγεις,
τραγῳδία τε καὶ κωμῳδία, ἡ δὲ δι' ἀπαγγελίας αὐτοῦ τοῦ
ποιητοῦ· εὕροις δ' ἂν αὐτὴν μάλιστά που ἐν διθυράμ-
βοις· ἡ δ' αὖ δι' ἀμφοτέρων ἔν τε τῇ τῶν ἐπῶν ποιήσει, ᵉᵖⁱᶜˢ
πολλαχοῦ δὲ καὶ ἄλλοθι, εἴ μου² μανθάνεις. Ἀλλὰ ξυνίημι,
ἔφη, ὃ τότε ἐβούλου λέγειν. Καὶ τὸ πρὸ τούτου δὴ
ἀναμνήσθητι, ὅτι ἔφαμεν, ἃ μὲν λεκτέον, ἤδη εἰρῆσθαι, ὡς
δὲ λεκτέον, ἔτι σκεπτέον εἶναι. Ἀλλὰ μέμνημαι. Τοῦτο
D τοίνυν αὐτὸ ἦν ὃ ἔλεγον, ὅτι χρείη διομολογήσασθαι,
πότερον ἐάσομεν τοὺς ποιητὰς μιμουμένους ἡμῖν τὰς
διηγήσεις ποιεῖσθαι, ἢ τὰ μὲν μιμουμένους, τὰ δὲ μή, καὶ
ὁποῖα ἑκάτερα, ἢ οὐδὲ μιμεῖσθαι. Μαντεύομαι, ἔφη,
σκοπεῖσθαί σε, εἴτε παραδεξόμεθα τραγῳδίαν τε καὶ
κωμῳδίαν εἰς τὴν πόλιν, εἴτε καὶ οὔ. Ἴσως, ἦν δ' ἐγώ·
ἴσως δὲ καὶ πλείω ἔτι τούτων· οὐ γὰρ δὴ ἔγωγέ πω οἶδα,
ἀλλ' ὅπῃ ἂν ὁ λόγος | ὥσπερ πνεῦμα | φέρῃ, ταύτῃ ἰτέον.

----

¹ ἐ Valckenaer: om. codd. 　　　² μου Heindorf: μοι codd.

Καὶ καλῶς γ᾽, ἔφη, λέγεις. Τόδε τοίνυν, ὦ Ἀδείμαντε, E
ἄθρει, πότερον μιμητικοὺς ἡμῖν δεῖ εἶναι τοὺς φύλακας ἢ
οὔ. ἢ καὶ τοῦτο τοῖς ἔμπροσθεν ἕπεται, ὅτι εἷς ἕκαστος
ἓν μὲν ἂν ἐπιτήδευμα καλῶς ἐπιτηδεύοι, πολλὰ δ᾽ οὔ,
ἀλλ᾽ εἰ τοῦτο ἐπιχειροῖ, πολλῶν ἐφαπτόμενος πάντων
ἀποτυγχάνοι ἄν, ὥστ᾽ εἶναί που ἐλλόγιμος; Τί δ᾽ οὐ μέλ-
λει; Οὐκοῦν καὶ περὶ μιμήσεως ὁ αὐτὸς λόγος, ὅτι πολλὰ
ὁ αὐτὸς μιμεῖσθαι εὖ ὥσπερ ἓν οὐ δυνατός; Οὐ γὰρ οὖν.
Σχολῇ ἄρα ἐπιτηδεύσει γέ τι ἅμα τῶν ἀξίων λόγου ἐπιτη- 395
δευμάτων, καὶ πολλὰ μιμήσεται καὶ ἔσται μιμητικός, ἐπεί
που οὐδὲ τὰ δοκοῦντα ἐγγὺς ἀλλήλων εἶναι δύο μιμήματα
δύνανται οἱ αὐτοὶ ἅμα εὖ μιμεῖσθαι, οἷον κωμῳδίαν καὶ
τραγῳδίαν ποιοῦντες. ἢ οὐ μιμήματα[1] ἄρτι τούτω ἐκάλεις;
Ἔγωγε· καὶ ἀληθῆ γε λέγεις, ὅτι οὐ δύνανται οἱ αὐτοί.
Οὐδὲ μὴν ῥαψῳδοί γε καὶ ὑποκριταὶ ἅμα. Ἀληθῆ. Ἀλλ᾽
οὐδέ τοι ὑποκριταὶ κωμῳδοῖς τε καὶ τραγῳδοῖς οἱ αὐτοί· B
πάντα δὲ ταῦτα μιμήματα. ἢ οὔ; Μιμήματα. Καὶ ἔτι
γε τούτων, ὦ Ἀδείμαντε, φαίνεταί μοι εἰς σμικρότερα
κατακεκερματίσθαι ἡ τοῦ ἀνθρώπου φύσις, ὥστε ἀδύνατος
εἶναι πολλὰ καλῶς μιμεῖσθαι, ἢ αὐτὰ ἐκεῖνα πράττειν, ὧν
δὴ καὶ τὰ μιμήματά ἐστιν ἀφομοιώματα. Ἀληθέστατα,
ἦ δ᾽ ὅς.

VIII. Εἰ ἄρα τὸν πρῶτον λόγον διασώσομεν, τοὺς
φύλακας ἡμῖν τῶν ἄλλων πασῶν δημιουργιῶν ἀφειμένους
δεῖν εἶναι δημιουργοὺς ἐλευθερίας τῆς πόλεως πάνυ ἀκρι- C
βεῖς καὶ μηδὲν ἄλλο ἐπιτηδεύειν, ὅ τι μὴ εἰς τοῦτο φέρει,
οὐδὲν δὴ δέοι ἂν αὐτοὺς ἄλλο πράττειν οὐδὲ μιμεῖσθαι·
ἐὰν δὲ μιμῶνται, μιμεῖσθαι τὰ τούτοις προσήκοντα εὐθὺς
ἐκ παίδων, ἀνδρείους, σώφρονας, ὁσίους, ἐλευθέρους, καὶ τὰ
τοιαῦτα πάντα, τὰ δὲ ἀνελεύθερα μήτε ποιεῖν μήτε δεινοὺς
εἶναι μιμήσασθαι, μηδὲ ἄλλο μηδὲν τῶν αἰσχρῶν, ἵνα μὴ[2]
ἐκ τῆς μιμήσεως τοῦ εἶναι ἀπολαύσωσιν. ἢ οὐκ ᾔσθησαι,

[1] μιμήματά Ξ: μιμήματά τε A (sed τά in litura). [2] μὴ Π: om. A.

D ὅτι αἱ μιμήσεις, ἐὰν ἐκ νέων πόρρω διατελέσωσιν, εἰς ἔθη τε καὶ φύσιν καθίστανται καὶ κατὰ σῶμα καὶ φωνὰς καὶ κατὰ τὴν διάνοιαν; Καὶ μάλα, ἦ δ' ὅς. Οὐ δὴ ἐπιτρέψομεν, ἦν δ' ἐγώ, ὧν φαμὲν κήδεσθαι καὶ δεῖν αὐτοὺς ἄνδρας ἀγαθοὺς γενέσθαι, γυναῖκα μιμεῖσθαι, ἄνδρας ὄντας, ἢ νέαν ἢ πρεσβυτέραν, ἢ ἀνδρὶ λοιδορουμένην ἢ πρὸς θεοὺς ἐρίζουσάν τε καὶ μεγαλαυχουμένην, οἰομένην εὐδαίμονα

E εἶναι, ἢ ἐν ξυμφοραῖς τε καὶ πένθεσιν καὶ θρήνοις ἐχομένην· κάμνουσαν δὲ ἢ ἐρῶσαν, ἢ ὠδίνουσαν, πολλοῦ καὶ δεήσομεν. Παντάπασι μὲν οὖν, ἦ δ' ὅς. Οὐδέ γε δούλας τε καὶ δούλους πράττοντας ὅσα δούλων. Οὐδὲ τοῦτο. Οὐδέ γε ἄνδρας κακούς, ὡς ἔοικεν, δειλούς τε καὶ τὰ ἐναντία πράττοντας ὧν νῦν δὴ εἴπομεν, κακηγοροῦντάς τε καὶ κωμῳδοῦντας ἀλλήλους καὶ αἰσχρολογοῦντας, μεθύοντας

396 ἢ καὶ | νήφοντας, καὶ[1] ἄλλα ὅσα οἱ τοιοῦτοι καὶ ἐν λόγοις καὶ ἐν ἔργοις ἁμαρτάνουσιν εἰς αὐτούς τε καὶ εἰς ἄλλους. οἶμαι δὲ οὐδὲ μαινομένοις ἐθιστέον ἀφομοιοῦν αὐτοὺς ἐν λόγοις οὐδὲ ἐν ἔργοις. γνωστέον μὲν γὰρ καὶ μαινομένους καὶ πονηροὺς ἄνδρας τε καὶ γυναῖκας, ποιητέον δὲ οὐδὲν τούτων οὐδὲ μιμητέον. Ἀληθέστατα, ἔφη. Τί δέ; ἦν δ' ἐγώ· χαλκεύοντας ἤ τι ἄλλο δημιουργοῦντας, ἢ ἐλαύνοντας

B τριήρεις ἢ κελεύοντας τούτοις, ἤ τι ἄλλο τῶν περὶ ταῦτα, μιμητέον; Καὶ πῶς, ἔφη, οἷς γε οὐδὲ προσέχειν τὸν νοῦν τούτων οὐδενὶ ἐξέσται; Τί δέ; ἵππους χρεμετίζοντας καὶ ταύρους μυκωμένους καὶ ποταμοὺς ψοφοῦντας καὶ θάλατταν κτυποῦσαν καὶ βροντὰς καὶ πάντα αὖ τὰ τοιαῦτα ἢ μιμήσονται; Ἀλλ' ἀπείρηται αὐτοῖς, ἔφη, μήτε μαίνεσθαι μήτε μαινομένοις ἀφομοιοῦσθαι. Εἰ ἄρα, ἦν δ' ἐγώ, μανθάνω ἃ σὺ λέγεις, ἔστιν τι εἶδος λέξεώς τε καὶ

C διηγήσεως, ἐν ᾧ ἂν διηγοῖτο ὁ τῷ ὄντι καλὸς κἀγαθός, ὁπότε τι δέοι αὐτὸν λέγειν, καὶ ἕτερον αὖ ἀνόμοιον τούτῳ εἶδος, οὗ ἂν ἔχοιτο ἀεὶ καὶ ἐν ᾧ διηγοῖτο ὁ ἐναντίως ἐκείνῳ

---

[1] καὶ Hartman: ἢ καὶ codd.

φύς τε καὶ τραφείς. Ποῖα δή, ἔφη, ταῦτα; Ὁ μέν μοι
δοκεῖ, ἦν δ' ἐγώ, μέτριος ἀνήρ, ἐπειδὰν ἀφίκηται ἐν τῇ
διηγήσει ἐπὶ λέξιν τινὰ ἢ πρᾶξιν ἀνδρὸς ἀγαθοῦ, ἐθε-
λήσειν ὡς αὐτὸς ὢν ἐκεῖνος ἀπαγγέλλειν καὶ οὐκ αἰσχυνεῖ-
σθαι ἐπὶ τῇ τοιαύτῃ μιμήσει, μάλιστα μὲν μιμούμενος τὸν
ἀγαθόν, ἀσφαλῶς τε καὶ ἐμφρόνως πράττοντα, ἐλάττω δὲ D
καὶ ἧττον ἢ ὑπὸ νόσων ἢ ὑπὸ ἐρώτων ἐσφαλμένον ἢ καὶ
ὑπὸ μέθης, ἢ τινος ἄλλης ξυμφορᾶς· ὅταν δὲ γίγνηται
κατά τινα ἑαυτοῦ ἀνάξιον, οὐκ ἐθελήσειν σπουδῇ ἀπει-
κάζειν ἑαυτὸν[1] τῷ χείρονι, εἰ μὴ ἄρα κατὰ βραχύ, ὅταν τι
χρηστὸν ποιῇ, ἀλλ' αἰσχυνεῖσθαι, ἅμα μὲν ἀγύμναστος
ὢν τοῦ μιμεῖσθαι τοὺς τοιούτους, ἅμα δὲ καὶ δυσχεραίνων
αὑτὸν ἐκμάττειν τε καὶ ἐνιστάναι εἰς τοὺς τῶν κακιόνων
τύπους, ἀτιμάζων τῇ διανοίᾳ, ὅ τι μὴ παιδιᾶς χάριν. E
Εἰκός, ἔφη.

IX. Οὐκοῦν διηγήσει χρήσεται οἵᾳ ἡμεῖς ὀλίγον
πρότερον διήλθομεν περὶ τὰ τοῦ Ὁμήρου ἔπη, καὶ ἔσται
αὐτοῦ ἡ λέξις μετέχουσα μὲν ἀμφοτέρων, μιμήσεώς τε καὶ
τῆς ἁπλῆς[2] διηγήσεως, σμικρὸν δέ τι μέρος ἐν πολλῷ λόγῳ
τῆς μιμήσεως· ἢ οὐδὲν λέγω; Καὶ μάλα, ἔφη, οἷόν γε
ἀνάγκη τὸν τύπον εἶναι τοῦ τοιούτου ῥήτορος. Οὐκοῦν,
ἦν δ' ἐγώ, ὁ μὴ | τοιοῦτος αὖ, ὅσῳ ἂν φαυλότερος ᾖ, πάντα 397
τε μᾶλλον μιμήσεται[3] καὶ οὐδὲν ἑαυτοῦ ἀνάξιον οἰήσεται
εἶναι, ὥστε πάντα ἐπιχειρήσει μιμεῖσθαι σπουδῇ τε καὶ
ἐναντίον πολλῶν, καὶ ἃ νῦν δὴ ἐλέγομεν, βροντάς τε[4] καὶ
ψόφους ἀνέμων τε καὶ χαλαζῶν καὶ ἀξόνων καὶ τροχιλιῶν,
καὶ σαλπίγγων καὶ αὐλῶν καὶ συρίγγων καὶ πάντων ὀρ-
γάνων φωνάς, καὶ ἔτι κυνῶν καὶ προβάτων καὶ ὀρνέων
φθόγγους· καὶ ἔσται δὴ ἡ τούτου λέξις ἅπασα διὰ μιμή- B
σεως φωναῖς τε καὶ σχήμασιν, ἢ σμικρόν τι διηγήσεως

---

[1] ἑαυτὸν Π: ἑαυτοῦ Α.   [2] ἁπλῆς nos: ἄλλης codd.   [3] μιμήσεται
q: διηγήσεται Α.   [4] τε Π: γε Α.

ἔχουσα; Ἀνάγκη, ἔφη, καὶ τοῦτο. ΧΤαῦτα τοίνυν, ἦν δ᾽
ἐγώ, ἔλεγον τὰ δύο εἴδη τῆς λέξεως. Καὶ γὰρ ἔστιν, ἔφη.
Οὐκοῦν αὐτοῖν τὸ μὲν σμικρὰς τὰς μεταβολὰς ἔχει, καὶ
ἐάν τις ἀποδιδῷ πρέπουσαν ἁρμονίαν καὶ ῥυθμὸν τῇ λέξει,
ὀλίγου πρὸς τὴν αὐτὴν γίγνεται λέγειν τῷ ὀρθῶς λέγοντι
καὶ ἐν μιᾷ ἁρμονίᾳ· σμικραὶ γὰρ αἱ μεταβολαί· καὶ δὴ
C ἐν ῥυθμῷ ὡσαύτως παραπλησίῳ τινί; Κομιδῇ μὲν οὖν,
ἔφη, οὕτως ἔχει. Τί δέ; τὸ τοῦ ἑτέρου εἶδος οἱ τῶν ἐναν-
τίων δεῖται, πασῶν μὲν ἁρμονιῶν, πάντων δὲ ῥυθμῶν, εἰ
μέλλει αὖ οἰκείως λέγεσθαι, διὰ τὸ παντοδαπὰς μορφὰς
τῶν μεταβολῶν ἔχειν; Καὶ σφόδρα γε οὕτως ἔχει. Ἀρ᾽
οὖν πάντες οἱ ποιηταὶ καὶ οἵ τι λέγοντες ἢ τῷ ἑτέρῳ τού-
των ἐπιτυγχάνουσιν τύπῳ τῆς λέξεως, ἢ τῷ ἑτέρῳ, ἢ ἐξ
D ἀμφοτέρων τινὶ ξυγκεραννύντες; Ἀνάγκη, ἔφη. Τί οὖν
ποιήσομεν; ἦν δ᾽ ἐγώ· πότερον εἰς τὴν πόλιν πάντας τού-
τους παραδεξόμεθα ἢ τῶν ἀκράτων τὸν ἕτερον ἢ τὸν
κεκραμένον; Ἐὰν ἡ ἐμή, ἔφη, νικᾷ, τὸν τοῦ ἐπιεικοῦς
μιμητὴν ἄκρατον. Ἀλλὰ μήν, ὦ Ἀδείμαντε, ἡδύς γε καὶ
ὁ κεκραμένος, πολὺ δὲ ἥδιστος παισί τε καὶ παιδαγωγοῖς
ὁ ἐναντίος οὗ σὺ αἱρεῖ, καὶ τῷ πλείστῳ ὄχλῳ. Ἥδιστος
γάρ. Ἀλλ᾽ ἴσως, ἦν δ᾽ ἐγώ, οὐκ ἂν αὐτὸν ἁρμόττειν φαίης
E τῇ ἡμετέρᾳ πολιτείᾳ, ὅτι οὐκ ἔστιν διπλοῦς ἀνὴρ παρ᾽
ἡμῖν οὐδὲ πολλαπλοῦς, ἐπειδὴ ἕκαστος ἓν πράττει. Οὐ
γὰρ οὖν ἁρμόττει. Οὐκοῦν διὰ ταῦτα ἐν μόνῃ τῇ τοιαύτῃ
πόλει τόν τε σκυτοτόμον σκυτοτόμον εὑρήσομεν καὶ οὐ
κυβερνήτην πρὸς τῇ σκυτοτομίᾳ, καὶ τὸν γεωργὸν γεωργὸν
καὶ οὐ δικαστὴν πρὸς τῇ γεωργίᾳ, καὶ τὸν πολεμικὸν
πολεμικὸν καὶ οὐ χρηματιστὴν πρὸς τῇ πολεμικῇ, καὶ
πάντας οὕτω; Ἀληθῆ, ἔφη. Ἄνδρα δή, ὡς ἔοικε, δυνά-
398 μενον | ὑπὸ σοφίας παντοδαπὸν γίγνεσθαι καὶ μιμεῖσθαι
πάντα χρήματα, εἰ ἡμῖν ἀφίκοιτο εἰς τὴν πόλιν αὐτός τε
καὶ τὰ ποιήματα βουλόμενος ἐπιδείξασθαι, προσκυνοῖμεν
ἂν αὐτὸν ὡς ἱερὸν καὶ θαυμαστὸν καὶ ἡδύν, εἴποιμεν δ᾽ ἄν,

ὅτι οὔτ'[1] ἔστιν τοιοῦτος ἀνὴρ ἐν τῇ πόλει παρ' ἡμῖν οὔτε
θέμις ἐγγενέσθαι, ἀποπέμποιμέν τε εἰς ἄλλην πόλιν μύρον
κατὰ τῆς κεφαλῆς καταχέαντες καὶ ἐρίῳ στέψαντες, αὐτοὶ
δ' ἂν τῷ αὐστηροτέρῳ καὶ ἀηδεστέρῳ ποιητῇ χρώμεθα
καὶ μυθολόγῳ ὠφελίας ἕνεκα, ὃς ἡμῖν τὴν τοῦ ἐπιεικοῦς Β
λέξιν μιμοῖτο καὶ τὰ λεγόμενα λέγοι ἐν ἐκείνοις τοῖς
τύποις, οἷς κατ' ἀρχὰς ἐνομοθετησάμεθα, ὅτε τοὺς στρα-
τιώτας ἐπεχειροῦμεν παιδεύειν. Καὶ μάλ', ἔφη, οὕτως
ἂν ποιοῖμεν, εἰ ἐφ' ἡμῖν εἴη. Νῦν δή, εἶπον ἐγώ, ὦ φίλε,
κινδυνεύει ἡμῖν τῆς μουσικῆς τὸ περὶ λόγους τε καὶ
μύθους παντελῶς διαπεπεράνθαι· ἅ τε γὰρ λεκτέον καὶ
ὡς λεκτέον, εἴρηται. Καὶ αὐτῷ μοι δοκεῖ, ἔφη.

X. Οὐκοῦν μετὰ τοῦτο, ἦν δ' ἐγώ, τὸ περὶ ᾠδῆς C
τρόπου καὶ μελῶν λοιπόν; Δῆλα δή. Ἆρ' οὖν οὐ πᾶς
ἤδη ἂν εὕροι, ἃ ἡμῖν λεκτέον περὶ αὐτῶν, οἷα δεῖ εἶναι,
εἴπερ μέλλομεν τοῖς προειρημένοις συμφωνήσειν; καὶ ὁ
Γλαύκων ἐπιγελάσας, Ἐγὼ τοίνυν, ἔφη, ὦ Σώκρατες,
κινδυνεύω ἐκτὸς τῶν πάντων εἶναι· οὔκουν ἱκανῶς γε
ἔχω ἐν τῷ παρόντι ξυμβαλέσθαι, ποῖα ἄττα δεῖ ἡμᾶς
λέγειν, ὑποπτεύω μέντοι. Πάντως δήπου, ἦν δ' ἐγώ,
πρῶτον μὲν τόδε ἱκανῶς ἔχεις λέγειν, ὅτι τὸ μέλος ἐκ D
τριῶν ἐστὶν συγκείμενον, λόγου τε καὶ ἁρμονίας καὶ ῥυθμοῦ.
Ναί, ἔφη, τοῦτό γε. Οὐκοῦν ὅσον γε αὐτοῦ λόγος ἐστίν,
οὐδὲν δήπου διαφέρει τοῦ μὴ ἀδομένου λόγου πρὸς τὸ ἐν
τοῖς αὐτοῖς δεῖν τύποις λέγεσθαι οἷς ἄρτι προείπομεν, καὶ
ὡσαύτως; Ἀληθῆ, ἔφη. Καὶ μὴν τήν γε ἁρμονίαν καὶ
ῥυθμὸν ἀκολουθεῖν δεῖ τῷ λόγῳ. Πῶς δ' οὔ; Ἀλλὰ
μέντοι θρήνων τε καὶ ὀδυρμῶν ἔφαμεν ἐν λόγοις οὐδὲν
προσδεῖσθαι. Οὐ γὰρ οὖν. Τίνες οὖν θρηνώδεις ἁρμονίαι; Ε
λέγε μοι· σὺ γὰρ μουσικός. Μιξολυδιστί, ἔφη, καὶ συν-
τονολυδιστὶ καὶ τοιαῦταί τινες. Οὐκοῦν αὗται, ἦν δ' ἐγώ,
ἀφαιρετέαι; ἄχρηστοι γὰρ καὶ γυναιξὶν ἃς δεῖ ἐπιεικεῖς

---

[1] οὔτ' nos: οὐκ codd.

εἶναι, μὴ ὅτι ἀνδράσι. Πάνυ γε. Ἀλλὰ μὴν μέθη γε
φύλαξιν ἀπρεπέστατον καὶ μαλακία καὶ ἀργία. Πῶς γὰρ
οὔ; Τίνες οὖν μαλακαί τε καὶ συμποτικαὶ τῶν ἁρμονιῶν;
Ἰαστί, ἦ δ' ὅς, καὶ λυδιστὶ αὖ τινες[1] χαλαραὶ καλοῦνται.
399 | Ταύταις οὖν, ὦ φίλε, ἐπὶ πολεμικῶν ἀνδρῶν ἔσθ' ὅ τι
χρήσει; Οὐδαμῶς, ἔφη· ἀλλὰ κινδυνεύει σοι δωριστὶ
λείπεσθαι καὶ φρυγιστί. Οὐκ οἶδα, ἔφην ἐγώ, τὰς ἁρ-
μονίας, ἀλλὰ κατάλειπε ἐκείνην τὴν ἁρμονίαν, ἣ ἔν τε
πολεμικῇ πράξει ὄντος ἀνδρείου καὶ ἐν πάσῃ βιαίῳ
ἐργασίᾳ πρεπόντως ἂν μιμήσαιτο φθόγγους τε καὶ προσῳ-
δίας, καὶ ἀποτυχόντος ἢ εἰς τραύματα ἢ εἰς θανάτους
B ἰόντος ἢ εἴς τινα ἄλλην ξυμφορὰν πεσόντος, ἐν πᾶσι
τούτοις παρατεταγμένως καὶ καρτερούντως ἀμυνομένου
τὴν τύχην· καὶ ἄλλην αὖ ἐν εἰρηνικῇ τε καὶ μὴ βιαίῳ
ἀλλ' ἐν ἑκουσίῳ πράξει ὄντος, ἤ τινά τι πείθοντός τε καὶ
δεομένου, ἢ εὐχῇ θεὸν ἢ διδαχῇ καὶ νουθετήσει ἄνθρωπον,
ἢ τοὐναντίον ἄλλῳ δεομένῳ ἢ διδάσκοντι ἢ μεταπείθοντι
ἑαυτὸν ὑπέχοντα[2], καὶ ἐκ τούτων πράξαντα κατὰ νοῦν, καὶ
μὴ ὑπερηφάνως ἔχοντα, ἀλλὰ σωφρόνως τε καὶ μετρίως
C ἐν πᾶσι τούτοις πράττοντά τε καὶ τὰ[3] ἀποβαίνοντα
ἀγαπῶντα. ταύτας δύο ἁρμονίας, βίαιον, ἑκούσιον, δυσ-
τυχούντων, εὐτυχούντων, σωφρόνων, ἀνδρείων[4] αἵτινες
φθόγγους μιμήσονται κάλλιστα, ταύτας λεῖπε. Ἀλλ', ἦ
δ' ὅς, οὐκ ἄλλας αἰτεῖς λείπειν, ἢ ἃς νῦν δὴ ἐγὼ ἔλεγον.
Οὐκ ἄρα, ἦν δ' ἐγώ, πολυχορδίας γε οὐδὲ παναρμονίου
ἡμῖν δεήσει ἐν ταῖς ᾠδαῖς τε καὶ μέλεσιν. Οὔ μοι, ἔφη,
φαίνεται. Τριγώνων ἄρα καὶ πηκτίδων καὶ πάντων
D ὀργάνων, ὅσα πολύχορδα καὶ πολυαρμόνια, δημιουργοὺς
οὐ θρέψομεν. Οὐ φαινόμεθα. Τί δέ; αὐλοποιοὺς ἢ
αὐλητὰς παραδέξει εἰς τὴν πόλιν; ἢ οὐ τοῦτο πολυχορδό-
τατον, καὶ αὐτὰ τὰ παναρμόνια αὐλοῦ τυγχάνει ὄντα

---

[1] αὖ τινες secundum A[1] dedimus: αἵτινες vulgo.   [2] ὑπέχοντα Ξ:
ἐπέχοντα A.   [3] τὰ Π: om. A.   [4] ἀνδρείων Ξ: ἀνδρείων ἁρμονίας A.

μίμημα; Δῆλα δή, ἦ δ᾽ ὅς. Λύρα δή σοι, ἦν δ᾽ ἐγώ, καὶ
κιθάρα λείπεται, καὶ κατὰ πόλιν χρήσιμα· καὶ αὖ κατ᾽
ἀγροὺς τοῖς νομεῦσι σῦριγξ ἄν τις εἴη. Ὡς γοῦν, ἔφη, ὁ
λόγος ἡμῖν σημαίνει. Οὐδέν γε, ἦν δ᾽ ἐγώ, καινὸν ποιοῦμεν, **E**
ὦ φίλε, κρίνοντες τὸν Ἀπόλλω καὶ τὰ τοῦ Ἀπόλλωνος
ὄργανα πρὸ Μαρσύου τε καὶ τῶν ἐκείνου ὀργάνων. Μὰ
Δία, ἦ δ᾽ ὅς, οὔ μοι φαινόμεθα. Καὶ νὴ τὸν κύνα, εἶπον,
λελήθαμέν γε διακαθαίροντες πάλιν ἣν ἄρτι τρυφᾶν
ἔφαμεν πόλιν. Σωφρονοῦντές γε ἡμεῖς, ἦ δ᾽ ὅς.

XI. Ἴθι δή, ἔφην, καὶ τὰ λοιπὰ καθαίρωμεν. ἑπό-
μενον γὰρ δὴ ταῖς ἁρμονίαις ἂν ἡμῖν εἴη τὸ περὶ ῥυθμούς,
μὴ ποικίλους αὐτοὺς διώκειν μηδὲ παντοδαπὰς βάσεις,
ἀλλὰ βίου ῥυθμοὺς ἰδεῖν κοσμίου τε καὶ ἀνδρείου τίνες
εἰσίν· οὓς ἰδόντα | τὸν πόδα τῷ τοιούτου λόγῳ ἀναγκάζειν **400**
ἔπεσθαι καὶ τὸ μέλος, ἀλλὰ μὴ λόγον ποδί τε καὶ μέλει.
οἵτινες δ᾽ ἂν εἶεν οὗτοι οἱ ῥυθμοί, σὸν ἔργον, ὥσπερ τὰς
ἁρμονίας, φράσαι. Ἀλλὰ μὰ Δί᾽, ἔφη, οὐκ ἔχω λέγειν.
ὅτι μὲν γὰρ τρί᾽ ἄττα ἐστὶν εἴδη, ἐξ ὧν αἱ βάσεις πλέ-
κονται, ὥσπερ ἐν τοῖς φθόγγοις· τέτταρα, ὅθεν αἱ πᾶσαι
ἁρμονίαι, τεθεαμένος ἂν εἴποιμι[1]· ποῖα δ᾽ ὁποίου βίου[2]
μιμήματα, λέγειν οὐκ ἔχω. Ἀλλὰ ταῦτα μέν, ἦν δ᾽ ἐγώ, **B**
καὶ μετὰ Δάμωνος βουλευσόμεθα, τίνες τε ἀνελευθερίας
καὶ ὕβρεως ἢ μανίας καὶ ἄλλης κακίας πρέπουσαι βάσεις,
καὶ τίνας τοῖς ἐναντίοις λειπτέον ῥυθμούς. οἶμαι δέ με
ἀκηκοέναι οὐ σαφῶς ἐνόπλιόν τέ τινα ὀνομάζοντος αὐτοῦ
ξύνθετον καὶ δάκτυλον καὶ ἡρῷόν γε, οὐκ οἶδα ὅπως
διακοσμοῦντος καὶ ἴσον ἄνω καὶ κάτω τιθέντος, εἰς βραχύ
τε καὶ μακρὸν γιγνόμενον, καί, ὡς ἐγὼ οἶμαι, ἴαμβον,
καί τιν᾽ ἄλλον τροχαῖον ὠνόμαζε, μήκη δὲ καὶ βρα-
χύτητας προσῆπτε. καὶ τούτων τισὶν οἶμαι τὰς ἀγωγὰς **C**
τοῦ ποδὸς αὐτὸν οὐχ ἧττον ψέγειν τε καὶ ἐπαινεῖν ἢ τοὺς
ῥυθμοὺς αὐτούς, ἤτοι ξυναμφότερόν τι· οὐ γὰρ ἔχω λέγειν.

---

[1] εἴποιμι υ: εἴποι Α.   [2] ποῖα δ᾽ ὁποίου βίου Π: om. Α.

ἀλλὰ ταῦτα μέν, ὥσπερ εἶπον, εἰς Δάμωνα ἀναβεβλήσθω·
διελέσθαι γὰρ οὐ σμικροῦ λόγου. ἢ σὺ οἴει; Μὰ Δί, οὐκ
ἔγωγε. Ἀλλὰ τόδε γε, ὅτι τὸ τῆς εὐσχημοσύνης τε καὶ
ἀσχημοσύνης τῷ εὐρύθμῳ τε καὶ ἀρρύθμῳ ἀκολουθεῖ,
D δύνασαι διελέσθαι; Πῶς δ᾽ οὔ; Ἀλλὰ μὴν τὸ εὔρυθμόν
γε καὶ τὸ ἄρρυθμον, τὸ μὲν τῇ καλῇ λέξει ἕπεται ὁμοιού-
μενον, τὸ δὲ τῇ ἐναντίᾳ, καὶ τὸ εὐάρμοστον καὶ ἀνάρ-
μοστον¹ ὡσαύτως, εἴπερ ῥυθμός γε καὶ ἁρμονία λόγῳ,
ὥσπερ ἄρτι ἐλέγετο, ἀλλὰ μὴ λόγος τούτοις. Ἀλλὰ μήν,
ἢ δ᾽ ὅς, ταῦτά γε λόγῳ ἀκολουθητέον. Τί δ᾽ ὁ τρόπος τῆς
λέξεως, ἦν δ᾽ ἐγώ, καὶ ὁ λόγος; οὐ τῷ τῆς ψυχῆς ἤθει
ἕπεται; Πῶς γὰρ οὔ; Τῇ δὲ λέξει τὰ ἄλλα; Ναί.
Εὐλογία ἄρα καὶ εὐαρμοστία καὶ εὐσχημοσύνη καὶ εὐ-
E ρυθμία εὐηθείᾳ ἀκολουθεῖ, οὐχ ἣν ἄνοιαν οὖσαν ὑποκορι-
ζόμενοι καλοῦμεν ὡς εὐήθειαν, ἀλλὰ τὴν ὡς ἀληθῶς εὖ τε
καὶ καλῶς τὸ ἦθος κατεσκευασμένην διάνοιαν. Παντάπασι
μὲν οὖν, ἔφη. Ἆρ᾽ οὖν οὐ πανταχοῦ ταῦτα διωκτέα τοῖς
νέοις, εἰ μέλλουσι τὸ αὑτῶν πράττειν; Διωκτέα μὲν οὖν.
401 Ἔστιν δὲ γέ που πλήρης μὲν γρα|φικὴ αὐτῶν καὶ πᾶσα ἡ
τοιαύτη δημιουργία, πλήρης δὲ ὑφαντικὴ καὶ ποικιλία καὶ
οἰκοδομία καὶ πᾶσα αὖ ἡ τῶν ἄλλων σκευῶν ἐργασία, ἔτι
δὲ ἡ τῶν σωμάτων φύσις καὶ ἡ τῶν ἄλλων φυτῶν· ἐν
πᾶσι γὰρ τούτοις ἔνεστιν εὐσχημοσύνη ἢ ἀσχημοσύνη.
καὶ ἡ μὲν ἀσχημοσύνη καὶ ἀρρυθμία καὶ ἀναρμοστία
κακολογίας καὶ κακοηθείας ἀδελφά, τὰ δ᾽ ἐναντία τοῦ
ἐναντίου, σώφρονός τε καὶ ἀγαθοῦ ἤθους, ἀδελφά τε καὶ
B μιμήματα. Παντελῶς μὲν οὖν, ἔφη.

XII. Ἆρ᾽ οὖν τοῖς ποιηταῖς ἡμῖν μόνον ἐπιστατητέον
καὶ προσαναγκαστέον τὴν τοῦ ἀγαθοῦ εἰκόνα ἤθους ἐμ-
ποιεῖν τοῖς ποιήμασιν ἢ μὴ παρ᾽ ἡμῖν ποιεῖν, ἢ καὶ τοῖς
ἄλλοις δημιουργοῖς ἐπιστατητέον καὶ διακωλυτέον τὸ κα-
κόηθες τοῦτο καὶ ἀκόλαστον καὶ ἀνελεύθερον καὶ ἄσχημον

¹ καὶ ἀνάρμοστον Π: om. A.

μήτε ἐν εἰκόσι ζῴων μήτε ἐν οἰκοδομήμασι μήτε ἐν ἄλλῳ
μηδενὶ δημιουργουμένῳ ἐμποιεῖν, ἢ ὁ μὴ οἷός τε ὢν οὐκ
ἐατέος παρ' ἡμῖν δημιουργεῖν, ἵνα μὴ ἐν κακίας εἰκόσι
τρεφόμενοι ἡμῖν οἱ φύλακες ὥσπερ ἐν κακῇ βοτάνῃ, πολλὰ C
ἑκάστης ἡμέρας κατὰ σμικρὸν ἀπὸ πολλῶν δρεπόμενοί τε
καὶ νεμόμενοι¹, ἕν τι ξυνιστάντες λανθάνωσιν κακὸν μέγα
ἐν τῇ αὑτῶν ψυχῇ, ἀλλ' ἐκείνους ζητητέον τοὺς δημιουρ-
γοὺς τοὺς εὐφυῶς δυναμένους ἰχνεύειν τὴν τοῦ καλοῦ τε
καὶ εὐσχήμονος φύσιν, ἵνα ὥσπερ ἐν ὑγιεινῷ τόπῳ
οἰκοῦντες οἱ νέοι ἀπὸ παντὸς ὠφελῶνται, ὁπόθεν ἂν αὐτοῖς
ἀπὸ τῶν καλῶν ἔργων ἢ πρὸς ὄψιν ἢ πρὸς ἀκοήν τις²
προσβάλῃ ὥσπερ αὔρα φέρουσα ἀπὸ χρηστῶν τόπων
ὑγίειαν, καὶ εὐθὺς ἐκ παίδων λανθάνῃ εἰς ὁμοιότητά τε καὶ D
φιλίαν καὶ ξυμφωνίαν τῷ καλῷ λόγῳ ἄγουσα; Πολὺ γὰρ
ἄν, ἔφη, κάλλιστα οὕτω τραφεῖεν. Ἆρ' οὖν, ἦν δ' ἐγώ, ὦ
Γλαύκων, τούτων ἕνεκα κυριωτάτη ἐν μουσικῇ τροφή, ὅτι
μάλιστα καταδύεται εἰς τὸ ἐντὸς τῆς ψυχῆς ὅ τε ῥυθμὸς
καὶ ἁρμονία, καὶ ἐρρωμενέστατα ἅπτεται αὐτῆς, φέροντα
τὴν εὐσχημοσύνην, καὶ ποιεῖ εὐσχήμονα, ἐάν τις ὀρθῶς
τραφῇ, εἰ δὲ μή, τοὐναντίον; καὶ ὅτι αὖ τῶν³ παραλειπο- E
μένων καὶ μὴ καλῶς δημιουργηθέντων ἢ μὴ καλῶς φύντων
ὀξύτατ' ἂν αἰσθάνοιτο ὁ ἐκεῖ τραφεὶς ὡς ἔδει, καὶ ὀρθῶς δὴ
χαίρων καὶ⁴ δυσχεραίνων τὰ μὲν καλὰ ἐπαινοῖ καὶ κατα-
δεχόμενος εἰς τὴν ψυχὴν τρέφοιτ' ἂν ἀπ' αὐτῶν καὶ
γίγνοιτο καλός τε κἀγαθός, | τὰ δ' αἰσχρὰ ψέγοι τ' ἂν 402
ὀρθῶς καὶ μισοῖ ἔτι νέος ὤν, πρὶν λόγον δυνατὸς εἶναι
λαβεῖν, ἐλθόντος δὲ τοῦ λόγου ἀσπάζοιτ' ἂν αὐτὸν γνωρί-
ζων δι' οἰκειότητα μάλιστα· ὁ οὕτω τραφείς; Ἐμοὶ γοῦν
δοκεῖ, ἔφη, τῶν τοιούτων ἕνεκα ἐν μουσικῇ εἶναι ἡ τροφή.
Ὥσπερ ἄρα, ἦν δ' ἐγώ, γραμμάτων πέρι τότε ἱκανῶς

¹ νεμόμενοι Π : ἀνεμόμενοι A et in mg. ἀνιμώμενοι A². ² τις nos :
τι codd. ³ αὖ τῶν Π : αὐτῶν A. ⁴ χαίρων καὶ ante καταδεχόμενος
codd. : transposuit Vermehren.

εἴχομεν, ὅτε τὰ στοιχεῖα μὴ λανθάνοι ἡμᾶς ὀλίγα ὄντα ἐν
ἅπασιν οἷς ἔστιν περιφερόμενα, καὶ οὔτ᾽ ἐν σμικρῷ οὔτ᾽ ἐν
B μεγάλῳ ἠτιμάζομεν αὐτά, ὡς οὐ δέοι αἰσθάνεσθαι, ἀλλὰ
πανταχοῦ προὐθυμούμεθα διαγιγνώσκειν, ὡς οὐ πρότερον
ἐσόμενοι γραμματικοὶ πρὶν οὕτως ἔχοιμεν—Ἀληθῆ. Οὐ-
κοῦν καὶ εἰκόνας[1] γραμμάτων, εἴ που ἢ ἐν ὕδασιν ἢ ἐν
κατόπτροις ἐμφαίνοιντο, οὐ πρότερον γνωσόμεθα, πρὶν ἂν
αὐτὰ γνῶμεν, ἀλλ᾽ ἔστιν τῆς αὐτῆς τέχνης τε καὶ μελέτης;
Παντάπασι μὲν οὖν. Ἆρ᾽ οὖν, ὃ λέγω, πρὸς θεῶν,
οὕτως οὐδὲ μουσικοὶ πρότερον ἐσόμεθα, οὔτε αὐτοὶ
C οὔτε οὕς φαμεν ἡμῖν παιδευτέον εἶναι τοὺς φύλακας,
πρὶν ἂν τὰ τῆς σωφροσύνης εἴδη καὶ ἀνδρείας καὶ
ἐλευθεριότητος καὶ μεγαλοπρεπείας καὶ ὅσα τούτων
ἀδελφὰ καὶ τὰ τούτων αὖ ἐναντία πανταχοῦ περιφερό-
μενα γνωρίζωμεν καὶ ἐνόντα ἐν οἷς ἔνεστιν αἰσθανώμεθα
καὶ αὐτὰ καὶ εἰκόνας αὐτῶν, καὶ μήτε ἐν σμικροῖς μήτε ἐν
μεγάλοις ἀτιμάζωμεν, ἀλλὰ τῆς αὐτῆς οἰώμεθα[2] τέχνης
εἶναι καὶ μελέτης; Πολλὴ ἀνάγκη, ἔφη. Οὐκοῦν, ἦν δ᾽
D ἐγώ, ὅτου ἂν ξυμπίπτῃ ἔν τε τῇ ψυχῇ καλὰ ἤθη ἐνόντα
καὶ ἐν τῷ εἴδει ὁμολογοῦντα ἐκείνοις καὶ ξυμφωνοῦντα, τοῦ
αὐτοῦ μετέχοντα τύπου, τοῦτ᾽ ἂν εἴη κάλλιστον θέαμα τῷ
δυναμένῳ θεᾶσθαι; Πολύ γε. Καὶ μὴν τό γε κάλλιστον
ἐρασμιώτατον. Πῶς δ᾽ οὔ; Τῶν δὴ ὅ τι[3] μάλιστα τοιού-
των ἀνθρώπων ὅ γε μουσικὸς ἐρῴη ἄν· εἰ δὲ ἀξύμφωνος
εἴη, οὐκ ἂν ἐρῴη. Οὐκ ἄν, εἰ γέ τι, ἔφη, κατὰ τὴν ψυχὴν
ἐλλείποι· εἰ μέντοι τι κατὰ τὸ σῶμα, ὑπομείνειεν ἄν, ὥστε
E ἐθέλειν ἀσπάζεσθαι. Μανθάνω, ἦν δ᾽ ἐγώ· ὅτι ἔστιν σοι
ἢ γέγονεν παιδικὰ τοιαῦτα· καὶ συγχωρῶ. ἀλλὰ τόδε
μοι εἰπέ· σωφροσύνῃ καὶ ἡδονῇ ὑπερβαλλούσῃ ἔστι τις
κοινωνία; Καὶ πῶς, ἔφη, ἥ γε ἔκφρονα ποιεῖ οὐχ ἧττον ἢ
403 λύπη; Ἀλλὰ τῇ ἄλλῃ ἀρετῇ; | Οὐδαμῶς. Τί δέ; ὕβρει

---

[1] εἰκόνας Ξ q: εἰ εἰκόνας Α.   [2] οἰώμεθα Π: οἰόμεθα Α.   [3] δὴ
ὅτι Π: διότι Α.

τε καὶ ἀκολασία; Πάντων μάλιστα. Μείζω δέ τινα καὶ
ὀξυτέραν ἔχεις εἰπεῖν ἡδονὴν τῆς περὶ τὰ ἀφροδίσια; Οὐκ
ἔχω, ἦ δ' ὅς, οὐδέ γε μανικωτέραν. Ὁ δὲ ὀρθὸς ἔρως
πέφυκε κοσμίου τε καὶ καλοῦ σωφρόνως τε καὶ μουσικῶς
ἐρᾶν; Καὶ μάλα, ἦ δ' ὅς. ΧΟὐδὲν ἄρα προσοιστέον μανικὸν
οὐδὲ ξυγγενὲς ἀκολασίας τῷ ὀρθῷ ἔρωτι; Οὐ προσοιστέον.
Οὐ προσοιστέον ἄρα αὕτη ἡ ἡδονή, οὐδὲ κοινωνητέον αὐτῆς Β
ἐραστῇ τε καὶ παιδικοῖς ὀρθῶς ἐρῶσί τε καὶ ἐρωμένοις; Οὐ
μέντοι, μὰ Δί', ἔφη, ὦ Σώκρατες, προσοιστέον. Οὕτω δή,
ὡς ἔοικε, νομοθετήσεις[1] ἐν τῇ οἰκιζομένῃ πόλει, φιλεῖν μὲν
καὶ ξυνεῖναι καὶ ἅπτεσθαι ὥσπερ ὑέος παιδικῶν ἐραστήν,
τῶν καλῶν χάριν, ἐὰν πείθῃ· τὰ δ' ἄλλα οὕτως ὁμιλεῖν
πρὸς ὅν τις σπουδάζοι, ὅπως μηδέποτε δόξει μακρότερα
τούτων ξυγγίγνεσθαι· εἰ δὲ μή, ψόγον ἀμουσίας καὶ C
ἀπειροκαλίας ὑφέξοντα. Οὕτως, ἔφη. Ἆρ' οὖν, ἦν δ' ἐγώ,
καὶ σοὶ φαίνεται τέλος ἡμῖν ἔχειν ὁ περὶ μουσικῆς λόγος;
οἷ γοῦν δεῖ τελευτᾶν, τετελεύτηκεν· δεῖ δέ που τελευτᾶν
τὰ μουσικὰ εἰς τὰ τοῦ καλοῦ ἐρωτικά. Ξύμφημι, ἦ δ' ὅς.

XIII. Μετὰ δὴ μουσικὴν γυμναστικῇ θρεπτέοι οἱ
νεανίαι. Τί μήν; Δεῖ μὲν δὴ καὶ ταύτῃ ἀκριβῶς τρέφε-
σθαι ἐκ παίδων διὰ βίου, ἔχει δέ πως, ὡς ἐγῷμαι, ὧδε· D
σκόπει δὲ καὶ σύ· ἐμοὶ μὲν γὰρ οὐ φαίνεται, ὃ ἂν χρηστὸν
ᾖ σῶμα, τοῦτο τῇ αὑτοῦ ἀρετῇ ψυχὴν ἀγαθὴν ποιεῖν, ἀλλὰ
τοὐναντίον ψυχὴ ἀγαθὴ τῇ αὑτῆς ἀρετῇ σῶμα παρέχειν
ὡς οἷόν τε βέλτιστον· σοὶ δὲ πῶς φαίνεται; Καὶ ἐμοί,
ἔφη, οὕτως. Οὐκοῦν εἰ τὴν διάνοιαν ἱκανῶς θεραπεύ-
σαντες παραδοῖμεν αὐτῇ τὰ περὶ τὸ σῶμα ἀκριβολογεῖ-
σθαι, ἡμεῖς δὲ ὅσον τοὺς τύπους ὑφηγησαίμεθα, ἵνα μὴ Ε
μακρολογῶμεν, ὀρθῶς ἂν ποιοῖμεν; Πάνυ μὲν οὖν.
Μέθης μὲν δὴ εἴπομεν ὅτι ἀφεκτέον αὐτοῖς· παντὶ γάρ
που μᾶλλον ἐγχωρεῖ, ἢ φύλακι, μεθυσθέντι μὴ εἰδέναι,
ὅπου γῆς ἐστίν. Γελοῖον γάρ, ἦ δ' ὅς, τόν γε φύλακα

---

[1] νομοθετήσεις Π: ὁ νομοθετὴς (sic) εἷς Α, sed ὁ ab Α².

φύλακος δεῖσθαι. Τί δὲ δὴ σίτων πέρι; ἀθληταὶ μὲν γὰρ
οἱ ἄνδρες τοῦ μεγίστου ἀγῶνος. ἢ οὐχί; Ναί. Ἀρ᾽ οὖν
404 ἡ τῶνδε τῶν ἀσκητῶν ἕξις προσήκουσ᾽ | ἂν εἴη τούτοις;
Ἴσως. Ἀλλ᾽, ἦν δ᾽ ἐγώ, ὑπνώδης αὕτη γέ τις καὶ σφαλερὰ
πρὸς ὑγίειαν· ἢ οὐχ ὁρᾷς ὅτι καθεύδουσί τε τὸν βίον καί,
ἐὰν σμικρὰ ἐκβῶσιν τῆς τεταγμένης διαίτης, μεγάλα καὶ
σφόδρα νοσοῦσιν οὗτοι οἱ ἀσκηταί; Ὁρῶ. Κομψοτέρας
δή τινος, ἦν δ᾽ ἐγώ, ἀσκήσεως δεῖ τοῖς πολεμικοῖς ἀθληταῖς,
οὕς γε ὥσπερ κύνας ἀγρύπνους τε[1] ἀνάγκη εἶναι καὶ
ὅ τι μάλιστα ὀξὺ ὁρᾶν καὶ ἀκούειν καὶ πολλὰς μεταβολὰς
B ἐν ταῖς στρατείαις[2] μεταβάλλοντας ὑδάτων τε καὶ τῶν
ἄλλων σίτων καὶ εἰλήσεων καὶ χειμώνων μὴ ἀκροσφαλεῖς
εἶναι πρὸς ὑγίειαν. Φαίνεταί μοι. Ἀρ᾽ οὖν ἡ βελτίστη
γυμναστικὴ ἀδελφή τις ἂν εἴη τῆς μουσικῆς, ἣν ὀλίγον πρό-
τερον διῇμεν; Πῶς λέγεις; Ἁπλῆ που καὶ <ἡ>[3] ἐπιεικὴς
γυμναστική, καὶ μάλιστα ἡ τῶν περὶ τὸν πόλεμον. Πῇ
δή; Καὶ παρ᾽ Ὁμήρου, ἦν δ᾽ ἐγώ, τά γε τοιαῦτα μάθοι ἄν
τις. οἶσθα γὰρ ὅτι ἐπὶ στρατείας[4] ἐν ταῖς τῶν ἡρώων
C ἑστιάσεσιν οὔτε ἰχθύσιν αὐτοὺς ἑστιᾷ, καὶ ταῦτα ἐπὶ
θαλάττῃ ἐν Ἑλλησπόντῳ ὄντας, οὔτε ἐφθοῖς κρέασιν,
ἀλλὰ μόνον ὀπτοῖς, ἃ δὴ μάλιστ᾽ ἂν εἴη στρατιώταις
εὔπορα· πανταχοῦ γάρ, ὡς ἔπος εἰπεῖν, αὐτῷ τῷ πυρὶ
χρῆσθαι εὐπορώτερον, ἢ ἀγγεῖα ξυμπεριφέρειν. Καὶ μάλα.
Οὐδὲ μὴν ἡδυσμάτων, ὡς ἐγῷμαι, Ὅμηρος πώποτε ἐμνή-
σθη. ἢ τοῦτο μὲν καὶ οἱ ἄλλοι ἀσκηταὶ ἴσασιν, ὅτι τῷ
μέλλοντι σώματι εὖ ἕξειν ἀφεκτέον τῶν τοιούτων ἁπάν-
των; Καὶ ὀρθῶς γε, ἔφη, ἴσασί τε καὶ ἀπέχονται.
D Συρακοσίαν δέ, ὦ φίλε, τράπεζαν καὶ Σικελικὴν ποικι-
λίαν ὄψου, ὡς ἔοικας, οὐκ αἰνεῖς, εἴπερ σοι ταῦτα δοκεῖ
ὀρθῶς ἔχειν. Οὔ μοι δοκῶ. Ψέγεις ἄρα καὶ Κορινθίαν
κόρην φίλην εἶναι ἀνδράσιν μέλλουσιν εὖ σώματος ἕξειν.

---

[1] τε Π: τε καὶ Α.   [2] στρατείαις Θ τ: στρατιαῖς Α.   [3] <ἡ> nos:
om. codd.   [4] στρατείας Π²: στρατιᾶς Α.

Παντάπασι μὲν οὖν. Οὐκοῦν καὶ Ἀττικῶν πεμμάτων
τὰς δοκούσας εἶναι εὐπαθίας; Ἀνάγκη. Ὅλην γάρ, οἶμαι,
τὴν τοιαύτην σίτησιν καὶ δίαιταν τῇ μελοποιίᾳ τε καὶ ᾠδῇ
τῇ ἐν τῷ παναρμονίῳ καὶ ἐν πᾶσι ῥυθμοῖς πεποιημένῃ Ε
ἀπεικάζοντες ὀρθῶς ἂν ἀπεικάζοιμεν. Πῶς γὰρ οὔ;
Οὐκοῦν ἐκεῖ μὲν ἀκολασίαν ἡ ποικιλία ἐνέτικτεν, ἐνταῦθα
δὲ νόσον, ἡ δὲ ἁπλότης κατὰ μὲν μουσικὴν ἐν ψυχαῖς
σωφροσύνην, κατὰ δὲ γυμναστικὴν ἐν σώμασιν ὑγίειαν;
Ἀληθέστατα, ἔφη. Ἀκολασίας δὲ καὶ νόσων | πληθυουσῶν 405
ἐν πόλει ἆρ' οὐ δικαστήριά τε καὶ ἰατρεῖα πολλὰ ἀνοίγεται,
καὶ δικανική τε καὶ ἰατρικὴ σεμνύνονται, ὅταν δὴ καὶ
ἐλεύθεροι πολλοὶ καὶ σφόδρα περὶ αὐτὰ σπουδάζωσιν; Τί
γὰρ οὐ μέλλει;

XIV. Τῆς δὲ κακῆς τε καὶ αἰσχρᾶς παιδείας ἐν πόλει
ἆρα μή τι μεῖζον ἕξεις λαβεῖν τεκμήριον, ἢ τὸ δεῖσθαι
ἰατρῶν καὶ δικαστῶν ἄκρων μὴ μόνον τοὺς φαύλους τε
καὶ χειροτέχνας, ἀλλὰ καὶ τοὺς ἐν ἐλευθέρῳ σχήματι
προσποιουμένους τεθράφθαι; ἢ οὐκ αἰσχρὸν δοκεῖ καὶ Β
ἀπαιδευσίας μέγα τεκμήριον τὸ ἐπακτῷ παρ' ἄλλων, ὡς
δεσποτῶν τε καὶ κριτῶν, τῷ δικαίῳ ἀναγκάζεσθαι χρῆ-
σθαι, καὶ ἀπορίᾳ οἰκείων; Πάντων μὲν οὖν, ἔφη, αἴσχι-
στον. Ἢ δοκεῖ σοι, ἦν δ' ἐγώ, τούτου αἴσχιον εἶναι τοῦτο,
ὅταν τις μὴ μόνον τὸ πολὺ τοῦ βίου ἐν δικαστηρίοις
φεύγων τε καὶ διώκων κατατρίβηται, ἀλλὰ καὶ ὑπὸ ἀπει-
ροκαλίας ἐπ' αὐτῷ δὴ τούτῳ πεισθῇ καλλωπίζεσθαι, ὡς
δεινὸς ὢν περὶ τὸ ἀδικεῖν καὶ ἱκανὸς πάσας μὲν στροφὰς C
στρέφεσθαι, πάσας δὲ διεξόδους διεξελθὼν ἀποστρα-
φῆναι λυγιζόμενος, ὥστε μὴ παρασχεῖν δίκην, καὶ ταῦτα
σμικρῶν τε καὶ οὐδενὸς ἀξίων ἕνεκα, ἀγνοῶν, ὅσῳ κάλλιον
καὶ ἄμεινον τὸ παρασκευάζειν τὸν βίον αὐτῷ μηδὲν
δεῖσθαι νυστάζοντος δικαστοῦ; Οὔκ, ἀλλὰ τοῦτ', ἔφη,
ἐκείνου ἔτι αἴσχιον. Τὸ δὲ ἰατρικῆς, ἦν δ' ἐγώ, δεῖσθαι, ὅ
τι μὴ τραυμάτων ἕνεκα ἤ τινων ἐπετείων νοσημάτων

D ἐπιπεσόντων, ἀλλὰ δι' ἀργίαν τε καὶ δίαιταν οἵαν διήλ-
θομεν ῥευμάτων τε καὶ πνευμάτων ὥσπερ λίμνας ἐμπιμ-
πλαμένους φύσας τε καὶ κατάρρους νοσήμασιν ὀνόματα
τίθεσθαι ἀναγκάζειν τοὺς κομψοὺς Ἀσκληπιάδας, οὐκ
αἰσχρὸν δοκεῖ; Καὶ μάλ', ἔφη, ὡς ἀληθῶς καινὰ ταῦτα
καὶ ἄτοπα νοσημάτων ὀνόματα. Οἷα, ἦν δ' ἐγώ, ὡς οἶμαι,
οὐκ ἦν ἐπ' Ἀσκληπιοῦ· τεκμαίρομαι δέ, ὅτι αὐτοῦ οἱ ὑεῖς
E ἐν Τροίᾳ Εὐρυπύλῳ τετρωμένῳ ἐπ' οἶνον Πράμνειον
406 ἄλφιτα πολλὰ ἐπιπασθέντα καὶ τυρὸν ἐ|πιξυσθέντα, ἃ δὴ
δοκεῖ φλεγματώδη εἶναι, οὐκ ἐμέμψαντο τῇ δούσῃ πιεῖν,
οὐδὲ Πατρόκλῳ τῷ ἰωμένῳ ἐπετίμησαν. Καὶ μὲν δή, ἔφη,
ἄτοπόν γε τὸ πῶμα οὕτως ἔχοντι. Οὔκ, εἴ γ' ἐννοεῖς,
εἶπον, ὅτι τῇ παιδαγωγικῇ τῶν νοσημάτων ταύτῃ τῇ νῦν
ἰατρικῇ πρὸ τοῦ Ἀσκληπιάδαι οὐκ ἐχρῶντο, ὥς φασι,
πρὶν Ἡρόδικον γενέσθαι· Ἡρόδικος δὲ παιδοτρίβης ὢν
καὶ νοσώδης γενόμενος, μείξας γυμναστικὴν ἰατρικῇ, ἀπέ-
B κναισε πρῶτον μὲν καὶ μάλιστα ἑαυτόν, ἔπειτ' ἄλλους
ὕστερον πολλούς. Πῇ δή; ἔφη. Μακρόν, ἦν δ' ἐγώ, τὸν
θάνατον αὐτῷ ποιήσας. παρακολουθῶν γὰρ τῷ νοσήματι
θανασίμῳ ὄντι οὔτε ἰάσασθαι, οἶμαι, οἷός τ' ἦν ἑαυτόν, ἐν
ἀσχολίᾳ τε πάντων ἰατρευόμενος διὰ βίου ἔζη ἀποκναιό-
μενος, εἴ τι τῆς εἰωθυίας διαίτης ἐκβαίη, δυσθανατῶν δὲ
ὑπὸ σοφίας εἰς γῆρας ἀφίκετο. Καλὸν ἄρα τὸ γέρας, ἔφη,
C τῆς τέχνης ἠνέγκατο. Οἷον εἰκός, ἦν δ' ἐγώ, τὸν μὴ εἰδότα,
ὅτι Ἀσκληπιὸς οὐκ ἀγνοίᾳ οὐδὲ ἀπειρίᾳ τούτου τοῦ εἴδους
τῆς ἰατρικῆς τοῖς ἐκγόνοις οὐ κατέδειξεν αὐτό, ἀλλ' εἰδὼς
ὅτι πᾶσι τοῖς εὐνομουμένοις ἔργον τι ἑκάστῳ ἐν τῇ πόλει
προστέτακται, ὃ ἀναγκαῖον ἐργάζεσθαι, καὶ οὐδενὶ σχολὴ
διὰ βίου κάμνειν ἰατρευομένῳ. ὃ ἡμεῖς γελοίως ἐπὶ μὲν
τῶν δημιουργῶν αἰσθανόμεθα, ἐπὶ δὲ τῶν πλουσίων τε καὶ
εὐδαιμόνων δοκούντων εἶναι οὐκ αἰσθανόμεθα. Πῶς; ἔφη.
D XV. Τέκτων μέν, ἦν δ' ἐγώ, κάμνων ἀξιοῖ παρὰ
τοῦ ἰατροῦ φάρμακον πιὼν ἐξεμέσαι τὸ νόσημα, ἢ κάτω

καθαρθεὶς ἢ καύσει ἢ τομῇ χρησάμενος ἀπηλλάχθαι· ἐὰν δέ
τις αὐτῷ μακρὰν¹ δίαιταν προστάττῃ, πιλίδιά τε περὶ τὴν
κεφαλὴν περιτιθεὶς καὶ τὰ τούτοις ἑπόμενα, ταχὺ εἶπεν,
ὅτι οὐ σχολὴ κάμνειν, οὐδὲ λυσιτελεῖ οὕτω ζῆν, νοσήματι
τὸν νοῦν προσέχοντα, τῆς δὲ προκειμένης ἐργασίας ἀμε-
λοῦντα. καὶ μετὰ ταῦτα χαίρειν εἰπὼν τῷ τοιούτῳ ἰατρῷ,
εἰς τὴν εἰωθυῖαν δίαιταν ἐμβάς, ὑγιὴς γενόμενος ζῇ τὰ Ε
ἑαυτοῦ πράττων· ἐὰν δὲ μὴ ἱκανὸν ᾖ τὸ σῶμα ὑπενεγκεῖν,
τελευτήσας πραγμάτων ἀπηλλάγη. Καὶ τῷ τοιούτῳ μέν
γ', ἔφη, δοκεῖ πρέπειν οὕτω ἰατρικῇ χρῆσθαι. Ἄρα, ἦν
δ' ἐγώ, ὅτι ἦν τι αὐτῷ ἔργον, | ὃ εἰ μὴ πράττοι, οὐκ 407
ἐλυσιτέλει ζῆν; Δῆλον, ἔφη. Ὁ δὲ δὴ πλούσιος, ὥς
φαμεν, οὐδὲν ἔχει τοιοῦτον ἔργον προκείμενον, οὗ ἀναγ-
καζομένῳ ἀπέχεσθαι ἀβίωτον. Οὔκουν δὴ λέγεταί γε.
Φωκυλίδου γάρ, ἦν δ' ἐγώ, οὐκ ἀκούεις, πῶς φησὶ δεῖν,
ὅταν τῳ ἤδη βίος ᾖ, ἀρετὴν ἀσκεῖν; Οἶμαι δέ γε, ἔφη, καὶ
πρότερον. Μηδέν, εἶπον, περὶ τούτου αὐτῷ μαχώμεθα,
ἀλλ' ἡμᾶς αὐτοὺς διδάξωμεν, πότερον μελετητέον τοῦτο
τῷ πλουσίῳ καὶ ἀβίωτον τῷ μὴ μελετῶντι, ἢ² νοσοτροφία Β
τεκτονικῇ μὲν καὶ ταῖς ἄλλαις τέχναις ἐμπόδιον τῇ
προσέξει τοῦ νοῦ, τὸ δὲ Φωκυλίδου παρακέλευμα οὐδὲν
ἐμποδίζει. Ναὶ μὰ τὸν Δία, ἦ δ' ὅς, σχεδόν γέ τι πάντων
μάλιστα ἥ γε περαιτέρω γυμναστικ<ή>, ἧς³ ἡ περιττὴ
αὕτη ἐπιμέλεια τοῦ σώματος· καὶ γὰρ πρὸς οἰκονομίας καὶ
πρὸς στρατείας καὶ πρὸς ἑδραίους ἐν πόλει ἀρχὰς δύσ-
κολος. τὸ δὲ δὴ μέγιστον, ὅτι καὶ πρὸς μαθήσεις ἁστιν-
ασοῦν καὶ ἐννοήσεις τε καὶ μελέτας πρὸς ἑαυτὸν χαλεπή, C
κεφαλῆς τινὰς⁴ αἰεὶ διατάσεις⁵ καὶ ἰλίγγους ὑποπτεύουσα
καὶ αἰτιωμένη ἐκ φιλοσοφίας ἐγγίγνεσθαι, ὥστε, ὅπῃ αὕτη⁶,
ἀρετῇ ἀσκεῖσθαι καὶ δοκιμάζεσθαι⁷ πάντῃ ἐμπόδιος·

¹ μακρὰν Ξ: μικρὰν Α.	² ᾖ Π: ἢ Α.	³ γυμναστικ<ή>, ἧς nos:
γυμναστικῆς codd.	⁴ τινὰς Ξ q: τινος (sic) Α.	⁵ διατάσεις v: διαστάσεις
Α.	⁶ αὕτη Ξ: ταύτῃ Α.	⁷ ἀσκεῖσθαι καὶ δοκιμάζεσθαι Ξ: ἀσκεῖται
καὶ δοκιμάζεται Α.

κάμνειν γὰρ οἴεσθαι ποιεῖ ἀεὶ καὶ ὠδίνοντα μήποτε λή-
γειν περὶ τοῦ σώματος. Εἰκός γε, ἔφην[1]. οὐκοῦν ταῦτα
γιγνώσκοντα φῶμεν καὶ Ἀσκληπιὸν τοὺς μὲν φύσει τε
καὶ διαίτῃ ὑγιεινῶς ἔχοντας τὰ σώματα, νόσημα δέ τι

D ἀποκεκριμένον ἴσχοντας ἐν αὐτοῖς, τούτοις μὲν καὶ ταύτῃ
τῇ ἕξει καταδεῖξαι ἰατρικήν, φαρμάκοις τε καὶ τομαῖς τὰ
νοσήματα ἐκβάλλοντα αὐτῶν τὴν εἰωθυῖαν προστάττειν
δίαιταν ἵνα μὴ τὰ πολιτικὰ βλάπτοι, τὰ δ' εἴσω διὰ
παντὸς νενοσηκότα σώματα οὐκ ἐπιχειρεῖν διαίταις κατὰ
σμικρὸν ἀπαντλοῦντα καὶ ἐπιχέοντα μακρὸν καὶ κακὸν
βίον ἀνθρώπῳ ποιεῖν, καὶ ἔκγονα αὐτῶν, ὡς τὸ εἰκός, ἕτερα

E τοιαῦτα φυτεύειν, ἀλλὰ τὸν μὴ δυνάμενον ἐν τῇ καθεστη-
κυίᾳ περιόδῳ ζῆν μὴ οἴεσθαι δεῖν θεραπεύειν, ὡς οὔτε
αὑτῷ οὔτε πόλει λυσιτελῆ; Πολιτικόν, ἔφη, λέγεις
Ἀσκληπιόν. Δῆλον, ἦν δ' ἐγώ, ὅτι τοιοῦτος ἦν[2]· καὶ οἱ
παῖδες αὐτοῦ οὐχ ὁρᾷς ὡς καὶ ἐν Τροίᾳ ἀγαθοὶ πρὸς τὸν

408 πό|λεμον ἐφάνησαν, καὶ τῇ ἰατρικῇ, ὡς ἐγὼ λέγω, ἐχρῶντο;
ἢ οὐ μέμνησαι, ὅτι καὶ τῷ Μενέλεῳ ἐκ τοῦ τραύματος, οὗ
ὁ Πάνδαρος ἔβαλεν,

αἷμ' ἐκμύζησάν τ'[3] ἐπί τ' ἤπια φάρμακ' ἔπασσον,

ὅ τι δ' ἐχρῆν μετὰ τοῦτο ἢ πιεῖν ἢ φαγεῖν οὐδὲν μᾶλλον
ἢ τῷ Εὐρυπύλῳ προσέταττον, ὡς ἱκανῶν ὄντων τῶν φαρ-
μάκων ἰάσασθαι ἄνδρας πρὸ τῶν τραυμάτων ὑγιεινούς

B τε καὶ κοσμίους ἐν διαίτῃ, κἂν εἰ τύχοιεν ἐν τῷ παραχρῆμα
κυκεῶνα πιόντες, νοσώδη δὲ φύσει τε καὶ ἀκόλαστον οὔτε
αὐτοῖς οὔτε τοῖς ἄλλοις ᾤοντο λυσιτελεῖν ζῆν, οὐδ' ἐπὶ
τούτοις τὴν τέχνην δεῖν εἶναι, οὐδὲ θεραπευτέον αὐτούς,
οὐδ' εἰ Μίδου πλουσιώτεροι εἶεν. Πάνυ κομψούς, ἔφη,
λέγεις Ἀσκληπιοῦ παῖδας.

XVI. Πρέπει, ἦν δ' ἐγώ. καίτοι ἀπειθοῦντές γε

---

[1] ἔφην nos: ἔφη A.   [2] ὅτι—ἦν, quae ante οὐχ ὁρᾷς ponunt codd., e
Schneideri coniectura huc transtulimus.   [3] ἐκμύζησάν τ' nos: ἐκμυζήσαντ'
codd. Cf. Il. IV 218.

ἡμῖν οἱ τραγῳδοποιοί τε καὶ Πίνδαρος Ἀπόλλωνος μέν
φασιν Ἀσκληπιὸν εἶναι, ὑπὸ δὲ χρυσοῦ πεισθῆναι πλού- C
σιον ἄνδρα θανάσιμον ἤδη ὄντα ἰάσασθαι, ὅθεν δὴ καὶ
κεραυνωθῆναι αὐτόν. ἡμεῖς δὲ κατὰ τὰ προειρημένα οὐ
πειθόμεθα αὐτοῖς ἀμφότερα, ἀλλ᾽ εἰ μὲν θεοῦ ἦν, οὐκ ἦν,
φήσομεν, αἰσχροκερδής, εἰ δὲ αἰσχροκερδής, οὐκ ἦν θεοῦ.
Ὀρθότατα, ἦ δ᾽ ὅς, ταῦτά γε. ἀλλὰ περὶ τοῦδε τί λέγεις,
ὦ Σώκρατες; ἆρ᾽ οὐκ ἀγαθοὺς δεῖ ἐν τῇ πόλει κεκτῆσθαι
ἰατρούς; εἶεν δ᾽ ἄν που μάλιστα τοιοῦτοι ὅσοι πλείστους
μὲν ὑγιεινούς, πλείστους δὲ νοσώδεις μετεχειρίσαντο, καὶ D
δικασταὶ αὖ ὡσαύτως οἱ παντοδαπαῖς φύσεσιν ὡμιληκότες.
Καὶ μάλα, εἶπον, ἀγαθοὺς λέγω. ἀλλ᾽ οἶσθα οὓς ἡγοῦμαι
τοιούτους; Ἂν εἴπῃς, ἔφη. Ἀλλὰ πειράσομαι, ἦν δ᾽ ἐγώ.
σὺ μέντοι οὐχ ὅμοιον πρᾶγμα τῷ αὐτῷ λόγῳ ἤρου. Πῶς;
ἔφη. Ἰατροὶ μέν, εἶπον, δεινότατοι ἂν γένοιντο, εἰ ἐκ
παίδων ἀρξάμενοι πρὸς τῷ μανθάνειν τὴν τέχνην ὡς
πλείστοις τε καὶ πονηροτάτοις σώμασιν ὁμιλήσειαν καὶ Ε
αὐτοὶ πάσας νόσους κάμοιεν καὶ εἶεν μὴ πάνυ ὑγιεινοὶ
φύσει. οὐ γάρ, οἶμαι, σώματι σῶμα θεραπεύουσιν· οὐ
γὰρ ἂν αὐτὰ ἐνεχώρει κακὰ εἶναί ποτε καὶ γενέσθαι· ἀλλὰ
ψυχῇ σῶμα, ᾗ¹ οὐκ ἐγχωρεῖ κακὴν γενομένην τε καὶ οὖσαν
εὖ τι θεραπεύειν. Ὀρθῶς, ἔφη. Δικαστὴς δέ γε, ὦ φίλε,
ψυχῇ ψυχῆς ἄρχει, ᾗ² | οὐκ ἐγχωρεῖ ἐκ νέας ἐν πονηραῖς 409
ψυχαῖς τεθράφθαι τε καὶ ὡμιληκέναι καὶ πάντα ἀδικήματα
αὐτὴν ἠδικηκυῖαν διεξεληλυθέναι, ὥστε ὀξέως ἀφ᾽ αὑτῆς
τεκμαίρεσθαι τὰ τῶν ἄλλων ἀδικήματα, οἷον κατὰ σῶμα
νόσους· ἀλλ᾽ ἄπειρον αὐτὴν καὶ ἀκέραιον δεῖ κακῶν ἠθῶν
νέαν οὖσαν γεγονέναι, εἰ μέλλει καλὴ κἀγαθὴ οὖσα κρίνειν
ὑγιῶς τὰ δίκαια. διὸ δὴ καὶ εὐήθεις νέοι ὄντες οἱ ἐπιεικεῖς
φαίνονται καὶ εὐεξαπάτητοι ὑπὸ τῶν ἀδίκων, ἅτε οὐκ
ἔχοντες ἐν ἑαυτοῖς παραδείγματα ὁμοιοπαθῆ τοῖς πονηροῖς. Β
Καὶ μὲν δή, ἔφη, σφόδρα γε αὐτὸ πάσχουσι. Τοιγάρτοι,

¹ ᾗ Π: ἢ Α.   ² ᾗ Π: ῃ Α¹: ἢ Α².

ἦν δ' ἐγώ, οὐ νέον ἀλλὰ γέροντα δεῖ τὸν ἀγαθὸν δικαστὴν
εἶναι, ὀψιμαθῆ γεγονότα τῆς ἀδικίας οἷόν ἐστιν, οὐκ
οἰκείαν ἐν τῇ αὑτοῦ ψυχῇ ἐνοῦσαν ᾐσθημένον, ἀλλ'
ἀλλοτρίαν ἐν ἀλλοτρίαις μεμελετηκότα ἐν πολλῷ χρόνῳ
C διαισθάνεσθαι, οἷον πέφυκε κακόν, ἐπιστήμῃ, οὐκ ἐμπειρίᾳ
οἰκείᾳ κεχρημένον. Γενναιότατος γοῦν, ἔφη, ἔοικεν εἶναι ὁ
τοιοῦτος δικαστής. Καὶ ἀγαθός γε, ἦν δ' ἐγώ, ὃ σὺ
ἠρώτας· ὁ γὰρ ἔχων ψυχὴν ἀγαθὴν ἀγαθός· ὁ δὲ δεινὸς
ἐκεῖνος καὶ καχύποπτος, ὁ πολλὰ αὐτὸς ἠδικηκὼς καὶ
πανοῦργός τε καὶ σοφὸς οἰόμενος εἶναι, ὅταν μὲν ὁμοίοις
ὁμιλῇ, δεινὸς φαίνεται ἐξευλαβούμενος, πρὸς τὰ ἐν αὑτῷ
παραδείγματα ἀποσκοπῶν· ὅταν δὲ ἀγαθοῖς καὶ πρεσβυ-
D τέροις ἤδη πλησιάσῃ, ἀβέλτερος αὖ φαίνεται, ἀπιστῶν
παρὰ καιρὸν καὶ ἀγνοῶν ὑγιὲς ἦθος, ἅτε οὐκ ἔχων παρά-
δειγμα τοῦ τοιούτου. πλεονάκις δὲ πονηροῖς ἢ χρηστοῖς
ἐντυγχάνων σοφώτερος ἢ ἀμαθέστερος δοκεῖ εἶναι αὑτῷ τε
καὶ ἄλλοις. Παντάπασι μὲν οὖν, ἔφη, ἀληθῆ.

XVII. Οὐ τοίνυν, ἦν δ' ἐγώ, τοιοῦτον χρὴ τὸν δικα-
στὴν ζητεῖν τὸν ἀγαθόν τε καὶ σοφόν, ἀλλὰ τὸν πρότερον.
πονηρία μὲν γὰρ ἀρετήν τε καὶ αὐτὴν οὔποτ' ἂν γνοίη,
E ἀρετὴ δὲ φύσεως παιδευομένη¹ χρόνῳ ἅμα αὑτῆς τε καὶ
πονηρίας ἐπιστήμην λήψεται. σοφὸς οὖν οὗτος, ὥς μοι
δοκεῖ, ἀλλ' οὐχ ὁ κακὸς γίγνεται. Καὶ ἐμοί, ἔφη, ξυνδοκεῖ.
Οὐκοῦν καὶ ἰατρικὴν οἵαν εἴπομεν μετὰ τῆς τοιαύτης
δικαστικῆς κατὰ πόλιν νομοθετήσεις, αἳ τῶν πολιτῶν σοι
410 τοὺς μὲν εὐφυεῖς τὰ σώματα καὶ | τὰς ψυχὰς θεραπεύσουσι,
τοὺς δὲ μή, ὅσοι μὲν κατὰ σῶμα τοιοῦτοι, ἀποθνήσκειν
ἐάσουσιν, τοὺς δὲ κατὰ τὴν ψυχὴν κακοφυεῖς καὶ ἀνιάτους
αὐτοὶ ἀποκτενοῦσιν; Τὸ γοῦν ἄριστον, ἔφη, αὐτοῖς τε τοῖς
πάσχουσιν καὶ τῇ πόλει οὕτω πέφανται. Οἱ δὲ δὴ νέοι,
ἦν δ' ἐγώ, δῆλον ὅτι εὐλαβήσονταί σοι δικαστικῆς εἰς
χρείαν ἰέναι, τῇ ἁπλῇ ἐκείνῃ μουσικῇ χρώμενοι, ἣν δὴ

¹ παιδευομένη H. Richards: παιδευομένης codd.

ἔφαμεν σωφροσύνην ἐντίκτειν. Τί μήν; ἔφη. Ἀρ' οὖν
οὐ κατὰ ταὐτὰ ἴχνη ταῦτα ὁ μουσικὸς γυμναστικὴν Β
διώκων, ἐὰν ἐθέλῃ, αἱρήσει, ὥστε μηδὲν ἰατρικῆς δεῖσθαι
ὅ τι μὴ ἀνάγκη; Ἔμοιγε δοκεῖ. Αὐτὰ μὴν τὰ γυμνάσια
καὶ τοὺς πόνους πρὸς τὸ θυμοειδὲς τῆς φύσεως βλέπων
κἀκεῖνο ἐγείρων πονήσει μᾶλλον ἢ πρὸς ἰσχύν, οὐχ ὥσπερ
οἱ ἄλλοι ἀθληταὶ ῥώμης ἕνεκα σιτία καὶ πόνους μετα-
χειρίζονται[1]. Ὀρθότατα, ἦ δ' ὅς. Ἀρ' οὖν, ἦν δ' ἐγώ, ὦ
Γλαύκων, καὶ οἱ καθιστάντες μουσικῇ καὶ γυμναστικῇ C
παιδεύειν οὐχ οὗ ἕνεκά τινες οἴονται καθιστᾶσιν[2], ἵνα τῇ
μὲν τὸ σῶμα θεραπεύοιντο, τῇ δὲ τὴν ψυχήν; Ἀλλὰ τί
μήν; ἔφη. Κινδυνεύουσιν, ἦν δ' ἐγώ, ἀμφότερα τῆς ψυχῆς
ἕνεκα τὸ μέγιστον καθιστάναι. Πῶς δή; Οὐκ ἐννοεῖς,
εἶπον, ὡς διατίθενται αὐτὴν τὴν διάνοιαν οἳ ἂν γυμναστικῇ
μὲν διὰ βίου ὁμιλήσωσιν, μουσικῆς δὲ μὴ ἅψωνται; ἢ
ὅσοι ἂν τοὐναντίον διατεθῶσιν; Τίνος δέ, ἦ δ' ὅς, πέρι
λέγεις; Ἀγριότητός τε καὶ σκληρότητος, καὶ αὖ μαλακίας D
τε καὶ ἡμερότητος, ἦν δ' ἐγώ. Ἔγωγε, ἔφη, ὅτι οἱ μὲν
γυμναστικῇ ἀκράτῳ χρησάμενοι ἀγριώτεροι τοῦ δέοντος
ἀποβαίνουσιν, οἱ δὲ μουσικῇ μαλακώτεροι αὖ γίγνονται ἢ
ὡς κάλλιον αὐτοῖς. Καὶ μήν, ἦν δ' ἐγώ, τό γε ἄγριον τὸ
θυμοειδὲς ἂν τῆς φύσεως παρέχοιτο, καὶ ὀρθῶς μὲν τραφὲν
ἀνδρεῖον ἂν εἴη, μᾶλλον δ' ἐπιταθὲν τοῦ δέοντος σκληρόν
τε καὶ χαλεπὸν γίγνοιτ' ἄν, ὡς τὸ εἰκός. Δοκεῖ μοι, ἔφη.
Τί δέ; τὸ ἥμερον οὐχ ἡ φιλόσοφος ἂν ἔχοι φύσις; καὶ E
μᾶλλον μὲν ἀνεθέντος αὐτοῦ μαλακώτερον εἴη τοῦ δέοντος,
καλῶς δὲ τραφέντος ἥμερόν τε καὶ κόσμιον; Ἔστι ταῦτα.
Δεῖν δέ γέ φαμεν τοὺς φύλακας ἀμφοτέρα[3] ἔχειν τούτω τὼ
φύσει. Δεῖ γάρ. Οὐκοῦν ἡρμόσθαι δεῖ αὐτὰς πρὸς
ἀλλήλας; Πῶς δ' οὔ; Καὶ τοῦ μὲν ἡρμοσμένου σώφρων

---

[1] μεταχειρίζονται Galenus: μεταχειριεῖται codd.   [2] καθιστᾶσιν codd.:
καθίστασαν Madvig.   [3] ἀμφοτέρα Schneider: ἀμφότερα codd.

411 τε καὶ ἀνδρεία ἡ | ψυχή; Πάνυ γε. Τοῦ δὲ ἀναρμόστου δειλὴ καὶ ἄγροικος; Καὶ μάλα.

XVIII. Οὐκοῦν ὅταν μέν τις μουσικῇ παρέχῃ καταυλεῖν καὶ καταχεῖν τῆς ψυχῆς διὰ τῶν ὤτων ὥσπερ διὰ χώνης ἃς νῦν δὴ ἡμεῖς ἐλέγομεν τὰς γλυκείας τε καὶ μαλακὰς καὶ θρηνώδεις ἁρμονίας, καὶ μινυρίζων τε καὶ γεγανωμένος ὑπὸ τῆς ᾠδῆς διατελῇ τὸν βίον ὅλον, οὗτος

B τὸ μὲν πρῶτον, εἴ τι θυμοειδὲς εἶχεν, ὥσπερ σίδηρον ἐμάλαξεν καὶ χρήσιμον ἐξ ἀχρήστου καὶ σκληροῦ ἐποίησεν· ὅταν δ᾽ ἐπιχέων[1] μὴ ἀνιῇ ἀλλὰ κηλῇ, τὸ μετὰ τοῦτο ἤδη τήκει καὶ λείβει, ἕως ἂν ἐκτήξῃ τὸν θυμὸν καὶ ἐκτέμῃ ὥσπερ νεῦρα ἐκ τῆς ψυχῆς καὶ ποιήσῃ μαλθακὸν αἰχμητήν. Πάνυ μὲν οὖν, ἔφη. Καὶ ἐὰν μέν γε, ἦν δ᾽ ἐγώ, ἐξ ἀρχῆς φύσει ἄθυμον λάβῃ, ταχὺ τοῦτο διεπράξατο· ἐὰν δὲ θυμοειδῆ, ἀσθενῆ ποιήσας τὸν θυμὸν ὀξύρροπον

C ἀπειργάσατο, ἀπὸ σμικρῶν ταχὺ ἐρεθιζόμενόν τε καὶ κατασβεννύμενον. ἀκρόχολοι οὖν καὶ ὀργίλοι ἀντὶ θυμοειδοῦς γεγένηνται, δυσκολίας ἔμπλεοι. Κομιδῇ μὲν οὖν. Τί δέ; ἂν αὖ γυμναστικῇ πολλὰ πονῇ καὶ εὐωχῆται εὖ μάλα, μουσικῆς δὲ καὶ φιλοσοφίας μὴ ἅπτηται, οὐ πρῶτον μὲν εὖ ἴσχων τὸ σῶμα φρονήματός τε καὶ θυμοῦ ἐμπίμπλαται καὶ ἀνδρειότερος γίγνεται αὐτὸς αὑτοῦ; Καὶ μάλα γε. Τί δέ; ἐπειδὰν ἄλλο μηδὲν πράττῃ μηδὲ κοινωνῇ Μούσης μηδαμῇ, οὐκ εἴ τι καὶ ἐνῆν αὐτοῦ

D φιλομαθὲς ἐν τῇ ψυχῇ, ἅτε οὔτε μαθήματος γευόμενον[2] οὐδενὸς οὔτε ζητήματος, οὔτε λόγου μετίσχον οὔτε τῆς ἄλλης μουσικῆς, ἀσθενές τε καὶ κωφὸν καὶ τυφλὸν γίγνεται, ἅτε οὐκ ἐγειρόμενον οὐδὲ τρεφόμενον οὐδὲ διακαθαιρομένων τῶν αἰσθήσεων αὐτοῦ; Οὕτως, ἔφη. Μισόλογος δή, οἶμαι, ὁ τοιοῦτος γίγνεται καὶ ἄμουσος, καὶ πειθοῖ μὲν διὰ λόγων οὐδὲν ἔτι χρῆται, βίᾳ δὲ καὶ

---

[1] ἐπιχέων Morgenstern : ἐπέχων codd.   [2] γευόμενον q : γενομένου A.

ἀγριότητι ὥσπερ θηρίον πρὸς <θηρίον>[1] πάντα δια- E
πράττεται, καὶ ἐν ἀμαθίᾳ καὶ σκαιότητι μετὰ ἀρρυθμίας
τε καὶ ἀχαριστίας ζῇ. Παντάπασιν, ἦ δ' ὅς, οὕτως ἔχει.
Ἐπὶ δὴ[2] δύ' ὄντε τούτω, ὡς ἔοικε, δύο τέχνα θεόν ἔγωγ' ἄν
τινα φαίην δεδωκέναι τοῖς ἀνθρώποις, μουσικήν τε καὶ
γυμναστικὴν ἐπὶ τὸ θυμοειδὲς καὶ τὸ φιλόσοφον, οὐκ ἐπὶ
ψυχὴν καὶ σῶμα, εἰ μὴ εἴη πάρεργον[3], ἀλλ' ἐπ' ἐκείνω,
ὅπως ἂν ἀλλήλοιν ξυναρμοσθῆτον | ἐπιτεινομένω καὶ ἀνιε- 412
μένω μέχρι τοῦ προσήκοντος. Καὶ γὰρ ἔοικεν, ἔφη. Τὸν
κάλλιστ' ἄρα μουσικῇ γυμναστικὴν κεραννύντα καὶ με-
τριώτατα[4] τῇ ψυχῇ προσφέροντα, τοῦτον ὀρθότατ' ἂν
φαῖμεν εἶναι τελέως μουσικώτατον καὶ εὐαρμοστότατον,
πολὺ μᾶλλον ἢ τὸν τὰς χορδὰς ἀλλήλαις ξυνιστάντα.
Εἰκότως γ', ἔφη, ὦ Σώκρατες. Οὐκοῦν καὶ ἐν τῇ πόλει
ἡμῖν, ὦ Γλαύκων, δεήσει τοῦ τοιούτου τινὸς ἀεὶ ἐπιστάτου,
εἰ μέλλει ἡ πολιτεία σῴζεσθαι; Δεήσει μέντοι, ὡς οἷόν τέ B
γε μάλιστα.

XIX. Οἱ μὲν δὴ τύποι τῆς παιδείας τε καὶ τροφῆς
οὗτοι ἂν εἶεν. χορείας γὰρ τί ἄν τις διεξίοι τῶν τοιούτων
καὶ θήρας τε καὶ κυνηγέσια καὶ γυμνικοὺς ἀγῶνας καὶ
ἱππικούς; σχεδὸν γάρ τι δῆλα δή, ὅτι τούτοις ἑπόμενα δεῖ
αὐτὰ εἶναι, καὶ οὐκέτι χαλεπὰ εὑρεῖν. Ἴσως, ἦ δ' ὅς, οὐ
χαλεπά. Εἶεν, ἦν δ' ἐγώ· τὸ δὴ μετὰ τοῦτο τί ἂν ἡμῖν
διαιρετέον εἴη; ἀρ' οὐκ αὐτῶν τούτων οἵτινες ἄρξουσί τε
καὶ ἄρξονται; Τί μήν; Ὅτι μὲν πρεσβυτέρους τοὺς C
ἄρχοντας δεῖ εἶναι, νεωτέρους δὲ τοὺς ἀρχομένους, δῆλον;
Δῆλον. Καὶ ὅτι γε τοὺς ἀρίστους αὐτῶν; Καὶ τοῦτο. Οἱ
δὲ γεωργῶν ἄριστοι ἀρ' οὐ γεωργικώτατοι γίγνονται;
Ναί. Νῦν δ', ἐπειδὴ φυλάκων αὐτοὺς ἀρίστους δεῖ εἶναι,
ἀρ' οὐ φυλακικωτάτους πόλεως; Ναί. Οὐκοῦν φρονίμους

---

[1] <θηρίον> nos: om. codd.   [2] ἐπὶ δὴ q: ἐπειδὴ Α.   [3] εἴη πάρεργον
Π² q: εἴπερ εργον (sic) Α¹: ᾗ πάρεργον Α².   [4] μετριώτατα Ξ q²:
μετριότατα Α.

τε εἰς τοῦτο δεῖ ὑπάρχειν καὶ δυνατοὺς καὶ ἔτι κηδεμόιας
D τῆς πόλεως; Ἔστι ταῦτα. Κήδοιτο δέ γ' ἄν τις μάλιστα
τούτου ὃ τυγχάνοι φιλῶν. Ἀνάγκη. Καὶ μὴν τοῦτό γ'
ἂν μάλιστα φιλοῖ, ᾧ ξυμφέρειν ἡγοῖτο τὰ αὐτὰ καὶ ἑαυτῷ
καὶ[1] ἐκείνου μὲν εὖ πράττοντος οἴοιτο ξυμβαίνειν καὶ
ἑαυτῷ εὖ πράττειν, μὴ δέ, τοὐναντίον. Οὕτως, ἔφη.
Ἐκλεκτέον ἄρ' ἐκ τῶν ἄλλων φυλάκων τοιούτους ἄνδρας,
οἳ ἂν σκοπῶσιν ἡμῖν μάλιστα φαίνωνται παρὰ πάντα τὸν
E βίον, ὃ μὲν ἂν τῇ πόλει ἡγήσωνται ξυμφέρειν, πάσῃ
προθυμίᾳ ποιεῖν, ὃ δ' ἂν μή, μηδενὶ τρόπῳ πρᾶξαι ἂν
ἐθέλειν. Ἐπιτήδειοι γάρ, ἔφη. Δοκεῖ δή μοι τηρητέον
αὐτοὺς εἶναι ἐν ἁπάσαις ταῖς ἡλικίαις, εἰ φυλακικοί εἰσι
τούτου τοῦ δόγματος καὶ μήτε γοητευόμενοι μήτε βια-
ζόμενοι ἐκβάλλουσιν ἐπιλανθανόμενοι δόξαν τὴν τοῦ ποιεῖν
δεῖν ἃ τῇ πόλει βέλτιστα. Τίνα, ἔφη, λέγεις τὴν ἐκβολήν;
Ἐγώ σοι, ἔφην, ἐρῶ. φαίνεταί μοι δόξα ἐξιέναι ἐκ
413 διανοίας ἢ ἑκουσίως ἢ ἀκουσίως, ἑκουσίως μὲν ἡ ψευ|δὴς
τοῦ μεταμανθάνοντος, ἀκουσίως δὲ πᾶσα ἡ ἀληθής. Τὸ
μὲν τῆς ἑκουσίου, ἔφη, μανθάνω, τὸ δὲ τῆς ἀκουσίου δέομαι
μαθεῖν. Τί δαί; οὐ καὶ σὺ ἡγεῖ, ἔφην ἐγώ, τῶν μὲν
ἀγαθῶν ἀκουσίως στέρεσθαι τοὺς ἀνθρώπους, τῶν δὲ
κακῶν ἑκουσίως; ἢ οὐ τὸ μὲν ἐψεῦσθαι τῆς ἀληθείας
κακόν, τὸ δὲ ἀληθεύειν ἀγαθόν; ἢ οὐ τὸ τὰ ὄντα δοξάζειν
ἀληθεύειν δοκεῖ σοι εἶναι; Ἀλλ', ἦ δ' ὅς, ὀρθῶς λέγεις,
καί μοι δοκοῦσιν ἄκοντες ἀληθοῦς δόξης στερίσκεσθαι.
B Οὐκοῦν κλαπέντες ἢ γοητευθέντες ἢ βιασθέντες τοῦτο
πάσχουσιν; Οὐδὲ νῦν, ἔφη, μανθάνω. Τραγικῶς, ἦν δ'
ἐγώ, κινδυνεύω λέγειν. κλαπέντας μὲν γὰρ τοὺς μετα-
πεισθέντας λέγω καὶ τοὺς ἐπιλανθανομένους, ὅτι τῶν μὲν
χρόνος, τῶν δὲ λόγος ἐξαιρούμενος λανθάνει. νῦν γάρ
που μανθάνεις; Ναί. Τοὺς τοίνυν βιασθέντας λέγω οὓς
ἂν ὀδύνη τις ἢ ἀλγηδὼν μεταδοξάσαι ποιήσῃ. Καὶ τοῦτ',

[1] καὶ Hermann: καὶ ὅταν μάλιστα codd.

ἔφη, ἔμαθον, καὶ ὀρθῶς λέγεις. Τοὺς μὲν γοητευθέντας, C
ὡς ἐγῷμαι, κἂν σὺ φαίης εἶναι οἳ ἂν μεταδοξάσωσιν ἢ ὑφ'
ἡδονῆς κηληθέντες ἢ ὑπὸ φόβου τι δείσαντες. Ἔοικε γάρ,
ἦ δ' ὅς, γοητεύειν πάντα ὅσα ἀπατᾷ.

XX. Ὃ τοίνυν ἄρτι ἔλεγον, ζητητέον, τίνες ἄριστοι
φύλακες τοῦ παρ' αὑτοῖς δόγματος, τοῦτο ὡς ποιητέον,
ὃ ἂν τῇ πόλει ἀεὶ δοκῶσι βέλτιστον εἶναι[1]. τηρητέον
δὴ εὐθὺς ἐκ παίδων, προθεμένοις ἔργα, ἐν οἷς ἄν
τις τὸ τοιοῦτον μάλιστα ἐπιλανθάνοιτο καὶ ἐξαπατῷτο,
καὶ τὸν μὲν μνήμονα καὶ δυσεξαπάτητον ἐγκριτέον, τὸν δὲ D
μὴ ἀποκριτέον. ἦ γάρ; Ναί. Καὶ πόνους γε αὖ καὶ
ἀλγηδόνας καὶ ἀγῶνας αὐτοῖς θετέον, ἐν οἷς ταὐτὰ ταῦτα
τηρητέον. Ὀρθῶς, ἔφη. Οὐκοῦν, ἦν δ' ἐγώ, καὶ τρίτου
εἴδους τοῦ τῆς[2] γοητείας ἅμιλλαν ποιητέον, καὶ θεατέον—
ὥσπερ τοὺς πώλους ἐπὶ τοὺς ψόφους τε καὶ θορύβους
ἄγοντες σκοποῦσιν εἰ φοβεροί, οὕτω νέους ὄντας εἰς
δείματ' ἄττα κομιστέον καὶ εἰς ἡδονὰς αὖ μεταβλητέον, E
βασανίζοντας πολὺ μᾶλλον ἢ χρυσὸν ἐν πυρί,—εἰ δυσγοή-
τευτος καὶ εὐσχήμων ἐν πᾶσι φαίνεται, φύλαξ αὑτοῦ ὢν
ἀγαθὸς καὶ μουσικῆς ἧς ἐμάνθανεν, εὔρυθμόν τε καὶ
εὐάρμοστον ἑαυτὸν ἐν πᾶσι τούτοις παρέχων, οἷος δὴ ἂν
ὢν καὶ ἑαυτῷ καὶ πόλει χρησιμώτατος εἴη. καὶ τὸν ἀεὶ
ἔν τε παισὶ καὶ νεανίσκοις καὶ ἐν ἀνδράσι βασανιζόμενον
καὶ ἀκήρατον ἐκβαίνοντα | καταστατέον ἄρχοντα τῆς πόλεως 414
καὶ φύλακα, καὶ τιμὰς δοτέον καὶ ζῶντι καὶ τελευτήσαντι,
τάφων τε καὶ τῶν ἄλλων μνημείων μέγιστα γέρα λαγ-
χάνοντα· τὸν δὲ μὴ τοιοῦτον ἀποκριτέον. τοιαύτη τις,
ἦν δ' ἐγώ, δοκεῖ μοι, ὦ Γλαύκων, ἡ ἐκλογὴ εἶναι καὶ
κατάστασις τῶν ἀρχόντων τε καὶ φυλάκων, ὡς ἐν τύπῳ,
μὴ δι' ἀκριβείας, εἰρῆσθαι. Καὶ ἐμοί, ἦ δ' ὅς, οὕτως πῃ
φαίνεται. Ἆρ' οὖν ὡς ἀληθῶς ὀρθότατον καλεῖν τούτους B
μὲν φύλακας παντελεῖς τῶν τε ἔξωθεν πολεμίων τῶν τε

---

[1] εἶναι Ξ: εἶναι αὐτοῖς ποιεῖν A.   [2] τοῦ τῆς Ξ: τούτοις A.

ἐντὸς φιλίων, ὅπως οἱ μὲν μὴ βουλήσονται, οἱ δὲ μὴ
δυνήσονται κακουργεῖν, τοὺς δὲ νέους, οὓς νῦν δὴ[1] φύλακας
ἐκαλοῦμεν, ἐπικούρους τε καὶ βοηθοὺς τοῖς τῶν ἀρχόντων
δόγμασιν; Ἔμοιγε δοκεῖ, ἔφη.

XXI. Τίς ἂν οὖν ἡμῖν, ἦν δ' ἐγώ, μηχανὴ γένοιτο τῶν
ψευδῶν τῶν ἐν δέοντι γιγνομένων, ὧν νῦν δὴ[2] ἐλέγομεν,
C γενναῖόν τι ἓν ψευδομένους πεῖσαι μάλιστα μὲν καὶ αὐτοὺς
τοὺς ἄρχοντας, εἰ δὲ μή, τὴν ἄλλην πόλιν; Ποῖόν τι;
ἔφη. Μηδὲν καινόν, ἦν δ' ἐγώ, ἀλλὰ Φοινικικόν τι,
πρότερον μὲν ἤδη πολλαχοῦ γεγονός, ὥς φασιν οἱ ποιηταὶ
καὶ πεπείκασιν, ἐφ' ἡμῶν δὲ οὐ γεγονὸς οὐδ' οἶδα εἰ
γενόμενον ἄν, πεῖσαι δὲ συχνῆς πειθοῦς. Ὡς ἔοικας, ἔφη,
ὀκνοῦντι λέγειν. Δόξω δέ σοι, ἦν δ' ἐγώ, καὶ μάλ' εἰκότως
ὀκνεῖν, ἐπειδὰν εἴπω. Λέγ', ἔφη, καὶ μὴ φοβοῦ. Λέγω
D δή· καίτοι οὐκ οἶδα ὁποίᾳ τόλμῃ ἢ ποίοις λόγοις χρώμενος
ἐρῶ· καὶ ἐπιχειρήσω πρῶτον μὲν αὐτοὺς τοὺς ἄρχοντας
πείθειν καὶ τοὺς στρατιώτας, ἔπειτα δὲ καὶ τὴν ἄλλην
πόλιν, ὡς ἄρ' ἃ ἡμεῖς αὐτοὺς ἐτρέφομέν τε καὶ ἐπαιδεύομεν,
ὥσπερ ὀνείρατα ἐδόκουν ταῦτα πάντα πάσχειν[3] τε καὶ
γίγνεσθαι περὶ αὐτούς, ἦσαν δὲ τότε τῇ ἀληθείᾳ ὑπὸ γῆς
ἐντὸς πλαττόμενοι καὶ τρεφόμενοι καὶ αὐτοὶ καὶ τὰ ὅπλα
E αὐτῶν καὶ ἡ ἄλλη σκευὴ δημιουργουμένη. ἐπειδὴ[4] δὲ
παντελῶς ἐξειργασμένοι ἦσαν, καὶ ἡ γῆ αὐτοὺς μήτηρ
οὖσα ἀνῆκεν, καὶ νῦν δεῖ[5] ὡς περὶ μητρὸς καὶ τροφοῦ τῆς
χώρας ἐν ᾗ εἰσὶ βουλεύεσθαί τε καὶ ἀμύνειν αὐτούς, ἐάν
τις ἐπ' αὐτὴν ἴῃ, καὶ ὑπὲρ τῶν ἄλλων πολιτῶν ὡς
ἀδελφῶν ὄντων καὶ γηγενῶν διανοεῖσθαι. Οὐκ ἐτός, ἔφη,
πάλαι ᾐσχύνου τὸ ψεῦδος λέγειν. Πάνυ, ἦν δ' ἐγώ,
415 | εἰκότως· ἀλλ' ὅμως ἄκουε καὶ τὸ λοιπὸν τοῦ μύθου. ἐστὲ
μὲν γὰρ δὴ πάντες οἱ ἐν τῇ πόλει ἀδελφοί, ὡς φήσομεν
πρὸς αὐτοὺς μυθολογοῦντες, ἀλλ' ὁ θεὸς πλάττων, ὅσοι

---

[1] νῦν δὴ Π: δὴ νῦν Α.   [2] νῦν δὴ v: δὴ νῦν Α.   [3] πάσχειν codd.:
an ὑπάρχειν?   [4] ἐπειδὴ codd.: an ἔτι. ἤδη?   [5] δεῖ q: δὴ Α.

μὲν ὑμῶν ἱκανοὶ ἄρχειν, χρυσὸν ἐν τῇ γενέσει συνέμειξεν
αὐτοῖς, διὸ τιμιώτατοί εἰσιν· ὅσοι δ' ἐπίκουροι, ἄργυρον·
σίδηρον δὲ καὶ χαλκὸν τοῖς τε γεωργοῖς καὶ τοῖς ἄλλοις
δημιουργοῖς. ἅτε οὖν ξυγγενεῖς ὄντες πάντες τὸ μὲν πολὺ
ὁμοίους ἂν ὑμῖν αὐτοῖς γεννῷτε, ἔστι δ' ὅτε ἐκ χρυσοῦ Β
γεννηθείη ἂν ἀργυροῦν καὶ ἐξ ἀργύρου χρυσοῦν ἔκγονον
καὶ τἆλλα πάντα οὕτως ἐξ ἀλλήλων. τοῖς οὖν ἄρχουσι
καὶ πρῶτον καὶ μάλιστα παραγγέλλει ὁ θεός, ὅπως μη-
δενὸς οὕτω φύλακες ἀγαθοὶ ἔσονται μηδ' οὕτω σφόδρα
φυλάξουσι μηδὲν ὡς τοὺς ἐκγόνους, ὅ τι αὐτοῖς τούτων ἐν
ταῖς ψυχαῖς παραμέμικται, καὶ ἐάν τε σφέτερος ἔκγονος
ὑπόχαλκος ἢ ὑποσίδηρος γένηται, μηδενὶ τρόπῳ κατελεή- C
σουσιν, ἀλλὰ τὴν τῇ φύσει προσήκουσαν τιμὴν ἀποδόντες
ὤσουσιν εἰς δημιουργοὺς ἢ εἰς γεωργούς, καὶ ἂν αὖ ἐκ
τούτων τις ὑπόχρυσος ἢ ὑπάργυρος φυῇ, τιμήσαντες
ἀνάξουσι τοὺς μὲν εἰς φυλακήν, τοὺς δὲ εἰς ἐπικουρίαν, ὡς
χρησμοῦ ὄντος τότε τὴν πόλιν διαφθαρῆναι, ὅταν αὐτὴν ὁ
σίδηρος ἢ ὁ χαλκὸς¹ φυλάξῃ. τοῦτον οὖν τὸν μῦθον ὅπως
ἂν πεισθεῖεν, ἔχεις τινὰ μηχανήν; Οὐδαμῶς, ἔφη, ὅπως γ'
ἂν αὐτοὶ οὗτοι· ὅπως μέντ' ἂν οἱ τούτων υἱεῖς καὶ οἱ D
ἔπειτα οἵ τ' ἄλλοι ἄνθρωποι οἱ ὕστερον. Ἀλλὰ καὶ τοῦτο,
ἦν δ' ἐγώ, εὖ ἂν ἔχοι πρὸς τὸ μᾶλλον αὐτοὺς τῆς πόλεώς
τε καὶ ἀλλήλων κήδεσθαι· σχεδὸν γάρ τι μανθάνω ὃ λέγεις.

XXII. Καὶ τοῦτο μὲν δὴ ἕξει ὅπῃ ἂν αὐτὸ ἡ φήμη
ἀγάγῃ· ἡμεῖς δὲ τούτους τοὺς γηγενεῖς ὁπλίσαντες προά-
γωμεν ἡγουμένων τῶν ἀρχόντων. ἐλθόντες δὲ θεασάσθων
τῆς πόλεως ὅπου κάλλιστον στρατοπεδεύσασθαι, ὅθεν
τούς τε ἔνδον μάλιστ' ἂν κατέχοιεν, εἴ τις μὴ ἐθέλοι τοῖς Ε
νόμοις πείθεσθαι, τούς τε ἔξωθεν ἀπαμύνοιεν, εἰ πολέμιος
ὥσπερ λύκος ἐπὶ ποίμνην τις ἴοι, στρατοπεδευσάμενοι δέ,
θύσαντες οἷς χρή, εὐνὰς ποιησάσθων. ἦ πῶς; Οὕτως,

---

¹ ὁ σίδηρος ἢ ὁ χαλκὸς q: ὁ σίδηρος φύλαξ ἢ ὁ χαλκοῦς Α¹: ὁ σιδηροῦς
φύλαξ ἢ ὁ χαλκοῦς Α².

ἔφη. Οὐκοῦν τοιαύτας, οἵας χειμῶνός τε στέγειν καὶ
θέρους ἱκανὰς εἶναι; Πῶς γὰρ οὐχί; οἰκήσεις γάρ, ἔφη,
δοκεῖς μοι λέγειν. Ναί, ἦν δ' ἐγώ, στρατιωτικάς γε, ἀλλ'
416 οὐ χρηματιστικάς. | Πῶς, ἔφη, αὖ τοῦτο λέγεις διαφέρειν
ἐκείνου; Ἐγώ σοι, ἦν δ' ἐγώ, πειράσομαι εἰπεῖν. δεινό-
τατον γάρ που πάντων καὶ αἴσχιστον[1] ποιμέσι τοιούτους
γε καὶ οὕτω τρέφειν κύνας ἐπικούρους ποιμνίων, ὥστε
ὑπὸ ἀκολασίας ἢ λιμοῦ ἤ τινος ἄλλου κακοῦ ἔθους αὐτοὺς
τοὺς κύνας ἐπιχειρῆσαι τοῖς προβάτοις κακουργεῖν καὶ
ἀντὶ κυνῶν λύκοις ὁμοιωθῆναι. Δεινόν, ἦ δ' ὅς· πῶς δ'
B οὔ; Οὐκοῦν φυλακτέον παντὶ τρόπῳ, μὴ τοιοῦτον ἡμῖν
οἱ ἐπίκουροι ποιήσωσι πρὸς τοὺς πολίτας, ἐπειδὴ αὐτῶν
κρείττους εἰσίν, ἀντὶ ξυμμάχων εὐμενῶν δεσπόταις ἀγρίοις
ἀφομοιωθῶσιν; Φυλακτέον, ἔφη. Οὐκοῦν τὴν μεγίστην
τῆς εὐλαβείας παρεσκευασμένοι ἂν εἶεν, εἰ τῷ ὄντι καλῶς
πεπαιδευμένοι εἰσίν; Ἀλλὰ μὴν εἰσίν γ', ἔφη. καὶ ἐγὼ[2]
εἶπον, Τοῦτο μὲν οὐκ ἄξιον διισχυρίζεσθαι, ὦ φίλε
Γλαύκων· ὃ μέντοι ἄρτι ἐλέγομεν, ἄξιον, ὅτι δεῖ αὐτοὺς
C τῆς ὀρθῆς τυχεῖν παιδείας, ἥτις ποτέ ἐστιν, εἰ μέλλουσι
τὸ μέγιστον ἔχειν πρὸς τὸ ἥμεροι εἶναι αὐτοῖς τε καὶ τοῖς
φυλαττομένοις ὑπ' αὐτῶν. Καὶ ὀρθῶς γε, ἦ δ' ὅς. Πρὸς
τοίνυν τῇ παιδείᾳ ταύτῃ φαίη ἄν τις νοῦν ἔχων δεῖν καὶ
τὰς οἰκήσεις καὶ τὴν ἄλλην οὐσίαν τοιαύτην αὐτοῖς πα-
ρεσκευάσθαι[3], ἥτις μήτε τοὺς φύλακας ὡς ἀρίστους εἶναι
παύσοι αὐτούς, κακουργεῖν τε μὴ ἐπαροῖ[4] περὶ τοὺς
D ἄλλους πολίτας. Καὶ ἀληθῶς γε φήσει. Ὅρα δή, εἶπον
ἐγώ, εἰ τοιόνδε τινὰ τρόπον δεῖ αὐτοὺς ζῆν τε καὶ οἰκεῖν,
εἰ μέλλουσι τοιοῦτοι ἔσεσθαι· πρῶτον μὲν οὐσίαν κεκτη-
μένον μηδεμίαν μηδένα ἰδίαν, ἂν μὴ πᾶσα ἀνάγκη· ἔπειτα
οἴκησιν καὶ ταμιεῖον μηδενὶ εἶναι μηδὲν τοιοῦτον, εἰς ὃ οὐ
πᾶς ὁ βουλόμενος εἴσεισι· τὰ δ' ἐπιτήδεια, ὅσων δέονται

---

[1] αἴσχιστον Ξ q: αἴσχιστόν που Α.   [2] ἐγὼ v: ἔγωγ' Α.   [3] παρε-
σκευάσθαι Π: παρασκευάσασθαι Α.   [4] ἐπαροῖ Θ: ἐπάρῃ Α.

ἄνδρες ἀθληταὶ πολέμου σώφρονές τε καὶ ἀνδρεῖοι, ταξα- E
μένους παρὰ τῶν ἄλλων πολιτῶν δέχεσθαι μισθὸν τῆς
φυλακῆς τοσοῦτον, ὅσον μήτε περιεῖναι αὐτοῖς εἰς τὸν
ἐνιαυτὸν. μήτε ἐνδεῖν· φοιτῶντας δὲ εἰς ξυσσίτια ὥσπερ
ἐστρατοπεδευμένους κοινῇ ζῆν· χρυσίον δὲ καὶ ἀργύριον
εἰπεῖν αὐτοῖς ὅτι θεῖον παρὰ θεῶν ἀεὶ ἐν τῇ ψυχῇ ἔχουσι
καὶ οὐδὲν προσδέονται τοῦ ἀνθρωπείου, οὐδὲ ὅσια τὴν
ἐκείνου κτῆσιν τῇ τοῦ θνητοῦ χρυσοῦ κτήσει ξυμμιγνύντας
μιαίνειν, διότι πολλὰ καὶ ἀνόσια περὶ τὸ τῶν | πολλῶν 417
νόμισμα γέγονεν, τὸ παρ' ἐκείνοις δὲ ἀκήρατον· ἀλλὰ
μόνοις αὐτοῖς τῶν ἐν τῇ πόλει μεταχειρίζεσθαι καὶ ἅπτε-
σθαι χρυσοῦ καὶ ἀργύρου οὐ θέμις, οὐδ' ὑπὸ τὸν αὐτὸν
ὄροφον ἰέναι οὐδὲ περιάψασθαι οὐδὲ πίνειν ἐξ ἀργύρου ἢ
χρυσοῦ. καὶ οὕτω μὲν σῴζοιντό τ' ἂν καὶ σῴζοιεν τὴν
πόλιν· ὁπότε δ' αὐτοὶ γῆν τε ἰδίαν καὶ οἰκίας καὶ
νομίσματα κτήσονται, οἰκονόμοι μὲν καὶ γεωργοὶ ἀντὶ
φυλάκων ἔσονται, δεσπόται δ' ἐχθροὶ ἀντὶ ξυμμάχων τῶν B
ἄλλων πολιτῶν γενήσονται, μισοῦντες δὲ δὴ καὶ μισού-
μενοι καὶ ἐπιβουλεύοντες καὶ ἐπιβουλευόμενοι διάξουσι
πάντα τὸν βίον, πολὺ πλείω καὶ μᾶλλον δεδιότες τοὺς
ἔνδον ἢ τοὺς ἔξωθεν πολεμίους, θέοντες ἤδη τότε ἐγγύτατα
ὀλέθρου αὐτοί τε καὶ ἡ ἄλλη πόλις. τούτων οὖν πάντων
ἕνεκα, ἦν δ' ἐγώ, φῶμεν οὕτω δεῖν κατεσκευάσθαι τοὺς
φύλακας οἰκήσεώς τε πέρι καὶ τῶν ἄλλων, καὶ ταῦτα
νομοθετήσωμεν, ἢ μή; Πάνυ γε, ἦ δ' ὃς ὁ Γλαύκων.

τέλοϲ πολιτείαϲ γ΄.

Δ.

I. Καὶ ὁ Ἀδείμαντος ὑπολαβὼν Τί οὖν, ἔφη, ὦ Σώκρατες, ἀπολογήσει, ἐάν τίς σε φῇ μὴ πάνυ τι εὐδαίμονας ποιεῖν τούτους τοὺς ἄνδρας, καὶ ταῦτα δι' ἑαυτούς, ὧν ἔστι μὲν ἡ πόλις τῇ ἀληθείᾳ, οἱ δὲ μηδὲν ἀπολαύουσιν ἀγαθὸν τῆς πόλεως, οἷον ἄλλοι ἀγρούς τε κεκτημένοι καὶ οἰκίας οἰκοδομούμενοι καλὰς καὶ μεγάλας καὶ ταύταις πρέπουσαν κατασκευὴν κτώμενοι καὶ θυσίας θεοῖς ἰδίας θύοντες καὶ ξενοδοκοῦντες καὶ δὴ καί, ἃ νῦν δὴ σὺ ἔλεγες, χρυσόν τε καὶ ἄργυρον κεκτημένοι καὶ πάντα ὅσα νομίζεται τοῖς μέλλουσιν μακαρίοις εἶναι; ἀλλ' ἀτεχνῶς, φαίη ἄν, ὥσπερ ἐπίκουροι μισθωτοὶ ἐν τῇ πόλει
420 φαίνονται | καθῆσθαι οὐδὲν ἄλλο ἢ φρουροῦντες. Ναί, ἦν δ' ἐγώ, καὶ ταῦτά γε ἐπισίτιοι καὶ οὐδὲ μισθὸν πρὸς τοῖς σιτίοις λαμβάνοντες ὥσπερ οἱ ἄλλοι, ὥστε οὐδ' ἂν ἀποδημῆσαι βούλωνται ἰδίᾳ, ἐξέσται αὐτοῖς, οὐδ' ἑταίραις διδόναι οὐδ' ἀναλίσκειν ἄν ποι βούλωνται ἄλλοσε, οἷα δὴ οἱ εὐδαίμονες δοκοῦντες εἶναι ἀναλίσκουσι. ταῦτα καὶ ἄλλα τοιαῦτα συχνὰ τῆς κατηγορίας ἀπολείπεις. Ἀλλ', ἦ δ' ὅς, ἔστω καὶ ταῦτα κατηγορημένα. Τί οὖν δὴ
B | ἀπολογησόμεθα, φής; Ναί. Τὸν αὐτὸν οἶμον, ἦν δ' ἐγώ, πορευόμενοι εὑρήσομεν, ὡς ἐγῷμαι, ἃ λεκτέα. ἐροῦμεν γάρ, ὅτι θαυμαστὸν μὲν ἂν οὐδὲν εἴη, εἰ καὶ οὗτοι οὕτως εὐδαιμονέστατοί εἰσιν, οὐ μὴν πρὸς τοῦτο βλέποντες τὴν πόλιν οἰκίζομεν, ὅπως ἕν τι ἡμῖν ἔθνος ἔσται διαφερόντως

εὔδαιμον, ἀλλ' ὅπως ὅ τι μάλιστα ὅλη ἡ πόλις. ᾠήθημεν
γὰρ ἐν τῇ τοιαύτῃ μάλιστα ἂν εὑρεῖν[1] δικαιοσύνην καὶ αὖ
ἐν τῇ κάκιστα οἰκουμένῃ ἀδικίαν, κατιδόντες δὲ κρῖναι ἄν, C
ὃ πάλαι ζητοῦμεν. νῦν μὲν οὖν, ὡς οἰόμεθα, τὴν εὐδαίμονα
πλάττομεν οὐκ ἀπολαβόντες ὀλίγους ἐν αὐτῇ τοιούτους
τινὰς τιθέντες, ἀλλ' ὅλην· αὐτίκα δὲ τὴν ἐναντίαν σκεψό-
μεθα. ὥσπερ οὖν ἂν εἰ ἡμᾶς ἀνδριάντας γράφοντας
προσελθών τις ἔψεγε λέγων, ὅτι οὐ τοῖς καλλίστοις τοῦ
ζῴου τὰ κάλλιστα φάρμακα προστίθεμεν· οἱ γὰρ ὀφθαλ-
μοί, κάλλιστον ὄν, οὐκ ὀστρείῳ ἐναληλιμμένοι εἶεν, ἀλλὰ
μέλανι· μετρίως ἂν ἐδοκοῦμεν πρὸς αὐτὸν ἀπολογεῖσθαι D
λέγοντες· Ὦ θαυμάσιε, μὴ οἴου δεῖν ἡμᾶς οὕτω καλοὺς
ὀφθαλμοὺς γράφειν, ὥστε μηδὲ ὀφθαλμοὺς φαίνεσθαι,
μηδ' αὖ τἆλλα μέρη, ἀλλ' ἄθρει εἰ τὰ προσήκοντα
ἑκάστοις ἀποδιδόντες τὸ ὅλον καλὸν ποιοῦμεν· καὶ δὴ καὶ
νῦν μὴ ἀνάγκαζε ἡμᾶς τοιαύτην εὐδαιμονίαν τοῖς φύλαξι
προσάπτειν, ἣ ἐκείνους πᾶν μᾶλλον ἀπεργάσεται ἢ
φύλακας. ἐπιστάμεθα γὰρ καὶ τοὺς γεωργοὺς ξυστίδας E
ἀμφιέσαντες καὶ χρυσὸν περιθέντες πρὸς ἡδονὴν ἐργά-
ζεσθαι κελεύειν τὴν γῆν, καὶ τοὺς κεραμέας κατακλίναντες
ἐπὶ δεξιὰ[2] πρὸς τὸ πῦρ διαπίνοντάς τε καὶ εὐωχουμένους,
τὸν τροχὸν παραθεμένους, ὅσον ἂν ἐπιθυμῶσι κεραμεύειν,
καὶ τοὺς ἄλλους πάντας τοιούτῳ τρόπῳ μακαρίους ποιεῖν,
ἵνα δὴ ὅλη ἡ πόλις εὐδαιμονῇ. ἀλλ' ἡμᾶς μὴ οὕτω
νουθέτει· ὡς, ἂν σοὶ πειθώμεθα, οὔτε ὁ γεωργὸς γεωργὸς
ἔσται, οὔτε | ὁ κεραμεὺς κεραμεύς, οὔτε ἄλλος οὐδεὶς οὐδὲν 421
ἔχων σχῆμα ἐξ ὧν πόλις γίγνεται. ἀλλὰ τῶν μὲν ἄλλων
ἐλάττων λόγος· νευρορράφοι γὰρ φαῦλοι γενόμενοι καὶ
διαφθαρέντες καὶ προσποιησάμενοι εἶναι μὴ ὄντες πόλει
οὐδὲν δεινόν· φύλακες δὲ νόμων τε καὶ πόλεως μὴ ὄντες
ἀλλὰ δοκοῦντες ὁρᾷς δὴ ὅτι πᾶσαν ἄρδην πόλιν ἀπολ-
λύασιν καὶ αὖ τοῦ εὖ οἰκεῖν καὶ εὐδαιμονεῖν μόνοι τὸν

---

[1] ἂν εὑρεῖν Π: ἀνευρεῖν Α.　　　　[2] ἐπὶ δεξιὰ Ξ q: ἐπιδέξια Α.

καιρὸν ἔχουσιν. εἰ μὲν οὖν ἡμεῖς μὲν φύλακας ὡς ἀληθῶς
B ποιοῦμεν, ἥκιστα κακούργους τῆς πόλεως, ὁ δ᾽ ἐκεῖνο
λέγων γεωργούς¹ τινας καὶ ὥσπερ ἐν πανηγύρει ἀλλ᾽ οὐκ
ἐν πόλει ἑστιάτορας εὐδαίμονας, ἄλλο ἄν τι ἢ πόλιν λέγοι.
σκεπτέον οὖν, πότερον πρὸς τοῦτο βλέποντες τοὺς φύλακας
καθιστῶμεν, ὅπως ὅ τι πλείστη αὐτοῖς εὐδαιμονία ἐγγενή-
σεται, ἢ τοῦτο μὲν εἰς τὴν πόλιν ὅλην βλέποντας θεατέον
εἰ ἐκείνη ἐγγίγνεται, τοὺς δ᾽ ἐπικούρους τούτους καὶ τοὺς
C φύλακας ἐκεῖνο ἀναγκαστέον ποιεῖν καὶ πειστέον, ὅπως ὅ
τι ἄριστοι δημιουργοὶ τοῦ ἑαυτῶν ἔργου ἔσονται, καὶ τοὺς
ἄλλους ἅπαντας ὡσαύτως, καὶ οὕτω ξυμπάσης τῆς πόλεως
αὐξανομένης καὶ καλῶς οἰκιζομένης ἑατέον² ὅπως ἑκάστοις
τοῖς ἔθνεσιν ἡ φύσις ἀποδίδωσι τοῦ μεταλαμβάνειν εὐ-
δαιμονίας.

II. Ἀλλ᾽, ἦ δ᾽ ὅς, καλῶς μοι δοκεῖς λέγειν. Ἆρ᾽
οὖν, ἦν δ᾽ ἐγώ, καὶ τὸ τούτου ἀδελφὸν δόξω σοι μετρίως
λέγειν; Τί μάλιστα; Τοὺς ἄλλους αὖ δημιουργοὺς σκόπει
D εἰ τάδε διαφθείρει³, ὥστε καὶ κακοὺς γίγνεσθαι. Τὰ ποῖα
δὴ ταῦτα; Πλοῦτος, ἦν δ᾽ ἐγώ, καὶ πενία. Πῶς δή; Ὧδε.
πλουτήσας χυτρεὺς δοκεῖ σοι ἔτι ἐθελήσειν ἐπιμελεῖσθαι
τῆς τέχνης; Οὐδαμῶς, ἔφη. Ἀργὸς δὲ καὶ ἀμελὴς γενή-
σεται μᾶλλον αὐτὸς αὑτοῦ; Πολύ γε. Οὔκουν κακίων
χυτρεὺς γίγνεται; Καὶ τοῦτο, ἔφη, πολύ. Καὶ μὴν καὶ
ὄργανά γε μὴ ἔχων παρέχεσθαι ὑπὸ πενίας ἤ τι ἄλλο τῶν
E εἰς τὴν τέχνην τά τε ἔργα πονηρότερα ἐργάσεται καὶ τοὺς
υἱεῖς ἢ ἄλλους, οὓς ἂν διδάσκῃ, χείρους δημιουργοὺς δι-
δάξεται. Πῶς δ᾽ οὔ; Ὑπ᾽ ἀμφοτέρων δή, πενίας τε καὶ
πλούτου, χείρω μὲν τὰ τῶν τεχνῶν ἔργα, χείρους δὲ αὐτοί.
Φαίνεται. Ἕτερα δή, ὡς ἔοικε, τοῖς φύλαξιν ηὑρήκαμεν,
ἃ παντὶ τρόπῳ φυλακτέον ὅπως μήποτε αὐτοὺς λήσει εἰς
τὴν πόλιν παραδύντα. Ποῖα ταῦτα; Πλοῦτός τε, ἦν δ᾽

---

¹ γεωργοὺς codd.: an λεωργούς?   ² ἑατέον codd.: an ἑκτέον?
³ διαφθείρει Π: διαφέρει Α.

ἐγώ, καὶ πενία· | ὡς τοῦ μὲν τρυφὴν καὶ ἀργίαν καὶ νεωτε- 422
ρισμὸν ποιοῦντος, τοῦ δὲ ἀνελευθερίαν καὶ κακουργίαν
πρὸς τῷ νεωτερισμῷ. Πάνυ μὲν οὖν, ἔφη. τόδε μέντοι,
ὦ Σώκρατες, σκόπει, πῶς ἡμῖν ἡ πόλις οἵα τ᾽ ἔσται πολε-
μεῖν, ἐπειδὰν χρήματα μὴ κεκτημένη ᾖ, ἄλλως τε κἂν πρὸς
μεγάλην τε καὶ πλουσίαν ἀναγκασθῇ πολεμεῖν. Δῆλον,
ἦν δ᾽ ἐγώ, ὅτι πρὸς μὲν μίαν χαλεπώτερον, πρὸς δὲ δύο
τοιαύτας ῥᾷον. Πῶς εἶπες; ἦ δ᾽ ὅς. Πρῶτον μέν που, B
εἶπον, ἐὰν δέῃ μάχεσθαι, ἆρα οὐ πλουσίοις ἀνδράσι μα-
χοῦνται αὐτοὶ ὄντες πολέμου ἀθληταί; Ναὶ τοῦτό γε,
ἔφη. Τί οὖν, ἦν δ᾽ ἐγώ, ὦ Ἀδείμαντε; εἷς πύκτης ὡς οἷόν
τε κάλλιστα ἐπὶ τοῦτο παρεσκευασμένος δυοῖν μὴ πύ-
κταιν, πλουσίοιν δὲ καὶ πίονοιν, οὐκ ἂν δοκεῖ σοι ῥᾳδίως
μάχεσθαι; Οὐκ ἂν ἴσως, ἔφη, ἅμα γε. Οὐδ᾽ εἰ ἐξείη, ἦν
δ᾽ ἐγώ, ὑποφεύγοντι τὸν πρότερον ἀεὶ προσφερόμενον C
ἀναστρέφοντα κρούειν, καὶ τοῦτο ποιοῖ πολλάκις ἐν ἡλίῳ
τε καὶ πνίγει; ἆρα γε οὐ καὶ πλείους χειρώσαιτ᾽ ἂν τοιού-
τους ὁ τοιοῦτος; Ἀμέλει, ἔφη, οὐδὲν ἂν γένοιτο θαυμα-
στόν. Ἀλλ᾽ οὐκ οἴει πυκτικῆς πλέον μετέχειν τοὺς
πλουσίους ἐπιστήμῃ τε καὶ ἐμπειρίᾳ ἢ πολεμικῆς; Ἔγωγ᾽,
ἔφη. Ῥᾳδίως ἄρα ἡμῖν οἱ ἀθληταὶ ἐκ τῶν εἰκότων δι-
πλασίοις τε καὶ τριπλασίοις αὐτῶν μαχοῦνται. Συγχω-
ρήσομαί σοι, ἔφη· δοκεῖς γάρ μοι ὀρθῶς λέγειν. Τί δ᾽; D
ἂν πρεσβείαν πέμψαντες εἰς τὴν ἑτέραν πόλιν τἀληθῆ
εἴπωσιν, ὅτι ἡμεῖς μὲν οὐδὲν χρυσίῳ οὐδ᾽ ἀργυρίῳ χρώμεθα,
οὐδ᾽ ἡμῖν θέμις, ὑμῖν δέ· συμπολεμήσαντες οὖν μεθ᾽
ἡμῶν ἔχετε τὰ τῶν ἑτέρων· οἴει τινὰς ἀκούσαντας ταῦτα
αἱρήσεσθαι κυσὶ πολεμεῖν στερεοῖς τε καὶ ἰσχνοῖς μᾶλλον
ἢ μετὰ κυνῶν προβάτοις πίοσί τε καὶ ἁπαλοῖς; Οὔ
μοι δοκεῖ. ἀλλ᾽ ἐὰν εἰς μίαν, ἔφη, πόλιν συναθροισθῇ
τὰ τῶν ἄλλων χρήματα, ὅρα μὴ κίνδυνον φέρῃ τῇ μὴ E
πλουτούσῃ. Εὐδαίμων εἶ, ἦν δ᾽ ἐγώ, ὅτι οἴει ἄξιον εἶναι
ἄλλην τινὰ προσειπεῖν πόλιν ἢ τὴν τοιαύτην οἵαν ἡμεῖς

κατεσκευάζομεν. Ἀλλὰ τί μήν; ἔφη. Μειζόνως, ἦν δ' ἐγώ,
χρὴ προσαγορεύειν τὰς ἄλλας· ἑκάστη γὰρ αὐτῶν πόλεις
εἰσὶ πάμπολλαι, ἀλλ' οὐ πόλις, τὸ τῶν παιζόντων. δύο
μέν, κἂν ὁτιοῦν ᾖ, πολεμία[1] ἀλλήλαις, ἡ μὲν πενήτων, ἡ δὲ
423 πλουσίων· τούτων δ' | ἐν ἑκατέρᾳ πάνυ πολλαί, αἷς ἐὰν
μὲν ὡς μιᾷ προσφέρῃ, παντὸς ἂν ἁμάρτοις, ἐὰν δὲ ὡς
πολλαῖς, διδοὺς τὰ τῶν ἑτέρων τοῖς ἑτέροις χρήματά τε
καὶ δυνάμεις ἢ καὶ αὐτούς, ξυμμάχοις μὲν ἀεὶ πολλοῖς
χρήσει, πολεμίοις δ' ὀλίγοις. καὶ ἕως[2] ἂν ἦ ἡ πόλις σοι
οἰκῇ σωφρόνως ὡς ἄρτι ἐτάχθη, μεγίστη ἔσται, οὐ τῷ
εὐδοκιμεῖν λέγω, ἀλλ' ὡς ἀληθῶς μεγίστη, καὶ ἐὰν μόνον
ᾖ χιλίων τῶν προπολεμούντων. οὕτω γὰρ μεγάλην πόλιν
B μίαν οὐ ῥᾳδίως οὔτε ἐν Ἕλλησιν οὔτε ἐν βαρβάροις
εὑρήσεις, δοκούσας δὲ πολλὰς καὶ πολλαπλασίας τῆς
τηλικαύτης. ἢ ἄλλως οἴει; Οὐ μὰ τὸν Δί', ἔφη.

III. Οὐκοῦν, ἦν δ' ἐγώ, οὗτος ἂν εἴη καὶ κάλλιστος
ὅρος τοῖς ἡμετέροις ἄρχουσιν, ὅσην δεῖ τὸ μέγεθος τὴν
πόλιν ποιεῖσθαι καὶ ἡλίκῃ οὔσῃ ὅσην χώραν ἀφορισα-
μένους τὴν ἄλλην χαίρειν ἐᾶν. Τίς, ἔφη, ὅρος; Οἶμαι μέν,
ἦν δ' ἐγώ, τόνδε· μέχρι οὗ ἂν ἐθέλῃ αὐξομένη εἶναι μία,
C μέχρι τούτου αὔξειν, πέρα δὲ μή. Καὶ καλῶς γ', ἔφη.
Οὐκοῦν καὶ τοῦτο αὖ ἄλλο πρόσταγμα τοῖς φύλαξι
προστάξομεν, φυλάττειν παντὶ τρόπῳ, ὅπως μήτε σμικρὰ
ἡ πόλις ἔσται μήτε μεγάλη δοκοῦσα, ἀλλά τις ἱκανὴ καὶ
μία. Καὶ φαῦλόν γ', ἔφη, ἴσως αὐτοῖς προστάξομεν.
Καὶ τούτου γε, ἦν δ' ἐγώ, ἔτι φαυλότερον τόδε, οὗ καὶ ἐν
τῷ πρόσθεν ἐπεμνήσθημεν λέγοντες, ὡς δέοι, ἐάν τε τῶν
φυλάκων τις φαῦλος ἔκγονος γένηται, εἰς τοὺς ἄλλους
D αὐτὸν[3] ἀποπέμπεσθαι, ἐάν τ' ἐκ τῶν ἄλλων σπουδαῖος, εἰς
τοὺς φύλακας. τοῦτο δ' ἐβούλετο δηλοῦν, ὅτι καὶ τοὺς
ἄλλους πολίτας, πρὸς ὅ τις πέφυκεν, πρὸς τοῦτο ἕνα πρὸς
ἓν ἕκαστον ἔργον δεῖ κομίζειν, ὅπως ἂν ἓν τὸ αὑτοῦ

---

[1] πολεμία Π: πολέμια Α.   [2] ἕως v: ὡς Α.   [3] αὐτὸν Π: αὐτῶν Α.

ἐπιτηδεύων ἕκαστος μὴ πολλοί, ἀλλ' εἰς γίγνηται, καὶ
οὕτω δὴ ξύμπασα ἡ πόλις μία φύηται, ἀλλὰ μὴ πολλαί.
Ἔστι γάρ, ἔφη, τοῦτο ἐκείνου σμικρότερον. Οὗτοι, ἦν δ'
ἐγώ, ὦ ἀγαθὲ Ἀδείμαντε, ὡς δόξειεν ἄν τις, ταῦτα πολλὰ
καὶ μεγάλα αὐτοῖς προστάττομεν, ἀλλὰ πάντα φαῦλα, Ε
ἐὰν τὸ λεγόμενον ἓν μέγα φυλάττωσι, μᾶλλον δ' ἀντὶ
μεγάλου ἱκανόν. Τί τοῦτο; ἔφη. Τὴν παιδείαν, ἦν δ'
ἐγώ, καὶ τροφήν. ἐὰν γὰρ εὖ παιδευόμενοι μέτριοι ἄνδρες
γίγνωνται, πάντα ταῦτα ῥᾳδίως διόψονται καὶ ἄλλα γε,
ὅσα νῦν ἡμεῖς παραλείπομεν, τήν τε τῶν γυναικῶν κτῆσιν
καὶ γάμων καὶ παιδοποιίας, ὅτι | δεῖ ταῦτα κατὰ τὴν 424
παροιμίαν πάντα ὅ τι μάλιστα κοινά[1] ποιεῖσθαι. Ὀρθό-
τατα γάρ, ἔφη, γίγνοιτ' ἄν. Καὶ μήν, εἶπον, πολιτεία,
ἐάνπερ ἅπαξ ὁρμήσῃ εὖ, ἔρχεται ὥσπερ κύκλος αὐξανο-
μένη. τροφὴ γὰρ καὶ παίδευσις χρηστὴ σῳζομένη φύσεις
ἀγαθὰς ἐμποιεῖ, καὶ αὖ φύσεις χρησταὶ τοιαύτης παιδείας
ἀντιλαμβανόμεναι ἔτι βελτίους τῶν προτέρων φύονται εἴς
τε τἆλλα καὶ εἰς τὸ γεννᾶν, ὥσπερ καὶ ἐν τοῖς ἄλλοις Β
ζῴοις. Εἰκός γ', ἔφη. Ὡς τοίνυν διὰ βραχέων εἰπεῖν,
τούτου ἀνθεκτέον τοῖς ἐπιμεληταῖς τῆς πόλεως, ὅπως ἂν
αὐτοὺς μὴ λάθῃ διαφθαρέν, ἀλλὰ παρὰ πάντα αὐτὸ
φυλάττωσι, τὸ μὴ νεωτερίζειν περὶ γυμναστικήν τε καὶ
μουσικὴν παρὰ τὴν τάξιν, ἀλλ' ὡς οἷόν τε μάλιστα
φυλάττειν, φοβουμένους ὅταν τις λέγῃ, ὡς τὴν ἀοιδὴν

μᾶλλον ἐπιφρονέουσ' ἄνθρωποι,
ἥτις ἀειδόντεσσι νεωτάτη ἀμφιπέληται,

μὴ πολλάκις τὸν ποιητήν τις οἴηται λέγειν οὐκ ἄσματα C
νέα, ἀλλὰ τρόπον ᾠδῆς νέον, καὶ τοῦτο ἐπαινῇ. δεῖ δ'
οὔτ' ἐπαινεῖν τὸ τοιοῦτον οὔτε ὑπολαμβάνειν· εἶδος γὰρ
καινὸν μουσικῆς μεταβάλλειν εὐλαβητέον ὡς ἐν ὅλῳ

---

[1] κοινά Hartman : κοινὰ τὰ φίλων A.

κινδυνεύοντα· οὐδαμοῦ γὰρ κινοῦνται μουσικῆς τρόποι
ἄνευ πολιτικῶν νόμων τῶν μεγίστων, ὥς φησί τε Δάμων
καὶ ἐγὼ πείθομαι.　Καὶ ἐμὲ τοίνυν, ἔφη ὁ Ἀδείμαντος,
θὲς τῶν πεπεισμένων.

D　　IV.　Τὸ δὴ φυλακτήριον, ἦν δ' ἐγώ, ὡς ἔοικεν, ἐν-
ταῦθά που οἰκοδομητέον τοῖς φύλαξιν, ἐν μουσικῇ. Ἡ
γοῦν παρανομία, ἔφη, ῥᾳδίως αὕτη λανθάνει παραδυο-
μένη.　Ναί, ἔφην, ὡς ἐν παιδιᾶς γε μέρει καὶ ὡς κακὸν
οὐδὲν ἐργαζομένη.　Οὐδὲ γὰρ ἐργάζεται, ἔφη, ἄλλο γε ἢ
κατὰ σμικρὸν εἰσοικισαμένη ἠρέμα ὑπορρεῖ πρὸς τὰ ἤθη
τε καὶ τὰ ἐπιτηδεύματα· ἐκ δὲ τούτων εἰς τὰ πρὸς
ἀλλήλους ξυμβόλαια μείζων ἐκβαίνει· ἐκ δὲ δὴ τῶν

E　ξυμβολαίων ἔρχεται ἐπὶ τοὺς νόμους καὶ πολιτείας σὺν
πολλῇ, ὦ Σώκρατες, ἀσελγείᾳ, ἕως ἂν τελευτῶσα πάντα
ἰδίᾳ καὶ δημοσίᾳ ἀνατρέψῃ.　Εἶεν, ἦν δ' ἐγώ· οὕτω τοῦτ'
ἔχει; Δοκεῖ μοι, ἔφη.　Οὐκοῦν, ὃ ἐξ ἀρχῆς ἐλέγομεν, τοῖς
ἡμετέροις παισὶν ἐννομωτέρου εὐθὺς παιδιᾶς μεθεκτέον,
ὡς παρανόμου γιγνομένης αὐτῆς καὶ παίδων τοιούτων

425　ἐννόμους τε καὶ σπουδαίους ἐξ | αὐτῶν ἄνδρας αὐξάνεσθαι
ἀδύνατον ὄν; Πῶς δ' οὐχί; ἔφη.　Ὅταν δὴ ἄρα καλῶς
ἀρξάμενοι παῖδες παίζειν εὐνομίαν διὰ τῆς μουσικῆς
εἰσδέξωνται, πάλιν τοὐναντίον ἢ 'κείνοις εἰς πάντα ξυνέ-
πεταί τε καὶ αὔξει, ἐπανορθοῦσα εἴ τι καὶ πρότερον τῆς
πόλεως ἔκειτο.　Ἀληθῆ μέντοι, ἔφη.　Καὶ τὰ σμικρὰ ἄρα,
εἶπον, δοκοῦντα εἶναι νόμιμα ἐξευρίσκουσιν οὗτοι, ἃ οἱ
πρότερον ἀπώλλυσαν πάντα.　Ποῖα; Τὰ τοιάδε· σιγάς

B　τε τῶν νεωτέρων παρὰ πρεσβυτέροις, ἃς πρέπει, καὶ
κατακλίσεις καὶ ὑπαναστάσεις καὶ γονέων θεραπείας, καὶ
κουράς γε καὶ ἀμπεχόνας καὶ ὑποδέσεις καὶ ὅλον τὸν τοῦ
σώματος σχηματισμὸν καὶ τἆλλα ὅσα τοιαῦτα. ἢ οὐκ
οἴει; Ἔγωγε.　Νομοθετεῖν δ' αὐτὰ οἶμαι εὔηθες· οὔτε γάρ
που γίγνεται οὔτ' ἂν μείνειεν λόγῳ τε καὶ γράμμασιν
νομοθετηθέντα.　Πῶς γάρ; Κινδυνεύει γοῦν, ἦν δ' ἐγώ, οἷ

Ἀδείμαντε, ἐκ τῆς παιδείας ὁποίας[1] ἄν τις ὁρμήσῃ,
τοιαῦτα καὶ τὰ ἐπόμενα εἶναι. ἢ οὐκ ἀεὶ τὸ ὅμοιον ὂν C
ὅμοιον παρακαλεῖ; Τί μήν; Καὶ τελευτῶν δή, οἶμαι,
φαῖμεν ἂν εἰς ἕν τι τέλεον καὶ νεανικὸν ἀποβαίνειν αὐτὸ
ἢ ἀγαθὸν ἢ καὶ τοὐναντίον. Τί γὰρ οὔκ; ἦ δ' ὅς. Ἐγὼ
μὲν τοίνυν, εἶπον, διὰ ταῦτα οὐκ ἂν ἔτι τὰ τοιαῦτα
ἐπιχειρήσαιμι νομοθετεῖν. Εἰκότως γ', ἔφη. Τί δέ; ὦ
πρὸς θεῶν, ἔφην, τάδε[2] τὰ ἀγοραῖα ξυμβολαίων τε πέρι
κατ' ἀγορὰν ἕκαστοι ἃ πρὸς ἀλλήλους ξυμβάλλουσιν, εἰ
δὲ βούλει, καὶ χειροτεχνικῶν περὶ ξυμβολαίων καὶ λοι- D
δοριῶν καὶ αἰκείας καὶ δικῶν λήξεως[3] καὶ δικαστῶν
καταστάσεως, καὶ εἴ που τελῶν τινὲς ἢ πράξεις ἢ θέσεις
ἀναγκαῖοί εἰσιν ἢ κατ' ἀγορὰς ἢ λιμένας, ἢ καὶ τὸ
παράπαν[4] ἀγορανομικὰ ἄττα ἢ ἀστυνομικὰ ἢ ἐλλιμενικὰ
ἢ ὅσα ἄλλα τοιαῦτα, τούτων τολμήσομέν τι νομοθετεῖν;
Ἀλλ' οὐκ ἄξιον, ἔφη, ἀνδράσι καλοῖς κἀγαθοῖς ἐπιτάτ-
τειν· τὰ πολλὰ γὰρ αὐτῶν, ὅσα δεῖ νομοθετήσασθαι, Ε
ῥᾳδίως που εὑρήσουσιν. Ναί, ὦ φίλε, εἶπον, ἐάν γε θεὸς
αὐτοῖς διδῷ σωτηρίαν τῶν νόμων ὧν ἔμπροσθεν διήλθο-
μεν. Εἰ δὲ μή γε, ἦ δ' ὅς, πολλὰ τοιαῦτα τιθέμενοι ἀεὶ
καὶ ἐπανορθούμενοι τὸν βίον διατελοῦσιν, οἰόμενοι ἐπι-
λήψεσθαι τοῦ βελτίστου. Λέγεις, ἔφην ἐγώ, βιώσεσθαι
τοὺς τοιούτους ὥσπερ τοὺς κάμνοντάς τε καὶ οὐκ ἐθέ-
λοντας ὑπὸ ἀκολασίας ἐκβῆναι πονηρᾶς διαίτης. Πάνυ
μὲν οὖν. Καὶ μὴν | οὗτοί γε χαριέντως διατελοῦσιν. 426
ἰατρευόμενοι γὰρ οὐδὲν περαίνουσιν, πλήν γε ποικιλώτερα
καὶ μείζω ποιοῦντες[5] τὰ νοσήματα, καὶ ἀεὶ ἐλπίζοντες, ἐάν
τις φάρμακον συμβουλεύσῃ, ὑπὸ τούτου ἔσεσθαι ὑγιεῖς[6].
Πάνυ γάρ, ἔφη, τῶν οὕτω καμνόντων τὰ τοιαῦτα πάθη.
Τί δέ; ἦν δ' ἐγώ· τόδε αὐτῶν οὐ χαρίεν, τὸ πάντων

---

[1] ὁποίας Dobree: ὅποι A.　　　　[2] τάδε Π: om. A.　　　　[3] λήξεως q:
λήξεις A.　　　[4] παράπαν Ξ: πάμπαν A.　　　[5] ποιοῦντες nos: ποιοῦσι
codd.　　　[6] ὑγιεῖς Ξ q: ὑγιὴς A.

ἔχθιστον ἡγεῖσθαι τὸν τἀληθῆ λέγοντα, ὅτι, πρὶν ἂν
μεθύων καὶ ἐμπιμπλάμενος καὶ ἀφροδισιάζων καὶ ἀργῶν
B παύσηται, οὔτε φάρμακα οὔτε καύσεις οὔτε τομαὶ οὐδ' αὖ
ἐπῳδαὶ αὐτὸν οὐδὲ περίαπτα οὐδὲ ἄλλο τῶν τοιούτων
οὐδὲν ὀνήσει; Οὐ πάνυ χαρίεν, ἔφη· τὸ γὰρ τῷ εὖ
λέγοντι χαλεπαίνειν οὐκ ἔχει χάριν. Οὐκ ἐπαινέτης εἶ,
ἔφην ἐγώ, ὡς ἔοικας, τῶν τοιούτων ἀνδρῶν. Οὐ μέντοι μὰ
Δία.

V. Οὐδ' ἂν ἡ πόλις ἄρα, ὅπερ ἄρτι ἐλέγομεν, ὅλη
τοιοῦτον ποιῇ, οὐκ ἐπαινέσει. ἢ οὐ φαίνονταί σοι ταὐτὸν
C ἐργάζεσθαι τούτοις τῶν πόλεων ὅσαι κακῶς πολιτευόμεναι
προαγορεύουσι τοῖς πολίταις τὴν μὲν κατάστασιν τῆς
πόλεως ὅλην μὴ κινεῖν, ὡς ἀποθανουμένους, ὃς ἂν τοῦτο
δρᾷ· ὃς δ' ἂν σφᾶς οὕτω πολιτευομένους ἥδιστα θεραπεύῃ
καὶ χαρίζηται ὑποτρέχων καὶ προγιγνώσκων τὰς σφετέρας
βουλήσεις καὶ ταύτας δεινὸς ᾖ ἀποπληροῦν, οὗτος ἄρα
ἀγαθός τε ἔσται ἀνὴρ καὶ σοφὸς τὰ μεγάλα καὶ τιμήσεται
ὑπὸ σφῶν; Ταὐτὸν μὲν οὖν, ἔφη, ἔμοιγε δοκοῦσι δρᾶν, καὶ
D οὐδ' ὁπωστιοῦν ἐπαινῶ. Τί δ' αὖ; τοὺς ἐθέλοντας θερα-
πεύειν τὰς τοιαύτας πόλεις καὶ προθυμουμένους οὐκ
ἄγασαι τῆς ἀνδρείας τε καὶ εὐχερείας; Ἔγωγ', ἔφη, πλήν
γ' ὅσοι ἐξηπάτηνται ὑπ' αὐτῶν καὶ οἴονται τῇ ἀληθείᾳ
πολιτικοὶ εἶναι, ὅτι ἐπαινοῦνται ὑπὸ τῶν πολλῶν. Πῶς
λέγεις; οὐ συγγιγνώσκεις, ἦν δ' ἐγώ, τοῖς ἀνδράσιν; ἢ
οἴει οἷόν τ' εἶναι ἀνδρὶ μὴ ἐπισταμένῳ μετρεῖν, ἑτέρων
τοιούτων πολλῶν λεγόντων ὅτι τετράπηχύς ἐστιν, αὐτὸν
E ταῦτα μὴ ἡγεῖσθαι περὶ αὐτοῦ; Οὐκ αὖ, ἔφη, τοῦτό γε.
Μὴ τοίνυν χαλέπαινε· καὶ γάρ πού εἰσι πάντων χαριέ-
στατοι οἱ τοιοῦτοι, νομοθετοῦντές τε οἷα ἄρτι διήλθομεν
καὶ ἐπανορθοῦντες, ἀεὶ οἰόμενοί τι πέρας εὑρήσειν περὶ τὰ
ἐν τοῖς ξυμβολαίοις κακουργήματα καὶ περὶ ἃ νῦν δὴ ἐγὼ
ἔλεγον, ἀγνοοῦντες ὅτι τῷ ὄντι ὥσπερ Ὕδραν τέμνουσιν.
427 Καὶ μήν, | ἔφη, οὐκ ἄλλο τί γε ποιοῦσιν. Ἐγὼ μὲν τοίνυν,

ἦν δ᾽ ἐγώ, τὸ τοιοῦτον εἶδος νόμων πέρι καὶ πολιτείας οὔτ᾽
ἐν κακῶς οὔτ᾽ ἐν εὖ πολιτευομένῃ πόλει ᾤμην ἂν δεῖν τὸν
ἀληθινὸν νομοθέτην πραγματεύεσθαι· ἐν τῇ μὲν ὅτι
ἀνωφελῆ καὶ πλέον οὐδέν, ἐν δὲ τῇ, ὅτι τὰ μὲν αὐτῶν κἂν
ὁστισοῦν εὕροι, τὰ δὲ ὅτι αὐτόματα ἔπεισιν ἐκ τῶν
ἔμπροσθεν ἐπιτηδευμάτων.

Τί οὖν, ἔφη, ἔτι ἂν ἡμῖν λοιπὸν τῆς νομοθεσίας εἴη; B
καὶ ἐγὼ εἶπον ὅτι Ἡμῖν μὲν οὐδέν, τῷ μέντοι Ἀπόλλωνι
τῷ ἐν Δελφοῖς τά τε μέγιστα καὶ κάλλιστα καὶ πρῶτα
τῶν νομοθετημάτων. Τὰ ποῖα; ἦ δ᾽ ὅς. Ἱερῶν τε
ἱδρύσεις καὶ θυσίαι καὶ ἄλλαι θεῶν τε καὶ δαιμόνων καὶ
ἡρώων θεραπεῖαι, τελευτησάντων τε[1] αὖ θῆκαι καὶ ὅσα
τοῖς ἐκεῖ δεῖ ὑπηρετοῦντας ἵλεως αὐτοὺς ἔχειν. τὰ γὰρ
δὴ τοιαῦτα οὔτ᾽ ἐπιστάμεθα ἡμεῖς οἰκίζοντές τε πόλιν C
οὐδενὶ ἄλλῳ πεισόμεθα, ἐὰν νοῦν ἔχωμεν, οὐδὲ χρησόμεθα
ἐξηγητῇ, ἀλλ᾽ ἢ τῷ πατρίῳ· οὗτος γὰρ δήπου ὁ θεὸς περὶ
τὰ τοιαῦτα πᾶσιν ἀνθρώποις πάτριος ἐξηγητὴς ἐν μέσῳ
τῆς γῆς ἐπὶ τοῦ ὀμφαλοῦ καθήμενος ἐξηγεῖται. Καὶ
καλῶς γ᾽, ἔφη, λέγεις· καὶ ποιητέον οὕτω.

VI. Ὠικισμένη μὲν τοίνυν, ἦν δ᾽ ἐγώ, ἤδη ἄν σοι εἴη,
ὦ παῖ Ἀρίστωνος, ἡ πόλις· τὸ δὲ δὴ μετὰ τοῦτο σκόπει D
ἐν αὐτῇ φῶς ποθὲν πορισάμενος ἱκανὸν αὐτός τε καὶ τὸν
ἀδελφὸν παρακάλει καὶ Πολέμαρχον καὶ τοὺς ἄλλους, ἐάν
πως ἴδωμεν, ποῦ ποτ᾽ ἂν εἴη ἡ δικαιοσύνη καὶ ποῦ ἡ
ἀδικία, καὶ τί ἀλλήλοιν διαφέρετον, καὶ πότερον δεῖ
κεκτῆσθαι τὸν μέλλοντα εὐδαίμονα εἶναι, ἐάν τε λανθάνῃ
ἐάν τε μὴ πάντας θεούς τε καὶ ἀνθρώπους. Οὐδὲν λέγεις,
ἔφη ὁ Γλαύκων· σὺ γὰρ ὑπέσχου ζητήσειν, ὡς οὐχ ὅσιόν E
σοι ὂν μὴ οὐ βοηθεῖν δικαιοσύνῃ εἰς δύναμιν παντὶ τρόπῳ.
Ἀληθῆ, ἔφην ἐγώ, ὑπομιμνήσκεις, καὶ ποιητέον μέν γε
οὕτως, χρὴ δὲ καὶ ὑμᾶς ξυλλαμβάνειν. Ἀλλ᾽, ἔφη,
ποιήσομεν οὕτω. Ἐλπίζω τοίνυν, ἦν δ᾽ ἐγώ, εὑρήσειν

---

[1] τε Ξ: om. A.

αὐτὸ ὧδε. οἶμαι ἡμῖν τὴν πόλιν, εἴπερ ὀρθῶς γε ᾤκισται, τελέως ἀγαθὴν εἶναι. Ἀνάγκη, ἔφη. Δῆλον δὴ ὅτι σοφή τ' ἐστὶ καὶ ἀνδρεία καὶ σώφρων καὶ δικαία. Δῆλον. Οὐκοῦν ὅ τι ἂν αὐτῶν εὕρωμεν ἐν αὐτῇ, τὸ ὑπόλοιπον 428 ἔσται τὸ οὐχ ηὑ|ρημένον; Τί μήν; Ὥσπερ τοίνυν ἄλλων τινῶν τεττάρων, εἰ ἕν τι ἐζητοῦμεν αὐτῶν ἐν ὁτῳοῦν, ὁπότε πρῶτον ἐκεῖνο ἔγνωμεν, ἱκανῶς ἂν εἶχεν ἡμῖν, εἰ δὲ τὰ τρία πρότερον ἐγνωρίσαμεν, αὐτῷ ἂν τούτῳ ἐγνώριστο τὸ ζητούμενον· δῆλον γὰρ ὅτι οὐκ ἄλλο ἔτι ἦν ἢ τὸ ὑπολειφθέν. Ὀρθῶς, ἔφη, λέγεις. Οὐκοῦν καὶ περὶ τούτων, ἐπειδὴ τέτταρα ὄντα τυγχάνει, ὡσαύτως ζητητέον; Δῆλα δή. Καὶ μὲν δὴ πρῶτόν γέ μοι δοκεῖ ἐν αὐτῷ B κατάδηλον εἶναι ἡ σοφία· καί τι ἄτοπον περὶ αὐτὴν φαίνεται. Τί; ἦ δ' ὅς. Σοφὴ μὲν τῷ ὄντι δοκεῖ μοι ἡ πόλις εἶναι ἣν διήλθομεν· εὔβουλος γάρ. οὐχί; Ναί. Καὶ μὴν τοῦτό γε αὐτό, ἡ εὐβουλία, δῆλον ὅτι ἐπιστήμη τίς ἐστιν· οὐ γάρ που ἀμαθίᾳ γε ἀλλ' ἐπιστήμῃ εὖ βουλεύονται. Δῆλον. Πολλαὶ δέ γε καὶ παντοδαπαὶ ἐπιστῆμαι ἐν τῇ πόλει εἰσίν. Πῶς γὰρ οὔ; Ἆρ' οὖν διὰ C τὴν τῶν τεκτόνων ἐπιστήμην σοφὴ καὶ εὔβουλος ἡ πόλις προσρητέα; Οὐδαμῶς, ἔφη, διά γε ταύτην, ἀλλὰ τεκτονική. Οὐκ ἄρα διὰ τὴν ὑπὲρ τῶν ξυλίνων σκευῶν ἐπιστήμην βουλευομένην[1] ὡς ἂν ἔχοι βέλτιστα, σοφὴ κλητέα πόλις. Οὐ μέντοι. Τί δέ; τὴν ὑπὲρ τῶν ἐκ τοῦ χαλκοῦ ἤ τινα ἄλλην τῶν τοιούτων; Οὐδ' ἡντινοῦν, ἔφη. Οὐδὲ τὴν ὑπὲρ τοῦ καρποῦ τῆς γενέσεως ἐκ τῆς γῆς, ἀλλὰ γεωργική. Δοκεῖ μοι. Τί δ'; ἦν δ' ἐγώ· ἔστι τις ἐπιστήμη ἐν τῇ ἄρτι ὑφ' ἡμῶν οἰκισθείσῃ παρά τισι τῶν πολιτῶν, ἣ οὐχ D ὑπὲρ τῶν ἐν τῇ πόλει τινὸς βουλεύεται, ἀλλ' ὑπὲρ αὐτῆς ὅλης, ὅντιν' ἂν[2] τρόπον αὐτή τε πρὸς αὐτὴν καὶ πρὸς τὰς ἄλλας πόλεις ἄριστα ὁμιλοῖ; Ἔστι μέντοι. Τίς, ἔφην

---

[1] βουλευομένην Heindorf: βουλευομένη codd.   [2] ὅντιν' ἂν Ast: ὅντινα

ἐγώ, καὶ ἐν τίσιν; Αὕτη, ἦ δ' ὅς, ἡ φυλακικὴ καὶ ἐν
τούτοις τοῖς. ἄρχουσιν, οὓς νῦν δὴ τελέους φύλακας
ὠνομάζομεν. Διὰ ταύτην οὖν τὴν ἐπιστήμην τί τὴν
πόλιν προσαγορεύεις; Εὔβουλον, ἔφη, καὶ τῷ ὄντι σοφήν.
Πότερον οὖν[1], ἦν δ' ἐγώ, ἐν τῇ πόλει οἴει ἡμῖν χαλκέας Ε
πλείους ἐνέσεσθαι ἢ τοὺς ἀληθινοὺς φύλακας τούτους;
Πολύ, ἔφη, χαλκέας. Οὐκοῦν, ἔφην, καὶ τῶν ἄλλων, ὅσοι
ἐπιστήμας ἔχοντες ὀνομάζονταί τινες εἶναι, πάντων τούτων
οὗτοι ἂν εἶεν ὀλίγιστοι; Πολύ γε. Τῷ σμικροτάτῳ ἄρα
ἔθνει καὶ μέρει ἑαυτῆς καὶ τῇ ἐν τούτῳ ἐπιστήμῃ, τῷ
προεστῶτι καὶ ἄρχοντι, ὅλη σοφὴ ἂν εἴη κατὰ φύσιν
οἰκισθεῖσα πόλις· καὶ τοῦτο, ὡς ἔοικε, φύσει ὀλίγιστον
γίγνεται | γένος, ᾧ προσήκει ταύτης τῆς ἐπιστήμης μετα- 429
λαγχάνειν, ἣν μόνην δεῖ τῶν ἄλλων ἐπιστημῶν σοφίαν
καλεῖσθαι. Ἀληθέστατα, ἔφη, λέγεις. Τοῦτο μὲν δὴ ἓν
τῶν τεττάρων οὐκ οἶδα ὅντινα τρόπον ηὑρήκαμεν αὐτό τε
καὶ ὅπου τῆς πόλεως ἵδρυται. Ἐμοὶ γοῦν[2] δοκεῖ, ἔφη,
ἀποχρώντως ηὑρῆσθαι.

VII. Ἀλλὰ μὴν ἀνδρεία γε αὐτή τε καὶ ἐν ᾧ κεῖται
τῆς πόλεως, δι' ὃ τοιαύτη κλητέα ἡ πόλις, οὐ πάνυ
χαλεπὸν ἰδεῖν. Πῶς δή; Τίς ἄν, ἦν δ' ἐγώ, εἰς ἄλλο τι Β
ἀποβλέψας ἢ δειλὴν ἢ ἀνδρείαν πόλιν εἴποι, ἀλλ' ἢ εἰς
τοῦτο τὸ μέρος, ὃ προπολεμεῖ τε καὶ στρατεύεται ὑπὲρ
αὐτῆς; Οὐδ' ἂν εἷς, ἔφη, εἰς ἄλλο τι. Οὐ γὰρ οἶμαι,
εἶπον, οἵ γε ἄλλοι ἐν αὐτῇ ἢ δειλοὶ ἢ ἀνδρεῖοι ὄντες κύριοι
ἂν εἶεν ἢ τοίαν αὐτὴν εἶναι ἢ τοίαν. Οὐ γάρ. Καὶ
ἀνδρεία ἄρα πόλις μέρει τινὶ ἑαυτῆς ἐστί, διὰ τὸ ἐν
ἐκείνῳ ἔχειν δύναμιν τοιαύτην, ἣ διὰ παντὸς σώσει τὴν
περὶ τῶν δεινῶν δόξαν, ταῦτά τε αὐτὰ εἶναι καὶ τοιαῦτα, C
ἅ τε καὶ οἷα ὁ νομοθέτης παρήγγειλεν[3] ἐν τῇ παιδείᾳ. ἢ
οὐ τοῦτο ἀνδρείαν καλεῖς; Οὐ πάνυ, ἔφη, ἔμαθον ὃ εἶπες,

ἀλλ' αὖθις εἰπέ. Σωτηρίαν ἔγωγ', εἶπον, λέγω τινὰ εἶναι
τὴν ἀνδρείαν. Ποίαν δὴ σωτηρίαν; Τὴν τῆς δόξης τῆς
ὑπὸ νόμου διὰ τῆς παιδείας γεγονυίας[1] περὶ τῶν δεινῶν, ἅ
τέ ἐστι καὶ οἷα· διὰ παντὸς δὲ ἔλεγον αὐτῆς[2] σωτηρίαν τὸ
D ἔν τε λύπαις ὄντα διασῴζεσθαι αὐτὴν καὶ ἐν ἡδοναῖς καὶ
ἐν ἐπιθυμίαις καὶ ἐν φόβοις καὶ μὴ ἐκβάλλειν. ᾧ δέ μοι
δοκεῖ ὅμοιον εἶναι, ἐθέλω ἀπεικάσαι, εἰ βούλει. Ἀλλὰ
βούλομαι. Οὐκοῦν οἶσθα, ἦν δ' ἐγώ, ὅτι οἱ βαφεῖς,
ἐπειδὰν βουληθῶσι βάψαι ἔρια ὥστ' εἶναι ἀλουργά,
πρῶτον μὲν ἐκλέγονται ἐκ τοσούτων χρωμάτων μίαν
φύσιν τὴν τῶν λευκῶν, ἔπειτα προπαρασκευάζουσιν οὐκ
ὀλίγῃ παρασκευῇ, ὅπως δέξεται ὅ τι μάλιστα τὸ ἄνθος,
E καὶ θεραπεύσαντες[3] οὕτω δὴ βάπτουσι. καὶ ὃ μὲν ἂν
τούτῳ τῷ τρόπῳ βαφῇ, δευσοποιὸν γίγνεται τὸ βαφέν,
καὶ ἡ πλύσις οὔτ' ἄνευ ῥυμμάτων οὔτε μετὰ ῥυμμάτων
δύναται αὐτῶν τὸ ἄνθος ἀφαιρεῖσθαι· ἃ δ' ἂν μή, οἶσθα
οἷα δὴ γίγνεται, ἐάν τέ τις ἄλλα χρώματα βάπτῃ ἐάν τε
καὶ ταῦτα μὴ προθεραπεύσας. Οἶδα, ἔφη, ὅτι ἔκπλυτα
καὶ γελοῖα. Τοιοῦτον τοίνυν, ἦν δ' ἐγώ, ὑπόλαβε κατὰ
δύναμιν ἐργάζεσθαι καὶ ἡμᾶς, ὅτε ἐξελεγόμεθα τοὺς
430 στρατιώτας καὶ ἐπαιδεύομεν | μουσικῇ καὶ γυμναστικῇ·
μηδὲν οἴου ἄλλο μηχανᾶσθαι, ἢ ὅπως ἡμῖν ὅ τι κάλλιστα
τοὺς νόμους πεισθέντες δέξοιντο ὥσπερ βαφήν, ἵνα δευ-
σοποιὸς αὐτῶν ἡ δόξα γίγνοιτο καὶ περὶ δεινῶν καὶ περὶ
τῶν ἄλλων διὰ τὸ τήν τε φύσιν καὶ τὴν τροφὴν ἐπιτηδείαν
ἐσχηκέναι, καὶ μὴ αὐτῶν ἐκπλύναι τὴν βαφὴν τὰ ῥύμματα
ταῦτα, δεινὰ ὄντα ἐκκλύζειν, ἥ τε ἡδονή, παντὸς χαλε-
B στραίου δεινοτέρα οὖσα τοῦτο δρᾶν καὶ κονίας, λύπη τε
καὶ φόβος καὶ ἐπιθυμία, παντὸς ἄλλου ῥύμματος. τὴν δὴ
τοιαύτην δύναμιν καὶ σωτηρίαν διὰ παντὸς δόξης ὀρθῆς τε
καὶ νομίμου δεινῶν πέρι καὶ μὴ ἀνδρείαν ἔγωγε καλῶ καὶ

---

[1] γεγονυίας q: γεγονυῖαν A.   [2] αὐτῆς nos: αὐτὴν codd.   [3] θερα-
πεύσαντες post καὶ nos: post παρασκευῇ codd.

τίθεμαι, εἰ μή τι σὺ ἄλλο λέγεις. Ἀλλ' οὐδέν, ἦ δ' ὅς,
λέγω· δοκεῖς γάρ μοι τὴν ὀρθὴν δόξαν περὶ τῶν αὐτῶν
τούτων ἄνευ παιδείας γεγονυῖαν, τήν τε θηριώδη καὶ
ἀνδραποδώδη, οὔτε πάνυ μόνιμον[1] ἡγεῖσθαι ἄλλο τέ τι ἢ
ἀνδρείαν καλεῖν. Ἀληθέστατα, ἦν δ' ἐγώ, λέγεις. Ἀπο- C
δέχομαι τοίνυν τοῦτο ἀνδρείαν εἶναι. Καὶ γὰρ ἀποδέχου,
ἦν δ' ἐγώ, πολιτικήν γε, καὶ ὀρθῶς ἀποδέξει. αὖθις δὲ
περὶ αὐτοῦ, ἐὰν βούλῃ, ἔτι κάλλιον δίιμεν· νῦν γὰρ οὐ
τοῦτο ἐζητοῦμεν, ἀλλὰ δικαιοσύνην· πρὸς οὖν τὴν ἐκείνου
ζήτησιν, ὡς ἐγῷμαι, ἱκανῶς ἔχει. Ἀλλὰ καλῶς, ἔφη,
λέγεις.

VIII. Δύο μήν, ἦν δ' ἐγώ, ἔτι λοιπά, ἃ δεῖ κατιδεῖν
ἐν τῇ πόλει, ἥ τε σωφροσύνη καὶ οὗ δὴ ἕνεκα πάντα D
ζητοῦμεν, δικαιοσύνη. Πάνυ μὲν οὖν. Πῶς οὖν ἂν τὴν
δικαιοσύνην εὕροιμεν, ἵνα μηκέτι πραγματευώμεθα περὶ
σωφροσύνης; Ἐγὼ μὲν τοίνυν, ἔφη, οὔτε οἶδα οὔτ' ἂν
βουλοίμην αὐτὸ πρότερον φανῆναι, εἴπερ μηκέτι ἐπισκε-
ψόμεθα σωφροσύνην· ἀλλ' εἰ ἔμοιγε βούλει χαρίζεσθαι,
σκόπει πρότερον τοῦτο ἐκείνου. Ἀλλὰ μέντοι, ἦν δ' ἐγώ,
βούλομαί γε, εἰ μὴ ἀδικῶ. Σκόπει δή, ἔφη. Σκεπτέον, E
εἶπον· καὶ ὥς γε ἐντεῦθεν ἰδεῖν, ξυμφωνίᾳ τινὶ καὶ ἁρμονίᾳ
προσέοικεν μᾶλλον ἢ τὰ πρότερον. Πῶς; Κόσμος πού
τις, ἦν δ' ἐγώ, ἡ σωφροσύνη ἐστὶν καὶ ἡδονῶν τινῶν καὶ
ἐπιθυμιῶν ἐγκράτεια, ὥς φασι, κρείττω δὴ αὑτοῦ λέγοντες[2]
οὐκ οἶδ' ὅντινα τρόπον· καὶ ἄλλα ἄττα τοιαῦτα ὥσπερ
ἴχνη αὐτῆς λέγεται. ἦ γάρ; Πάντων μάλιστα, ἔφη.
Οὐκοῦν τὸ μὲν κρείττω αὑτοῦ γελοῖον; ὁ γὰρ ἑαυτοῦ
κρείττων καὶ ἥττων δήπου ἂν αὑτοῦ εἴη καὶ ὁ ἥττων
κρείττων· | ὁ αὐτὸς γὰρ ἐν ἅπασιν τούτοις προσαγορεύεται. 431
Τί δ' οὔ; Ἀλλ', ἦν δ' ἐγώ, φαίνεταί μοι βούλεσθαι λέγειν
οὗτος ὁ λόγος, ὥς τι ἐν αὐτῷ τῷ ἀνθρώπῳ περὶ τὴν ψυχὴν

---

[1] μόνιμον Stobaeus: νόμιμον codd.   [2] λέγοντες in mg. A²: φαίνονται
(sed punctis notatum) A¹.

τὸ μὲν βέλτιον ἔνι, τὸ δὲ χεῖρον, καὶ ὅταν μὲν τὸ βέλτιον
φύσει τοῦ χείρονος ἐγκρατὲς ᾖ, τοῦτο λέγειν τὸ¹ κρείττω
αὑτοῦ· ἐπαινεῖ γοῦν· ὅταν δὲ ὑπὸ τροφῆς κακῆς ἤ τινος
ὁμιλίας κρατηθῇ ὑπὸ πλήθους τοῦ χείρονος σμικρότερον
B τὸ βέλτιον ὄν, τοῦτο δὲ ὡς ἐν ὀνείδει ψέγειν τε καὶ καλεῖν
ἥττω ἑαυτοῦ καὶ ἀκόλαστον τὸν οὕτω διακείμενον. Καὶ
γὰρ ἔοικεν, ἔφη. Ἀπόβλεπε τοίνυν, ἦν δ' ἐγώ, πρὸς τὴν
νέαν ἡμῖν πόλιν, καὶ εὑρήσεις ἐν αὐτῇ τὸ ἕτερον τού-
των ἐνόν· κρείττω γὰρ αὐτὴν αὑτῆς δικαίως φήσεις
προσαγορεύεσθαι, εἴπερ, οὗ² τὸ ἄμεινον τοῦ χείρονος
ἄρχει, σῶφρον κλητέον καὶ κρεῖττον αὑτοῦ. Ἀλλ' ἀπο-
βλέπω, ἔφη, καὶ ἀληθῆ λέγεις. Καὶ μὴν καὶ τάς γε
C πολλὰς καὶ παντοδαπὰς ἐπιθυμίας καὶ ἡδονάς τε καὶ
λύπας ἐν παισὶ³ μάλιστα ἄν τις εὕροι καὶ γυναιξὶ καὶ
οἰκέταις καὶ τῶν ἐλευθέρων λεγομένων ἐν τοῖς πολλοῖς τε
καὶ φαύλοις. Πάνυ μὲν οὖν. Ταῖς δέ γε ἁπλαῖς τε καὶ
μετρίαις⁴, αἳ δὴ μετὰ νοῦ τε καὶ δόξης ὀρθῆς λογισμῷ
ἄγονται, ἐν ὀλίγοις τε ἐπιτεύξει καὶ τοῖς βέλτιστα μὲν
φῦσιν, βέλτιστα δὲ παιδευθεῖσιν. Ἀληθῆ, ἔφη. Οὐκοῦν
καὶ ταῦτα ὁρᾷς ἐνόντα σοι ἐν τῇ πόλει, καὶ κρατουμένας
D αὐτόθι τὰς ἐπιθυμίας τὰς ἐν τοῖς πολλοῖς τε καὶ φαύλοις
ὑπό τε τῶν ἐπιθυμιῶν καὶ τῆς φρονήσεως τῆς ἐν τοῖς
ἐλάττοσί τε καὶ ἐπιεικεστέροις; Ἔγωγ', ἔφη.

IX. Εἰ ἄρα δεῖ τινὰ πόλιν προσαγορεύειν κρείττω
ἡδονῶν τε καὶ ἐπιθυμιῶν καὶ αὐτὴν αὑτῆς, καὶ ταύτην
προσρητέον. Παντάπασιν μὲν οὖν, ἔφη. Ἆρ' οὖν οὐ καὶ
σώφρονα κατὰ πάντα ταῦτα; Καὶ μάλα, ἔφη. Καὶ μὴν
εἴπερ αὖ ἐν ἄλλῃ πόλει ἡ αὐτὴ δόξα ἔνεστι τοῖς τε
E ἄρχουσι καὶ ἀρχομένοις περὶ τοῦ οὕστινας δεῖ ἄρχειν, καὶ
ἐν ταύτῃ ἂν εἴη τοῦτο ἐνόν. ἢ οὐ δοκεῖ; Καὶ μάλα, ἔφη,
σφόδρα. Ἐν ποτέροις οὖν φήσεις τῶν πολιτῶν τὸ

¹ τὸ Π: τὸν A.   ² οὗ Ξ q: οὖν A.   ³ παισὶ H. Wolf: πᾶσι codd.
ῖς—ἁπλαῖς—μετρίαις Herwerden: τὰς—ἁπλᾶς—μετρίας codd.

σωφρονεῖν ἐνεῖναι, ὅταν οὕτως ἔχωσιν; ἐν τοῖς ἄρχουσιν
ἢ ἐν τοῖς ἀρχομένοις; Ἐν ἀμφοτέροις που, ἔφη. Ὁρᾷς
οὖν, ἦν δ᾽ ἐγώ, ὅτι ἐπιεικῶς ἐμαντευόμεθα ἄρτι, ὡς ἁρμονίᾳ
τινὶ ἡ σωφροσύνη ὡμοίωται; Τί δή; Ὅτι οὐχ ὥσπερ ἡ
ἀνδρεία καὶ ἡ σοφία ἐν μέρει τινὶ ἑκατέρα ἐνοῦσα ἡ μὲν
| σοφήν, ἡ δὲ ἀνδρείαν τὴν πόλιν παρείχετο, οὐχ οὕτω 432
ποιεῖ αὕτη, ἀλλὰ δι᾽ ὅλης ἀτεχνῶς τέταται, διὰ πασῶν
παρεχομένη ξυνᾴδοντας τούς τε ἀσθενεστάτους ταὐτὸν καὶ
τοὺς ἰσχυροτάτους καὶ τοὺς μέσους, εἰ μὲν βούλει, φρονή-
σει, εἰ δὲ βούλει, ἰσχύϊ, εἰ δέ, καὶ πλήθει ἢ χρήμασιν ἢ
ἄλλῳ ὁτῳοῦν τῶν τοιούτων· ὥστε ὀρθότατ᾽ ἂν φαῖμεν
ταύτην τὴν ὁμόνοιαν σωφροσύνην εἶναι, χείρονός τε καὶ
ἀμείνονος κατὰ φύσιν ξυμφωνίαν, ὁπότερον δεῖ ἄρχειν, καὶ
ἐν πόλει καὶ ἐν ἑνὶ ἑκάστῳ. Πάνυ μοι, ἔφη, ξυνδοκεῖ. B
Εἶεν, ἦν δ᾽ ἐγώ· τὰ μὲν τρία ἡμῖν ἐν τῇ πόλει κατῶπται,
ὥς γε οὑτωσὶ δόξαι· τὸ δὲ δὴ λοιπὸν εἶδος, δι᾽ ὃ ἂν ἔτι
ἀρετῆς μετέχοι πόλις, τί ποτ᾽ ἂν εἴη; δῆλον γάρ, ὅτι
τοῦτ᾽ ἔστιν ἡ δικαιοσύνη. Δῆλον. Οὐκοῦν, ὦ Γλαύκων,
νῦν δὴ ἡμᾶς δεῖ ὥσπερ κυνηγέτας τινὰς θάμνον[1] κύκλῳ
περιίστασθαι προσέχοντας τὸν νοῦν, μή πῃ διαφύγῃ ἡ
δικαιοσύνη καὶ ἀφανισθεῖσα ἄδηλος γένηται· φανερὸν γὰρ
δὴ ὅτι ταύτῃ πῃ ἔστιν. ὅρα οὖν καὶ προθυμοῦ κατιδεῖν, C
ἐάν πως πρότερος ἐμοῦ ἴδῃς καὶ ἐμοὶ φράσῃς[2]. Εἰ γὰρ
ὤφελον[3], ἔφη· ἀλλὰ μᾶλλον, ἐάν μοι ἑπομένῳ χρῇ καὶ τὰ
δεικνύμενα δυναμένῳ καθορᾶν, πάνυ μοι μετρίῳ[4] χρήσει.
Ἕπου, ἦν δ᾽ ἐγώ, εὐξάμενος μετ᾽ ἐμοῦ. Ποιήσω ταῦτα·
ἀλλὰ μόνον, ἦ δ᾽ ὅς, ἡγοῦ. Καὶ μήν, εἶπον ἐγώ, δύσβατός
γέ τις ὁ τόπος φαίνεται καὶ ἐπίσκιος· ἔστι γοῦν σκοτεινὸς
καὶ δυσδιερεύνητος· ἀλλὰ γὰρ ὅμως ἰτέον. Ἰτέον γάρ, D
ἔφη. καὶ ἐγὼ κατιδὼν Ἰοῦ ἰοῦ, εἶπον, ὦ Γλαύκων·
κινδυνεύομέν τι ἔχειν ἴχνος, καί μοι δοκεῖ οὐ πάνυ τι

---

[1] θάμνον Π: θάμνων Α.   [2] φράσῃς Π: φράσεις Α.   [3] ὤφελον Π:
ὄφελον Α.   [4] μετρίῳ H. Richards: μετρίως codd.

ἐκφευξεῖσθαι ἡμᾶς. Εὖ ἀγγέλλεις, ἦ δ' ὅς. Ἦ μήν, ἦν
δ' ἐγώ, βλακικόν γε ἡμῶν τὸ πάθος. Τὸ ποῖον; Πάλαι,
ὦ μακάριε, φαίνεται πρὸ ποδῶν ἡμῖν ἐξ ἀρχῆς κυλιν-
δεῖσθαι, καὶ οὐχ ἑωρῶμεν ἄρ' αὐτό, ἀλλ' ἦμεν κατα-
γελαστότατοι· ὥσπερ οἱ ἐν ταῖς χερσὶν ἔχοντες ζητοῦσιν
E ἐνίοτε ὃ ἔχουσιν, καὶ ἡμεῖς εἰς αὐτὸ μὲν οὐκ ἀπεβλέπομέν,
πόρρω δέ ποι ἀπεσκοποῦμεν, ᾗ δὴ καὶ ἐλάνθανεν ἴσως
ἡμᾶς. Πῶς, ἔφη, λέγεις; Οὕτως, εἶπον, ὡς δοκοῦμέν μοι
καὶ λέγοντες αὐτὸ καὶ ἀκούοντες πάλαι οὐ μανθάνειν
ἡμῶν αὐτῶν, ὅτι ἐλέγομεν τρόπον τινὰ αὐτό. Μακρόν,
ἔφη, τὸ προοίμιον τῷ ἐπιθυμοῦντι ἀκοῦσαι.

433   X. 'Αλλ', ἦν δ' ἐγώ, ἄκουε, | εἴ τι ἄρα λέγω. ὃ γὰρ ἐξ
ἀρχῆς ἐθέμεθα δεῖν ποιεῖν διὰ παντός, ὅτε τὴν πόλιν
κατῳκίζομεν, τοῦτό ἐστιν, ὡς ἐμοὶ δοκεῖ, ἤτοι τούτου τι
εἶδος ἡ δικαιοσύνη. ἐθέμεθα δὲ δήπου καὶ πολλάκις
ἐλέγομεν, εἰ μέμνησαι, ὅτι ἕνα ἕκαστον ἓν δέοι ἐπιτη-
δεύειν τῶν περὶ τὴν πόλιν, εἰς ὃ αὑτοῦ ἡ φύσις ἐπιτη-
δειοτάτη πεφυκυῖα εἴη. Ἐλέγομεν γάρ. Καὶ μὴν ὅτι
γε τὸ τὰ αὑτοῦ πράττειν καὶ μὴ πολυπραγμονεῖν δικαιο-
σύνη ἐστί, καὶ τοῦτο ἄλλων τε πολλῶν ἀκηκόαμεν καὶ
B αὐτοὶ πολλάκις εἰρήκαμεν. Εἰρήκαμεν γάρ. Τοῦτο τοίνυν,
ἦν δ' ἐγώ, ὦ φίλε, κινδυνεύει τρόπον τινὰ γιγνόμενον ἡ
δικαιοσύνη εἶναι, τὸ τὰ αὑτοῦ πράττειν· οἶσθα ὅθεν
τεκμαίρομαι; Οὔκ, ἀλλὰ λέγ', ἔφη. Δοκεῖ μοι, ἦν δ' ἐγώ,
τὸ ὑπόλοιπον ἐν τῇ πόλει ὧν ἐσκέμμεθα, σωφροσύνης καὶ
ἀνδρείας καὶ φρονήσεως, τοῦτο εἶναι, ὃ πᾶσιν ἐκείνοις τὴν
δύναμιν παρέσχεν, ὥστε ἐγγενέσθαι, καὶ ἐγγενομένοις γε
σωτηρίαν παρέχει[1], ἕωσπερ ἂν ἐνῇ. καίτοι ἔφαμεν
C δικαιοσύνην ἔσεσθαι τὸ ὑπολειφθὲν ἐκείνων, εἰ τὰ τρία
εὕροιμεν. Καὶ γὰρ ἀνάγκη, ἔφη. 'Αλλὰ μέντοι, ἦν δ'
ἐγώ, εἰ δέοι γε κρῖναι, τί τὴν πόλιν ἡμῖν τούτων μάλιστα
ἀγαθὴν ἀπεργάσεται ἐγγενόμενον, δύσκριτον ἂν εἴη,

---

[1] παρέχει Vind. D F : παρέχειν A.

πότερον ἡ ὁμοδοξία τῶν ἀρχόντων τε καὶ ἀρχομένων, ἢ ἡ
περὶ δεινῶν τε καὶ μή, ἅττα ἐστί, δόξης ἐννόμου σωτηρία
ἐν τοῖς στρατιώταις ἐγγενομένη, ἢ ἡ[1] ἐν τοῖς ἄρχουσι
φρόνησίς τε καὶ φυλακὴ ἐνοῦσα, ἢ τοῦτο μάλιστα ἀγαθὴν D
αὐτὴν ποιεῖ ἐνὸν καὶ ἐν παιδὶ καὶ ἐν γυναικὶ καὶ δούλῳ
καὶ ἐλευθέρῳ καὶ δημιουργῷ καὶ ἄρχοντι καὶ ἀρχομένῳ,
ὅτι τὸ αὑτοῦ ἕκαστος εἷς ὢν ἔπραττεν καὶ οὐκ ἐπολυπραγ-
μόνει. Δύσκριτον, ἔφη· πῶς δ᾽ οὔ; Ἐνάμιλλον ἄρα, ὡς
ἔοικε, πρὸς ἀρετὴν πόλεως τῇ τε σοφίᾳ αὐτῆς καὶ τῇ
σωφροσύνῃ καὶ τῇ ἀνδρείᾳ ἡ τοῦ ἕκαστον ἐν αὐτῇ τὰ
αὑτοῦ πράττειν δύναμις. Καὶ μάλα, ἔφη. Οὐκοῦν
δικαιοσύνην τό γε τούτοις ἐνάμιλλον ἂν εἰς ἀρετὴν πόλεως E
θείης; Παντάπασι μὲν οὖν. Σκόπει δὴ καὶ τῇδε, εἰ
οὕτω δόξει. ἆρα τοῖς ἄρχουσιν ἐν τῇ πόλει τὰς δίκας
προστάξεις δικάζειν; Τί μήν; Ἦ ἄλλου οὑτινοσοῦν[2]
μᾶλλον ἐφιέμενοι δικάσουσιν ἢ τούτου[3], ὅπως ἂν ἕκαστοι
μήτ᾽ ἔχωσι τἀλλότρια μήτε τῶν αὑτῶν στέρωνται; Οὔκ,
ἀλλὰ τούτου. Ὡς δικαίου ὄντος; Ναί. Καὶ ταύτῃ ἄρα
πῃ ἡ τοῦ οἰκείου τε καὶ ἑαυτοῦ ἕξις τε καὶ πρᾶξις δικαιο-
σύνη ἂν | ὁμολογοῖτο. Ἔστι ταῦτα. Ἰδὲ δή, ἐὰν σοὶ ὅπερ 434
ἐμοὶ ξυνδοκῇ. τέκτων σκυτοτόμου ἐπιχειρῶν ἔργα ἐργά-
ζεσθαι ἢ σκυτοτόμος τέκτονος, ἢ τὰ ὄργανα μεταλαμ-
βάνοντες τἀλλήλων ἢ τιμάς, ἢ καὶ ὁ αὐτὸς ἐπιχειρῶν
ἀμφότερα πράττειν, πάντα τἆλλα μεταλλαττόμενα ἆρά
σοι ἄν τι δοκεῖ μέγα βλάψαι πόλιν; Οὐ πάνυ, ἔφη.
Ἀλλ᾽ ὅταν γε, οἶμαι, δημιουργὸς ὢν ἤ τις ἄλλος χρηματι-
στὴς φύσει ἔπειτα ἐπαιρόμενος ἢ πλούτῳ ἢ πλήθει ἢ B
ἰσχύϊ ἢ ἄλλῳ τῳ[4] τοιούτῳ εἰς τὸ τοῦ πολεμικοῦ εἶδος
ἐπιχειρῇ ἰέναι, ἢ τῶν πολεμικῶν τις εἰς τὸ τοῦ βουλευ-
τικοῦ καὶ φύλακος ἀνάξιος ὤν, καὶ τὰ ἀλλήλων οὗτοι
ὄργανα μεταλαμβάνωσι καὶ τὰς τιμάς, ἢ ὅταν ὁ αὐτὸς

---

[1] ἢ ἡ Ξ[2] q: ἢ Α.   [2] οὑτινοσοῦν Ξ: τινὸς οὖν Α.   [3] τούτου Π:
τοῦτο Α.   [4] τῳ Π: τῷ Α.

πάντα ταῦτα ἅμα ἐπιχειρῇ πράττειν, τότε οἶμαι καὶ σοὶ
δοκεῖν ταύτην τὴν τούτων μεταβολὴν καὶ πολυπραγμο-
σύνην ὄλεθρον εἶναι τῇ πόλει. Παντάπασι μὲν οὖν. Ἡ
C τριῶν ἄρα ὄντων γενῶν πολυπραγμοσύνη καὶ μεταβολὴ
εἰς ἄλληλα μεγίστη τε βλάβη τῇ πόλει καὶ ὀρθότατ᾽ ἂν
προσαγορεύοιτο μάλιστα κακουργία. Κομιδῇ μὲν οὖν.
Κακουργίαν δὲ τὴν μεγίστην τῆς ἑαυτοῦ πόλεως οὐκ
ἀδικίαν φήσεις εἶναι; Πῶς δ᾽ οὔ; Τοῦτο μὲν ἄρα ἀδικία.

XI. Πάλιν δὲ ὧδε λέγωμεν· χρηματιστικοῦ, ἐπικου-
ρικοῦ, φυλακικοῦ γένους οἰκειοπραγία, ἑκάστου τούτων
τὸ αὑτοῦ πράττοντος ἐν πόλει, τοὐναντίον <ὂν>[1] ἐκείνου,
δικαιοσύνη τ᾽ ἂν εἴη καὶ τὴν πόλιν δικαίαν παρέχοι. Οὐκ
D ἄλλῃ ἔμοιγε δοκεῖ, ἦ δ᾽ ὅς, ἔχειν ἢ ταύτῃ. Μηδέν, ἦν δ᾽
ἐγώ, πω πάνυ παγίως αὐτὸ λέγωμεν, ἀλλ᾽ ἐὰν μὲν ἡμῖν
καὶ εἰς ἕνα ἕκαστον τῶν ἀνθρώπων ἰὸν τὸ εἶδος τοῦτο
ὁμολογῆται καὶ ἐκεῖ δικαιοσύνη εἶναι, συγχωρησόμεθα
ἤδη· τί γὰρ καὶ ἐροῦμεν; εἰ δὲ μή, τότε ἄλλο τι σκεψό-
μεθα. νῦν δ᾽ ἐκτελέσωμεν τὴν σκέψιν, ἣν ᾠήθημεν, εἰ ἐν
μείζονί τινι τῶν ἐχόντων δικαιοσύνην πρότερον ἐκεῖ
ἐπιχειρήσαιμεν θεάσασθαι, ῥᾷον ἂν ἐν ἑνὶ ἀνθρώπῳ
E κατιδεῖν οἷόν ἐστιν. καὶ ἔδοξε δὴ ἡμῖν τοῦτο εἶναι πόλις,
καὶ οὕτω ᾠκίζομεν ὡς ἐδυνάμεθα ἀρίστην, εὖ εἰδότες ὅτι
ἔν γε τῇ ἀγαθῇ ἂν εἴη. ὃ οὖν ἡμῖν ἐκεῖ ἐφάνη, ἐπανα-
φέρωμεν εἰς τὸν ἕνα, κἂν μὲν ὁμολογῆται, καλῶς ἕξει· ἐὰν
δέ τι ἄλλο ἐν τῷ ἑνὶ ἐμφαίνηται, πάλιν ἐπανιόντες ἐπὶ
435 τὴν πόλιν βασανιοῦμεν· | καὶ τάχ᾽ ἂν παρ᾽ ἄλληλα
σκοποῦντες καὶ τρίβοντες ὥσπερ ἐκ πυρείων ἐκλάμψαι
ποιήσαιμεν τὴν δικαιοσύνην, καὶ φανερὰν γενομένην
βεβαιωσαίμεθ᾽[2] ἂν αὐτὴν παρ᾽ ἡμῖν αὐτοῖς. Ἀλλ᾽, ἔφη,
καθ᾽ ὁδόν τε λέγεις καὶ ποιεῖν χρὴ οὕτως. Ἆρ᾽ οὖν, ἦν δ᾽
ἐγώ, ὅ γε ταὐτὸν ἄν τις προσείποι μεῖζόν τε καὶ ἔλαττον,

---

[1] <ὂν> nos: om. codd.
[2] βεβαιωσαίμεθ᾽ q: βεβαιωσώμεθ᾽ A¹: βεβαιωσόμεθ᾽ A²

ἀνόμοιον τυγχάνει ὂν ταύτῃ, ᾗ ταὐτὸν προσαγορεύεται, ἢ
ὅμοιον; Ὅμοιον, ἔφη. Καὶ δίκαιος ἄρα ἀνὴρ δικαίας
πόλεως κατ᾽ αὐτὸ τὸ τῆς δικαιοσύνης εἶδος οὐδὲν διοίσει, Β
ἀλλ᾽ ὅμοιος ἔσται. Ὅμοιος, ἔφη. Ἀλλὰ μέντοι πόλις γε
ἔδοξεν εἶναι δικαία, ὅτι¹ ἐν αὐτῇ² τριττὰ γένη φύσεων
ἐνόντα τὸ αὐτῶν ἕκαστον ἔπραττεν· σώφρων δὲ αὖ καὶ
ἀνδρεία καὶ σοφὴ διὰ τῶν αὐτῶν τούτων γενῶν ἄλλ᾽ ἄττα
πάθη τε καὶ ἕξεις. Ἀληθῆ, ἔφη. Καὶ τὸν ἕνα ἄρα, ὦ
φίλε, οὕτως ἀξιώσομεν, τὰ αὐτὰ ταῦτα εἴδη ἐν τῇ αὑτοῦ
ψυχῇ ἔχοντα, διὰ τὰ αὐτὰ πάθη ἐκείνοις τῶν αὐτῶν C
ὀνομάτων ὀρθῶς ἀξιοῦσθαι τῇ πόλει. Πᾶσα ἀνάγκη,
ἔφη. Εἰς φαῦλόν γε αὖ, ἦν δ᾽ ἐγώ, ὦ θαυμάσιε, σκέμμα
ἐμπεπτώκαμεν περὶ ψυχῆς, εἴτε ἔχει τὰ τρία εἴδη ταῦτα
ἐν αὐτῇ εἴτε μή. Οὐ πάνυ μοι δοκοῦμεν, ἔφη, εἰς φαῦλον.
ἴσως γάρ, ὦ Σώκρατες, τὸ λεγόμενον ἀληθές, ὅτι χαλεπὰ
τὰ καλά. Φαίνεται, ἦν δ᾽ ἐγώ. καὶ εὖ γ᾽ ἴσθι, ὦ Γλαύ-
κων, ὡς ἡ ἐμὴ δόξα, ἀκριβῶς μὲν τοῦτο ἐκ τοιούτων D
μεθόδων, οἵαις νῦν ἐν τοῖς λόγοις χρώμεθα, οὐ μή ποτε
λάβωμεν· ἄλλη³ γὰρ μακροτέρα καὶ πλείων ὁδὸς ἡ ἐπὶ
τοῦτο ἄγουσα· ἴσως μέντοι τῶν γε προειρημένων τε καὶ
προεσκεμμένων ἀξίως. Οὐκοῦν ἀγαπητόν; ἔφη· ἐμοὶ μὲν
γὰρ ἔν γε τῷ παρόντι ἱκανῶς ἂν ἔχοι. Ἀλλὰ μέντοι,
εἶπον, ἔμοιγε καὶ πάνυ ἐξαρκέσει. Μὴ τοίνυν ἀποκάμῃς,
ἔφη, ἀλλὰ σκόπει. Ἆρ᾽ οὖν ἡμῖν, ἦν δ᾽ ἐγώ, πολλὴ Ε
ἀνάγκη ὁμολογεῖν, ὅτι γε τὰ αὐτὰ ἐν ἑκάστῳ ἔνεστιν
ἡμῶν εἴδη τε καὶ ἤθη, ἅπερ ἐν τῇ πόλει; οὐ γάρ που
ἄλλοθεν ἐκεῖσε ἀφῖκται. γελοῖον γὰρ ἂν εἴη, εἴ τις
οἰηθείη τὸ θυμοειδὲς μὴ ἐκ τῶν ἰδιωτῶν ἐν ταῖς πόλεσιν
ἐγγεγονέναι, οἳ δὴ καὶ ἔχουσι ταύτην τὴν αἰτίαν, οἷον οἱ
κατὰ τὴν Θρᾴκην τε καὶ Σκυθικὴν καὶ σχεδόν τι κατὰ
τὸν ἄνω τόπον, ἢ τὸ φιλομαθές, ὃ δὴ περὶ τὸν παρ᾽ ἡμῖν

¹ ὅτι Π: ὅτε Α.   ² αὐτῇ Π: ἑαυτῇ Α.
³ ἄλλη Flor. T cum Galeno: ἀλλὰ Α.

436 μάλιστ' ἄν τις αἰτιάσαιτο τόπον, ἢ τὸ | φιλοχρήματον, δ¹
περὶ τούς τε Φοίνικας εἶναι καὶ τοὺς κατὰ Αἴγυπτον φαίη
τις ἂν οὐχ ἥκιστα. Καὶ μάλα, ἔφη. Τοῦτο μὲν δὴ οὕτως
ἔχει, ἦν δ' ἐγώ, καὶ οὐδὲν χαλεπὸν γνῶναι. Οὐ δῆτα.

XII. Τόδε δὲ ἤδη χαλεπόν, εἰ τῷ αὐτῷ τούτων²
ἕκαστα πράττομεν ἢ τρισὶν οὖσιν ἄλλο ἄλλῳ· μανθά-
νομεν μὲν ἑτέρῳ, θυμούμεθα δὲ ἄλλῳ τῶν ἐν ἡμῖν, ἐπι-
θυμοῦμεν δ' αὖ τρίτῳ τινὶ τῶν περὶ τὴν τροφήν τε καὶ
B γέννησιν ἡδονῶν καὶ ὅσα τούτων ἀδελφά, ἢ ὅλῃ τῇ ψυχῇ
καθ' ἕκαστον αὐτῶν πράττομεν, ὅταν ὁρμήσωμεν. ταῦτ'
ἔσται τὰ χαλεπὰ διορίσασθαι ἀξίως λόγου. Καὶ ἐμοὶ
δοκεῖ, ἔφη. Ὧδε τοίνυν ἐπιχειρῶμεν αὐτὰ ὁρίζεσθαι, εἴτε
τὰ αὐτὰ ἀλλήλοις εἴτε ἕτερά ἐστι. Πῶς; Δῆλον ὅτι
ταὐτὸν τἀναντία ποιεῖν ἢ πάσχειν κατὰ ταὐτόν γε καὶ
πρὸς ταὐτὸν οὐκ ἐθελήσει ἅμα, ὥστε ἂν που εὑρίσκωμεν
C ἐν αὐτοῖς ταῦτα γιγνόμενα, εἰσόμεθα ὅτι οὐ ταὐτὸν ἦν
ἀλλὰ πλείω. Εἶεν. Σκόπει δὴ ὃ λέγω. Λέγε, ἔφη.
Ἑστάναι, εἶπον, καὶ κινεῖσθαι τὸ αὐτὸ ἅμα κατὰ τὸ αὐτὸ
ἆρα δυνατόν; Οὐδαμῶς. Ἔτι τοίνυν ἀκριβέστερον ὁμολο-
γησώμεθα, μή πῃ προϊόντες ἀμφισβητήσωμεν. εἰ γάρ τις
λέγοι ἄνθρωπον ἑστηκότα, κινοῦντα δὲ τὰς χεῖράς τε καὶ
τὴν κεφαλήν, ὅτι ὁ αὐτὸς ἕστηκέ τε καὶ κινεῖται ἅμα, οὐκ
ἄν, οἶμαι, ἀξιοῖμεν οὕτω λέγειν δεῖν, ἀλλ' ὅτι τὸ μέν τι
D αὐτοῦ ἕστηκε, τὸ δὲ κινεῖται. οὐχ οὕτω; Οὕτω. Οὐκοῦν
καὶ εἰ ἔτι μᾶλλον χαριεντίζοιτο ὁ ταῦτα λέγων, κομψευό-
μενος ὡς οἵ γε στρόβιλοι ὅλοι ἑστᾶσί τε ἅμα καὶ
κινοῦνται ὅταν ἐν τῷ αὐτῷ πήξαντες τὸ κέντρον περι-
φέρωνται, ἢ καὶ ἄλλο τι κύκλῳ περιιὸν ἐν τῇ αὐτῇ ἕδρα
τοῦτο δρᾷ, οὐκ ἂν ἀποδεχοίμεθα³, ὡς οὐ κατὰ ταὐτὰ
ἑαυτῶν τὰ τοιαῦτα τότε μενόντων τε καὶ φερομένων, ἀλλὰ
E φαῖμεν ἂν ἔχειν αὐτὰ εὐθύ τε καὶ περιφερὲς ἐν αὑτοῖς, καὶ

¹ δ Ξ: τὸ Α.   ² τούτων Apelt (cum q²): τούτῳ Α.
³ ἀποδεχοίμεθα q: ἀποδεχώμεθα Α¹: ἀποδεχόμεθα Α².

κατὰ μὲν τὸ εὐθὺ ἑστάναι, οὐδαμῇ γὰρ ἀποκλίνειν, κατὰ
δὲ τὸ περιφερὲς κύκλῳ κινεῖσθαι· ὅταν δὲ τὴν εὐθυωρίαν
ᾖ¹ εἰς δεξιὰν ἢ εἰς ἀριστερὰν ἢ εἰς τὸ πρόσθεν ἢ εἰς τὸ
ὄπισθεν ἐγκλίνῃ ἅμα περιφερόμενον, τότε οὐδαμῇ ἑστάναι².
Καὶ ὀρθῶς γε, ἔφη. Οὐδὲν ἄρα ἡμᾶς τῶν τοιούτων
λεγόμενον ἐκπλήξει, οὐδὲ μᾶλλόν τι πείσει, ὥς ποτέ τι ἂν
τὸ αὐτὸ ὂν ἅμα κατὰ τὸ αὐτὸ πρὸς τὸ αὐτὸ τἀναντία
| πάθοι ἢ καὶ εἴη ἢ καὶ ποιήσειεν. Οὔκουν ἐμέ γε, ἔφη. 437
Ἀλλ᾽ ὅμως, ἦν δ᾽ ἐγώ, ἵνα μὴ ἀναγκαζώμεθα πάσας τὰς
τοιαύτας ἀμφισβητήσεις ἐπεξιόντες καὶ βεβαιούμενοι ὡς
οὐκ ἀληθεῖς οὔσας μηκύνειν, ὑποθέμενοι ὡς τούτου οὕτως
ἔχοντος εἰς τὸ πρόσθεν προΐωμεν, ὁμολογήσαντες ἐάν ποτε
ἄλλῃ φανῇ ταῦτα ἢ ταύτῃ, πάντα ἡμῖν τὰ ἀπὸ τούτου ξυμ-
βαίνοντα λελυμένα ἔσεσθαι. Ἀλλὰ χρή, ἔφη, ταῦτα ποιεῖν.

XIII. Ἆρ᾽ οὖν, ἦν δ᾽ ἐγώ, τὸ ἐπινεύειν τῷ ἀνανεύειν B
καὶ τὸ ἐφίεσθαί τινος λαβεῖν τῷ ἀπαρνεῖσθαι καὶ τὸ
προσάγεσθαι τῷ ἀπωθεῖσθαι, πάντα τὰ τοιαῦτα τῶν
ἐναντίων ἂν³ ἀλλήλοις θείης εἴτε ποιημάτων εἴτε παθη-
μάτων; οὐδὲν γὰρ ταύτῃ διοίσει. Ἀλλ᾽, ᾗ δ᾽ ὅς, τῶν
ἐναντίων. Τί οὖν; ἦν δ᾽ ἐγώ· διψῆν καὶ πεινῆν καὶ ὅλως
τὰς ἐπιθυμίας, καὶ αὖ τὸ ἐθέλειν καὶ τὸ βούλεσθαι, οἷ
πάντα ταῦτα εἰς ἐκεῖνά ποι ἂν θείης τὰ εἴδη τὰ νῦν δὴ
λεχθέντα; οἷον ἀεὶ τὴν τοῦ ἐπιθυμοῦντος ψυχὴν οὐχὶ ἤτοι C
ἐφίεσθαι φήσεις ἐκείνου οὗ ἂν ἐπιθυμῇ, ἢ προσάγεσθαι
τοῦτο ὃ ἂν βούληταί οἱ γενέσθαι, ἢ αὖ καθ᾽ ὅσον ἐθέλει τί
οἱ πορισθῆναι, ἐπινεύειν τοῦτο πρὸς αὑτὴν ὥσπερ τινὸς
ἐρωτῶντος, ἐπορεγομένην αὐτοῦ τῆς γενέσεως; Ἔγωγε.
Τί δέ; τὸ ἀβουλεῖν καὶ μὴ ἐθέλειν μηδ᾽ ἐπιθυμεῖν οὐκ εἰς
τὸ ἀπωθεῖν καὶ ἀπελαύνειν ἀπ᾽ αὐτῆς καὶ εἰς ἅπαντα
τἀναντία ἐκείνοις θήσομεν; Πῶς γὰρ οὔ; Τούτων δὴ D
οὕτως ἐχόντων ἐπιθυμιῶν τι φήσομεν εἶναι εἶδος, καὶ

---

¹ ἢ Π: ἢ καὶ A.　　² ἑστάναι Flor. U cum Galeno: ἔστιν ἑστάναι A.
³ ἂν Baiter: om. codd.

ἐναργεστάτας αὐτῶν τούτων ἥν τε δίψαν καλοῦμεν καὶ ἣν
πεῖναν; Φήσομεν, ἦ δ' ὅς.   Οὐκοῦν τὴν μὲν ποτοῦ, τὴν δ'
ἐδωδῆς; Ναί.   Ἆρ' οὖν, καθ' ὅσον δίψα ἐστί, πλέονος ἄν
τινος ἢ οὗ[1] λέγομεν ἐπιθυμία ἐν τῇ ψυχῇ εἴη; οἷον δίψα
ἐστὶ δίψα ἆρά γε θερμοῦ ποτοῦ ἢ ψυχροῦ, ἢ πολλοῦ ἢ
ὀλίγου, ἢ καὶ ἑνὶ λόγῳ[2] ποιοῦ τινὸς πώματος; ἢ ἐὰν μέν
E τις θερμότης τῷ δίψει προσῇ, τὴν τοῦ ψυχροῦ ἐπιθυμίαν
προσπαρέχοιτ' ἄν, ἐὰν δὲ ψυχρότης, τὴν τοῦ θερμοῦ; ἐὰν
δὲ διὰ πλήθους παρουσίαν πολλὴ ἡ δίψα ᾖ, τὴν τοῦ
πολλοῦ παρέξεται, ἐὰν δὲ ὀλίγη, τὴν τοῦ ὀλίγου; αὐτὸ δὲ
τὸ διψῆν οὐ μή ποτε ἄλλου γένηται ἐπιθυμία ἢ οὗπερ
πέφυκεν, αὐτοῦ πώματος, καὶ αὖ τὸ πεινῆν βρώματος;
Οὕτως, ἔφη, αὐτή γε ἡ ἐπιθυμία ἑκάστη αὐτοῦ μόνον
ἑκάστου οὗ πέφυκεν, τοῦ δὲ τοίου ἢ τοίου τὰ προσγι-
438 γνόμενα. | Μή τοι τις, ἦν δ' ἐγώ, ἀσκέπτους ἡμᾶς ὄντας
θορυβήσῃ, ὡς οὐδεὶς ποτοῦ ἐπιθυμεῖ, ἀλλὰ χρηστοῦ ποτοῦ,
καὶ οὐ σίτου, ἀλλὰ χρηστοῦ σίτου· πάντες γὰρ ἄρα τῶν
ἀγαθῶν ἐπιθυμοῦσιν.   εἰ οὖν ἡ δίψα ἐπιθυμία ἐστί,
χρηστοῦ ἂν εἴη εἴτε πώματος εἴτε ἄλλου ὅτου ἐστὶν
ἐπιθυμία, καὶ αἱ ἄλλαι οὕτω.   Ἴσως γὰρ ἄν, ἔφη, δοκοῖ τι
7 λέγειν ὁ ταῦτα λέγων.   Ἀλλὰ μέντοι, ἦν δ' ἐγώ, ὅσα
B γ' ἐστὶ τοιαῦτα οἷα εἶναί του, τὰ μὲν ποιὰ ἄττα ποιοῦ
τινός ἐστιν, ὡς ἐμοὶ δοκεῖ, τὰ δ' αὐτὰ ἕκαστα αὐτοῦ
ἑκάστου μόνον.   Οὐκ ἔμαθον, ἔφη.   Οὐκ ἔμαθες, ἔφην,
ὅτι τὸ μεῖζον τοιοῦτόν ἐστιν οἷον τινὸς εἶναι μεῖζον; Πάνυ
γε.   Οὐκοῦν τοῦ ἐλάττονος; Ναί.   Τὸ δέ γε πολὺ μεῖζον
πολὺ ἐλάττονος. ἢ γάρ; Ναί.   Ἆρ' οὖν καὶ τὸ ποτὲ
μεῖζον ποτὲ ἐλάττονος, καὶ τὸ ἐσόμενον μεῖζον ἐσομένου
ἐλάττονος; Ἀλλὰ τί μήν; ἦ δ' ὅς.   Καὶ τὰ πλείω δὴ
C πρὸς τὰ ἐλάττω καὶ τὰ διπλάσια πρὸς τὰ ἡμίσεα καὶ
πάντα τὰ τοιαῦτα, καὶ αὖ βαρύτερα πρὸς κουφότερα καὶ
θάττω πρὸς τὰ βραδύτερα, καὶ ἔτι γε τὰ θερμὰ πρὸς τὰ

---

[1] ἢ οὗ Ast: του A[1]: ἢ οὐ A[2].   [2] ἑνὶ λόγῳ Cornarius: ἐν ὀλίγῳ codd.

ψυχρὰ καὶ πάντα τὰ τούτοις ὅμοια ἀρ' οὐχ οὕτως ἔχει;
Πάνυ μὲν οὖν. Τί δὲ τὰ περὶ τὰς ἐπιστήμας; οὐχ ὁ
αὐτὸς τρόπος; ἐπιστήμη μὲν αὐτὴ μαθήματος αὐτοῦ
ἐπιστήμη ἐστίν, ἢ ὅτου δὴ δεῖ θεῖναι τὴν ἐπιστήμην,
ἐπιστήμη δέ τις καὶ ποιά τις ποιοῦ τινὸς καὶ τινός. λέγω
δὲ τὸ τοιόνδε· οὐκ, ἐπειδὴ οἰκίας[1] ἐργασίας ἐπιστήμη D
ἐγένετο, διήνεγκε τῶν ἄλλων ἐπιστημῶν, ὥστε οἰκοδομικὴ
κληθῆναι; Τί μήν; Ἀρ' οὐ τῷ ποιά τις εἶναι, οἵα ἑτέρα
οὐδεμία τῶν ἄλλων; Ναί. Οὐκοῦν ἐπειδὴ ποιοῦ τινός,
καὶ αὐτὴ ποιά τις ἐγένετο; καὶ αἱ ἄλλαι οὕτω τέχναι τε
καὶ ἐπιστῆμαι; Ἔστιν οὕτω.

XIV. Τοῦτο τοίνυν, ἦν δ' ἐγώ, φάθι με τότε βούλε-
σθαι λέγειν, εἰ ἄρα νῦν ἔμαθες, ὅτι ὅσα ἐστὶν οἷα εἶναί
του, αὐτὰ μὲν μόνα αὑτῶν μόνων ἐστίν, τῶν δὲ ποιῶν
τινῶν ποιά ἄττα. καὶ οὔ τι λέγω, ὡς, οἵων ἂν ᾖ, τοιαῦτα E
καὶ ἔστιν, ὡς ἄρα καὶ τῶν ὑγιεινῶν καὶ νοσωδῶν ἡ ἐπι-
στήμη ὑγιεινὴ καὶ νοσώδης καὶ τῶν κακῶν καὶ τῶν
ἀγαθῶν κακὴ καὶ ἀγαθή· ἀλλ' ἐπειδὴ οὐκ αὐτοῦ οὗπερ
ἐπιστήμη ἐστὶν ἐγένετο ἐπιστήμη, ἀλλὰ ποιοῦ τινός, τοῦτο
δ' ἦν ὑγιεινὸν καὶ νοσῶδες, ποιὰ δή τις συνέβη καὶ αὐτὴ
γενέσθαι, καὶ τοῦτο αὐτὴν ἐποίησεν μηκέτι ἐπιστήμην
ἁπλῶς καλεῖσθαι, ἀλλὰ τοῦ ποιοῦ τινὸς προσγενομένου
ἰατρικήν. Ἔμαθον, ἔφη, καί μοι δοκεῖ οὕτως ἔχειν. Τὸ
δὲ δὴ δίψος, ἦν δ' ἐγώ, οὐ | τούτων θήσεις τῶν τινός, <καὶ 439
τινός>[2] εἶναι τοῦτο ὅπερ ἐστίν—ἔστι δὲ δήπου δίψος—;
Ἔγωγε, ἦ δ' ὅς· πώματός γε. Οὐκοῦν ποιοῦ μέν τινος
πώματος ποιόν τι καὶ δίψος, δίψος δ' οὖν αὐτὸ οὔτε
πολλοῦ οὔτε ὀλίγου, οὔτε ἀγαθοῦ οὔτε κακοῦ, οὐδ' ἑνὶ[3]
λόγῳ ποιοῦ τινός, ἀλλ' αὐτοῦ πώματος μόνον αὐτὸ δίψος
πέφυκεν; Παντάπασι μὲν οὖν. Τοῦ διψῶντος ἄρα ἡ
ψυχή, καθ' ὅσον διψῇ, οὐκ ἄλλο τι βούλεται ἢ πιεῖν, καὶ

---

[1] οἰκίας Ξ q: οἰκείας A.   [2] <καὶ τινὸς> nos: om. codd.   [3] οὐδ'
ἑνὶ q: οὐδενὶ A.

B τούτου ὀρέγεται καὶ ἐπὶ τοῦτο ὁρμᾷ. Δῆλον δή. Οὐκοῦν
εἴ ποτέ τι αὐτὴν ἀνθέλκει διψῶσαν, ἕτερον ἄν τι ἐν αὐτῇ
εἴη αὐτοῦ τοῦ διψῶντος καὶ ἄγοντος ὥσπερ θηρίον[1] ἐπὶ τὸ
πιεῖν; οὐ γὰρ δή, φαμέν, τό γε αὐτὸ τῷ αὐτῷ ἑαυτοῦ περὶ
τὸ αὐτὸ ἅμα τἀναντία πράττει[2]. Οὐ γὰρ οὖν. Ὥσπερ
γε, οἶμαι, τοῦ τοξότου οὐ καλῶς ἔχει λέγειν, ὅτι αὐτοῦ ἅμα
αἱ χεῖρες τὸ τόξον ἀπωθοῦνταί τε καὶ προσέλκονται, ἀλλ'
C ὅτι ἄλλη μὲν ἡ ἀπωθοῦσα χείρ, ἑτέρα δὲ ἡ προσαγομένη.
Παντάπασι μὲν οὖν, ἔφη. Πότερον δὴ φῶμέν τινας ἔστιν
ὅτε διψῶντας οὐκ ἐθέλειν πιεῖν; Καὶ μάλα γ', ἔφη,
πολλοὺς καὶ πολλάκις. Τί οὖν, ἔφην ἐγώ, φαίη τις ἂν
τούτων πέρι; οὐκ ἐνεῖναι μὲν ἐν τῇ ψυχῇ αὐτῶν τὸ
κελεῦον, ἐνεῖναι δὲ τὸ κωλῦον πιεῖν, ἄλλο ὂν καὶ κρατοῦν
τοῦ κελεύοντος; Ἔμοιγε, ἔφη, δοκεῖ. Ἆρ' οὖν οὐ τὸ μὲν
κωλῦον τὰ τοιαῦτα ἐγγίγνεται, ὅταν ἐγγίγνηται[3], ἐκ
D λογισμοῦ, τὰ δὲ ἄγοντα καὶ ἕλκοντα διὰ παθημάτων τε
καὶ νοσημάτων παραγίγνεται; Φαίνεται. Οὐ δὴ ἀλόγως,
ἦν δ' ἐγώ, ἀξιώσομεν αὐτὰ διττά τε καὶ ἕτερα ἀλλήλων
εἶναι, τὸ μὲν ᾧ λογίζεται λογιστικὸν προσαγορεύοντες τῆς
ψυχῆς, τὸ δὲ ᾧ ἐρᾷ τε καὶ πεινῇ καὶ διψῇ καὶ περὶ τὰς
ἄλλας ἐπιθυμίας ἐπτόηται ἀλόγιστόν τε καὶ ἐπιθυμητικόν,
πληρώσεών τινων καὶ ἡδονῶν ἑταῖρον[4]. Οὔκ, ἀλλ'
E εἰκότως, ἔφη, ἡγοίμεθ' ἂν οὕτως. Ταῦτα μὲν τοίνυν, ἦν δ'
ἐγώ, δύο ἡμῖν ὡρίσθω εἴδη ἐν ψυχῇ ἐνόντα· τὸ δὲ δὴ τοῦ
θυμοῦ καὶ ᾧ θυμούμεθα πότερον τρίτον, ἢ τούτων ποτέρῳ
ἂν εἴη ὁμοφυές; Ἴσως, ἔφη, τῷ ἑτέρῳ, τῷ ἐπιθυμητικῷ.
Ἀλλ', ἦν δ' ἐγώ, ποτὲ ἀκούσας τι πιστεύω τούτῳ, ὡς ἄρα
Λεόντιος ὁ Ἀγλαΐωνος ἀνιὼν ἐκ Πειραιέως ὑπὸ τὸ βόρειον
τεῖχος ἐκτός, αἰσθόμενος νεκροὺς παρὰ τῷ δημίῳ κειμένους,
ἅμα μὲν ἰδεῖν ἐπιθυμοῖ, ἅμα δὲ αὖ δυσχεραίνοι καὶ ἀπο-
440 τρέποι ἑαυτόν, καὶ τέως μάχοιτό τε καὶ πα|ρακαλύπτοιτο,

---

[1] θηρίον Ξ: θηρίου Α.   [2] πράττει Ast: πράττοι Α.   [3] ἐγγίγνηται
coniecit Schneider: ἐγγένηται codd.   [4] ἑταῖρον Π: ἕτερον Α.

κρατούμενος δ' οὖν ὑπὸ τῆς ἐπιθυμίας διελκύσας τοὺς
ὀφθαλμοὺς προσδραμὼν πρὸς τοὺς νεκρούς, ἰδοὺ ὑμῖν,
ἔφη, ὦ κακοδαίμονες, ἐμπλήσθητε τοῦ καλοῦ θεάματος.
Ἤκουσα, ἔφη, καὶ αὐτός. Οὗτος μέντοι, ἔφην, ὁ λόγος
σημαίνει τὴν ὀργὴν πολεμεῖν ἐνίοτε ταῖς ἐπιθυμίαις ὡς
ἄλλο ὂν ἄλλῳ. Σημαίνει γάρ, ἔφη.

XV. Οὐκοῦν καὶ ἄλλοθι, ἔφην, πολλαχοῦ αἰσθανό-
μεθα, ὅταν βιάζωνταί τινα παρὰ τὸν λογισμὸν ἐπιθυμίαι, B
λοιδοροῦντά τε αὐτὸν καὶ θυμούμενον τῷ βιαζομένῳ ἐν
αὑτῷ, καὶ ὥσπερ δυοῖν στασιαζόντοιν ξύμμαχον τῷ λόγῳ
γιγνόμενον τὸν θυμὸν τοῦ τοιούτου; ταῖς δ' ἐπιθυμίαις
αὐτὸν κοινωνήσαντα, αἱροῦντος λόγου μὴ δεῖν ἀντιπράτ-
τειν, οἶμαί σε οὐκ ἂν φάναι γενομένου ποτὲ ἐν ἑαυτῷ[1] τοῦ
τοιούτου αἰσθέσθαι, οἶμαι δ' οὐδ' ἐν ἄλλῳ. Οὐ μὰ τὸν
Δία, ἔφη. Τί δέ; ἦν δ' ἐγώ· ὅταν τις οἴηται ἀδικεῖν, οὐχ
ὅσῳ ἂν γενναιότερος ᾖ, τοσούτῳ ἧττον δύναται ὀργίζεσθαι C
καὶ πεινῶν καὶ ῥιγῶν καὶ ἄλλο ὁτιοῦν τῶν τοιούτων
πάσχων ὑπ' ἐκείνου, ὃν ἂν οἴηται δικαίως ταῦτα δρᾶν,
καί, ὃ λέγω, οὐκ ἐθέλει πρὸς τοῦτον αὐτοῦ ἐγείρεσθαι ὁ
θυμός; Ἀληθῆ, ἔφη. Τί δέ; ὅταν ἀδικεῖσθαί τις ἡγῆται,
οὐκ ἐν τούτῳ ζεῖ[2] τε καὶ χαλεπαίνει καὶ διὰ τὸ πεινῆν καὶ
διὰ τὸ ῥιγῶν καὶ πάντα τὰ τοιαῦτα πάσχειν, καὶ ξυμμα- D
χεῖ τῷ δοκοῦντι δικαίῳ[3], καὶ ὑπομένων[4] νικᾷ, καὶ οὐ λήγει
τῶν γενναίων, πρὶν ἂν ἢ διαπράξηται ἢ τελευτήσῃ ἢ
ὥσπερ κύων ὑπὸ νομέως ὑπὸ τοῦ λόγου τοῦ παρ' αὑτῷ
ἀνακληθεὶς πραϋνθῇ; Πάνυ μὲν οὖν, ἔφη, ἔοικε τούτῳ
ᾧ λέγεις· καίτοι γ' ἐν· τῇ ἡμετέρᾳ πόλει τοὺς ἐπικούρους
ὥσπερ κύνας ἐθέμεθα ὑπηκόους τῶν ἀρχόντων ὥσπερ
ποιμένων πόλεως. Καλῶς γάρ, ἦν δ' ἐγώ, νοεῖς ὃ βούλο-
μαι λέγειν. ἀλλ' ἦ[5] πρὸς τούτῳ καὶ τόδε ἐνθυμεῖ; Τὸ

---

[1] ἑαυτῷ Π et corr. A²: σαυτῷ A¹.　　　[2] ζεῖ Ξ q: ζητεῖ A.
[3] καὶ ξυμμαχεῖ—δικαίῳ post πάσχειν nos dedimus: post χαλεπαίνει codd.
[4] καὶ ὑπομένων Ξ: ὑπομένων καὶ A.　　　[5] ἦ Ast: εἰ codd.

E ποῖον; Ὅτι τοὐναντίον ἢ ἀρτίως ἡμῖν φαίνεται περὶ τοῦ
θυμοειδοῦς. τότε μὲν γὰρ ἐπιθυμητικόν τι αὐτὸ[1] ᾠόμεθα
εἶναι, νῦν δὲ πολλοῦ δεῖν φαμέν, ἀλλὰ πολὺ μᾶλλον αὐτὸ
ἐν τῇ τῆς ψυχῆς στάσει τίθεσθαι τὰ ὅπλα πρὸς τὸ
λογιστικόν. Παντάπασιν, ἔφη. Ἆρ᾽ οὖν ἕτερον ὂν καὶ
τούτου[2], ἢ λογιστικοῦ τι[3] εἶδος, ὥστε μὴ τρία, ἀλλὰ δύο
εἴδη εἶναι ἐν ψυχῇ, λογιστικὸν καὶ ἐπιθυμητικόν; ἢ
καθάπερ ἐν τῇ πόλει ξυνεῖχεν αὐτὴν τρία ὄντα γένη,
441 | χρηματιστικόν, ἐπικουρικόν[4], βουλευτικόν, οὕτως καὶ ἐν
ψυχῇ τρίτον τοῦτό ἐστι τὸ θυμοειδές, ἐπίκουρον ὂν τῷ
λογιστικῷ φύσει, ἐὰν μὴ ὑπὸ κακῆς τροφῆς διαφθαρῇ;
Ἀνάγκη, ἔφη, τρίτον. Ναί, ἦν δ᾽ ἐγώ, ἄν γε τοῦ λογι-
στικοῦ ἄλλο τι φανῇ, ὥσπερ τοῦ ἐπιθυμητικοῦ ἐφάνη
ἕτερον ὄν. Ἀλλ᾽ οὐ χαλεπόν, ἔφη, φανῆναι. καὶ γὰρ ἐν
τοῖς παιδίοις τοῦτό γ᾽ ἄν τις ἴδοι, ὅτι θυμοῦ μὲν εὐθὺς
γενόμενα μεστά ἐστι, λογισμοῦ δ᾽ ἔνιοι μὲν ἔμοιγε δο-
B κοῦσιν οὐδέποτε μεταλαμβάνειν, οἱ δὲ πολλοὶ ὀψέ ποτε.
Ναὶ μὰ Δί᾽, ἦν δ᾽ ἐγώ, καλῶς γε εἶπες. ἔτι δὲ ἐν τοῖς
θηρίοις ἄν τις ἴδοι ὃ λέγεις, ὅτι οὕτως ἔχει. πρὸς δὲ
τούτοις καὶ ὃ ἄνω που ἐκεῖ εἴπομεν, τὸ τοῦ Ὁμήρου
μαρτυρήσει, τὸ

στῆθος δὲ πλήξας κραδίην ἠνίπαπε μύθῳ·
ἐνταῦθα γὰρ δὴ σαφῶς ὡς ἕτερον ἑτέρῳ ἐπιπλῆττον πε-
C ποίηκεν Ὅμηρος τὸ ἀναλογισάμενον περὶ τοῦ βελτίονός
τε καὶ χείρονος τῷ ἀλογίστως θυμουμένῳ. Κομιδῇ, ἔφη,
ὀρθῶς λέγεις.

XVI. Ταῦτα μὲν ἄρα, ἦν δ᾽ ἐγώ, μόγις διανενεύκαμεν,
καὶ ἡμῖν ἐπιεικῶς ὁμολογεῖται, τὰ αὐτὰ μὲν ἐν πόλει, τὰ
αὐτὰ δ᾽ ἐν ἑνὸς[5] ἑκάστου τῇ ψυχῇ γένη[6] ἐνεῖναι καὶ ἴσα
τὸν ἀριθμόν. Ἔστι ταῦτα. Οὐκοῦν ἐκεῖνό γε ἤδη

---

[1] αὐτὸ Ξ q: αὐτῷ Α.　　　[2] τούτου Ξ: τοῦτο Α.　　　[3] τι Π: om. Α.
[4] ἐπικουρικὸν Π: ἐπικουρητικὸν Α.　　　[5] ἑνὸς Ξ q: ἑνὶ Α.　　　[6] γένη Π[2]:
γένει Α.

ἀναγκαῖον, ὡς πόλις ἦν σοφὴ καὶ ᾧ, οὕτω καὶ τὸν ἰδιώτην
καὶ τούτῳ σοφὸν εἶναι; Τί μήν; Καὶ ᾧ δὴ ἀνδρεῖος ἰδιώτης
καὶ ὥς, τούτῳ καὶ πόλιν ἀνδρείαν[1] καὶ οὕτως, καὶ τἆλλα D
πάντα πρὸς ἀρετὴν ὡσαύτως ἀμφότερα ἔχειν. Ἀνάγκη.
Καὶ δίκαιον δή, ὦ Γλαύκων, οἶμαι, φήσομεν ἄνδρα εἶναι
τῷ αὐτῷ τρόπῳ, ᾧπερ καὶ πόλις ἦν δικαία. Καὶ τοῦτο
πᾶσα ἀνάγκη. Ἀλλ' οὔ πῃ μὴν τοῦτο ἐπιλελήσμεθα, ὅτι
ἐκείνη γε τῷ τὸ ἑαυτοῦ ἕκαστον ἐν αὐτῇ πράττειν τριῶν
ὄντων γενῶν δικαία ἦν. Οὔ μοι δοκοῦμεν, ἔφη, ἐπιλελῆ-
σθαι. Μνημονευτέον ἄρα ἡμῖν, ὅτι καὶ ἡμῶν ἕκαστος,
ὅτου ἂν τὰ αὑτοῦ ἕκαστον τῶν ἐν αὐτῷ πράττῃ, οὗτος E
δίκαιός τε ἔσται καὶ τὰ αὑτοῦ πράττων. Καὶ μάλα, ἦ δ'
ὅς, μνημονευτέον. Οὐκοῦν τῷ μὲν λογιστικῷ ἄρχειν
προσήκει, σοφῷ ὄντι καὶ ἔχοντι τὴν ὑπὲρ ἁπάσης τῆς
ψυχῆς προμήθειαν, τῷ δὲ θυμοειδεῖ ὑπηκόῳ εἶναι καὶ
ξυμμάχῳ τούτου; Πάνυ γε. Ἀρ' οὖν οὐχ, ὥσπερ ἐλέγο-
μεν, μουσικῆς καὶ γυμναστικῆς κρᾶσις σύμφωνα αὐτὰ
ποιήσει, τὸ μὲν ἐπιτείνουσα καὶ τρέφουσα λόγοις | τε 442
καλοῖς καὶ μαθήμασιν, τὸ δὲ ἀνιεῖσα, παραμυθουμένη καὶ[2]
ἡμεροῦσα ἁρμονίᾳ τε καὶ ῥυθμῷ; Κομιδῇ γε, ἦ δ' ὅς.
Καὶ τούτω δὴ οὕτω τραφέντε καὶ ὡς ἀληθῶς τὰ αὑτῶν
μαθόντε καὶ παιδευθέντε προστατήσετον[3] τοῦ ἐπιθυμη-
τικοῦ, ὃ δὴ πλεῖστον τῆς ψυχῆς ἐν ἑκάστῳ ἐστὶ καὶ
χρημάτων φύσει ἀπληστότατον· ὃ[4] τηρήσετον, μὴ τῷ
πίμπλασθαι τῶν περὶ τὸ σῶμα καλουμένων ἡδονῶν πολὺ
καὶ ἰσχυρὸν γενόμενον οὐκ αὖ τὰ αὑτοῦ πράττῃ, ἀλλὰ
καταδουλώσασθαι καὶ ἄρχειν ἐπιχειρήσῃ ὧν οὐ προσῆκον B
αὐτῷ γενῶν[5], καὶ ξύμπαντα τὸν βίον πάντων ἀνατρέψῃ.
Πάνυ μὲν οὖν, ἔφη. Ἀρ' οὖν, ἦν δ' ἐγώ, καὶ τοὺς ἔξωθεν
πολεμίους τούτω ἂν κάλλιστα φυλαττοίτην[6] ὑπὲρ ἁπάσης

---

[1] ἀνδρείαν Ξ q: καὶ ἀνδρείαν A.   [2] καὶ Ξ: om. A.   [3] προστα-
τήσετον Bekker: προστήσετον codd.   [4] ὃ Ξ q: ὃ A¹: ᾧ A².   [5] γενῶν
q: γένει A.   [6] φυλαττοίτην q: φυλάττοι· τὴν A.

τῆς ψυχῆς τε καὶ τοῦ σώματος, τὸ μὲν βουλευόμενον, τὸ
δὲ προπολεμοῦν, ἑπόμενον δὲ τῷ ἄρχοντι καὶ τῇ ἀνδρείᾳ
ἐπιτελοῦν τὰ βουλευθέντα; Ἔστι ταῦτα. Καὶ ἀνδρεῖον
C δή, οἶμαι, τούτῳ τῷ μέρει καλοῦμεν ἕνα ἕκαστον, ὅταν
αὐτοῦ τὸ θυμοειδὲς διασῴζῃ διά τε λυπῶν καὶ ἡδονῶν τὸ
ὑπὸ τοῦ λόγου[1] παραγγελθὲν δεινόν τε καὶ μή. Ὀρθῶς
γ᾽, ἔφη. Σοφὸν δέ γε ἐκείνῳ τῷ σμικρῷ μέρει, τῷ ὃ
ἦρχέν τ᾽ ἐν αὐτῷ καὶ ταῦτα παρήγγελλεν, ἔχον αὖ κἀκεῖνο
ἐπιστήμην ἐν αὐτῷ τὴν τοῦ ξυμφέροντος ἑκάστῳ τε καὶ
ὅλῳ τῷ κοινῷ σφῶν αὐτῶν τριῶν ὄντων. Πάνυ μὲν οὖν.
Τί δέ; σώφρονα οὐ τῇ φιλίᾳ καὶ ξυμφωνίᾳ τῇ αὐτῶν
D τούτων, ὅταν τό τε ἄρχον καὶ τὼ ἀρχομένω[2] τὸ λογιστικὸν
ὁμοδοξῶσι δεῖν ἄρχειν καὶ μὴ στασιάζωσιν αὐτῷ; Σω-
φροσύνη γοῦν, ἦ δ᾽ ὅς, οὐκ ἄλλο τί ἐστιν ἢ τοῦτο, πόλεώς
τε καὶ ἰδιώτου. Ἀλλὰ μὲν δὴ δίκαιός γε, ᾧ πολλάκις
λέγομεν, τούτῳ καὶ οὕτως[3] ἔσται. Πολλὴ ἀνάγκη. Τί
οὖν; εἶπον ἐγώ· μή πῃ ἡμῖν ἀπαμβλύνεται ἄλλο τι
δικαιοσύνη δοκεῖν εἶναι ἢ ὅπερ ἐν τῇ πόλει ἐφάνη; Οὐκ
E ἔμοιγε, ἔφη, δοκεῖ. Ὧδε γάρ, ἦν δ᾽ ἐγώ, παντάπασιν ἂν
βεβαιωσαίμεθα, εἴ τι ἡμῶν ἔτι ἐν τῇ ψυχῇ ἀμφισβητεῖ,
τὰ φορτικὰ αὐτῷ προσφέροντες. Ποῖα δή; Οἷον εἰ δέοι
ἡμᾶς ἀνομολογεῖσθαι περί τε ἐκείνης τῆς πόλεως καὶ τοῦ
ἐκείνῃ ὁμοίως πεφυκότος τε καὶ τεθραμμένου ἀνδρός, εἰ
δοκεῖ ἂν παρακαταθήκην χρυσίου ἢ ἀργυρίου δεξάμενος ὁ
τοιοῦτος ἀποστερῆσαι, τίν᾽ ἂν οἴει οἰηθῆναι τοῦτο[4] αὐτὸν
443 | δρᾶσαι μᾶλλον ἢ ὅσοι μὴ τοιοῦτοι; Οὐδέν᾽[5] ἄν, ἔφη.
Οὐκοῦν καὶ ἱεροσυλιῶν καὶ κλοπῶν καὶ προδοσιῶν ἢ ἰδίᾳ
ἑταίρων ἢ δημοσίᾳ πόλεων ἐκτὸς ἂν οὗτος εἴη; Ἐκτός.
Καὶ μὴν οὐδ᾽ ὁπωστιοῦν ἄπιστος ἦ[6] κατὰ ὅρκους ἢ κατὰ
τὰς ἄλλας ὁμολογίας. Πῶς γὰρ ἄν; Μοιχεῖαι μὴν[7] καὶ

---

[1] τοῦ λόγου Ξ q²: τῶν λόγων Α.   [2] τὼ ἀρχομένω v: τῷ ἀρχομένῳ Α.
[3] οὕτως Α: an οὗτος (cum Vind. E)?   [4] τοῦτο Ξ q: τοῦτον Α.
[5] οὐδέν᾽ Π: οὐδὲν Α.   [6] ἦ Ξ q: ᾖ Α.   [7] μὴν Π: μὲν Α.

γονέων ἀμέλειαι καὶ θεῶν ἀθεραπευσίαι παντὶ ἄλλῳ
μᾶλλον ἢ τῷ τοιούτῳ προσήκουσι. Παντὶ μέντοι, ἔφη.
Οὐκοῦν τούτων πάντων αἴτιον, ὅτι αὐτοῦ τῶν ἐν αὐτῷ B
ἕκαστον τὰ αὐτοῦ πράττει ἀρχῆς τε πέρι καὶ τοῦ ἄρχεσθαι;
Τοῦτο μὲν οὖν, καὶ οὐδὲν ἄλλο. Ἔτι τι οὖν ἕτερον ζητεῖς
δικαιοσύνην εἶναι ἢ ταύτην τὴν δύναμιν, ἣ τοὺς τοιούτους
ἄνδρας τε παρέχεται καὶ πόλεις; Μὰ Δία, ἦ δ' ὅς, οὐκ
ἔγωγε.

XVII. Τέλεον[1] ἄρα ἡμῖν τὸ ἐνύπνιον ἀποτετέλεσται,
ὃ ἔφαμεν ὑποπτεῦσαι, ὡς εὐθὺς ἀρχόμενοι τῆς πόλεως
οἰκίζειν κατὰ θεόν τινα εἰς ἀρχήν τε καὶ τύπον τινὰ τῆς
δικαιοσύνης κινδυνεύομεν ἐμβεβηκέναι. Παντάπασιν μὲν C
οὖν. Τὸ δέ γε ἦν ἄρα, ὦ Γλαύκων, δι' ὃ καὶ ὠφέλει[2],
εἴδωλόν τι τῆς δικαιοσύνης, τὸ τὸν μὲν σκυτοτομικὸν
φύσει ὀρθῶς ἔχειν σκυτοτομεῖν καὶ ἄλλο μηδὲν πράττειν,
τὸν δὲ τεκτονικὸν τεκταίνεσθαι, καὶ τἄλλα δὴ οὕτως.
Φαίνεται. Τὸ δέ γε ἀληθές, τοιοῦτο μέν τι ἦν, ὡς ἔοικεν, ἡ
δικαιοσύνη, ἀλλ' οὐ περὶ τὴν ἔξω πρᾶξιν τῶν αὐτοῦ, ἀλλὰ
περὶ τὴν ἐντός, ὡς ἀληθῶς περὶ ἑαυτὸν[3] καὶ τὰ ἑαυτοῦ, μὴ D
ἐάσαντα τἀλλότρια πράττειν ἕκαστον ἐν αὐτῷ μηδὲ πολυ-
πραγμονεῖν πρὸς ἄλληλα τὰ ἐν τῇ ψυχῇ γένη, ἀλλὰ τῷ
ὄντι τὰ οἰκεῖα εὖ θέμενον καὶ ἄρξαντα αὐτὸν αὑτοῦ καὶ
κοσμήσαντα καὶ φίλον γενόμενον ἑαυτῷ[4] καὶ ξυναρμόσαντα
τρία ὄντα ὥσπερ ὅρους τρεῖς ἁρμονίας ἀτεχνῶς νεάτην τε
καὶ ὑπάτην καὶ μέσην[5], καὶ εἰ[6] ἄλλα ἄττα μεταξὺ τυγχάνει E
ὄντα, πάντα ταῦτα ξυνδήσαντα καὶ παντάπασιν ἕνα γενό-
μενον ἐκ πολλῶν, σώφρονα καὶ ἡρμοσμένον, οὕτω δὴ
πράττειν ἤδη, ἐάν τι πράττῃ, ἢ περὶ χρημάτων κτῆσιν ἢ
περὶ σώματος θεραπείαν ἢ καὶ πολιτικόν τι ἢ περὶ τὰ

---

[1] τέλεον Π: τελευταῖον A, sed in marg. γρ τέλεον.   [2] ὠφέλει Ast:
ὠφελεῖ A.   [3] ἑαυτὸν Π: ἑαυτῶν A.   [4] αὐτὸν—ἑαυτῷ Π: om. A.
[5] νεάτην—ὑπάτην—μέσην Hartman: genitivos dant codd.   [6] καὶ εἰ
Π: εἰ καὶ A.

ἴδια ξυμβόλαια, ἐν πᾶσι τούτοις ἡγούμενον καὶ ὀνομάζοντα
δικαίαν μὲν καὶ καλὴν πρᾶξιν, ἣ ἂν ταύτην τὴν ἕξιν σῴζη
τε καὶ συναπεργάζηται, σοφίαν δὲ τὴν ἐπιστατοῦσαν
444 ταύτῃ τῇ πράξει ἐπιστήμην, ἄδικον δὲ πρᾶξιν, | ἣ ἂν ἀεὶ
ταύτην λύῃ, ἀμαθίαν δὲ τὴν ταύτῃ αὖ ἐπιστατοῦσαν δόξαν.
Παντάπασιν, ἦ δ' ὅς, ὦ Σώκρατες, ἀληθῆ λέγεις. Εἶεν,
ἦν δ' ἐγώ· τὸν μὲν δίκαιον καὶ ἄνδρα καὶ πόλιν, καὶ
δικαιοσύνην, ὃ τυγχάνει ἐν αὐτοῖς ὄν, εἰ φαῖμεν ηὑρηκέναι,
οὐκ ἂν πάνυ τι, οἶμαι, δόξαιμεν ψεύδεσθαι. Μὰ Δία
οὐ μέντοι, ἔφη. Φῶμεν ἄρα; Φῶμεν.

XVIII. Ἔστω δή, ἦν δ' ἐγώ· μετὰ γὰρ τοῦτο
σκεπτέον, οἶμαι, ἀδικίαν. Δῆλον. Οὐκοῦν στάσιν τινὰ
B αὖ τριῶν ὄντων τούτων δεῖ αὐτὴν εἶναι καὶ πολυπραγμο-
σύνην καὶ ἀλλοτριοπραγμοσύνην καὶ ἐπανάστασιν μέρους
τινὸς τῷ ὅλῳ τῆς ψυχῆς, ἵν' ἄρχῃ ἐν αὐτῇ οὐ προσῆκον,
ἀλλὰ τοιούτου ὄντος φύσει, οἵου πρέπειν αὐτῷ δουλεύειν
τῷ τοῦ ἀρχικοῦ γένους ὄντι[1]; τοιαῦτ' ἄττα, οἶμαι, φήσομεν
καὶ τὴν τούτων ταραχὴν καὶ πλάνην εἶναι τήν τε ἀδικίαν
καὶ ἀκολασίαν καὶ δειλίαν καὶ ἀμαθίαν καὶ συλλήβδην
C πᾶσαν κακίαν. Ταὐτὰ μὲν οὖν ταῦτα, ἔφη. Οὐκοῦν, ἦν
δ' ἐγώ, καὶ τὸ ἄδικα πράττειν καὶ τὸ ἀδικεῖν καὶ αὖ τὸ[2]
δίκαια ποιεῖν, ταῦτα πάντα τυγχάνει ὄντα κατάδηλα ἤδη
σαφῶς, εἴπερ καὶ ἡ ἀδικία τε καὶ δικαιοσύνη; Πῶς δή;
Ὅτι, ἦν δ' ἐγώ, τυγχάνει οὐδὲν διαφέροντα τῶν ὑγιεινῶν
τε καὶ νοσωδῶν, ὡς ἐκεῖνα ἐν σώματι, ταῦτα ἐν ψυχῇ.
Πῇ; ἔφη. Τὰ μέν που ὑγιεινὰ ὑγίειαν ἐμποιεῖ, τὰ δὲ
νοσώδη νόσον. Ναί. Οὐκοῦν καὶ τὸ μὲν δίκαια πράττειν
D δικαιοσύνην ἐμποιεῖ, τὸ δ' ἄδικα ἀδικίαν; Ἀνάγκη. Ἔστι
δὲ τὸ μὲν ὑγίειαν ποιεῖν τὰ ἐν τῷ σώματι κατὰ φύσιν
καθιστάναι κρατεῖν τε καὶ κρατεῖσθαι ὑπ' ἀλλήλων, τὸ
δὲ νόσον παρὰ φύσιν ἄρχειν τε καὶ ἄρχεσθαι ἄλλο ὑπ'

ἀλλὰ—γένους ὄντι Ξ: pro τῷ τοῦ A habet τοῦ δ' αὖ δουλεύειν. Haec
omnia insiticia esse censemus.   [2] τὸ q: τὰ A.

ἄλλου. Ἔστι γάρ. Οὐκοῦν αὖ, ἔφην, τὸ δικαιοσύνην
ἐμποιεῖν τὰ ἐν τῇ ψυχῇ κατὰ φύσιν καθιστάναι κρατεῖν τε
καὶ κρατεῖσθαι ὑπ’ ἀλλήλων, τὸ δὲ ἀδικίαν παρὰ φύσιν
ἄρχειν τε καὶ ἄρχεσθαι ἄλλο ὑπ’ ἄλλου; Κομιδῇ, ἔφη.
Ἀρετὴ μὲν ἄρα, ὡς ἔοικεν, ὑγίειά τέ τις ἂν εἴη καὶ κάλλος
καὶ εὐεξία ψυχῆς, κακία δὲ νόσος τε καὶ αἶσχος καὶ E
ἀσθένεια. Ἔστιν οὕτω. Ἀρ’ οὖν οὐ καὶ τὰ μὲν καλὰ
ἐπιτηδεύματα εἰς ἀρετῆς κτῆσιν φέρει, τὰ δ’ αἰσχρὰ εἰς
κακίας; Ἀνάγκη.

XIX. Τὸ δὴ λοιπὸν ἤδη, ὡς ἔοικεν, ἡμῖν ἐστὶ σκέψα-
σθαι, πότερον αὖ λυσιτελεῖ δίκαιά τε πράττειν καὶ | καλὰ 445
ἐπιτηδεύειν καὶ εἶναι δίκαιον, ἐάν τε λανθάνῃ ἐάν τε μὴ
τοιοῦτος ὤν, ἢ ἀδικεῖν τε καὶ ἄδικον εἶναι, ἐάνπερ μὴ διδῷ
δίκην μηδὲ βελτίων γίγνηται κολαζόμενος. Ἀλλ’, ἔφη, ὦ
Σώκρατες, γελοῖον ἔμοιγε φαίνεται τὸ σκέμμα γίγνεσθαι
ἤδη, εἰ τοῦ μὲν σώματος τῆς φύσεως διαφθειρομένης δοκεῖ
οὐ βιωτὸν εἶναι οὐδὲ μετὰ πάντων σιτίων τε καὶ ποτῶν
καὶ παντὸς πλούτου καὶ πάσης ἀρχῆς, τῆς δὲ αὐτοῦ
τούτου ᾧ ζῶμεν φύσεως ταραττομένης καὶ διαφθειρομένης B
βιωτὸν ἄρα ἔσται, ἐάνπερ τις ποιῇ ὃ ἂν βουληθῇ ἄλλο
πλὴν τοῦτο, ὁπόθεν κακίας μὲν καὶ ἀδικίας ἀπαλλα-
γήσεται, δικαιοσύνην δὲ καὶ ἀρετὴν κτήσεται, ἐπειδήπερ
ἐφάνη γε ὄντα ἑκάτερα οἷα ἡμεῖς διεληλύθαμεν. Γελοῖον
γάρ, ἦν δ’ ἐγώ. Ἀλλ’ ὅμως ἐπείπερ ἐνταῦθα ἐληλύθαμεν,
ὅσον οἷόν τε σαφέστατα κατιδεῖν ὅτι ταῦτα οὕτως ἔχει,
οὐ χρὴ ἀποκάμνειν. Ἥκιστα νὴ τὸν Δία, ἔφη, πάντων
ἀποκμητέον[1]. Δεῦρο νῦν, ἦν δ’ ἐγώ, ἵνα καὶ ἴδῃς, ὅσα καὶ C
εἴδη ἔχει ἡ κακία, ὥς ἐμοὶ δοκεῖ, ἅ γε δὴ καὶ ἄξια θέας.
Ἕπομαι, ἔφη· μόνον λέγε. Καὶ μήν, ἦν δ’ ἐγώ, ὥσπερ ἀπὸ
σκοπιᾶς μοι φαίνεται, ἐπειδὴ ἐνταῦθα ἀναβεβήκαμεν τοῦ
λόγου, ἓν μὲν εἶναι εἶδος τῆς ἀρετῆς, ἄπειρα δὲ τῆς κακίας,
τέτταρα δ’ ἐν αὐτοῖς ἄττα, ὧν καὶ ἄξιον ἐπιμνησθῆναι.

---

[1] ἀποκμητέον Bekker: ἀποκνητέον codd.

Πῶς λέγεις; ἔφη. Ὅσοι, ἦν δ᾽ ἐγώ, πολιτειῶν τρόποι εἰσὶν εἴδη ἔχοντες, τοσοῦτοι κινδυνεύουσι καὶ ψυχῆς τρόποι

D εἶναι. Πόσοι δή; Πέντε μέν, ἦν δ᾽ ἐγώ, πολιτειῶν, πέντε δὲ ψυχῆς. Λέγε, ἔφη, τίνες. Λέγω, εἶπον, ὅτι εἷς μὲν οὗτος ὃν ἡμεῖς διεληλύθαμεν πολιτείας εἴη ἂν τρόπος, ἐπονομασθείη δ᾽ ἂν καὶ διχῇ· ἐγγενομένου μὲν γὰρ ἀνδρὸς ἑνὸς ἐν τοῖς ἄρχουσι διαφέροντος βασιλεία ἂν κληθείη, πλειόνων δὲ ἀριστοκρατία. Ἀληθῆ, ἔφη. Τοῦτο μὲν τοίνυν, ἦν δ᾽ ἐγώ, ἓν εἶδος λέγω· οὔτε γὰρ ἂν πλείους οὔτε

E εἷς ἐγγενόμενος¹ κινήσειεν ἂν τῶν ἀξίων λόγου νόμων τῆς πόλεως, τροφῇ τε καὶ παιδείᾳ χρησάμενος, ᾗ διήλθομεν. Οὐ γὰρ εἰκός, ἔφη.

¹ ἐγγενόμενος Ξ q: ἐγγενόμενοι A.

τέλος πολιτείας Δ.

E.

I. Ἀγαθὴν μὲν τοίνυν τὴν τοιαύτην πόλιν τε καὶ 449
πολιτείαν καὶ ὀρθὴν καλῶ, καὶ ἄνδρα τὸν τοιοῦτον· κακὰς
δὲ τὰς ἄλλας καὶ ἡμαρτημένας, εἴπερ αὕτη ὀρθή, περί τε
πόλεων διοικήσεις καὶ περὶ ἰδιωτῶν ψυχῆς τρόπου κατα-
σκευήν, ἐν τέτταρσι πονηρίας εἴδεσιν οὔσας. Ποίας δὴ
ταύτας; ἔφη[1]. καὶ ἐγὼ μὲν ᾖα τὰς ἐφεξῆς ἐρῶν, ὥς μοι
ἐφαίνοντο ἕκασται ἐξ ἀλλήλων μεταβαίνειν· ὁ δὲ Πολέ- B
μαρχος—σμικρὸν γὰρ ἀπωτέρω τοῦ Ἀδειμάντου καθῆστο—
ἐκτείνας τὴν χεῖρα καὶ λαβόμενος τοῦ ἱματίου ἄνωθεν
αὐτοῦ παρὰ τὸν ὦμον ἐκεῖνόν τε προσηγάγετο καὶ
προτείνας ἑαυτὸν ἔλεγεν ἄττα προσκεκυφώς, ὧν ἄλλο μὲν
οὐδὲν κατηκούσαμεν, τόδε δέ· Ἀφήσομεν οὖν, ἔφη, ἢ τί
δράσομεν; Ἥκιστά γε, ἔφη ὁ Ἀδείμαντος, μέγα ἤδη λέγων.
καὶ ἐγώ, Τί μάλιστα, ἔφην, ὑμεῖς οὐκ ἀφίετε; Σέ, ἦ δ᾽ ὅς.
Ὅτι ἐγὼ εἶπον τῷ μάλιστα; Ἀπορραθυμεῖν ἡμῖν δοκεῖς, C
ἔφη, καὶ εἶδος ὅλον οὐ τὸ ἐλάχιστον ἐκκλέπτειν τοῦ λόγου,
ἵνα μὴ διέλθῃς, καὶ λήσειν οἰηθῆναι εἰπὼν αὐτὸ φαύλως,
ὡς ἄρα περὶ γυναικῶν τε καὶ παίδων παντὶ δῆλον, ὅτι
κοινὰ τὰ φίλων ἔσται. Οὐκοῦν ὀρθῶς, ἔφην, ὦ Ἀδείμαντε;
Ναί, ἦ δ᾽ ὅς· ἀλλὰ τὸ ὀρθῶς τοῦτο, ὥσπερ τἆλλα, λόγου

[1] ἔφη Π: om. A. [2] ὅτι Ξ: ἔτι A. Distinctionem quam vulgo
ponunt post ὅτι et εἶπον delevimus.

δεῖται, τίς ὁ τρόπος τῆς κοινωνίας· πολλοὶ γὰρ ἂν γένοιντο.

D μὴ οὖν παρῇς ὅντινα σὺ λέγεις. ὡς ἡμεῖς πάλαι περιμέ-
νομεν οἰόμενοί σέ που μνησθήσεσθαι παιδοποιίας τε πέρι,
πῶς παιδοποιήσονται, καὶ γενομένους πῶς θρέψουσιν,
καὶ ὅλην ταύτην ἣν λέγεις κοινωνίαν γυναικῶν τε καὶ
παίδων· μέγα γάρ τι οἰόμεθα φέρειν καὶ ὅλον εἰς πολιτείαν
ὀρθῶς ἢ μὴ ὀρθῶς γιγνόμενον. νῦν οὖν, ἐπειδὴ ἄλλης
ἐπιλαμβάνει πολιτείας πρὶν ταῦτα ἱκανῶς διελέσθαι,
450 δέδοκται ἡμῖν τοῦτο, ὃ σὺ ἤκουσας, τὸ σὲ | μὴ μεθιέναι,
πρὶν ἂν ταῦτα πάντα ὥσπερ τἆλλα διέλθῃς. Καὶ ἐμὲ
τοίνυν, ὁ Γλαύκων ἔφη, κοινωνὸν τῆς ψήφου ταύτης
τίθετε. Ἀμέλει, ἔφη ὁ Θρασύμαχος, πᾶσι ταῦτα δεδογ-
μένα ἡμῖν νόμιζε, ὦ Σώκρατες.

    II. Οἷον, ἦν δ᾽ ἐγώ, εἰργάσασθε ἐπιλαβόμενοί μου.
ὅσον λόγον πάλιν ὥσπερ ἐξ ἀρχῆς κινεῖτε περὶ τῆς
πολιτείας· ἣν ὡς ἤδη διεληλυθὼς ἔγωγε ἔχαιρον, ἀγαπῶν
εἴ τις ἐάσοι ταῦτα ἀποδεξάμενος ὡς τότε ἐρρήθη. ἃ νῦν
B ὑμεῖς παρακαλοῦντες οὐκ ἴστε ὅσον ἑσμὸν λόγων ἐπεγεί-
ρετε· ὃν ὁρῶν ἐγὼ παρῆκα τότε, μὴ παράσχοι πολὺν
ὄχλον. Τί δέ; ἦ δ᾽ ὅς ὁ Θρασύμαχος· χρυσοχοήσοντας
οἴει τούσδε νῦν ἐνθάδε ἀφῖχθαι, ἀλλ᾽ οὐ λόγων ἀκουσομέ-
νους; Ναί, εἶπον, μετρίων γε. Μέτρον δέ γ᾽, ἔφη, ὦ
Σώκρατες, ὁ Γλαύκων, τοιούτων λόγων ἀκούειν ὅλος ὁ βίος
νοῦν ἔχουσιν. ἀλλὰ τὸ μὲν ἡμέτερον ἔα· σὺ δὲ περὶ ὧν
ἐρωτῶμεν μηδαμῶς ἀποκάμῃς ᾗ σοι δοκεῖ, διεξιών, τίς ἡ
C κοινωνία τοῖς φύλαξιν ἡμῖν παίδων τε πέρι καὶ γυναικῶν
ἔσται καὶ τροφῆς νέων ἔτι ὄντων, τῆς ἐν τῷ μεταξὺ χρόνῳ
γιγνομένης γενέσεώς τε καὶ παιδείας, ἣ δὴ ἐπιπονωτάτη
δοκεῖ εἶναι. πειρῶ οὖν[1] εἰπεῖν τίνα τρόπον δεῖ γίγνεσθαι
αὐτήν. Οὐ ῥᾴδιον, ὦ εὔδαιμον, ἦν δ᾽ ἐγώ, διελθεῖν·
πολλὰς γὰρ ἀπιστίας ἔχει ἔτι μᾶλλον τῶν ἔμπροσθεν ὧν
διήλθομεν. καὶ γὰρ ὡς δυνατὰ λέγεται, ἀπιστοῖτ᾽ ἄν, καὶ

    [1] οὖν Π: ἂν Α.

εἰ ὅ τι μάλιστα γένοιτο, ὡς ἄριστ' ἂν εἴη ταῦτα, καὶ ταύτῃ D
ἀπιστήσεται. διὸ δὴ καὶ ὄκνος τις αὐτῶν ἅπτεσθαι, μὴ
εὐχὴ δοκῇ εἶναι ὁ λόγος, ὦ φίλε ἑταῖρε. Μηδέν, ἦ δ' ὅ-
ὄκνει· οὔτε γὰρ ἀγνώμονες οὔτε ἄπιστοι οὔτε δύσνοι οἱ
ἀκουσόμενοι. καὶ ἐγὼ εἶπον Ὦ ἄριστε, ἦ που βουλόμενός
με παραθαρρύνειν λέγεις; Ἔγωγ', ἔφη. Πᾶν τοίνυν, ἦν δ'
ἐγώ, τοὐναντίον ποιεῖς. πιστεύοντος μὲν γὰρ ἐμοῦ ἐμοὶ
εἰδέναι ἃ λέγω, καλῶς εἶχεν ἡ παραμυθία· ἐν γὰρ φρονί- E
μοις τε καὶ φίλοις περὶ τῶν μεγίστων τε καὶ φίλων τἀληθῆ
εἰδότα λέγειν ἀσφαλὲς καὶ θαρραλέον, ἀπιστοῦντα δὲ καὶ
ζητοῦντα ἅμα τοὺς λόγους ποιεῖσθαι, ὃ δὴ ἐγὼ δρῶ, φοβερόν
τε καὶ σφαλερόν, οὔ τι γέλωτα | ὀφλεῖν· παιδικὸν γὰρ 451
τοῦτό γε· ἀλλὰ μὴ σφαλεὶς τῆς ἀληθείας οὐ μόνον αὐτὸς
ἀλλὰ καὶ τοὺς φίλους ξυνεπισπασάμενος κείσομαι περὶ ἃ
ἥκιστα δεῖ σφάλλεσθαι. προσκυνῶ δὲ Ἀδράστειαν, ὦ
Γλαύκων, χάριν οὗ μέλλω λέγειν· ἐλπίζω γὰρ οὖν ἔλαττον
ἁμάρτημα ἀκουσίως τινὸς φονέα γενέσθαι, ἢ ἀπατεῶνα
καλῶν τε καὶ ἀγαθῶν καὶ δικαίων νομίμων πέρι. τοῦτο
οὖν τὸ κινδύνευμα κινδυνεύειν ἐν ἐχθροῖς κρεῖττον ἢ
φίλοις· ὥστε εὖ με παραμυθεῖ. καὶ ὁ Γλαύκων γελάσας B
Ἀλλ', ὦ Σώκρατες, ἔφη, ἐάν τι πάθωμεν πλημμελὲς ὑπὸ
τοῦ λόγου, ἀφίεμέν σε ὥσπερ φόνου καθαρὸν[1] εἶναι καὶ μὴ
ἀπατεῶνα ἡμῶν. ἀλλὰ θαρρήσας λέγε. Ἀλλὰ μέντοι,
εἶπον, καθαρός γε καὶ ἐκεῖ ὁ ἀφεθείς, ὡς ὁ νόμος λέγει·
εἰκὸς δέ γε, εἴπερ ἐκεῖ, κἀνθάδε. Λέγε τοίνυν, ἔφη, τούτου
γ' ἕνεκα. Λέγειν δή[2], ἔφην ἐγώ, χρὴ ἀνάπαλιν αὖ νῦν, ἃ
τότε[3] ἴσως ἔδει ἐφεξῆς λέγειν. τάχα δὲ οὕτως ἂν ὀρθῶς ἔχοι, C
μετὰ ἀνδρεῖον δρᾶμα παντελῶς διαπερανθὲν τὸ γυναικεῖον
αὖ περαίνειν, ἄλλως τε καὶ ἐπειδὴ σὺ οὕτω προκαλεῖ.

III. Ἀνθρώποις γὰρ φῦσι καὶ παιδευθεῖσιν ὡς ἡμεῖς
διήλθομεν, κατ' ἐμὴν δόξαν οὐκ ἔστ' ἄλλη ὀρθὴ παίδων

---

[1] καθαρὸν Π: καὶ καθαρὸν Α.　　　　[2] δὴ Π: δὲ Α. ·　　　　[3] ἃ τότε v:
ἃ ποτε Α.

τε καὶ γυναικῶν κτῆσίς τε καὶ χρεία ἡ κατ᾽ ἐκείνην τὴν
ὁρμὴν ἰοῦσιν, ἥνπερ τὸ πρῶτον ὡρμήσαμεν· ἐπεχειρήσα-
μεν δέ που ὡς ἀγέλης φύλακας τοὺς ἄνδρας καθιστάναι
D τῷ λόγῳ. Ναί. Ἀκολουθῶμεν τοίνυν καὶ τὴν γένεσιν
καὶ τροφὴν παραπλησίαν ἀποδιδόντες, καὶ σκοπῶμεν, εἰ
ἡμῖν πρέπει ἢ οὔ. Πῶς; ἔφη. Ὧδε. τὰς θηλείας τῶν
φυλάκων κυνῶν πότερα ξυμφυλάττειν οἰόμεθα δεῖν, ἅπερ
ἂν οἱ ἄρρενες φυλάττωσι, καὶ ξυνθηρεύειν καὶ τἆλλα κοινῇ
πράττειν, ἢ τὰς μὲν οἰκουρεῖν ἔνδον ὡς ἀδυνάτους διὰ
τὸν τῶν σκυλάκων τόκον τε καὶ τροφήν, τοὺς δὲ πονεῖν τε
καὶ πᾶσαν ἐπιμέλειαν ἔχειν περὶ τὰ ποίμνια; Κοινῇ, ἔφη,
E πάντα· πλὴν ὡς ἀσθενεστέραις χρώμεθα, τοῖς δὲ ὡς
ἰσχυροτέροις. Οἷόν τ᾽ οὖν, ἔφην ἐγώ, ἐπὶ τὰ αὐτὰ χρῆ-
σθαί τινι ζῴῳ, ἂν μὴ τὴν αὐτὴν τροφήν τε καὶ παιδείαν
ἀποδιδῷς; Οὐχ οἷόν τε. Εἰ ἄρα ταῖς γυναιξὶν ἐπὶ ταὐτὰ
χρησόμεθα καὶ τοῖς ἀνδράσι, ταὐτὰ καὶ διδακτέον αὐτάς.
452 | Ναί. Μουσικὴ μὴν[1] ἐκείνοις τε καὶ γυμναστικὴ ἐδόθη.
Ναί. Καὶ ταῖς γυναιξὶν ἄρα τούτω τὼ τέχνα καὶ τὰ περὶ
τὸν πόλεμον ἀποδοτέον καὶ χρηστέον κατὰ ταὐτά. Εἰκὸς
ἐξ ὧν λέγεις, ἔφη. Ἴσως δή, εἶπον, παρὰ τὸ ἔθος γελοῖα
ἂν φαίνοιτο πολλὰ περὶ τὰ νῦν λεγόμενα, εἰ πράξεται
ᾗ λέγεται. Καὶ μάλα, ἔφη. Τί, ἦν δ᾽ ἐγώ, γελοιότατον
αὐτῶν ὁρᾷς; ἢ δῆλα δὴ, ὅτι γυμνὰς τὰς γυναῖκας ἐν ταῖς
B παλαίστραις γυμναζομένας μετὰ τῶν ἀνδρῶν, οὐ μόνον τὰς
νέας, ἀλλὰ καὶ ἤδη τὰς πρεσβυτέρας, ὥσπερ τοὺς γέροντας
ἐν τοῖς γυμνασίοις, ὅταν ῥυσοὶ καὶ μὴ ἡδεῖς τὴν ὄψιν ὅμως
φιλογυμναστῶσιν; Νὴ τὸν Δία, ἔφη· γελοῖον γὰρ ἂν, ὥς
γε ἐν τῷ παρεστῶτι, φανείη. Οὐκοῦν, ἦν δ᾽ ἐγώ, ἐπείπερ
ὡρμήσαμεν λέγειν, οὐ φοβητέον τὰ τῶν χαριέντων σκώμ-
ματα, ὅσα καὶ οἷα ἂν εἴποιεν εἰς τὴν τοιαύτην μεταβολὴν
C γενομένην καὶ περὶ τὰ γυμνάσια καὶ περὶ μουσικὴν καὶ οὐκ
ἐλάχιστα περὶ τὴν τῶν ὅπλων σχέσιν καὶ ἵππων ὀχήσεις.

[1] μὴν H. Richards: μὲν codd.

Ὀρθῶς, ἔφη, λέγεις. Ἀλλ' ἐπείπερ λέγειν ἠρξάμεθα,
πορευτέον πρὸς τὸ τραχὺ τοῦ νόμου, δεηθεῖσίν τε τούτων
μὴ τὰ αὑτῶν πράττειν ἀλλὰ σπουδάζειν, καὶ ὑπομνήσασιν,
ὅτι οὐ πολὺς χρόνος ἐξ οὗ τοῖς Ἕλλησιν ἐδόκει αἰσχρὰ
εἶναι καὶ γελοῖα, ἅπερ νῦν τοῖς πολλοῖς τῶν βαρβάρων,
γυμνοὺς ἄνδρας ὁρᾶσθαι, καὶ ὅτε ἤρχοντο τῶν γυμνασίων
πρῶτοι μὲν Κρῆτες, ἔπειτα Λακεδαιμόνιοι, ἐξῆν τοῖς τότε D
ἀστείοις πάντα ταῦτα κωμῳδεῖν. ἢ οὐκ οἴει; Ἔγωγε.
Ἀλλ' ἐπειδή, οἶμαι, χρωμένοις ἄμεινον τὸ ἀποδύεσθαι
τοῦ συγκαλύπτειν πάντα τὰ τοιαῦτα ἐφάνη, καὶ τὸ ἐν τοῖς
ὀφθαλμοῖς δὴ γελοῖον ἐξερρύη ὑπὸ τοῦ ἐν τοῖς λόγοις
μηνυθέντος ἀρίστου, καὶ τοῦτο ἐνεδείξατο, ὅτι μάταιος ὃς
γελοῖον ἄλλο τι ἡγεῖται ἢ τὸ κακόν, καὶ ὁ γελωτοποιεῖν
ἐπιχειρῶν πρὸς ἄλλην τινὰ ὄψιν ἀποβλέπων[1] ἢ τὴν τοῦ E
ἄφρονός τε καὶ κακοῦ, αὖ σπουδάζει πρὸς ἄλλον[2] τινὰ
σκοπὸν στησάμενος ἢ τὸν τοῦ ἀγαθοῦ. Παντάπασι μὲν
οὖν, ἔφη.

IV. Ἆρ' οὖν οὐ πρῶτον μὲν τοῦτο περὶ αὐτῶν[4] ἀνο-
μολογητέον, εἰ δυνατὰ ἢ οὔ, καὶ δοτέον ἀμφισβήτησιν, εἴτε
τις φιλοπαίσμων εἴτε σπουδαστικὸς ἐθέλει ἀμφισβητῆσαι,
πότερον δυνατὴ φύσις ἡ ἀν|θρωπίνη ἡ θήλεια τῇ τοῦ 453
ἄρρενος γένους κοινωνῆσαι εἰς ἅπαντα τὰ ἔργα, ἢ οὐδ' εἰς
ἕν, ἢ εἰς τὰ μὲν οἵα τε, εἰς δὲ τὰ οὔ, καὶ τοῦτο δὴ τὸ περὶ
τὸν πόλεμον ποτέρων ἐστίν; ἆρ' οὐχ οὕτως ἂν κάλλιστά
τις ἀρχόμενος ὡς τὸ εἰκὸς καὶ κάλλιστα τελευτήσειεν;
Πολύ γε, ἔφη. Βούλει οὖν, ἦν δ' ἐγώ, ἡμεῖς πρὸς ἡμᾶς
αὐτοὺς ὑπὲρ τῶν ἄλλων ἀμφισβητήσωμεν, ἵνα μὴ ἔρημα
τὰ τοῦ ἑτέρου λόγου πολιορκῆται; Οὐδέν, ἔφη, κωλύει. B
Λέγωμεν δὴ ὑπὲρ αὐτῶν ὅτι· Ὦ Σώκρατές τε καὶ Γλαύκων,
οὐδὲν δεῖ ὑμῖν ἄλλους ἀμφισβητεῖν· αὐτοὶ γὰρ ἐν ἀρχῇ

---

[1] ἀποβλέπων Cobet: ἀποβλέπων ὡς γελοίου codd.   [2] αὖ nos: καὶ
καλὸν αὖ A: om. Ξ.   [3] ἄλλον codd.: an < ἄλλο, > ἄλλον ?
[4] αὐτῶν Ξ q: αὐτὸν A.

τῆς κατοικίσεως, ἣν ᾠκίζετε πόλιν, ὡμολογεῖτε δεῖν κατὰ
φύσιν ἕκαστον ἕνα ἓν τὸ αὑτοῦ πράττειν. Ὡμολογήσαμεν,
οἶμαι· πῶς γὰρ οὔ; Ἔστιν οὖν ὅπως οὐ πάμπολυ δια-
φέρει γυνὴ ἀνδρὸς τὴν φύσιν; Πῶς δ' οὐ διαφέρει;
Οὐκοῦν ἄλλο καὶ ἔργον ἑκατέρῳ προσήκει προστάττειν
C τὸ κατὰ τὴν αὑτοῦ φύσιν; Τί μήν; Πῶς οὖν οὐχ ἁμαρ-
τάνετε νῦν καὶ τἀναντία ὑμῖν αὐτοῖς λέγετε, φάσκοντες αὖ
τοὺς ἄνδρας καὶ τὰς γυναῖκας δεῖν τὰ αὐτὰ πράττειν,
πλεῖστον κεχωρισμένην φύσιν ἔχοντας; ἕξεις τι, ὦ θαυμά-
σιε, πρὸς ταῦτ' ἀπολογεῖσθαι; Ὡς μὲν ἐξαίφνης, ἔφη, οὐ
πάνυ ῥᾴδιον· ἀλλὰ σοῦ δεήσομαί τε καὶ δέομαι καὶ τὸν
ὑπὲρ ἡμῶν λόγου, ὅστις ποτ' ἐστίν, ἑρμηνεῦσαι. Ταῦτ'
ἔστιν, ἦν δ' ἐγώ, ὦ Γλαύκων, καὶ ἄλλα πολλὰ τοιαῦτα, ἃ
D ἐγὼ πάλαι προορῶν ἐφοβούμην τε καὶ ὤκνουν ἅπτεσθαι
τοῦ νόμου τοῦ περὶ τὴν τῶν γυναικῶν καὶ παίδων κτῆσιν
καὶ τροφήν. Οὐ γὰρ εὐκόλῳ ἔοικεν[1], ἔφη. Οὐ γάρ, εἶπον.
ἀλλὰ δὴ ὧδε ἔχει· ἄν τέ τις εἰς κολυμ-
βήθραν μικρὰν ἐμπέσῃ, ἄν τε εἰς τὸ μέγιστον πέλαγος
μέσον, ὅμως γε νεῖ οὐδὲν ἧττον. Πάνυ μὲν οὖν. Οὐκοῦν καὶ
ἡμῖν νευστέον καὶ πειρατέον σώζεσθαι ἐκ τοῦ λόγου, ἤτοι
δελφῖνά τινα ἐλπίζοντας ἡμᾶς ὑπολαβεῖν ἄν, ἤ τινα ἄλλην
E ἄπορον σωτηρίαν. Ἔοικεν, ἔφη. Φέρε δή, ἦν δ' ἐγώ, ἐάν
πῃ εὕρωμεν τὴν ἔξοδον. ὡμολογοῦμεν[2] γὰρ δὴ ἄλλην
φύσιν ἄλλο δεῖν ἐπιτηδεύειν, γυναικὸς δὲ καὶ ἀνδρὸς ἄλλην
εἶναι· τὰς δὲ ἄλλας φύσεις τὰ αὐτά φαμεν νῦν δεῖν
ἐπιτηδεῦσαι. ταῦτα ἡμῶν κατηγορεῖται[3]; Κομιδῇ γε. Ἡ
454 γενναία, ἦν δ' ἐγώ, ὦ Γλαύκων, ἡ | δύναμις τῆς ἀντιλογικῆς
τέχνης. Τί δή; Ὅτι, εἶπον, δοκοῦσί μοι εἰς αὐτὴν καὶ
ἄκοντες πολλοὶ ἐμπίπτειν καὶ οἴεσθαι οὐκ ἐρίζειν ἀλλὰ
διαλέγεσθαι, διὰ τὸ μὴ δύνασθαι κατ' εἴδη διαιρούμενοι τὸ

---

[1] οὐ—ἔοικεν post ἔφη, et οὐ μὰ τὸν Δία post τροφήν dant codd.: nos
transtulimus.　　[2] ὡμολογοῦμεν Ξ η: ὁμολογοῦμεν Α.　　[3] κατηγορεῖται
Vind. F. Flor. RT: κατηγορεῖτε Α.

λεγόμενον ἐπισκοπεῖν, ἀλλὰ κατ' αὐτὸ τὸ ὄνομα διώκειν
τοῦ λεχθέντος τὴν ἐναντίωσιν, ἔριδι, οὐ διαλέκτῳ πρὸς
ἀλλήλους χρώμενοι. Ἔστι γὰρ δή, ἔφη, περὶ πολλοὺς
τοῦτο τὸ πάθος· ἀλλὰ μῶν καὶ πρὸς ἡμᾶς τοῦτο τείνει ἐν
τῷ παρόντι; Παντάπασι μὲν οὖν, ἦν δ' ἐγώ· κινδυνεύομεν Β
γοῦν ἄκοντες ἀντιλογίας ἅπτεσθαι. Πῶς; Τὸ μὴ[1] τὴν
αὐτὴν φύσιν ὅτι οὐ τῶν αὐτῶν δεῖ ἐπιτηδευμάτων τυγχά-
νειν πάνυ ἀνδρείως τε καὶ ἐριστικῶς κατὰ τὸ ὄνομα
διώκομεν, ἐπεσκεψάμεθα δὲ οὐδ' ὁπῃοῦν τί εἶδος τὸ τῆς
ἑτέρας τε καὶ τῆς αὐτῆς φύσεως καὶ πρὸς τί τεῖνον ὡριζό-
μεθα τότε ὅτε τὰ ἐπιτηδεύματα ἄλλῃ φύσει ἄλλα, τῇ δὲ
αὐτῇ τὰ αὐτὰ ἀπεδίδομεν. Οὐ γὰρ οὖν, ἔφη, ἐπεσκεψά-
μεθα. Τοιγάρτοι, εἶπον, ἔξεστιν ἡμῖν, ὡς ἔοικεν, ἀνερωτᾶν
ἡμᾶς αὐτούς, εἰ ἡ αὐτὴ φύσις φαλακρῶν καὶ κομητῶν καὶ
οὐχ ἡ ἐναντία, καὶ ἐπειδὰν ὁμολογῶμεν ἐναντίαν εἶναι, ἐὰν
φαλακροὶ σκυτοτομῶσιν, μὴ ἐᾶν κομήτας, ἐὰν δ' αὖ κομῆ-
ται, μὴ τοὺς ἑτέρους. Γελοῖον μεντ' ἂν εἴη, ἔφη. Ἆρα
κατ' ἄλλο τι, εἶπον ἐγώ, γελοῖον, ἢ ὅτι τότε οὐ πάντως τὴν
αὐτὴν καὶ τὴν ἑτέραν φύσιν ἐτιθέμεθα, ἀλλ' ἐκεῖνο τὸ εἶδος
τῆς ἀλλοιώσεώς τε καὶ ὁμοιώσεως μόνον ἐφυλάττομεν, D
τὸ πρὸς αὐτὰ τεῖνον τὰ ἐπιτηδεύματα; οἷον ἰατρικὸν[2]
μὲν καὶ ἰατρικὸν τὴν αὐτὴν φύσιν ἔχειν ἐλέγομεν· ἢ οὐκ
οἴει; Ἔγωγε. Ἰατρικὸν δὲ καὶ τεκτονικὸν ἄλλην; Πάντως
που.

Οὐκοῦν, ἦν δ' ἐγώ, καὶ τὸ τῶν ἀνδρῶν καὶ τὸ τῶν
γυναικῶν γένος, ἐὰν μὲν πρὸς τέχνην τινὰ ἢ ἄλλο ἐπιτή-
δευμα διαφέρον φαίνηται, τοῦτο δὴ φήσομεν ἑκατέρῳ δεῖν
ἀποδιδόναι· ἐὰν δ' αὐτῷ τούτῳ φαίνηται διαφέρειν, τῷ τὸ
μὲν θῆλυ τίκτειν, τὸ δὲ ἄρρεν ὀχεύειν, οὐδέν τί πω φήσομεν
μᾶλλον ἀποδεδεῖχθαι, ὡς πρὸς ὃ ἡμεῖς λέγομεν διαφέρει
γυνὴ ἀνδρός, ἀλλ' ἔτι οἰησόμεθα δεῖν τὰ αὐτὰ ἐπιτηδεύειν

[1] μὴ Ξ: om. Α. [2] τὸ—τεῖνον τὰ ᾳ· τὰ—τείνοντα Α. [3] ἰατρικὸν
nōs: ἰατρικὴν (ἰατρικὸν ᵩ) τὴν ψυχὴν ὄντα Α.

τούς τε φύλακας ἡμῖν καὶ τὰς γυναῖκας αὐτῶν. Καὶ
ὀρθῶς, ἔφη. Οὐκοῦν μετὰ τοῦτο κελεύομεν τὸν τὰ ἐναντία
455 λέγοντα τοῦτο αὐτὸ διδάσκειν ἡμᾶς, πρὸς τίνα τέχνην ἢ τί
ἐπιτήδευμα τῶν περὶ πόλεως κατασκευὴν οὐχ ἡ αὐτή,
ἀλλὰ ἑτέρα φύσις γυναικός τε καὶ ἀνδρός; Δίκαιον γοῦν.
Τάχα τοίνυν ἂν ἅπερ σὺ ὀλίγῳ πρότερον ἔλεγες εἴποι ἂν
καὶ ἄλλος, ὅτι ἐν μὲν τῷ παραχρῆμα ἱκανῶς εἰπεῖν οὐ
ῥᾴδιον, ἐπισκεψαμένῳ δὲ οὐδὲν χαλεπόν. Εἴποι γὰρ ἄν.
Βούλει οὖν δεώμεθα τοῦ τὰ τοιαῦτα ἀντιλέγοντος ἀκολου-
B θῆσαι ἡμῖν, ἐάν πως ἡμεῖς ἐκείνῳ ἐνδειξώμεθα, ὅτι οὐδέν
ἐστιν ἐπιτήδευμα ἴδιον γυναικὶ πρὸς διοίκησιν πόλεως;
Πάνυ γε. Ἴθι δή, φήσομεν πρὸς αὐτόν, ἀποκρίνου· ἆρα
οὕτως ἔλεγες τὸν μὲν εὐφυῆ πρός τι εἶναι, τὸν δὲ ἀφυῆ, ἐν
ᾧ ὁ μὲν ῥᾳδίως τι μανθάνοι, ὁ δὲ χαλεπῶς, καὶ ὁ μὲν ἀπὸ
βραχείας μαθήσεως ἐπὶ πολὺ εὑρετικὸς εἴη οὗ ἔμαθεν, ὁ
δὲ πολλῆς μαθήσεως τυχὼν καὶ μελέτης, μηδ᾽ ἃ ἔμαθε
C σῴζοιτο, καὶ τῷ μὲν τὰ τοῦ σώματος ἱκανῶς ὑπηρετοῖ τῇ
διανοίᾳ, τῷ δὲ ἐναντιοῖτο; ἆρ᾽ ἄλλα ἄττα ἐστὶν ἢ ταῦτα,
οἷς τὸν εὐφυῆ πρὸς ἕκαστα καὶ τὸν μὴ ὡρίζου; Οὐδείς, ἦ
δ᾽ ὅς, ἄλλα φήσει. Οἶσθά τι οὖν ὑπὸ ἀνθρώπων μελετώμε-
νον, ἐν ᾧ οὐ πάντα ταῦτα τὸ τῶν ἀνδρῶν γένος διαφερόντως
ἔχει ἢ τὸ τῶν γυναικῶν; ἢ μακρολογῶμεν τήν τε ὑφαντικὴν
λέγοντες καὶ τὴν τῶν ποπάνων τε καὶ ἑψημάτων θεραπείαν,
ἐν οἷς δή τι δοκεῖ τὸ γυναικεῖον γένος εἶναι, οὗ καὶ κατα-
D λαστότατόν ἐστι πάντων ἡττώμενον; Ἀληθῆ, ἔφη, λέγεις,
ὅτι πολὺ κρατεῖται ἐν ἅπασιν ὡς ἔπος εἰπεῖν τὸ γένος τοῦ
γένους. γυναῖκες μέντοι πολλαὶ πολλῶν ἀνδρῶν βελτίους
εἰς πολλά· τὸ δὲ ὅλον ἔχει ὡς σὺ λέγεις. Οὐδὲν ἄρα
ἐστίν, ὦ φίλε, ἐπιτήδευμα τῶν πόλιν διοικούντων γυναικὸς
διότι γυνή, οὐδ᾽ ἀνδρὸς διότι ἀνήρ, ἀλλ᾽ ὁμοίως διεσπαρ-
μέναι αἱ φύσεις ἐν ἀμφοῖν τοῖν ζῴοιν, καὶ πάντων μὲν
E μετέχει γυνὴ ἐπιτηδευμάτων κατὰ φύσιν, πάντων δὲ ἀνήρ,
ἐπὶ πᾶσι δὲ ἀσθενέστερον γυνὴ ἀνδρός. Πάνυ γε. Ἦ

οὖν ἀνδράσι πάντα προστάξομεν, γυναικὶ δ' οὐδέν; Καὶ
πῶς; Ἀλλ' ἔστι γάρ, οἶμαι, ὡς φήσομεν, καὶ γυνὴ ἰατρική,
ἡ δ' οὔ, καὶ μουσική, ἡ δ' ἄμουσος φύσει. Τί μήν;
Γυμναστικὴ δ' ἄρα οὔ, οὐδὲ πολεμική, ἡ δὲ ἀπόλεμος καὶ 456
οὐ φιλογυμναστική; Οἶμαι ἔγωγε. Τί δέ; φιλόσοφός τε
καὶ μισόσοφος; καὶ θυμοειδής, ἡ δ' ἄθυμος; Ἔστι καὶ
ταῦτα. Ἔστιν ἄρα καὶ φυλακικὴ γυνή, ἡ δ' οὔ. ἢ οὐ
τοιαύτην καὶ τῶν ἀνδρῶν τῶν φυλακικῶν φύσιν ἐξελεξά-
μεθα; Τοιαύτην μὲν οὖν. Καὶ γυναικὸς ἄρα καὶ ἀνδρὸς ἡ
αὐτὴ φύσις εἰς φυλακὴν πόλεως, πλὴν ὅσα ἀσθενεστέρα ἢ
ἰσχυροτέρα ἐστίν. Φαίνεται.

VI. Καὶ γυναῖκες ἄρα αἱ τοιαῦται τοῖς τοιούτοις ἀν- B
δράσιν ἐκλεκτέαι συνοικεῖν τε καὶ συμφυλάττειν, ἐπείπερ
εἰσὶν ἱκαναὶ καὶ ξυγγενεῖς αὐτοῖς τὴν φύσιν. Πάνυ γε.
Τὰ δ' ἐπιτηδεύματα οὐ τὰ αὐτὰ ἀποδοτέα ταῖς αὐταῖς
φύσεσιν; Τὰ αὐτά. Ἥκομεν ἄρα εἰς τὰ πρότερα περι-
φερόμενοι, καὶ ὁμολογοῦμεν μὴ παρὰ φύσιν εἶναι ταῖς τῶν
φυλάκων γυναιξὶ μουσικήν τε καὶ γυμναστικὴν ἀποδιδόναι.
Παντάπασιν μὲν οὖν. Οὐκ ἄρα ἀδύνατά γε οὐδὲ εὐχαῖς C
ὅμοια ἐνομοθετοῦμεν, ἐπείπερ κατὰ φύσιν ἐτίθεμεν τὸν
νόμον· ἀλλὰ τὰ νῦν παρὰ ταῦτα γιγνόμενα παρὰ φύσιν
μᾶλλον, ὡς ἔοικε, γίγνεται. Ἔοικεν. Οὐκοῦν ἡ ἐπίσκεψις
ἡμῖν ἦν, εἰ δυνατά τε καὶ βέλτιστα λέγοιμεν; Ἦν γάρ.
Καὶ ὅτι μὲν δὴ δυνατά, διωμολόγηται; Ναί. Ὅτι δὲ δὴ
βέλτιστα, τὸ μετὰ τοῦτο δεῖ διομολογηθῆναι; Δῆλον.
Οὐκοῦν πρός γε τὸ φυλακικὴν γυναῖκα γενέσθαι οὐκ ἄλλη
μὲν ἡμῖν ἄνδρας ποιήσει παιδεία, ἄλλη δὲ γυναῖκας, ἄλλως
τε καὶ τὴν αὐτὴν φύσιν παραλαβοῦσα; Οὐκ ἄλλη. Πῶς D
οὖν ἔχεις δόξης τοῦ τοιοῦδε πέρι; Τίνος δή; Τοῦ ὑπολαμ-
βάνειν παρὰ σεαυτῷ τὸν μὲν ἀμείνω ἄνδρα, τὸν δὲ χείρω·
ἢ πάντας ὁμοίους ἡγεῖ; Οὐδαμῶς. Ἐν οὖν τῇ πόλει, ἣν
ᾠκίζομεν, πότερον οἴει ἡμῖν ἀμείνους ἄνδρας ἐξειργάσθαι

---

¹ ἢ Π: om. A.   ² τε Flor. T: γε A.

τοὺς φύλακας τυχόντας ἧς διήλθομεν παιδείας, ἢ τοὺς
σκυτοτόμους τῇ σκυτικῇ παιδευθέντας; Γελοῖον, ἔφη,

E ἐρωτᾷς. Μανθάνω, ἔφην. τί δέ; τῶν ἄλλων πολιτῶν
οὐχ οὗτοι ἄριστοι; Πολύ γε. Τί δέ; αἱ γυναῖκες τῶν
γυναικῶν οὐχ αὗται ἔσονται βέλτισται; Καὶ τοῦτο, ἔφη,
πολύ. Ἔστι δὲ τι πόλει ἄμεινον ἢ γυναῖκάς τε καὶ
ἄνδρας ὡς ἀρίστους ἐγγίγνεσθαι; Οὐκ ἔστιν. Τοῦτο δὲ
μουσική τε καὶ γυμναστικὴ παραγιγνόμεναι, ὡς ἡμεῖς

457 | διήλθομεν, ἀπεργάσονται; Πῶς δ' οὔ; Οὐ μόνον ἄρα δυ-
νατόν, ἀλλὰ καὶ ἄριστον πόλει νόμιμον ἐτίθεμεν. Οὕτως.
Ἀποδυτέον δὴ ταῖς τῶν φυλάκων γυναιξίν, ἐπείπερ ἀρετὴν
ἀντὶ ἱματίων ἀμφιέσονται, καὶ κοινωνητέον πολέμου τε
καὶ τῆς ἄλλης φυλακῆς τῆς περὶ τὴν πόλιν, καὶ οὐκ ἄλλα
πρακτέον· τούτων δ' αὐτῶν τὰ ἐλαφρότερα ταῖς γυναιξὶν
ἢ τοῖς ἀνδράσι δοτέον διὰ τὴν τοῦ γένους ἀσθένειαν. ὁ δὲ

B γελῶν ἀνὴρ ἐπὶ γυμναῖς γυναιξί, τοῦ βελτίστου ἕνεκα
γυμναζομέναις, ἀτελῆ τοῦ γελοίου [1] δρέπων καρπόν, οὐδὲν
οἶδεν, ὡς ἔοικεν, ἐφ' ᾧ γελᾷ οὐδ' ὅ τι πράττει· κάλλιστα
γὰρ δὴ τοῦτο καὶ λέγεται καὶ λελέξεται, ὅτι τὸ μὲν ὠφέλι-
μον καλόν, τὸ δὲ βλαβερὸν αἰσχρόν. Παντάπασι μὲν οὖν.

VII.   Τοῦτο μὲν τοίνυν ἓν ὥσπερ κῦμα φῶμεν δια-
φεύγειν τοῦ γυναικείου περὶ νόμου λέγοντες, ὥστε μὴ
παντάπασι κατακλυσθῆναι τιθέντας ὡς δεῖ κοινῇ πάντα

C ἐπιτηδεύειν τούς τε φύλακας ἡμῖν καὶ τὰς φυλακίδας,
ἀλλά πῃ τὸν λόγον αὐτὸν αὑτῷ ὁμολογεῖσθαι ὡς δυνατά
τε καὶ ὠφέλιμα λέγει. Καὶ μάλα, ἔφη, οὐ σμικρὸν κῦμα
διαφεύγεις. Φήσεις γε, ἦν δ' ἐγώ, οὐ μέγα αὐτὸ εἶναι,
ὅταν τὸ μετὰ τοῦτο ἴδῃς. Λέγε δή, ἴδω, ἔφη. Τούτῳ, ἦν
δ' ἐγώ, ἕπεται νόμος καὶ τοῖς ἔμπροσθεν τοῖς ἄλλοις, ὡς
ἐγᾦμαι, ὅδε. Τίς; Τὰς γυναῖκας ταύτας τῶν ἀνδρῶν

D τούτων πάντων πάσας εἶναι κοινάς, ἰδίᾳ δὲ μηδενὶ μηδε-
μίαν συνοικεῖν, καὶ τοὺς παῖδας αὖ κοινούς, καὶ μήτε

---

[1] γελοίου J. G. S. Schneider: γελοίου σοφίας codd.

γονέα ἔκγονον εἰδέναι τὸν αὑτοῦ μήτε παῖδα γονέα. Πολὺ
ἔφη, τοῦτο ἐκείνου μεῖζον πρὸς ἀπιστίαν καὶ τοῦ δυνατοῦ
πέρι καὶ τοῦ ὠφελίμου. Οὐκ οἶμαι, ἦν δ᾽ ἐγώ, περί γε τοῦ
ὠφελίμου ἀμφισβητεῖσθαι ἄν, ὡς οὐ μέγιστον ἀγαθὸν
κοινὰς μὲν τὰς γυναῖκας εἶναι, κοινοὺς δὲ τοὺς παῖδας,
εἴπερ οἷόν τε· ἀλλ᾽ οἶμαι περὶ τοῦ εἰ δυνατὸν ἢ μὴ πλεί-
στην ἀμφισβήτησιν γενέσθαι. Περὶ ἀμφοτέρων, ἦ δ᾽ ὅς, Ε
εὖ μάλ᾽ ἂν ἀμφισβητηθείη. Λέγεις, ἦν δ᾽ ἐγώ, λόγων
σύστασιν· ἐγὼ δ᾽ ᾤμην ἔκ γε τοῦ ἑτέρου ἀποδράσεσθαι,
εἴ σοι δόξειεν ὠφέλιμον εἶναι, λοιπὸν δὲ δή μοι ἔσεσθαι
περὶ τοῦ δυνατοῦ καὶ μή. Ἀλλ᾽ οὐκ ἔλαθες, ἦ δ᾽ ὅς, ἀπο-
διδράσκων· ἀλλ᾽ ἀμφοτέρων πέρι δίδου λόγον. Ὑφεκτέον,
ἦν δ᾽ ἐγώ, δίκην. τοσόνδε μέντοι χάρισαί μοι· ἔασόν με
ἑορτάσαι, ὥσπερ οἱ ἀργοὶ τὴν διάνοιαν εἰώθασιν ἑστιᾶ-   458
σθαι ὑφ᾽ ἑαυτῶν, ὅταν μόνοι πορεύωνται. καὶ γὰρ οἱ
τοιοῦτοί που, πρὶν ἐξευρεῖν τίνα τρόπον ἔσται τι ὧν
ἐπιθυμοῦσι, τοῦτο παρέντες, ἵνα μὴ κάμνωσι βουλευό-
μενοι περὶ τοῦ δυνατοῦ καὶ μή, θέντες ὡς ὑπάρχον εἶναι
ὃ βούλονται, ἤδη τὰ λοιπὰ διατάττουσι καὶ χαίρουσιν
διεξιόντες οἷα δράσουσι γενομένου, ἀργὸν καὶ ἄλλως
ψυχὴν ἔτι ἀργοτέραν ποιοῦντες. ἤδη οὖν καὶ αὐτὸς Β
μαλθακίζομαι, καὶ ἐκεῖνα μὲν ἐπιθυμῶ ἀναβαλέσθαι καὶ
ὕστερον ἐπισκέψασθαι, ᾗ δυνατά, νῦν δὲ ὡς δυνατῶν
ὄντων θεὶς σκέψομαι, ἄν μοι παρίῃς, πῶς διατάξουσιν
αὐτὰ οἱ ἄρχοντες γιγνόμενα, καὶ ὅτι πάντων ξυμφορώτατ᾽
ἂν εἴη πραχθέντα τῇ πόλει καὶ τοῖς φύλαξιν. ταῦτα
πειράσομαί σοι πρότερα συνδιασκοπεῖσθαι, ὕστερα δ᾽
ἐκεῖνα, εἴπερ παρίῃς. Ἀλλὰ παρίημι, ἔφη, καὶ σκόπει.

Οἶμαι τοίνυν, ἦν δ᾽ ἐγώ, εἴπερ ἔσονται οἱ ἄρχοντες
ἄξιοι τούτου τοῦ ὀνόματος, οἵ τε τούτοις ἐπίκουροι κατὰ
ταὐτά, τοὺς μὲν ἐθελήσειν ποιεῖν τὰ ἐπιταττόμενα, τοὺς
δὲ ἐπιτάξειν τὰ μὲν αὐτοὺς πειθομένους τοῖς νόμοις, τὰ δὲ
καὶ μιμουμένους, ὅσα ἂν ἐκείνοις ἐπιτρέψωμεν. Εἰκός,

ἔφη. Σὺ μὲν τοίνυν, ἦν δ' ἐγώ, ὁ νομοθέτης αὐτοῖς ὥσπερ τοὺς ἄνδρας ἐξέλεξας, οὕτω καὶ τὰς γυναῖκας ἐκλέξας παραδώσεις καθ' ὅσον οἷόν τε ὁμοφυεῖς· οἱ δὲ ἅτε οἰκίας τε καὶ ξυσσίτια κοινὰ ἔχοντες, ἰδίᾳ δὲ οὐδενὸς οὐδὲν

D τοιοῦτο κεκτημένου, ὁμοῦ δὴ ἔσονται, ὁμοῦ δὲ ἀναμεμιγμένων καὶ ἐν γυμνασίοις καὶ ἐν τῇ ἄλλῃ τροφῇ ὑπ' ἀνάγκης, οἶμαι, τῆς ἐμφύτου ἄξονται πρὸς τὴν ἀλλήλων μίξιν. ἢ οὐκ ἀναγκαῖά σοι δοκῶ λέγειν; Οὐ γεωμετρικαῖς γε, ἦ δ' ὅς, ἀλλ' ἐρωτικαῖς ἀνάγκαις, αἳ κινδυνεύουσιν ἐκείνων δριμύτεραι εἶναι πρὸς τὸ πείθειν τε καὶ ἕλκειν τὸν πολὺν λεών.

VIII. Καὶ μάλα, εἶπον. ἀλλὰ μετὰ δὴ ταῦτα, ὦ

E Γλαύκων, ἀτάκτως μὲν μίγνυσθαι[1] ἀλλήλοις ἢ ἄλλο ὁτιοῦν ποιεῖν οὔτε ὅσιον ἐν εὐδαιμόνων πόλει οὔτ' ἐάσουσιν οἱ ἄρχοντες. Οὐ γὰρ δίκαιον, ἔφη. Δῆλον δὴ ὅτι γάμους τὸ μετὰ τοῦτο ποιήσομεν ἱεροὺς εἰς δύναμιν ὅ τι μάλιστα· εἶεν δ' ἂν ἱεροὶ οἱ ὠφελιμώτατοι. Παντάπασι

459 μὲν οὖν. Πῶς οὖν δὴ ὠφελιμώτατοι ἔσονται; τόδε μοι λέγε, ὦ Γλαύκων· ὁρῶ γάρ σου ἐν τῇ οἰκίᾳ καὶ κύνας θηρευτικοὺς καὶ τῶν γενναίων ὀρνίθων μάλα συχνούς· ἆρ' οὖν, ὦ πρὸς Διός, προσέσχηκάς τι τοῖς τούτων γάμοις τε καὶ παιδοποιίαις[2]; Τὸ ποῖον, ἔφη; Πρῶτον μὲν αὐτῶν τούτων, καίπερ ὄντων γενναίων, ἆρ' οὐκ εἰσί τινες καὶ γίγνονται ἄριστοι; Εἰσίν. Πότερον οὖν ἐξ ἁπάντων ὁμοίως γεννᾷς, ἢ προθυμεῖ ὅ τι μάλιστα ἐκ τῶν ἀρίστων;

B Ἐκ τῶν ἀρίστων. Τί δ'; ἐκ τῶν νεωτάτων ἢ ἐκ τῶν γεραιτάτων ἢ ἐξ ἀκμαζόντων ὅ τι μάλιστα; Ἐξ ἀκμαζόντων. Καὶ ἂν μὴ οὕτω γεννᾶται, πολύ σοι ἡγεῖ χεῖρον ἔσεσθαι τό τε τῶν ὀρνίθων καὶ τὸ τῶν κυνῶν γένος; Ἔγωγ', ἔφη. Τί δὲ ἵππων οἴει, ἦν δ' ἐγώ, καὶ τῶν ἄλλων ζῴων; ἦ[3] ἄλλῃ πῃ ἔχειν; Ἄτοπον μέντ' ἄν, ἦ δ' ὅς, εἴη.

---

[1] μίγνυσθαι Π: γυμνοῦσθαι A.   [2] παιδοποιίαις Ξ: παιδοποιίᾳ A.

[3] ἦ Π: ᾗ A.

Βαβαί, ἦν δ' ἐγώ, ὦ φίλε ἑταῖρε, ὡς ἄρα σφόδρα ἡμῖν δεῖ
ἄκρων εἶναι τῶν ἀρχόντων, εἴπερ καὶ περὶ τὸ τῶν ἀνθρώ-
πων γένος ὡσαύτως ἔχει. Ἀλλὰ μὲν δὴ ἔχει, ἔφη· ἀλλὰ C
τί δή; Ὅτι ἀνάγκη αὐτοῖς, ἦν δ' ἐγώ, φαρμάκοις πολλοῖς
χρῆσθαι. Ἰατρὸν δέ που μὴ δεομένοις μὲν σώμασι
φαρμάκων, ἀλλὰ διαίτῃ ἐθελόντων ὑπακούειν, καὶ φαυλό-
τερον ἐξαρκεῖν ἡγούμεθα· ὅταν δὲ δὴ καὶ φαρμακεύειν
δέῃ, ἴσμεν ὅτι ἀνδρειοτέρου δεῖ εἶναι[1] τοῦ ἰατροῦ. Ἀληθῆ·
ἀλλὰ πρὸς τί λέγεις; Πρὸς τόδε, ἦν δ' ἐγώ, συχνῷ τῷ
ψεύδει καὶ τῇ ἀπάτῃ κινδυνεύει ἡμῖν δεήσειν χρῆσθαι
τοὺς ἄρχοντας ἐπ' ὠφελείᾳ τῶν ἀρχομένων. ἔφαμεν δέ D
που ἐν φαρμάκου εἴδει πάντα τὰ τοιαῦτα χρήσιμα εἶναι.
Καὶ ὀρθῶς γε, ἔφη. Ἐν τοῖς γάμοις τοίνυν καὶ παιδο-
ποιίαις ἔοικε τὸ ὀρθὸν τοῦτο γίγνεσθαι οὐκ ἐλάχιστον.
Πῶς δή; Δεῖ μέν, εἶπον, ἐκ τῶν ὡμολογημένων τοὺς
ἀρίστους ταῖς ἀρίσταις συγγίγνεσθαι ὡς πλειστάκις, τοὺς
δὲ φαυλοτάτους ταῖς φαυλοτάταις τοὐναντίον, καὶ τῶν
μὲν τὰ ἔκγονα τρέφειν, τῶν δὲ μή, εἰ μέλλει τὸ ποίμνιον E
ὅ τι ἀκρότατον εἶναι· καὶ ταῦτα πάντα γιγνόμενα λαν-
θάνειν πλὴν αὐτοὺς τοὺς ἄρχοντας, εἰ αὖ ἡ ἀγέλη τῶν
φυλάκων ὅ τι μάλιστα ἀστασίαστος ἔσται. Ὀρθότατα,
ἔφη. Οὐκοῦν δὴ ἑορταί τινες νομοθετητέαι, ἐν αἷς ξυνά-
ξομεν τάς τε νύμφας καὶ τοὺς νυμφίους, καὶ θυσίαι, καὶ
ὕμνοι ποιητέοι τοῖς ἡμετέροις ποιηταῖς πρέποντες τοῖς 460
γιγνομένοις γάμοις· τὸ δὲ πλῆθος τῶν γάμων ἐπὶ τοῖς
ἄρχουσι ποιήσομεν, ἵν' ὡς μάλιστα διασῴζωσι τὸν αὐτὸν
ἀριθμὸν τῶν ἀνδρῶν πρὸς πολέμους τε καὶ νόσους καὶ
πάντα τὰ τοιαῦτα ἀποσκοποῦντες, καὶ μήτε μεγάλη ἡμῖν
ἡ πόλις κατὰ τὸ δυνατὸν μήτε σμικρὰ γίγνηται. Ὀρθῶς,
ἔφη. Κλῆροι δή τινες, οἶμαι, ποιητέοι κομψοί, ὥστε τὸν
φαῦλον ἐκεῖνον αἰτιᾶσθαι ἐφ' ἑκάστης συνέρξεως τύχην,
ἀλλὰ μὴ τοὺς ἄρχοντας. Καὶ μάλα, ἔφη.

¹ εἶναι post δεῖ nos dedimus: post ἡγούμεθα codd. Cf. 459 B.

B   IX. Καὶ τοῖς ἀγαθοῖς γέ που τῶν νέων ἐν πολέμῳ ἢ ἄλλοθί που γέρα δοτέον καὶ ἆθλα ἄλλα τε καὶ ἀφθονέστερα ἡ ἐξουσία τῆς τῶν γυναικῶν ξυγκοιμήσεως, ἵνα καὶ ἅμα μετὰ προφάσεως ὡς πλεῖστοι τῶν παίδων ἐκ τῶν τοιούτων σπείρωνται. Ὀρθῶς. Οὐκοῦν καὶ τὰ ἀεὶ γιγνόμενα ἔκγονα παραλαμβάνουσαι αἱ ἐπὶ τούτων ἐφεστηκυῖαι ἀρχαὶ εἴτε ἀνδρῶν εἴτε γυναικῶν εἴτε ἀμφότερα—κοιναὶ μὲν γάρ που καὶ ἀρχαὶ γυναιξί τε καὶ ἀνδράσιν. Ναί.

C   Τὰ μὲν δὴ τῶν ἀγαθῶν δοκῶ, λαβοῦσαι εἰς τὸν σηκὸν οἴσουσιν παρά τινας τροφοὺς χωρὶς οἰκούσας ἔν τινι μέρει τῆς πόλεως· τὰ δὲ τῶν χειρόνων, καὶ ἐάν τι τῶν ἑτέρων ἀνάπηρον γίγνηται, ἐν ἀπορρήτῳ τε καὶ ἀδήλῳ κατακρύψουσιν ὡς πρέπει. Εἴπερ μέλλει[1], ἔφη, καθαρὸν τὸ γένος τῶν φυλάκων ἔσεσθαι. Οὐκοῦν καὶ τροφῆς οὗτοι ἐπιμελήσονται τάς τε μητέρας ἐπὶ τὸν σηκὸν ἄγοντες, ὅταν σπαργῶσι, πᾶσαν μηχανὴν μηχανώμενοι,

D   ὅπως μηδεμία τὸ αὑτῆς αἰσθήσεται, καὶ ἄλλας γάλα ἐχούσας ἐκπορίζοντες, ἐὰν μὴ αὐταὶ ἱκαναὶ ὦσι, καὶ αὐτῶν τούτων ἐπιμελήσονται, ὅπως μέτριον χρόνον θηλάσονται[2], ἀγρυπνίας δὲ καὶ τὸν ἄλλον πόνον πίτθαις τε καὶ τροφοῖς παραδώσουσιν; Πολλὴν ῥᾳστώνην, ἔφη, λέγεις τῆς παιδοποιίας ταῖς τῶν φυλάκων γυναιξίν. Πρέπει γάρ, ἦν δ' ἐγώ. τὸ δ' ἐφεξῆς διέλθωμεν ὃ προὐθέμεθα[3]. ἔφαμεν γὰρ

E   δὴ ἐξ ἀκμαζόντων δεῖν τὰ ἔκγονα γίγνεσθαι. Ἀληθῆ. Ἀρ' οὖν σοι ξυνδοκεῖ μέτριος χρόνος ἀκμῆς τὰ εἴκοσι ἔτη γυναικί, ἀνδρὶ δὲ τὰ τριάκοντα; Τὰ ποῖα αὐτῶν; ἔφη. Γυναικὶ μέν, ἦν δ' ἐγώ, ἀρξαμένῃ ἀπὸ εἰκοσιέτιδος μέχρι τετταρακονταέτιδος τίκτειν τῇ πόλει· ἀνδρὶ δέ, ἐπειδὰν τὴν ὀξυτάτην δρόμου ἀκμὴν παρῇ, τὸ ἀπὸ τούτου γεννᾶν τῇ πόλει μέχρι πεντεκαιπεντηκονταέτους. Ἀμ-

461 φοτέρων γοῦν, ἔφη, αὕτη ἀκμὴ σώματός τε καὶ φρονήσεως.

---

[1] μέλλει Ξ: μέλλοι A.   [2] θηλάσονται Ξ: θηλάσωνται A.   [3] προύθέμεθα v (cum Stobaeo): προθυμούμεθα A.

Οὐκοῦν ἐάν τε πρεσβύτερος τούτων ἐάν τε νεώτερος τῶν
εἰς τὸ κοινὸν γεννήσεων ἅπτηται, οὔτε ὅσιον οὔτε δίκαιον
φήσομεν τὸ ἁμάρτημα, ὡς παῖδα φιτύοντος τῇ πόλει, ὅς,
ἂν λάθῃ, γεννήσεται οὐχ ὑπὸ θυσιῶν οὐδ᾽ ὑπὸ εὐχῶν φύς,[1]
ἃς ἐφ᾽ ἑκάστοις τοῖς γάμοις εὔχονται καὶ ἱέρειαι καὶ ἱερεῖς
καὶ ξύμπασα ἡ πόλις ἐξ ἀγαθῶν ἀμείνους καὶ ἐξ ὠφελίμων
ὠφελιμωτέρους ἀεὶ τοὺς ἐκγόνους γίγνεσθαι, ἀλλ᾽ ὑπὸ B
σκότου μετὰ δεινῆς ἀκρατείας γεγονώς. Ὀρθῶς, ἔφη.
Ὁ αὐτὸς δέ γ᾽, εἶπον, νόμος, ἐάν τις τῶν ἔτι γεννώντων μὴ
συνέρξαντος ἄρχοντος ἅπτηται τῶν ἐν ἡλικίᾳ γυναικῶν·
νόθον γὰρ καὶ ἀνέγγυον καὶ ἀνίερον φήσομεν αὐτὸν παῖδα
τῇ πόλει καθιστάναι. Ὀρθότατα, ἔφη. Ὅταν δὲ δὴ
οἶμαι, αἵ τε γυναῖκες καὶ οἱ ἄνδρες τοῦ γεννᾶν ἐκβῶσι
τὴν ἡλικίαν, ἀφήσομεν[2] που ἐλευθέρους αὐτοὺς συγγίγνε-
σθαι ᾧ ἂν ἐθέλωσι, πλὴν θυγατρὶ καὶ μητρὶ καὶ ταῖς τῶν C
θυγατέρων παισὶ καὶ ταῖς ἄνω μητρός, καὶ γυναῖκας αὖ
πλὴν υἱεῖ καὶ πατρὶ καὶ τοῖς τούτων εἰς τὸ κάτω καὶ
ἐπὶ τὸ ἄνω, καὶ ταῦτά γ᾽ ἤδη πάντα διακελευσάμενοι
προθυμεῖσθαι μάλιστα μὲν μηδ᾽ εἰς φῶς ἐκφέρειν κύημα
μηδὲ ἕν,[3] ἐὰν γένηται, ἐὰν δέ τι βιάσηται, οὕτω τιθέναι,
ὡς οὐκ οὔσης τροφῆς τῷ τοιούτῳ. Καὶ ταῦτα μέν γ᾽,
ἔφη, μετρίως λέγεται· πατέρας δὲ καὶ θυγατέρας καὶ ἃ
νῦν δὴ ἔλεγες, πῶς διαγνώσονται ἀλλήλων; Οὐδαμῶς D
ἦν δ᾽ ἐγώ· ἀλλ᾽ ἀφ᾽ ἧς ἂν ἡμέρας τις αὐτῶν νυμφίος
γένηται, μετ᾽ ἐκείνην δεκάτῳ μηνὶ καὶ ἑβδόμῳ δὴ ἃ ἂν
γένηται ἔκγονα, ταῦτα πάντα προσερεῖ τὰ μὲν ἄρρενα
υἱεῖς, τὰ δὲ θήλεα θυγατέρας, καὶ ἐκεῖνα[4] ἐκεῖνον πατέρα,
καὶ οὕτω δὴ τὰ τούτων ἔκγονα παίδων παῖδας, καὶ ἐκεῖνα
αὖ ἐκείνους πάππους τε καὶ τηθάς, τὰ δ᾽ ἐν ἐκείνῳ τῷ
χρόνῳ γεγονότα ἐν ᾧ αἱ μητέρες καὶ οἱ πατέρες αὐτῶν

---

[1] φύς Ξ q: φύσας A.　　　[2] ἀφήσομεν Eusebius et Theodoretus: φήσομεν
codd.　　　[3] μηδὲ ἕν Cobet: μηδέ γ᾽ ἕν A¹, sed ἑ et γ punctis notavit A².
[4] ἐκεῖνα Ξ q: ἐκείνου A.

δ' ἀλλότριον ὡς οὐχ ἑαυτοῦ; Οὕτω. Τί δὲ οἱ παρὰ σοὶ
φύλακες; ἔσθ' ὅστις αὐτῶν ἕλοι ἂν τῶν ξυμφυλάκων
νομίσαι τινὰ ἢ προσειπεῖν ὡς ἀλλότριον; Οὐδαμῶς, ἔφη·
παντὶ γάρ, ᾧ ἂν ἐντυγχάνῃ τις, ἢ ὡς ἀδελφῷ ἢ ὡς ἀδελφῇ
ἢ ὡς πατρὶ ἢ ὡς μητρὶ ἢ ὑεῖ ἢ θυγατρὶ ἢ τούτων ἐκγόνοις
ἢ προγόνοις νομιεῖ ἐντυγχάνειν. Κάλλιστα, ἦν δ' ἐγώ,
λέγεις· ἀλλ' ἔτι καὶ τόδε εἰπέ· πότερον αὐτοῖς τὰ ὀνόματα

D μόνον οἰκεῖα νομοθετήσεις, ἢ καὶ τὰς πράξεις πάσας κατὰ
τὰ ὀνόματα πράττειν, περί τε τοὺς πατέρας, ὅσα νόμος
περὶ πατέρας αἰδοῦς τε πέρι καὶ κηδεμονίας καὶ τοῦ
ὑπήκοον δεῖν εἶναι τῶν γονέων ἢ μήτε πρὸς θεῶν μήτε
πρὸς ἀνθρώπων αὐτῷ ἄμεινον ἔσεσθαι, ὡς οὔτε ὅσια οὔτε
δίκαια πράττοντος ἄν, εἰ ἄλλα πράττοι ἢ ταῦτα; αὗται
σοὶ ἢ ἄλλαι φῆμαι ἐξ ἁπάντων τῶν πολιτῶν ὑμνήσουσιν
εὐθὺς περὶ τὰ τῶν παίδων ὦτα καὶ περὶ πατέρων, οὓς

E ἂν αὐτοῖς τις ἀποφήνῃ, καὶ περὶ τῶν ἄλλων ξυγγενῶν;
Αὗται, ἔφη· γελοῖον γὰρ ἂν εἴη, εἰ ἄνευ ἔργων οἰκεῖα
ὀνόματα διὰ τῶν στομάτων μόνον φθέγγοιντο. Πασῶν
ἄρα πόλεων μάλιστα ἐν αὐτῇ ξυμφωνήσουσιν ἑνός τινος
ἢ εὖ ἢ κακῶς πράττοντος ὃ νῦν δὴ ἐλέγομεν τὸ ῥῆμα, τὸ ὅτι
τὸ ἐμὸν εὖ πράττει, ἢ ὅτι τὸ ἐμὸν κακῶς. Ἀληθέστατα, ἦ

464 δ' ὅς. Οὐκοῦν μετὰ τούτου τοῦ δόγματός τε καὶ ῥήματος
ἔφαμεν ξυνακολουθεῖν τάς τε ἡδονὰς καὶ τὰς λύπας
κοινῇ; Καὶ ὀρθῶς γε ἔφαμεν. Οὐκοῦν μάλιστα τοῦ αὐτοῦ
κοινωνήσουσιν ἡμῖν οἱ πολῖται, ὃ δὴ ἐμὸν ὀνομάσουσιν,
τούτου δὲ κοινωνοῦντες οὕτω δὴ λύπης τε καὶ ἡδονῆς
μάλιστα κοινωνίαν ἕξουσιν; Πολύ γε. Ἆρ' οὖν τούτων
αἰτία πρὸς τῇ ἄλλῃ καταστάσει ἡ τῶν γυναικῶν τε καὶ
παίδων κοινωνία τοῖς φύλαξιν; Πολὺ μὲν οὖν μάλιστα,
ἔφη.

B XII. Ἀλλὰ μὴν μέγιστόν γε πόλει αὐτὸ ὡμολογή-
σαμεν ἀγαθόν, ἀπεικάζοντες εὖ οἰκουμένην πόλιν σώματι
πρὸς μέρος αὐτοῦ λύπης τε πέρι καὶ ἡδονῆς ὡς ἔχει. Καὶ

Ὀρθῶς γ᾽, ἔφη, ὡμολογήσαμεν. Τοῦ μεγίστου ἄρα ἀγαθοῦ τῇ πόλει αἰτία ἡμῖν πέφανται ἡ κοινωνία τοῖς ἐπικούροις τῶν τε παίδων καὶ τῶν γυναικῶν. Καὶ μάλ᾽, ἔφη. Καὶ μὲν δὴ καὶ τοῖς πρόσθεν γε ὁμολογοῦμεν[1]· ἔφαμεν γάρ που οὔτε οἰκίας τούτοις ἰδίας δεῖν εἶναι οὔτε γῆν οὔτε τι κτῆμα, ἀλλὰ παρὰ τῶν ἄλλων τροφὴν λαμβάνοντας C μισθὸν τῆς φυλακῆς κοινῇ πάντας ἀναλίσκειν, εἰ μέλλοιεν ὄντως φύλακες εἶναι. Ὀρθῶς, ἔφη. Ἆρ᾽ οὖν οὐχ, ὅπερ λέγω, τά τε πρόσθεν εἰρημένα καὶ τὰ νῦν λεγόμενα ἔτι μᾶλλον ἀπεργάζεται αὐτοὺς ἀληθινοὺς φύλακας, καὶ ποιεῖ μὴ διασπᾶν τὴν πόλιν τὸ ἐμὸν ὀνομάζοντας μὴ τὸ αὐτό, ἀλλ᾽ ἄλλον ἄλλο, τὸν μὲν εἰς τὴν ἑαυτοῦ οἰκίαν ἕλκοντα ὅ τι ἂν δύνηται χωρὶς τῶν ἄλλων κτήσασθαι, τὸν δὲ εἰς τὴν ἑαυτοῦ ἑτέραν οὖσαν, καὶ γυναῖκά τε καὶ παῖδας D ἑτέρους, ἡδονάς τε καὶ ἀλγηδόνας ἐμποιοῦντας ἰδίων ὄντων ἰδίας, ἀλλ᾽ ἑνὶ δόγματι τοῦ οἰκείου πέρι ἐπὶ τὸ αὐτὸ τείνοντας πάντας εἰς τὸ δυνατὸν ὁμοπαθεῖς λύπης τε καὶ ἡδονῆς εἶναι; Κομιδῇ μὲν οὖν, ἔφη. Τί δέ; δίκαι τε καὶ ἐγκλήματα πρὸς ἀλλήλους οὐκ οἰχήσεται ἐξ αὐτῶν ὡς ἔπος εἰπεῖν, διὰ τὸ μηδὲν ἴδιον ἐκτῆσθαι πλὴν τὸ σῶμα, τὰ δ᾽ ἄλλα κοινά; ὅθεν δὴ ὑπάρχει τούτοις ἀστασιάστοις εἶναι, ὅσα γε διὰ χρημάτων ἢ παίδων καὶ ξυγγενῶν κτῆσιν E ἄνθρωποι στασιάζουσιν; Πολλὴ ἀνάγκη, ἔφη, ἀπηλλάχθαι. Καὶ μὴν οὐδὲ βιαίων γε οὐδ᾽ αἰκείας δίκαι δικαίως ἂν εἶεν ἐν αὐτοῖς. ἥλιξι μὲν γὰρ ἥλικας ἀμύνεσθαι καλὸν καὶ δίκαιόν που φήσομεν, <ἐν>[2] ἀνάγκῃ σωμάτων ἐπιμέλειαν τιθέντες. Ὀρθῶς, ἔφη. Καὶ γὰρ τόδε ὀρθὸν ἔχει, ἦν δ᾽ ἐγώ, οὗτος ὁ νόμος· εἴ πού τίς τῳ θυμοῖτο, ἐν 465 τῷ τοιούτῳ πληρῶν τὸν θυμὸν ἧττον ἐπὶ μείζους ἂν ἴοι στάσεις. Πάνυ μὲν οὖν. Πρεσβυτέρῳ μὴν νεωτέρων πάντων ἄρχειν τε καὶ κολάζειν προστετάξεται. Δῆλον.

---

[1] ὁμολογοῦμεν Ξ q²: ὡμολογοῦμεν A.   [2] <ἐν> nos : om. codd.

[3] ἀνάγκῃ Π: ἀνάγκην A.

δ' ἀλλότριον ὡς οὐχ ἑαυτοῦ; Οὕτω. Τί δὲ οἱ παρὰ σοὶ
φύλακες; ἔσθ' ὅστις αὐτῶν ἔχοι ἂν τῶν ξυμφυλάκων
νομίσαι τινὰ ἢ προσειπεῖν ὡς ἀλλότριον; Οὐδαμῶς, ἔφη·
παντὶ γάρ, ᾧ ἂν ἐντυγχάνῃ τις, ἢ ὡς ἀδελφῷ ἢ ὡς ἀδελφῇ
ἢ ὡς πατρὶ ἢ ὡς μητρὶ ἢ ὑεῖ ἢ θυγατρὶ ἢ τούτων ἐκγόνοις
ἢ προγόνοις νομιεῖ ἐντυγχάνειν. Κάλλιστα, ἦν δ' ἐγώ,
λέγεις· ἀλλ' ἔτι καὶ τόδε εἰπέ· πότερον αὐτοῖς τὰ ὀνόματα

D μόνον οἰκεῖα νομοθετήσεις, ἢ καὶ τὰς πράξεις πάσας κατὰ
τὰ ὀνόματα πράττειν, περί τε τοὺς πατέρας, ὅσα νόμος
περὶ πατέρας αἰδοῦς τε πέρι καὶ κηδεμονίας καὶ τοῦ
ὑπήκοον δεῖν εἶναι τῶν γονέων, ἢ μήτε πρὸς θεῶν μήτε
πρὸς ἀνθρώπων αὐτῷ ἄμεινον ἔσεσθαι, ὡς οὔτε ὅσια οὔτε
δίκαια πράττοντος ἄν, εἰ ἄλλα πράττοι ἢ ταῦτα; αὗται
σοὶ ἢ ἄλλαι φῆμαι ἐξ ἁπάντων τῶν πολιτῶν ὑμνήσουσιν
εὐθὺς περὶ τὰ τῶν παίδων ὦτα καὶ περὶ πατέρων, οὓς

E ἂν αὐτοῖς τις ἀποφήνῃ, καὶ περὶ τῶν ἄλλων ξυγγενῶν;
Αὗται, ἔφη· γελοῖον γὰρ ἂν εἴη, εἰ ἄνευ ἔργων οἰκεῖα
ὀνόματα διὰ τῶν στομάτων μόνον φθέγγοιντο. Πασῶν
ἄρα πόλεων μάλιστα ἐν αὐτῇ ξυμφωνήσουσιν ἑνός τινος
εὖ ἢ κακῶς πράττοντος ὃ νῦν δὴ ἐλέγομεν τὸ ῥῆμα, τὸ ὅτι
τὸ ἐμὸν εὖ πράττει, ἢ ὅτι τὸ ἐμὸν κακῶς. Ἀληθέστατα, ἦ

464 δ' ὅς. Οὐκοῦν μετὰ τούτου τοῦ δόγματός τε καὶ ῥήματος
ἔφαμεν ξυνακολουθεῖν τάς τε ἡδονὰς καὶ τὰς λύπας
κοινῇ; Καὶ ὀρθῶς γε ἔφαμεν. Οὐκοῦν μάλιστα τοῦ αὐτοῦ
κοινωνήσουσιν ἡμῖν οἱ πολῖται, ὃ δὴ ἐμὸν ὀνομάσουσιν,
τούτου δὲ κοινωνοῦντες οὕτω δὴ λύπης τε καὶ ἡδονῆς
μάλιστα κοινωνίαν ἕξουσιν; Πολύ γε. Ἆρ' οὖν τούτων
αἰτία πρὸς τῇ ἄλλῃ καταστάσει ἡ τῶν γυναικῶν τε καὶ
παίδων κοινωνία τοῖς φύλαξιν; Πολὺ μὲν οὖν μάλιστα,
ἔφη.

B XII. Ἀλλὰ μὴν μέγιστόν γε πόλει αὐτὸ ὡμολογή-
σαμεν ἀγαθόν, ἀπεικάζοντες εὖ οἰκουμένην πόλιν σώματι
πρὸς μέρος αὐτοῦ λύπης τε πέρι καὶ ἡδονῆς ὡς ἔχει. Καὶ

ὀρθῶς γ᾽, ἔφη, ὡμολογήσαμεν. Τοῦ μεγίστου ἄρα ἀγαθοῦ τῇ πόλει αἰτία ἡμῖν πέφανται ἡ κοινωνία τοῖς ἐπικούροις τῶν τε παίδων καὶ τῶν γυναικῶν. Καὶ μάλ᾽, ἔφη. Καὶ μὲν δὴ καὶ τοῖς πρόσθεν γε ὁμολογοῦμεν· ἔφαμεν γάρ που οὔτε οἰκίας τούτοις ἰδίας δεῖν εἶναι οὔτε γῆν οὔτε τι κτῆμα, ἀλλὰ παρὰ τῶν ἄλλων τροφὴν λαμβάνοντας C μισθὸν τῆς φυλακῆς κοινῇ πάντας ἀναλίσκειν, εἰ μέλλοιεν ὄντως φύλακες εἶναι. Ὀρθῶς, ἔφη. Ἆρ᾽ οὖν οὐχ, ὅπερ λέγω, τά τε πρόσθεν εἰρημένα καὶ τὰ νῦν λεγόμενα ἔτι μᾶλλον ἀπεργάζεται αὐτοὺς ἀληθινοὺς φύλακας, καὶ ποιεῖ μὴ διασπᾶν τὴν πόλιν τὸ ἐμὸν ὀνομάζοντας μὴ τὸ αὐτό, ἀλλ᾽ ἄλλον ἄλλο, τὸν μὲν εἰς τὴν ἑαυτοῦ οἰκίαν ἕλκοντα ὅ τι ἂν δύνηται χωρὶς τῶν ἄλλων κτήσασθαι, τὸν δὲ εἰς τὴν ἑαυτοῦ ἑτέραν οὖσαν, καὶ γυναῖκά τε καὶ παῖδας D ἑτέρους, ἡδονάς τε καὶ ἀλγηδόνας ἐμποιοῦντας ἰδίων ὄντων ἰδίας, ἀλλ᾽ ἑνὶ δόγματι τοῦ οἰκείου πέρι ἐπὶ τὸ αὐτὸ τείνοντας πάντας εἰς τὸ δυνατὸν ὁμοπαθεῖς λύπης τε καὶ ἡδονῆς εἶναι; Κομιδῇ μὲν οὖν, ἔφη. Τί δέ; δίκαι τε καὶ ἐγκλήματα πρὸς ἀλλήλους οὐκ οἰχήσεται ἐξ αὐτῶν, ὡς ἔπος εἰπεῖν, διὰ τὸ μηδὲν ἴδιον ἐκτῆσθαι πλὴν τὸ σῶμα, τὰ δ᾽ ἄλλα κοινά; ὅθεν δὴ ὑπάρχει τούτοις ἀστασιάστοις εἶναι, ὅσα γε διὰ χρημάτων ἢ παίδων καὶ ξυγγενῶν κτῆσιν E ἄνθρωποι στασιάζουσιν; Πολλὴ ἀνάγκη, ἔφη, ἀπηλλάχθαι. Καὶ μὴν οὐδὲ βιαίων γε οὐδ᾽ αἰκείας δίκαι δικαίως ἂν εἶεν ἐν αὐτοῖς. ἥλιξι μὲν γὰρ ἥλικας ἀμύνεσθαι καλὸν καὶ δίκαιόν που φήσομεν, ⟨ἐν⟩ ἀνάγκῃ σωμάτων ἐπιμέλειαν τιθέντες. Ὀρθῶς, ἔφη. Καὶ γὰρ τόδε ὀρθὸν ἔχει ἦν δ᾽ ἐγώ, οὗτος ὁ νόμος· εἴ πού τίς τῳ θυμοῖτο, ἐν 465 τῷ τοιούτῳ πληρῶν τὸν θυμὸν ἧττον ἐπὶ μείζους ἂν ἴοι στάσεις. Πάνυ μὲν οὖν. Πρεσβυτέρῳ μὴν νεωτέρων πάντων ἄρχειν τε καὶ κολάζειν προστετάξεται. Δῆλον.

---

¹ ὁμολογοῦμεν Ξ q²: ὡμολογοῦμεν Α.   ² ⟨ἐν⟩ nos : om. codd.
³ ἀνάγκῃ Π: ἀνάγκην Α.

Ε γὰρ τῶν ἐν τῷ πολέμῳ οἶμαι, ἔφην, δῆλον ὃν τρόπον
πολεμήσουσιν. Πῶς; ἦ δ' ὅς. Ὅτι κοινῇ στρατεύσονται,
καὶ πρός γε ἄξουσι τῶν παίδων εἰς τὸν πόλεμον ὅσοι
ἁδροί, ἵν᾿ ὥσπερ οἱ τῶν ἄλλων δημιουργῶν θεῶνται
ταῦτα, ἃ τελεωθέντας δεήσει δημιουργεῖν· πρὸς δὲ τῇ
467 θέᾳ διακονεῖν καὶ ὑπηρετεῖν πάντα τὰ περὶ τὸν πόλεμον
καὶ θεραπεύειν πατέρας τε καὶ μητέρας. ἢ οὐκ ᾔσθησαι
τὰ περὶ τὰς τέχνας, οἷον τοὺς τῶν κεράμων παῖδας, ὡς
πολὺν χρόνον διακονοῦντες θεωροῦσι πρὶν ἅπτεσθαι τοῦ
κεραμεύειν; Καὶ μάλα. Ἦ οὖν ἐκείνοις ἐπιμελέστερον
παιδευτέον ἢ τοῖς φύλαξι τοὺς αὑτῶν ἐμπειρίᾳ τε καὶ
θέᾳ τῶν προσηκόντων; Καταγέλαστον μέντ' ἄν, ἔφη, εἴη.
Β Ἀλλὰ μὴν καὶ μαχεῖταί γε πᾶν ζῷον διαφερόντως
παρόντων ὧν ἂν τέκῃ. Ἔστιν οὕτω. κίνδυνος δέ, ὦ
Σώκρατες, οὐ σμικρὸς σφαλεῖσιν, οἷα δὴ ἐν πολέμῳ φιλεῖ,
πρὸς ἑαυτοῖς παῖδας ἀπολέσαντας ποιῆσαι καὶ τὴν ἄλλην
πόλιν ἀδύνατον ἀναλαβεῖν. Ἀληθῆ, ἦν δ' ἐγώ, λέγεις.
ἀλλὰ σὺ πρῶτον μὲν ἡγεῖ παρασκευαστέον τὸ μὴ ποτὲ
κινδυνεῦσαι; Οὐδαμῶς. Τί δ'; εἴ που κινδυνευτέον, οὐκ
C ἐν ᾧ βελτίους ἔσονται κατορθοῦντες; Δῆλον δή. Ἀλλὰ
σμικρὸν οἴει διαφέρειν καὶ οὐκ ἄξιον κινδύνου θεωρεῖν, ἢ
μὴ τὰ περὶ τὸν πόλεμον παῖδας τοὺς ἄνδρας πολεμικοὺς
ἐσομένους; Οὔκ, ἀλλὰ διαφέρει πρὸς ὃ λέγεις. Τοῦτο μὲν
ἄρα ὑπαρκτέον, θεωροὺς πολέμου τοὺς παῖδας ποιεῖν,
προσμηχανᾶσθαι δ' αὐτοῖς ἀσφάλειαν, καὶ καλῶς ἕξει
γάρ; Ναί. Οὐκοῦν, ἦν δ' ἐγώ, πρῶτον μὲν αὐτῶν οἱ
πατέρες ὅσα ἄνθρωποι, οὐκ ἀμαθεῖς ἔσονται, ἀλλὰ γνω-
D μονικοὶ τῶν στρατειῶν, ὅσαι τε καὶ δὴ ἐπικίνδυνοι;
Εἰκός, ἔφη. Εἰς μὲν ἄρα τὰς ἄξουσιν, εἰς δὲ τὰς εὐλαβή-
σονται. Ὀρθῶς. Καὶ ἄρχοντάς γέ που, ἦν δ' ἐγώ, οὐ
τοὺς φαυλοτάτους αὐτοῖς ἐπιστήσουσιν, ἀλλὰ τοὺς ἐμπει-
ρίᾳ τε καὶ ἡλικίᾳ ἱκανοὺς ἡγεμόνας τε καὶ παιδαγωγοὺς
εἶναι. Πρέπει γάρ. Ἀλλὰ γάρ, φήσομεν, καὶ παρὰ δόξαν

πολλὰ πολλοῖς δὴ ἐγένετο. Καὶ μάλα. Πρὸς τοίνυν τὰ
τοιαῦτα, ὦ φίλε, πτεροῦν χρὴ παιδία ὄντα εὐθύς, ἵν', ἂν τι
δέῃ, πετόμενοι ἀποφύγωσιν. Πῶς λέγεις; ἔφη. Ἐπὶ E
τοὺς ἵππους, ἦν δ' ἐγώ, ἀναβιβαστέον ὡς νεωτάτους καὶ
διδαξαμένους ἱππεύειν ἐφ' ἵππων ἀκτέον ἐπὶ τὴν θέαν μὴ
θυμοειδῶν μηδὲ μαχητικῶν ἀλλ' ὅ τι ποδωκεστάτων καὶ
εὐηνιωτάτων. οὕτω γὰρ κάλλιστά τε θεάσονται τὸ αὑτῶν
ἔργον, καὶ ἀσφαλέστατα, ἄν τι δέῃ, σωθήσονται μετὰ
πρεσβυτέρων ἡγεμόνων ἑπόμενοι. Ὀρθῶς, ἔφη, μοι δοκεῖς
λέγειν.

Τί δὲ δή, εἶπον, τὰ περὶ τὸν πόλεμον; πῶς ἑκτέον σοι
τοὺς στρατιώτας πρὸς αὑτούς τε καὶ τοὺς πολεμίους; ἆρ'
ὀρθῶς μοι καταφαίνεται ἢ οὔ; Λέγ', ἔφη, ποῖα². Αὐτῶν
μέν, εἶπον, τὸν λιπόντα τάξιν ἢ ὅπλα ἀποβαλόντα ἤ τι
τῶν τοιούτων ποιήσαντα διὰ κάκην ἆρα οὐ δημιουργόν
τινα δεῖ καθιστάναι ἢ γεωργόν; Πάνυ μὲν οὖν. Τὸν δὲ
ζῶντα εἰς τοὺς πολεμίους ἁλόντα ἆρ' οὐ δωρεὰν διδόναι
τοῖς ἑλοῦσι³ χρῆσθαι τῇ ἄγρᾳ ὅ τι ἂν βούλωνται; Κομιδῇ B
γε. Τὸν δὲ ἀριστεύσαντά τε καὶ εὐδοκιμήσαντα οὐ πρῶτον
μὲν ἐπὶ στρατείας ὑπὸ τῶν συστρατευομένων μειρακίων
τε καὶ παίδων ἐν μέρει ὑπὸ ἑκάστου δοκεῖ σοι χρῆναι
στεφανωθῆναι; ἢ οὔ; Ἔμοιγε. Τί δέ; δεξιωθῆναι; Καὶ
τοῦτο. Ἀλλὰ τάδ', οἶμαι, ἦν δ' ἐγώ, οὐκέτι σοι δοκεῖ. Τὸ
ποῖον; Τὸ φιλῆσαί τε καὶ φιληθῆναι ὑπὸ ἑκάστου. Πάν-
των, ἔφη, μάλιστα· καὶ προστίθημί γε τῷ νόμῳ ἕως ἂν ἐπὶ
ταύτης ὦσι τῆς στρατείας⁴, μηδενὶ ἐξεῖναι ἀπαρνηθῆναι C
ὃν ἂν βούληται φιλεῖν, ἵνα καί, ἐάν τις του τύχῃ ἐρῶν ἢ
ἄρρενος ἢ θηλείας, προθυμότερος ᾖ πρὸς τὸ τἀριστεῖα
φέρειν. Καλῶς, ἦν δ' ἐγώ. ὅτι μὲν γὰρ ἀγαθῷ ὄντι
γάμοι τε ἕτοιμοι πλείους ἢ τοῖς ἄλλοις καὶ αἱρέσεις τῶν
τοιούτων πολλάκις παρὰ τοὺς ἄλλους ἔσονται, ἵν' ὅ τι

---

¹ διδαξαμένους q²: διδαξομένους A.   ² ποῖα Ξ: ποῖ ἄν A.   ³ ἑλοῦσι
J. van Leeuwen: θέλουσι A.   ⁴ στρατείας q²: στρατιᾶς A.

A. REP.   II

πλεῖστοι ἐκ τοῦ τοιούτου γίγνωνται, εἴρηται ἤδη. Εἴπομεν
γάρ, ἔφη.

XV. Ἀλλὰ μὴν καὶ καθ᾽ Ὅμηρον τοῖς τοιοῖσδε δί-
καιον τιμᾶν τῶν νέων ὅσοι ἀγαθοί. καὶ γὰρ Ὅμηρος τὸν
εὐδοκιμήσαντα ἐν τῷ πολέμῳ νώτοισιν Αἴαντα ἔφη
διηνεκέεσσι γεραίρεσθαι, ὡς ταύτην οἰκείαν οὖσαν
τιμὴν τῷ ἡβῶντί τε καὶ ἀνδρείῳ, ἐξ ἧς ἅμα τῷ τιμᾶσθαι καὶ
τὴν ἰσχὺν αὐξήσει. Ὀρθότατα, ἔφη. Πεισόμεθα ἄρα, ἦν
δ᾽ ἐγώ, ταῦτά γε Ὁμήρῳ. καὶ γὰρ ἡμεῖς ἔν τε θυσίαις καὶ
τοῖς τοιούτοις πᾶσι τοὺς ἀγαθούς, καθ᾽ ὅσον ἂν ἀγαθοὶ
φαίνωνται, καὶ ὕμνοις καὶ οἷς νῦν δὴ ἐλέγομεν τιμήσομεν,
πρὸς δὲ τούτοις ἕδραις τε καὶ κρέασιν ἰδὲ πλείοις
δεπάεσσιν, ἵνα ἅμα τῷ τιμᾶν ἀσκῶμεν τοὺς ἀγαθοὺς
ἄνδρας τε καὶ γυναῖκας. Κάλλιστα, ἔφη, λέγεις. Εἶεν·
τῶν δὲ δὴ ἀποθανόντων ἐπὶ στρατείας[1] ὃς ἂν εὐδοκιμήσας
τελευτήσῃ, ἆρ᾽ οὐ πρῶτον μὲν φήσομεν τοῦ χρυσοῦ γένους
εἶναι; Πάντων γε μάλιστα. Ἀλλ᾽ οὐ πεισόμεθα Ἡσιόδῳ,
ἐπειδάν τινες τοῦ τοιούτου γένους τελευτήσωσιν, ὡς ἄρα

469 οἱ μὲν δαίμονες ἁγνοὶ ἐπιχθόνιοι τελέθουσιν,
ἐσθλοί, ἀλεξίκακοι, φύλακες μερόπων ἀνθρώπων;

Πεισόμεθα μὲν οὖν. Διαπυθόμενοι ἄρα τοῦ θεοῦ, πῶς
χρὴ τοὺς δαιμονίους τε καὶ θείους τιθέναι καὶ τίνι δια-
φόρῳ, οὕτω καὶ ταύτῃ θήσομεν ᾗ ἂν ἐξηγῆται; Τί δ᾽ οὐ
μέλλομεν; Καὶ τὸν λοιπὸν δὴ χρόνον, ὡς δαιμόνων, οὕτω
θεραπεύσομεν[2] τε καὶ προσκυνήσομεν αὐτῶν τὰς θήκας;
ταὐτὰ[3] δὲ ταῦτα νομιοῦμεν, ὅταν τις γήρᾳ ἤ τινι ἄλλῳ
τρόπῳ τελευτήσῃ τῶν ὅσοι ἂν διαφερόντως ἐν τῷ βίῳ
ἀγαθοὶ κριθῶσιν; Δίκαιον γοῦν, ἔφη.
Τί δέ; πρὸς τοὺς πολεμίους πῶς ποιήσουσιν ἡμῖν οἱ
στρατιῶται; Τὸ ποῖον δή; Πρῶτον μὲν ἀνδραποδισμοῦ

---

[1] στρατείας Π: στρατιᾶς Α.   [2] θεραπεύσομεν Π: θεραπεύσωμεν Α.
[3] ταὐτὰ ν: ταῦτα Α.

περὶ δοκεῖ δίκαιον Ἕλληνας Ἑλληνίδας πόλεις ἀνδρα-
ποδίζεσθαι, ἢ μηδ᾽ ἄλλῃ ἐπιτρέπειν κατὰ τὸ δυνατὸν καὶ
τοῦτο ἐθίζειν, τοῦ Ἑλληνικοῦ γέγους φείδεσθαι, εὐλαβου-
μένους τὴν ὑπὸ τῶν βαρβάρων δουλείαν; Ὅλῳ καὶ παντί, C
ἔφη, διαφέρει τὸ φείδεσθαι. Μηδὲ Ἕλληνα ἄρα δοῦλον
ἐκτῆσθαι μήτε αὐτοὺς τοῖς τε ἄλλοις Ἕλλησιν οὕτω
ξυμβουλεύειν; Πάνυ μὲν οὖν, ἔφη· μᾶλλόν γ᾽ ἂν οὖν
οὕτω πρὸς τοὺς βαρβάρους τρέποιντο, ἑαυτῶν δ᾽ ἀπέχοιντο.
Τί δέ; σκυλεύειν, ἦν δ᾽ ἐγώ, τοὺς τελευτήσαντας πλὴν
ὅπλων, ἐπειδὰν νικήσωσιν, ἢ καλῶς ἔχει; ἢ οὐ πρόφασιν
μὲν τοῖς δειλοῖς ἔχει μὴ πρὸς τὸν μαχόμενον ἰέναι, ὥς τι D
τῶν δεόντων δρῶντας, ὅταν περὶ τὸν τεθνεῶτα κυπτάζωσι,
πολλὰ δὲ ἤδη στρατόπεδα διὰ τὴν τοιαύτην ἁρπαγὴν
ἀπώλετο; Καὶ μάλα. Ἀνελεύθερον δὲ οὐ δοκεῖ καὶ φιλο-
χρήματον νεκρὸν συλᾶν, καὶ γυναικείας τε καὶ σμικρᾶς
διανοίας τὸ πολέμιον νομίζειν τὸ σῶμα τοῦ τεθνεῶτος
ἀποπταμένου τοῦ ἐχθροῦ, λελοιπότος δὲ ᾧ ἐπολέμει; ἢ
οἴει τι διάφορον δρᾶν τοὺς τοῦτο ποιοῦντας τῶν κυνῶν, αἳ E
τοῖς λίθοις, οἷς ἂν βληθῶσι, χαλεπαίνουσι, τοῦ βάλλοντος[1]
οὐχ ἁπτόμεναι; Οὐδὲ σμικρόν, ἔφη. Ἐατέον ἄρα τὰς
νεκροσυλίας καὶ τὰς τῶν ἀναιρέσεων διακωλύσεις; Ἐατέον
μέντοι, ἔφη, νὴ Δία.

XVI. Οὐδὲ μήν που πρὸς τὰ ἱερὰ τὰ ὅπλα οἴσομεν
ὡς ἀναθήσοντες, ἄλλως τε καὶ τὰ τῶν Ἑλλήνων, ἐάν τι
ἡμῖν μέλῃ τῆς πρὸς τοὺς | ἄλλους Ἕλληνας εὐνοίας· 470
μᾶλλον δὲ καὶ φοβησόμεθα, μή τι μίασμα ᾖ πρὸς ἱερὸν τὰ
τοιαῦτα ἀπὸ τῶν οἰκείων φέρειν, ἐὰν μή τι δὴ ὁ θεὸς ἄλλο
λέγῃ. Ὀρθότατα, ἔφη. Τί δέ; γῆς τε τμήσεως τῆς
Ἑλληνικῆς καὶ οἰκιῶν ἐμπρήσεως ποῖόν τί σοι δράσουσιν
οἱ στρατιῶται πρὸς τοὺς πολεμίους; Σοῦ, ἔφη, δόξαν
ἀποφαινομένου ἡδέως ἂν ἀκούσαιμι. Ἐμοὶ μὲν τοίνυν, ἦν
δ᾽ ἐγώ, δοκεῖ τούτων μηδέτερα ποιεῖν, ἀλλὰ τὸν ἐπέτειον

---

[1] βάλλοντος Π: βαλόντος unus A.　Cf. Arist. Rhet. III 4. 1406[b] 34.

B   καρπὸν ἀφαιρεῖσθαι, καὶ ὧν ἕνεκα, βούλει σοι λέγω;
Πάνυ γε. Φαίνεταί μοι, ὥσπερ καὶ ὀνομάζεται δύο ταῦτα
τὰ[1] ὀνόματα, πόλεμός τε καὶ στάσις, οὕτω καὶ εἶναι δύο,
ὄντα ἐπὶ δυοῖν τινοῖν διαφοραῖν. λέγω δὲ τὰ δύο, τὸ μὲν
οἰκεῖον καὶ ξυγγενές, τὸ δὲ ἀλλότριον καὶ ὀθνεῖόν. ἐπὶ
μὲν οὖν τῇ τοῦ οἰκείου ἔχθρᾳ στάσις κέκληται, ἐπὶ δὲ τῇ
τοῦ ἀλλοτρίου πόλεμος. Καὶ οὐδέν γε, ἔφη, ἄπο τρόπου

C   λέγεις. Ὅρα δὴ καὶ εἰ τόδε πρὸς τρόπου λέγω. φημὶ
γὰρ τὸ μὲν Ἑλληνικὸν γένος αὐτὸ αὑτῷ οἰκεῖον εἶναι καὶ
ξυγγενές, τῷ δὲ βαρβαρικῷ ὀθνεῖόν τε καὶ ἀλλότριον.
Καλῶς γε, ἔφη. Ἕλληνας μὲν ἄρα βαρβάροις καὶ βαρ-
βάρους Ἕλλησι πολεμεῖν μαχομένους τε φήσομεν καὶ
πολεμίους φύσει εἶναι, καὶ πόλεμον τὴν ἔχθραν ταύτην
κλητέον· Ἕλληνας δὲ Ἕλλησιν, ὅταν τι τοιοῦτο δρῶσιν,
φύσει μὲν φίλους εἶναι, νοσεῖν δ' ἐν τῷ τοιούτῳ τὴν

D   Ἑλλάδα καὶ στασιάζειν, καὶ στάσιν τὴν τοιαύτην ἔχθραν
κλητέον. Ἐγὼ μέν, ἔφη, συγχωρῶ οὕτω νομίζειν. Σκόπει
δή, εἶπον, ὅτι ἐν τῇ νῦν ὁμολογουμένῃ στάσει, ὅπου ἄν τι
τοιοῦτον γένηται, καὶ διαστῇ πόλις, ἐὰν ἑκάτεροι ἑκατέρων
τέμνωσιν ἀγρούς καὶ οἰκίας ἐμπιμπρῶσιν, ὡς ἀλιτηριώδης
τε δοκεῖ ἡ στάσις εἶναι καὶ οὐδέτεροι αὐτῶν φιλοπόλιδες·
οὐ γὰρ ἄν ποτε ἐτόλμων τὴν τροφόν τε καὶ μητέρα
κείρειν· ἀλλὰ μέτριον εἶναι τοὺς καρποὺς ἀφαιρεῖσθαι

E   τοῖς κρατοῦσι τῶν κρατουμένων, καὶ διανοεῖσθαι ὡς διαλ-
λαγησομένων καὶ οὐκ ἀεὶ πολεμησόντων. Πολὺ γάρ, ἔφη,
ἡμερωτέρων αὕτη ἡ διάνοια ἐκείνης. Τί δὲ δή; ἔφην· ἣν
σὺ πόλιν οἰκίζεις, οὐχ Ἑλληνὶς ἔσται; Δεῖ γ' αὐτήν, ἔφη.
Οὐκοῦν καὶ ἀγαθοί τε καὶ ἥμεροι ἔσονται; Σφόδρα γε.
Ἀλλ' οὐ φιλέλληνες; οὐδὲ οἰκείαν τὴν Ἑλλάδα ἡγή-
σονται, οὐδὲ κοινωνήσουσιν ὧνπερ οἱ ἄλλοι ἱερῶν; Καὶ
σφόδρα γε. Οὐκοῦν τὴν πρὸς τοὺς Ἕλληνας διαφορὰν

471 | ὡς οἰκείους στάσιν ἡγήσονται καὶ οὐδὲ ὀνομάσουσιν

---

[1] τὰ Ξ et corr. A²: om. A¹.

πόλεμον; Οὐ γάρ. Καὶ ὡς διαλλαγησόμενοι ἄρα διοί-
σονται; Πάνυ μὲν οὖν. Εὐμενῶς δὴ σωφρονιοῦσιν, οὐκ
ἐπὶ δουλείᾳ κολάζοντες οὐδ' ἐπ' ὀλέθρῳ, σωφρονισταὶ
ὄντες, οὐ πολέμιοι. Οὕτως, ἔφη. Οὐδ' ἄρα τὴν Ἑλλάδα
Ἕλληνες ὄντες κερούσιν, οὐδὲ οἰκήσεις ἐμπρήσουσιν, οὐδὲ
ὁμολογήσουσιν ἐν ἑκάστῃ πόλει πάντας ἐχθροὺς αὑτοῖς
εἶναι, καὶ ἄνδρας καὶ γυναῖκας καὶ παῖδας, ἀλλ' ὀλίγους
ἀεὶ ἐχθροὺς τοὺς αἰτίους τῆς διαφορᾶς, καὶ διὰ ταῦτα Β
πάντα οὔτε τὴν γῆν ἐθελήσουσιν κείρειν αὐτῶν, ὡς φίλων
τῶν πολλῶν, οὔτε οἰκίας ἀνατρέπειν, ἀλλὰ μέχρι τούτου
ποιήσονται τὴν διαφοράν, μέχρι οὗ ἂν οἱ αἴτιοι ἀναγκα-
σθῶσιν ὑπὸ τῶν ἀναιτίων ἀλγούντων δοῦναι δίκην. Ἐγὼ
μέν, ἔφη, ὁμολογῶ οὕτω δεῖν πρὸς τοὺς ἐναντίους τοὺς
ἡμετέρους πολίτας προσφέρεσθαι, πρὸς δὲ τοὺς βαρβάρους
ὡς νῦν οἱ Ἕλληνες πρὸς ἀλλήλους. Τιθῶμεν δὴ καὶ
τοῦτον τὸν νόμον τοῖς φύλαξι, μήτε γῆν τέμνειν μήτε οἰκίας C
ἐμπιμπράναι; Θῶμεν, ἔφη, καὶ ἔχειν γε καλῶς ταῦτά τε
καὶ τὰ πρόσθεν.

XVII. Ἀλλὰ γάρ μοι δοκεῖς, ὦ Σώκρατες, ἐάν τίς σοι
τὰ τοιαῦτα ἐπιτρέπῃ λέγειν, οὐδέποτε μνησθήσεσθαι ὃ ἐν
τῷ πρόσθεν παρωσάμενος πάντα ταῦτα εἴρηκας, τὸ ὡς
δυνατὴ αὕτη ἡ πολιτεία γενέσθαι καὶ τίνα τρόπον ποτὲ
δυνατή· ἐπεὶ ὅτι γε, εἰ γένοιτο, πάντ' ἂν εἴη ἀγαθὰ πόλει
ᾗ γένοιτο, καὶ ἐγὼ λέγω, <καὶ>[1] ἃ σὺ παραλείπεις, ὅτι καὶ
τοῖς πολεμίοις ἄριστ' ἂν μάχοιντο τῷ ἥκιστα ἀπολείπειν D
ἀλλήλους, γιγνώσκοντές τε καὶ ἀνακαλοῦντες ταῦτα τὰ
ὀνόματα ἑαυτούς, ἀδελφούς, πατέρας, υἱεῖς· εἰ δὲ καὶ τὸ
θῆλυ συστρατεύοιτο, εἴτε καὶ ἐν τῇ αὐτῇ τάξει εἴτε καὶ
ὄπισθεν ἐπιτεταγμένον, φόβων τε ἕνεκα τοῖς ἐχθροῖς καὶ εἰ
ποτέ τις ἀνάγκη βοηθείας γένοιτο, οἶδ' ὅτι ταύτῃ πάντῃ
ἄμαχοι ἂν εἶεν· καὶ οἴκοι γε[2] ἃ παραλείπεται ἀγαθά, ὅσα

---

[1] ἐγὼ λέγω post καὶ nos dedimus: post παραλείπεις codd.   <καὶ> nos:
om. codd.   [2] γε Ξ et corr. A²: τε A¹.

Ε ἂν εἴη αὐτοῖς, ὁρῶ· ἀλλ᾽ ὡς ἐμοῦ ὁμολογοῦντος πάντα
ταῦτα ὅτι εἴη ἄν, καὶ ἄλλα γε μυρία, εἰ γένοιτο ἡ πολιτεία
αὕτη, μηκέτι πλείω περὶ αὐτῆς λέγε, ἀλλὰ τοῦτο αὐτὸ ἤδη
πειρώμεθα ἡμᾶς αὐτοὺς πείθειν, ὡς δυνατὸν καὶ ᾗ δυνατόν,
472 τὰ δ᾽ ἄλλα χαίρειν ἐῶμεν. | Ἐξαίφνης γε σύ, ἦν δ᾽ ἐγώ,
ὥσπερ καταδρομὴν ἐποιήσω ἐπὶ τὸν λόγον μου, καὶ οὐ
συγγιγνώσκεις στραγγευομένῳ· ἴσως γὰρ οὐκ οἶσθα, ὅτι
μόγις μοι τὼ δύο κύματε ἐκφυγόντι νῦν τὸ μέγιστον καὶ
χαλεπώτατον τῆς τρικυμίας ἐπάγεις, ὃ ἐπειδὰν ἴδῃς τε καὶ
ἀκούσῃς, πάνυ συγγνώμην ἕξεις, ὅτι εἰκότως ἄρα ὤκνουν
τε καὶ ἐδεδοίκη οὕτω παράδοξον λέγειν λόγον τε καὶ
ἐπιχειρεῖν διασκοπεῖν. Ὅσῳ ἄν, ἔφη, τοιαῦτα πλείω
Β λέγῃς, ἧττον ἀφεθήσει ὑφ᾽ ἡμῶν πρὸς τὸ μὴ εἰπεῖν, πῇ
δυνατὴ γίγνεσθαι αὕτη ἡ πολιτεία. ἀλλὰ λέγε καὶ μὴ
διάτριβε. Οὐκοῦν, ἦν δ᾽ ἐγώ, πρῶτον μὲν τόδε χρὴ ἀνα-
μνησθῆναι, ὅτι ἡμεῖς ζητοῦντες δικαιοσύνην οἷόν ἐστι καὶ
ἀδικίαν δεῦρο ἥκομεν. Χρή· ἀλλὰ τί τοῦτο; ἔφη. Οὐδέν·
ἀλλ᾽ ἐὰν εὕρωμεν οἷόν ἐστι δικαιοσύνη, ἆρα καὶ ἄνδρα τὸν
δίκαιον ἀξιώσομεν μηδὲν δεῖν αὐτῆς ἐκείνης διαφέρειν,
C ἀλλὰ πανταχῇ τοιοῦτον εἶναι, οἷον δικαιοσύνη ἐστίν; ἢ
ἀγαπήσομεν, ἐὰν ὅ τι ἐγγύτατα αὐτῆς ᾖ καὶ πλεῖστα τῶν
ἄλλων ἐκείνης μετέχῃ; Οὕτως, ἔφη, ἀγαπήσομεν. Παρα-
δείγματος ἄρα ἕνεκα, ἦν δ᾽ ἐγώ, ἐζητοῦμεν αὐτό τε
δικαιοσύνην οἷόν ἐστι, καὶ ἄνδρα τὸν τελέως δίκαιον, εἰ
γένοιτο, καὶ οἷος ἂν εἴη γενόμενος, καὶ ἀδικίαν αὖ καὶ τὸν
ἀδικώτατον, ἵνα εἰς ἐκείνους ἀποβλέποντες, οἷοι ἂν ἡμῖν
φαίνωνται εὐδαιμονίας τε πέρι καὶ τοῦ ἐναντίου, ἀναγκαζώ-
D μεθα καὶ περὶ ἡμῶν αὐτῶν ὁμολογεῖν, ὃς ἂν ἐκείνοις ὅ τι
ὁμοιότατος ᾖ, τὴν ἐκείνοις² μοῖραν ὁμοιοτάτην ἕξειν, ἀλλ᾽
οὐ τούτου ἕνεκα, ἵν᾽ ἀποδείξωμεν ὡς δυνατὰ ταῦτα γί-
γνεσθαι. Τοῦτο μέν, ἔφη, ἀληθὲς λέγεις. Οἴει ἂν οὖν

---

¹ στραγγευομένῳ corr. Vind. F: στρατευομένῳ Α. ² ἐκείνοις Ξ q:
ἐκείνης Α.

ἧττόν τι ἀγαθὸν ζωγράφον εἶναι, ὃς ἂν γράψας παρά-
δειγμα, οἷος¹ ἂν εἴη ὁ κάλλιστος ἄνθρωπος, καὶ πάντα εἰς
τὸ γράμμα ἱκανῶς ἀποδοὺς μὴ ἔχῃ ἀποδεῖξαι, ὡς καὶ
δυνατὸν γενέσθαι τοιοῦτον ἄνδρα; Μὰ Δί᾽ οὐκ ἔγωγ᾽, ἔφη.
Τί οὖν; οὐ καὶ ἡμεῖς, φαμέν, παράδειγμα ἐποιοῦμεν λόγῳ Ε
ἀγαθῆς πόλεως; Πάνυ γε. Ἧττόν τι οὖν οἴει ἡμᾶς εὖ
λέγειν τούτου ἕνεκα, ἐὰν μὴ ἔχωμεν ἀποδεῖξαι, ὡς δυνατὸν
οὕτω πόλιν οἰκῆσαι ὡς ἐλέγετο; Οὐ δῆτα, ἔφη. Τὸ μὲν
τοίνυν ἀληθές, ἦν δ᾽ ἐγώ, οὕτω· εἰ δὲ δὴ καὶ τοῦτο προ-
θυμηθῆναι δεῖ σὺν χάριν, ἀποδεῖξαι, πῇ μάλιστα καὶ κατὰ
τί δυνατώτατ᾽ ἂν εἴη, πάλιν μοι πρὸς τὴν τοιαύτην ἀπό-
δειξιν τὰ αὐτὰ διομολόγησαι. Τὰ ποῖα; Ἆρ᾽ οἷόν τέ τι
πραχθῆναι ὡς λέγεται, ἢ φύσιν ἔχει πρᾶξιν λέξεως ἧττον 473
ἀληθείας ἐφάπτεσθαι, κἂν εἰ μή τῳ δοκεῖ; ἀλλὰ σὺ
πότερον ὁμολογεῖς οὕτως ἢ οὔ; Ὁμολογῶ, ἔφη. Τοῦτο
μὲν δὴ μὴ ἀνάγκαζέ με, οἷα τῷ λόγῳ διήλθομεν, τοιαῦτα
παντάπασι καὶ τῷ ἔργῳ δεῖν γιγνόμενα ἀποφαίνειν· ἀλλ᾽
ἐὰν οἷοί τε γενώμεθα εὑρεῖν, ὡς ἂν ἐγγύτατα τῶν εἰρημένων
πόλις οἰκήσειεν, φάναι ἡμᾶς ἐξηυρηκέναι, ὡς δυνατὰ ταῦτα
γίγνεσθαι, ἃ σὺ ἐπιτάττεις. ἢ οὐκ ἀγαπήσεις τούτων Β
τυγχάνων; ἐγὼ μὲν γὰρ ἂν ἀγαπῴην. Καὶ γὰρ ἐγώ, ἔφη.

XVIII. Τὸ δὲ δὴ μετὰ τοῦτο, ὡς ἔοικε, πειρώμεθα
ζητεῖν τε καὶ ἀποδεικνύναι, τί ποτε νῦν κακῶς ἐν ταῖς
πόλεσι πράττεται, δι᾽ ὃ οὐχ οὕτως οἰκοῦνται, καὶ τίνος ἂν
σμικροτάτου μεταβαλόντος ἔλθοι εἰς τοῦτον τὸν τρόπον
τῆς πολιτείας πόλις, μάλιστα μὲν ἑνός, εἰ δὲ μή, δυοῖν, εἰ
δὲ μή, ὅ τι ὀλιγίστων τὸν ἀριθμὸν καὶ σμικροτάτων τὴν
δύναμιν. Παντάπασι μὲν οὖν, ἔφη. Ἑνὸς μὲν τοίνυν, ἦν C
δ᾽ ἐγώ, μεταβαλόντος δοκοῦμέν μοι ἔχειν δεῖξαι ὅτι μετα-
πέσοι ἄν, οὐ μέντοι σμικροῦ γε οὐδὲ ῥᾳδίου, δυνατοῦ δέ.
Τίνος; ἔφη. Ἐπ᾽ αὐτῷ² δή, ἦν δ᾽ ἐγώ, εἰμί³, ὃ τῷ μεγίστῳ

---

¹ οἷος q: οἷον A.   ² αὐτῷ v: αὐτὸ A.   ³ εἰμί q¹: εἶμι A.

προσηκάζομεν[1] κύματι· εἰρήσεται δ' οὖν, εἰ καὶ μέλλει
γέλωτί τε ἀτεχνῶς[2] ὥσπερ κῦμα ἐκγελῶν καὶ ἀδοξίᾳ κατα-
κλύσειν. σκόπει δὲ ὃ μέλλω λέγειν. Λέγε, ἔφη. Ἐὰν
μή, ἦν δ' ἐγώ, ἢ οἱ φιλόσοφοι βασιλεύσωσιν ἐν ταῖς
D πόλεσιν, ἢ οἱ βασιλῆς τε νῦν λεγόμενοι καὶ δυνάσται
φιλοσοφήσωσι γνησίως τε καὶ ἱκανῶς, καὶ τοῦτο εἰς ταὐτὸν
ξυμπέσῃ, δύναμίς τε πολιτικὴ καὶ φιλοσοφία, τῶν δὲ νῦν
πορευομένων χωρὶς ἐφ' ἑκάτερον αἱ πολλαὶ φύσεις ἐξ
ἀνάγκης ἀποκλεισθῶσιν, οὐκ ἔστι κακῶν παῦλα, ὦ φίλε
Γλαύκων, ταῖς πόλεσι, δοκῶ δ' οὐδὲ τῷ ἀνθρωπίνῳ γένει,
E οὐδὲ αὕτη ἡ πολιτεία μή ποτε πρότερον φυῇ τε εἰς τὸ
δυνατὸν καὶ φῶς ἡλίου ἴδῃ, ἣν νῦν λόγῳ διεληλύθαμεν.
ἀλλὰ τοῦτό ἐστιν, ὃ ἐμοὶ πάλαι ὄκνον ἐντίθησι λέγειν,
ὁρῶντι ὡς πολὺ παρὰ δόξαν ῥηθήσεται. χαλεπὸν γὰρ
ἰδεῖν, ὅτι οὐκ ἂν ἄλλη[3] τις εὐδαιμονήσειεν οὔτε ἰδίᾳ οὔτε
δημοσίᾳ. καὶ ὅς, Ὦ Σώκρατες, ἔφη, τοιοῦτον ἐκβέβληκας
ῥῆμά τε καὶ λόγον, ὃν εἰπὼν ἡγοῦ ἐπὶ σὲ πάνυ πολλούς τε
474 καὶ οὐ φαύλους νῦν οὕτως οἷον ῥίψαντας τὰ ἱμάτια | γυμνοὺς
λαβόντας ὅ τι ἑκάστῳ παρέτυχεν ὅπλον, θεῖν διατεταμένους
ὡς θαυμάσια ἐργασομένους· οὓς εἰ μὴ ἀμυνεῖ τῷ λόγῳ καὶ
ἐκφεύξει, τῷ ὄντι τωθαζόμενος δώσεις δίκην. Οὐκοῦν σύ
μοι, ἦν δ' ἐγώ, τούτων αἴτιος; Καλῶς γ' ἔφη, ἐγὼ
ποιῶν. ἀλλά τοί σε οὐ προδώσω, ἀλλ' ἀμυνῶ οἷς δύνα-
μαι· δύναμαι δὲ εὐνοίᾳ τε καὶ τῷ παρακελεύεσθαι, καὶ
ἴσως ἂν ἄλλου του ἐμμελέστερόν σοι ἀποκριναίμην. ἀλλ'
B ὡς ἔχων τοιοῦτον βοηθὸν πειρῶ τοῖς ἀπιστοῦσιν ἐνδείξα-
σθαι, ὅτι ἔχει ᾗ σὺ λέγεις. Πειρατέον, ἦν δ' ἐγώ, ἐπειδὴ
καὶ σὺ οὕτω μεγάλην ξυμμαχίαν παρέχει. ἀναγκαῖον οὖν
μοι δοκεῖ, εἰ μέλλομέν πῃ ἐκφεύξεσθαι οὓς λέγεις, διορί-
σασθαι πρὸς αὐτοὺς τοὺς φιλοσόφους τίνας λέγοντες
τολμῶμεν φάναι δεῖν ἄρχειν, ἵνα διαδήλων γενομένων

---

[1] προσηκάζομεν υ: προεικάζομεν Α.   [2] ἀτεχνῶς—ἐκγελῶ, quae prae-
bent codd., nescio an Platoni abiudicanda sint.   [3] ἄλλη q: ἄλλη Α.

δύναταί τις ἀμύνεσθαι, ἐνδεικνύμενος ὅτι τοῖς μὲν προσ-
ήκει φύσει ἅπτεσθαί τε φιλοσοφίας ἡγεμονεύειν τ’ ἐν C
πόλει, τοῖς δ’ ἄλλοις μήτε ἅπτεσθαι ἀκολουθεῖν τε τῷ
ἡγουμένῳ. Ὥρα ἂν εἴη, ἔφη, ὁρίζεσθαι. Ἴθι δή, ἀκολού-
θησόν μοι τῇδε, ἐὰν αὐτὸ ἀμῇ γέ πῃ ἱκανῶς ἐξηγησόμεθα.
Ἄγε, ἔφη. Ἀναμιμνήσκειν οὖν σε, ἦν δ’ ἐγώ, δεήσει, ἢ
μέμνησαι, ὅτι ὃν ἂν φῶμεν φιλεῖν τι, δεῖ φανῆναι αὐτόν,
ἐὰν ὀρθῶς λέγηται, οὐ τὸ μὲν φιλοῦντα ἐκείνου, τὸ δὲ μή,
ἀλλὰ πᾶν στέργοντα;

XIX. Ἀναμιμνήσκειν, ἔφη, ὡς ἔοικεν, δεῖ· οὐ γὰρ
πάνυ γε ἐννοῶ. Ἄλλῳ, εἶπον, ἔπρεπεν, ὦ Γλαύκων, D
λέγειν ἃ λέγεις· ἀνδρὶ δ’ ἐρωτικῷ οὐ πρέπει ἀμνημονεῖν,
ὅτι πάντες οἱ ἐν ὥρᾳ, τὸν φιλόπαιδα καὶ ἐρωτικὸν ἀμῇ γέ
πῃ δάκνουσί τε καὶ κινοῦσι, δοκοῦντες ἄξιοι εἶναι ἐπιμε-
λείας τε καὶ τοῦ ἁρπάζεσθαι. ἢ οὐχ οὕτω ποιεῖτε πρὸς
τοὺς καλούς; ὁ μέν, ὅτι σιμός, ἐπίχαρις κληθεὶς ἐπαινε-
θήσεται ὑφ’ ὑμῶν, τοῦ δὲ τὸ γρυπὸν βασιλικόν φατε
εἶναι, τὸν δὲ δὴ διὰ μέσου τούτων ἐμμετρώτατα ἔχειν, E
μέλανας δὲ ἀνδρικοὺς ἰδεῖν, λευκοὺς δὲ θεῶν παῖδας εἶναι·
μελιχλώρους[1] δὲ καὶ τοὔνομα οἴει τινὸς ἄλλου ποίημα
εἶναι ἢ ἐραστοῦ ὑποκοριζομένου τε καὶ εὐχερῶς φέροντος
τὴν ὠχρότητα, ἐὰν ἐπὶ ὥρᾳ ᾖ; καὶ ἑνὶ λόγῳ πάσας
προφάσεις προφασίζεσθέ τε | καὶ πάσας φωνὰς ἀφίετε, 475
ὥστε μηδένα ἀποβάλλειν τῶν ἀνθούντων ἐν ὥρᾳ. Εἰ
βούλει, ἔφη, ἐπ’ ἐμοῦ λέγειν περὶ τῶν ἐρωτικῶν ὅτι οὕτω
ποιοῦσι, συγχωρῶ τοῦ λόγου χάριν. Τί δέ; ἦν δ’ ἐγώ·
τοὺς φιλοίνους οὐ τὰ αὐτὰ ταῦτα ποιοῦντας ὁρᾷς, πάντα
οἶνον ἐπὶ πάσης προφάσεως ἀσπαζομένους; Καὶ μάλα.
Καὶ μὴν φιλοτίμους γε, ὡς ἐγῷμαι, καθορᾷς, ὅτι, ἂν μὴ
στρατηγῆσαι δύνωνται, τριττυαρχοῦσιν, κἂν μὴ ὑπὸ
μειζόνων καὶ σεμνοτέρων τιμᾶσθαι, ὑπὸ σμικροτέρων καὶ
φαυλοτέρων τιμώμενοι ἀγαπῶσιν, ὡς ὅλως τιμῆς ἐπιθυμηταί B

---

[1] μελιχλώρους γρ A² in marg.: μελαγχλώρους A¹.

ὄντες. Κομιδῇ μὲν οὖν. Τοῦτο δὴ φάθι ἢ μή· ἆρα ὃν ἄν
τινος ἐπιθυμητικὸν λέγωμεν, παντὸς τοῦ εἴδους τούτου
φήσομεν ἐπιθυμεῖν, ἢ τοῦ μέν, τοῦ δὲ οὔ; Παντός, ἔφη.
Οὐκοῦν καὶ τὸν φιλόσοφον σοφίας φήσομεν ἐπιθυμητὴν
εἶναι, οὐ τῆς μέν, τῆς δ' οὔ, ἀλλὰ πάσης; Ἀληθῆ. Τὸν

C ἄρα περὶ τὰ μαθήματα δυσχεραίνοντα, ἄλλως τε καὶ νέον
ὄντα καὶ μήπω λόγον ἔχοντα τί τε χρηστὸν καὶ μή, οὐ
φήσομεν φιλομαθῆ οὐδὲ φιλόσοφον εἶναι, ὥσπερ τὸν περὶ
τὰ σιτία δυσχερῆ οὔτε πεινῆν φαμὲν οὔτ' ἐπιθυμεῖν
σιτίων, οὐδὲ φιλόσιτον ἀλλὰ κακόσιτον εἶναι. Καὶ ὀρθῶς
γε φήσομεν. Τὸν δὲ δὴ εὐχερῶς ἐθέλοντα παντὸς μαθήματος
γεύεσθαι καὶ ἀσμένως ἐπὶ τὸ μανθάνειν ἰόντα καὶ ἀπλήστως
ἔχοντα, τοῦτον δ' ἐν δίκῃ φήσομεν φιλόσοφον. ἦ γάρ;

D καὶ ὁ Γλαύκων ἔφη, Πολλοὶ ἄρα καὶ ἄτοποι ἔσονταί σοι
τοιοῦτοι. οἵ τε γὰρ φιλοθεάμονες πάντες ἔμοιγε δοκοῦσι
τῷ καταμανθάνειν χαίροντες τοιοῦτοι εἶναι, οἵ τε φιλήκοοι
ἀτοπώτατοί τινές εἰσιν ὥς γ' ἐν φιλοσόφοις τιθέναι, οἳ
πρὸς μὲν λόγους καὶ τοιαύτην διατριβὴν ἑκόντες οὐκ
ἂν ἐθέλοιεν ἐλθεῖν, ὥσπερ δὲ ἀπομεμισθωκότες τὰ ὦτα
ἐπακοῦσαι πάντων χορῶν περιθέουσι τοῖς Διονυσίοις, οὔτε
τῶν κατὰ πόλεις οὔτε τῶν κατὰ κώμας ἀπολειπόμενοι.

E τούτους οὖν πάντας καὶ ἄλλους τοιούτων τινῶν μαθητικοὺς
καὶ τοὺς τῶν τεχνυδρίων φιλοσόφους φήσομεν; Οὐδαμῶς,
εἶπον, ἀλλ' ὁμοίους μὲν φιλοσόφοις.

XX. Τοὺς δὲ ἀληθινούς, ἔφη, τίνας λέγεις; Τοὺς τῆς
ἀληθείας, ἦν δ' ἐγώ, φιλοθεάμονας. Καὶ τοῦτο μέν γ',
ἔφη, ὀρθῶς· ἀλλὰ πῶς αὐτὸ λέγεις; Οὐδαμῶς, ἦν δ' ἐγώ,
ῥᾳδίως πρός γε ἄλλον· σὲ δὲ οἶμαι ὁμολογήσειν μοι τὸ
τοιόνδε. Τὸ ποῖον; Ἐπειδή ἐστιν ἐναντίον καλὸν αἰσχρῷ,
476 δύο αὐτὼ εἶναι. Πῶς δ' οὔ; Οὐκοῦν ἐπειδὴ δύο, καὶ ἓν
ἑκάτερον; Καὶ τοῦτο. Καὶ περὶ δικαίου καὶ ἀδίκου καὶ
ἀγαθοῦ καὶ κακοῦ καὶ πάντων τῶν εἰδῶν πέρι ὁ αὐτὸς
λόγος, αὐτὸ μὲν ἓν ἕκαστον εἶναι, τῇ δὲ τῶν πράξεων καὶ

σωμάτων καὶ ἀλλήλων[1] κοινωνίᾳ πανταχοῦ φανταζόμενα
πολλὰ φαίνεσθαι ἕκαστον. Ὀρθῶς, ἔφη, λέγεις. Ταύτῃ
τοίνυν, ἦν δ᾽ ἐγώ, διαιρῶ, χωρὶς μὲν οὓς νῦν δὴ ἔλεγες
φιλοθεάμονάς τε καὶ φιλοτέχνους καὶ πρακτικούς, καὶ
χωρὶς αὖ περὶ ὧν ὁ λόγος, οὓς μόνους ἄν τις ὀρθῶς B
προσείποι φιλοσόφους. Πῶς, ἔφη, λέγεις; Οἱ μέν που[2],
ἦν δ᾽ ἐγώ, φιλήκοοι καὶ φιλοθεάμονες τάς τε καλὰς φωνὰς
ἀσπάζονται καὶ χρόας καὶ σχήματα καὶ πάντα τὰ ἐκ τῶν
τοιούτων δημιουργούμενα, αὐτοῦ δὲ τοῦ καλοῦ ἀδύνατος
αὐτῶν ἡ διάνοια τὴν φύσιν ἰδεῖν τε καὶ ἀσπάσασθαι.
Ἔχει γὰρ οὖν δή, ἔφη, οὕτως. Οἱ δὲ δὴ ἐπ᾽ αὐτὸ τὸ
καλὸν δυνατοὶ ἰέναι τε καὶ ὁρᾶν καθ᾽ αὑτὸ ἆρα οὐ σπάνιοι
ἂν εἶεν; Καὶ μάλα. Ὁ οὖν καλὰ μὲν πράγματα νομίζων, C
αὐτὸ δὲ κάλλος μήτε νομίζων μήτε, ἄν τις ἡγῆται ἐπὶ τὴν
γνῶσιν αὐτοῦ, δυνάμενος ἕπεσθαι, ὄναρ ἢ ὕπαρ δοκεῖ σοι
ζῆν; σκόπει δέ. τὸ ὀνειρώττειν ἆρα οὐ τόδε ἐστίν, ἐάν
τε ἐν ὕπνῳ τις ἐάν τ᾽ ἐγρηγορὼς τὸ ὅμοιόν τῳ μὴ ὅμοιον
ἀλλ᾽ αὐτὸ ἡγῆται εἶναι ᾧ ἔοικεν; Ἐγὼ γοῦν ἄν, ἦ δ᾽ ὅς,
φαίην ὀνειρώττειν τὸν τοιοῦτον. Τί δέ; ὁ τἀναντία
τούτων ἡγούμενός τέ τι αὐτὸ καλὸν καὶ δυνάμενος καθορᾶν D
καὶ αὐτὸ καὶ τὰ ἐκείνου μετέχοντα, καὶ οὔτε τὰ μετέχοντα
αὐτὸ οὔτε αὐτὸ τὰ μετέχοντα ἡγούμενος, ὕπαρ ἢ ὄναρ αὖ
καὶ οὗτος δοκεῖ σοι ζῆν; Καὶ μάλα, ἔφη, ὕπαρ. Οὐκοῦν
τούτου μὲν τὴν διάνοιαν ὡς γιγνώσκοντος γνώμην ἂν
ὀρθῶς φαῖμεν εἶναι, τοῦ δὲ δόξαν ὡς δοξάζοντος; Πάνυ
μὲν οὖν. Τί οὖν, ἐὰν ἡμῖν χαλεπαίνῃ οὗτος, ὃν φαμεν
δοξάζειν ἀλλ᾽ οὐ γιγνώσκειν, καὶ ἀμφισβητῇ ὡς οὐκ
ἀληθῆ λέγομεν; ἕξομέν τι παραμυθεῖσθαι αὐτὸν καὶ E
πείθειν ἠρέμα, ἐπικρυπτόμενοι ὅτι οὐχ ὑγιαίνει; Δεῖ γέ
τοι δή, ἔφη. Ἴθι δή, σκόπει τί ἐροῦμεν πρὸς αὐτόν. ἢ
βούλει ὧδε πυνθανώμεθα παρ᾽ αὐτοῦ, λέγοντες, ὡς εἴ τι
οἶδεν, οὐδεὶς αὐτῷ φθόνος, ἀλλ᾽ ἄσμενοι ἂν ἴδοιμεν εἰδότα

---

[1] ἀλλήλων codd. : ἄλλῃ ἄλλων Badham.   [2] που Π : τοι Α.

τι. ἀλλ' ἡμῖν εἰπὲ τόδε· ὁ γιγνώσκων γιγνώσκει τὶ ἢ
οὐδέν; σὺ οὖν μοι ὑπὲρ ἐκείνου ἀποκρίνου. Ἀποκρινοῦμαι,
ἔφη, ὅτι γιγνώσκει τί. Πότερον ὂν ἢ οὐκ ὄν; Ὄν· πῶς
477 γὰρ | ἂν μὴ ὄν γέ τι γνωσθείη; Ἱκανῶς οὖν τοῦτο ἔχομεν,
κἂν εἰ πλεοναχῇ σκοποῖμεν, ὅτι τὸ μὲν παντελῶς ὂν
παντελῶς γνωστόν, μὴ ὂν δὲ μηδαμῇ πάντη ἄγνωστον;
Ἱκανώτατα. Εἶεν· εἰ δὲ δή τι οὕτως ἔχει ὡς εἶναί τε καὶ
μὴ εἶναι, οὐ μεταξὺ ἂν κέοιτο τοῦ εἰλικρινῶς ὄντος καὶ τοῦ
αὖ μηδαμῇ ὄντος; Μεταξύ. Οὐκοῦν εἰ[1] ἐπὶ μὲν τῷ ὄντι
γνῶσις ἦν, ἀγνωσία δ' ἐξ ἀνάγκης ἐπὶ μὴ ὄντι, ἐπὶ τῷ
B μεταξὺ τούτῳ μεταξύ τι καὶ ζητητέον ἀγνοίας τε καὶ
ἐπιστήμης, εἴ τι τυγχάνει ὂν τοιοῦτον; Πάνυ μὲν οὖν.
Ἆρ' οὖν λέγομέν τι δόξαν εἶναι; Πῶς γὰρ οὔ; Πότερον
ἄλλην δύναμιν ἐπιστήμης ἢ τὴν αὐτήν; Ἄλλην. Ἐπ'
ἄλλῳ ἄρα τέτακται δόξα, καὶ ἐπ' ἄλλῳ ἐπιστήμη, κατ'
αὐτὴν τὴν δύναμιν ἑκατέρα τὴν αὑτῆς. Οὕτω. Οὐκοῦν
ἐπιστήμη μὲν ἐπὶ τῷ ὄντι πέφυκε, γνῶναι, ὡς ἔστι τὸ ὄν;
μᾶλλον δὲ ὧδέ μοι δοκεῖ πρότερον ἀναγκαῖον εἶναι
διελέσθαι. Πῶς;

C XXI. Φήσομεν δυνάμεις εἶναι γένος τι τῶν ὄντων,
αἷς δὴ καὶ ἡμεῖς δυνάμεθα ἃ δυνάμεθα, καὶ ἄλλο πᾶν ὅ τι
περ ἂν δύνηται; οἷον λέγω ὄψιν καὶ ἀκοὴν τῶν δυνάμεων
εἶναι, εἰ ἄρα μανθάνεις ὃ βούλομαι λέγειν τὸ εἶδος. Ἀλλὰ
μανθάνω, ἔφη. Ἄκουσον δὴ ὅ μοι φαίνεται περὶ αὐτῶν.
δυνάμεως γὰρ ἐγὼ οὔτε τινὰ χρόαν ὁρῶ οὔτε σχῆμα οὔτε
τι τῶν τοιούτων, οἷον καὶ ἄλλων πολλῶν, πρὸς ἃ
ἀποβλέπων ἔνια διορίζομαι παρ' ἐμαυτῷ τὰ μὲν ἄλλα
D εἶναι, τὰ δὲ ἄλλα· δυνάμεως δ' εἰς ἐκεῖνο μόνον βλέπω,
ἐφ' ᾧ τε ἔστι καὶ ὃ ἀπεργάζεται, καὶ ταύτῃ ἑκάστην
αὐτῶν δύναμιν ἐκάλεσα, καὶ τὴν μὲν ἐπὶ τῷ αὐτῷ
τεταγμένην καὶ τὸ αὐτὸ ἀπεργαζομένην τὴν αὐτὴν καλῶ,
τὴν δὲ ἐπὶ ἑτέρῳ καὶ ἕτερον ἀπεργαζομένην ἄλλην.| τί δὲ

[1] εἰ q: om. A.   [2] αὐτὴν τὴν C. Schmidt: τὴν αὐτὴν A.

σύ; πῶς ποιεῖς; Οὕτως, ἔφη. Δεῦρο δὴ πάλιν, ἦν δ'
ἐγώ, ὦ ἄριστε. ἐπιστήμην πότερον δύναμίν τινα φὴς
εἶναι αὐτήν, ἢ εἰς τί γένος τίθης; Εἰς τοῦτο, ἔφη, πασῶν Ε
γε δυνάμεων ἐρρωμενεστάτην. Τί δέ; δόξαν εἰς δύναμιν
ἢ εἰς ἄλλο εἶδος οἴσομεν; Οὐδαμῶς, ἔφη· ᾧ γὰρ δοξάζειν
δυνάμεθα, οὐκ ἄλλο τι ἢ δόξα ἐστίν. Ἀλλὰ μὲν δὴ ὀλίγον
γε πρότερον ὡμολόγεις μὴ τὸ αὐτὸ εἶναι ἐπιστήμην τε καὶ
δόξαν. Πῶς γὰρ ἄν, ἔφη, τό γε ἀναμάρτητον τῷ μὴ
ἀναμαρτήτῳ ταὐτόν ποτέ τις νοῦν ἔχων τιθείη; Καλῶς,
ἦν δ' ἐγώ, καὶ δῆλον, ὅτι ἕτερον ἐπιστήμης δό|ξα ὁμολογεῖ- 478
ται ἡμῖν. Ἕτερον. Ἐφ' ἑτέρῳ ἄρα ἕτερόν τι δυναμένη
ἑκατέρα αὐτῶν πέφυκεν. Ἀνάγκη. Ἐπιστήμη μέν γέ
που ἐπὶ τῷ ὄντι, τὸ ὂν γνῶναι ὡς ἔχει; Ναί. Δόξα δέ,
φαμέν, δοξάζειν; Ναί. Ἦ ταὐτόν, ὅπερ ἐπιστήμη
γιγνώσκει; καὶ ἔσται γνωστόν τε καὶ δοξαστὸν τὸ αὐτό;
ἢ ἀδύνατον; Ἀδύνατον, ἔφη, ἐκ τῶν ὡμολογημένων, εἴπερ
ἐπ' ἄλλῳ ἄλλη δύναμις πέφυκεν, δυνάμεις δὲ ἀμφότεραί
ἐστον, δόξα τε καὶ ἐπιστήμη, ἄλλη δὲ ἑκατέρα, ὡς φαμέν. Β
ἐκ τούτων δὴ οὐκ ἐγχωρεῖ γνωστὸν καὶ δοξαστὸν ταὐτὸν
εἶναι. Οὐκοῦν εἰ τὸ ὂν γνωστόν, ἄλλο τι ἂν δοξαστὸν ἢ
τὸ ὂν εἴη; Ἄλλο. Ἆρ' οὖν τὸ μὴ ὂν δοξάζει; ἢ ἀδύνατον
καὶ δοξάσαι τὸ μὴ ὄν; ἐννόει δέ. οὐχ ὁ δοξάζων ἐπὶ τὶ
φέρει τὴν δόξαν; ἢ οἷόν τε αὖ δοξάζειν μέν, δοξάζειν δὲ
μηδέν; Ἀδύνατον. Ἀλλ' ἕν γέ τι δοξάζει ὁ δοξάζων;
Ναί. Ἀλλὰ μὴν μὴ ὄν γε οὐχ ἕν τι, ἀλλὰ μηδὲν ὀρθόταττ'
ἂν προσαγορεύοιτο. Πάνυ γε. Μὴ ὄντι μὴν ἄγνοιαν ἐξ C
ἀνάγκης ἀπέδομεν, ὄντι δὲ γνῶσιν. Ὀρθῶς, ἔφη. Οὐκ
ἄρα ὂν οὐδὲ μὴ ὂν δοξάζει. Οὐ γάρ. Οὔτε ἄρα ἄγνοια
οὔτε γνῶσις δόξα ἂν εἴη. Οὐκ ἔοικεν. Ἆρ' οὖν ἐκτὸς
τούτων ἐστίν, ὑπερβαίνουσα ἢ γνῶσιν σαφηνείᾳ ἢ ἄγνοιαν
ἀσαφείᾳ; Οὐδέτερα. Ἀλλ' ἄρα, ἦν δ' ἐγώ, γνώσεως μὲν
σοι φαίνεται δόξα σκοτωδέστερον, ἀγνοίας δὲ φανότερον;
Καὶ πολύ γε, ἔφη. Ἐντὸς δ' ἀμφοῖν κεῖται; Ν

Μεταξὺ ἄρα ἂν εἴη τούτοιν δόξα. Κομιδῇ μὲν οὖν.
Οὐκοῦν ἔφαμεν ἐν τοῖς πρόσθεν, εἴ τι φανείη οἷον ἅμα ὄν
τε καὶ μὴ ὄν, τὸ τοιοῦτον μεταξὺ κεῖσθαι τοῦ εἰλικρινῶς
ὄντος τε καὶ τοῦ πάντως μὴ ὄντος, καὶ οὔτε ἐπιστήμην
οὔτε ἄγνοιαν ἐπ' αὐτῷ ἔσεσθαι, ἀλλὰ τὸ μεταξὺ αὖ φανὲν
ἀγνοίας καὶ ἐπιστήμης; Ὀρθῶς. Νῦν δέ γε πέφανται
μεταξὺ τούτοιν ὃ δὴ καλοῦμεν δόξαν. Πέφανται.

E   XXII. Ἐκεῖνο δὴ λείποιτ' ἂν ἡμῖν εὑρεῖν, ὡς ἔοικε,
τὸ ἀμφοτέρων μετέχον, τοῦ εἶναί τε καὶ μὴ εἶναι, καὶ
οὐδέτερον εἰλικρινὲς ὀρθῶς ἂν προσαγορευόμενον, ἵνα ἐὰν
φανῇ, δοξαστὸν αὐτὸ εἶναι ἐν δίκῃ προσαγορεύωμεν, τοῖς
μὲν ἄκροις τὰ ἄκρα, τοῖς δὲ μεταξὺ τὰ μεταξὺ ἀποδιδόντες.
ἢ οὐχ οὕτως; Οὕτω. Τούτων δὴ ὑποκειμένων λεγέτω
479 μοι, φήσω, καὶ ἀποκρινέσθω | ὁ χρηστός, ὃς αὐτὸ μὲν καλὸν
καὶ ἰδέαν τινὰ αὐτοῦ κάλλους μηδεμίαν ἡγεῖται ἀεί[1] κατὰ
ταὐτὰ ὡσαύτως ἔχουσαν, πολλὰ δὲ τὰ καλὰ νομίζει,
ἐκεῖνος ὁ φιλοθεάμων καὶ οὐδαμῇ ἀνεχόμενος, ἄν τις ἓν τὸ
καλὸν φῇ εἶναι καὶ δίκαιον, καὶ τἆλλα οὕτω. τούτων γὰρ
δή, ὦ ἄριστε, φήσομεν, τῶν πολλῶν καλῶν μῶν τι ἔστιν,
ὃ οὐκ αἰσχρὸν φανήσεται; καὶ τῶν δικαίων ὃ οὐκ ἄδικον;
καὶ τῶν ὁσίων ὃ οὐκ ἀνόσιον; Οὔκ, ἀλλ' ἀνάγκη, ἔφη,
B καὶ καλά πως αὐτὰ καὶ αἰσχρὰ φανῆναι, καὶ ὅσα ἄλλα
ἐρωτᾷς. Τί δέ; τὰ πολλὰ διπλάσια ἧττόν τι ἡμίσεα, ἢ
διπλάσια φαίνεται; Οὐδέν. Καὶ μεγάλα δὴ καὶ σμικρὰ
καὶ κοῦφα καὶ βαρέα μή τι μᾶλλον, ἃ ἂν φήσωμεν, ταῦτα
προσρηθήσεται, ἢ τἀναντία; Οὔκ, ἀλλ' ἀεί, ἔφη, ἕκαστον
ἀμφοτέρων ἕξεται. Πότερον οὖν ἔστι μᾶλλον ἢ οὐκ ἔστιν
ἕκαστον τῶν πολλῶν τοῦτο, ὃ ἄν τις φῇ αὐτὸ εἶναι; Τοῖς
ἐν ταῖς ἑστιάσεσιν, ἔφη, ἐπαμφοτερίζουσιν ἔοικεν, καὶ τῷ
C τῶν παίδων αἰνίγματι, τῷ περὶ τοῦ εὐνούχου, τῆς βολῆς
πέρι τῆς νυκτερίδος, ᾧ καὶ ἐφ' οὗ αὐτὸν αὐτὴν αἰνίττονται
βαλεῖν· καὶ γὰρ ταῦτα ἐπαμφοτερίζει[2], καὶ οὔτ' εἶναι οὔτε

---

[1] ἀεὶ Π: ἀεὶ μὲν Α.   [2] ἐπαμφοτερίζει corr. q²: ἐπαμφοτερίζειν Α.

μὴ εἶναι οὐδὲν αὐτῶν δυνατὸν παγίως νοῆσαι οὔτε ἀμφό-
τερα οὔτε οὐδέτερον. Ἔχεις οὖν αὐτοῖς, ἦν δ' ἐγώ, ὅ τι
χρήσει, ἢ ὅποι θήσεις καλλίω θέσιν τῆς μεταξὺ οὐσίας τε
καὶ τοῦ μὴ εἶναι; οὔτε γάρ που σκοτωδέστερα μὴ ὄντος
πρὸς τὸ μᾶλλον μὴ εἶναι φανήσεται, οὔτε φανότερα ὄντος   D
πρὸς τὸ μᾶλλον εἶναι. Ἀληθέστατα, ἔφη. Ηὑρήκαμεν
ἄρα, ὡς ἔοικεν, ὅτι τὰ τῶν πολλῶν πολλὰ νόμιμα καλοῦ
τε πέρι καὶ τῶν ἄλλων μεταξύ που κυλινδεῖται τοῦ τε μὴ
ὄντος καὶ τοῦ ὄντος εἰλικρινῶς. Ηὑρήκαμεν. Προωμολο-
γήσαμεν δέ γε, εἴ τι τοιοῦτον φανείη, δοξαστὸν αὐτὸ ἀλλ'
οὐ γνωστὸν δεῖν λέγεσθαι, τῇ μεταξὺ δυνάμει τὸ μεταξὺ
πλανητὸν ἁλισκόμενον. Ὡμολογήκαμεν. Τοὺς ἄρα
πολλὰ καλὰ θεωμένους, αὐτὸ δὲ τὸ καλὸν μὴ ὁρῶντας μηδ' E
ἄλλῳ ἐπ' αὐτὸ ἄγοντι δυναμένους ἕπεσθαι, καὶ πολλὰ
δίκαια, αὐτὸ δὲ τὸ δίκαιον μή, καὶ πάντα οὕτω, δοξάζειν
φήσομεν ἅπαντα, γιγνώσκειν δὲ ὧν δοξάζουσιν οὐδέν.
Ἀνάγκη, ἔφη. Τί δὲ αὖ τοὺς αὐτὰ ἕκαστα θεωμένους καὶ
ἀεὶ κατὰ ταὐτὰ ὡσαύτως ὄντα; ἆρ' οὐ γιγνώσκειν ἀλλ'
οὐ δοξάζειν; Ἀνάγκη καὶ ταῦτα. Οὐκοῦν καὶ ἀσπάζεσθαί
τε καὶ φιλεῖν τούτους μὲν ταῦτα φήσομεν, ἐφ' οἷς γνῶσίς
ἐστιν, | ἐκείνους δὲ ἐφ' οἷς δόξα; ἢ οὐ μνημονεύομεν, ὅτι 480
φωνάς τε καὶ χρόας καλὰς καὶ τὰ τοιαῦτ' ἔφαμεν τούτους
φιλεῖν τε καὶ θεᾶσθαι, αὐτὸ δὲ τὸ καλὸν οὐδ' ἀνέχεσθαι
ὥς τι ὄν; Μεμνήμεθα. Μὴ οὖν τι πλημμελήσομεν
φιλοδόξους καλοῦντες αὐτοὺς μᾶλλον ἢ φιλοσόφους; καὶ
ἆρα ἡμῖν σφόδρα χαλεπανοῦσιν, ἂν οὕτω λέγωμεν; Οὔκ,
ἄν γ' ἐμοὶ πείθωνται, ἔφη· τῷ γὰρ ἀληθεῖ χαλεπαίνειν
οὐ θέμις. Τοὺς αὐτὸ ἄρα ἕκαστον τὸ ὂν ἀσπαζομένους
φιλοσόφους ἀλλ' οὐ φιλοδόξους κλητέον; Παντάπασι
μὲν οὖν.

ΤΕΛΟΣ ΠΟΛΙΤΕΙΑΣ Ε΄.

Ϛ.

484 I. Οἱ μὲν δὴ φιλόσοφοι, ἦν δ' ἐγώ, ὦ Γλαύκων, καὶ οἱ
μὴ διὰ μακροῦ τινὸς διεξελθόντος λόγου μόγις πως ἀνεφά-
νησαν οἵ εἰσιν ἑκάτεροι. Ἴσως γάρ, ἔφη, διὰ βραχέος οὐ
ῥᾴδιον. Οὐ φαίνεται, εἶπον· ἐμοὶ γοῦν ἔτι δοκεῖ ἂν
βελτιόνως φανῆναι, εἰ περὶ τούτου μόνου ἔδει ῥηθῆναι,
καὶ μὴ πολλὰ τὰ λοιπὰ διελθεῖν μέλλοντι κατόψεσθαι, τί
B διαφέρει βίος δίκαιος ἀδίκου. Τί οὖν, ἔφη, τὸ μετὰ τοῦτο
ἡμῖν; Τί δ' ἄλλο, ἦν δ' ἐγώ, ἢ τὸ ἑξῆς; ἐπειδὴ φιλόσοφοι
μὲν οἱ τοῦ ἀεὶ κατὰ ταὐτὰ ὡσαύτως ἔχοντος δυνάμενοι
ἐφάπτεσθαι, οἱ δὲ μή, ἀλλ' ἐν πολλοῖς καὶ πάντως ἴσχουσιν
πλανώμενοι, οὐ φιλόσοφοι, ποτέρους δὴ δεῖ πόλεως ἡγε-
μόνας εἶναι; Πῶς οὖν λέγοντες ἂν αὐτό, ἔφη, μετρίως
λέγοιμεν; Ὁπότεροι ἄν, ἦν δ' ἐγώ, δυνατοὶ φαίνωνται
φυλάξαι νόμους τε καὶ ἐπιτηδεύματα πόλεων, τούτους
C καθιστάναι φύλακας. Ὀρθῶς, ἔφη. Τόδε δέ, ἦν δ' ἐγώ,
ἆρα δῆλον, εἴτε τυφλὸν εἴτε ὀξὺ ὁρῶντα χρὴ φύλακα
τηρεῖν ὁτιοῦν; Καὶ πῶς, ἔφη, οὐ δῆλον; Ἦ οὖν δοκοῦσί
τι τυφλῶν διαφέρειν οἱ τῷ ὄντι τοῦ ὄντος ἑκάστου ἐστε-
ρημένοι τῆς γνώσεως, καὶ μηδὲν ἐναργὲς ἐν τῇ ψυχῇ
ἔχοντες παράδειγμα μηδὲ δυνάμενοι ὥσπερ γραφῆς εἰς τὸ
ἀληθέστατον ἀποβλέποντες κἀκεῖσε ἀεὶ ἀναφέροντές τε
D καὶ θεώμενοι ὡς οἷόν τε ἀκριβέστατα, οὕτω δὴ καὶ τὰ

ἐνθάδε νόμιμα καλῶν τε πέρι καὶ δικαίων καὶ ἀγαθῶν
τίθεσθαί τε, ἐὰν δέῃ τίθεσθαι, καὶ τὰ κείμενα φυλάττοντες
σῴζειν; Οὐ μὰ τὸν Δία, ἦ δ' ὅς, οὐ πολύ τι διαφέρει[1].
Τούτους οὖν μᾶλλον φύλακας στησόμεθα, ἢ τοὺς ἐγνωκότας
μὲν ἕκαστον τὸ ὄν, ἐμπειρίᾳ δὲ μηδὲν ἐκείνων ἐλλείποντας
μηδ' ἐν ἄλλῳ μηδενὶ μέρει ἀρετῆς ὑστεροῦντας; Ἄτοπον
μέντ' ἄν, ἔφη, εἴη ἄλλους αἱρεῖσθαι, εἴ γε τἆλλα μὴ
ἐλλείποιντο· τούτῳ γὰρ αὐτῷ σχεδόν τι τῷ μεγίστῳ ἂν
προέχοιεν. | Οὐκοῦν τοῦτο δὴ λέγωμεν, τίνα τρόπον οἷοί τ 485
ἔσονται οἱ αὐτοὶ κἀκεῖνα καὶ ταῦτα ἔχειν; Πάνυ μὲν οὖν.
Ὃ τοίνυν ἀρχόμενοι τούτου τοῦ λόγου ἐλέγομεν, τὴν φύσιν
αὐτῶν πρῶτον δεῖ[2] καταμαθεῖν. καὶ οἶμαι, ἐὰν ἐκείνην
ἱκανῶς ὁμολογήσωμεν, ὁμολογήσειν καὶ ὅτι οἷοί τε ταῦτα
ἔχειν οἱ αὐτοί, ὅτι τε οὐκ ἄλλους πόλεων ἡγεμόνας δεῖ
εἶναι ἢ τούτους. Πῶς;

II. Τοῦτο μὲν δὴ τῶν φιλοσόφων φύσεων πέρι ὡμο-
λογήσθω ἡμῖν, ὅτι μαθήματός γε ἀεὶ ἐρῶσιν ὃ ἂν αὐτοῖς Β
δηλοῖ ἐκείνης τῆς οὐσίας τῆς ἀεὶ οὔσης καὶ μὴ πλανωμένης
ὑπὸ γενέσεως καὶ φθορᾶς. Ὁμολογήσθω. Καὶ μήν, ἦν δ'
ἐγώ, καὶ ὅτι πάσης αὐτῆς καὶ οὔτε σμικροῦ οὔτε μείζονος
οὔτε τιμιωτέρου οὔτε ἀτιμοτέρου μέρους ἑκόντες ἀφίενται,
ὥσπερ ἐν τοῖς πρόσθεν περί τε τῶν φιλοτίμων καὶ ἐρωτι-
κῶν διήλθομεν. Ὀρθῶς, ἔφη, λέγεις. Τόδε τοίνυν μετὰ
τοῦτο σκόπει εἰ ἀνάγκη ἔχειν πρὸς τούτῳ ἐν τῇ φύσει οἳ
ἂν μέλλωσιν ἔσεσθαι οἵους ἐλέγομεν. Τὸ ποῖον; Τὴν C
ἀψεύδειαν καὶ τὸ ἑκόντας εἶναι μηδαμῇ προσδέχεσθαι τὸ
ψεῦδος, ἀλλὰ μισεῖν, τὴν δ' ἀλήθειαν στέργειν. Εἰκός γ',
ἔφη. Οὐ μόνον γε, ὦ φίλε, εἰκός, ἀλλὰ καὶ πᾶσα ἀνάγκη
τὸν ἐρωτικῶς του φύσει ἔχοντα πᾶν τὸ ξυγγενές τε καὶ
οἰκεῖον τῶν παιδικῶν ἀγαπᾶν. Ὀρθῶς, ἔφη.] Ἢ οὖν
οἰκειότερον σοφίᾳ τι ἀληθείας ἂν εὕροις; Καὶ πῶς; ἦ δ'
ὅς.| Ἢ οὖν δυνατὸν εἶναι τὴν αὐτὴν φύσιν φιλόσοφόν τε

---

¹ διαφέρειν q: διαφέρει A.   ² δεῖ q: δεῖν A.

D καὶ φιλοψευδῆ; Οὐδαμῶς γε. Τὸν ἄρα τῷ ὄντι φιλομαθῆ
πάσης ἀληθείας δεῖ εὐθὺς ἐκ νέου ὅ τι μάλιστα ὀρέγεσθαι.
Παντελῶς γε. Ἀλλὰ μὴν ὅτῳ γε εἰς ἕν τι αἱ ἐπιθυμίαι
σφόδρα ῥέπουσιν, ἴσμεν που ὅτι εἰς τἆλλα τούτῳ ἀσθενέσ-
τεραι, ὥσπερ ῥεῦμα ἐκεῖσε ἀπωχετευμένον. Τί μήν; Ὧι
δὴ πρὸς τὰ μαθήματα καὶ πᾶν τὸ τοιοῦτον ἐρρυήκασιν,
περὶ τὴν τῆς ψυχῆς, οἶμαι, ἡδονὴν αὐτῆς καθ' αὑτὴν εἶεν
ἄν, τὰς δὲ διὰ τοῦ σώματος ἐκλείποιεν, εἰ μὴ πεπλασμένως

E ἀλλ' ἀληθῶς φιλόσοφός τις εἴη. Μεγάλη ἀνάγκη. Σώφρων
μὴν ὅ γε τοιοῦτος καὶ οὐδαμῆ φιλοχρήματος· ὧν γὰρ ἕνεκα
χρήματα μετὰ πολλῆς δαπάνης σπουδάζεται, ἄλλῳ τινὶ
μᾶλλον ἢ τούτῳ προσήκει σπουδάζειν. Οὕτω. Καὶ μὴν

486 που καὶ τόδε δεῖ σκοπεῖν, ὅταν κρίνειν | μέλλῃς φύσιν
φιλόσοφόν τε καὶ μή. Τὸ ποῖον; Μή σε λάθῃ μετέχουσα
ἀνελευθερίας· ἐναντιώτατον γάρ που σμικρολογία ψυχῇ
μελλούσῃ τοῦ ὅλου καὶ παντὸς ἀεὶ ἐπορέξεσθαι θείου τε
καὶ ἀνθρωπίνου. Ἀληθέστατα, ἔφη. Ἧι οὖν ὑπάρχει
διανοίᾳ μεγαλοπρέπεια καὶ θεωρία παντὸς μὲν χρόνου,
πάσης δὲ οὐσίας, οἷόν τε οἴει τούτῳ μέγα τι δοκεῖν εἶναι

B τὸν ἀνθρώπινον βίον; Ἀδύνατον, ἦ δ' ὅς. Οὐκοῦν καὶ
θάνατον οὐ δεινόν τι ἡγήσεται ὁ τοιοῦτος; Ἥκιστά γε.
Δειλῇ δὴ καὶ ἀνελευθέρῳ φύσει φιλοσοφίας ἀληθινῆς, ὡς
ἔοικεν, οὐκ ἂν μετείη. Οὔ μοι δοκεῖ. Τί οὖν; ὁ κόσμιος
καὶ μὴ φιλοχρήματος μηδ' ἀνελεύθερος μηδ' ἀλαζὼν μηδὲ
δειλὸς ἔσθ' ὅπῃ ἂν δυσξύμβολος ἢ ἄδικος γένοιτο; Οὐκ
ἔστιν. Καὶ τοῦτο δὴ ψυχὴν σκοπῶν φιλόσοφον καὶ μὴ
εὐθὺς νέου ὄντος ἐπισκέψει, εἰ ἄρα δικαία τε καὶ ἥμερος, ἢ
δυσκοινώνητος καὶ ἀγρία. Πάνυ μὲν οὖν. Οὐ μὴν οὐδὲ

C τόδε παραλείψεις, ὡς ἐγῷμαι. Τὸ ποῖον; Εὐμαθὴς ἢ
δυσμαθής. ἢ προσδοκᾷς ποτέ τινά τι ἱκανῶς ἂν στέρξαι,
ὃ πράττων ἂν ἀλγῶν τε πράττοι καὶ μόγις σμικρὸν ἀνύτων;
Οὐκ ἂν γένοιτο. Τί δ'; εἰ μηδὲν ὧν μάθοι σῴζειν δύναιτο,
λήθης ὢν πλέως, ἆρ' ἂν οἷός τ' εἴη ἐπιστήμης μὴ κενὸς

εἶναι; Καὶ πῶς; Ἀνόνητα[1] δὴ πονῶν οὐκ, οἴει, ἀναγ-
κασθήσεται τελευτῶν αὑτόν τε μισεῖν καὶ τὴν τοιαύτην
πρᾶξιν; Πῶς δ' οὔ; Ἐπιλήσμονα ἄρα ψυχὴν ἐν ταῖς
ἱκανῶς φιλοσόφοις μή ποτε ἐγκρίνωμεν, ἀλλὰ μνημονικὴν **D**
αὐτὴν ζητῶμεν δεῖν εἶναι. Παντάπασι μὲν οὖν. Ἀλλ' οὐ
μὴν τό γε τῆς ἀμούσου τε καὶ ἀσχήμονος φύσεως ἄλλοσέ
ποι ἂν φαῖμεν ἕλκειν ἢ εἰς ἀμετρίαν. Τί μήν; Ἀλήθειαν
δὲ ἀμετρίᾳ ἡγεῖ ξυγγενῆ εἶναι ἢ ἐμμετρίᾳ; Ἐμμετρίᾳ.
Ἔμμετρον ἄρα καὶ εὔχαριν ζητῶμεν πρὸς τοῖς ἄλλοις
διάνοιαν φύσει, ἣν ἐπὶ τὴν τοῦ ὄντος ἰδέαν ἑκάστου τὸ
αὐτοφυὲς εὐάγωγον παρέξει. Πῶς δ' οὔ; Τί οὖν; μὴ **E**
πῃ δοκοῦμέν σοι οὐκ ἀναγκαῖα ἕκαστα διεληλυθέναι καὶ
ἑπόμενα ἀλλήλοις τῇ μελλούσῃ τοῦ ὄντος ἱκανῶς τε καὶ
τελέως ψυχῇ μεταλήψεσθαι; Ἀναγκαιότατα μὲν | οὖν, **487**
ἔφη. Ἔστιν οὖν ὅπῃ μέμψει τοιοῦτον ἐπιτήδευμα, ὃ μή
ποτ' ἄν τις οἷός τε γένοιτο ἱκανῶς ἐπιτηδεῦσαι, εἰ μὴ φύσει
εἴη μνήμων, εὐμαθής, μεγαλοπρεπής, εὔχαρις, φίλος τε καὶ
ξυγγενὴς ἀληθείας, δικαιοσύνης, ἀνδρείας, σωφροσύνης;
Οὐδ' ἂν ὁ Μῶμος, ἔφη, τό γε τοιοῦτον μέμψαιτο. Ἀλλ',
ἦν δ' ἐγώ, τελειωθεῖσι τοῖς τοιούτοις παιδείᾳ τε καὶ ἡλικίᾳ
ἆρα οὐ μόνοις ἂν τὴν πόλιν ἐπιτρέποις;

III. Καὶ ὁ Ἀδείμαντος, Ὦ Σώκρατες, ἔφη, πρὸς μὲν **B**
ταῦτά σοι οὐδεὶς ἂν οἷός τ' εἴη ἀντειπεῖν· ἀλλὰ γὰρ τοιόνδε
τι πάσχουσιν οἱ ἀκούοντες ἑκάστοτε ἃ νῦν λέγεις· ἡγοῦνται
δι' ἀπειρίαν τοῦ ἐρωτᾶν καὶ ἀποκρίνεσθαι ὑπὸ τοῦ λόγου
παρ' ἕκαστον τὸ ἐρώτημα σμικρὸν παραγόμενοι[2], ἀθροισ-
θέντων τῶν σμικρῶν ἐπὶ τελευτῆς τῶν λόγων μέγα[3] τὸ
σφάλμα καὶ ἐναντίον τοῖς πρώτοις ἀναφαίνεσθαι, καὶ
ὥσπερ ὑπὸ τῶν πεττεύειν δεινῶν οἱ μὴ τελευτῶντες **C**
ἀποκλείονται καὶ οὐκ ἔχουσιν ὅ τι φέρωσιν, οὕτω καὶ
σφεῖς τελευτῶντες ἀποκλείεσθαι καὶ οὐκ ἔχειν ὅ τι λέγωσιν

---

¹ ἀνόνητα Π et γρ in marg. A²: ἀνόητα A¹.   ² παραγόμενοι Π et
corr. in marg. A²: παραγενόμενοι A¹.   ³ μέγα Π: μετὰ A.

ὑπὸ πεττείας αὖ ταύτης τινὸς ἑτέρας, οὐκ ἐν ψήφοις,
ἀλλ' ἐν λόγοις· ἐπεὶ τό γε ἀληθὲς οὐδέν τι μᾶλλον ταύτῃ[1]
ἔχειν. λέγω δ' εἰς τὸ παρὸν ἀποβλέψας. νῦν γὰρ φαίη
ἄν τίς σοι λόγῳ μὲν οὐκ ἔχειν καθ' ἕκαστον τὸ ἐρωτώμενον
ἐναντιοῦσθαι, ἔργῳ δὲ ὁρᾶν, ὅσοι ἂν ἐπὶ φιλοσοφίαν
D ὁρμήσαντες μὴ τοῦ πεπαιδεῦσθαι ἕνεκα ἁψάμενοι νέοι
ὄντες ἀπαλλάττωνται, ἀλλὰ μακρότερον ἐνδιατρίψωσιν,
τοὺς μὲν πλείστους καὶ πάνυ ἀλλοκότους γιγνομένους, ἵνα
μὴ παμπονήρους εἴπωμεν, τοὺς δ' ἐπιεικεστάτους δοκοῦντας
ὅμως τοῦτό γε ὑπὸ τοῦ ἐπιτηδεύματος, οὗ σὺ ἐπαινεῖς,
πάσχοντας, ἀχρήστους ταῖς πόλεσι γιγνομένους. καὶ ἐγὼ
ἀκούσας, Οἴει οὖν, εἶπον, τοὺς ταῦτα λέγοντας ψεύδεσθαι;
Οὐκ οἶδα, ἦ δ' ὅς· ἀλλὰ τὸ σοὶ δοκοῦν ἡδέως ἂν ἀκούοιμι.
E Ἀκούοις ἄν, ὅτι ἔμοιγε φαίνονται τἀληθῆ λέγειν. Πῶς
οὖν, ἔφη, εὖ ἔχει λέγειν, ὅτι οὐ πρότερον κακῶν παύσονται
αἱ πόλεις, πρὶν ἂν ἐν αὐταῖς οἱ φιλόσοφοι ἄρξωσιν, οὓς
ἀχρήστους ὁμολογοῦμεν αὐταῖς εἶναι; Ἐρωτᾷς, ἦν δ'
ἐγώ, ἐρώτημα δεόμενον ἀποκρίσεως δι' εἰκόνος λεγομένης.
Σὺ δέ γε, ἔφη, οἶμαι, οὐκ εἴωθας δι' εἰκόνων λέγειν.

IV. Εἶεν, εἶπον· σκώπτεις ἐμβεβληκώς με εἰς λόγον
488 οὕτω δυσαπόδεικτον; ἄκουε δ' οὖν τῆς εἰκόνος, ἵν' | ἔτι
μᾶλλον ἴδῃς, ὡς χρόνως εἰκάζω. οὕτω γὰρ χαλεπὸν τὸ[2]
πάθος τῶν ἐπιεικεστάτων, ὃ πρὸς τὰς πόλεις πεπόνθασιν,
ὥστε οὐδ' ἔστιν ἓν οὐδὲν ἄλλο τοιοῦτον πεπονθός, ἀλλὰ
δεῖ ἐκ πολλῶν αὐτὸ ξυναγαγεῖν εἰκάζοντα καὶ ἀπολογού-
μενον ὑπὲρ αὐτῶν, οἷον οἱ γραφεῖς τραγελάφους καὶ τὰ
τοιαῦτα μιγνύντες γράφουσιν. νόησον γὰρ τοιουτονὶ γε-
νόμενον εἴτε πολλῶν νεῶν πέρι εἴτε μιᾶς· ναύκληρον
μεγέθει μὲν καὶ ῥώμῃ ὑπὲρ τοὺς ἐν τῇ νηὶ πάντας,
B ὑπόκωφον δὲ καὶ ὁρῶντα ὡσαύτως βραχύ τι καὶ γιγνώ-
σκοντα περὶ ναυτικῶν ἕτερα τοιαῦτα, τοὺς δὲ ναύτας
στασιάζοντας πρὸς ἀλλήλους περὶ τῆς κυβερνήσεως,

¹ ταύτῃ Π: ταύτην Α.   ² τὸ Π: om. Α.

ἕκαστον οἰόμενον δεῖν κυβερνᾶν, μήτε μαθόντα πώποτε
τὴν τέχνην μήτε ἔχοντα ἀποδεῖξαι διδάσκαλον ἑαυτοῦ
μηδὲ χρόνον ἐν ᾧ ἐμάνθανεν, πρὸς δὲ τούτοις φάσκοντας
μηδὲ διδακτὸν εἶναι, ἀλλὰ καὶ τὸν λέγοντα ὡς διδακτὸν
ἑτοίμους κατατέμνειν, αὐτοὺς δὲ αὐτῷ ἀεὶ τῷ ναυκλήρῳ
περικεχύσθαι δεομένους καὶ πάντα ποιοῦντας, ὅπως ἂν
σφίσι τὸ πηδάλιον ἐπιτρέψῃ, ἐνίοτε δ' ἂν μὴ πείθωσιν,
ἀλλὰ ἄλλοι μᾶλλον, τοὺς μὲν ἄλλους ἢ ἀποκτεινύντας ἢ
ἐκβάλλοντας ἐκ τῆς νεώς, τὸν δὲ γενναῖον ναύκληρον
μανδραγόρᾳ ἢ μέθῃ ἤ τινι ἄλλῳ συμποδίσαντας τῆς νεὼς
ἄρχειν χρωμένους τοῖς ἐνοῦσι, καὶ πίνοντάς τε καὶ
εὐωχουμένους πλεῖν, ὡς τὸ εἰκὸς τοὺς τοιούτους, πρὸς δὲ
τούτοις ἐπαινοῦντας, ναυτικὸν μὲν καλοῦντας καὶ κυβερνη-
τικὸν καὶ ἐπιστάμενον τὰ κατὰ ναῦν ὃς ἂν ξυλλαμβάνειν
δεινὸς ᾖ, ὅπως ἄρξουσιν ἢ πείθοντες ἢ βιαζόμενοι τὸν
ναύκληρον, τὸν δὲ μὴ τοιοῦτον ψέγοντας ὡς ἄχρηστον, τοῦ
δὲ ἀληθινοῦ κυβερνήτου πέρι μηδ' ἐπαΐοντας[1], ὅτι ἀνάγκη
αὐτῷ τὴν ἐπιμέλειαν ποιεῖσθαι ἐνιαυτοῦ καὶ ὡρῶν καὶ
οὐρανοῦ καὶ ἄστρων καὶ πνευμάτων καὶ πάντων τῶν τῇ
τέχνῃ προσηκόντων, εἰ μέλλει τῷ ὄντι νεὼς ἀρχικὸς
ἔσεσθαι, ὅπως δὲ κυβερνήσει ἐάν τέ τινες βούλωνται ἐάν
τε μή, μήτε τέχνην τούτου μήτε μελέτην οἰομένῳ[2] δυνατὸν
εἶναι λαβεῖν ἅμα καὶ τὴν κυβερνητικήν. τοιούτων δὴ
περὶ τὰς ναῦς γιγνομένων τὸν ὡς ἀληθῶς κυβερνητικὸν
οὐχ ἡγεῖ ἂν τῷ ὄντι μετεωροσκόπον τε καὶ ἀδολέσχην καὶ
ἄχρηστόν σφισι καλεῖσθαι ὑπὸ τῶν ἐν ταῖς οὕτω κατε- 489
σκευασμέναις ναυσὶ πλωτήρων; Καὶ μάλα, ἔφη ὁ
Ἀδείμαντος. Οὐ δή, ἦν δ' ἐγώ, οἶμαι δεῖσθαί σε
ἐξεταζομένην τὴν εἰκόνα ἰδεῖν, ὅτι ταῖς πόλεσι πρὸς τοὺς
ἀληθινοὺς φιλοσόφους τὴν διάθεσιν ἔοικεν, ἀλλὰ μανθάνειν
ὃ λέγω. Καὶ μάλ', ἔφη. | Πρῶτον μὲν τοίνυν ἐκεῖνον τὸν
θαυμάζοντα, ὅτι οἱ φιλόσοφοι οὐ τιμῶνται ἐν ταῖς πόλεσι,

---

[1] ἐπαΐοντας q: ἐπαΐοντες A. [2] οἰομένῳ H. Sidgwick: οἰόμενοι codd.

διδασκέ τε τὴν εἰκόνα καὶ πειρῶ πείθειν, ὅτι πολὺ ἂν

B θαυμαστότερον ἦν, εἰ ἐτιμῶντο. Ἀλλὰ διδάξω, ἔφη.
Καὶ ὅτι τοίνυν τἀληθῆ λέγεις, ὡς ἄχρηστοι τοῖς πολλοῖς
οἱ ἐπιεικέστατοι τῶν ἐν φιλοσοφίᾳ· τῆς μέντοι ἀχρηστίας
τοὺς μὴ χρωμένους κέλευε αἰτιᾶσθαι, ἀλλὰ μὴ τοὺς
ἐπιεικεῖς. οὐ γὰρ ἔχει φύσιν κυβερνήτην ναυτῶν δεῖσθαι
ἄρχεσθαι ὑφ' αὑτοῦ, οὐδὲ τοὺς σοφοὺς ἐπὶ τὰς τῶν
πλουσίων θύρας ἰέναι, ἀλλ' ὁ τοῦτο κομψευσάμενος
ἐψεύσατο, τὸ δὲ ἀληθὲς πέφυκεν, ἐάν τε πλούσιος ἐάν τε

C πένης κάμνῃ, ἀναγκαῖον εἶναι ἐπὶ ἰατρῶν θύρας ἰέναι καὶ
πάντα τὸν ἄρχεσθαι δεόμενον ἐπὶ τὰς τοῦ ἄρχειν δυναμένου,
οὐ τὸν ἄρχοντα δεῖσθαι τῶν ἀρχομένων ἄρχεσθαι, οὗ ἂν
τῇ ἀληθείᾳ τι ὄφελος ᾖ. ἀλλὰ τοὺς νῦν πολιτικοὺς
ἄρχοντας ἀπεικάζων οἷς ἄρτι ἐλέγομεν ναύταις οὐχ
ἁμαρτήσει, καὶ τοὺς ὑπὸ τούτων ἀχρήστους λεγομένους
καὶ μετεωρολέσχας τοῖς ὡς ἀληθῶς κυβερνήταις. Ὀρθό-
τατα, ἔφη. Ἔκ τε τοίνυν τούτων καὶ ἐν τούτοις οὐ ῥᾴδιον
εὐδοκιμεῖν, τὸ βέλτιστον ἐπιτήδευμα ὑπὸ τῶν τἀναντία

D ἐπιτηδευόντων· πολὺ δὲ μεγίστη καὶ ἰσχυροτάτη διαβολὴ
γίγνεται φιλοσοφίᾳ διὰ τοὺς τὰ τοιαῦτα φάσκοντας
ἐπιτηδεύειν, οὓς δὴ σὺ φὴς τὸν ἐγκαλοῦντα τῇ φιλοσοφίᾳ
λέγειν ὡς παμπόνηροι οἱ πλεῖστοι τῶν ἰόντων ἐπ' αὐτήν,
οἱ δὲ ἐπιεικέστατοι ἄχρηστοι, καὶ ἐγὼ συνεχώρησα ἀληθῆ
σε λέγειν. ἦ γάρ; Ναί.

V. Οὐκοῦν τῆς μὲν τῶν ἐπιεικῶν ἀχρηστίας τὴν
αἰτίαν διεληλύθαμεν; Καὶ μάλα. Τῆς δὲ τῶν πολλῶν
πονηρίας τὴν ἀνάγκην βούλει τὸ μετὰ τοῦτο διέλθωμεν,

E καὶ ὅτι οὐδὲ τούτου φιλοσοφία αἰτία, ἂν δυνώμεθα,
πειραθῶμεν δεῖξαι; Πάνυ μὲν οὖν. Ἀκούωμεν δὴ καὶ
λέγωμεν ἐκεῖθεν ἀναμνησθέντες, ὅθεν διῇμεν τὴν φύσιν,
οἷον ἀνάγκη φῦναι τὸν καλόν τε κἀγαθὸν ἐσόμενον.

490 ἡγεῖτο δ' αὐτῷ, εἰ νῷ ἔχεις, πρῶτον μὲν ἀλήθεια, ἣν
διώκειν αὐτὸν πάντως καὶ πάντῃ ἔδει, ἢ ἀλαζόνι ὄντι

μηδαμῇ μετεῖναι φιλοσοφίας ἀληθινῆς. Ἦν γὰρ οὕτω
λεγόμενον. Οὐκοῦν ἕν μὲν τοῦτο σφόδρα οὕτω παρὰ
δόξαν τοῖς νῦν δοκούμενοις περὶ αὐτοῦ; Καὶ μάλα, ἔφη.
Ἆρ᾽ οὖν δὴ οὐ μετρίως ἀπολογησόμεθα[1], ὅτι πρὸς τὸ ὂν
πεφυκὼς εἴη ἀμιλλᾶσθαι ὅ γε ὄντως φιλομαθὴς καὶ οὐκ
ἐπιμένοι ἐπὶ τοῖς δοξαζομένοις εἶναι πολλοῖς ἑκάστοις,
ἀλλ᾽ ἴοι καὶ οὐκ ἀμβλύνοιτο οὐδ᾽ ἀπολήγοι τοῦ ἔρωτος,
πρὶν αὐτοῦ ὃ ἔστιν ἑκάστου τῆς φύσεως ἅψασθαι ᾧ
προσήκει ψυχῆς ἐφάπτεσθαι τοῦ τοιούτου· προσήκει δὲ
ξυγγενεῖ· ᾧ πλησιάσας καὶ μιγεὶς τῷ ὄντι ὄντως, γεννήσας
νοῦν καὶ ἀλήθειαν, γνοίη τε καὶ ἀληθῶς ζῴη καὶ τρέφοιτο
καὶ οὕτω λήγοι ὠδῖνος, πρὶν δ᾽ οὔ; Ὡς οἷόν τ᾽, ἔφη,
μετριώτατα. Τί οὖν; τούτῳ τι μετέσται ψεῦδος[2] ἀγαπᾶν,
ἢ πᾶν τοὐναντίον μισεῖν; Μισεῖν, ἔφη. Ἡγουμένης δὴ
ἀληθείας οὐκ ἄν ποτε, οἶμαι, φαῖμεν[3] αὐτῇ χορὸν κακῶν
ἀκολουθῆσαι. Πῶς γάρ; Ἀλλ᾽ ὑγιές τε καὶ δίκαιον
ἦθος, ᾧ καὶ σωφροσύνην ἕπεσθαι. Ὀρθῶς, ἔφη. Καὶ δὴ
τὸν ἄλλον τῆς φιλοσόφου φύσεως χορὸν τί δεῖ πάλιν ἐξ
ἀρχῆς ἀναγκάζοντα τάττειν; μέμνησαι γάρ που, ὅτι
ξυνέβη προσῆκον τούτοις ἀνδρεία, μεγαλοπρέπεια, εὐμάθεια,
μνήμη· καὶ σοῦ ἐπιλαβομένου, ὅτι πᾶς μὲν ἀναγκασθή-
σεται ὁμολογεῖν οἷς λέγομεν, ἐάσας δὲ τοὺς λόγους, εἰς
αὐτοὺς ἀποβλέψας περὶ ὧν ὁ λόγος, φαίη ὁρᾶν αὐτῶν τοὺς
μὲν[4] ἀχρήστους, τοὺς δὲ πολλοὺς κακοὺς πᾶσαν κακίαν,
τῆς διαβολῆς τὴν αἰτίαν ἐπισκοποῦντες ἐπὶ τούτῳ νῦν
γεγόναμεν, τί ποθ᾽ οἱ πολλοὶ κακοί, καὶ τούτου δὴ ἕνεκα
πάλιν ἀνειλήφαμεν τὴν τῶν ἀληθῶς φιλοσόφων φύσιν καὶ
ἐξ ἀνάγκης ὡρισάμεθα. Ἔστιν, ἔφη, ταῦτα.

VI. Ταύτης δή, ἦν δ᾽ ἐγώ, τῆς φύσεως δεῖ θεάσασθαι
τὰς φθορὰς, ὡς διόλλυται ἐν πολλοῖς, σμικρὸν δέ τι

---

[1] ἀπολογησόμεθα codd. : ἀπελογησάμεθα Ast.   [2] ψεῦδος codd.: an
ψεύδους?   [3] φαῖμεν A: praestat fortasse φαμὲν (Vind. F cum Stobaeo).
[4] μὲν Π: om. A.

ἐκφεύγει, οὓς δὴ καὶ οὐ πονηρούς, ἀχρήστους δὲ καλοῦσι·
491 καὶ μετὰ τοῦτο αὖ τὰς μιμουμένας ταύτην | καὶ εἰς τὸ
ἐπιτήδευμα καθισταμένας αὐτῆς, οἷαι οὖσαι φύσεις ψυχῶν
εἰς ἀνάξιον καὶ μεῖζον ἑαυτῶν ἀφικνούμεναι ἐπιτήδευμα
πολλαχῇ πλημμελοῦσι πανταχῇ καὶ ἐπὶ πάντας δόξαν
οἵαν λέγεις φιλοσοφίᾳ προσῆψαν. Τίνας δέ, ἔφη, τὰς
διαφθορὰς λέγεις; Ἐγώ σοι, εἶπον, ἂν οἷός τε γένωμαι,
πειράσομαι διελθεῖν. τόδε μὲν οὖν, οἶμαι, πᾶς ἡμῖν
ὁμολογήσει, τοιαύτην φύσιν καὶ πάντα ἔχουσαν, ὅσα
προσετάξαμεν νῦν δή, εἰ τελέως μέλλοι φιλόσοφος
B γενέσθαι, ὀλιγάκις ἐν ἀνθρώποις φύεσθαι καὶ ὀλίγας. ἢ
οὐκ οἴει; Σφόδρα γε. Τούτων δὴ τῶν ὀλίγων σκόπει ὡς
πολλοὶ ὄλεθροι καὶ μεγάλοι. Τίνες δή; Ὁ μὲν πάντων
θαυμαστότατον ἀκοῦσαι, ὅτι ἓν ἕκαστον ὧν ἐπῃνέσαμεν
τῆς φύσεως ἀπόλλυσι τὴν ἔχουσαν ψυχὴν καὶ ἀποσπᾷ
φιλοσοφίας. λέγω δὲ ἀνδρείαν, σωφροσύνην, καὶ πάντα ἃ
C διήλθομεν. Ἄτοπον, ἔφη, ἀκοῦσαι. Ἔτι τοίνυν, ἦν δ'
ἐγώ, πρὸς τούτοις τὰ λεγόμενα ἀγαθὰ πάντα φθείρει καὶ
ἀποσπᾷ, κάλλος καὶ πλοῦτος καὶ ἰσχὺς σώματος καὶ
ξυγγένεια ἐρρωμένη ἐν πόλει καὶ πάντα τὰ τούτων οἰκεῖα·
ἔχεις γὰρ τὸν τύπον ὧν λέγω. Ἔχω, ἔφη· καὶ ἡδέως γ'
ἂν ἀκριβέστερον ἃ λέγεις πυθοίμην. Λαβοῦ τοίνυν, ἦν δ'
ἐγώ, ὅλου αὐτοῦ ὀρθῶς, καί σοι εὔδηλόν τε φανεῖται, καὶ
οὐκ ἄτοπα δόξει τὰ προειρημένα περὶ αὐτῶν. Πῶς οὖν,
D ἔφη, κελεύεις; Παντός[1], ἦν δ' ἐγώ, σπέρματος πέρι ἢ
φυτοῦ, εἴτε ἐγγείων εἴτε τῶν ζώων, ἴσμεν, ὅτι τὸ μὴ τυχὸν
τροφῆς ἧς προσήκει ἑκάστῳ, μηδ' ὥρας μηδὲ τόπου, ὅσῳ
ἂν ἐρρωμενέστερον ᾖ, τοσούτῳ πλειόνων ἐνδεῖ τῶν
πρεπόντων· ἀγαθῷ γάρ που κακὸν ἐναντιώτερον ἢ τῷ μὴ
ἀγαθῷ. Πῶς δ' οὔ; Ἔχει δή, οἶμαι, λόγον τὴν ἀρίστην
φύσιν ἐν ἀλλοτριωτέρᾳ οὖσαν τροφῇ κάκιον ἀπαλλάττειν
τῆς φαύλης. Ἔχει. Οὐκοῦν, ἦν δ' ἐγώ, ὦ Ἀδείμαντε,

---

[1] παντὸς Π: πάντως Α.

καὶ τὰς ψυχὰς οὕτω φῶμεν, τὰς εὐφυεστάτας κακῆς E
παιδαγωγίας τυχούσας διαφερόντως κακὰς γίγνεσθαι; ἢ
οἴει τὰ μεγάλα ἀδικήματα καὶ τὴν ἄκρατον πονηρίαν ἐκ
φαύλης, ἀλλ᾽ οὐκ ἐκ νεανικῆς φύσεως τροφῇ διολομένης
γίγνεσθαι, ἀσθενῆ δὲ φύσιν μεγάλων οὔτε ἀγαθῶν οὔτε
κακῶν αἰτίαν ποτὲ ἔσεσθαι; Οὔκ, ἀλλά, ἦ δ᾽ ὅς, οὕτως.
Ἣν τοίνυν ἔθεμεν | τοῦ φιλοσόφου φύσιν, ἂν μέν, οἶμαι, 492
μαθήσεως προσηκούσης τύχῃ, εἰς πᾶσαν ἀρετὴν ἀνάγκη
αὐξανομένην ἀφικνεῖσθαι, ἐὰν δὲ μὴ ἐν προσηκούσῃ
σπαρεῖσά τε καὶ φυτευθεῖσα τρέφηται, εἰς πάντα τἀναντία
αὖ, ἐὰν μή τις αὐτῇ βοηθήσας θεῶν τύχῃ. ἢ καὶ σὺ ἡγεῖ,
ὥσπερ οἱ πολλοί, διαφθειρομένους τινὰς εἶναι ὑπὸ σοφιστῶν
νέους, διαφθείροντας δέ τινας σοφιστὰς ἰδιωτικούς, ὅ τι
καὶ ἄξιον λόγου, ἀλλ᾽ οὐκ αὐτοὺς τοὺς ταῦτα λέγοντας
μεγίστους μὲν εἶναι σοφιστάς, παιδεύειν δὲ τελεώτατα B
καὶ ἀπεργάζεσθαι οἵους βούλονται εἶναι καὶ νέους καὶ
πρεσβυτέρους καὶ ἄνδρας καὶ γυναῖκας; Πότε δή; ἦ δ᾽
ὅς. Ὅταν, εἶπον, ξυγκαθεζόμενοι ἀθρόοι οἱ[1] πολλοὶ εἰς
ἐκκλησίας ἢ εἰς δικαστήρια ἢ θέατρα ἢ στρατόπεδα ἢ
τινα ἄλλον κοινὸν πλήθους ξύλλογον ξὺν πολλῷ θορύβῳ
τὰ μὲν ψέγωσι τῶν λεγομένων ἢ πραττομένων, τὰ δὲ
ἐπαινῶσιν, ὑπερβάλλοντας ἑκάτερα, καὶ ἐκβοῶντες καὶ
κροτοῦντες, πρὸς δ᾽ αὐτοῖς αἵ τε πέτραι καὶ ὁ τόπος ἐν ᾧ C
ἂν ὦσιν ἐπηχοῦντες διπλάσιον θόρυβον παρέχωσι τοῦ
ψόγου καὶ ἐπαίνου. ἐν δὴ τῷ τοιούτῳ τὸν νέον, τὸ
λεγόμενον, τίνα οἴει καρδίαν ἴσχειν; ἢ ποίαν[2] αὐτῷ
παιδείαν ἰδιωτικὴν ἀνθέξειν, ἣν οὐ κατακλυσθεῖσαν ὑπὸ
τοῦ τοιούτου ψόγου ἢ ἐπαίνου οἰχήσεσθαι φερομένην
κατὰ ῥοῦν, ᾗ ἂν οὗτος φέρῃ, καὶ φήσειν τε τὰ αὐτὰ
τούτοις καλὰ καὶ αἰσχρὰ εἶναι, καὶ ἐπιτηδεύσειν ἅπερ ἂν
οὗτοι, καὶ ἔσεσθαι τοιοῦτον; Πολλή, ἦ δ᾽ ὅς, ὦ Σώκρατες, D
ἀνάγκη.

---

[1] οἱ Hermann: om. codd.   [2] ποίαν Cobet: ποίαν ἂν codd.

VII. Καὶ μήν, ἦν δ' ἐγώ, οὔπω τὴν μεγίστην ἀνάγκην
εἰρήκαμεν. Ποίαν; ἔφη. Ἣν ἔργῳ προστιθέασι, λόγῳ
μὴ πείθοντες, οὗτοι οἱ παιδευταί τε καὶ σοφισταί. ἢ οὐκ
οἶσθα, ὅτι τὸν[1] μὴ πειθόμενον ἀτιμίαις τε καὶ χρήμασι καὶ
θανάτοις κολάζουσι; Καὶ μάλα, ἔφη, σφόδρα. Τίνα οὖν
ἄλλον σοφιστὴν οἴει ἢ ποίους ἰδιωτικοὺς λόγους ἐναντία
E τούτοις τείνοντας κρατήσειν; Οἶμαι μὲν οὐδένα, ἦ δ' ὅς.
Οὐ γάρ, ἦν δ' ἐγώ, ἀλλὰ καὶ τὸ ἐπιχειρεῖν πολλὴ ἄνοια.
οὔτε γὰρ γίγνεται οὔτε γέγονεν οὐδὲ οὖν μὴ γένηται
ἀλλοῖον ἦθος πρὸς ἀρετὴν παρὰ τὴν τούτων παιδείαν
πεπαιδευμένον, ἀνθρώπειον, ὦ ἑταῖρε· θεῖον μέντοι κατὰ
τὴν παροιμίαν ἐξαιρῶμεν λόγου. εὖ γὰρ χρὴ εἰδέναι, ὅ τί
περ ἂν σωθῇ τε καὶ γένηται οἷον δεῖ ἐν τοιαύτῃ κατα-
493 στάσει πολι|τειῶν, θεοῦ μοῖραν αὐτὸ σῶσαι λέγων οὐ
κακῶς ἐρεῖς. Οὐδ' ἐμοὶ ἄλλως, ἔφη, δοκεῖ. Ἔτι τοίνυν
σοι, ἦν δ' ἐγώ, πρὸς τούτοις καὶ τόδε δοξάτω. Τὸ ποῖον;
Ἕκαστος τῶν μισθαρνούντων ἰδιωτῶν, οὓς δὴ οὗτοι
σοφιστὰς καλοῦσι καὶ ἀντιτέχνους ἡγοῦνται, μὴ ἄλλα
παιδεύειν ἢ ταῦτα τὰ τῶν πολλῶν δόγματα, ἃ δοξάζουσιν
ὅταν ἀθροισθῶσιν, καὶ σοφίαν ταύτην καλεῖν, οἷόνπερ
ἂν εἰ θρέμματος μεγάλου καὶ ἰσχυροῦ τρεφομένου τὰς
B ὀργάς τις καὶ ἐπιθυμίας κατεμάνθανεν, ὅπῃ τε προσελθεῖν
χρὴ καὶ ὅπῃ ἅψασθαι αὐτοῦ, καὶ ὁπότε χαλεπώτατον ἢ
πραότατον καὶ ἐκ τίνων γίγνεται, καὶ φωνὰς δὴ ἐφ' οἷς
ἑκάστας[2] εἴωθεν φθέγγεσθαι, καὶ οἵας αὖ ἄλλου φθεγγο-
μένου ἡμεροῦταί τε καὶ ἀγριαίνει, καταμαθὼν δὲ ταῦτα
πάντα ξυνουσίᾳ τε καὶ χρόνου τριβῇ σοφίαν τε καλέσειεν
καὶ ὡς τέχνην συστησάμενος ἐπὶ διδασκαλίαν τρέποιτο,
μηδὲν εἰδὼς τῇ ἀληθείᾳ τούτων τῶν δογμάτων τε καὶ
ἐπιθυμιῶν, ὅ τι καλὸν ἢ αἰσχρὸν ἢ ἀγαθὸν ἢ κακὸν ἢ
C δίκαιον ἢ ἄδικον, ὀνομάζοι δὲ πάντα ταῦτα ἐπὶ ταῖς τοῦ

---

[1] τὸν Π: τὸ A.   [2] ἐξαιρῶμεν Μ: ἐξαίρωμεν A.   [3] ἑκάστας G. v.
Prinsterer: ἕκαστος A.

μεγάλου ζῴου δόξαις, οἷς μὲν χαίροι ἐκεῖνο, ἀγαθὰ καλῶν,
οἷς δὲ ἄχθοιτο, κακά, ἄλλον δὲ μηδένα ἔχοι λόγον περὶ
αὐτῶν, ἀλλὰ τἀναγκαῖα δίκαια καλοῖ καὶ καλά, τὴν δὲ τοῦ
ἀναγκαίου καὶ ἀγαθοῦ φύσιν, ὅσον διαφέρει τῷ ὄντι, μήτε
ἑωρακὼς εἴη μήτε ἄλλῳ δυνατὸς δεῖξαι.   τοιοῦτος δὴ ὢν
πρὸς Διὸς οὐκ ἄτοπος ἄν σοι δοκεῖ εἶναι παιδευτής;
Ἔμοιγ᾽, ἔφη.   Ἦ οὖν τι τούτου δοκεῖ διαφέρειν ὁ τὴν τῶν
πολλῶν καὶ παντοδαπῶν ξυνιόντων ὀργὴν καὶ ἡδονὰς **D**
κατανενοηκέναι σοφίαν ἡγούμενος, εἴτ᾽ ἐν γραφικῇ εἴτ᾽
ἐν μουσικῇ εἴτε δὴ ἐν πολιτικῇ; ὅ τι μὲν γὰρ ἄν[1] τις
τούτοις ὁμιλῇ ἐπιδεικνύμενος, ἢ ποίησιν ἤ τινα ἄλλην
δημιουργίαν ἢ πόλει διακονίαν, κυρίους αὑτοῦ ποιῶν τοὺς
πολλοὺς πέρα τῶν ἀναγκαίων, ἡ Διομηδεία λεγομένη
ἀνάγκη ποιεῖν αὐτῷ ταῦτα ἃ ἂν οὗτοι ἐπαινῶσιν· ὡς δὲ
καὶ ἀγαθὰ καὶ καλὰ ταῦτα τῇ ἀληθείᾳ, ἤδη πώποτέ του
ἤκουσας αὐτῶν λόγον διδόντος οὐ καταγέλαστον;   Οἶμαι
δέ γε, ἦ δ᾽ ὅς, οὐδ᾽ ἀκούσομαι.   **E**

VIII.   Ταῦτα τοίνυν πάντα ἐννοήσας ἐκεῖνο ἀναμνή-
σθητι· αὐτὸ τὸ καλόν, ἀλλὰ μὴ τὰ πολλὰ καλά, ἢ αὐτό τι
ἕκαστον καὶ μὴ τὰ πολλὰ ἕκαστα, ἔσθ᾽ ὅπως | πλῆθος **494**
ἀνέξεται ἢ ἡγήσεται εἶναι; Ἥκιστά γ᾽, ἔφη.   Φιλόσοφον
μὲν ἄρα, ἦν δ᾽ ἐγώ, πλῆθος ἀδύνατον εἶναι.   Ἀδύνατον.
Καὶ τοὺς φιλοσοφοῦντας ἄρα ἀνάγκη ψέγεσθαι ὑπ᾽
αὐτῶν.   Ἀνάγκη.   Καὶ ὑπὸ τούτων δὴ τῶν ἰδιωτῶν, ὅσοι
προσομιλοῦντες ὄχλῳ ἀρέσκειν αὐτῷ ἐπιθυμοῦσι.   Δῆλον.
Ἐκ δὴ τούτων τίνα ὁρᾷς σωτηρίαν φιλοσόφῳ φύσει, ὥστ᾽
ἐν τῷ ἐπιτηδεύματι μείνασαν πρὸς τέλος ἐλθεῖν; ἐννόει
δ᾽ ἐκ τῶν ἔμπροσθεν.   ὡμολόγηται γὰρ δὴ ἡμῖν εὐμάθεια **B**
καὶ μνήμη καὶ ἀνδρεία καὶ μεγαλοπρέπεια ταύτης εἶναι
τῆς φύσεως.   Ναί.   Οὐκοῦν εὐθὺς ἐν παισὶν[2] ὁ τοιοῦτος
πρῶτος ἔσται ἐν ἅπασιν, ἄλλως τε καὶ ἐὰν τὸ σῶμα φυῇ
προσφερὴς τῇ ψυχῇ; Τί δ᾽ οὐ μέλλει; ἔφη. Βουλήσονται

___

[1] ὅ τι—ἄν nos: ὅτι—ἐάν codd.   [2] παισὶν de Geer: πᾶσιν codd.

δή, οἶμαι, αὐτῷ χρῆσθαι, ἐπειδὰν πρεσβύτερος γίγνηται,
ἐπὶ τὰ αὐτῶν πράγματα οἵ τε οἰκεῖοι καὶ οἱ πολῖται.

C Πῶς δ' οὔ; Ὑποκείσονται ἄρα δεόμενοι καὶ τιμῶντες,
προκαταλαμβάνοντες καὶ προκολακεύοντες τὴν μέλλουσαν
αὐτοῦ δύναμιν. Φιλεῖ γοῦν, ἔφη, οὕτω γίγνεσθαι. Τί οὖν
οἴει, ἦν δ' ἐγώ, τὸν τοιοῦτον ἐν τοῖς τοιούτοις ποιήσειν,
ἄλλως τε καὶ ἐὰν τύχῃ μεγάλης πόλεως ὢν καὶ ἐν ταύτῃ
πλούσιός τε καὶ γενναῖος, καὶ ἔτι εὐειδὴς καὶ μέγας;
ἆρ' οὐ πληρωθήσεσθαι ἀμηχάνου ἐλπίδος, ἡγούμενον καὶ
τὰ τῶν Ἑλλήνων καὶ τὰ τῶν βαρβάρων ἱκανὸν ἔσεσθαι

D πράττειν, καὶ ἐπὶ τούτοις ὑψηλὸν ἐξαρεῖν[1] αὐτόν,
σχηματισμοῦ καὶ φρονήματος κενοῦ ἄνευ νοῦ ἐμ-
πιμπλάμενον; Καὶ μάλ', ἔφη. Τῷ δὴ οὕτω διατιθεμένῳ
ἐάν τις ἠρέμα προσελθὼν τἀληθῆ λέγῃ, ὅτι νοῦς οὐκ
ἔνεστιν αὐτῷ, δεῖται δέ, τὸ δὲ οὐ κτητὸν μὴ δουλεύσαντι
τῇ κτήσει αὐτοῦ, ἆρ' εὐπετές οἴει εἶναι εἰσακοῦσαι διὰ
τοσούτων κακῶν; Πολλοῦ γε δεῖ, ἦ δ' ὅς. Ἐὰν δ' οὖν, ἦν
δ' ἐγώ, διὰ τὸ εὖ πεφυκέναι καὶ τὸ ξυγγενὲς τῶν λόγων

E εἷς αἰσθάνηταί τέ πῃ καὶ κάμπτηται καὶ ἕλκηται πρὸς
φιλοσοφίαν, τί οἰόμεθα δράσειν ἐκείνους τοὺς ἡγουμένους
ἀπολλύναι αὐτοῦ τὴν χρείαν τε καὶ ἑταιρείαν; οὐ πᾶν μὲν
ἔργον, πᾶν δ' ἔπος, λέγοντάς τε καὶ πράττοντας, καὶ περὶ
αὐτόν, ὅπως ἂν μὴ πεισθῇ, καὶ περὶ τὸν πείθοντα, ὅπως ἂν
μὴ οἷός τ' ᾖ, καὶ ἰδίᾳ ἐπιβουλεύοντας καὶ δημοσίᾳ εἰς
495 ἀγῶνας καθιστάντας; | Πολλή, ἦ δ' ὅς, ἀνάγκη. Ἔστιν
οὖν ὅπως ὁ τοιοῦτος φιλοσοφήσει; Οὐ πάνυ.

IX. Ὁρᾷς[2] οὖν, ἦν δ' ἐγώ, ὅτι οὐ κακῶς ἐλέγομεν, ὡς
ἄρα καὶ αὐτὰ τὰ τῆς φιλοσόφου φύσεως μέρη, ὅταν ἐν
κακῇ τροφῇ γένηται, αἴτια τρόπον τινὰ τοῦ ἐκπεσεῖν ἐκ
τοῦ ἐπιτηδεύματος, καὶ τὰ λεγόμενα ἀγαθά, πλοῦτοί τε
καὶ πᾶσα ἡ τοιαύτη παρασκευή; Οὐ γάρ, ἀλλ' ὀρθῶς,
ἔφη, ἐλέχθη. | Οὗτος δή, εἶπον, ὦ θαυμάσιε, ὄλεθρός τε καὶ

---

[1] ἐξαρεῖν corr. A² : ἐξαιρεῖν A¹. [2] ὁρᾷς Π : ἆρα Α.

διαφθορὰ τοσαύτη τε καὶ τοιαύτη τῆς βελτίστης φύσεως Β
εἰς τὸ ἄριστον ἐπιτήδευμα, ὀλίγης καὶ ἄλλως γιγνομένης,
ὡς ἡμεῖς φαμέν. καὶ ἐκ τούτων δὴ τῶν ἀνδρῶν καὶ οἱ τὰ
μέγιστα κακὰ ἐργαζόμενοι τὰς πόλεις γίγνονται καὶ τοὺς
ἰδιώτας, καὶ οἱ τἀγαθά, οἳ ἂν ταύτῃ τύχωσι ῥυέντες·
σμικρὰ δὲ φύσις οὐδὲν μέγα οὐδέποτε οὐδένα οὔτε ἰδιώτην
οὔτε πόλιν δρᾷ. Ἀληθέστατα, ἦ δ’ ὅς. Οὗτοι μὲν δὴ
οὕτως ἐκπίπτοντες, οἷς μάλιστα προσήκει, ἔρημον καὶ C
ἀτελῆ φιλοσοφίαν λείποντες αὐτοί τε βίον οὐ προσήκοντα
οὐδ’ ἀληθῆ ζῶσιν, τὴν δὲ ὥσπερ ὀρφανὴν ξυγγενῶν ἄλλοι
ἐπεισελθόντες ἀνάξιοι ᾔσχυνάν τε καὶ ὀνείδη περιῆψαν,
οἷα καὶ σὺ φῂς ὀνειδίζειν τοὺς ὀνειδίζοντας, ὡς οἱ ξυνόντες
αὐτῇ οἱ μὲν οὐδενός, οἱ δὲ πολλοὶ πολλῶν κακῶν ἄξιοί
εἰσιν. Καὶ γὰρ οὖν, ἔφη, τά γε λεγόμενα ταῦτα. Εἰκότως
γε, ἦν δ’ ἐγώ, λεγόμενα. καθορῶντες γὰρ ἄλλοι ἀνθρω-
πίσκοι κενὴν τὴν χώραν ταύτην γιγνομένην, καλῶν δὲ
ὀνομάτων καὶ προσχημάτων μεστήν, ὥσπερ οἱ ἐκ τῶν D
εἱργμῶν εἰς τὰ ἱερὰ ἀποδιδράσκοντες, ἄσμενοι καὶ οὗτοι ἐκ
τῶν τεχνῶν ἐκπηδῶσιν εἰς τὴν φιλοσοφίαν, οἳ ἂν κομψό-
τατοι ὄντες τυγχάνωσι περὶ τὸ αὑτῶν τεχνίον. ὅμως γὰρ
δὴ πρός γε τὰς ἄλλας τέχνας καίπερ οὕτω πραττούσης
φιλοσοφίας τὸ ἀξίωμα μεγαλοπρεπέστερον λείπεται, οὗ
δὴ ἐφιέμενοι πολλοί, ἀτελεῖς μὲν τὰς φύσεις, ὑπὸ δὲ τῶν
τεχνῶν τε καὶ δημιουργιῶν ὥσπερ τὰ σώματα λελώβηνται,
οὕτω καὶ τὰς ψυχὰς ξυγκεκλασμένοι τε καὶ ἀποτεθρυμ- E
μένοι διὰ τὰς βαναυσίας, τυγχάνουσιν[1]. ἦ οὐκ ἀνάγκη;
Καὶ μάλα, ἔφη. Δοκεῖς οὖν τι, ἦν δ’ ἐγώ, διαφέρειν
αὐτοὺς ἰδεῖν ἀργύριον κτησαμένου χαλκέως φαλακροῦ καὶ
σμικροῦ, νεωστὶ μὲν ἐκ δεσμῶν λελυμένου, ἐν βαλανείῳ
δὲ λελουμένου, νεουργὸν ἱμάτιον ἔχοντος, ὡς νυμφίου παρε-
σκευασμένου, διὰ πενίαν καὶ ἐρημίαν τοῦ δεσπότου τὴν
θυγατέρα μέλλοντος γαμεῖν; Οὐ | πάνυ, ἔφη, διαφέρει. 496

---

[1] τυγχάνουσιν A: an <ἀπο>τυγχάνουσιν?

Ποῖ' ἄττα οὖν εἰκὸς γεννᾶν τοὺς τοιούτους; οὐ νόθα καὶ φαῦλα; Πολλὴ ἀνάγκη. Τί δέ; τοὺς ἀναξίους παιδεύσεως, ὅταν αὐτῇ πλησιάζοντες ὁμιλῶσι μὴ κατ' ἀξίαν, ποῖ' ἄττα φῶμεν γεννᾶν διανοήματά τε καὶ δόξας; ἀρ' οὐχ ὡς ἀληθῶς προσήκοντα ἀκοῦσαι σοφίσματα καὶ οὐδὲν γνήσιον οὐδὲ φρονήσεως[1] ἀληθινῆς ἐχόμενον; Παντελῶς μὲν οὖν, ἔφη.

X. Πάνσμικρον δή τι, ἔφην[2] ἐγώ, ὦ 'Αδείμαντε, λείπεται τῶν κατ' ἀξίαν ὁμιλούντων φιλοσοφίᾳ, ἤ που ὑπὸ φυγῆς καταληφθὲν γενναῖον καὶ εὖ τεθραμμένον ἦθος, ἀπορίᾳ τῶν διαφθειρόντων κατὰ φύσιν μεῖναν ἐπ' αὐτῇ, ἢ ἐν σμικρᾷ πόλει ὅταν μεγάλη ψυχὴ φυῇ καὶ ἀτιμάσασα τὰ τῆς πόλεως ὑπερίδῃ· βραχὺ δέ πού τι καὶ ἀπ' ἄλλης τέχνης δικαίως ἀτιμάσαν εὐφυὲς ἐπ' αὐτὴν ἂν ἔλθοι[3]. εἴη δ' ἂν καὶ ὁ τοῦ ἡμετέρου ἑταίρου Θεάγους χαλινὸς οἷος κατασχεῖν· καὶ γὰρ Θεάγει τὰ μὲν ἄλλα πάντα παρεσκεύασται πρὸς τὸ ἐκπεσεῖν φιλοσοφίας, ἡ δὲ τοῦ σώματος νοσοτροφία ἀπείργουσα αὐτὸν τῶν πολιτικῶν κατέχει. τὸ δ' ἡμέτερον οὐκ ἄξιον λέγειν, τὸ δαιμόνιον σημεῖον· ἦ γάρ πού τινι ἄλλῳ ἢ οὐδενὶ τῶν ἔμπροσθεν γέγονεν. καὶ τούτων δὴ τῶν ὀλίγων οἱ γενόμενοι καὶ γευσάμενοι ὡς ἡδὺ καὶ μακάριον τὸ κτῆμα, καὶ τῶν πολλῶν αὖ ἱκανῶς ἰδόντες τὴν μανίαν, καὶ ὅτι οὐδεὶς οὐδὲν ὑγιὲς ὡς ἔπος εἰπεῖν περὶ τὰ τῶν πόλεων πράττει, οὐδ' ἔστι ξύμμαχος, μεθ' ὅτου τις ἰὼν ἐπὶ τὴν τῷ δικαίῳ βοήθειαν σῴζοιτ' ἄν, ἀλλ' ὥσπερ εἰς θηρία ἄνθρωπος ἐμπεσὼν οὔτε ξυναδικεῖν ἐθέλων οὔτε ἱκανὸς ὢν εἷς πᾶσιν ἀγρίοις ἀντέχειν, πρίν τι τὴν πόλιν ἢ φίλους ὀνῆσαι, προαπολόμενος ἀνωφελὴς αὑτῷ τε καὶ τοῖς ἄλλοις ἂν γένοιτο, ταῦτα πάντα λογισμῷ λαβὼν ἡσυχίαν ἔχων καὶ τὰ αὑτοῦ πράττων, οἷον ἐν χειμῶνι κονιορτοῦ καὶ ζάλης ὑπὸ πνεύματος φερομένου ὑπὸ τειχίον ἀποστάς,

---

[1] φρονήσεως Ast: φρονήσεως ἄξιον A.   [2] ἔφην Π: ἔφη ἦν δ' A.
[3] ἂν ἔλθοι Π: ἀνέλθοι A.

ὁρῶν τοὺς ἄλλους καταπιμπλαμένους ἀνομίας ἀγαπᾷ εἴ
πῃ αὐτὸς καθαρὸς ἀδικίας τε καὶ ἀνοσίων ἔργων τόν τε Ε
ἐνθάδε βίον βιώσεται καὶ τὴν ἀπαλλαγὴν αὐτοῦ μετὰ
καλῆς ἐλπίδος ἵλεώς τε καὶ εὐμενὴς ἀπαλλάξεται. Ἀλλά
τοι, ἦ δ' ὅς, οὐ τὰ ἐλάχιστα ἂν | διαπραξάμενος ἀπαλλάτ- 497
τοιτο. Οὐδέ γε, εἶπον, τὰ μέγιστα, μὴ τυχὼν πολιτείας
προσηκούσης· ἐν γὰρ προσηκούσῃ αὐτός τε μᾶλλον
αὐξήσεται καὶ μετὰ τῶν ἰδίων τὰ κοινὰ σώσει.

XI. Τὸ μὲν οὖν τῆς φιλοσοφίας ὧν ἕνεκα διαβολὴν
εἴληφεν, καὶ ὅτι οὐ δικαίως, ἐμοὶ μὲν δοκεῖ μετρίως
εἰρῆσθαι, εἰ μὴ ἔτ' ἄλλο λέγεις τι σύ. Ἀλλ' οὐδέν, ἦ δ'
ὅς, ἔτι λέγω περὶ τούτου· ἀλλὰ τὴν προσήκουσαν αὐτῇ
τίνα τῶν νῦν λέγεις πολιτειῶν; Οὐδ' ἡντινοῦν, εἶπον, Β
ἀλλὰ τοῦτο καὶ ἐπαιτιῶμαι, μηδεμίαν ἀξίαν εἶναι τῶν νῦν
κατάστασιν πόλεως φιλοσόφου φύσεως· διὸ καὶ στρέφε-
σθαί τε καὶ ἀλλοιοῦσθαι αὐτήν· ὥσπερ ξενικὸν σπέρμα
ἐν γῇ ἄλλῃ σπειρόμενον ἐξίτηλον εἰς τὸ ἐπιχώριον φιλεῖ
κρατούμενον ἰέναι, οὕτω καὶ τοῦτο τὸ γένος νῦν μὲν οὐκ
ἴσχειν τὴν αὑτοῦ δύναμιν, ἀλλ' εἰς ἀλλότριον ἦθος
ἐκπίπτειν· εἰ δὲ λήψεται τὴν ἀρίστην πολιτείαν, ὥσπερ C
καὶ αὐτὸ ἄριστόν ἐστιν, τότε δηλώσει, ὅτι τοῦτο μὲν τῷ
ὄντι θεῖον ἦν, τὰ δὲ ἄλλα ἀνθρώπινα, τά τε τῶν φύσεων
καὶ τῶν ἐπιτηδευμάτων. δῆλος δὴ οὖν εἶ ὅτι μετὰ τοῦτο
ἐρήσει τίς αὕτη ἡ πολιτεία. Οὐκ ἔγνως, ἔφη· οὐ γὰρ
τοῦτο ἔμελλον, ἀλλ' εἰ αὕτη, ἣν ἡμεῖς διεληλύθαμεν
οἰκίζοντες τὴν πόλιν, ἢ ἄλλη. Τὰ μὲν ἄλλα, ἦν δ' ἐγώ,
αὕτη· τοῦτο δὲ αὐτὸ ἐρρήθη μὲν καὶ τότε, ὅτι δεήσοι τι
ἀεὶ ἐνεῖναι[1] ἐν τῇ πόλει λόγον ἔχον τῆς πολιτείας τὸν D
αὐτόν, ὅνπερ καὶ σύ, ὁ νομοθέτης, ἔχων τοὺς νόμους
ἐτίθεις. | Ἐρρήθη γάρ, ἔφη. Ἀλλ' οὐχ ἱκανῶς, εἶπον,
ἐδηλώθη, φόβῳ ὧν ὑμεῖς ἀντιλαμβανόμενοι δεδηλώκατε
μακρὰν καὶ χαλεπὴν αὐτοῦ τὴν ἀπόδειξιν· ἐπεὶ καὶ τὸ

¹ ἐνεῖναι Ξ q: ἐν εἶναι Α.

λοιπὸν οὐ πάντως ῥᾷστον διελθεῖν. Τὸ ποῖον; Τίνα
τρόπον μεταχειριζομένη πόλις φιλοσοφίαν οὐ διολεῖται·
τὰ γὰρ δὴ μεγάλα πάντα ἐπισφαλῆ, καὶ τὸ λεγόμενον τὰ
Ε καλὰ τῷ ὄντι χαλεπά. Ἀλλ' ὅμως, ἔφη, λαβέτω τέλος ἡ
ἀπόδειξις τούτου φανεροῦ γενομένου. Οὐ τὸ μὴ βούλεσθαι,
ἦν δ' ἐγώ, ἀλλ' εἴπερ, τὸ μὴ δύνασθαι διακωλύσει· παρὼν
δὲ τήν γ' ἐμὴν προθυμίαν εἴσει. σκόπει δὲ καὶ νῦν, ὡς
προθύμως καὶ παρακινδυνευτικῶς μέλλω λέγειν, ὅτι
τοὐναντίον ἢ νῦν δεῖ τοῦ ἐπιτηδεύματος τούτου πόλιν
ἅπτεσθαι. Πῶς; Νῦν μέν, ἦν δ' ἐγώ, οἱ καὶ ἁπτόμενοι
498 μειράκια ὄντα ἄρτι | ἐκ παίδων τὸ μεταξὺ οἰκονομίας καὶ
χρηματισμοῦ πλησιάσαντες αὐτοῦ τῷ χαλεπωτάτῳ ἀπαλ-
λάττονται, οἱ φιλοσοφώτατοι ποιούμενοι· λέγω δὲ
χαλεπώτατον τὸ περὶ τοὺς λόγους· ἐν δὲ τῷ ἔπειτα, ἐὰν
καὶ ἄλλων τοῦτο πραττόντων παρακαλούμενοι ἐθέλωσιν
ἀκροαταὶ γίγνεσθαι, μεγάλα ἡγοῦνται, πάρεργον οἰόμενοι
αὐτὸ δεῖν πράττειν· πρὸς δὲ τὸ γῆρας ἐκτὸς δή τινων
ὀλίγων ἀποσβέννυνται πολὺ μᾶλλον τοῦ Ἡρακλειτείου
Β ἡλίου, ὅσον αὖθις οὐκ ἐξάπτονται. Δεῖ δὲ πῶς; ἔφη.
Πᾶν τοὐναντίον· μειράκια μὲν ὄντα καὶ παῖδας μειρακιώδη
παιδείαν καὶ φιλοσοφίαν μεταχειρίζεσθαι, τῶν τε σωμάτων,
ἐν ᾧ βλαστάνει τε καὶ ἀνδροῦται, εὖ μάλα ἐπιμελεῖσθαι,
ὑπηρεσίαν φιλοσοφίᾳ κτωμένους· προϊούσης δὲ τῆς
ἡλικίας, ἐν ᾗ ἡ ψυχὴ τελειοῦσθαι ἄρχεται, ἐπιτείνειν τὰ
ἐκείνης γυμνάσια· ὅταν δὲ λήγῃ μὲν ἡ ῥώμη, πολιτικῶν δὲ
C καὶ στρατειῶν[1] ἐκτὸς γίγνηται, τότε ἤδη ἀφέτους νέμεσθαι
καὶ μηδὲν ἄλλο πράττειν, ὅ τι μὴ πάρεργον, | τοὺς
μέλλοντας εὐδαιμόνως βιώσεσθαι καὶ τελευτήσαντας τῷ
βίῳ τῷ βεβιωμένῳ τὴν ἐκεῖ μοῖραν ἐπιστήσειν πρέ-
πουσαν. |

XII. Ὡς ἀληθῶς μοι δοκεῖς, ἔφη, λέγειν γε προθύμως,
ὦ Σώκρατες· οἶμαι μέντοι τοὺς πολλοὺς τῶν ἀκουόντων

---

[1] στρατειῶν q: στρατιῶν A.

προθυμότερον ἔτι ἀντιτενεῖν[1] οὐδ' ὁπωστιοῦν πεισομένους,
ἀπὸ Θρασυμάχου ἀρξαμένους. Μὴ διάβαλλε, ἦν δ' ἐγώ,
ἐμὲ καὶ Θρασύμαχον ἄρτι φίλους γεγονότας, οὐδὲ πρὸ τοῦ D
ἐχθροὺς ὄντας. πείρας γὰρ οὐδὲν ἀνήσομεν, ἕως ἂν ἢ
πείσωμεν καὶ τοῦτον καὶ τοὺς ἄλλους, ἢ προὔργου τι
ποιήσωμεν εἰς ἐκεῖνον τὸν βίον, ὅταν αὖθις γενόμενοι τοῖς
τοιούτοις ἐντύχωσι λόγοις. Εἰς μικρόν γ', ἔφη, χρόνον
εἴρηκας. Εἰς οὐδὲν μὲν οὖν, ἔφην, ὥς γε πρὸς τὸν ἅπαντα.
τὸ μέντοι μὴ πείθεσθαι τοῖς λεγομένοις τοὺς πολλοὺς
θαῦμα οὐδέν· οὐ γὰρ πώποτε εἶδον γενόμενον τὸ νῦν
λεγόμενον, ἀλλὰ πολὺ μᾶλλον τοιαῦτ' ἄττα ῥήματα E
ἐξεπίτηδες ἀλλήλοις ὡμοιωμένα, ἀλλ' οὐκ ἀπὸ τοῦ
αὐτομάτου ὥσπερ νῦν συμπεσόντα· ἄνδρα δὲ ἀρετῇ
παρισωμένον καὶ ὡμοιωμένον μέχρι τοῦ δυνατοῦ τελέως
ἔργῳ τε καὶ λόγῳ, δυναστεύοντα ἐν πόλει ἑτέρᾳ[2] τοιαύτῃ,
οὐ πώποτε ἑωράκασιν οὔτε ἕνα οὔτε πλείους. ἦ οἴει; 499
Οὐδαμῶς γε. Οὐδέ γε αὖ λόγων, ὦ μακάριε, καλῶν τε καὶ
ἐλευθέρων ἱκανῶς ἐπήκοοι γεγόνασιν, οἵων ζητεῖν μὲν τὸ
ἀληθὲς ξυντεταμένως ἐκ παντὸς τρόπου[3] τοῦ γνῶναι χάριν,
τὰ δὲ κομψά τε καὶ ἐριστικὰ καὶ μηδαμόσε ἄλλοσε
τείνοντα ἢ πρὸς δόξαν καὶ ἔριν καὶ ἐν δίκαις καὶ ἐν ἰδίαις
συνουσίαις πόρρωθεν ἀσπαζομένων. Οὐδὲ τούτων, ἔφη.
Τούτων τοι χάριν, ἦν δ' ἐγώ, καὶ ταῦτα προορώμενοι ἡμεῖς B
τότε καὶ δεδιότες ὅμως ἐλέγομεν, ὑπὸ τἀληθοῦς ἠναγ-
κασμένοι, ὅτι οὔτε πόλις, οὔτε πολιτεία οὐδέ γ' ἀνὴρ
ὁμοίως μή ποτε γένηται τέλεος, πρὶν ἂν τοῖς φιλοσόφοις
τούτοις τοῖς ὀλίγοις καὶ οὐ πονηροῖς, ἀχρήστοις δὲ νῦν
κεκλημένοις ἀνάγκη[4] τις ἐκ τύχης περιβάλῃ, εἴτε
βούλονται εἴτε μή, πόλεως ἐπιμεληθῆναι, καὶ τῇ πόλει
κατηκόῳ[5] γενέσθαι, ἢ τῶν νῦν ἐν δυναστείαις ἢ βασιλείαις

---

[1] ἀντιτενεῖν coniecit Stephanus: ἀντιτείνειν codd.   [2] ἑτέρᾳ Π: ἑτέρα
A.   [3] τρόπου Π et γρ in marg. A²: προσώπου A¹.   [4] ἀνάγκη codd.:
fortasse scribendum ἀνάγκην.   [5] κατηκόῳ Schleiermacher: κατήκοοι A.

C ὄντων ὕεσιν ἢ αὐτοῖς ἔκ τινος θείας ἐπιπνοίας ἀληθινῆς
φιλοσοφίας ἀληθινὸς ἔρως ἐμπέσῃ. τούτων δὲ πότερα
γενέσθαι ἢ ἀμφότερα ὡς ἄρα ἐστὶν ἀδύνατον, ἐγὼ μὲν
οὐδένα φημὶ ἔχειν λόγον. οὕτω γὰρ ἂν ἡμεῖς δικαίως
καταγελῴμεθα[1], ὡς ἄλλως εὐχαῖς ὅμοια λέγοντες. ἢ οὐχ
οὕτως; Οὕτως. Εἰ τοίνυν ἄκροις εἰς φιλοσοφίαν πόλεώς
τις ἀνάγκη ἐπιμεληθῆναι ἢ γέγονεν ἐν τῷ ἀπείρῳ τῷ
παρεληλυθότι χρόνῳ, ἢ καὶ νῦν ἐστὶν ἔν τινι βαρβαρικῷ
D τόπῳ πόρρω που ἐκτὸς ὄντι τῆς ἡμετέρας ἐπόψεως, ἢ καὶ
ἔπειτα γενήσεται, περὶ τούτου ἕτοιμοι τῷ λόγῳ διαμάχε-
σθαι, ὡς γέγονεν ἡ εἰρημένη πολιτεία καὶ ἔστιν καὶ
γενήσεταί γε, ὅταν αὕτη ἡ Μοῦσα πόλεως ἐγκρατὴς
γένηται. οὐ γὰρ ἀδύνατος γενέσθαι, οὐδ᾽ ἡμεῖς ἀδύνατα
λέγομεν· χαλεπὰ δὲ καὶ παρ᾽ ἡμῶν ὁμολογεῖται. Καὶ
ἐμοί, ἔφη, οὕτω δοκεῖ. Τοῖς δὲ πολλοῖς, ἦν δ᾽ ἐγώ, ὅτι οὐκ
E αὖ δοκεῖ, ἐρεῖς; Ἴσως, ἔφη. Ὦ μακάριε, ἦν δ᾽ ἐγώ, μὴ
πάνυ οὕτω τῶν πολλῶν κατηγόρει. ἀλλοίαν τοι δόξαν
ἕξουσιν, ἐὰν αὐτοῖς μὴ φιλονικῶν ἀλλὰ παραμυθούμενος
καὶ ἀπολυόμενος τὴν τῆς φιλομαθίας διαβολὴν ἐνδεικνύῃ
οὓς λέγεις τοὺς φιλοσόφους, καὶ διορίζῃ ὥσπερ ἄρτι τήν
500 τε φύσιν αὐτῶν καὶ τὴν | ἐπιτήδευσιν, ἵνα μὴ ἡγῶνταί σε
λέγειν οὓς αὐτοὶ οἴονται. ἢ οὐκ[2], ἐὰν οὕτω θεῶνται,
ἀλλοίαν τε[3] φήσεις αὐτοὺς δόξαν λήψεσθαι καὶ ἄλλα
ἀποκρινεῖσθαι[4]; ἢ οἴει τινὰ χαλεπαίνειν τῷ μὴ χαλεπῷ
ἢ φθονεῖν τῷ μὴ φθονερῷ ἄφθονόν τε καὶ πρᾶον ὄντα;
ἐγὼ μὲν γάρ σε προφθάσας λέγω, ὅτι ἐν ὀλίγοις τισὶν
ἡγοῦμαι, ἀλλ᾽ οὐκ ἐν τῷ πλήθει χαλεπὴν οὕτω φύσιν
B γίγνεσθαι. Καὶ ἐγὼ ἀμέλει, ἔφη, ξυνοίομαι. Οὐκοῦν καὶ
αὐτὸ τοῦτο ξυνοίει, τοῦ χαλεπῶς πρὸς φιλοσοφίαν τοὺς
πολλοὺς διακεῖσθαι ἐκείνους αἰτίους εἶναι τοὺς ἔξωθεν οὐ
προσῆκον ἐπεισκεκωμακότας, λοιδορουμένους τε αὐτοῖς

---

[1] καταγελῴμεθα Π: καταγελώμεθα Α. [2] οὐκ q: καὶ Α. [3] τε v:
τοι Α. [4] ἀποκρινεῖσθαι Π: ἀποκρίνεσθαι Α.

καὶ φιλαπεχθημόνως ἔχοντας καὶ ἀεὶ περὶ ἀνθρώπων τοὺς
λόγους ποιουμένους, ἥκιστα φιλοσοφίᾳ πρέπον ποιοῦντας;
Πολύ γ', ἔφη.

XIII. Οὐδὲ γάρ που, ὦ Ἀδείμαντε, σχολὴ τῷ γε ὡς
ἀληθῶς πρὸς τοῖς οὖσι τὴν διάνοιαν ἔχοντι κάτω βλέπειν
εἰς ἀνθρώπων πραγματείας καὶ μαχόμενον αὐτοῖς φθόνου C
τε καὶ δυσμενείας ἐμπίμπλασθαι, ἀλλ' εἰς τεταγμένα
ἄττα καὶ κατὰ ταὐτὰ ἀεὶ ἔχοντα ὁρῶντας καὶ θεωμένους
οὔτ' ἀδικοῦντα οὔτ' ἀδικούμενα[1] ὑπ' ἀλλήλων, κόσμῳ δὲ
πάντα καὶ κατὰ λόγον ἔχοντα, ταῦτα μιμεῖσθαί τε καὶ ὅ τι
μάλιστα ἀφομοιοῦσθαι. ἢ οἴει τινὰ μηχανὴν εἶναι, ὅτῳ
τις ὁμιλεῖ ἀγάμενος, μὴ μιμεῖσθαι ἐκεῖνο; Ἀδύνατον, ἔφη.
Θείῳ δὴ καὶ κοσμίῳ ὅ γε φιλόσοφος ὁμιλῶν κόσμιός τε καὶ D
θεῖος εἰς τὸ δυνατὸν ἀνθρώπῳ γίγνεται· διαβολὴ δ' ἐν
πᾶσι πολλή. Παντάπασι μὲν οὖν. Ἂν οὖν τις, εἶπον,
αὐτῷ ἀνάγκη γένηται ἃ ἐκεῖ ὁρᾷ μελετῆσαι εἰς ἀνθρώπων
ἤθη καὶ ἰδίᾳ καὶ δημοσίᾳ τιθέναι καὶ μὴ μόνον ἑαυτὸν
πλάττειν, ἆρα κακὸν δημιουργὸν αὐτὸν οἴει γενήσεσθαι
σωφροσύνης τε καὶ δικαιοσύνης καὶ ξυμπάσης τῆς δημο-
τικῆς ἀρετῆς; Ἥκιστά γε, ἦ δ' ὅς. Ἀλλ' ἐὰν δὴ
αἴσθωνται οἱ πολλοί, ὅτι ἀληθῆ περὶ αὐτοῦ λέγομεν, E
χαλεπανοῦσι δὴ τοῖς φιλοσόφοις καὶ ἀπιστήσουσιν ἡμῖν
λέγουσιν, ὡς οὐκ ἄν ποτε ἄλλως εὐδαιμονήσειε πόλις, εἰ
μὴ αὐτὴν διαγράψειαν οἱ τῷ θείῳ παραδείγματι χρώμενοι
ζωγράφοι; Οὐ χαλεπανοῦσιν, ἦ δ' ὅς, ἐάνπερ αἴσθωνται.
ἀλλὰ δὴ τίνα | λέγεις τρόπον τῆς διαγραφῆς; Λαβόντες, ἦν 501
δ' ἐγώ, ὥσπερ πίνακα πόλιν τε καὶ ἤθη ἀνθρώπων πρῶτον
μὲν καθαρὰν ποιήσειαν ἄν, ὃ οὐ πάνυ ῥᾴδιον· ἀλλ' οὖν
οἶσθ' ὅτι τούτῳ ἂν εὐθὺς τῶν ἄλλων διενέγκοιεν[2], τῷ μήτε
ἰδιώτου μήτε πόλεως ἐθελῆσαι ἂν ἅψασθαι μηδὲ γράφειν
νόμους, πρὶν ἢ παραλαβεῖν καθαρὰν ἢ αὐτοὶ ποιῆσαι. Καὶ
ὀρθῶς γ', ἔφη. | Οὐκοῦν μετὰ ταῦτα οἴει ὑπογράψασθαι

---

[1] ἀδικούμενα Ξ[1] q: ἀδικούμενον A.   [2] διενέγκοιεν q: διενεγκεῖν A.

B ἂν τὸ σχῆμα τῆς πολιτείας; Τί μήν; Ἔπειτα, οἶμαι,
ἀπεργαζόμενοι πυκνὰ ἂν ἑκατέρωσε[1] ἀποβλέποιεν, πρός
τε τὸ φύσει δίκαιον καὶ καλὸν καὶ σῶφρον καὶ πάντα
τὰ τοιαῦτα καὶ πρὸς ἐκεῖνο αὖ, δ[2] ἐν τοῖς ἀνθρώποις
ἐμποιοῖεν, ξυμμιγνύντες τε καὶ κεραννύντες ἐκ τῶν ἐπιτη-
δευμάτων τὸ ἀνδρείκελον, ἀπ᾽ ἐκείνου τεκμαιρόμενοι, ὃ δὴ
καὶ Ὅμηρος ἐκάλεσεν ἐν τοῖς ἀνθρώποις ἐγγιγνόμενον
θεοειδές τε καὶ θεοείκελον. Ὀρθῶς, ἔφη. Καὶ τὸ μὲν ἄν,
C οἶμαι, ἐξαλείφοιεν, τὸ δὲ πάλιν ἐγγράφοιεν, ἕως ὅ τι
μάλιστα ἀνθρώπεια ἤθη εἰς ὅσον ἐνδέχεται θεοφιλῆ ποιή-
σειαν. Καλλίστη γοῦν ἄν, ἔφη, ἡ γραφὴ γένοιτο. Ἆρ᾽
οὖν, ἦν δ᾽ ἐγώ, πείθομέν πῃ ἐκείνους, οὓς διατεταμένους
ἐφ᾽ ἡμᾶς ἔφησθα ἰέναι, ὡς τοιοῦτός ἐστι πολιτειῶν ζω-
γράφος ὃν τότ᾽ ἐπῃνοῦμεν πρὸς αὐτούς, δι᾽ ὃν ἐκεῖνοι
ἐχαλέπαινον, ὅτι τὰς πόλεις αὐτῷ παρεδίδομεν, καί τι
μᾶλλον αὐτὸ νῦν ἀκούοντες πραΰνονται; Καὶ πολύ γε, ἦ
D δ᾽ ὅς, εἰ σωφρονοῦσιν. Πῇ γὰρ δὴ ἕξουσιν ἀμφισβητῆσαι;
πότερον μὴ τοῦ ὄντος τε καὶ ἀληθείας ἐραστὰς εἶναι τοὺς
φιλοσόφους; Ἄτοπον μέντ᾽ ἄν, ἔφη, εἴη. Ἀλλὰ μὴ τὴν
φύσιν αὐτῶν οἰκείαν εἶναι τοῦ ἀρίστου, ἣν ἡμεῖς διήλθομεν;
Οὐδὲ τοῦτο. Τί δέ; τὴν τοιαύτην τυχοῦσαν τῶν προση-
κόντων ἐπιτηδευμάτων οὐκ ἀγαθὴν τελέως ἔσεσθαι καὶ
φιλόσοφον εἴπερ τινὰ ἄλλην; ἢ ἐκείνους φήσει[3] μᾶλλον,
E οὓς ἡμεῖς ἀφωρίσαμεν; Οὐ δήπου. Ἔτι οὖν ἀγριανοῦσι
λεγόντων ἡμῶν, ὅτι πρὶν ἂν πόλεως τὸ φιλόσοφον γένος
ἐγκρατὲς γένηται, οὔτε πόλει οὔτε πολίταις κακῶν παῦλα
ἔσται, οὐδὲ ἡ πολιτεία, ἣν μυθολογοῦμεν λόγῳ, ἔργῳ τέλος
λήψεται; Ἴσως, ἔφη, ἧττον. Βούλει οὖν, ἦν δ᾽ ἐγώ, μὴ
ἧττον φῶμεν αὐτούς, ἀλλὰ παντάπασι πράους γεγονέναι
502 καὶ πεπεῖσθαι, ἵνα | εἰ μή τι ἄλλο, αἰσχυνθέντες ὁμολογή-
σωσιν; Πάνυ μὲν οὖν, ἔφη.

XIV. Οὗτοι μὲν τοίνυν, ἦν δ' ἐγώ, τοῦτο πεπεισμένοι ἔστων· τοῦδε δὲ πέρι τις ἀμφισβητήσει, ὡς οὐκ ἂν τύχοιεν γενόμενοι βασιλέων ἔκγονοι ἢ δυναστῶν τὰς φύσεις φιλό- σοφοι; Οὐδ' ἂν εἷς, ἔφη. Τοιούτους δὲ γενομένους ὡς πολλὴ ἀνάγκη διαφθαρῆναι, ἔχει τις λέγειν; ὡς μὲν γὰρ χαλεπὸν σωθῆναι, καὶ ἡμεῖς ξυγχωροῦμεν· ὡς δὲ ἐν παντὶ τῷ χρόνῳ τῶν πάντων οὐδέποτε οὐδ' ἂν εἷς σωθείη, B ἔσθ' ὅστις ἀμφισβητήσει[1]; Καὶ πῶς; Ἀλλὰ μήν, ἦν δ' ἐγώ, εἷς ἱκανὸς γενόμενος, πόλιν ἔχων πειθομένην, πάντ' ἐπιτελέσαι τὰ νῦν ἀπιστούμενα. Ἱκανὸς γάρ, ἔφη. Ἄρχοντος γάρ που, ἦν δ' ἐγώ, τιθέντος τοὺς νόμους καὶ τὰ ἐπιτηδεύματα, ἃ διεληλύθαμεν, οὐ δήπου ἀδύνατον ἐθέλειν ποιεῖν τοὺς πολίτας. Οὐδ' ὁπωστιοῦν. Ἀλλὰ δὴ ἅπερ ἡμῖν δοκεῖ, δόξαι καὶ ἄλλοις θαυμαστόν τι καὶ ἀδύνατον; Οὐκ οἶμαι ἔγωγε, ἦ δ' ὅς. Καὶ μὴν ὅτι γε C βέλτιστα, εἴπερ δυνατά, ἱκανῶς ἐν τοῖς ἔμπροσθεν, ὡς ἔγωμαι, διήλθομεν. Ἱκανῶς γάρ. Νῦν δή, ὡς ἔοικεν, ξυμβαίνει ἡμῖν περὶ τῆς νομοθεσίας ἄριστα μὲν εἶναι ἃ λέγομεν, εἰ γένοιτο, χαλεπὰ δὲ γενέσθαι, οὐ μέντοι ἀδύνατά γε. Ξυμβαίνει γάρ, ἔφη.

XV. Οὐκοῦν ἐπειδὴ τοῦτο μόγις τέλος ἔσχεν, τὰ ἐπίλοιπα δὴ μετὰ τοῦτο λεκτέον, τίνα τρόπον ἡμῖν καὶ D ἐκ τίνων μαθημάτων τε καὶ ἐπιτηδευμάτων οἱ σωτῆρες ἐνέσονται τῆς πολιτείας, καὶ κατὰ ποίας ἡλικίας ἕκαστοι ἑκάστων ἁπτόμενοι; Λεκτέον μέντοι, ἔφη. Οὐδέν, ἦν δ' ἐγώ, τὸ σοφόν μοι ἐγένετο τήν τε τῶν γυναικῶν τῆς κτήσεως δυσχέρειαν ἐν τῷ πρόσθεν παραλιπόντι καὶ παιδογονίαν καὶ τὴν τῶν ἀρχόντων κατάστασιν, εἰδότι ὡς ἐπίφθονός τε καὶ χαλεπὴ γίγνεσθαι ἢ[3] παντελῶς ἀληθής. νῦν γὰρ οὐδὲν ἧττον ἦλθεν τὸ δεῖν αὐτὰ διελθεῖν. καὶ τὰ μὲν δὴ E τῶν γυναικῶν τε καὶ παίδων πεπέρανται, τὸ δὲ τῶν

---

[1] ἀμφισβητήσει q: ἀμφισβητήσειε A.   [2] ἐνέσονται A: ἐγγενήσονται
H. Richards.   [3] ἢ Ξ: ἦ A.

ἀρχόντων ὥσπερ ἐξ ἀρχῆς μετελθεῖν δεῖ. ἐλέγομεν δ᾽,
503 εἰ μνημονεύεις, δεῖν αὐτοὺς φιλοπόλι|δάς τε φαίνεσθαι
βασανιζομένους ἐν ἡδοναῖς τε καὶ λύπαις καὶ τὸ δόγμα
τοῦτο μήτ᾽ ἐν πόνοις μήτ᾽ ἐν φόβοις μήτ᾽ ἐν ἄλλῃ μηδεμιᾷ
μεταβολῇ φαίνεσθαι ἐκβάλλοντας, ἢ τὸν ἀδυνατοῦντα
ἀποκριτέον, τὸν δὲ πανταχοῦ ἀκήρατον ἐκβαίνοντα ὥσπερ
χρυσὸν ἐν πυρὶ βασανιζόμενον στατέον ἄρχοντα καὶ γέρα
δοτέον καὶ ζῶντι καὶ τελευτήσαντι καὶ ἆθλα. τοιαῦτ᾽ ἄττα
ἦν τὰ λεγόμενα παρεξιόντος καὶ παρακαλυπτομένου τοῦ
B λόγου, πεφοβημένου κινεῖν τὸ νῦν παρόν. Ἀληθέστατα,
ἔφη, λέγεις· μέμνημαι γάρ. Ὄκνος γάρ, ἔφην, ὦ φίλε,
ἐγώ, εἰπεῖν τὰ νῦν ἀποτετολμημένα· νῦν δὲ τοῦτο μὲν
τετολμήσθω εἰπεῖν, ὅτι τοὺς ἀκριβεστάτους φύλακας
φιλοσόφους δεῖ καθιστάναι. Εἰρήσθω γάρ, ἔφη. Νόησον
δή, ὡς εἰκότως ὀλίγοι ἔσονταί σοι. ἣν γὰρ διήλθομεν
φύσιν δεῖν ὑπάρχειν αὐτοῖς, εἰς ταὐτὸ ξυμφύεσθαι αὐτῆς
τὰ μέρη ὀλιγάκις ἐθέλει, τὰ πολλὰ δὲ διεσπασμένη φύεται.
C Πῶς, ἔφη, λέγεις; Εὐμαθεῖς καὶ μνήμονες καὶ ἀγχίνοι καὶ
ὀξεῖς καὶ ὅσα ἄλλα τούτοις ἕπεται οἶσθ᾽ ὅτι οὐκ ἐθέ-
λουσιν ἅμα φύεσθαι νεανικοί τε καὶ μεγαλοπρεπεῖς τὰς
διανοίας καὶ[1] οἷοι κοσμίως μετὰ ἡσυχίας καὶ βεβαιότητος
ἐθέλειν ζῆν, ἀλλ᾽ οἱ τοιοῦτοι ὑπὸ ὀξύτητος φέρονται ὅπῃ
ἂν τύχωσιν, καὶ τὸ βέβαιον ἅπαν αὐτῶν ἐξοίχεται.
Ἀληθῆ, ἔφη, λέγεις. Οὐκοῦν τὰ βέβαια αὖ ταῦτα ἤθη
καὶ οὐκ εὐμετάβολα, οἷς ἄν τις μᾶλλον ὡς πιστοῖς χρή-
D σαιτο, καὶ ἐν τῷ πολέμῳ πρὸς τοὺς φόβους δυσκίνητα
ὄντα πρὸς τὰς μαθήσεις αὖ ποιεῖ ταὐτόν· δυσκινήτως ἔχει
καὶ δυσμαθῶς ὥσπερ ἀπονεναρκωμένα, καὶ ὕπνου τε καὶ
χάσμης ἐμπίμπλανται, ὅταν τι δέῃ τοιοῦτον διαπονεῖν.
Ἔστι ταῦτα, ἔφη. Ἡμεῖς δέ γε ἔφαμεν ἀμφοτέρων δεῖν εὖ
τε καὶ καλῶς μετέχειν, ἢ μήτε παιδείας τῆς ἀκριβεστάτης

---

[1] καὶ ante οἷοι Heindorf: ante νεανικοί codd.

δεῖν αὐτῷ μεταδιδόναι μήτε τιμῆς μήτε ἀρχῆς. Ὀρθῶς, ἦ
δ' ὅς. Οὐκοῦν σπάνιον αὐτὸ οἴει ἔσεσθαι; Πῶς· δ' οὔ;
Βασανιστέον δὴ ἔν τε οἷς τότε ἐλέγομεν πόνοις τε καὶ Ε
φόβοις καὶ ἡδοναῖς, καὶ ἔτι δὴ ὃ τότε παρεῖμεν νῦν λέγομεν,
ὅτι καὶ ἐν μαθήμασι πολλοῖς γυμνάζειν δεῖ σκοποῦντας εἰ
καὶ τὰ μέγιστα μαθήματα δυνατὴ ἔσται ἐνεγκεῖν, εἴτε καὶ
ἀπο|δειλιάσει, ὥσπερ οἱ ἐν τοῖς ἄθλοις[1] ἀποδειλιῶντες. 504
Πρέπει γε τοι δή, ἔφη, οὕτω σκοπεῖν· ἀλλὰ ποῖα δὴ λέγεις
μαθήματα μέγιστα;

XVI. Μνημονεύεις μέν που, ἦν δ' ἐγώ, ὅτι τριττὰ
εἴδη ψυχῆς διαστησάμενοι ξυνεβιβαζόμεν δικαιοσύνης τε
πέρι καὶ σωφροσύνης καὶ ἀνδρείας καὶ σοφίας ὃ ἕκαστον
εἴη. Μὴ γὰρ μνημονεύων, ἔφη, τὰ λοιπὰ ἂν εἴην δίκαιος
μὴ ἀκούειν. Ἦ καὶ τὸ προρρηθὲν αὐτῶν; Τὸ ποῖον δή;
Ἐλέγομέν που, ὅτι, ὡς μὲν δυνατὸν ἦν κάλλιστα αὐτὰ Β
κατιδεῖν, ἄλλη μακροτέρα εἴη περίοδος, ἣν περιελθόντι
καταφανῆ γίγνοιτο, τῶν μέντοι ἔμπροσθεν προειρημένων
ἑπομένας[2] ἀποδείξεις οἷόν τ' εἴη προσάψαι. καὶ ὑμεῖς
ἐξαρκεῖν ἔφατε, καὶ οὕτω δὴ ἐρρήθη τὰ τότε τῆς μὲν
ἀκριβείας, ὡς ἐμοὶ ἐφαίνετο, ἐλλιπῆ, εἰ δὲ ὑμῖν ἀρεσκόν-
τως, ὑμεῖς ἂν τοῦτο εἴποιτε. Ἀλλ' ἔμοιγε, ἔφη, μετρίως·
ἐφαίνετο μὴν καὶ τοῖς ἄλλοις. Ἀλλ', ὦ φίλε, ἦν δ' ἐγώ, C
μέτρον τῶν τοιούτων ἀπολεῖπον καὶ ὁτιοῦν τοῦ ὄντος οὐ
πάνυ μετρίως γίγνεται· ἀτελὲς γὰρ οὐδὲν οὐδενὸς μέτρον.
δοκεῖ δ' ἐνίοτέ τισιν ἱκανῶς ἤδη ἔχειν καὶ οὐδὲν δεῖν[5]
περαιτέρω ζητεῖν. Καὶ μάλ', ἔφη, συχνοὶ πάσχουσιν αὐτὸ
διὰ ῥᾳθυμίαν. Τούτου δέ γε, ἦν δ' ἐγώ, τοῦ παθήματος
ἥκιστα προσδεῖ[6] φύλακι πόλεώς τε καὶ νόμων. Εἰκός,
ἦ δ' ὅς. Τὴν μακροτέραν τοίνυν, ὦ ἑταῖρε, ἔφην, περι-
ιτέον τῷ τοιούτῳ, καὶ οὐχ ἧττον μανθάνοντι πονητέον ἢ D

---

[1] ἄθλοις Orelli: ἄλλοις codd.   [2] ἑπομένας codd.: ἑχομένας Bywater.
[3] ἐλλιπῆ Π: ἐλλειπῆ Α.   [4] ἀπολεῖπον v et in marg. Α²: ἀπολείπων
Α¹.   [5] δεῖν Π: δεῖ Α.   [6] προσδεῖ Π: προσδεῖται Α.

γυμναζομένῳ· ἤ, ὃ νῦν δὴ ἐλέγομεν, τοῦ μεγίστου τε[1] καὶ
μάλιστα προσήκοντος μαθήματος ἐπὶ τέλος οὔποτε ἥξει.
Οὐ γὰρ ταῦτα, ἔφη, μέγιστα, ἀλλ᾽ ἔτι τι μεῖζον δικαιοσύνης
τε καὶ ὧν διήλθομεν; Καὶ μεῖζον, ἦν δ᾽ ἐγώ, καὶ αὐτῶν
τούτων οὐχ ὑπογραφὴν δεῖ ὥσπερ νῦν θεάσασθαι, ἀλλὰ
τὴν τελεωτάτην ἀπεργασίαν μὴ παριέναι. ἢ οὐ γελοῖον
Ε ἐπὶ μὲν ἄλλοις σμικροῦ ἀξίοις πᾶν ποιεῖν συντεινομένους,
ὅπως ὅ τι ἀκριβέστατα καὶ καθαρώτατα ἕξει, τῶν δὲ
μεγίστων μὴ μεγίστας ἀξιοῦν εἶναι καὶ τὰς ἀκριβείας; ὁ
Καὶ μάλα, ἔφη[2]. ὁ μέντοι μέγιστον μάθημα καὶ περὶ ὅ
τι αὐτὸ λέγεις, οἴει τιν᾽ ἄν σε, ἔφη, ἀφεῖναι μὴ ἐρωτήσαντα
τί ἐστιν; Οὐ πάνυ, ἦν δ᾽ ἐγώ· ἀλλὰ καὶ σὺ ἐρώτα.
πάντως αὐτὸ οὐκ ὀλιγάκις ἀκήκοας, νῦν δὲ ἢ οὐκ ἐννοεῖς ἢ
505 αὖ διανοεῖ ἐμοὶ πράγ|ματα παρέχειν ἀντιλαμβανόμενος.
οἶμαι δὲ τοῦτο μᾶλλον, ἐπεὶ ὅτι γε ἡ τοῦ ἀγαθοῦ ἰδέα
μέγιστον μάθημα, πολλάκις ἀκήκοας, ᾗ δίκαια καὶ τἆλλα
προσχρησάμενα χρήσιμα καὶ ὠφέλιμα γίγνεται. καὶ νῦν
σχεδὸν οἶσθ᾽ ὅτι μέλλω τοῦτο λέγειν, καὶ πρὸς τούτῳ ὅτι
αὐτὴν οὐχ ἱκανῶς ἴσμεν· εἰ δὲ μὴ ἴσμεν, ἄνευ δὲ ταύτης εἰ
ὅ τι μάλιστα τἆλλα ἐπισταίμεθα, οἶσθ᾽ ὅτι οὐδὲν ἡμῖν
Β ὄφελος, ὥσπερ οὐδ᾽ εἰ κεκτήμεθα[3] τι ἄνευ τοῦ ἀγαθοῦ. ἢ
οἴει τι πλέον εἶναι[4] πᾶσαν κτῆσιν ἐκτῆσθαι, μὴ μέντοι
ἀγαθήν; ἢ πάντα τἆλλα φρονεῖν ἄνευ τοῦ ἀγαθοῦ, καλὸν
δὲ καὶ ἀγαθὸν μηδὲν φρονεῖν; Μὰ Δί᾽ οὐκ ἔγωγ᾽, ἔφη.

XVII. Ἀλλὰ μὴν καὶ τόδε γε οἶσθα, ὅτι τοῖς μὲν
πολλοῖς ἡδονὴ δοκεῖ εἶναι τὸ ἀγαθόν, τοῖς δὲ κομψοτέροις
φρόνησις. Πῶς δ᾽ οὔ; Καὶ ὅτι γε, ὦ φίλε, οἱ τοῦτο
ἡγούμενοι οὐκ ἔχουσι δεῖξαι, ἥτις φρόνησις, ἀλλ᾽ ἀναγκά-
ζονται τελευτῶντες τὴν τοῦ ἀγαθοῦ φάναι. Καὶ μάλα,
C ἔφη, γελοίως. Πῶς γὰρ οὐχί, ἦν δ᾽ ἐγώ, εἰ ὀνειδίζοντές

---

[1] ἢ γυμναζομένῳ—τε ΙΙ : om. Α.   [2] ἔφη Ast : ἔφη, ἄξιον τὸ διανόημα
codd.   [3] κεκτήμεθά ΙΙ : κεκτήμεθά Α.   [4] εἶναι Ξ q : εἰδέναι Α, sed
δ et ε punctis notavit Α[2].

γε, ὅτι οὐκ ἴσμεν τὸ ἀγαθόν, λέγουσι πάλιν ὡς εἰδόσιν·
φρόνησιν γὰρ αὐτό φασιν εἶναι ἀγαθοῦ ὡς αὖ ξυνιέντων
ἡμῶν ὅ τι λέγουσιν, ἐπειδὰν τὸ τοῦ ἀγαθοῦ φθέγγωνται
ὄνομα. Ἀληθέστατα, ἔφη. Τί δέ; οἱ τὴν ἡδονὴν ἀγαθὸν
ὁριζόμενοι μῶν μή τι ἐλάττονος πλάνης ἔμπλεοι τῶν
ἑτέρων; ἢ οὐ καὶ οὗτοι ἀναγκάζονται ὁμολογεῖν ἡδονὰς
εἶναι κακάς; Σφόδρα γε. Συμβαίνει δὴ αὐτοῖς, οἶμαι,
ὁμολογεῖν ἀγαθὰ εἶναι καὶ κακὰ ταὐτά. ἦ γάρ; Τί μήν; D
Οὐκοῦν ὅτι μὲν μεγάλαι καὶ πολλαὶ ἀμφισβητήσεις περὶ
αὐτοῦ, φανερόν; Πῶς γὰρ οὔ; Τί δέ; τόδε οὐ φανερόν,
ὡς δίκαια μὲν καὶ καλὰ πολλοὶ ἂν ἕλοιντο τὰ δοκοῦντα,
κἂν μὴ ᾖ[1], ὅμως ταῦτα πράττειν καὶ κεκτῆσθαι καὶ δοκεῖν,
ἀγαθὰ δὲ οὐδενὶ ἔτι ἀρκεῖ τὰ δοκοῦντα κτᾶσθαι, ἀλλὰ τὰ
ὄντα ζητοῦσιν, τὴν δὲ δόξαν ἐνταῦθα ἤδη πᾶς ἀτιμάζει;
Καὶ μάλα, ἔφη. Ὃ δὴ διώκει μὲν ἅπασα ψυχὴ καὶ E
τούτου ἕνεκα πάντα πράττει, ἀπομαντευομένη τι εἶναι,
ἀποροῦσα δὲ καὶ οὐκ ἔχουσα λαβεῖν ἱκανῶς τί ποτ' ἐστὶν
οὐδὲ πίστει χρήσασθαι μονίμῳ, οἵᾳ καὶ περὶ τἆλλα, διὰ
τοῦτο δὲ ἀποτυγχάνει καὶ τῶν ἄλλων εἴ τι ὄφελος ἦν, περὶ
δὴ τὸ τοιοῦτον καὶ τοσοῦτον | οὕτω φῶμεν δεῖν ἐσκοτῶσθαι 506
καὶ ἐκείνους τοὺς βελτίστους ἐν τῇ πόλει, οἷς πάντα
ἐγχειριοῦμεν; Ἥκιστά γ', ἔφη. Οἶμαι γοῦν, εἶπον,
δίκαιά τε καὶ καλὰ ἀγνοούμενα ὅπη ποτὲ ἀγαθά ἐστιν, οὐ
πολλοῦ τινὸς ἄξιον φύλακα κεκτῆσθαι ἂν ἑαυτῶν τὸν
τοῦτο ἀγνοοῦντα, μαντεύομαι δὲ μηδένα αὐτὰ πρότερον
γνώσεσθαι ἱκανῶς. Καλῶς γάρ, ἔφη, μαντεύει. Οὐκοῦν
ἡμῖν ἡ πολιτεία τελέως κεκόσμησεται, ἐὰν ὁ τοιοῦτος
αὐτὴν ἐπισκοπῇ φύλαξ, ὁ τούτων ἐπιστήμων; B

XVIII. Ἀνάγκη, ἔφη. ἀλλὰ σὺ δὴ, ὦ Σώκρατες,
πότερον ἐπιστήμην τὸ ἀγαθὸν φῂς εἶναι, ἢ ἡδονήν, ἢ ἄλλο
τι παρὰ ταῦτα; Οὗτος, ἦν δ' ἐγώ, ἀνήρ, καλῶς ἦσθα καὶ
πάλαι καταφανὴς ὅτι σοὶ οὐκ ἀποχρήσοι[2] τὸ τοῖς ἄλλοις

---

[1] ᾖ ΘΦr: εἴη Α.   [2] ἀνὴρ καλῶς Π: ἀνὴρ καλῶς Α[1]: ἀνὴρ—καλὸς Α[2].

δοκοῦν περὶ αὐτῶν. Οὐδὲ γὰρ δίκαιόν μοι, ἔφη, ὦ Σώ-
κρατες, φαίνεται τὰ τῶν ἄλλων μὲν ἔχειν εἰπεῖν δόγματα,
C τὸ δ' αὑτοῦ μή, τοσοῦτον χρόνον περὶ ταῦτα πραγματευό-
μενον. Τί δέ; ἦν δ' ἐγώ· δοκεῖ σοι δίκαιον εἶναι περὶ
ὧν τις μὴ οἶδεν λέγειν ὡς εἰδότα; Οὐδαμῶς γ', ἔφη, ὡς
εἰδότα, ὡς μέντοι οἰόμενον ταῦθ' ἃ οἴεται ἐθέλειν λέγειν.
Τί δέ; εἶπον· οὐκ ᾔσθησαι τὰς ἄνευ ἐπιστήμης δόξας, ὡς
πᾶσαι αἰσχραί; ὧν αἱ βέλτισται τυφλαί· ἢ δοκοῦσί τί
σοι τυφλῶν διαφέρειν ὁδὸν ὀρθῶς πορευομένων οἱ ἄνευ νοῦ
ἀληθές τι δοξάζοντες; Οὐδέν, ἔφη. Βούλει οὖν αἰσχρὰ
D θεάσασθαι, τυφλά τε καὶ σκολιά, ἐξὸν παρ' ἄλλων ἀκούειν
φανά τε καὶ καλά; Μὴ πρὸς Διός, ἦ δ' ὅς, ὦ Σώκρατες, ὁ
Γλαύκων, ὥσπερ ἐπὶ τέλει ὢν ἀποστῇς. ἀρκέσει γὰρ
ἡμῖν, κἂν ὥσπερ δικαιοσύνης πέρι καὶ σωφροσύνης καὶ
τῶν ἄλλων διῆλθες, οὕτω καὶ περὶ τοῦ ἀγαθοῦ διέλθῃς.
Καὶ γὰρ ἐμοί, ἦν δ' ἐγώ, ὦ ἑταῖρε, καὶ μάλα ἀρκέσει·
ἀλλ' ὅπως μὴ οὐχ οἷός τ' ἔσομαι, προθυμούμενος δὲ
ἀσχημονῶν γέλωτα ὀφλήσω. ἀλλ', ὦ μακάριοι, αὐτὸ μὲν
E τί ποτ' ἐστὶ τἀγαθόν, ἐάσωμεν τὸ νῦν εἶναι· πλέον γὰρ
μοι φαίνεται ἢ κατὰ τὴν παροῦσαν ὁρμὴν ἐφικέσθαι τοῦ
γε δοκοῦντος ἐμοὶ τὰ νῦν· ὃς δὲ ἔκγονός τε τοῦ ἀγαθοῦ
φαίνεται καὶ ὁμοιότατος ἐκείνῳ, λέγειν ἐθέλω, εἰ καὶ ὑμῖν
φίλον, εἰ δὲ μή, ἐᾶν. 'Αλλ', ἔφη, λέγε· εἰσαῦθις γὰρ τοῦ
πατρὸς ἀποτείσεις τὴν διήγησιν. Βουλοίμην ἄν, εἶπον,
507 ἐμέ τε δύνασθαι αὐτὴν | ἀποδοῦναι καὶ ὑμᾶς κομίσασθαι,
ἀλλὰ μὴ ὥσπερ νῦν τοὺς τόκους μόνον. τοῦτον δὲ δὴ οὖν
τὸν τόκον τε καὶ ἔκγονον αὐτοῦ τοῦ ἀγαθοῦ κομίσασθε·
εὐλαβεῖσθε μέντοι, μή πῃ ἐξαπατήσω ὑμᾶς ἄκων, κίβδηλον
ἀποδιδοὺς τὸν λόγον τοῦ τόκου. Εὐλαβησόμεθα, ἔφη,
κατὰ δύναμιν· ἀλλὰ μόνον λέγε. Διομολογησάμενος γ',
ἔφην ἐγώ, καὶ ἀναμνήσας ὑμᾶς τά τ' ἐν τοῖς ἔμπροσθεν
B ῥηθέντα καὶ ἄλλοτε ἤδη πολλάκις εἰρημένα. Τὰ ποῖα; ἦ
δ' ὅς. | Πολλὰ καλά, ἦν δ' ἐγώ, καὶ πολλὰ ἀγαθὰ καὶ

ἕκαστα οὕτως εἶναί φαμέν τε καὶ διορίζομεν τῷ λόγῳ.
Φαμὲν γάρ. Καὶ αὐτὸ δὴ καλὸν καὶ αὐτὸ ἀγαθὸν καὶ οὕτω
περὶ πάντων, ἃ τότε ὡς πολλὰ ἐτίθεμεν· πάλιν αὖ κατ᾽
ἰδέαν μίαν ἕκαστον[1], ὡς μιᾶς οὔσης, τιθέντες, ὃ ἔστιν
ἕκαστον προσαγορεύομεν. Ἔστι ταῦτα. Καὶ τὰ μὲν δὴ
ὁρᾶσθαί φαμεν, νοεῖσθαι δ᾽ οὔ, τὰς δ᾽ αὖ ἰδέας νοεῖσθαι
μέν, ὁρᾶσθαι δ᾽ οὔ. Παντάπασι μὲν οὖν. Τῷ οὖν ὁρῶμεν C
ἡμῶν αὐτῶν τὰ ὁρώμενα; Τῇ ὄψει, ἔφη. Οὐκοῦν, ἦν δ᾽
ἐγώ, καὶ ἀκοῇ τὰ ἀκουόμενα καὶ ταῖς ἄλλαις αἰσθήσεσι
πάντα τὰ αἰσθητά; Τί μήν; Ἆρ᾽ οὖν, ἦν δ᾽ ἐγώ, ἐννενόη-
κας τὸν τῶν αἰσθήσεων δημιουργὸν ὅσῳ πολυτελεστάτην
τὴν τοῦ ὁρᾶν τε καὶ ὁρᾶσθαι δύναμιν ἐδημιούργησεν; Οὐ
πάνυ, ἔφη. Ἀλλ᾽ ὧδε σκόπει. ἔστιν ὅ τι προσδεῖ ἀκοῇ
καὶ φωνῇ γένους ἄλλου εἰς τὸ τὴν μὲν ἀκούειν, τὴν δὲ
ἀκούεσθαι, ὃ ἐὰν μὴ παραγένηται τρίτον, ἡ μὲν οὐκ D
ἀκούσεται, ἡ δὲ οὐκ ἀκουσθήσεται; Οὐδενός, ἔφη. Οἶμαι
δέ γε, ἦν δ᾽ ἐγώ, οὐδ᾽ ἄλλαις πολλαῖς, ἵνα μὴ εἴπω ὅτι
οὐδεμιᾷ τοιούτου προσδεῖ οὐδενός. ἢ σύ τινα ἔχεις εἰπεῖν;
Οὐκ ἔγωγε, ἦ δ᾽ ὅς. Τὴν δὲ τῆς ὄψεως καὶ τοῦ ὁρατοῦ οὐκ
ἐννοεῖς ὅτι προσδεῖται; Πῶς; Ἐνούσης που ἐν ὄμμασιν
ὄψεως καὶ ἐπιχειροῦντος τοῦ ἔχοντος χρῆσθαι αὐτῇ,
παρούσης δὲ χρόας ἐν αὐτοῖς[2], ἐὰν μὴ παραγένηται γένος
τρίτον ἰδίᾳ ἐπ᾽ αὐτὸ τοῦτο πεφυκός, οἶσθα ὅτι ἥ τε ὄψις E
οὐδὲν ὄψεται τά τε χρώματα ἔσται ἀόρατα. Τίνος δὴ[4]
λέγεις, ἔφη, τούτου; Ὃ δὴ σὺ[3] καλεῖς, ἦν δ᾽ ἐγώ, φῶς.
Ἀληθῆ, ἔφη, λέγεις. Οὐ σμικρᾷ ἄρα ἰδέᾳ ἡ τοῦ ὁρᾶν αἴ-
σθησις καὶ ἡ τοῦ ὁρᾶσθαι δύναμις τῶν ἄλλων ξυζεύξεων 508
τιμιωτέρῳ ζυγῷ ἐζύγησαν, εἴπερ μὴ ἄτιμον τὸ φῶς. Ἀλλὰ
μήν, ἔφη, πολλοῦ γε δεῖ ἄτιμον εἶναι.

---

[1] ἕκαστον nos : ἑκάστου codd.　　　[2] αὐτοῖς codd.: αὖ τοῖς <ὁρατοῖς>
H. Richards. Suspicor excidisse <τοῖς ὁρωμένοις>: cf. 508 C, 509 B.
[3] σὺ—ὁρώμενα (515 D) om. Π, duobus excisis foliis.　　　[4] δὴ codd.: an
δεῖν?

XIX. Τίνα οὖν ἔχεις αἰτιάσασθαι τῶν ἐν οὐρανῷ
θεῶν τούτου κύριον, οὗ ἡμῖν τὸ φῶς ὄψιν τε ποιεῖ ὁρᾶν
ὅ τι κάλλιστα καὶ τὰ ὁρώμενα ὁρᾶσθαι; Ὅνπερ καὶ σύ,
ἔφη, καὶ οἱ ἄλλοι· τὸν ἥλιον γὰρ δῆλον ὅτι ἐρωτᾷς. Ἆρ'
οὖν ὧδε πέφυκεν ὄψις πρὸς τοῦτον τὸν θεόν; Πῶς; Οὐκ
ἔστιν ἥλιος ἡ ὄψις οὔτε αὐτὴ οὔτ' ἐν ᾧ ἐγγίγνεται, ὃ δὴ
B καλοῦμεν ὄμμα. Οὐ γὰρ οὖν. Ἀλλ' ἡλιοειδέστατόν γε
οἶμαι τῶν περὶ τὰς αἰσθήσεις ὀργάνων. Πολύ γε. Οὐκοῦν
καὶ τὴν δύναμιν, ἣν ἔχει, ἐκ τούτου ταμιευομένην ὥσπερ
ἐπίρρυτον κέκτηται; Πάνυ μὲν οὖν. Ἆρ' οὖν οὐ καὶ ὁ
ἥλιος ὄψις μὲν οὐκ ἔστιν, αἴτιος δ' ὢν αὐτῆς ὁρᾶται ὑπ'
αὐτῆς ταύτης; Οὕτως, ἦ δ' ὅς. Τοῦτον τοίνυν, ἦν δ' ἐγώ,
φάναι με λέγειν τὸν τοῦ ἀγαθοῦ ἔκγονον, ὃν τἀγαθὸν
C ἐγέννησεν ἀνάλογον ἑαυτῷ, ὅ τί περ αὐτὸ ἐν τῷ νοητῷ
τόπῳ πρός τε νοῦν καὶ τὰ νοούμενα, τοῦτο τοῦτον ἐν τῷ
ὁρατῷ πρός τε ὄψιν καὶ τὰ ὁρώμενα. Πῶς; ἔφη· ἔτι
δίελθέ μοι. Ὀφθαλμοί, ἦν δ' ἐγώ, οἶσθ' ὅτι ὅταν μηκέτι
ἐπ' ἐκεῖνά τις αὐτοὺς τρέπῃ, ὧν ἂν τὰς χρόας τὸ ἡμερινὸν
φῶς ἐπέχῃ, ἀλλὰ ὧν νυκτερινὰ φέγγη, ἀμβλυώττουσί
τε καὶ ἐγγὺς φαίνονται τυφλῶν, ὥσπερ οὐκ ἐνούσης
καθαρᾶς ὄψεως. Καὶ μάλα, ἔφη. Ὅταν δέ γ', οἶμαι, ὧν ὁ
D ἥλιος καταλάμπει, σαφῶς ὁρῶσι, καὶ τοῖς αὐτοῖς τούτοις
ὄμμασιν ἐνοῦσα φαίνεται. Τί μήν; Οὕτω τοίνυν καὶ τὸ
τῆς ψυχῆς ὧδε νόει· ὅταν μέν, οὗ καταλάμπει ἀλήθειά τε
καὶ τὸ ὄν, εἰς τοῦτο ἀπερείσηται, ἐνόησέν τε καὶ ἔγνω αὐτὸ
καὶ νοῦν ἔχειν φαίνεται· ὅταν δὲ εἰς τὸ τῷ σκότῳ κεκρα-
μένον, τὸ γιγνόμενόν τε καὶ ἀπολλύμενον, δοξάζει τε καὶ
ἀμβλυώττει ἄνω καὶ κάτω τὰς δόξας μεταβάλλον καὶ
ἔοικεν αὖ νοῦν οὐκ ἔχοντι. Ἔοικε γάρ. Τοῦτο τοίνυν τὸ
E τὴν ἀλήθειαν παρέχον τοῖς γιγνωσκομένοις καὶ τῷ γιγνώ-
σκοντι τὴν δύναμιν ἀποδιδὸν τὴν τοῦ ἀγαθοῦ ἰδέαν φάθι
εἶναι, ὡς γιγνωσκομένην[1] μὲν διὰ νοῦ[2], αἰτίαν δ' ἐπιστήμης

---

[1] γιγνωσκομένην Van Heusde : γιγνωσκομένης A.   [2] διὰ νοῦ Ξ : διανοοῦ A.

οὖσαν καὶ ἀληθείας[1]· οὕτω δὲ καλῶν ἀμφοτέρων ὄντων,
γνώσεώς τε καὶ ἀληθείας, ἄλλο καὶ κάλλιον ἔτι τούτων
ἡγούμενος αὐτὸ ὀρθῶς ἡγήσει· ἐπιστήμην δὲ καὶ ἀλήθειαν,
ὥσπερ ἐκεῖ φῶς τε | καὶ ὄψιν ἡλιοειδῆ μὲν νομίζειν ὀρθόν, 509
ἥλιον δ' ἡγεῖσθαι οὐκ ὀρθῶς ἔχει, οὕτω καὶ ἐνταῦθα
ἀγαθοειδῆ μὲν νομίζειν ταῦτ' ἀμφότερα ὀρθόν, ἀγαθὸν δὲ
ἡγεῖσθαι ὁπότερον αὐτῶν οὐκ ὀρθόν, ἀλλ' ἔτι μειζόνως
τιμητέον τὴν τοῦ ἀγαθοῦ ἕξιν. Ἀμήχανον κάλλος, ἔφη,
λέγεις, εἰ ἐπιστήμην μὲν καὶ ἀλήθειαν παρέχει, αὐτὸ δ'
ὑπὲρ ταῦτα κάλλει ἐστίν· οὐ γὰρ δήπου σύ γε ἡδονὴν
αὐτὸ λέγεις. Εὐφήμει, ἦν δ' ἐγώ· ἀλλ' ὧδε μᾶλλον τὴν
εἰκόνα αὐτοῦ ἔτι ἐπισκόπει. Πῶς; Τὸν ἥλιον τοῖς B
ὁρωμένοις οὐ μόνον, οἶμαι, τὴν τοῦ ὁρᾶσθαι δύναμιν
παρέχειν φήσεις, ἀλλὰ καὶ τὴν γένεσιν καὶ αὔξην καὶ
τροφήν, οὐ γένεσιν αὐτὸν ὄντα. Πῶς γάρ; Καὶ τοῖς
γιγνωσκομένοις τοίνυν μὴ μόνον τὸ γιγνώσκεσθαι φάναι
ὑπὸ τοῦ ἀγαθοῦ παρεῖναι, ἀλλὰ καὶ τὸ εἶναί τε καὶ τὴν
οὐσίαν ὑπ' ἐκείνου αὐτοῖς προσεῖναι, οὐκ οὐσίας ὄντος τοῦ
ἀγαθοῦ, ἀλλ' ἔτι ἐπέκεινα τῆς οὐσίας πρεσβείᾳ καὶ δυνάμει
ὑπερέχοντος.

XX. Καὶ ὁ Γλαύκων μάλα γελοίως, Ἄπολλον, ἔφη, C
δαιμονίας ὑπερβολῆς. Σὺ γάρ, ἦν δ' ἐγώ, αἴτιος, ἀναγ-
κάζων τὰ ἐμοὶ δοκοῦντα περὶ αὐτοῦ λέγειν. Καὶ μηδαμῶς
γ', ἔφη, παύσῃ, εἰ μή τι, ἀλλὰ[2] τὴν περὶ τὸν ἥλιον ὁμοιό-
τητα αὖ διεξιών, εἴ πῃ ἀπολείπεις. Ἀλλὰ μήν, εἶπον,
συχνά γε ἀπολείπω. Μηδὲ σμικρὸν τοίνυν, ἔφη, παρα-
λίπῃς. Οἶμαι μέν, ἦν δ' ἐγώ, καὶ πολύ· ὅμως δέ, ὅσα γ'
ἐν τῷ παρόντι δυνατόν, ἑκὼν οὐκ ἀπολείψω. Μὴ γάρ,
ἔφη. | Νόησον τοίνυν, ἦν δ' ἐγώ, ὥσπερ λέγομεν, δύο D
αὐτὼ εἶναι, καὶ βασιλεύειν τὸ μὲν νοητοῦ γένους τε καὶ
τόπου, τὸ δ' αὖ ὁρατοῦ, ἵνα μὴ οὐρανοῦ[3] εἰπὼν δόξω σοι

---

[1] αἰτίαν—ἀληθείας post εἶναι habent codd. : transposuit Van Heusde.
[2] ἀλλὰ Ξ q : ἄλλα Α.			[3] οὐρανοῦ Ξ q : οὐρανὸν Α.

σοφίζεϲθαι περὶ τὸ ὄνομα. ἀλλ᾽ οὖν ἔχεις ταῦτα διττὰ
εἴδη, ὁρατόν, νοητόν; Ἔχω. Ὥσπερ τοίνυν γραμμὴν δίχα
τετμημένην λαβὼν ἄνισα τμήματα πάλιν τέμνε ἑκάτερον
τὸ¹ τμῆμα ἀνὰ τὸν αὐτὸν λόγον, τό τε τοῦ ὁρωμένου γένους
καὶ τὸ τοῦ νοουμένου, καί σοι ἔσται ϲαφηνείᾳ καὶ ἀσαφείᾳ
E πρὸς ἄλληλα ἐν μὲν τῷ ὁρωμένῳ τὸ μὲν ἕτερον τμῆμα
510 εἰκόνες. λέγω δὲ τὰς εἰκόνας πρῶτον μὲν | τὰς σκιάς, ἔπειτα
τὰ ἐν τοῖς ὕδασι φαντάσματα καὶ ἐν τοῖς ὅσα πυκνά τε
καὶ λεῖα καὶ φανὰ ξυνέστηκεν, καὶ πᾶν τὸ τοιοῦτον, εἰ
κατανοεῖς. Ἀλλὰ κατανοῶ. Τὸ τοίνυν ἕτερον τίθει ᾧ
τοῦτο ἔοικεν, τά τε περὶ ἡμᾶς ζῷα καὶ πᾶν τὸ φυτευτὸν
καὶ τὸ σκευαστὸν ὅλον γένος. Τίθημι, ἔφη. Ἦ καὶ ἐθέλοις
ἂν αὐτὸ φάναι, ἦν δ᾽ ἐγώ, διῃρῆϲθαι ἀληθείᾳ τε καὶ μή, ὡς
τὸ δοξαστὸν πρὸς τὸ γνωστόν, οὕτω τὸ ὁμοιωθὲν πρὸς τὸ
B ᾧ ὡμοιώθη; Ἔγωγ᾽, ἔφη, καὶ μάλα. Σκόπει δὴ αὖ καὶ
τὴν τοῦ νοητοῦ τομὴν ᾗ τμητέον. Πῇ; Ἧι τὸ μὲν αὐτοῦ
τοῖς τότε μιμηθεῖσιν ὡς εἰκόϲιν χρωμένη ψυχὴ ζητεῖν
ἀναγκάζεται ἐξ ὑποθέσεων οὐκ ἐπ᾽ ἀρχὴν πορευομένη,
ἀλλ᾽ ἐπὶ τελευτήν, τὸ δ᾽ αὖ ἕτερον² ἐπ᾽ ἀρχὴν ἀνυπόθετον
ἐξ ὑποθέσεως ἰοῦσα καὶ ἄνευ τῶν περὶ³ ἐκεῖνο εἰκόνων
αὐτοῖς εἴδεσι δι᾽ αὐτῶν τὴν μέθοδον ποιουμένη. Ταῦτ᾽,
ἔφη, ἃ λέγεις, οὐχ ἱκανῶς ἔμαθον. Ἀλλ᾽ αὖθις, ἦν δ᾽ ἐγώ·
C ῥᾷον γὰρ τούτων προειρημένων μαθήσει. | οἶμαι γάρ σε
εἰδέναι, ὅτι οἱ περὶ τὰς γεωμετρίας τε καὶ λογισμοὺς καὶ
τὰ τοιαῦτα πραγματευόμενοι, ὑποθέμενοι τό τε περιττὸν
καὶ τὸ ἄρτιον καὶ τὰ σχήματα καὶ γωνιῶν τριττὰ εἴδη καὶ
ἄλλα τούτων ἀδελφὰ καθ᾽ ἑκάστην μέθοδον, ταῦτα μὲν
ὡς εἰδότες, ποιηϲάμενοι ὑποθέσεις αὐτά, οὐδένα λόγον
οὔτε αὑτοῖς οὔτε ἄλλοις ἔτι ἀξιοῦσι περὶ αὐτῶν διδόναι
D ὡς παντὶ φανερῶν, ἐκ τούτων δ᾽ ἀρχόμενοι τὰ λοιπὰ
ἤδη διεξιόντες τελευτῶσιν ὁμολογουμένως ἐπὶ τοῦτο, οὗ

---

¹ τὸ Ξ q: om. A.   ² ἕτερον Ast: ἕτερον τὸ codd.   ³ τῶν περὶ q:
ὧνπερ A.

ἂν ἐπὶ σκέψιν ὁρμήσωσι. Πάνυ μὲν οὖν, ἔφη, τοῦτό γε
οἶδα. Οὐκοῦν καὶ ὅτι τοῖς ὁρωμένοις εἴδεσι προσχρῶνται
καὶ τοὺς λόγους περὶ αὐτῶν ποιοῦνται, οὐ περὶ τούτων
διανοούμενοι, ἀλλ᾽ ἐκείνων πέρι, οἷς ταῦτα ἔοικε, τοῦ
τετραγώνου αὐτοῦ ἔνεκα τοὺς λόγους ποιούμενοι καὶ
διαμέτρου αὐτῆς, ἀλλ᾽ οὐ ταύτης, ἣν γράφουσιν, καὶ τἆλλα
οὕτως, αὐτὰ μὲν ταῦτα, ἃ πλάττουσίν τε καὶ γράφουσιν, Ε
ὧν καὶ σκιαὶ καὶ ἐν ὕδασιν εἰκόνες εἰσίν, τούτοις μὲν ὡς
εἰκόσιν αὖ χρώμενοι, ζητοῦντες δὲ[1] αὐτὰ ἐκεῖνα ἰδεῖν, ἃ
οὐκ ἂν ἄλλως ἴδοι τις | ἢ τῇ διανοίᾳ. Ἀληθῆ, ἔφη, 511
λέγεις.

XXI. Τοῦτο τοίνυν νοητὸν μὲν τὸ εἶδος ἔλεγον,
ὑποθέσεσι δ᾽ ἀναγκαζομένην ψυχὴν χρῆσθαι περὶ τὴν
ζήτησιν αὐτοῦ, οὐκ ἐπ᾽ ἀρχὴν ἰοῦσαν, ὡς οὐ δυναμένην
τῶν ὑποθέσεων ἀνωτέρω ἐκβαίνειν, εἰκόσι δὲ χρωμένην
αὐτοῖς τοῖς ὑπὸ τῶν κάτω ἀπεικασθεῖσι καὶ ἐκείνοις πρὸς
ἐκεῖνα ὡς ἐναργέσι δεδοξασμένοις τε καὶ τετιμημένοις.
Μανθάνω, ἔφη, ὅτι τὸ ὑπὸ ταῖς γεωμετρίαις τε καὶ ταῖς B
ταύτης ἀδελφαῖς τέχναις λέγεις. Τὸ τοίνυν ἕτερον μάνθανε
τμῆμα τοῦ νοητοῦ λέγοντά με τοῦτο, οὗ αὐτὸς ὁ λόγος
ἅπτεται τῇ τοῦ διαλέγεσθαι δυνάμει, τὰς ὑποθέσεις
ποιούμενος οὐκ ἀρχάς, ἀλλὰ τῷ ὄντι ὑποθέσεις, οἷον
ἐπιβάσεις τε καὶ ὁρμάς, ἵνα μέχρι τοῦ ἀνυποθέτου ἐπὶ
τὴν τοῦ παντὸς ἀρχὴν ἰών, ἁψάμενος αὐτῆς, πάλιν αὖ
ἐχόμενος τῶν ἐκείνης ἐχομένων, οὕτως ἐπὶ τελευτὴν κατα-
βαίνῃ αἰσθητῷ παντάπασιν οὐδενὶ προσχρώμενος, ἀλλ᾽ C
εἴδεσιν αὐτοῖς δι᾽ αὐτῶν[2], καὶ τελευτᾷ εἰς εἴδη. Μανθάνω,
ἔφη, ἱκανῶς μὲν οὔ· δοκεῖς γάρ μοι συχνὸν ἔργον λέγειν·)
ὅτι μέντοι βούλει διορίζειν σαφέστερον εἶναι τὸ ὑπὸ τῆς
τοῦ διαλέγεσθαι ἐπιστήμης τοῦ ὄντος τε καὶ νοητοῦ
θεωρούμενον ἢ τὸ ὑπὸ τῶν τεχνῶν καλουμένων, αἷς αἱ
ὑποθέσεις ἀρχαὶ καὶ διανοίᾳ μὲν ἀναγκάζονται ἀλλὰ μὴ

---

[1] δὲ υ: τε A.　　　[2] αὐτῶν nos: αὐτῶν εἰς αὐτὰ A.

D αἰσθήσεσιν αὐτὰ θεᾶσθαι οἱ θεώμενοι, διὰ δὲ τὸ μὴ ἐπ᾽ ἀρχὴν ἀνελθόντες σκοπεῖν, ἀλλ᾽ ἐξ ὑποθέσεων, νοῦν οὐκ ἴσχειν περὶ αὐτὰ δοκοῦσί σοι, καίτοι νοητῶν ὄντων μετὰ ἀρχῆς. διάνοιαν δὲ καλεῖν μοι δοκεῖς τὴν τῶν γεωμετρικῶν τε καὶ τὴν τῶν τοιούτων ἕξιν, ἀλλ᾽ οὐ νοῦν, ὡς μεταξύ τι δόξης τε καὶ νοῦ τὴν διάνοιαν οὖσαν. Ἱκανώτατα, ἦν δ᾽ ἐγώ, ἀπεδέξω. καί μοι ἐπὶ τοῖς τέτταρσι τμήμασι τέτταρα ταῦτα παθήματα ἐν τῇ ψυχῇ γιγνόμενα λαβέ, νόησιν μὲν

E ἐπὶ τῷ ἀνωτάτω, διάνοιαν δὲ ἐπὶ τῷ δευτέρῳ, τῷ τρίτῳ δὲ πίστιν ἀπόδος καὶ τῷ τελευταίῳ εἰκασίαν, καὶ τάξον αὐτὰ ἀνὰ λόγον, ὥσπερ ἐφ᾽ οἷς ἔστιν ἀληθείας μετέχει[1], οὕτω ταῦτα σαφηνείας ἡγησάμενος μετέχειν. Μανθάνω, ἔφη, καὶ ξυγχωρῶ καὶ τάττω ὡς λέγεις.

[1] μετέχει corr. q² : μετέχειν A.

τέλος πολιτείαc ϛ´.

Z.

I. Μετὰ ταῦτα δή, εἶπον, ἀπείκασον τοιούτῳ πάθει 514
τὴν ἡμετέραν φύσιν παιδείας τε πέρι καὶ ἀπαιδευσίας. ἰδὲ
γὰρ ἀνθρώπους οἷον ἐν καταγείῳ οἰκήσει σπηλαιώδει
ἀναπεπταμένην πρὸς τὸ φῶς τὴν εἴσοδον ἐχούσῃ μακρὰν
παρ᾽ ἅπαν τὸ σπήλαιον, ἐν ταύτῃ ἐκ παίδων ὄντας ἐν
δεσμοῖς καὶ τὰ σκέλη καὶ τοὺς αὐχένας, ὥστε μένειν τε
αὐτοὺς εἴς τε τὸ πρόσθεν· μόνον ὁρᾶν, κύκλῳ δὲ τὰς B
κεφαλὰς ὑπὸ τοῦ δεσμοῦ ἀδυνάτους περιάγειν, φῶς δὲ
αὐτοῖς πυρὸς ἄνωθεν καὶ πόρρωθεν καόμενον ὄπισθεν
αὐτῶν, μεταξὺ δὲ τοῦ πυρὸς καὶ τῶν δεσμωτῶν ἐπάνω
ὁδόν, παρ᾽ ἣν ἰδὲ τειχίον παρῳκοδομημένον, ὥσπερ τοῖς
θαυματοποιοῖς πρὸ τῶν ἀνθρώπων πρόκειται τὰ παρα-
φράγματα, ὑπὲρ ὧν τὰ θαύματα δεικνύασιν. Ὁρῶ, ἔφη.
Ὅρα τοίνυν παρὰ τοῦτο τὸ τειχίον φέροντας ἀνθρώπους
σκεύη τε παντοδαπὰ ὑπερέχοντα τοῦ τειχίου καὶ ἀνδριάν-
τας | καὶ ἄλλα ζῷα λίθινά τε καὶ ξύλινα καὶ παντοῖα 515
εἰργασμένα, οἷον εἰκός, τοὺς μὲν φθεγγομένους, τοὺς δὲ
σιγῶντας τῶν παραφερόντων. Ἄτοπον, ἔφη, λέγεις εἰκόνα
καὶ δεσμώτας ἀτόπους. Ὁμοίους ἡμῖν, ἦν δ᾽ ἐγώ· τοὺς
γὰρ τοιούτους πρῶτον μὲν ἑαυτῶν τε καὶ ἀλλήλων οἴει ἂν
τι ἑωρακέναι ἄλλο πλὴν τὰς σκιὰς τὰς ὑπὸ τοῦ πυρὸς εἰς
τὸ καταντικρὺ αὐτῶν τοῦ σπηλαίου προσπιπτούσας; | Πῶς

B γάρ, ἔφη, εἰ ἀκινήτους γε τὰς κεφαλὰς ἔχειν ἠναγκασμένοι
εἶεν διὰ βίου; Τί δὲ τῶν παραφερομένων; οὐ ταὐτὸν
τοῦτο; Τί μήν; Εἰ οὖν διαλέγεσθαι οἷοί τ᾽ εἶεν πρὸς
ἀλλήλους, οὐ ταῦτα[1] ἡγεῖ ἂν τὰ παριόντα[2] αὐτοὺς νομίζειν
ὀνομάζειν, ἅπερ ὁρῷεν; Ἀνάγκη. Τί δ᾽; εἰ καὶ ἠχὼ τὸ
δεσμωτήριον ἐκ τοῦ καταντικρὺ ἔχοι, ὁπότε τις τῶν
παριόντων φθέγξαιτο, οἴει ἂν ἄλλο τι αὐτοὺς ἡγεῖσθαι τὸ
φθεγγόμενον ἢ τὴν παριοῦσαν σκιάν; Μὰ Δί᾽ οὐκ ἔγωγ᾽,
C ἔφη. Παντάπασι δή, ἦν δ᾽ ἐγώ, οἱ τοιοῦτοι οὐκ ἂν ἄλλο
τι νομίζοιεν τὸ ἀληθὲς ἢ τὰς τῶν σκευαστῶν σκιάς.
Πολλὴ ἀνάγκη, ἔφη. Σκόπει δή, ἦν δ᾽ ἐγώ, αὐτῶν λύσιν
τε καὶ ἴασιν τῶν δεσμῶν καὶ τῆς ἀφροσύνης, οἵα τις ἂν
εἴη, εἰ φύσει τοιάδε ξυμβαίνοι αὐτοῖς· ὁπότε τις λυθείη
καὶ ἀναγκάζοιτο ἐξαίφνης ἀνίστασθαί τε καὶ περιάγειν τὸν
αὐχένα καὶ βαδίζειν καὶ πρὸς τὸ φῶς ἀναβλέπειν, πάντα
δὲ ταῦτα ποιῶν ἀλγοῖ τε καὶ διὰ τὰς μαρμαρυγὰς ἀδυνατοῖ
D καθορᾶν ἐκεῖνα, ὧν τότε τὰς σκιὰς ἑώρα, τί ἂν οἴει αὐτὸν
εἰπεῖν, εἴ τις αὐτῷ λέγοι, ὅτι τότε μὲν ἑώρα φλυαρίας, νῦν
δὲ μᾶλλόν τι ἐγγυτέρω <ὢν>[3] τοῦ ὄντος καὶ πρὸς μᾶλλον
ὄντα τετραμμένος ὀρθότερον βλέπει[4], καὶ δὴ καὶ[5] ἕκαστον
τῶν παριόντων δεικνὺς αὐτῷ ἀναγκάζοι ἐρωτῶν ἀποκρί-
νεσθαι ὅ τι ἔστιν; οὐκ οἴει αὐτὸν ἀπορεῖν τε ἂν καὶ
ἡγεῖσθαι τὰ τότε ὁρώμενα ἀληθέστερα ἢ τὰ νῦν δεικνύμενα;
Πολύ γ᾽, ἔφη.
     II. Οὐκοῦν κἂν εἰ πρὸς αὐτὸ τὸ φῶς ἀναγκάζοι αὐτὸν
E βλέπειν, ἀλγεῖν τε ἂν τὰ ὄμματα καὶ φεύγειν ἀποστρεφό-
μενον πρὸς ἐκεῖνα, ἃ δύναται καθορᾶν, καὶ νομίζειν ταῦτα
τῷ ὄντι σαφέστερα τῶν δεικνυμένων; Οὕτως, ἔφη. Εἰ
δέ, ἦν δ᾽ ἐγώ, ἐντεῦθεν ἕλκοι τις αὐτὸν βίᾳ διὰ τραχείας
τῆς ἀναβάσεως καὶ ἀνάντους καὶ μὴ ἀνείη πρὶν ἐξελκύ-
σειεν εἰς τὸ τοῦ ἡλίου φῶς, ἆρα οὐχὶ ὀδυνᾶσθαί τε ἂν καὶ

---

[1] ταῦτα Ξ q: ταὐτὰ A.   [2] παριόντα Flor. T: παρόντα A.   [3] <ὢν> H.
Richards: om. codd.   [4] βλέπει q: βλέποι A.   [5] καὶ Ξ q: om. A.

ἀγανακτεῖν ἑλκόμενον, καὶ ἐπειδὴ πρὸς τὸ φῶς | ἔλθοι, 516
αὐγῆς ἂν ἔχοντα τὰ ὄμματα μεστὰ ὁρᾶν οὐδ᾽ ἂν ἓν
δύνασθαι τῶν νῦν λεγομένων ἀληθῶν; Οὐ γὰρ ἄν, ἔφη,
ἐξαίφνης γε. Συνηθείας δή, οἶμαι, δέοιτ᾽ ἄν, εἰ μέλλοι τὰ
ἄνω ὄψεσθαι, καὶ πρῶτον μὲν τὰς σκιὰς ἂν ῥᾷστα καθορῷ
καὶ μετὰ τοῦτο ἐν τοῖς ὕδασι τά τε τῶν ἀνθρώπων καὶ
τὰ τῶν ἄλλων εἴδωλα, ὕστερον δὲ αὐτά· ἐκ δὲ τούτων
τὰ ἐν τῷ οὐρανῷ καὶ αὐτὸν τὸν οὐρανὸν νύκτωρ ἂν ῥᾷον
θεάσαιτο, προσβλέπων τὸ τῶν ἄστρων τε καὶ σελήνης Β
φῶς, ἢ μεθ᾽ ἡμέραν τὸν ἥλιόν τε καὶ τὸ τοῦ ἡλίου. Πῶς
δ᾽ οὔ; Τελευταῖον δή, οἶμαι, τὸν ἥλιον, οὐκ ἐν ὕδασιν
οὐδ᾽ ἐν ἀλλοτρίᾳ ἕδρᾳ φαντάσματα αὐτοῦ, ἀλλ᾽ αὐτὸν
καθ᾽ αὑτὸν ἐν τῇ αὑτοῦ χώρᾳ δύναιτ᾽ ἂν κατιδεῖν καὶ
θεάσασθαι οἷός ἐστιν. Ἀναγκαῖον, ἔφη. Καὶ μετὰ ταῦτ᾽
ἂν ἤδη συλλογίζοιτο περὶ αὐτοῦ, ὅτι οὗτος[1] ὁ τάς τε ὥρας
παρέχων καὶ ἐνιαυτοὺς καὶ πάντα ἐπιτροπεύων τὰ ἐν τῷ
ὁρωμένῳ τόπῳ καὶ ἐκείνων, ὧν σφεῖς ἑώρων, τρόπον τινὰ C
πάντων αἴτιος. Δῆλον, ἔφη, ὅτι ἐπὶ ταῦτα ἂν μετ᾽ ἐκεῖνα
ἔλθοι. Τί οὖν; ἀναμιμνῃσκόμενον αὐτὸν τῆς πρώτης
οἰκήσεως καὶ τῆς ἐκεῖ σοφίας καὶ τῶν τότε ξυνδεσμωτῶν
οὐκ ἂν οἴει αὐτὸν μὲν εὐδαιμονίζειν τῆς μεταβολῆς, τοὺς
δὲ ἐλεεῖν; Καὶ μάλα. Τιμαὶ δὲ καὶ ἔπαινοι εἴ τινες
αὐτοῖς ἦσαν τότε παρ᾽ ἀλλήλων καὶ γέρα τῷ ὀξύτατα
καθορῶντι τὰ παριόντα καὶ μνημονεύοντι μάλιστα, ὅσα τε
πρότερα αὐτῶν καὶ ὕστερα εἰώθει καὶ ἅμα πορεύεσθαι, καὶ D
ἐκ τούτων δὴ δυνατώτατα ἀπομαντευομένῳ τὸ μέλλον
ἥξειν, δοκεῖς ἂν αὐτὸν ἐπιθυμητικῶς αὐτῶν ἔχειν καὶ
ζηλοῦν τοὺς παρ᾽ ἐκείνοις τιμωμένους τε καὶ ἐνδυναστεύ-
οντας, ἢ τὸ τοῦ Ὁμήρου ἂν πεπονθέναι[2] καὶ σφόδρα
βούλεσθαι ἐπάρουρον ἐόντα θητευέμεν ἄλλῳ ἀνδρὶ
παρ᾽ ἀκλήρῳ καὶ ὁτιοῦν ἂν πεπονθέναι μᾶλλον ἢ ᾽κεῖνά
τε δοξάζειν καὶ ἐκείνως ζῆν; Οὕτως, ἔφη, ἔγωγε οἶμαι, Ε

[1] οὗτος Π: αὐτὸς Α.   [2] πεπονθέναι malim abesse.

πᾶν μᾶλλον πεπονθέναι ἂν δέξασθαι ἢ ζῆν ἐκείνως. Καὶ
τόδε δὴ ἐννόησον, ἦν δ' ἐγώ, εἰ πάλιν ὁ τοιοῦτος[1] καταβὰς
εἰς τὸν αὐτὸν θᾶκον καθίζοιτο, ἆρ' οὐ σκότους <ἂν>[2]
ἀναπλέως σχοίη τοὺς ὀφθαλμοὺς ἐξαίφνης ἥκων ἐκ τοῦ
ἡλίου; Καὶ μάλα γ', ἔφη. Τὰς δὲ δὴ σκιὰς ἐκείνας
πάλιν εἰ δέοι αὐτὸν γνωματεύοντα διαμιλλᾶσθαι τοῖς ἀεὶ
517 δεσμώταις ἐκείνοις, ἐν ᾧ ἀμβλυώττει, πρὶν | καταστῆναι τὰ
ὄμματα, οὗτος δ' ὁ χρόνος μὴ πάνυ ὀλίγος εἴη τῆς συνηθείας,
ἆρ' οὐ γέλωτ' ἂν παράσχοι, καὶ λέγοιτο ἂν περὶ αὐτοῦ, ὡς
ἀναβὰς ἄνω διεφθαρμένος ἥκει τὰ ὄμματα, καὶ ὅτι οὐκ
ἄξιον οὐδὲ πειρᾶσθαι ἄνω ἰέναι; καὶ τὸν ἐπιχειροῦντα
λύειν τε καὶ ἀνάγειν, εἴ πως ἐν ταῖς χερσὶ δύναιντο λαβεῖν
καὶ ἀποκτιννύναι, ἀποκτείνειαν ἄν[3]; Σφόδρα γ', ἔφη.

III. Ταύτην τοίνυν, ἦν δ' ἐγώ, τὴν εἰκόνα, ὦ φίλε
B Γλαύκων, προσαπτέον ἅπασαν τοῖς ἔμπροσθεν λεγομένοις,
τὴν μὲν δι' ὄψεως φαινομένην ἕδραν τῇ τοῦ δεσμωτηρίου
οἰκήσει ἀφομοιοῦντα, τὸ δὲ τοῦ πυρὸς ἐν αὐτῇ φῶς τῇ τοῦ
ἡλίου δυνάμει· τὴν δὲ ἄνω ἀνάβασιν καὶ θέαν τῶν ἄνω
τὴν εἰς τὸν νοητὸν τόπον τῆς ψυχῆς ἄνοδον τιθεὶς οὐχ
ἁμαρτήσει τῆς γ' ἐμῆς ἐλπίδος, ἐπειδὴ ταύτης ἐπιθυμεῖς
ἀκούειν· θεὸς δέ που οἶδεν, εἰ ἀληθὴς οὖσα τυγχάνει. τὰ
δ' οὖν ἐμοὶ φαινόμενα οὕτω φαίνεται, ἐν τῷ γνωστῷ
τελευταία ἡ τοῦ ἀγαθοῦ ἰδέα καὶ μόγις ὁρᾶσθαι, ὀφθεῖσα
C δὲ συλλογιστέα εἶναι ὡς ἄρα πᾶσι πάντων αὕτη ὀρθῶν τε
καὶ καλῶν αἰτία, ἔν τε ὁρατῷ φῶς καὶ τὸν τούτου κύριον
τεκοῦσα ἔν τε νοητῷ αὐτὴ κυρία ἀλήθειαν καὶ νοῦν παρα-
σχομένη, καὶ ὅτι δεῖ ταύτην ἰδεῖν τὸν μέλλοντα ἐμφρόνως
πράξειν ἢ ἰδίᾳ ἢ δημοσίᾳ. Ξυνοίομαι, ἔφη, καὶ ἐγώ, ὅν γε
δὴ τρόπον δύναμαι. Ἴθι τοίνυν, ἦν δ' ἐγώ, καὶ τόδε
ξυννοήθητι καὶ μὴ θαυμάσῃς, ὅτι οἱ ἐνταῦθα ἐλθόντες οὐκ

---

[1] ὁ τοιοῦτος Π: ὅτι οὗτος A.   [2] <ἂν> Baiter: om. codd.   [3] καὶ
ἀποκτιννύναι, ἀποκτείνειαν ἄν nos: καὶ ἀποκτείνειν, ἀποκτιννύναι ἂν A.

ἐθέλουσιν τὰ τῶν ἀνθρώπων πράττειν, ἀλλ᾽ ἄνω ἀεὶ ἐπεί-
γονται αὐτῶν αἱ ψυχαὶ διατρίβειν· εἰκὸς γάρ που οὕτως, **D**
εἴπερ αὖ κατὰ τὴν προειρημένην εἰκόνα τοῦτ᾽ ἔχει. Εἰκὸς
μέντοι, ἔφη. Τί δέ; τόδε οἴει τι θαυμαστόν, εἰ ἀπὸ θείων,
ἦν δ᾽ ἐγώ, θεωριῶν ἐπὶ τὰ ἀνθρώπεια τις ἐλθὼν κακὰ
ἀσχημονεῖ τε καὶ φαίνεται σφόδρα γελοῖος ἔτι ἀμβλυώτ-
των καὶ πρὶν ἱκανῶς συνήθης γενέσθαι τῷ παρόντι σκό-
ἀναγκαζόμενος ἐν δικαστηρίοις ἢ ἄλλοθί που ἀγωνίζεσθαι
περὶ τῶν τοῦ δικαίου σκιῶν ἢ ἀγαλμάτων ὧν αἱ σκιαί, καὶ
διαμάχεσθαι περὶ τούτου, ὅπῃ ποτὲ ὑπολαμβάνεται ταῦτα **E**
ὑπὸ τῶν αὐτὴν δικαιοσύνην μὴ πώποτε ἰδόντων; Οὐδ᾽
ὁπωστιοῦν θαυμαστόν, ἔφη. Ἀλλ᾽ εἰ νοῦν γε ἔχοι τις, | ἦν **518**
δ᾽ ἐγώ, μεμνῇτ᾽ ἄν, ὅτι διτταὶ καὶ ἀπὸ διττῶν γίγνονται
ἐπιταράξεις ὄμμασιν, ἔκ τε φωτὸς εἰς σκότος μεθισταμένων
καὶ ἐκ σκότους εἰς φῶς. ταὐτὰ δὲ ταῦτα νομίσας γίγνεσθαι
καὶ περὶ ψυχήν, ὁπότε ἴδοι θορυβουμένην τινὰ καὶ ἀδυνα-
τοῦσάν τι καθορᾶν, οὐκ ἂν ἀλογίστως γελῷ, ἀλλ᾽ ἐπισκοποῖ
ἂν, πότερον ἐκ φανοτέρου βίου ἥκουσα ὑπὸ ἀηθείας ἐσκό-
τωται, ἢ ἐξ ἀμαθίας πλείονος εἰς φανότερον ἰοῦσα ὑπὸ
λαμπροτέρου μαρμαρυγῆς ἐμπέπλησται, καὶ οὕτω δὴ τὴν **B**
μὲν εὐδαιμονίσειεν[1] ἂν τοῦ πάθους τε καὶ βίου, τὴν δὲ
ἐλεήσειεν, καὶ εἰ γελᾶν ἐπ᾽ αὐτῇ βούλοιτο, ἧττον ἂν κατα-
γέλαστος ὁ γέλως αὐτῷ εἴη ἢ ὁ ἐπὶ τῇ ἄνωθεν ἐκ φωτὸς
ἡκούσῃ. Καὶ μάλα, ἔφη, μετρίως λέγεις.

IV. Δεῖ δή, εἶπον, ἡμᾶς τοιόνδε νομίσαι περὶ αὐτῶν,
εἰ ταῦτ᾽ ἀληθῆ· τὴν παιδείαν οὐχ οἵαν τινὲς ἐπαγγελλό-
μενοί φασιν εἶναι, τοιαύτην καὶ εἶναι. φασὶ δέ που, οὐκ
ἐνούσης ἐν τῇ ψυχῇ ἐπιστήμης, σφεῖς ἐντιθέναι, οἷον **C**
τυφλοῖς ὀφθαλμοῖς ὄψιν ἐντιθέντες. Φασὶ γὰρ οὖν, ἔφη.
Ὁ δέ γε νῦν λόγος, ἦν δ᾽ ἐγώ, σημαίνει ταύτην τὴν ἐνοῦσαν
ἑκάστου δύναμιν ἐν τῇ ψυχῇ καὶ τὸ ὄργανον, ᾧ κατα-
μανθάνει ἕκαστος, οἷον εἰ ὄμμα μὴ δυνατὸν ἦν ἄλλως ἢ

---

[1] εὐδαιμονίσειεν q: εὐδαιμονήσειεν A.

ξὺν ὅλῳ τῷ σώματι στρέφειν πρὸς τὸ φανὸν ἐκ τοῦ σκο-
τώδους, οὕτω ξὺν ὅλῃ τῇ ψυχῇ ἐκ τοῦ γιγνομένου περια-
κτέον εἶναι, ἕως ἂν εἰς τὸ ὂν καὶ τοῦ ὄντος τὸ φανότατον
D δυνατὴ γένηται ἀνασχέσθαι θεωμένη· τοῦτο δ᾽ εἶναί φαμεν
τἀγαθόν· ἢ γάρ; Ναί. Τούτου τοίνυν, ἦν δ᾽ ἐγώ, αὐτοῦ
τέχνη ἂν εἴη, τῆς περιαγωγῆς, τίνα τρόπον ὡς ῥᾷστά τε
καὶ ἀνυσιμώτατα μεταστραφήσεται, οὐ τοῦ ἐμποιῆσαι
αὐτῷ τὸ ὁρᾶν, ἀλλ᾽ ὡς ἔχοντι μὲν αὐτό, οὐκ ὀρθῶς δὲ
τετραμμένῳ οὐδὲ βλέποντι οἷ ἔδει, τοῦτο διαμηχανήσασθαι[1].
Ἔοικεν γάρ, ἔφη. Αἱ μὲν τοίνυν ἄλλαι ἀρεταὶ καλούμεναι
ψυχῆς κινδυνεύουσιν ἐγγύς τι εἶναι[2] τῶν τοῦ σώματος· τῷ
E ὄντι γὰρ οὐκ ἐνοῦσαι πρότερον, ὕστερον ἐμποιεῖσθαι ἔθεσι
καὶ ἀσκήσεσιν· ἡ δὲ τοῦ φρονῆσαι παντὸς μᾶλλον θειοτέρου
τινὸς τυγχάνει, ὡς ἔοικεν, οὖσα, ὃ τὴν μὲν δύναμιν οὐδέποτε
ἀπόλλυσιν, ὑπὸ δὲ τῆς περιαγωγῆς χρήσιμόν τε καὶ
19 ὠφέλιμον καὶ ἄχρηστον αὖ | καὶ βλαβερὸν γίγνεται. ἢ
οὔπω ἐννενόηκας τῶν λεγομένων πονηρῶν μέν, σοφῶν δέ,
ὡς δριμὺ μὲν βλέπει τὸ ψυχάριον καὶ ὀξέως διορᾷ ταῦτα
ἐφ᾽ ἃ τέτραπται, ὡς οὐ φαύλην ἔχον τὴν ὄψιν, κακίᾳ δ᾽
ἠναγκασμένον ὑπηρετεῖν, ὥστε ὅσῳ ἂν ὀξύτερον βλέπῃ,
τοσούτῳ πλείω κακὰ ἐργάζεται[3]; Πάνυ μὲν οὖν, ἔφη. Τοῦτο
μέντοι, ἦν δ᾽ ἐγώ, τὸ τῆς τοιαύτης φύσεως εἰ ἐκ παιδὸς
εὐθὺς κοπτόμενον περιεκόπη τὰς τῆς γενέσεως ξυγγενεῖς
B ὥσπερ μολυβδίδας, αἳ δὴ ἐδωδαῖς τε καὶ τοιούτων ἡδοναῖς
τε καὶ λιχνείαις προσφυεῖς γιγνόμεναι περὶ τὰ κάτω[4]
στρέφουσι τὴν τῆς ψυχῆς ὄψιν· ὧν εἰ ἀπαλλαγὲν περιε-
στρέφετο εἰς τὰ ἀληθῆ, καὶ ἐκεῖνα ἂν τὸ αὐτὸ τοῦτο τῶν
αὐτῶν ἀνθρώπων ὀξύτατα ἑώρα, ὥσπερ καὶ ἐφ᾽ ἃ νῦν
τέτραπται. Εἰκός γε, ἔφη. Τί δέ; | τόδε οὐκ εἰκός, ἦν δ᾽
ἐγώ, καὶ ἀνάγκη ἐκ τῶν προειρημένων, μήτε τοὺς ἀπαιδεύ-

---

[1] διαμηχανήσασθαι Π et nisi fallor A[1]: δεῖ μηχανήσασθαι A[2].   [2] εἶναι
codd. : τείνειν coniecit Campbell : cf. tamen 544 D.   [3] ἐργάζεται nos:
ἐργαζόμενον A: ἐργάσεται Ζ.   [4] τὰ κάτω q: κάτω A.

τους καὶ ἀληθείας ἀπείρους ἱκανῶς ἄν ποτε πόλιν ἐπιτρο-
πεῦσαι, μήτε τοὺς ἐν παιδείᾳ ἐωμένους διατρίβειν διὰ C
τέλους, τοὺς μὲν ὅτι σκοπὸν ἐν τῷ βίῳ οὐκ ἔχουσιν ἕνα, οὗ
στοχαζομένους δεῖ ἅπαντα πράττειν, ἃ ἂν πράττωσιν ἰδίᾳ
τε καὶ δημοσίᾳ, τοὺς δὲ ὅτι ἑκόντες εἶναι οὐ πράξουσιν,
ἡγούμενοι ἐν μακάρων νήσοις ζῶντες ἔτι ἀπῳκίσθαι;
Ἀληθῆ, ἔφη. Ἡμέτερον δὴ ἔργον, ἦν δ’ ἐγώ, τῶν οἰκιστῶν
τάς τε βελτίστας φύσεις ἀναγκάσαι ἀφικέσθαι πρὸς τὸ
μάθημα, ὃ ἐν τῷ πρόσθεν ἔφαμεν εἶναι μέγιστον, ἰδεῖν τε
τὸ ἀγαθὸν καὶ ἀναβῆναι ἐκείνην τὴν ἀνάβασιν, καὶ ἐπειδὰν D
ἀναβάντες ἱκανῶς ἴδωσι, μὴ ἐπιτρέπειν αὐτοῖς ὃ νῦν ἐπι-
τρέπεται. Τὸ ποῖον δή; Τὸ αὑτοῦ, ἦν δ’ ἐγώ, καταμένειν
καὶ μὴ ἐθέλειν πάλιν καταβαίνειν παρ’ ἐκείνους τοὺς
δεσμώτας μηδὲ μετέχειν τῶν παρ’ ἐκείνοις πόνων τε καὶ
τιμῶν, εἴτε φαυλότεραι εἴτε σπουδαιότεραι. Ἔπειτ’, ἔφη,
ἀδικήσομεν αὐτούς, καὶ ποιήσομεν χεῖρον ζῆν, δυνατὸν
αὐτοῖς ὂν ἄμεινον;

V. Ἐπελάθου, ἦν δ’ ἐγώ, πάλιν, ὦ φίλε, ὅτι νόμῳ οὐ E
τοῦτο μέλει, ὅπως ἕν τι γένος ἐν πόλει διαφερόντως εὖ
πράξει, ἀλλ’ ἐν ὅλῃ τῇ πόλει τοῦτο μηχανᾶται ἐγγενέσθαι,
ξυναρμόττων τοὺς πολίτας πειθοῖ τε καὶ ἀνάγκῃ, ποιῶν
μεταδιδόναι ἀλλήλοις τῆς ὠφελείας, ἣν ἂν ἕκαστοι τὸ
κοινὸν | δυνατοὶ ὦσιν ὠφελεῖν, καὶ αὐτὸς ἐμποιῶν τοιούτους 520
ἄνδρας ἐν τῇ πόλει, οὐχ ἵνα ἀφιῇ τρέπεσθαι ὅπῃ ἕκαστος
βούλεται, ἀλλ’ ἵνα καταχρῆται αὐτὸς αὐτοῖς ἐπὶ τὸν
ξύνδεσμον τῆς πόλεως. | Ἀληθῆ, ἔφη· ἐπελαθόμην γάρ.)
Σκέψαι τοίνυν, εἶπον, ὦ Γλαύκων, ὅτι οὐδ’ ἀδικήσομεν
τοὺς παρ’ ἡμῖν φιλοσόφους γιγνομένους, ἀλλὰ δίκαια πρὸς
αὐτοὺς ἐροῦμεν, προσαναγκάζοντες τῶν ἄλλων ἐπιμελεῖσθαί
τε καὶ φυλάττειν. ἐροῦμεν γάρ, ὅτι οἱ μὲν ἐν ταῖς ἄλλαις B
πόλεσι τοιοῦτοι γιγνόμενοι εἰκότως οὐ μετέχουσι τῶν ἐν
αὐταῖς πόνων· αὐτόματοι γὰρ ἐμφύονται ἀκούσης τῆς ἐν
ἑκάστῃ πολιτείας, δίκην δ’ ἔχει τό γε αὐτοφυές, μηδενὶ

τροφὴν ὀφεῖλον, μηδ' ἐκτίνειν τῷ προθυμεῖσθαι τὰ τροφεῖα·
ὑμᾶς δ' ἡμεῖς ὑμῖν τε αὐτοῖς τῇ τε ἄλλῃ πόλει ὥσπερ ἐν
σμήνεσιν ἡγεμόνας τε καὶ βασιλέας ἐγεννήσαμεν, ἄμεινόν
τε καὶ τελεώτερον ἐκείνων πεπαιδευμένους καὶ μᾶλλον
C δυνατοὺς ἀμφοτέρων μετέχειν. καταβατέον οὖν ἐν μέρει
ἑκάστῳ εἰς τὴν τῶν ἄλλων ξυνοίκησιν καὶ συνεθιστέον τὰ
σκοτεινὰ θεάσασθαι· ξυνεθιζόμενοι γὰρ μυρίῳ βέλτιον
ὄψεσθε τῶν ἐκεῖ καὶ γνώσεσθε ἕκαστα τὰ εἴδωλα ἄττα
ἐστὶ καὶ ὧν, διὰ τὸ τἀληθῆ ἑωρακέναι καλῶν τε καὶ
δικαίων καὶ ἀγαθῶν πέρι. καὶ οὕτω ὕπαρ ἡμῖν καὶ ὑμῖν ἡ
πόλις οἰκήσεται, ἀλλ' οὐκ ὄναρ, ὡς νῦν αἱ πολλαὶ ὑπὸ
D σκιαμαχούντων τε πρὸς ἀλλήλους καὶ στασιαζόντων περὶ
τοῦ ἄρχειν οἰκοῦνται, ὡς μεγάλου τινὸς ἀγαθοῦ ὄντος. τὸ
δέ που ἀληθὲς ὧδ' ἔχει· ἐν πόλει ᾗ ἥκιστα πρόθυμοι
ἄρχειν οἱ μέλλοντες ἄρξειν, ταύτην ἄριστα καὶ ἀστα-
σιαστότατα ἀνάγκη οἰκεῖσθαι, τὴν δ' ἐναντίους ἄρχοντας
σχοῦσαν ἐναντίως. Πάνυ μὲν οὖν, ἔφη. Ἀπειθήσουσιν
οὖν ἡμῖν, οἴει, οἱ τρόφιμοι ταῦτ' ἀκούοντες καὶ οὐκ ἐθελή-
σουσιν ξυμπονεῖν ἐν τῇ πόλει ἕκαστοι ἐν μέρει, τὸν δὲ
πολὺν χρόνον μετ' ἀλλήλων οἰκεῖν ἐν τῷ καθαρῷ; Ἀδύνα-
E τον, ἔφη· δίκαια γὰρ δὴ δικαίοις ἐπιτάξομεν, παντὸς μὴν
μᾶλλον ὡς ἐπ' ἀναγκαῖον αὐτῶν ἕκαστος εἶσι τὸ ἄρχειν,
τοὐναντίον τῶν νῦν ἐν ἑκάστῃ πόλει ἀρχόντων. Οὕτω
γὰρ ἔχει, ἦν δ' ἐγώ, ὦ ἑταῖρε· εἰ μὲν βίον ἐξευρήσεις
521 ἀμείνω τοῦ ἄρχειν τοῖς | μέλλουσιν ἄρξειν, ἔστι σοι δυνατὴ
γενέσθαι πόλις εὖ οἰκουμένη· ἐν μόνῃ γὰρ αὐτῇ ἄρξουσιν
οἱ τῷ ὄντι πλούσιοι, οὐ χρυσίου, ἀλλ' οὗ δεῖ τὸν εὐδαίμονα
πλουτεῖν, ζωῆς ἀγαθῆς τε καὶ ἔμφρονος· εἰ δὲ πτωχοὶ καὶ
πεινῶντες ἀγαθῶν ἰδίων ἐπὶ τὰ δημόσια ἴασιν, ἐντεῦθεν
οἰόμενοι τἀγαθὸν δεῖν ἁρπάζειν, οὐκ ἔστι· περιμάχητον
γὰρ τὸ ἄρχειν γιγνόμενον, οἰκεῖος ὢν καὶ ἔνδον ὁ τοιοῦτος
πόλεμος αὐτούς τε ἀπόλλυσι καὶ τὴν ἄλλην πόλιν. Ἀλη-
B θέστατα, ἔφη. Ἔχεις οὖν, ἦν δ' ἐγώ, βίον ἄλλον τινὰ

πολιτικῶν ἀρχῶν καταφρονοῦντα ἢ τὸν τῆς ἀληθινῆς φιλοσοφίας; Οὐ μὰ τὸν Δία, ἦ δ' ὅς. Ἀλλὰ μέντοι δεῖ γε μὴ ἐραστὰς τοῦ ἄρχειν ἰέναι ἐπ' αὐτό· εἰ δὲ μή, οἵ γε ἀντερασταὶ μαχοῦνται. Πῶς δ' οὔ; Τίνας οὖν ἄλλους ἀναγκάσεις ἰέναι ἐπὶ φυλακὴν τῆς πόλεως, ἢ οἳ περὶ τούτων τε φρονιμώτατοι, δι' ὧν ἄριστα πόλις οἰκεῖται, ἔχουσί τε τιμὰς ἄλλας καὶ βίον ἀμείνω τοῦ πολιτικοῦ; Οὐδένας ἄλλους, ἔφη.

VI. Βούλει οὖν τοῦτ' ἤδη σκοπῶμεν, τίνα τρόπον οἱ C τοιοῦτοι ἐγγενήσονται, καὶ πῶς τις ἀνάξει αὐτοὺς εἰς φῶς, ὥσπερ ἐξ Ἅιδου λέγονται δή τινες εἰς θεοὺς ἀνελθεῖν; Πῶς γὰρ οὐ βούλομαι; ἔφη. Τοῦτο δή, ὡς ἔοικεν, οὐκ ὀστράκου ἂν εἴη περιστροφή, ἀλλὰ ψυχῆς περιαγωγὴ ἐκ νυκτερινῆς τινὸς ἡμέρας εἰς ἀληθινὴν, τοῦ ὄντος <ἄγ>ουσα[1] ἐπάνοδον, ἣν δὴ φιλοσοφίαν ἀληθῆ φήσομεν εἶναι. Πάνυ μὲν οὖν. Οὐκοῦν δεῖ σκοπεῖσθαι, τί τῶν μαθημάτων ἔχει τοιαύτην δύναμιν; Πῶς γὰρ οὔ; Τί ἂν οὖν εἴη, ὦ Γλαύκων, D μάθημα ψυχῆς ὁλκὸν ἀπὸ τοῦ γιγνομένου ἐπὶ τὸ ὄν; τόδε δ' ἐννοῶ λέγων ἅμα· οὐκ ἀθλητὰς μέντοι πολέμου ἔφαμεν τούτους ἀναγκαῖον εἶναι νέους ὄντας; Ἔφαμεν γάρ. Δεῖ ἄρα καὶ τοῦτο προσέχειν τὸ μάθημα, ὃ ζητοῦμεν, πρὸς ἐκείνῳ. Τὸ ποῖον; Μὴ ἄχρηστον πολεμικοῖς ἀνδράσιν εἶναι. Δεῖ μέντοι, ἔφη, εἴπερ οἷόν τε. Γυμναστικῇ μὴν καὶ μουσικῇ[2] ἔν γε τῷ πρόσθεν ἐπαιδεύοντο E ἡμῖν. Ἦν ταῦτα, ἔφη. Γυμναστικὴ μέν που περὶ γιγνόμενον καὶ ἀπολλύμενον τετεύτακεν· σώματος γὰρ αὔξης καὶ φθίσεως ἐπιστατεῖ. Φαίνεται. Τοῦτο μὲν δὴ οὐκ ἂν εἴη ὃ ζητοῦμεν μάθημα. | Οὐ γάρ. Ἀλλ' ἄρα μουσικὴ 522 ὅσην τὸ πρότερον διήλθομεν; Ἀλλ' ἦν ἐκείνη γ', ἔφη, ἀντίστροφος τῆς γυμναστικῆς, εἰ μέμνησαι, ἔθεσι παιδεύουσα τοὺς φύλακας, κατά τε ἁρμονίαν εὐαρμοστίαν

---

[1] <ἄγ>ουσα nos: οὖσαν A: οὖσα (sequente ἐπάνοδος) Hermann.
[2] γυμναστικῇ—μουσικῇ Π: γυμναστικὴ—μουσικὴ A.

τινά, οὐκ ἐπιστήμην, παραδιδοῦσα, καὶ κατὰ ῥυθμὸν
εὐρυθμίαν, ἔν τε τοῖς λόγοις ἕτερα τούτων ἀδελφὰ[1] ἄττα
ἔχουσα, καὶ ὅσοι μυθώδεις τῶν λόγων καὶ ὅσοι ἀλη-
θινώτεροι ἦσαν. μάθημα δὲ πρὸς τοιοῦτόν τι ἀγαθόν,
B οἷον σὺ νῦν ζητεῖς, οὐδὲν ἦν ἐν αὐτῇ. Ἀκριβέστατα, ἦν
δ᾽ ἐγώ, ἀναμιμνήσκεις με· τῷ γὰρ ὄντι τοιοῦτον οὐδὲν
εἶχεν. ἀλλ᾽, ὦ δαιμόνιε Γλαύκων, τί ἂν εἴη τοιοῦτον; αἵ
τε γὰρ τέχναι βάναυσοί που ἅπασαι ἔδοξαν εἶναι. Πῶς δ᾽
οὔ; καὶ μὴν τί ἔτ᾽ ἄλλο λείπεται μάθημα, μουσικῆς καὶ
γυμναστικῆς καὶ τῶν τεχνῶν κεχωρισμένον; Φέρε, ἦν δ᾽
ἐγώ, εἰ μηδὲν ἔτι ἐκτὸς τούτων ἔχομεν λαβεῖν, τῶν ἐπὶ
πάντα τεινόντων τι λάβωμεν. Τὸ ποῖον; Οἷον τοῦτο τὸ
C κοινόν, ᾧ πᾶσαι προσχρῶνται τέχναι τε καὶ διάνοιαι καὶ
ἐπιστῆμαι, ὃ καὶ παντὶ ἐν πρώτοις ἀνάγκη μανθάνειν.
Ποῖον; ἔφη. Τὸ φαῦλον τοῦτο, ἦν δ᾽ ἐγώ, τὸ ἕν τε καὶ τὰ
δύο καὶ τὰ τρία διαγιγνώσκειν· λέγω δὲ αὐτὸ ἐν κεφα-
λαίῳ, ἀριθμόν τε καὶ λογισμόν. ἢ οὐχ οὕτω περὶ τούτων
ἔχει, ὡς πᾶσα τέχνη τε καὶ ἐπιστήμη ἀναγκάζεται αὐτῶν
μέτοχος γίγνεσθαι; Καὶ μάλα, ἔφη. Οὐκοῦν, ἦν δ᾽ ἐγώ,
καὶ ἡ πολεμική; Πολλή, ἔφη, ἀνάγκη. Παγγέλοιον γοῦν,
D ἔφην, στρατηγὸν Ἀγαμέμνονα ἐν ταῖς τραγῳδίαις Παλα-
μήδης ἑκάστοτε ἀποφαίνει. ἢ οὐκ ἐννενόηκας, ὅτι φησὶν
ἀριθμὸν εὑρὼν τάς τε τάξεις τῷ στρατοπέδῳ καταστῆσαι
ἐν Ἰλίῳ καὶ ἐξαριθμῆσαι ναῦς τε καὶ τἆλλα πάντα, ὡς
πρὸ τοῦ ἀναριθμήτων ὄντων καὶ τοῦ Ἀγαμέμνονος, ὡς
ἔοικεν, οὐδ᾽ ὅσους πόδας εἶχεν εἰδότος, εἴπερ ἀριθμεῖν μὴ
ἠπίστατο; καίτοι ποῖόν τιν᾽ αὐτὸν οἴει στρατηγὸν εἶναι;
Ἄτοπόν τιν᾽, ἔφη, ἔγωγε, εἰ ἦν τοῦτ᾽ ἀληθές.
E VII. Ἄλλο τι οὖν, ἦν δ᾽ ἐγώ, μάθημα ἀναγκαῖον
πολεμικῷ ἀνδρὶ θησόμεθα καὶ λογίζεσθαί τε καὶ ἀριθμεῖν
δύνασθαι; Πάντων γ᾽, ἔφη, μάλιστα, εἰ καὶ ὁτιοῦν μέλλει

---

[1] ἀδελφὰ Flor. T: ἀδελφὰ ἔφη A.

τάξεων ἐπαίειν, μᾶλλον δ' εἰ καὶ ἄνθρωπος ἔσεσθαι. Ἐν-
νοεῖς οὖν, εἶπον, περὶ τοῦτο τὸ μάθημα ὅπερ ἐγώ; Τὸ
ποῖον; Κινδυνεύει τῶν πρὸς τὴν νόησιν ἀ|γόντων φύσει 523
εἶναι ὧν ζητοῦμεν, χρῆσθαι δ' οὐδεὶς αὐτῷ ὀρθῶς, ἑλκτικῷ
ὄντι παντάπασι πρὸς οὐσίαν. Πῶς, ἔφη, λέγεις; Ἐγὼ
πειράσομαι, ἦν δ' ἐγώ, τό γ' ἐμοὶ δοκοῦν δηλῶσαι. ἃ γὰρ
διαιροῦμαι παρ' ἐμαυτῷ ἀγωγά τε εἶναι οἱ λέγομεν καὶ
μή, ξυνθεατὴς γενόμενος ξύμφαθι ἢ ἄπειπε, ἵνα καὶ τοῦτο
σαφέστερον ἴδωμεν εἰ ἔστιν οἷον μαντεύομαι. Δείκνυ',
ἔφη. Δείκνυμι δή, εἶπον, εἰ καθορᾷς, τὰ μὲν ἐν ταῖς αἰ-
σθήσεσιν οὐ παρακαλοῦντα τὴν νόησιν εἰς ἐπίσκεψιν, ὡς   B
ἱκανῶς ὑπὸ τῆς αἰσθήσεως κρινόμενα, τὰ δὲ παντάπασι
διακελευόμενα ἐκείνην ἐπισκέψασθαι, ὡς τῆς αἰσθήσεως
οὐδὲν ὑγιὲς ποιούσης. Τὰ πόρρωθεν, ἔφη, φαινόμενα
δῆλον ὅτι λέγεις καὶ τὰ ἐσκιαγραφημένα. Οὐ πάνυ, ἦν δ'
ἐγώ, ἔτυχες οὗ λέγω. Ποῖα μήν, ἔφη, λέγεις; Τὰ μὲν οὐ
παρακαλοῦντα, ἦν δ' ἐγώ, ὅσα μὴ ἐκβαίνει εἰς ἐναντίαν
αἴσθησιν ἅμα· τὰ δ' ἐκβαίνοντα ὡς παρακαλοῦντα τίθημι,   C
ἐπειδὰν ἡ αἴσθησις μηδὲν μᾶλλον τοῦτο ἢ τὸ ἐναντίον
δηλοῖ, εἴτ' ἐγγύθεν προσπίπτουσα εἴτε πόρρωθεν. ὧδε δὲ
ἃ λέγω σαφέστερον εἴσει. οὗτοι, φαμέν, τρεῖς ἂν εἶεν
δάκτυλοι, ὅ τε σμικρότατος καὶ ὁ δεύτερος καὶ ὁ μέσος.
Πάνυ γ', ἔφη. Ὡς ἐγγύθεν τοίνυν ὁρωμένους λέγοντός
μου διανοοῦ. ἀλλά μοι περὶ αὐτῶν τόδε σκόπει. Τὸ
ποῖον; Δάκτυλος μὲν αὐτῶν φαίνεται ὁμοίως ἕκαστος,   D
καὶ ταύτῃ γε οὐδὲν διαφέρει, ἐάν τε ἐν μέσῳ ὁρᾶται ἐάν τ'
ἐν ἐσχάτῳ, ἐάν τε λευκὸς ἐάν τε μέλας, ἐάν τε παχὺς ἐάν
τε λεπτός, καὶ πᾶν ὅ τι τοιοῦτον. ἐν πᾶσι γὰρ τούτοις οὐκ
ἀναγκάζεται τῶν πολλῶν ἡ ψυχὴ τὴν νόησιν ἐπερέσθαι,
τί ποτ' ἐστὶ δάκτυλος· οὐδαμοῦ γὰρ ἡ ὄψις αὐτῇ ἅμα
ἐσήμηνεν τὸν δάκτυλον τοὐναντίον ἢ δάκτυλον εἶναι. Οὐ
γὰρ οὖν, ἔφη. Οὐκοῦν, ἦν δ' ἐγώ, εἰκότως τό γε τοιοῦτον
νοήσεως οὐκ ἂν παρακλητικὸν οὐδ' ἐγερτικὸν εἴη. Εἰκότως.   E

Τί δὲ δή; τὸ μέγεθος αὐτῶν καὶ τὴν σμικρότητα ἡ ὄψις
ἆρα ἱκανῶς ὁρᾷ, καὶ οὐδὲν αὐτῇ διαφέρει ἐν μέσῳ τινὰ
αὐτῶν κεῖσθαι ἢ ἐπ' ἐσχάτῳ; καὶ ὡσαύτως πάχος καὶ
λεπτότητα ἢ μαλακότητα καὶ σκληρότητα ἡ ἁφή; καὶ αἱ
ἄλλαι αἰσθήσεις ἆρ' οὐκ ἐνδεῶς τὰ τοιαῦτα δηλοῦσιν; ἢ
524 ὧδε ποιεῖ ἑκάστη αὐτῶν· πρῶτον | μὲν ἡ ἐπὶ τῷ σκληρῷ
τεταγμένη αἴσθησις ἠνάγκασται καὶ ἐπὶ τῷ μαλακῷ τετά-
χθαι, καὶ παραγγέλλει τῇ ψυχῇ ὡς ταὐτὸν σκληρόν τε καὶ
μαλακὸν αἰσθανομένη; Οὕτως, ἔφη. Οὐκοῦν, ἦν δ' ἐγώ,
ἀναγκαῖον ἐν τοῖς τοιούτοις αὖ τὴν ψυχὴν ἀπορεῖν, τί ποτε
σημαίνει αὕτη ἡ αἴσθησις τὸ σκληρόν, εἴπερ τὸ αὐτὸ καὶ
μαλακὸν λέγει, καὶ ἡ τοῦ κούφου καὶ ἡ τοῦ βαρέος, τί τὸ
κοῦφον καὶ βαρύ, εἰ τό τε βαρὺ κοῦφον καὶ τὸ κοῦφον
B βαρὺ σημαίνει; Καὶ γάρ, ἔφη, αὗταί γε ἄτοποι τῇ ψυχῇ
αἱ ἑρμηνεῖαι καὶ ἐπισκέψεως δεόμεναι. Εἰκότως ἄρα, ἦν
δ' ἐγώ, ἐν τοῖς τοιούτοις πρῶτον μὲν πειρᾶται λογισμόν τε
καὶ νόησιν ψυχὴ παρακαλοῦσα ἐπισκοπεῖν, εἴτε ἓν εἴτε δύο
ἐστὶν ἕκαστα τῶν εἰσαγγελλομένων. Πῶς δ' οὔ; Οὐκοῦν
ἐὰν δύο φαίνηται, ἕτερόν τε καὶ ἓν ἑκάτερον φαίνεται;
Ναί. Εἰ ἄρα ἓν ἑκάτερον, ἀμφότερα δὲ δύο, τά γε δύο
κεχωρισμένα νοήσει· οὐ γὰρ ἂν ἀχώριστά γε δύο ἐνόει,
C ἀλλ' ἕν. Ὀρθῶς. Μέγα μὴν καὶ ὄψις καὶ σμικρὸν ἑώρα,
φαμέν, ἀλλ' οὐ κεχωρισμένον, ἀλλὰ συγκεχυμένον τι. ἦ
γάρ; Ναί. Διὰ δὲ τὴν τούτου σαφήνειαν μέγα αὖ καὶ
σμικρὸν ἡ νόησις ἠναγκάσθη ἰδεῖν, οὐ συγκεχυμένα, ἀλλὰ
διωρισμένα, τοὐναντίον ἢ 'κείνη. Ἀληθῆ. Οὐκοῦν ἐν-
τεῦθέν ποθεν πρῶτον ἐπέρχεται ἐρέσθαι ἡμῖν, τί οὖν ποτ'
ἐστὶ τὸ μέγα αὖ καὶ τὸ σμικρόν; Παντάπασι μὲν οὖν.
D Καὶ οὕτω δὴ τὸ μὲν νοητόν, τὸ δ' ὁρατὸν ἐκαλέσαμεν.
Ὀρθότατ', ἔφη.)

VIII. Ταῦτα τοίνυν καὶ ἄρτι ἐπεχείρουν λέγειν, ὡς
τὰ μὲν παρακλητικὰ τῆς διανοίας ἐστί, τὰ δὲ οὔ, ἃ μὲν εἰς
τὴν αἴσθησιν ἅμα τοῖς ἐναντίοις ἑαυτοῖς ἐμπίπτει, παρα-

κλητικὰ ὁριζόμενος, ὅσα δὲ μή, οὐκ ἐγερτικὰ τῆς νοήσεως.
Μανθάνω τοίνυν ἤδη, ἔφη, καὶ δοκεῖ μοι οὕτω. Τί οὖν;
ἀριθμός τε καὶ τὸ ἓν ποτέρων δοκεῖ εἶναι; Οὐ ξυννοῶ,
ἔφη. Ἀλλ' ἐκ τῶν προειρημένων, ἔφην, ἀναλογίζου. εἰ
μὲν γὰρ ἱκανῶς αὐτὸ καθ' αὐτὸ ὁρᾶται ἢ ἄλλῃ τινὶ
αἰσθήσει λαμβάνεται τὸ ἕν, οὐκ ἂν ὁλκὸν εἴη ἐπὶ τὴν Ε
οὐσίαν, ὥσπερ ἐπὶ τοῦ δακτύλου ἐλέγομεν· εἰ δ' ἀεί τι
αὐτῷ ἅμα ὁρᾶται ἐναντίωμα, ὥστε μηδὲν μᾶλλον ἓν ἢ καὶ
τοὐναντίον φαίνεσθαι, τοῦ ἐπικρινοῦντος δὴ δέοι ἂν ἤδη καὶ
ἀναγκάζοιτ' ἂν ἐν αὐτῷ ψυχὴ ἀπορεῖν καὶ ζητεῖν κινοῦσα
ἐν ἑαυτῇ τὴν ἔννοιαν καὶ ἀνερωτᾶν, τί ποτέ ἐστιν αὐτὸ τὸ
ἕν, καὶ οὕτω τῶν | ἀγωγῶν ἂν εἴη καὶ μεταστρεπτικῶν ἐπὶ 525
τὴν τοῦ ὄντος θέαν ἡ περὶ τὸ ἓν μάθησις. Ἀλλὰ μέντοι,
ἔφη, τοῦτό γ' ἔχει οὐχ ἥκιστα ἡ περὶ αὐτὸ ὄψις· ἅμα
γὰρ ταὐτὸν ὡς ἕν τε ὁρῶμεν καὶ ὡς ἄπειρα τὸ πλῆθος.
Οὐκοῦν εἴπερ τὸ ἕν, ἦν δ' ἐγώ, καὶ ξύμπας ἀριθμὸς
ταὐτὸν πέπονθε τοῦτο[2]; Πῶς δ' οὔ; Ἀλλὰ μὴν λογιστική
τε καὶ ἀριθμητικὴ περὶ ἀριθμὸν πᾶσα. Καὶ μάλα. Ταῦτα
δέ γε φαίνεται ἀγωγὰ πρὸς ἀλήθειαν. Ὑπερφυῶς μὲν Β
οὖν. Ὧν ζητοῦμεν ἄρα, ὡς ἔοικε, μαθημάτων ἂν εἴη· πολε-
μικῷ μὲν γὰρ διὰ τὰς τάξεις ἀναγκαῖον μαθεῖν ταῦτα,
φιλοσόφῳ δὲ διὰ τὸ τῆς οὐσίας ἁπτέον εἶναι γενέσεως
ἐξαναδύντι, ἢ μηδέποτε λογιστικῷ γενέσθαι. Ἔστι ταῦτ',
ἔφη. Ὁ δέ γε ἡμέτερος φύλαξ πολεμικός τε καὶ φιλόσοφος
τυγχάνει ὤν. Τί μήν; Προσῆκον δὴ τὸ μάθημα ἂν εἴη, ὦ
Γλαύκων, νομοθετῆσαι καὶ πείθειν τοὺς μέλλοντας ἐν τῇ
πόλει τῶν μεγίστων μεθέξειν ἐπὶ λογιστικὴν ἰέναι, καὶ C
ἀνθάπτεσθαι αὐτῆς μὴ ἰδιωτικῶς, ἀλλ' ἕως ἂν ἐπὶ θέαν
τῆς τῶν ἀριθμῶν φύσεως ἀφίκωνται τῇ νοήσει αὐτῇ, οὐκ
ὠνῆς οὐδὲ πράσεως χάριν ὡς ἐμπόρους ἢ καπήλους μελε-
τῶντας, ἀλλ' ἕνεκα πολέμου τε καὶ αὐτῆς τῆς ψυχῆς

---

[1] αὐτὸ Ξ[1]: τὸ αὐτὸ Α.   [2] τοῦτο Π: τούτῳ Α.

ῥᾳστώνης[1] μεταστροφῆς ἀπὸ γενέσεως ἐπ' ἀλήθειάν τε καὶ
οὐσίαν. Κάλλιστ', ἔφη, λέγεις. Καὶ μήν, ἦν δ' ἐγώ, νῦν
D καὶ ἐννοῶ ῥηθέντος τοῦ περὶ τοὺς λογισμοὺς μαθήματος,
ὡς κομψόν ἐστι καὶ πολλαχῇ χρήσιμον ἡμῖν πρὸς ὃ
βουλόμεθα, ἐὰν τοῦ γνωρίζειν ἕνεκά τις αὐτὸ ἐπιτηδεύῃ,
ἀλλὰ μὴ τοῦ καπηλεύειν. Πῇ δή; ἔφη. Τοῦτό γε, ὃ νῦν
δὴ ἐλέγομεν, ὡς σφόδρα ἄνω ποι ἄγει τὴν ψυχὴν καὶ περὶ
αὐτῶν τῶν ἀριθμῶν ἀναγκάζει διαλέγεσθαι, οὐδαμῇ ἀπο-
δεχόμενον, ἐάν τις αὐτῇ ὁρατὰ ἢ ἁπτὰ σώματα ἔχοντας
ἀριθμοὺς προτεινόμενος, διαλέγηται. οἶσθα γάρ που τοὺς
E περὶ ταῦτα δεινούς[2], ὡς ἐάν τις αὐτὸ τὸ ἓν ἐπιχειρῇ τῷ
λόγῳ τέμνειν, καταγελῶσί τε καὶ οὐκ ἀποδέχονται, ἀλλ'
ἐὰν σὺ κερματίζῃς αὐτό, ἐκεῖνοι πολλαπλασιοῦσιν, εὐλα-
βούμενοι μή ποτε φανῇ τὸ ἓν μὴ ἓν ἀλλὰ πολλὰ μόρια.
526 Ἀληθέστατα, ἔφη, λέγεις. Τί οὖν οἴει, ὦ Γλαύ|κων, εἴ τις
ἔροιτο αὐτούς, ὦ θαυμάσιοι, περὶ ποίων ἀριθμῶν δια-
λέγεσθε, ἐν οἷς τὸ ἓν οἷον ὑμεῖς ἀξιοῦτέ ἐστιν, ἴσον τε
ἕκαστον πᾶν παντὶ καὶ οὐδὲ σμικρὸν διαφέρον μόριόν τε
ἔχον ἐν ἑαυτῷ οὐδέν; τί ἂν οἴει αὐτοὺς ἀποκρίνασθαι;
Τοῦτο ἔγωγε, ὅτι περὶ τούτων λέγουσιν, ὧν διανοηθῆναι
μόνον ἐγχωρεῖ, ἄλλως δ' οὐδαμῶς μεταχειρίζεσθαι δυνα-
τόν. Ὁρᾷς οὖν, ἦν δ' ἐγώ, ὦ φίλε, ὅτι τῷ ὄντι ἀναγκαῖον
B ἡμῖν κινδυνεύει εἶναι τὸ μάθημα, ἐπειδὴ φαίνεταί γε προσ-
αναγκάζον αὐτῇ τῇ[3] νοήσει χρῆσθαι τὴν ψυχὴν ἐπ'
αὐτὴν τὴν ἀλήθειαν; Καὶ μὲν δή, ἔφη, σφόδρα γε ποιεῖ
αὐτό. Τί δέ; τόδε ἤδη ἐπέσκεψω, ὡς οἵ τε φύσει λογιστι-
κοὶ εἰς πάντα τὰ μαθήματα ὡς ἔπος εἰπεῖν ὀξεῖς φύονται,
οἵ τε βραδεῖς, ἂν ἐν τούτῳ παιδευθῶσι καὶ γυμνάσωνται,
κἂν μηδὲν ἄλλο ὠφεληθῶσιν, ὅμως εἴς γε τὸ ὀξύτεροι
αὐτοὶ αὑτῶν γίγνεσθαι πάντες ἐπιδιδόασιν; Ἔστιν, ἔφη,
C οὕτω. Καὶ μήν, ὡς ἐγῷμαι, ἅ γε μείζω πόνον παρέχει

---

[1] ῥᾳστώνης Π: ῥᾳστώνης τε Α.   [2] δεινοὺς Ξ q: δεινοὺς δύο Α, sed δύο
punctis notavit Α².   [3] τῇ Π: om. Α.

μανθάνοντι καὶ μελετῶντι, οὐκ ἂν ῥαδίως οὐδὲ πολλὰ ἂν
εὕροις ὡς τοῦτο. Οὐ γὰρ οὖν. Πάντων δὴ ἕνεκα τούτων
οὐκ ἀφετέον τὸ μάθημα, ἀλλ' οἱ ἄριστοι τὰς φύσεις παι-
δευτέοι ἐν αὐτῷ. Ξύμφημι, ἦ δ' ὅς.

IX. Τοῦτο μὲν τοίνυν, εἶπον, ἐν² ἡμῖν κείσθω· δεύ-
τερον δὲ τὸ ἐχόμενον τούτου σκεψώμεθα ἆρά τι προσήκει
ἡμῖν. Τὸ ποῖον; ἢ γεωμετρίαν, ἔφη, λέγεις; Αὐτὸ τοῦτο,
ἦν δ' ἐγώ. Ὅσον μέν, ἔφη, πρὸς τὰ πολεμικὰ αὐτοῦ D
τείνει, δῆλον ὅτι προσήκει· πρὸς γὰρ τὰς στρατοπεδεύσεις
καὶ καταλήψεις χωρίων καὶ συναγωγὰς καὶ ἐκτάσεις
στρατιᾶς καὶ ὅσα δὴ ἄλλα σχηματίζουσι τὰ στρατόπεδα
ἐν αὐταῖς τε ταῖς μάχαις καὶ πορείαις, διαφέροι ἂν αὐτὸς
αὑτοῦ γεωμετρικὸς καὶ μὴ ὤν. Ἀλλ' οὖν δή, εἶπον, πρὸς
μὲν τὰ τοιαῦτα βραχύ τι ἂν ἐξαρκοῖ γεωμετρίας τε καὶ
λογισμῶν μόριον· τὸ δὲ πολὺ αὐτῆς καὶ πορρωτέρω
προϊὸν³ σκοπεῖσθαι δεῖ εἴ τι πρὸς ἐκεῖνο τείνει, πρὸς τὸ E
ποιεῖν κατιδεῖν ῥᾷον τὴν τοῦ ἀγαθοῦ ἰδέαν. τείνει δέ,
φαμέν, πάντα αὐτόσε, ὅσα ἀναγκάζει ψυχὴν εἰς ἐκεῖνον
τὸν τόπον μεταστρέφεσθαι, ἐν ᾧ ἐστι τὸ εὐδαιμονέστατον
τοῦ ὄντος, ὃ⁴ δεῖ αὐτὴν παντὶ τρόπῳ ἰδεῖν. Ὀρθῶς, ἔφη,
λέγεις. Οὐκοῦν εἰ μὲν οὐσίαν ἀναγκάζει θεάσασθαι, προσ-
ήκει, εἰ δὲ γένεσιν, οὐ προσήκει. Φαμέν γε δή. Οὐ
τοίνυν τοῦτό γε, | ἦν δ' ἐγώ, ἀμφισβητήσουσιν ἡμῖν ὅσοι 527
καὶ σμικρὰ γεωμετρίας ἔμπειροι, ὅτι αὕτη ἡ ἐπιστήμη πᾶν
τοὐναντίον ἔχει τοῖς ἐν αὐτῇ λόγοις λεγομένοις ὑπὸ τῶν
μεταχειριζομένων. Πῶς; ἔφη. Λέγουσι μέν που μάλα
γελοίως τε καὶ ἀναγκαίως· ὡς γὰρ πράττοντές τε καὶ
πράξεως ἕνεκα πάντας τοὺς λόγους ποιούμενοι λέγουσιν
τετραγωνίζειν τε καὶ παρατείνειν καὶ προστιθέναι καὶ
πάντα οὕτω φθεγγόμενοι· τὸ δ' ἔστι που πᾶν τὸ μάθημα B
γνώσεως ἕνεκα ἐπιτηδευόμενον. Παντάπασι μὲν οὖν, ἔφη

---

¹ ἂν εὕροις Π: ἀνεύροις Α.   ² ἐν Ξ q: ἐν Α.   ³ προιὸν Π: προσιὸν Α.
⁴ ὃ Π: οὐ Α¹: οὗ Α².

Οὐκοῦν τοῦτο ἔτι διομολογητέον; Τὸ ποῖον; Ὡς τοῦ ἀεὶ
ὄντος γνώσεως, ἀλλ᾽ οὐ τοῦ ποτέ τι γιγνομένου καὶ ἀπολ-
λυμένου. Εὐομολόγητον[1], ἔφη· τοῦ γὰρ ἀεὶ ὄντος ἡ
γεωμετρικὴ γνῶσίς ἐστιν. Ὁλκὸν ἄρα, ὦ γενναῖε, ψυχῆς
πρὸς ἀλήθειαν εἴη ἂν καὶ ἀπεργαστικὸν φιλοσόφου διανοίας
πρὸς τὸ ἄνω σχεῖν ἃ νῦν κάτω οὐ δέον ἔχομεν. Ὡς οἷόν
C τε μάλιστα, ἔφη. Ὡς οἷόν τ᾽ ἄρα, ἦν δ᾽ ἐγώ, μάλιστα
προστακτέον, ὅπως οἱ ἐν τῇ καλλιπόλει σοι μηδενὶ τρόπῳ
γεωμετρίας ἀφέξονται[2]. καὶ γὰρ τὰ πάρεργα αὐτοῦ οὐ
σμικρά. Ποῖα; ἦ δ᾽ ὅς. Ἅ τε δὴ σὺ εἶπες, ἦν δ᾽ ἐγώ, τὰ
περὶ τὸν πόλεμον, καὶ δὴ καὶ πρὸς πάσας μαθήσεις, ὥστε
κάλλιον ἀποδέχεσθαι, ἴσμέν πού ὅτι τῷ ὅλῳ καὶ παντὶ
διοίσει ἡμμένος τε γεωμετρίας καὶ μή. Τῷ παντὶ μέντοι
νὴ Δί᾽, ἔφη. Δεύτερον δὴ τοῦτο τιθῶμεν μάθημα τοῖς
νέοις; Τιθῶμεν, ἔφη.

D   X. Τί δέ; τρίτον θῶμεν ἀστρονομίαν; ἢ οὐ δοκεῖ;
Ἐμοὶ γοῦν[3], ἔφη· τὸ γὰρ περὶ ὥρας εὐαισθητοτέρως ἔχειν
καὶ μηνῶν καὶ ἐνιαυτῶν οὐ μόνον γεωργίᾳ οὐδὲ ναυτιλίᾳ
προσήκει, ἀλλὰ καὶ στρατηγίᾳ οὐχ ἧττον. Ἡδὺς εἶ, ἦν δ᾽
ἐγώ, ὅτι ἔοικας δεδιότι τοὺς πολλούς, μὴ δοκῇς ἄχρηστα
μαθήματα προστάττειν. τὸ δ᾽ ἔστιν οὐ πάνυ φαῦλον,
ἀλλὰ χαλεπὸν πιστεῦσαι, ὅτι ἐν τούτοις τοῖς μαθήμασιν
ἑκάστου ὄργανόν τι ψυχῆς ἐκκαθαίρεταί τε καὶ ἀναζωπυ-
E ρεῖται ἀπολλύμενον καὶ τυφλούμενον ὑπὸ τῶν ἄλλων
ἐπιτηδευμάτων, κρεῖττον ὂν σωθῆναι μυρίων ὀμμάτων·
μόνῳ γὰρ αὐτῷ ἀλήθεια ὁρᾶται. οἷς μὲν οὖν ταῦτα
ξυνδοκεῖ ἀμηχάνως ὡς εὖ δόξεις λέγειν· ὅσοι δὲ τούτου
μηδαμῇ ᾐσθημένοι εἰσίν, εἰκότως ἡγήσονταί σε λέγειν
οὐδέν· ἄλλην γὰρ ἀπ᾽ αὐτῶν οὐχ ὁρῶσιν ἀξίαν λόγου
ὠφελίαν. σκόπει οὖν αὐτόθεν, πρὸς ποτέρους διαλέγει, ἢ

[1] εὐομολόγητον Π et γρ in marg. Α²: εὖ διομολογητέον Α¹.   [2] ἀφέξονται
Ξ: ἀφέξωνται Α.   [3] ἐμοὶ γοῦν Π: ἐμοιγ᾽ οὖν Α.

οὐ|δὲ πρὸς ἑτέρους¹ ἀλλὰ σαυτοῦ ἕνεκα τὸ μέγιστον ποιεῖ 528
τοὺς λόγους, φθόνοῖ μὴν οὐδ' ἂν ἄλλῳ, εἴ τίς τι δύναιτο
ἀπ' αὐτῶν ὄνασθαι. Οὕτως, ἔφη, αἱροῦμαι, ἐμαυτοῦ ἕνεκα
τὸ πλεῖστον λέγειν τε καὶ ἐρωτᾶν καὶ ἀποκρίνεσθαι.
Ἄναγε τοίνυν, ἦν δ' ἐγώ, εἰς τοὔπισω· νῦν δὴ γὰρ οὐκ
ὀρθῶς τὸ ἑξῆς ἐλάβομεν τῇ γεωμετρίᾳ. Πῶς λαβόντες;
ἔφη. Μετὰ ἐπίπεδον, ἦν δ' ἐγώ, ἐν περιφορᾷ ὂν ἤδη
στερεὸν λαβόντες, πρὶν αὐτὸ καθ' αὑτὸ λαβεῖν· ὀρθῶς δὲ B
ἔχει ἑξῆς μετὰ δευτέραν αὔξην τρίτην λαμβάνειν. ἔστι δέ
που τοῦτο περὶ τὴν τῶν κύβων αὔξην καὶ τὸ βάθους
μετέχον. Ἔστι γάρ, ἔφη· ἀλλὰ ταῦτά γε, ὦ Σώκρατες,
δοκεῖ οὔπω ηὑρῆσθαι. Διττὰ γάρ, ἦν δ' ἐγώ, τὰ αἴτια·
ὅτι τε οὐδεμία πόλις ἐντίμως αὐτὰ ἔχει, ἀσθενῶς ζητεῖται
χαλεπὰ ὄντα, ἐπιστάτου τε δέονται οἱ ζητοῦντες, ἄνευ
οὗ οὐκ ἂν εὕροιεν· ὃν πρῶτον μὲν γενέσθαι χαλεπόν,
ἔπειτα καὶ γενομένου, ὡς νῦν ἔχει, οὐκ ἂν πείθοιντο οἱ
περὶ ταῦτα ζητητικοὶ μεγαλοφρονούμενοι². εἰ δὲ πόλις C
ὅλη ξυνεπιστατοῖ ἐντίμως ἄγουσα αὐτά, οὗτοί τε ἂν
πείθοιντο, καὶ ξυνεχῶς τε ἂν καὶ ἐντόνως ζητούμενα
ἐκφανῆ γένοιτο ὅπῃ ἔχει· ἐπεὶ καὶ νῦν ὑπὸ τῶν πολλῶν
ἀτιμαζόμενα καὶ κολουόμενα ὑπὸ³ τῶν ζητούντων, λόγον
οὐκ ἐχόντων καθ' ὅ τι χρήσιμα, ὅμως πρὸς ἅπαντα ταῦτα
βίᾳ ὑπὸ χάριτος αὐξάνεται, καὶ οὐδὲν θαυμαστὸν αὐτὰ
φανῆναι. Καὶ μὲν δή, ἔφη, τό γε ἐπίχαρι καὶ διαφερόντως D
ἔχει. ἀλλά μοι σαφέστερον εἰπὲ ἃ νῦν δὴ ἔλεγες. τὴν
μὲν γάρ που τοῦ ἐπιπέδου πραγματείαν γεωμετρίαν ἐτίθης.
Ναί, ἦν δ' ἐγώ. Εἶτά γ', ἔφη, τὸ μὲν πρῶτον ἀστρονομίαν
μετὰ ταύτην, ὕστερον δ' ἀνεχώρησας. Σπεύδων γάρ, ἔφην,
ταχὺ πάντα διεξελθεῖν μᾶλλον βραδύνω·|ἑξῆς γὰρ οὖσαν
τὴν βάθους αὔξης μέθοδον, ὅτι τῇ ζητήσει γελοίως ἔχει,
ὑπερβὰς αὐτὴν μετὰ γεωμετρίαν ἀστρονομίαν ἔλεγον, φορὰν

---

¹ οὐδὲ πρὸς ἑτέρους Cobet: οὐ πρὸς οὐδετέρους A.   ² οὐκ—μεγαλο-
φρονούμενοι Π et in marg. A²: om. A¹.   ³ ὑπὸ Voegelin: ὑπὸ δὲ codd.

A. REP.   15

E οὖσαν βάθους. Ὀρθῶς, ἔφη, λέγεις. Τέταρτον τοίνυν, ἦν δ' ἐγώ, τιθῶμεν μάθημα ἀστρονομίαν, ὡς ὑπαρχούσης τῆς νῦν παραλειπομένης, ἐὰν αὐτὴν πόλις μετίη. Εἰκός, ἦ δ' ὅς· καὶ ὅ γε νῦν δή μοι, ὦ Σώκρατες, ἐπέπληξας περὶ ἀστρονομίας ὡς φορτικῶς ἐπαινοῦντι, νῦν ᾗ σὺ μετέρχει

529 ἐπαινῶ. | παντὶ γάρ μοι δοκεῖ δῆλον, ὅτι αὕτη γε ἀναγκάζει ψυχὴν εἰς τὸ ἄνω ὁρᾶν καὶ ἀπὸ τῶν ἐνθένδε ἐκεῖσε ἄγει. Ἴσως, ἦν δ' ἐγώ, παντὶ δῆλον πλὴν ἐμοί· ἐμοὶ γὰρ οὐ δοκεῖ οὕτως. Ἀλλὰ πῶς; ἔφη. Ὡς μὲν νῦν αὐτὴν μεταχειρίζονται οἱ εἰς φιλοσοφίαν ἀνάγοντες, πάνυ ποιεῖν κάτω βλέπειν. Πῶς, ἔφη, λέγεις; Οὐκ ἀγεννῶς μοι δοκεῖς, ἦν δ' ἐγώ, τὴν περὶ τὰ ἄνω μάθησιν λαμβάνειν παρὰ

B σαυτῷ ἥ[1] ἐστι· κινδυνεύεις γὰρ καὶ εἴ τις ἐν ὀροφῇ ποικίλματα θεώμενος ἀνακύπτων καταμανθάνοι τι, ἡγεῖσθαι ἂν αὐτὸν νοήσει[2] ἀλλ' οὐκ ὄμμασι θεωρεῖν. ἴσως οὖν καλῶς ἡγεῖ, ἐγὼ δ' εὐηθικῶς. ἐγὼ γὰρ αὖ οὐ δύναμαι ἄλλο τι νομίσαι ἄνω ποιοῦν ψυχὴν βλέπειν μάθημα ἢ ἐκεῖνο, ὃ ἂν περὶ τὸ ὄν τε ᾖ καὶ τὸ ἀόρατον, ἐάν τε τις ἄνω κεχηνὼς ἢ[3] κάτω συμμεμυκὼς τῶν αἰσθητῶν τι ἐπιχειρῇ μανθάνειν, οὔτε μαθεῖν ἄν ποτέ φημι αὐτόν—ἐπιστήμην γὰρ οὐδὲν

C ἔχειν τῶν τοιούτων—οὔτε ἄνω ἀλλὰ κάτω αὐτοῦ βλέπειν τὴν ψυχήν, κἂν ἐξ ὑπτίας νέων[4] ἐν γῇ ἢ ἐν θαλάττῃ μανθάνῃ.

XI. Δίκην, ἔφη, ἔχω· ὀρθῶς γάρ μοι ἐπέπληξας. ἀλλὰ πῶς δὴ ἔλεγες δεῖν ἀστρονομίαν μανθάνειν παρὰ ἃ νῦν μανθάνουσιν, εἰ μέλλοιεν ὠφελίμως πρὸς ἃ λέγομεν μαθήσεσθαι; Ὧδε, ἦν δ' ἐγώ· ταῦτα μὲν τὰ ἐν τῷ οὐρανῷ ποικίλματα, ἐπείπερ ἐν ὁρατῷ πεποίκιλται,

D κάλλιστα μὲν ἡγεῖσθαι καὶ ἀκριβέστατα τῶν τοιούτων

---

[1] ἥ Ξ q: ᾖ A²: η (sic) A¹.   [2] νοήσει Π: νοήσειν A.   [3] ἢ Π: ᾖ A.   [4] νέων Π: μὲν A, unde ἐξυπτιασμένος pro ἐξ ὑπτίας μὲν coniecit Marindin.

ἔχειν, τῶν δὲ ἀληθινῶν πολὺ ἐνδεῖν, ἃς τὸ ὂν τάχος καὶ ἡ
οὖσα βραδυτὴς ἐν τῷ ἀληθινῷ ἀριθμῷ καὶ πᾶσι τοῖς
ἀληθέσι σχήμασι φοράς τε πρὸς ἄλληλα φέρεται καὶ
τὰ ἐνόντα φέρει. ἃ δὴ λόγῳ μὲν καὶ διανοίᾳ ληπτά, ὄψει
δ᾽ οὔ· ἢ σὺ οἴει; Οὐδαμῶς, ἔφη. Οὐκοῦν, εἶπον, τῇ
περὶ τὸν οὐρανὸν ποικιλίᾳ παραδείγμασι χρηστέον τῆς
πρὸς ἐκεῖνα μαθήσεως ἕνεκα, ὁμοίως ὥσπερ ἂν εἴ τις
ἐντύχοι ὑπὸ Δαιδάλου ἢ τινος ἄλλου δημιουργοῦ ἢ Ε
γραφέως διαφερόντως γεγραμμένοις καὶ ἐκπεπονημένοις
διαγράμμασιν. ἡγήσαιτο γὰρ ἄν πού τις ἔμπειρος
γεωμετρίας ἰδὼν τὰ τοιαῦτα κάλλιστα μὲν ἔχειν ἀπεργασίᾳ,
γελοῖον μὴν ἐπισκοπεῖν ταῦτα σπουδῇ, ὡς τὴν ἀλήθειαν ἐν
αὐτοῖς ληψόμενον ἴσων ἢ διπλασίων | ἢ ἄλλης τινὸς 530
συμμετρίας. Τί δ᾽ οὐ μέλλει γελοῖον εἶναι; ἔφη. Τῷ
ὄντι δὴ ἀστρονομικόν, ἦν δ᾽ ἐγώ, ὄντα οὐκ οἴει ταὐτὸν
πείσεσθαι εἰς τὰς τῶν ἄστρων φορὰς ἀποβλέποντα;
νομιεῖν μέν, ὡς οἷόν τε κάλλιστα τὰ τοιαῦτα ἔργα συστή-
σασθαι, οὕτω ξυνεστάναι τῷ τοῦ οὐρανοῦ δημιουργῷ αὐτόν
τε καὶ τὰ ἐν αὐτῷ· τὴν δὲ νυκτὸς πρὸς ἡμέραν ξυμμετρίαν
καὶ τούτων πρὸς μῆνα καὶ μηνὸς πρὸς ἐνιαυτὸν καὶ τῶν
ἄλλων ἄστρων πρός τε ταῦτα καὶ πρὸς ἄλληλα οὐκ ἄτοπον, Β
οἴει, ἡγήσεται τὸν νομίζοντα γίγνεσθαί τε ταῦτα ἀεὶ
ὡσαύτως καὶ οὐδαμῇ οὐδὲν παραλλάττειν, σῶμά τε ἔχοντα
καὶ ὁρώμενα, καὶ ζητεῖν παντὶ τρόπῳ τὴν ἀλήθειαν αὐτῶν
λαβεῖν; Ἐμοὶ γοῦν δοκεῖ, ἔφη, σοῦ νῦν ἀκούοντι. Προ-
βλήμασιν ἄρα, ἦν δ᾽ ἐγώ, χρώμενοι ὥσπερ γεωμετρίαν
οὕτω καὶ ἀστρονομίαν μέτιμεν, τὰ δ᾽ ἐν τῷ οὐρανῷ ἐάσομεν,
εἰ μέλλομεν ὄντως ἀστρονομίας μεταλαμβάνοντες χρήσιμον C
τὸ φύσει φρόνιμον ἐν τῇ ψυχῇ ἐξ ἀχρήστου ποιήσειν. Ἦ
πολλαπλάσιον, ἔφη, τὸ ἔργον ἢ ὡς νῦν ἀστρονομεῖται
προστάττεις. Οἶμαι δέ γε, εἶπον, καὶ τἄλλα κατὰ τὸν
αὐτὸν τρόπον προστάξειν ἡμᾶς, ἐάν τι ἡμῶν ὡς νομοθετῶν
ὄφελος ᾖ.

XII. Ἀλλὰ γάρ τι ἔχεις <σὺ>[1] ὑπομνῆσαι τῶν προσηκόντων μαθημάτων; Οὐκ ἔχω, ἔφη, νῦν γ' οὑτωσί. Οὐ μὴν ἕν, ἀλλὰ πλείω, ἦν δ' ἐγώ, εἴδη παρέχεται ἡ φθρά,

D ὡς ἐγῷμαι. τὰ μὲν οὖν πάντα ἴσως ὅστις σοφὸς ἕξει εἰπεῖν· ἃ δὲ καὶ ἡμῖν προφανῆ, δύο. Ποῖα δή; Πρὸς τούτῳ, ἦν δ' ἐγώ, ἀντίστροφον αὐτοῦ. Τὸ ποῖον; Κινδυνεύει, ἔφην, ὡς πρὸς ἀστρονομίαν ὄμματα πέπηγεν, ὡς πρὸς ἐναρμόνιον φορὰν ὦτα παγῆναι, καὶ αὗται ἀλλήλων ἀδελφαί τινες αἱ ἐπιστῆμαι εἶναι, ὡς οἵ τε Πυθαγόρειοί φασι καὶ ἡμεῖς, ὦ Γλαύκων, συγχωροῦμεν. ἢ πῶς ποιοῦμεν; Οὕτως, ἔφη.

E Οὐκοῦν, ἦν δ' ἐγώ, ἐπειδὴ πολὺ τὸ ἔργον, ἐκείνων πευσόμεθα, πῶς λέγουσι περὶ αὐτῶν καὶ εἴ τι ἄλλο πρὸς τούτοις· ἡμεῖς δὲ παρὰ πάντα ταῦτα φυλάξομεν τὸ ἡμέτερον. Ποῖον; Μή ποτ' αὐτῶν τι ἀτελὲς ἐπιχειρῶσιν ἡμῖν μανθάνειν οὓς θρέψομεν, καὶ οὐκ ἐξῆκον ἐκεῖσε ἀεί, οἷ πάντα δεῖ ἀφήκειν, οἷον ἄρτι περὶ τῆς ἀστρονομίας ἐλέγομεν. ἢ οὐκ οἶσθ' ὅτι καὶ περὶ ἁρμονίας ἕτερον

531 |τοιοῦτον ποιοῦσι; τὰς γὰρ ἀκουομένας αὖ συμφωνίας καὶ φθόγγους ἀλλήλοις ἀναμετροῦντες ἀνήνυτα ὥσπερ οἱ ἀστρονόμοι πονοῦσιν. Νὴ τοὺς θεούς, ἔφη, καὶ γελοίως γε, πυκνώματ' ἄττα ὀνομάζοντες καὶ παραβάλλοντες τὰ ὦτα, οἷον ἐκ γειτόνων φωνὴν θηρευόμενοι, οἱ μέν φασιν ἔτι κατακούειν ἐν μέσῳ τινὰ ἠχὴν καὶ σμικρότατον εἶναι τοῦτο διάστημα, ᾧ μετρητέον, οἱ δὲ ἀμφισβητοῦντες ὡς

B ὅμοιον ἤδη φθεγγομένων, ἀμφότεροι ὦτα τοῦ νοῦ προστησάμενοι. Σὺ μέν, ἦν δ' ἐγώ, τοὺς χρηστοὺς λέγεις τοὺς ταῖς χορδαῖς πράγματα παρέχοντας καὶ βασανίζοντας, ἐπὶ τῶν κολλόπων στρεβλοῦντας· ἵνα δὲ μὴ μακροτέρα ἡ εἰκὼν γίγνηται πλήκτρῳ τε πληγῶν γιγνομένων καὶ κατηγορίας πέρι καὶ ἐξαρνήσεως καὶ ἀλαζονείας χορδῶν, παύομαι τῆς εἰκόνος καὶ οὔ φημι τούτους λέγειν, ἀλλ' ἐκείνους οὓς ἔφαμεν νῦν δὴ περὶ ἁρμονίας ἐρήσεσθαι.

[1] <σὺ> nos : om. codd.

ταὐτὸν γὰρ ποιοῦσι τοῖς ἐν τῇ ἀστρονομίᾳ· τοὺς γὰρ C
ἐν ταύταις ταῖς συμφωνίαις ταῖς ἀκουομέναις ἀριθμοὺς
ζητοῦσιν, ἀλλ' οὐκ εἰς προβλήματα ἀνίασιν, ἐπισκοπεῖν
τίνες ξύμφωνοι ἀριθμοὶ καὶ τίνες οὔ, καὶ διὰ τί ἑκάτεροι.
Δαιμόνιον γάρ, ἔφη, πρᾶγμα λέγεις. Χρήσιμον μὲν οὖν,
ἦν δ' ἐγώ, πρὸς τὴν τοῦ καλοῦ τε καὶ ἀγαθοῦ ζήτησιν,
ἄλλως δὲ μεταδιωκόμενον ἄχρηστον.   Εἰκός γ', ἔφη.

XIII. Οἶμαι δέ γε, ἦν δ' ἐγώ, καὶ ἡ τούτων πάντων
ὧν διεληλύθαμεν μέθοδος ἐὰν μὲν ἐπὶ τὴν ἀλλήλων D
κοινωνίαν ἀφίκηται καὶ ξυγγένειαν, καὶ ξυλλογισθῇ ταῦτα
ᾗ ἐστιν ἀλλήλοις οἰκεῖα, φέρειν τι αὐτῶν εἰς ἃ βουλόμεθα
τὴν πραγματείαν, καὶ οὐκ ἀνόνητα πονεῖσθαι, εἰ δὲ μή,
ἀνόνητα.   Καὶ ἐγώ, ἔφη, οὕτω μαντεύομαι. ἀλλὰ πάμπολυ
ἔργον λέγεις, ὦ Σώκρατες.   Τοῦ προοιμίου, ἦν δ' ἐγώ, ἢ
τίνος λέγεις; ἢ οὐκ ἴσμεν, ὅτι πάντα ταῦτα προοίμιά
ἐστιν αὐτοῦ τοῦ νόμου, ὃν δεῖ μαθεῖν; οὐ γάρ που δοκοῦσί
γέ σοι οἱ ταῦτα δεινοὶ διαλεκτικοὶ εἶναι.   Οὐ μὰ τὸν Δί', E
ἔφη, εἰ μὴ μάλα γέ τινες ὀλίγοι ὧν ἐγὼ ἐντετύχηκα.
Ἀλλὰ δή[1], εἶπον, μὴ[2] δυνατοί τινες ὄντες δοῦναί τε καὶ
ἀποδέξασθαι λόγον εἴσεσθαί ποτέ τι ὧν φαμὲν δεῖν εἰδέναι;
Οὐδ' αὖ, ἔφη, τοῦτό γε. | Οὐκοῦν, εἶπον, ὦ Γλαύκων, 532
οὗτος ἤδη αὐτός ἐστιν ὁ νόμος, ὃν τὸ διαλέγεσθαι περαίνει[3];
ὃν καὶ ὄντα νοητὸν μιμοῖτ' ἂν ἡ τῆς ὄψεως δύναμις, ἣν
ἐλέγομεν πρὸς αὐτὰ ἤδη τὰ ζῷα ἐπιχειρεῖν ἀποβλέπειν
καὶ πρὸς αὐτὰ < τὰ >[4] ἄστρα τε καὶ τελευταῖον δὴ πρὸς
αὐτὸν τὸν ἥλιον; | οὕτω καὶ ὅταν τις τῷ διαλέγεσθαι
ἐπιχειρῇ ἄνευ πασῶν τῶν αἰσθήσεων διὰ τοῦ λόγου ἐπ'
αὐτὸ ὃ ἔστιν ἕκαστον[5] ὁρμᾶν[6], καὶ μὴ ἀποστῇ, πρὶν ἂν
αὐτὸ ὃ ἔστιν ἀγαθὸν αὐτῇ νοήσει λάβῃ, ἐπ' αὐτῷ γίγνεται B
τῷ τοῦ νοητοῦ τέλει, ὥσπερ ἐκεῖνος τότε ἐπὶ τῷ τοῦ

---

[1] δὴ v: ἤδη A.   [2] μὴ Π: οἱ μὴ A, sed οἱ punctis notavit A².
[3] περαίνει q: παραινεῖ A.   [4] < τὰ > Baiter: om. codd.   [5] ἕκαστον Π:
om. A.   [6] ὁρμᾶν Ast: ὁρμᾷ codd.

ὁρατοῦ. Παντάπασι μὲν οὖν, ἔφη. Τί οὖν; οὐ διαλεκ-
τικὴν ταύτην τὴν πορείαν καλεῖς; Τί μήν; Ἡ δέ γε,
ἦν δ' ἐγώ, λύσις τε ἀπὸ τῶν δεσμῶν καὶ μεταστροφὴ
ἀπὸ τῶν σκιῶν ἐπὶ τὰ εἴδωλα καὶ τὸ φῶς καὶ ἐκ τοῦ
καταγείου εἰς τὸν ἥλιον ἐπάνοδος, καὶ ἐκεῖ πρὸς μὲν
τὰ ζῷά τε καὶ φυτὰ καὶ τὸ τοῦ ἡλίου φῶς ἔτι ἀδυναμία[1]
C βλέπειν, πρὸς δὲ τὰ ἐν ὕδασι φαντάσματα θεῖα[2] καὶ
σκιὰς τῶν ὄντων, ἀλλ' οὐκ εἰδώλων σκιὰς δι' ἑτέρου
τοιούτου φωτὸς ὡς πρὸς ἥλιον κρίνειν ἀποσκιαζομένας,
πᾶσα αὕτη ἡ πραγματεία τῶν τεχνῶν, ἃς διήλθομεν,
ταύτην ἔχει τὴν δύναμιν καὶ ἐπαναγωγὴν τοῦ βελτίστου
ἐν ψυχῇ πρὸς τὴν τοῦ ἀρίστου ἐν τοῖς οὖσι θέαν, ὥσπερ
τότε τοῦ σαφεστάτου ἐν σώματι πρὸς τὴν τοῦ φανοτάτου
D ἐν τῷ σωματοειδεῖ τε καὶ ὁρατῷ τόπῳ. Ἐγὼ μέν, ἔφη,
ἀποδέχομαι οὕτω. καίτοι παντάπασί γέ μοι δοκεῖ
χαλεπὰ μὲν ἀποδέχεσθαι εἶναι, ἄλλον δ' αὖ τρόπον
χαλεπὰ μὴ ἀποδέχεσθαι. ὅμως δέ—οὐ γὰρ ἐν τῷ νῦν
παρόντι μόνον ἀκουστέα, ἀλλὰ καὶ αὖθις πολλάκις
ἐπανιτέον—ταῦτα θέντες ἔχειν ὡς νῦν λέγεται, ἐπ' αὐτὸν
δὴ τὸν νόμον ἴωμεν, καὶ διέλθωμεν[3] οὕτως, ὥσπερ τὸ
προοίμιον διήλθομεν. λέγε οὖν, τίς ὁ τρόπος τῆς τοῦ
E διαλέγεσθαι δυνάμεως, καὶ κατὰ ποῖα δὴ εἴδη διέστηκεν,
καὶ τίνες αὖ ὁδοί. αὗται γὰρ ἂν ἤδη, ὡς ἔοικεν, αἱ πρὸς
αὐτὸ ἄγουσαι εἶεν, οἳ ἀφικομένῳ ὥσπερ ὁδοῦ ἀνάπαυλα
ἂν εἴη καὶ τέλος τῆς πορείας. Οὐκέτ', ἦν δ' ἐγώ, ὦ φίλε
533 Γλαύκων, οἷός τ' | ἔσει ἀκολουθεῖν· ἐπεὶ τό γ' ἐμὸν οὐδὲν
ἂν προθυμίας ἀπολίποι, οὐδ' εἰκόνα ἂν ἔτι οὗ λέγομεν
ἴδοις, ἀλλ' αὐτὸ τὸ ἀληθές, ὅ γε δή μοι φαίνεται· εἰ δ'
ὄντως ἢ μή, οὐκέτ' ἄξιον τοῦτο διισχυρίζεσθαι· ἀλλ' ὅτι
μὲν δεῖ[4] τοιοῦτόν τι ἰδεῖν, ἰσχυριστέον. ἢ γάρ; Τί μήν;

---

[1] ἔτι ἀδυναμία Iamblichus: ἐπ' ἀδυναμίᾳ A.   [2] θεῖα codd.:
θέα Ast. Cf. tamen Soph. 266 B—D.   [3] διέλθωμεν Ξ q: ἔλθωμεν A.
[4] δεῖ Ficinus: δὴ codd.

Οὐκοῦν καὶ ὅτι ἡ τοῦ διαλέγεσθαι δύναμις μόνη ἂν φήνειεν
ἐμπείρῳ ὄντι ὧν νῦν δὴ διήλθομεν, ἄλλῃ δὲ οὐδαμῇ
δυνατόν; Καὶ τοῦτ᾽, ἔφη, ἄξιον διϊσχυρίζεσθαι. Τόδε
γοῦν, ἦν δ᾽ ἐγώ, οὐδεὶς ἡμῖν ἀμφισβητήσει λέγουσιν, ὡς B
αὐτοῦ γε ἑκάστου περὶ ὅ ἐστιν ἕκαστον ἄλλη τις ἐπιχειρεῖ
μέθοδος ὁδῷ περὶ παντὸς λαμβάνειν· ἀλλ᾽ αἱ μὲν ἄλλαι
πᾶσαι τέχναι ἢ πρὸς δόξας ἀνθρώπων καὶ ἐπιθυμίας εἰσίν,
ἢ πρὸς γενέσεις τε καὶ συνθέσεις, ἢ πρὸς θεραπείαν τῶν
φυομένων τε καὶ συντιθεμένων ἅπασαι[1] τετράφαται, αἱ δὲ
λοιπαί, ἃς τοῦ ὄντος τι ἔφαμεν ἐπιλαμβάνεσθαι, γεω-
μετρίας τε καὶ τὰς ταύτῃ ἑπομένας, ὁρῶμεν ὡς ὀνειρώττουσι
μὲν περὶ τὸ ὄν, ὕπαρ δὲ ἀδύνατον αὐταῖς ἰδεῖν, ἕως ἂν C
ὑποθέσεσι χρώμεναι ταύτας ἀκινήτους ἐῶσι, μὴ δυνάμεναι
λόγον διδόναι αὐτῶν. ᾧ γὰρ ἀρχὴ μὲν ὃ μὴ οἶδε, τελευτὴ
δὲ καὶ τὰ μεταξὺ ἐξ οὗ μὴ οἶδεν συμπέπλεκται, τίς μηχανὴ
τὴν τοιαύτην ὁμολογίαν ποτὲ ἐπιστήμην γενέσθαι; Οὐ-
δεμία, ἦ δ᾽ ὅς.

XIV. Οὐκοῦν, ἦν δ᾽ ἐγώ, ἡ διαλεκτικὴ μέθοδος μόνη
ταύτῃ πορεύεται, τὰς ὑποθέσεις ἀναφέρουσα[2] ἐπ᾽ αὐτὴν
τὴν ἀρχὴν ἵνα βεβαιώσηται, καὶ τῷ ὄντι ἐν βορβόρῳ D
βαρβαρικῷ τινὶ τὸ τῆς ψυχῆς ὄμμα κατορωρυγμένον
ἠρέμα ἕλκει καὶ ἀνάγει ἄνω, συνερίθοις καὶ συμπερια-
γωγοῖς χρωμένη αἷς διήλθομεν τέχναις· ἃς ἐπιστήμας μὲν
πολλάκις προσείπομεν διὰ τὸ ἔθος, δέονται δὲ ὀνόματος
ἄλλου, ἐναργεστέρου μὲν ἢ δόξης, ἀμυδροτέρου δὲ ἢ
ἐπιστήμης· διάνοιαν δὲ αὐτὴν ἔν γε τῷ πρόσθεν που
ὡρισάμεθα· ἔστι δ᾽, ὡς ἐμοὶ δοκεῖ, οὐ περὶ ὀνόματος
ἀμφισβήτησις, οἷς τοσούτων πέρι σκέψις ὅσων ἡμῖν E
πρόκειται. Οὐ γὰρ οὖν, ἔφη[3].) Ἀρέσκει οὖν[4], ἦν δ᾽ ἐγώ,

---

[1] ἅπασαι Π: ἅπασα Α. [2] ἀναφέρουσα nos: ἀναιροῦσα codd.: ἀναιροῦσα
dubitanter Schneider: ἀνάγουσα Canter. [3] ἔφη Ξ: ἔφη· ἀλλ᾽ ὃ ἂν μόνον
δηλοῖ πρὸς τὴν ἕξιν σαφηνείᾳ λέγει ἐν ψυχῇ Α, superscripto super ι (in λέγει) a
man. vet. ις. Ineptum glossema damnavit Schneider. [4] οὖν Π: γοῦν Α.

ὥσπερ τὸ πρότερον, τὴν μὲν πρώτην μοῖραν ἐπιστήμην
534 καλεῖν, δευτέραν δὲ διάνοιαν, | τρίτην δὲ πίστιν καὶ εἰκασίαν
τετάρτην, καὶ ξυναμφότερα μὲν ταῦτα δόξαν, ξυναμφότερα
δ' ἐκεῖνα νόησιν, καὶ δόξαν μὲν περὶ γένεσιν, νόησιν δὲ
περὶ οὐσίαν, καὶ ὅ τι οὐσία πρὸς γένεσιν, νόησιν πρὸς
δόξαν, καὶ ὅ τι νόησις πρὸς δόξαν, ἐπιστήμην πρὸς πίστιν
καὶ διάνοιαν πρὸς εἰκασίαν· τὴν δ' ἐφ' οἷς ταῦτα ἀναλο-
γίαν καὶ διαίρεσιν διχῇ ἑκατέρου, δοξαστοῦ τε καὶ νοητοῦ,
ἐῶμεν, ὦ Γλαύκων, ἵνα μὴ ἡμᾶς πολλαπλασίων λόγων
B ἐμπλήσῃ ἢ ὅσων[1] οἱ παρεληλυθότες. Ἀλλὰ μὴν ἔμοιγ',
ἔφη, τά γε ἄλλα, καθ' ὅσον δύναμαι ἕπεσθαι, ξυνδοκεῖ.
Ἦ καὶ διαλεκτικὸν καλεῖς τὸν λόγον ἑκάστου λαμβάνοντα
τῆς οὐσίας; καὶ τὸν μὴ ἔχοντα, καθ' ὅσον ἂν μὴ ἔχῃ λόγον
αὑτῷ τε καὶ ἄλλῳ διδόναι, κατὰ τοσοῦτον νοῦν περὶ
τούτου οὐ φήσεις ἔχειν; Πῶς γὰρ ἄν, ἦ δ' ὅς, φαίην;
Οὐκοῦν καὶ περὶ τοῦ ἀγαθοῦ ὡσαύτως· ὃς ἂν μὴ ἔχῃ
διορίσασθαι τῷ λόγῳ ἀπὸ τῶν ἄλλων πάντων ἀφελὼν τὴν
C τοῦ ἀγαθοῦ ἰδέαν καὶ ὥσπερ ἐν μάχῃ διὰ πάντων ἐλέγχων
διεξιών, μὴ κατὰ δόξαν, ἀλλὰ κατ' οὐσίαν προθυμούμενος
ἐλέγχειν, ἐν πᾶσι τούτοις ἀπτῶτι τῷ λόγῳ διαπορεύηται,
οὔτε αὐτὸ τὸ ἀγαθὸν φήσεις εἰδέναι τὸν οὕτως ἔχοντα οὔτε
ἄλλο ἀγαθὸν οὐδέν, ἀλλ' εἴ πη εἰδώλου τινὸς ἐφάπτεται,
δόξῃ, οὐκ ἐπιστήμῃ ἐφάπτεσθαι, καὶ τὸν νῦν βίον ὀνειρο-
πολοῦντα καὶ ὑπνώττοντα, πρὶν ἐνθάδ' ἐξεγρέσθαι, εἰς
D Ἅιδου πρότερον ἀφικόμενον τελέως ἐπικαταδαρθάνειν;
Νὴ τὸν Δία, ἦ δ' ὅς, σφόδρα γε πάντα ταῦτα φήσω. Ἀλλὰ
μὴν τούς γε σαυτοῦ παῖδας, οὓς τῷ λόγῳ τρέφεις τε καὶ
παιδεύεις, εἴ ποτε ἔργῳ τρέφοις, οὐκ ἂν ἐάσαις, ὡς
ἐγῷμαι, ἀλόγους ὄντας ὥσπερ γραμμάς, ἄρχοντας ἐν τῇ
πόλει κυρίους τῶν μεγίστων εἶναι. Οὐ γὰρ οὖν, ἔφη.]
Νομοθετήσεις δὴ αὐτοῖς ταύτης μάλιστα τῆς παιδείας
ἀντιλαμβάνεσθαι, ἐξ ἧς ἐρωτᾶν τε καὶ ἀποκρίνεσθαι

___

[1] ὅσων Ξ q: ὅσον A: ὅσοι Madvig.

ἐπιστημονέστατα οἷοί τ' ἔσονται; Νομοθετήσω, ἔφη, μετά Ε
γε σοῦ. Ἆρ' οὖν δοκεῖ σοι, ἔφην ἐγώ, ὥσπερ θριγκὸς
τοῖς μαθήμασιν ἡ διαλεκτικὴ ἡμῖν ἐπάνω κεῖσθαι, καὶ
οὐκέτ' ἄλλο τούτου μάθημα ἀνωτέρω ὀρθῶς ἂν ἐπι-
τίθεσθαι, ἀλλ' ἔχειν ἤδη τέλος τὰ τῶν | μαθημάτων; 535
Ἔμοιγ', ἔφη.

XV. Διανομὴ τοίνυν, ἦν δ' ἐγώ, τὸ λοιπόν σοι, τίσιν
ταῦτα τὰ μαθήματα δώσομεν καὶ τίνα τρόπον. Δῆλον,
ἔφη. Μέμνησαι οὖν τὴν προτέραν ἐκλογὴν τῶν ἀρχόντων,
οἵους ἐξελέξαμεν; Πῶς γάρ, ἦ δ' ὅς, οὔ; Τὰ μὲν ἄλλα
τοίνυν, ἦν δ' ἐγώ, ἐκείνας τὰς φύσεις οἴου[1] δεῖν ἐκλεκτέας
εἶναι· τούς τε γὰρ βεβαιοτάτους καὶ τοὺς ἀνδρειοτάτους
προαιρετέον καὶ κατὰ δύναμιν τοὺς εὐειδεστάτους· πρὸς
δὲ τούτοις ζητητέον μὴ μόνον γενναίους τε καὶ βλοσυροὺς Β
τὰ ἤθη, ἀλλὰ καὶ ἃ τῇδε τῇ παιδείᾳ τῆς φύσεως πρόσφορα
ἑκτέον αὐτοῖς. Ποῖα δὴ διαστέλλει; Δριμύτητα, ὦ
μακάριε, ἔφην, δεῖ αὐτοῖς πρὸς τὰ μαθήματα ὑπάρχειν
καὶ μὴ χαλεπῶς μανθάνειν· πολὺ γάρ τοι μᾶλλον
ἀποδειλιῶσι ψυχαὶ ἐν ἰσχυροῖς μαθήμασιν ἢ ἐν γυμνασίοις·
οἰκειότερος γὰρ αὐταῖς ὁ πόνος, ἴδιος, ἀλλ' οὐ κοινὸς ὢν
μετὰ τοῦ σώματος. Ἀληθῆ, ἔφη. Καὶ μνήμονα δὴ καὶ
ἄρρατον καὶ πάντῃ φιλόπονον ζητητέον. ἦ τίνι τρόπῳ C
οἴει τά τε τοῦ σώματος ἐθελήσειν τινὰ διαπονεῖν καὶ
τοσαύτην μάθησίν τε καὶ μελέτην ἐπιτελεῖν; Οὐδένα, ἦ
δ' ὅς, ἐὰν μὴ παντάπασί γ' ἦ εὐφυής. Τὸ γοῦν νῦν
ἁμάρτημα, ἦν δ' ἐγώ, καὶ ἡ ἀτιμία φιλοσοφίᾳ διὰ ταῦτα
προσπέπτωκεν, ὃ καὶ πρότερον εἶπον, ὅτι οὐ κατ' ἀξίαν
αὐτῆς ἅπτονται· οὐ γὰρ νόθους ἔδει ἅπτεσθαι, ἀλλὰ
γνησίους. Πῶς; ἔφη. Πρῶτον μέν, εἶπον, φιλοπονίᾳ οὐ
χωλὸν δεῖ εἶναι τὸν ἁψόμενον, τὰ μὲν ἡμίσεα φιλόπονον, D
τὰ δ' ἡμίσεα ἄπονον· ἔστι δὲ τοῦτο, ὅταν τις φιλογυμνασ-
τὴς μὲν καὶ φιλόθηρος ᾖ καὶ πάντα τὰ διὰ τοῦ σώματος

---

[1] οἴου Π: οἴου Α.

φιλοπονῇ, φιλομαθὴς δὲ μή, μηδὲ φιλήκοος μηδὲ ζητητικός,
ἀλλ' ἐν πᾶσι τούτοις μισοπονῇ· χωλὸς δὲ καὶ ὁ τἀναντία
τούτου μεταβεβληκὼς τὴν φιλοπονίαν. Ἀληθέστατα,
ἔφη, λέγεις. Οὐκοῦν καὶ πρὸς ἀλήθειαν, ἦν δ' ἐγώ,

E ταὐτὸν τοῦτο ἀνάπηρον ψυχὴν θήσομεν, ἣ ἂν τὸ μὲν
ἑκούσιον ψεῦδος μισῇ καὶ χαλεπῶς φέρῃ αὐτή τε καὶ
ἑτέρων ψευδομένων ὑπεραγανακτῇ, τὸ δ' ἀκούσιον εὐκόλως
προσδέχηται καὶ ἀμαθαίνουσά που ἁλισκομένη μὴ
ἀγανακτῇ, ἀλλ' εὐχερῶς ὥσπερ θηρίον ὕειον ἐν ἀμαθίᾳ

536 μολύνηται; Παντά|πασι μὲν οὖν, ἔφη. Καὶ πρὸς σωφρο-
σύνην, ἦν δ' ἐγώ, καὶ ἀνδρείαν καὶ μεγαλοπρέπειαν καὶ
πάντα τὰ τῆς ἀρετῆς μέρη οὐχ ἥκιστα δεῖ φυλάττειν τὸν
νόθον τε καὶ τὸν γνήσιον. ὅταν γάρ τις μὴ ἐπίστηται τὰ
τοιαῦτα σκοπεῖν καὶ ἰδιώτης καὶ πόλις, λανθάνουσι
χωλοῖς τε καὶ νόθοις χρώμενοι πρὸς ὅ τι ἂν τύχωσι
τούτων, οἱ μὲν φίλοις, οἱ δὲ ἄρχουσι. Καὶ μάλα,
ἔφη, οὕτως ἔχει. Ἡμῖν δή, ἦν δ' ἐγώ, πάντα τὰ τοιαῦτα

B διευλαβητέον, ὡς ἐὰν μὲν ἀρτιμελεῖς τε καὶ ἀρτίφρονας ἐπὶ
τοσαύτην μάθησιν καὶ τοσαύτην ἄσκησιν κομίσαντες
παιδεύωμεν, ἥ τε δίκη ἡμῖν οὐ μέμψεται αὐτή, τήν τε
πόλιν καὶ πολιτείαν σώσομεν, ἀλλοίους δὲ ἄγοντες ἐπὶ
ταῦτα τἀναντία πάντα καὶ πράξομεν καὶ φιλοσοφίας ἔτι
πλείω γέλωτα κατανλήσομεν. Αἰσχρὸν μέντ' ἂν εἴη, ἦ
δ' ὅς. Πάνυ μὲν οὖν, εἶπον· γελοῖον δ' ἔγωγε καὶ ἐν τῷ
παρόντι ἔοικα παθεῖν. Τὸ ποῖον; ἔφη. Ἐπελαθόμην, ἦν

C δ' ἐγώ, ὅτι ἐπαίζομεν, καὶ μᾶλλον ἐντεινάμενος εἶπον.
λέγων γὰρ ἅμα ἔβλεψα πρὸς φιλοσοφίαν καὶ ἰδὼν
προπεπηλακισμένην ἀναξίως ἀγανακτήσας μοι δοκῶ καὶ
ὥσπερ θυμωθεὶς τοῖς αἰτίοις σπουδαιότερον εἰπεῖν ἃ εἶπον.
Οὐ μὰ τὸν Δί', ἔφη, οὔκουν ὥς γ' ἐμοὶ ἀκροατῇ. Ἀλλ' ὡς
ἐμοί, ἦν δ' ἐγώ, ῥήτορι. τόδε δὲ μὴ ἐπιλανθανώμεθα, ὅτι
ἐν μὲν τῇ προτέρᾳ ἐκλογῇ πρεσβύτας ἐξελέγομεν, ἐν δὲ

D ταύτῃ οὐκ ἐγχωρήσει· Σόλωνι γὰρ οὐ πειστέον, ὡς

γηράσκων τις πολλὰ δυνατὸς μανθάνειν, ἀλλ᾽ ἧττον ἢ
τρέχειν· νέων δὲ πάντες οἱ μεγάλοι καὶ οἱ πολλοὶ πόνοι.
Ἀνάγκη, ἔφη.

XVI. Τὰ μὲν τοίνυν λογισμῶν τε καὶ γεωμετριῶν καὶ
πάσης τῆς προπαιδείας, ἣν τῆς διαλεκτικῆς δεῖ προπαι-
δευθῆναι, παισὶν οὖσι χρὴ προβάλλειν, οὐχ ὡς ἐπάναγκες
μαθεῖν τὸ σχῆμα τῆς διδαχῆς ποιουμένους. Τί δή; Ὅτι,
ἦν δ᾽ ἐγώ, οὐδὲν μάθημα μετὰ δουλείας τὸν ἐλεύθερον Ε
χρὴ μανθάνειν. οἱ μὲν γὰρ τοῦ σώματος πόνοι βίᾳ
πονούμενοι χεῖρον οὐδὲν τὸ σῶμα ἀπεργάζονται, ψυχῇ δὲ
βίαιον οὐδὲν ἔμμονον μάθημα. Ἀληθῆ, ἔφη. Μὴ τοίνυν
βίᾳ, εἶπον, ὦ ἄριστε, τοὺς παῖδας ἐν τοῖς μαθήμασιν, ἀλλὰ
παί|ζοντας τρέφε, ἵνα καὶ μᾶλλον οἷός τ᾽ ᾖς καθορᾶν ἐφ᾽ 537
ὃ ἕκαστος πέφυκεν. Ἔχει ὃ λέγεις, ἔφη, λόγον. Οὐκοῦν
μνημονεύεις, ἦν δ᾽ ἐγώ, ὅτι καὶ εἰς τὸν πόλεμον ἔφαμεν
τοὺς παῖδας εἶναι ἀκτέον ἐπὶ τῶν ἵππων θεωρούς, καὶ ἐάν
που ἀσφαλὲς ᾖ, προσακτέον ἐγγὺς καὶ γευστέον αἵματος,
ὥσπερ τοὺς σκύλακας; Μέμνημαι, ἔφη. Ἐν πᾶσι δὴ
τούτοις, ἦν δ᾽ ἐγώ, τοῖς τε πόνοις καὶ μαθήμασι καὶ φόβοις
ὃς ἂν ἐντρεχέστατος ἀεὶ φαίνηται, εἰς ἀριθμόν τινα
ἐγκριτέον. Ἐν τίνι, ἔφη, ἡλικίᾳ; Ἡνίκα, ἦν δ᾽ ἐγώ, τῶν Β
ἀναγκαίων γυμνασίων μεθίενται. οὗτος γὰρ ὁ χρόνος, ἐάν
τε δύο ἐάν τε τρία ἔτη γίγνηται, ἀδύνατός τι ἄλλο πρᾶξαι·
κόποι γὰρ καὶ ὕπνοι μαθήμασι πολέμιοι· καὶ ἅμα μία καὶ
αὕτη τῶν βασάνων οὐκ ἐλαχίστη, τίς ἕκαστος ἐν τοῖς
γυμνασίοις φανεῖται. Πῶς γὰρ οὔκ; ἔφη. Μετὰ δὴ
τοῦτον τὸν χρόνον, ἦν δ᾽ ἐγώ, ἐκ τῶν εἰκοσιετῶν[1] οἱ
προκριθέντες τιμάς τε μείζους τῶν ἄλλων οἴσονται,
τά τε χύδην μαθήματα παισὶν ἐν τῇ παιδιᾷ[2] γενόμενα C
τούτοις συνακτέον εἰς σύνοψιν οἰκειότητος ἀλλήλων τῶν

---

[1] εἰκοσιετῶν Schneider: ἄκοσιν ἐτῶν A: εἰκοσιετῶν (sic) Π. [2] παιδιᾷ
corr. A²: παιδειᾷ (sic) A¹. Cf. 536 E (παίζοντας τρέφε).

μαθημάτων[1] καὶ τῆς τοῦ ὄντος φύσεως. Μόνη γοῦν, εἶπεν,
ἡ τοιαύτη μάθησις βέβαιος ἐν οἷς ἂν ἐγγένηται. Καὶ
μεγίστη γε, ἦν δ᾽ ἐγώ, πεῖρα διαλεκτικῆς φύσεως καὶ μή.
ὁ μὲν γὰρ συνοπτικὸς διαλεκτικός, ὁ δὲ μὴ οὔ. Ξυνοίομαι,
D ἦ δ᾽ ὅς. Ταῦτα τοίνυν, ἦν δ᾽ ἐγώ, δεήσει σε ἐπισκοποῦντα
οἳ ἂν μάλιστα τοιοῦτοι ἐν αὐτοῖς ὦσι καὶ μόνιμοι μὲν ἐν
μαθήμασι, μόνιμοι δ᾽ ἐν πολέμῳ καὶ τοῖς ἄλλοις νομίμοις,
τούτους[2] αὖ, ἐπειδὰν τὰ τριάκοντα ἔτη ἐκβαίνωσιν, ἐκ τῶν
προκρίτων προκρινάμενον εἰς μείζους τε τιμὰς καθιστάναι
καὶ σκοπεῖν τῇ τοῦ διαλέγεσθαι δυνάμει βασανίζοντα, τίς
ὀμμάτων καὶ τῆς ἄλλης αἰσθήσεως δυνατὸς μεθιέμενος ἐπ᾽
αὐτὸ τὸ ὂν μετ᾽ ἀληθείας ἰέναι. καὶ ἐνταῦθα δὴ πολλῆς
φυλακῆς ἔργον, ὦ ἑταῖρε. Τί μάλιστα; ἦ δ᾽ ὅς. Οὐκ
E ἐννοεῖς, ἦν δ᾽ ἐγώ, τὸ νῦν περὶ τὸ διαλέγεσθαι κακὸν[3]
γιγνόμενον ὅσον γίγνεται; Τὸ ποῖον; ἔφη. Παρανομίας
που, ἔφην ἐγώ, ἐμπίμπλανται. Καὶ μάλα, ἔφη. Θαυμασ-
τὸν οὖν τι οἴει, εἶπον, πάσχειν αὐτοὺς καὶ οὐ ξυγγιγνώσκεις;
Πῇ μάλιστα; ἔφη. Οἷον, ἦν δ᾽ ἐγώ, εἴ τις ὑποβολιμαῖος
τραφείη ἐν πολλοῖς μὲν χρήμασι, πολλῷ δὲ καὶ μεγάλῳ
538 γέ|νει καὶ κόλαξι πολλοῖς, ἀνὴρ δὲ γενόμενος αἴσθοιτο, ὅτι
οὐ τούτων ἐστὶ τῶν φασκόντων γονέων, τοὺς δὲ τῷ ὄντι
γεννήσαντας μὴ εὕροι, τοῦτον ἔχεις μαντεύσασθαι, πῶς ἂν
διατεθείη πρός τε τοὺς κόλακας καὶ πρὸς τοὺς ὑποβαλο-
μένους ἐν ἐκείνῳ τε τῷ χρόνῳ, ᾧ οὐκ ᾔδει τὰ περὶ τῆς
ὑποβολῆς, καὶ ἐν ᾧ αὖ ᾔδει; ἢ βούλει ἐμοῦ μαντευομένου
ἀκοῦσαι; Βούλομαι, ἔφη.

XVII. Μαντεύομαι τοίνυν, εἶπον, μᾶλλον αὐτὸν
B τιμᾶν ἂν τὸν πατέρα καὶ τὴν μητέρα καὶ τοὺς ἄλλους
οἰκείους δοκοῦντας ἢ τοὺς κολακεύοντας, καὶ ἧττον μὲν ἂν
περιιδεῖν ἐνδεεῖς τινός, ἧττον δὲ παράνομόν τι δρᾶσαι
ἢ εἰπεῖν εἰς αὐτούς, ἧττον δὲ ἀπειθεῖν τὰ μεγάλα ἐκείνοις ἢ

---

[1] τῶν μαθημάτων codd.: damnavit J. A. Platt.   [2] τούτους q[1]: τούτοις
A.   [3] κακὸν Π: καλὸν Α.

τοῖς κόλαξιν, ἐν ᾧ χρόνῳ τὸ ἀληθὲς μὴ εἰδείη. Εἰκός, ἔφη.
Αἰσθόμενον¹ τοίνυν τὸ ὂν μαντεύομαι αὖ περὶ μὲν τούτους
ἀνεῖναι ἂν τὸ τιμᾶν τε καὶ σπουδάζειν, περὶ δὲ τοὺς
κόλακας ἐπιτεῖναι καὶ πείθεσθαί τε αὐτοῖς διαφερόντως
ἢ πρότερον καὶ ζῆν ἂν ἤδη κατ' ἐκείνους, ξυνόντα αὐτοῖς C
ἀπαρακαλύπτως, πατρὸς δὲ ἐκείνου καὶ τῶν ἄλλων
ποιουμένων οἰκείων, εἰ μὴ πάνυ εἴη φύσει ἐπιεικής, μέλειν
τὸ μηδέν. Πάντ', ἔφη, λέγεις οἷά περ ἂν γένοιτο. ἀλλὰ
πῇ πρὸς τοὺς ἁπτομένους τῶν λόγων αὕτη φέρει ἡ εἰκών;
Τῇδε. ἔστι που ἡμῖν δόγματα ἐκ παίδων περὶ δικαίων καὶ
καλῶν, ἐν οἷς ἐκτεθράμμεθα ὥσπερ ὑπὸ γονεῦσι, πειθαρ-
χοῦντές τε καὶ τιμῶντες αὐτά. Ἔστι γάρ. Οὐκοῦν καὶ
ἄλλα ἐναντία τούτων ἐπιτηδεύματα ἡδονὰς ἔχοντα, ἃ D
κολακεύει μὲν ἡμῶν τὴν ψυχὴν καὶ ἕλκει ἐφ' αὐτά, πείθει
δ' οὖ τοὺς καὶ ὁπῃοῦν μετρίους· ἀλλ' ἐκεῖνα τιμῶσι τὰ
πάτρια καὶ ἐκείνοις πειθαρχοῦσιν. Ἔστι ταῦτα. Τί οὖν;
ἦν δ' ἐγώ· ὅταν τὸν οὕτως ἔχοντα ἐλθὸν ἐρώτημα ἔρηται,
τί ἐστι τὸ καλόν, καὶ ἀποκριναμένου ὃ τοῦ νομοθέτου
ἤκουεν, ἐξελέγχῃ ὁ λόγος καὶ πολλάκις καὶ πολλαχῇ
ἐλέγχων εἰς δόξαν καταβάλῃ², ὡς τοῦτο οὐδὲν μᾶλλον E
καλὸν ἢ αἰσχρόν, καὶ περὶ δικαίου ὡσαύτως καὶ ἀγαθοῦ
καὶ ἃ μάλιστα ἦγεν ἐν τιμῇ, μετὰ τοῦτο τί οἴει ποιήσειν
αὐτὸν πρὸς αὐτὰ τιμῆς τε πέρι καὶ πειθαρχίας; Ἀνάγκη,
ἔφη, μήτε τιμᾶν ἔτι ὁμοίως μήτε πείθεσθαι. Ὅταν οὖν,
ἦν δ' ἐγώ, μήτε ταῦτα ἡγῆται τίμια καὶ οἰκεῖα ὥσπερ πρὸ
τοῦ, τά τε ἀληθῆ μὴ εὑρίσκῃ, ἔστι πρὸς ὁποῖον βίον
|ἄλλον ἢ τὸν κολακεύοντα εἰκότως προσχωρήσει; Οὐκ 539
ἔστιν, ἔφη. Παράνομος δή, οἶμαι, δόξει γεγονέναι ἐκ
νομίμου. Ἀνάγκη. Οὐκοῦν, ἔφην, εἰκὸς τὸ πάθος τῶν
οὕτω λόγων ἁπτομένων, καὶ ὃ ἄρτι ἔλεγον, πολλῆς
συγγνώμης ἄξιον; Καὶ ἐλέου γ', ἔφη. Οὐκοῦν ἵνα μὴ

---

¹ αἰσθόμενον corr. A²: αἰσθόμενος A¹.　　² καταβάλῃ Ξ: καταλάβῃ A.

γίγνηται ὁ ἔλεος οὗτος περὶ τοὺς τριακοντούτας σοι,
εὐλαβουμένῳ[1] παντὶ τρόπῳ τῶν λόγων ἁπτέον; Καὶ μάλ᾽,
B ἦ δ᾽ ὅς. ᾽Αρ᾽ οὖν οὐ μία μὲν εὐλάβεια αὕτη συχνή, τὸ μὴ
νέους ὄντας αὐτῶν γεύεσθαι; οἶμαι γάρ σε οὐ λεληθέναι,
ὅτι οἱ μειρακίσκοι, ὅταν τὸ πρῶτον λόγων γεύωνται, ὡς
παιδιᾷ αὐτοῖς καταχρῶνται, ἀεὶ εἰς ἀντιλογίαν χρώμενοι,
καὶ μιμούμενοι τοὺς ἐξελέγχοντας αὐτοὶ ἄλλους ἐλέγχουσι,
χαίροντες ὥσπερ σκυλάκια τῷ ἕλκειν τε καὶ σπαράττειν
τῷ λόγῳ τοὺς πλησίον ἀεί. Ὑπερφυῶς μὲν οὖν, ἔφη.
Οὐκοῦν ὅταν δὴ πολλοὺς μὲν αὐτοὶ ἐλέγξωσιν, ὑπὸ
C πολλῶν δὲ ἐλεγχθῶσι, σφόδρα καὶ ταχὺ ἐμπίπτουσιν εἰς
τὸ μηδὲν ἡγεῖσθαι ὧνπερ πρότερον· καὶ ἐκ τούτων δὴ
αὐτοί τε καὶ τὸ ὅλον φιλοσοφίας πέρι εἰς τοὺς ἄλλους
διαβέβληνται. Ἀληθέστατα, ἔφη. Ὁ δὲ δὴ πρεσβύ-
τερος, ἦν δ᾽ ἐγώ, τῆς μὲν τοιαύτης μανίας οὐκ ἂν ἐθέλοι
μετέχειν, τὸν δὲ διαλέγεσθαι ἐθέλοντα καὶ σκοπεῖν τἀληθὲς
μᾶλλον μιμήσεται ἢ τὸν παιδιᾶς χάριν παίζοντα καὶ ἀντι-
D λέγοντα, καὶ αὐτός τε μετριώτερος ἔσται καὶ τὸ ἐπιτήδευμα
τιμιώτερον ἀντὶ ἀτιμοτέρου ποιήσει. Ὀρθῶς, ἔφη. Οὐκοῦν
καὶ τὰ προειρημένα τούτου ἐπ᾽ εὐλαβείᾳ πάντα προείρηται,
τὸ τὰς φύσεις κοσμίους εἶναι καὶ στασίμους οἷς τις
μεταδώσει τῶν λόγων, καὶ μὴ ὡς νῦν ὁ τυχὼν καὶ οὐδὲν
προσήκων ἔρχεται ἐπ᾽ αὐτό; Πάνυ μὲν οὖν, ἔφη.

XVIII. Ἀρκεῖ δὴ ἐπὶ λόγων μεταλήψει μεῖναι
ἐνδελεχῶς καὶ ξυντόνως μηδὲν ἄλλο πράττοντι, ἀλλ᾽
ἀντιστρόφως γυμναζομένῳ τοῖς περὶ τὸ σῶμα γυμνασίοις,
E ἔτη διπλάσια ἢ τότε; Ἕξ, ἔφη, ἢ τέτταρα λέγεις; Ἀμέλει,
εἶπον, πέντε θές· μετὰ γὰρ τοῦτο καταβιβαστέοι ἔσονταί
σοι εἰς τὸ σπήλαιον πάλιν ἐκεῖνο, καὶ ἀναγκαστέοι ἄρχειν
τά τε περὶ τὸν πόλεμον καὶ ὅσαι νέων ἀρχαί, ἵνα μηδ᾽
ἐμπειρίᾳ ὑστερῶσι τῶν ἄλλων· καὶ ἔτι καὶ ἐν τούτοις
540 βασανιστέοι, εἰ ἐμμενοῦσιν ἑλκόμενοι παν|ταχόσε ἤ τι καὶ

---

[1] εὐλαβουμένῳ codd.: εὐλαβουμένοις Baiter.

παρακινήσουσι.　Χρόνον δέ, ἦ δ' ὅς, πόσον τοῦτον τίθης;
Πεντεκαίδεκα ἔτη, ἦν δ' ἐγώ.　γενομένων δὲ πεντηκοντου-
τῶν τοὺς διασωθέντας καὶ ἀριστεύσαντας πάντα πάντῃ ἐν
ἔργοις τε καὶ ἐπιστήμαις πρὸς τέλος ἤδη ἀκτέον καὶ
ἀναγκαστέον ἀνακλίναντας τὴν τῆς ψυχῆς αὐγὴν εἰς αὐτὸ
ἀποβλέψαι τὸ πᾶσι φῶς παρέχον, καὶ ἰδόντας τὸ ἀγαθὸν
αὐτό, παραδείγματι χρωμένους ἐκείνῳ, καὶ πόλιν καὶ
ἰδιώτας καὶ ἑαυτοὺς κοσμεῖν τὸν ἐπίλοιπον βίον ἐν μέρει Β
ἑκάστους, τὸ μὲν πολὺ πρὸς φιλοσοφίᾳ διατρίβοντας,
ὅταν δὲ τὸ μέρος ἥκῃ, πρὸς πολιτικοῖς ἐπιταλαιπωροῦντας
καὶ ἄρχοντας ἑκάστους τῆς πόλεως ἕνεκα, οὐχ ὡς καλόν
τι, ἀλλ' ὡς ἀναγκαῖον πράττοντας, καὶ οὕτως ἄλλους ἀεὶ
παιδεύσαντας τοιούτους, ἀντικαταλιπόντας τῆς πόλεως
φύλακας, εἰς μακάρων νήσους ἀπιόντας οἰκεῖν· μνημεῖα δ'
αὐτοῖς καὶ θυσίας τὴν πόλιν δημοσίᾳ ποιεῖν, ἐὰν καὶ ἡ C
Πυθία ξυναναιρῇ[1], ὡς δαίμοσιν, εἰ δὲ μή, ὡς εὐδαίμοσί τε
καὶ θείοις.　Παγκάλους, ἔφη, τοὺς ἄρχοντας, ὦ Σώκρατες,
ὥσπερ ἀνδριαντοποιὸς ἀπείργασαι.　Καὶ τὰς ἀρχούσας γε,
ἦν δ' ἐγώ, ὦ Γλαύκων.　μηδὲν γάρ τι οἴου με περὶ ἀνδρῶν
εἰρηκέναι μᾶλλον ἃ εἴρηκα ἢ περὶ γυναικῶν, ὅσαι ἂν
αὐτῶν ἱκαναὶ τὰς φύσεις ἐγγίγνωνται.　Ὀρθῶς, ἔφη, εἴπερ
ἴσα γε πάντα τοῖς ἀνδράσι κοινωνήσουσιν, ὡς διήλθομεν.
Τί οὖν; ἔφην· ξυγχωρεῖτε περὶ τῆς πόλεώς τε καὶ D
πολιτείας μὴ παντάπασιν ἡμᾶς εὐχὰς εἰρηκέναι, ἀλλὰ
χαλεπὰ μέν, δυνατὰ δέ πῃ, καὶ οὐκ ἄλλῃ ἢ εἴρηται, ὅταν
οἱ ὡς ἀληθῶς φιλόσοφοι δυνάσται, ἢ πλείους ἢ εἷς, ἐν
πόλει γενόμενοι τῶν μὲν νῦν τιμῶν καταφρονήσωσιν,
ἡγησάμενοι ἀνελευθέρους εἶναι καὶ οὐδενὸς ἀξίας, τὸ δὲ
ὀρθὸν περὶ πλείστου ποιησάμενοι καὶ τὰς ἀπὸ τούτου
τιμάς, μέγιστον δὲ καὶ ἀναγκαιότατον τὸ δίκαιον, καὶ Ε
τούτῳ δὴ ὑπηρετοῦντές τε καὶ αὔξοντες αὐτὸ διασκευωρή-
σωνται τὴν ἑαυτῶν πόλιν; Πῶς; ἔφη. Ὅσοι μὲν ἂν, ἦν

---

[1] ξυναναιρῇ Ξ q: ξυναιρῇ Α.

δ᾽ ἐγώ, πρεσβύτεροι τυγχάνωσι δεκετῶν[1] ἐν τῇ πόλει,

541 πάντας ἐκπέμψωσιν εἰς τοὺς | ἀγρούς, τοὺς δὲ παῖδας αὐτῶν παραλαβόντες ἐκτὸς τῶν νῦν ἠθῶν, ἃ καὶ οἱ γονῆς ἔχουσι, θρέψωνται ἐν τοῖς σφετέροις τρόποις καὶ νόμοις, οὖσιν οἵοις διεληλύθαμεν τότε, καὶ οὕτω τάχιστά τε καὶ ῥᾷστα πόλιν τε καὶ πολιτείαν, ἣν ἐλέγομεν, καταστᾶσαν αὐτήν τε εὐδαιμονήσειν καὶ τὸ ἔθνος, ἐν ᾧ ἂν ἐγγένηται,

B πλεῖστα ὀνήσειν; Πολύ γ᾽, ἔφη· καὶ ὡς ἂν γένοιτο, εἴπερ ποτὲ γίγνοιτο, δοκεῖς μοι, ὦ Σώκρατες, εὖ εἰρηκέναι. Οὐκοῦν ἄδην ἤδη, εἶπον ἐγώ, ἔχουσιν ἡμῖν οἱ λόγοι περί τε τῆς πόλεως ταύτης καὶ τοῦ ὁμοίου ταύτῃ ἀνδρός; δῆλος γάρ που καὶ οὗτος, οἷον φήσομεν δεῖν αὐτὸν εἶναι. Δῆλος, ἔφη· καὶ ὅπερ ἐρωτᾷς, δοκεῖ μοι τέλος ἔχειν.

[1] δεκετῶν Π: δέκ᾽ ἐτῶν Α.

τέλοс πολιτείας ζ΄.

H.

I. Εἶεν· ταῦτα μὲν δὴ ὡμολόγηται, ὦ Γλαύκων, τῇ 543
μελλούσῃ ἄκρως οἰκεῖν πόλει κοινὰς μὲν γυναῖκας, κοι-
νοὺς δὲ παῖδας εἶναι καὶ πᾶσαν παιδείαν, ὡσαύτως δὲ τὰ
ἐπιτηδεύματα κοινὰ ἐν πολέμῳ τε καὶ εἰρήνῃ, βασιλέας δὲ
αὐτῶν εἶναι τοὺς ἐν φιλοσοφίᾳ τε καὶ πρὸς τὸν πόλεμον
γεγονότας ἀρίστους. Ὡμολόγηται, ἔφη. Καὶ μὴν καὶ τάδε B
ξυνεχωρήσαμεν, ὡς ὅταν δὴ καταστῶσιν οἱ ἄρχοντες,
ἄγοντες τοὺς στρατιώτας κατοικιοῦσιν εἰς οἰκήσεις οἵας
προείπομεν, ἴδιον μὲν οὐδὲν οὐδενὶ ἐχούσας, κοινὰς δὲ
πᾶσι. πρὸς δὲ ταῖς τοιαύταις οἰκήσεσι καὶ τὰς κτήσεις, εἰ
μνημονεύεις, διωμολογησάμεθά που οἷαι ἔσονται αὐτοῖς.
Ἀλλὰ μνημονεύω, ἔφη, ὅτι γε οὐδὲν οὐδένα ᾠόμεθα δεῖν
κεκτῆσθαι ὧν νῦν οἱ ἄλλοι, ὥσπερ δὲ ἀθλητάς τε πολέ-
μου καὶ φύλακας, μισθὸν τῆς φυλακῆς δεχομένους εἰς C
ἐνιαυτὸν τὴν εἰς ταῦτα τροφὴν παρὰ τῶν ἄλλων, αὐτῶν
τε δεῖν καὶ τῆς ἄλλης πόλεως ἐπιμελεῖσθαι. Ὀρθῶς, ἔφην,
λέγεις. ἀλλά[1] γ᾽ ἐπειδὴ τοῦτ᾽ ἀπετελέσαμεν, ἀναμνη-
σθῶμεν πόθεν δεῦρο ἐξετραπόμεθα, ἵνα πάλιν τὴν αὐτὴν
ἴωμεν. Οὐ χαλεπόν, ἔφη. σχεδὸν γάρ, καθάπερ νῦν,
ὡς διεληλυθὼς περὶ τῆς πόλεως τοὺς λόγους ἐποιοῦ, λέ-
γων, ὡς ἀγαθὴν μὲν τὴν τοιαύτην, οἵαν τότε διῆλθες,

---

[1] ἀλλά γ᾽ A: ἀλλ᾽ ἄγε Π.

D τιθείης πόλιν καὶ ἄνδρα τὸν ἐκείνῃ ὅμοιον, καὶ ταῦτα, ὡς
ἔοικας, καλλίω ἔτι ἔχων εἰπεῖν πόλιν τε καὶ ἄνδρα. ἀλλ'
544 | οὖν δὴ τὰς ἄλλας ἡμαρτημένας ἔλεγες, εἰ αὕτη ὀρθή. τῶν
δὲ λοιπῶν πολιτειῶν ἔφησθα, ὡς μνημονεύω, τέτταρα εἴδη
εἶναι, ὧν καὶ πέρι λόγον ἄξιον εἴη ἔχειν καὶ ἰδεῖν αὐτῶν
τὰ ἁμαρτήματα καὶ τοὺς ἐκείναις αὖ ὁμοίους, ἵνα πάντας
αὐτοὺς ἰδόντες καὶ ὁμολογησάμενοι τὸν ἄριστον καὶ τὸν
κάκιστον ἄνδρα ἐπισκεψαίμεθα, εἰ ὁ ἄριστος εὐδαιμονέ-
στατος καὶ ὁ κάκιστος ἀθλιώτατος ἢ ἄλλως ἔχοι· καὶ
B ἐμοῦ ἐρομένου, τίνας λέγοις τὰς τέτταρας πολιτείας, ἐν
τούτῳ ὑπέλαβε Πολέμαρχός τε καὶ Ἀδείμαντος, καὶ οὕτω
δὴ σὺ ἀναλαβὼν τὸν λόγον δεῦρ' ἀφῖξαι. Ὀρθότατα,
εἶπον, ἐμνημόνευσας. Πάλιν τοίνυν, ὥσπερ παλαιστής,
τὴν αὐτὴν λαβὴν πάρεχε, καὶ τὸ αὐτὸ ἐμοῦ ἐρομένου
πειρῶ εἰπεῖν, ἅπερ τότε ἔμελλες λέγειν. Ἐάνπερ, ἦν δ'
ἐγώ, δύνωμαι. Καὶ μήν, ἦ δ' ὅς, ἐπιθυμῶ καὶ αὐτὸς
ἀκοῦσαι, τίνας ἔλεγες τὰς τέτταρας πολιτείας. Οὐ χαλε-
C πῶς, ἦν δ' ἐγώ, ἀκούσει. εἰσὶ γὰρ ἃς λέγω, αἵπερ καὶ
ὀνόματα ἔχουσιν, ἥ τε ὑπὸ τῶν πολλῶν ἐπαινουμένη, ἡ
Κρητική τε καὶ Λακωνικὴ αὕτη· καὶ δευτέρα καὶ δευτέρως
ἐπαινουμένη, καλουμένη δ' ὀλιγαρχία, συχνῶν γέμουσα
κακῶν πολιτεία· ἥ τε ταύτῃ διάφορος καὶ ἐφεξῆς γιγνο-
μένη δημοκρατία, καὶ ἡ γενναία δὴ τυραννὶς καὶ[1] πασῶν
τούτων διαφέρουσα[2], τέταρτόν τε καὶ ἔσχατον πόλεως
νόσημα. ἢ τίνα ἄλλην ἔχεις ἰδέαν πολιτείας, ἥτις καὶ ἐν
D εἴδει διαφανεῖ τινι κεῖται; δυναστεῖαι γὰρ καὶ ὠνηταὶ
βασιλεῖαι καὶ τοιαῦταί τινες πολιτεῖαι μεταξύ τι τούτων
πού εἰσιν, εὕροι δ' ἄν τις αὐτὰς οὐκ ἐλάττους περὶ τοὺς
βαρβάρους ἢ τοὺς Ἕλληνας. Πολλαὶ γοῦν καὶ ἄτοποι,
ἔφη, λέγονται.

II. Οἶσθ' οὖν, ἦν δ' ἐγώ, ὅτι καὶ ἀνθρώπων εἴδη

---

[1] καὶ Π: καὶ ἡ Α.   [2] διαφέρουσα Ξ: διαφεύγουσα Α.

τοσαῦτα ἀνάγκη τρόπων εἶναι, ὅσαπερ καὶ πολιτειῶν; ἢ
οἴει ἐκ δρυός ποθεν ἢ ἐκ πέτρας τὰς πολιτείας γίγνεσθαι,
ἀλλ' οὐχὶ ἐκ τῶν ἠθῶν τῶν ἐν ταῖς πόλεσιν, ἃ ἂν ὥσπερ E
ῥέψαντα τἄλλα ἐφελκύσηται; Οὐδαμῶς ἔγωγ', ἔφη, ἄλλο-
θεν ἢ ἐντεῦθεν.   Οὐκοῦν εἰ τὰ τῶν πόλεων πέντε, καὶ αἱ
τῶν ἰδιωτῶν κατασκευαὶ τῆς ψυχῆς πέντε ἂν εἶεν.   Τί
μήν;   Τὸν μὲν δὴ τῇ ἀριστοκρατίᾳ ὅμοιον διεληλύθαμεν
ἤδη, ὃν ἀγαθόν τε καὶ δίκαιον ὀρθῶς φαμὲν εἶναι. | Διελη- 545
λύθαμεν.   Ἆρ' οὖν τὸ μετὰ τοῦτο διιτέον τοὺς χείρους,
τὸν φιλόνικόν τε καὶ φιλότιμον, κατὰ τὴν Λακωνικὴν
ἑστῶτα πολιτείαν, καὶ ὀλιγαρχικὸν αὖ καὶ δημοκρατικὸν
καὶ τὸν τυραννικόν, ἵνα τὸν ἀδικώτατον ἰδόντες ἀντιθῶμεν
τῷ δικαιοτάτῳ καὶ ἡμῖν τελέα ἡ σκέψις ᾖ, πῶς ποτὲ ἡ
ἄκρατος δικαιοσύνη πρὸς ἀδικίαν τὴν ἄκρατον ἔχει εὐ-
δαιμονίας τε πέρι τοῦ ἔχοντος καὶ ἀθλιότητος, ἵνα ἢ
Θρασυμάχῳ πειθόμενοι διώκωμεν ἀδικίαν ἢ τῷ νῦν B
προφαινομένῳ λόγῳ δικαιοσύνην; Παντάπασι μὲν οὖν,
ἔφη, οὕτω ποιητέον.   Ἆρ' οὖν ὥσπερ ἠρξάμεθα ἐν ταῖς
πολιτείαις πρότερον σκοπεῖν τὰ ἤθη ἢ ἐν τοῖς ἰδιώταις, ὡς
ἐναργέστερον ὄν, καὶ νῦν οὕτω πρῶτον μὲν τὴν φιλότιμον
σκεπτέον πολιτείαν (ὄνομα γὰρ οὐκ ἔχω λεγόμενον ἄλλο·
ἢ τιμοκρατίαν ἢ τιμαρχίαν αὐτὴν κλητέον·) πρὸς δὲ ταύτην
τὸν τοιοῦτον ἄνδρα σκεψόμεθα, ἔπειτα ὀλιγαρχίαν καὶ
ἄνδρα ὀλιγαρχικόν, αὖθις δὲ εἰς δημοκρατίαν ἀποβλέ- C
ψαντες θεασόμεθα ἄνδρα δημοκρατικόν, τὸ δὲ τέταρτον
εἰς τυραννουμένην πόλιν ἐλθόντες καὶ ἰδόντες, πάλιν εἰς
τυραννικὴν ψυχὴν βλέποντες, πειρασόμεθα περὶ ὧν προὐ-
θέμεθα ἱκανοὶ κριταὶ γενέσθαι; Κατὰ λόγον γέ τοι ἄν,
ἔφη, οὕτω γίγνοιτο ἥ τε θέα καὶ ἡ κρίσις.

III.   Φέρε τοίνυν, ἦν δ' ἐγώ, πειρώμεθα λέγειν, τίνα
τρόπον τιμοκρατία γένοιτ' ἂν ἐξ ἀριστοκρατίας. ἢ τόδε
μὲν ἁπλοῦν, ὅτι πᾶσα πολιτεία μεταβάλλει ἐξ αὐτοῦ τοῦ D
ἔχοντος τὰς ἀρχάς, ὅταν ἐν αὐτῷ τούτῳ στάσις ἐγγένηται·

ὁμονοοῦντος δέ, κἂν πάνυ ὀλίγον ᾖ, ἀδύνατον κινηθῆναι;
Ἔστι γὰρ οὕτω.　　Πῶς οὖν δή, εἶπον, ὦ Γλαύκων, ἡ πόλις
ἡμῖν κινηθήσεται, καὶ πῇ στασιάσουσιν οἱ ἐπίκουροι καὶ
οἱ ἄρχοντες πρὸς ἀλλήλους τε καὶ πρὸς ἑαυτούς; ἢ βούλει,
ὥσπερ Ὅμηρος, εὐχώμεθα ταῖς Μούσαις εἰπεῖν ἡμῖν,
E ὅπως δὴ πρῶτον στάσις ἔμπεσε, καὶ φῶμεν αὐτὰς
τραγικᾶς, ὡς πρὸς παῖδας ἡμᾶς παιζούσας καὶ ἐρεσχηλού-
σας, ὡς δὴ σπουδῇ λεγούσας, ὑψηλολογουμένας λέγειν;
546 Πῶς; Ὧδέ πως. | χαλεπὸν μὲν κινηθῆναι πόλιν οὕτω
ξυστᾶσαν· ἀλλ’ ἐπεὶ γενομένῳ παντὶ φθορά ἐστιν, οὐδ’ ἡ
τοιαύτη ξύστασις τὸν ἄπαντα μενεῖ χρόνον, ἀλλὰ λυθή-
σεται.　λύσις δὲ ἥδε· οὐ μόνον φυτοῖς ἐγγείοις, ἀλλὰ καὶ
ἐν ἐπιγείοις ζῴοις φορὰ καὶ ἀφορία ψυχῆς τε καὶ σωμάτων
γίγνονται, ὅταν περιτροπαὶ ἑκάστοις κύκλων περιφορὰς
συνάπτωσι, βραχυβίοις μὲν βραχυπόρους, ἐναντίοις δὲ
ἐναντίας· γένους δὲ ὑμετέρου εὐγονίας τε καὶ ἀφορίας,
B καίπερ ὄντες σοφοὶ οὓς ἡγεμόνας πόλεως ἐπαιδεύσασθε,
οὐδὲν μᾶλλον λογισμῷ μετ’ αἰσθήσεως τεύξονται, ἀλλὰ
πάρεισιν αὐτοὺς καὶ γεννήσουσι παῖδάς ποτε οὐ δέον.
ἔστι δὲ θείῳ μὲν γεννητῷ περίοδος, ἣν ἀριθμὸς περιλαμ-
βάνει τέλειος, ἀνθρωπείῳ δὲ ἐν ᾧ πρώτῳ αὐξήσεις δυνά-
μεναί τε καὶ δυναστευόμεναι, τρεῖς ἀποστάσεις, τέτταρας
δὲ ὅρους λαβοῦσαι ὁμοιούντων τε καὶ ἀνομοιούντων καὶ
C αὐξόντων καὶ φθινόντων, πάντα προσήγορα καὶ ῥητὰ
πρὸς ἄλληλα ἀπέφηναν· ὧν ἐπίτριτος πυθμὴν πεμπάδι
συζυγεὶς δύο ἁρμονίας παρέχεται τρὶς αὐξηθείς, τὴν μὲν
ἴσην ἰσάκις, ἑκατὸν τοσαυτάκις, τὴν δὲ ἰσομήκη μὲν τῇ,
προμήκη δέ, ἑκατὸν μὲν ἀριθμῶν ἀπὸ διαμέτρων ῥητῶν
πεμπάδος, δεομένων ἑνὸς ἑκάστων, ἀρρήτων δὲ δυοῖν,
ἑκατὸν δὲ κύβων τριάδος. ξύμπας δὲ οὗτος, ἀριθμὸς
γεωμετρικός, τοιούτου κύριος, ἀμεινόνων τε καὶ χειρόνων
D γενέσεων, ἃς ὅταν ἀγνοήσαντες ὑμῖν οἱ φύλακες συνοικί-
ζωσιν νύμφας νυμφίοις παρὰ καιρόν, οὐκ εὐφυεῖς οὐδ’

εὐτυχεῖς παῖδες ἔσονται· ὧν καταστήσουσι[1] μὲν τοὺς ἀρί-
στους οἱ πρότεροι, ὅμως δὲ ὄντες ἀνάξιοι, εἰς τὰς τῶν
πατέρων αὖ δυνάμεις ἐλθόντες, ἡμῶν πρῶτον ἄρξονται
ἀμελεῖν φύλακες ὄντες, παρ᾽ ἔλαττον τοῦ δέοντος ἡγησά-
μενοι τὰ μουσικῆς, δεύτερον δὲ τὰ γυμναστικῆς· ὅθεν
ἀμουσότεροι γενήσονται ἡμῖν[2] οἱ νέοι. ἐκ δὲ τούτων ἄρ-
χοντες οὐ πάνυ φυλακικοὶ καταστήσονται πρὸς τὸ δοκι- Ε
μάζειν τὰ Ἡσιόδου | τε καὶ τὰ παρ᾽ ὑμῖν γένη, χρυσοῦν τε 547
καὶ ἀργυροῦν καὶ χαλκοῦν καὶ σιδηροῦν· ὁμοῦ δὲ μιγέντος
σιδήρου ἀργύρῳ[3] καὶ χαλκοῦ χρυσῷ ἀνομοιότης ἐγγενή-
σεται καὶ ἀνωμαλία ✻ἀνάρμοστος, ἃ γενόμενα, οὗ ἂν
ἐγγένηται, ἀεὶ τίκτει πόλεμον καὶ ἔχθραν. ταύτης τοι
γενεᾶς χρὴ φάναι εἶναι στάσιν, ὅπου ἂν γίγνηται ἀεί.
Καὶ ὀρθῶς γ᾽, ἔφη, αὐτὰς ἀποκρίνεσθαι φήσομεν. Καὶ
γάρ, ἦν δ᾽ ἐγώ, ἀνάγκη Μούσας γε οὔσας. Τί οὖν, ἦ δ᾽ ὅς,
τὸ μετὰ τοῦτο λέγουσιν αἱ Μοῦσαι; Στάσεως, ἦν δ᾽ ἐγώ, Β
γενομένης εἱλκέτην ἄρα ἑκατέρω τὼ γένει[4], τὸ μὲν σιδηροῦν
καὶ χαλκοῦν ἐπὶ χρηματισμὸν καὶ γῆς κτῆσιν καὶ οἰκίας
χρυσίου τε καὶ ἀργύρου, τὼ δ᾽ αὖ, τὸ[5] χρυσοῦν τε καὶ
ἀργυροῦν[6], ἅτε οὐ πενομένω, ἀλλὰ φύσει ὄντε πλουσίω τὰς
ψυχάς, ἐπὶ τὴν ἀρετὴν καὶ τὴν ἀρχαίαν κατάστασιν
ἡγέτην· βιαζομένων δὲ καὶ ἀντιτεινόντων ἀλλήλοις, εἰς
μέσον ὡμολόγησαν γῆν μὲν καὶ οἰκίας κατανειμαμένους
ἰδιώσασθαι, τοὺς δὲ πρὶν φυλαττομένους ὑπ᾽ αὐτῶν ὡς C
ἐλευθέρους, φίλους τε καὶ τροφέας, δουλωσάμενοι τότε,
περιοίκους τε καὶ οἰκέτας ἔχοντες, αὐτοὶ πολέμου τε καὶ
φυλακῆς αὐτῶν ἐπιμελεῖσθαι. Δοκεῖ μοι, ἔφη, αὕτη ἡ
μετάβασις ἐντεῦθεν γίγνεσθαι. Οὐκοῦν, ἦν δ᾽ ἐγώ, ἐν

✻ incongruous irregularity.

---

[1] καταστήσουσι v: καταστήσονται Α.   [2] ἡμῖν Α: ὑμῖν Π.   [3] σιδήρου
ἀργύρῳ Π: σιδήρου ἀργυρῷ Α.   [4] τὼ γένει Π: τῷ γένει Α[1]: τῷ γένεε Α[2].
[5] τὼ δ᾽ αὖ, τὸ Schneider: τὼ δ᾽ αὖ τὸ (τὸ erasum) Μ: τὸ δ᾽ αὐτὸ Α.
[6] ἀργυροῦν Ξ: ἀργύρεον Α[1]: ἀργύρουν ὂν corr. Α[2].

μέσῳ τις ἂν εἴη ἀριστοκρατίας τε καὶ ὀλιγαρχίας αὕτη ἡ
πολιτεία; Πάνυ μὲν οὖν.

IV. Μεταβήσεται μὲν δὴ οὕτω· μεταβᾶσα δὲ πῶς
D οἰκήσει; ἢ φανερὸν ὅτι τὰ μὲν μιμήσεται τὴν προτέραν
πολιτείαν, τὰ δὲ τὴν ὀλιγαρχίαν, ἅτ᾽ ἐν μέσῳ οὖσα, τὸ δέ
τι καὶ αὐτῆς ἕξει ἴδιον; Οὕτως, ἔφη. Οὐκοῦν τῷ μὲν
τιμᾶν τοὺς ἄρχοντας καὶ γεωργιῶν ἀπέχεσθαι τὸ προπο-
λεμοῦν αὐτῆς καὶ χειροτεχνιῶν καὶ τοῦ ἄλλου χρηματισμοῦ,
ξυσσίτια δὲ κατεσκευάσθαι καὶ γυμναστικῆς τε καὶ τῆς τοῦ
πολέμου ἀγωνίας ἐπιμελεῖσθαι, πᾶσι τοῖς τοιούτοις τὴν
προτέραν μιμήσεται; Ναί. Τῷ δέ γε φοβεῖσθαι τοὺς
E σοφοὺς ἐπὶ τὰς ἀρχὰς ἄγειν, ἅτε οὐκέτι κεκτημένη[1] ἁπλοῦς
τε καὶ ἀτενεῖς τοὺς τοιούτους ἄνδρας ἀλλὰ μεικτούς, ἐπὶ
δὲ θυμοειδεῖς τε καὶ ἁπλουστέρους ἀποκλίνειν, τοὺς πρὸς
548 πόλεμον μᾶλλον πεφυκότας ἢ πρὸς εἰρήνην, | καὶ τοὺς περὶ
ταῦτα δόλους τε καὶ μηχανὰς ἐντίμως ἔχειν, καὶ πολεμοῦσα
τὸν ἀεὶ χρόνον διάγειν, αὐτὴ ἑαυτῆς αὖ τὰ πολλὰ τῶν
τοιούτων ἴδια ἕξει; Ναί. Ἐπιθυμηταὶ δέ γε, ἦν δ᾽ ἐγώ,
χρημάτων οἱ τοιοῦτοι ἔσονται, ὥσπερ οἱ ἐν ταῖς ὀλι-
γαρχίαις, καὶ τιμῶντες ἀγρίως ὑπὸ σκότου χρυσόν τε καὶ
ἄργυρον, ἅτε κεκτημένοι ταμιεῖα καὶ οἰκείους θησαυρούς, οἷ
θέμενοι ἂν αὐτὰ κρύψειαν, καὶ αὖ περιβόλους οἰκήσεων,
B ἀτεχνῶς νεοττιὰς ἰδίας, ἐν αἷς ἀναλίσκοντες γυναιξί τε καὶ
οἷς ἐθέλοιεν ἄλλοις πολλὰ ἂν δαπανῷντο. Ἀληθέστατα,
ἔφη. Οὐκοῦν καὶ φειδωλοὶ χρημάτων, ἅτε τιμῶντες καὶ
οὐ[2] φανερῶς κτώμενοι, φιλαναλωταὶ δὲ ἀλλοτρίων δι᾽
ἐπιθυμίαν, καὶ λάθρᾳ τὰς ἡδονὰς καρπούμενοι, ὥσπερ
παῖδες πατέρα τὸν νόμον ἀποδιδράσκοντες, οὐχ ὑπὸ πει-
θοῦς, ἀλλ᾽ ὑπὸ βίας πεπαιδευμένοι διὰ τὸ τῆς ἀληθινῆς
Μούσης, τῆς μετὰ λόγων τε καὶ φιλοσοφίας, ἠμεληκέναι
C καὶ πρεσβυτέρως γυμναστικὴν μουσικῆς τετιμηκέναι. Παν-
τάπασιν, ἔφη, λέγεις μεμιγμένην πολιτείαν ἐκ κακοῦ τε

---

[1] κεκτημένη Bekker: κεκτημένην Α.   [2] οὐ Π : erasum est in A.

καὶ ἀγαθοῦ. Μέμικται γάρ, ἦν δ' ἐγώ· διαφανέστατον δ'
ἐν αὐτῇ ἐστὶν ἕν τι μόνον ὑπὸ τοῦ θυμοειδοῦς κρατοῦντος,
φιλονικίαι καὶ φιλοτιμίαι. Σφόδρα γε, ἦ δ' ὅς. Οὐκοῦν,
ἦν δ' ἐγώ, αὕτη μὲν ἡ πολιτεία οὕτω γεγονυῖα καὶ τοιαύτη
ἄν τις εἴη, ὡς λόγῳ σχῆμα πολιτείας ὑπογράψαντα μὴ D
ἀκριβῶς ἀπεργάσασθαι διὰ τὸ ἐξαρκεῖν μὲν ἰδεῖν καὶ ἐκ
τῆς ὑπογραφῆς τόν τε δικαιότατον καὶ τὸν ἀδικώτατον,
ἀμήχανον δὲ μήκει ἔργον εἶναι πάσας μὲν πολιτείας, πάντα
δὲ ἤθη μηδὲν παραλιπόντα διελθεῖν. Καὶ ὀρθῶς, ἔφη.

V. Τίς οὖν ὁ κατὰ ταύτην τὴν πολιτείαν ἀνήρ; πῶς
τε γενόμενος ποῖός τέ τις ὤν; Οἶμαι μέν, ἔφη ὁ Ἀδείμαν-
τος, ἐγγύς τι αὐτὸν Γλαύκωνος τουτουὶ τείνειν ἕνεκά γε
φιλονικίας. Ἴσως, ἦν δ' ἐγώ, τοῦτό γε· ἀλλά μοι δοκεῖ
τάδε οὐ κατὰ τοῦτον πεφυκέναι. Τὰ ποῖα; Αὐθαδέστερόν τε E
δεῖ αὐτόν, ἦν δ' ἐγώ, εἶναι καὶ ὑποαμουσότερον, φιλόμουσον
δέ, καὶ φιλήκοον μέν, ῥητορικὸν δ' οὐδαμῶς. καὶ δούλοις
| μέν τις ἂν[1] ἄγριος εἴη ὁ τοιοῦτος, οὐ καταφρονῶν δούλων, 549
ὥσπερ ὁ ἱκανῶς πεπαιδευμένος, ἐλευθέροις δὲ ἥμερος, ἀρ-
χόντων δὲ σφόδρα ὑπήκοος, φίλαρχος δὲ καὶ φιλότιμος,
οὐκ ἀπὸ τοῦ λέγειν ἀξιῶν ἄρχειν οὐδ' ἀπὸ τοιούτου οὐδενός,
ἀλλ' ἀπὸ ἔργων τῶν τε πολεμικῶν καὶ τῶν περὶ τὰ πολεμικά,
φιλογυμναστής τέ τις ὢν καὶ φιλόθηρος. Ἔστι γάρ, ἔφη,
τοῦτο τὸ ἦθος ἐκείνης τῆς πολιτείας. Οὐκοῦν καὶ χρημά-
των, ἦν δ' ἐγώ, ὁ τοιοῦτος νέος μὲν ὢν καταφρονοῖ ἄν, ὅσῳ B
δὲ πρεσβύτερος γίγνοιτο, μᾶλλον ἀεὶ ἀσπάζοιτο ἂν τῷ τε
μετέχειν τῆς τοῦ φιλοχρημάτου φύσεως καὶ μὴ εἶναι
εἰλικρινὴς πρὸς ἀρετὴν διὰ τὸ ἀπολειφθῆναι τοῦ ἀρίστου
φύλακος; Τίνος; ἦ δ' ὃς ὁ Ἀδείμαντος. Λόγου, ἦν δ'
ἐγώ, μουσικῇ κεκραμένου· ὃς μόνος ἐγγενόμενος σωτὴρ
ἀρετῆς διὰ βίου ἐνοικεῖ τῷ ἔχοντι. Καλῶς, ἔφη, λέγεις.
Καὶ ἔστι μέν γ', ἦν δ' ἐγώ, τοιοῦτος ὁ τιμοκρατικὸς

---

[1] τις ἂν v et fortasse A¹: τις A².

νεανίας, τῇ τοιαύτῃ πόλει ἐοικώς. Πάνυ μὲν οὖν. Γίγ-
C νεται δέ γ’, εἶπον, οὗτος ὧδέ πως, ἐνίοτε πατρὸς ἀγαθοῦ ὢν
νέος ὑὸς ἐν πόλει οἰκοῦντος οὐκ εὖ πολιτευομένῃ, φεύγοντος
τάς τε τιμὰς καὶ ἀρχὰς καὶ δίκας καὶ τὴν τοιαύτην πᾶσαν
φιλοπραγμοσύνην καὶ ἐθέλοντος ἐλαττοῦσθαι, ὥστε πράγ-
ματα μὴ ἔχειν. Πῇ δή, ἔφη, γίγνεται; Ὅταν, ἦν δ’ ἐγώ,
πρῶτον μὲν τῆς μητρὸς ἀκούῃ, ἀχθομένης ὅτι οὐ τῶν
D ἀρχόντων αὐτῇ ὁ ἀνήρ ἐστιν, καὶ ἐλαττουμένης διὰ ταῦτα
ἐν ταῖς ἄλλαις γυναιξίν, ἔπειτα ὁρώσης μὴ σφόδρα περὶ
χρήματα σπουδάζοντα μηδὲ μαχόμενον καὶ λοιδορούμενον
ἰδίᾳ τε ἐν δικαστηρίοις[1] καὶ δημοσίᾳ, ἀλλὰ ῥᾳθύμως
πάντα τὰ τοιαῦτα φέροντα, καὶ ἑαυτῷ μὲν τὸν νοῦν
προσέχοντα ἀεί, ἑαυτὴν δὲ μήτε πάνυ τιμῶντα μήτε
ἀτιμάζοντα, ἐξ ἁπάντων τούτων ἀχθομένης τε αἰσθάνηται[2]
καὶ λεγούσης, ὡς ἄνανδρός τε αὐτῷ ὁ πατὴρ καὶ λίαν
E ἀνειμένος, καὶ ἄλλα δὴ ὅσα καὶ οἷα φιλοῦσιν αἱ γυναῖκες
περὶ τῶν τοιούτων ὑμνεῖν. Καὶ μάλ’, ἔφη ὁ Ἀδείμαντος,
πολλά τε καὶ ὅμοια ἑαυταῖς. Οἶσθα οὖν, ἦν δ’ ἐγώ, ὅτι
καὶ οἱ οἰκέται τῶν τοιούτων ἐνίοτε λάθρᾳ πρὸς τοὺς ὑεῖς
τοιαῦτα λέγουσιν, οἱ δοκοῦντες εὖνοι εἶναι, καὶ ἐάν τινα
ἴδωσιν ἢ ὀφείλοντα χρήματα, ᾧ μὴ ἐπεξέρχεται ὁ πατήρ, ἤ
τι ἄλλο ἀδικοῦντα, διακελεύονται, ὅπως ἐπειδὰν ἀνὴρ
550 γένηται, τιμωρήσεται πάντας τοὺς | τοιούτους καὶ ἀνὴρ μᾶλ-
λον ἔσται τοῦ πατρός. καὶ ἐξιὼν ἕτερα τοιαῦτα ἀκούει[3] καὶ
ὁρᾷ, τοὺς μὲν τὰ αὑτῶν πράττοντας ἐν τῇ πόλει ἠλιθίους
τε καλουμένους καὶ ἐν σμικρῷ λόγῳ ὄντας, τοὺς δὲ μὴ τὰ
αὑτῶν τιμωμένους τε καὶ ἐπαινουμένους. τότε δὴ ὁ νέος
πάντα τὰ τοιαῦτα ἀκούων τε καὶ ὁρῶν, καὶ αὖ τοὺς[4] τοῦ
πατρὸς λόγους ἀκούων τε καὶ ὁρῶν τὰ ἐπιτηδεύματα αὐτοῦ
ἐγγύθεν παρὰ τὰ τῶν ἄλλων, ἑλκόμενος ὑπ’ ἀμφοτέρων

---

[1] ἐν δικαστηρίοις codd.: seclusit Vermehren, nescio an recte.　　　[2] αἰσ-
θάνηται post τε nos dedimus: post ἀεί codd.　　　[3] ἀκούει Ξ: ἀκούῃ Α.
[4] αὖ τοὺς Ξ: αὑτοὺς Α¹: αὑτοὺς τοὺς Α².

τούτων, τοῦ μὲν πατρὸς αὐτοῦ τὸ λογιστικὸν ἐν τῇ ψυχῇ Β
ἄρδοντός τε καὶ αὔξοντος, τῶν δὲ ἄλλων τό τε ἐπιθυμητι-
κὸν καὶ τὸ θυμοειδές, διὰ τὸ μὴ κακοῦ ἀνδρὸς εἶναι τὴν
φύσιν, ὁμιλίαις δὲ ταῖς τῶν ἄλλων κακαῖς κεχρῆσθαι, εἰς
τὸ μέσον ἑλκόμενος ὑπ' ἀμφοτέρων τούτων ἦλθε, καὶ τὴν
ἐν ἑαυτῷ ἀρχὴν παρέδωκε τῷ μέσῳ τε καὶ φιλονίκῳ καὶ
θυμοειδεῖ, καὶ ἐγένετο ὑψηλόφρων τε καὶ φιλότιμος ἀνήρ.
Κομιδῇ μοι, ἔφη, δοκεῖς τὴν τούτου γένεσιν διεληλυθέναι.
Ἔχομεν ἄρα, ἦν δ' ἐγώ, τήν τε δευτέραν πολιτείαν καὶ τὸν C
δεύτερον ἄνδρα; Ἔχομεν, ἔφη.

VI. Οὐκοῦν μετὰ τοῦτο, τὸ τοῦ Αἰσχύλου, λέγωμεν
ἄλλον ἄλλῃ πρὸς πόλει τεταγμένον, μᾶλλον δὲ κατὰ
τὴν ὑπόθεσιν προτέραν τὴν πόλιν; Πάνυ μὲν οὖν, ἔφη.
Εἴη δέ γ' ἄν, ὡς ἐγῷμαι, ὀλιγαρχία ἡ μετὰ τὴν τοιαύτην[1]
πολιτείαν. Λέγεις δέ, ἦ δ' ὅς, τὴν ποίαν κατάστασιν
ὀλιγαρχίαν; Τὴν ἀπὸ τιμημάτων, ἦν δ' ἐγώ, πολιτείαν,
ἐν ᾗ οἱ μὲν πλούσιοι ἄρχουσιν, πένητι δὲ οὐ μέτεστιν D
ἀρχῆς. Μανθάνω, ἦ δ' ὅς. Οὐκοῦν ὡς μεταβαίνει πρῶτον
ἐκ τῆς τιμαρχίας εἰς τὴν ὀλιγαρχίαν, ῥητέον; Ναί. Καὶ
μήν, ἦν δ' ἐγώ, καὶ τυφλῷ γε δῆλον, ὡς μεταβαίνει. Πῶς;
Τὸ ταμιεῖον, ἦν δ' ἐγώ, ἐκεῖνο ἑκάστῳ χρυσίου πληρούμενον
ἀπόλλυσι τὴν τοιαύτην πολιτείαν. πρῶτον μὲν γὰρ δαπά-
νας αὑτοῖς ἐξευρίσκουσιν, καὶ τοὺς νόμους ἐπὶ τοῦτο
παράγουσιν, ἀπειθοῦντες αὐτοί τε καὶ γυναῖκες αὐτῶν[2]. Ε
Εἰκός, ἔφη. Ἔπειτά γε, οἶμαι, ἄλλος ἄλλον ὁρῶν καὶ εἰς
ζῆλον ἰὼν τὸ πλῆθος τοιοῦτον αὐτῶν ἀπειργάσαντο. Εἰκός.
Τοὐντεῦθεν τοίνυν, εἶπον, προϊόντες εἰς τὸ πρόσθεν τοῦ
χρηματίζεσθαι, ὅσῳ ἂν τοῦτο τιμιώτερον ἡγῶνται, τοσούτῳ
ἀρετὴν ἀτιμοτέραν. ἢ οὐχ οὕτω πλούτου ἀρετὴ διέστηκεν,
ὥσπερ ἐν πλάστιγγι ζυγοῦ κειμένου ἑκατέρου ἀεὶ τοὐναν-
τίον ῥέποντε; Καὶ μάλ', ἔφη. Τιμωμένου δὴ | πλούτου ἐν 551

---

[1] τοιαύτην Π et in marg. A.   [2] αὐτῶν Π: αὐτῷ A.

πόλει καὶ τῶν πλουσίων ἀτιμοτέρα ἀρετή τε καὶ οἱ ἀγαθοί.
Δῆλον. Ἀσκεῖται δὴ τὸ ἀεὶ τιμώμενον, ἀμελεῖται δὲ τὸ
ἀτιμαζόμενον. Οὕτω. Ἀντὶ δὴ φιλονίκων καὶ φιλοτίμων
ἀνδρῶν φιλοχρηματισταὶ καὶ φιλοχρήματοι τελευτῶντες
ἐγένοντο, καὶ τὸν μὲν πλούσιον ἐπαινοῦσίν τε καὶ θαυμά-
ζουσι καὶ εἰς τὰς ἀρχὰς ἄγουσι, τὸν δὲ πένητα ἀτιμάζουσι.
Πάνυ γε. Οὐκοῦν τότε δὴ νόμον τίθενται ὅρον πολιτείας
B ὀλιγαρχικῆς, ταξάμενοι πλῆθος χρημάτων, οὗ μὲν μᾶλλον
ὀλιγαρχία, πλέον, οὗ δ' ἧττον, ἔλαττον, προειπόντες ἀρχῶν
μὴ μετέχειν, ᾧ ἂν μὴ ᾖ[1] οὐσία εἰς τὸ ταχθὲν τίμημα, ταῦτα
δὲ ἢ βίᾳ μεθ' ὅπλων διαπράττονται, ἢ καὶ πρὸ τούτου
φοβήσαντες κατεστήσαντο τὴν τοιαύτην πολιτείαν. ἢ
οὐχ οὕτως; Οὕτω μὲν οὖν. Ἡ μὲν δὴ κατάστασις, ὡς
ἔπος εἰπεῖν, αὕτη. Ναί, ἔφη· ἀλλὰ τίς δὴ ὁ τρόπος τῆς
C πολιτείας; καὶ ποῖά ἐστιν ἃ ἔφαμεν αὐτὴν ἁμαρτήματα
ἔχειν;

VII. Πρῶτον μέν, ἔφην, τοῦτο αὐτό, ὅρος αὐτῆς οἷός
ἐστιν. ἄθρει γάρ, εἰ νεῶν οὕτω τις ποιοῖτο κυβερνήτας,
ἀπὸ τιμημάτων, τῷ δὲ πένητι, εἰ καὶ κυβερνητικώτερος
εἴη, μὴ ἐπιτρέποι. Πονηράν, ἦ δ' ὅς[2], τὴν ναυτιλίαν αὐ-
τοὺς ναυτίλλεσθαι. Οὐκοῦν καὶ περὶ ἄλλου οὕτως ὁτου-
οῦν[3] ἀρχῆς; Οἶμαι ἔγωγε. Πλὴν πόλεως; ἦν δ' ἐγώ, ἢ
καὶ πόλεως πέρι; Πολύ γ', ἔφη, μάλιστα, ὅσῳ χαλεπωτάτη
D καὶ μεγίστη ἡ ἀρχή. Ἐν μὲν δὴ τοῦτο τοσοῦτον ὀλιγαρχία
ἂν ἔχοι ἁμάρτημα. Φαίνεται. Τί δέ; τόδε ἆρά τι τούτου
ἔλαττον; Τὸ ποῖον; Τὸ μὴ μίαν ἀλλὰ δύο ἀνάγκη[4] εἶναι
τὴν τοιαύτην πόλιν, τὴν μὲν πενήτων, τὴν δὲ πλουσίων,
οἰκοῦντας ἐν τῷ αὐτῷ, ἀεὶ ἐπιβουλεύοντας ἀλλήλοις.
Οὐδὲν μὰ Δί', ἔφη, ἔλαττον. Ἀλλὰ μὴν οὐδὲ τόδε[5]
καλόν, τὸ ἀδυνάτους εἶναι ἴσως πόλεμόν τινα πολεμεῖν

---

[1] ᾖ Π: ἢ A.   [2] ἦ δ' ὅς codd.: εἰκὸς coniecit Ast.   [3] ὁτουοῦν
Ficinus: ὁτουοῦν ἤ τινος A.   [4] ἀνάγκη Ast: ἀνάγκη A.   [5] Ita Π:
ἀλλὰ μὴν οὐδὲ A[1]: καὶ μὴν οὐδὲ τόδε A[2].

διὰ τὸ ἀναγκάζεσθαι ἢ χρωμένους τῷ πλήθει ὡπλισμένῳ
δεδιέναι μᾶλλον ἢ τοὺς πολεμίους, ἢ μὴ χρωμένους ὡς E
ἀληθῶς ὀλιγαρχικοὺς φανῆναι ἐν αὐτῷ τῷ μάχεσθαι, καὶ
ἅμα χρήματα μὴ ἐθέλειν εἰσφέρειν, ἅτε φιλοχρημάτους.
Οὐ καλόν. Τί δέ; ὃ πάλαι ἐλοιδοροῦμεν, τὸ πολυπραγ-
μονεῖν γεωργοῦντας καὶ χρηματιζομένους | καὶ πολεμοῦντας 552
ἅμα τοὺς αὐτοὺς ἐν τῇ τοιαύτῃ πολιτείᾳ, ἦ·δοκεῖ ὀρθῶς
ἔχειν; Οὐδ' ὁπωστιοῦν. Ὅρα δή, τούτων πάντων τῶν
κακῶν εἰ τόδε μέγιστον αὕτη πρώτη παραδέχεται. Τὸ
ποῖον; Τὸ ἐξεῖναι πάντα τὰ αὑτοῦ ἀποδόσθαι καὶ ἄλλῳ
κτήσασθαι τὰ τούτου, καὶ ἀποδόμενον οἰκεῖν ἐν τῇ πόλει
μηδὲν ὄντα τῶν τῆς πόλεως μερῶν, μήτε χρηματιστὴν
μήτε δημιουργὸν μήτε ἱππέα μήτε ὁπλίτην, ἀλλὰ πένητα
καὶ ἄπορον κεκλημένον. Πρώτη, ἔφη. οὔκουν διακωλύεταί B
γε ἐν ταῖς ὀλιγαρχουμέναις τὸ τοιοῦτον· οὐ γὰρ ἂν οἱ μὲν
ὑπέρπλουτοι ἦσαν, οἱ δὲ παντάπασι πένητες. Ὀρθῶς.
τόδε δὲ ἄθρει· ἆρα ὅτε πλούσιος ὢν ἀνήλισκεν ὁ τοιοῦτος,
μᾶλλόν τι τότ' ἦν ὄφελος τῇ πόλει εἰς ἃ νῦν δὴ ἐλέγομεν;
ἢ ἐδόκει μὲν τῶν ἀρχόντων εἶναι, τῇ δὲ ἀληθείᾳ οὔτε
ἄρχων οὔτε ὑπηρέτης ἦν αὐτῆς, ἀλλὰ τῶν ἑτοίμων ἀναλω-
τής; Οὕτως, ἔφη· ἐδόκει, ἦν δὲ οὐδὲν ἄλλο ἢ ἀναλωτής. C
Βούλει οὖν, ἦν δ' ἐγώ, φῶμεν αὐτόν, ὡς ἐν κηρίῳ κηφὴν
ἐγγίγνεται, σμήνους νόσημα, οὕτω καὶ τὸν τοιοῦτον ἐν
οἰκίᾳ κηφῆνα ἐγγίγνεσθαι, νόσημα πόλεως; Πάνυ μὲν
οὖν, ἔφη, ὦ Σώκρατες. Οὐκοῦν, ὦ Ἀδείμαντε, τοὺς μὲν
πτηνοὺς κηφῆνας πάντας ἀκέντρους ὁ θεὸς πεποίηκεν,
τοὺς δὲ πεζοὺς τούτους ἐνίους μὲν αὐτῶν ἀκέντρους, ἐνίους
δὲ δεινὰ κέντρα ἔχοντας; καὶ ἐκ μὲν τῶν ἀκέντρων πτωχοὶ
πρὸς τὸ γῆρας τελευτῶσιν, ἐκ δὲ τῶν κεκεντρωμένων D
πάντες ὅσοι κέκληνται κακοῦργοι; Ἀληθέστατα, ἔφη.
Δῆλον ἄρα, ἦν δ' ἐγώ, ἐν πόλει, οὗ ἂν ἴδῃς πτωχούς, ὅτι
εἰσί που ἐν τούτῳ τῷ τόπῳ ἀποκεκρυμμένοι κλέπται τε
καὶ βαλλαντιοτόμοι καὶ ἱερόσυλοι καὶ πάντων τῶν τοιού-

τῶν κακῶν δημιουργοί. Δῆλον, ἔφη[1]. Τί οὖν; ἐν ταῖς
ὀλιγαρχουμέναις πόλεσι πτωχοὺς οὐχ ὁρᾷς ἐνόντας;
Ὀλίγου γ᾽, ἔφη, πάντας τοὺς ἐκτὸς τῶν ἀρχόντων. Μὴ
E οὖν οἰώμεθα, ἔφην ἐγώ, καὶ κακούργους πολλοὺς ἐν αὐταῖς
εἶναι κέντρα ἔχοντας, οὓς ἐπιμελείᾳ βίᾳ κατέχουσιν αἱ
ἀρχαί; Οἰώμεθα μὲν οὖν, ἔφη. Ἆρ᾽ οὖν οὐ δι᾽ ἀπαιδευ-
σίαν καὶ κακὴν τροφὴν καὶ κατάστασιν τῆς πολιτείας
φήσομεν τοὺς τοιούτους αὐτόθι ἐγγίγνεσθαι; Φήσομεν.
Ἀλλ᾽ οὖν δὴ τοιαύτη γέ τις ἂν εἴη ἡ ὀλιγαρχουμένη πόλις
καὶ τοσαῦτα κακὰ ἔχουσα, ἴσως δὲ καὶ πλείω. Σχεδόν τι,
553 ἔφη. Ἀπειρ|γάσθω δὴ ἡμῖν καὶ αὕτη, ἦν δ᾽ ἐγώ, ἡ πολιτεία,
ἣν ὀλιγαρχίαν καλοῦσιν, ἐκ τιμημάτων ἔχουσα τοὺς
ἄρχοντας· τὸν δὲ ταύτῃ ὅμοιον μετὰ ταῦτα σκοπῶμεν, ὥς
τε γίγνεται οἷός τε γενόμενος ἔστιν. Πάνυ μὲν οὖν, ἔφη.

VIII. Ἆρ᾽ οὖν ὧδε μάλιστα εἰς ὀλιγαρχικὸν ἐκ τοῦ
τιμοκρατικοῦ ἐκείνου μεταβάλλει; Πῶς; Ὅταν αὐτοῦ
παῖς γενόμενος τὸ μὲν πρῶτον ζηλοῖ τε τὸν πατέρα καὶ τὰ
ἐκείνου ἴχνη διώκῃ, ἔπειτα αὐτὸν ἴδῃ ἐξαίφνης πταίσαντα
B ὥσπερ πρὸς ἕρματι πρὸς τῇ πόλει, καὶ ἐκχέαντα τά τε
αὑτοῦ καὶ ἑαυτόν, ἢ στρατηγήσαντα ἤ τιν᾽[2] ἄλλην μεγάλην
ἀρχὴν ἄρξαντα, εἶτα εἰς δικαστήριον ἐμπεσόντα, βλαπτό-
μενον ὑπὸ συκοφαντῶν, ἢ ἀποθανόντα ἢ ἐκπεσόντα ἢ
ἀτιμωθέντα καὶ τὴν οὐσίαν ἅπασαν ἀποβαλόντα. Εἰκός
γ᾽, ἔφη. Ἰδὼν δέ γε, ὦ φίλε, ταῦτα καὶ παθὼν καὶ
ἀπολέσας τὰ ὄντα δείσας, οἶμαι, εὐθὺς ἐπὶ κεφαλὴν ὠθεῖ
C ἐκ τοῦ θρόνου τοῦ ἐν τῇ ἑαυτοῦ ψυχῇ φιλοτιμίαν τε καὶ
τὸ θυμοειδὲς ἐκεῖνο, καὶ ταπεινωθεὶς ὑπὸ πενίας πρὸς
χρηματισμὸν τραπόμενος γλίσχρως καὶ κατὰ σμικρὸν
φειδόμενος καὶ ἐργαζόμενος χρήματα ξυλλέγεται[3]. ἆρ᾽
οὐκ οἴει τὸν τοιοῦτον τότε εἰς μὲν τὸν θρόνον ἐκεῖνον τὸ[4]
ἐπιθυμητικόν τε καὶ φιλοχρήματον ἐγκαθίζειν καὶ μέγαν

---

[1] δῆλον, ἔφη Π: om. A.　　[2] ἤ τιν᾽ Ξq: ἢ τὴν A.　　[3] ξυλλέγεται Ξq[2]:
ξυλλέγηται A.　　[4] τὸ Ξq: τὸν A.

βασιλέα ποιεῖν ἐν ἑαυτῷ, τιάρας τε καὶ στρεπτοὺς καὶ
ἀκινάκας παραζωννύντα; Ἔγωγ᾽, ἔφη. Τὸ δέ γε, οἶμαι,
λογιστικόν τε καὶ θυμοειδὲς χαμαὶ ἔνθεν καὶ ἔνθεν παρα- D
καθίσας ὑπ᾽ ἐκείνῳ καὶ καταδουλωσάμενος, τὸ μὲν οὐδὲν
ἄλλο ἐᾷ λογίζεσθαι οὐδὲ σκοπεῖν ἀλλ᾽ ἢ ὁπόθεν ἐξ
ἐλαττόνων χρημάτων πλείω ἔσται, τὸ δὲ αὖ θαυμάζειν
καὶ τιμᾶν μηδὲν ἄλλο ἢ πλοῦτόν τε καὶ πλουσίους, καὶ
φιλοτιμεῖσθαι μηδ᾽ ἐφ᾽ ἑνὶ ἄλλῳ ἢ ἐπὶ χρημάτων κτήσει
καὶ ἐάν τι ἄλλο εἰς τοῦτο φέρῃ. Οὐκ ἔστ᾽ ἄλλη, ἔφη,
μεταβολὴ οὕτω ταχεῖά τε καὶ ἰσχυρὰ ἐκ φιλοτίμου νέου
εἰς φιλοχρήματον. Ἆρ᾽ οὖν οὗτος, ἦν δ᾽ ἐγώ, ὀλιγαρχικός E
ἐστιν; Ἡ γοῦν μεταβολὴ αὐτοῦ ἐξ ὁμοίου ἀνδρός ἐστι τῇ
πολιτείᾳ, ἐξ ἧς ἡ ὀλιγαρχία μετέστη. Σκοπῶμεν δὴ εἰ
ὅμοιος ἂν εἴη. | Σκοπῶμεν.　　　　　　　　　　　554

IX. Οὐκοῦν πρῶτον μὲν τῷ χρήματα περὶ πλείστου
ποιεῖσθαι ὅμοιος ἂν εἴη; Πῶς δ᾽ οὔ; Καὶ μὴν τῷ γε
φειδωλὸς εἶναι καὶ ἐργάτης, τὰς ἀναγκαίους ἐπιθυμίας
μόνον τῶν παρ᾽ αὐτῷ ἀποπιμπλάς, τὰ δὲ ἄλλα ἀναλώματα
μὴ παρεχόμενος, ἀλλὰ δουλούμενος τὰς ἄλλας ἐπιθυμίας
ὡς ματαίους. Πάνυ μὲν οὖν. Αὐχμηρός γέ τις, ἦν δ᾽
ἐγώ, ὢν καὶ ἀπὸ παντὸς περιουσίαν ποιούμενος, θησαυρο-
ποιὸς ἀνήρ· οὓς δὴ καὶ ἐπαινεῖ τὸ πλῆθος· ἢ οὐχ οὗτος B
ἂν εἴη ὁ τῇ τοιαύτῃ πολιτείᾳ ὅμοιος; Ἐμοὶ γοῦν, ἔφη,
δοκεῖ· χρήματα γοῦν μάλιστα ἔντιμα τῇ τε πόλει καὶ
παρὰ τῷ τοιούτῳ. Οὐ γάρ, οἶμαι, ἦν δ᾽ ἐγώ, παιδείᾳ ὁ
τοιοῦτος προσέσχηκεν. Οὐ δοκῶ, ἔφη· οὐ γὰρ ἂν τυφλὸν
ἡγεμόνα τοῦ χοροῦ ἐστήσατο καὶ ἐτίμα μάλιστα. Εὖ[1], ἦν
δ᾽ ἐγώ. τόδε δὲ σκόπει. κηφηνώδεις ἐπιθυμίας ἐν αὐτῷ
διὰ τὴν ἀπαιδευσίαν μὴ φῶμεν ἐγγίγνεσθαι, τὰς μὲν
πτωχικάς, τὰς δὲ κακούργους, κατεχομένας βίᾳ ὑπὸ τῆς C
ἄλλης ἐπιμελείας; Καὶ μάλ᾽, ἔφη. Οἶσθα οὖν, εἶπον, οἷ
ἀποβλέψας κατόψει αὐτῶν τὰς κακουργίας; Ποῖ; ἔφη.

---

[1] Ita Schneider: ἐστήσατο. Καὶ ἔτι μάλιστα εὖ A.

Εἰς τὰς τῶν ὀρφανῶν ἐπιτροπεύσεις καὶ εἴ πού τι αὐτοῖς τοιοῦτον ξυμβαίνει, ὥστε πολλῆς ἐξουσίας λαβέσθαι τοῦ ἀδικεῖν. Ἀληθῆ. Ἄρ᾽ οὖν οὐ τούτῳ δῆλον, ὅτι ἐν τοῖς ἄλλοις ξυμβολαίοις ὁ τοιοῦτος, ἐν οἷς εὐδοκιμεῖ δοκῶν

D δίκαιος εἶναι, ἐπιεικεῖ τινὶ ἑαυτοῦ βίᾳ κατέχει ἄλλας κακὰς ἐπιθυμίας ἐνούσας, οὐ πείθων, ὅτι οὐκ ἄμεινον, οὐδ᾽ ἡμερῶν λόγῳ, ἀλλ᾽ ἀνάγκῃ καὶ φόβῳ, περὶ τῆς ἄλλης οὐσίας τρέμων; Καὶ πάνυ γ᾽, ἔφη. Καὶ νὴ Δία, ἦν δ᾽ ἐγώ, ὦ φίλε, τοῖς πολλοῖς γε αὐτῶν εὑρήσεις, ὅταν δέῃ τἀλλότρια ἀναλίσκειν, τὰς τοῦ κηφῆνος ξυγγενεῖς ἐνούσας ἐπιθυμίας. Καὶ μάλα, ἦ δ᾽ ὅς, σφόδρα. Οὐκ ἄρ᾽ ἂν εἴη ἀστασίαστος ὁ τοιοῦτος ἐν ἑαυτῷ, οὐδὲ εἷς ἀλλὰ διπλοῦς

E τις, ἐπιθυμίας δὲ ἐπιθυμιῶν ὡς τὸ πολὺ κρατούσας ἂν ἔχοι βελτίους χειρόνων. Ἔστιν οὕτω. Διὰ ταῦτα δή, οἶμαι, εὐσχημονέστερος ἂν πολλῶν ὁ τοιοῦτος εἴη· ὁμο- νοητικῆς δὲ καὶ ἡρμοσμένης τῆς ψυχῆς ἀληθὴς ἀρετὴ πόρρω ποι ἐκφεύγοι ἂν αὐτόν. Δοκεῖ μοι. Καὶ μὴν

555 ἀνταγωνιστής γε ἰδίᾳ ἐν πόλει ὁ φειδωλὸς | φαῦλος ἤ τινος νίκης ἢ ἄλλης φιλοτιμίας τῶν καλῶν, χρήματά τε οὐκ ἐθέλων εὐδοξίας ἕνεκα καὶ τῶν τοιούτων ἀγώνων ἀναλί- σκειν, δεδιὼς τὰς ἐπιθυμίας τὰς ἀναλωτικὰς ἐγείρειν καὶ ξυμπαρακαλεῖν ἐπὶ ξυμμαχίαν τε καὶ φιλονικίαν, ὀλίγοις τισὶν ἑαυτοῦ πολεμῶν ὀλιγαρχικῶς τὰ πολλὰ ἡττᾶται καὶ πλουτεῖ. Καὶ μάλα, ἔφη. Ἔτι οὖν, ἦν δ᾽ ἐγώ, ἀπιστοῦ- μεν, μὴ κατὰ τὴν ὀλιγαρχουμένην πόλιν ὁμοιότητι τὸν

B φειδωλόν τε καὶ χρηματιστὴν τετάχθαι; Οὐδαμῶς, ἔφη.

X. Δημοκρατίαν δή, ὡς ἔοικε, μετὰ τοῦτο σκεπτέον, τίνα τε γίγνεται τρόπον γενομένη τε ποῖόν τινα ἔχει, ἵν᾽ αὖ τὸν τοῦ τοιούτου ἀνδρὸς τρόπον γνόντες παραστη- σώμεθ᾽ αὐτὸν εἰς κρίσιν. Ὁμοίως γοῦν ἂν, ἔφη, ἡμῖν αὐτοῖς πορευοίμεθα. Οὐκοῦν, ἦν δ᾽ ἐγώ, μεταβάλλει μὲν τρόπον τινὰ τοιόνδε ἐξ ὀλιγαρχίας εἰς δημοκρατίαν, δι᾽ ἀπληστίαν τοῦ προκειμένου ἀγαθοῦ, τοῦ ὡς πλουσιώτατον

δεῖν γίγνεσθαι; Πῶς δή; Ἄτε, οἶμαι, ἄρχοντες ἐν αὐτῇ οἱ C
ἄρχοντες διὰ τὸ πολλὰ κεκτῆσθαι, οὐκ ἐθέλουσιν εἴργειν
νόμῳ τῶν νέων ὅσοι ἂν ἀκόλαστοι γίγνωνται, μὴ ἐξεῖναι
αὐτοῖς ἀναλίσκειν τε καὶ ἀπολλύναι τὰ αὑτῶν, ἵνα ὠνού-
μενοι τὰ τῶν τοιούτων καὶ εἰσδανείζοντες ἔτι πλουσιώτεροι
καὶ ἐντιμότεροι γίγνωνται. Παντός γε μᾶλλον. Οὐκοῦν
δῆλον ἤδη τοῦτο ἐν πόλει, ὅτι πλοῦτον τιμᾶν καὶ σωφρο-
σύνην ἅμα ἱκανῶς κτᾶσθαι ἐν τοῖς πολίταις ἀδύνατον,
ἀλλ' ἀνάγκη ἢ τοῦ ἑτέρου ἀμελεῖν ἢ τοῦ ἑτέρου; Ἐπιεικῶς, D
ἔφη, δῆλον. Παραμελοῦντες δὴ ἐν ταῖς ὀλιγαρχίαις καὶ
ἐφιέντες ἀκολασταίνειν οὐκ ἀγεννεῖς ἐνίοτε ἀνθρώπους
πένητας ἠνάγκασαν γενέσθαι. Μάλα γε. Κάθηνται δή,
οἶμαι, οὗτοι ἐν τῇ πόλει κεκεντρωμένοι τε καὶ ἐξωπλισμέ-
νοι, οἱ μὲν ὀφείλοντες χρέα, οἱ δὲ ἄτιμοι γεγονότες, οἱ δὲ
ἀμφότερα, μισοῦντές τε καὶ ἐπιβουλεύοντες τοῖς κτησα-
μένοις τὰ αὑτῶν καὶ τοῖς ἄλλοις, νεωτερισμοῦ ἐρῶντες. Ε
Ἔστι ταῦτα. Οἱ δὲ δὴ χρηματισταὶ ἐγκύψαντες οὐδὲ
δοκοῦντες τούτους ὁρᾶν, τῶν λοιπῶν τὸν ἀεὶ ὑπείκοντα
ἐνιέντες ἀργύριον τιτρώσκοντες καὶ τοῦ πατρὸς ἐκγόνους
τόκους πολλαπλασίους κομιζόμενοι | πολὺν τὸν κηφῆνα καὶ 556
πτωχὸν ἐμποιοῦσι τῇ πόλει. Πῶς γάρ, ἔφη, οὐ πολύν;
Καὶ[1] οὔτε γ' ἐκείνῃ, ἦν δ' ἐγώ, τὸ τοιοῦτον κακὸν ἐκκαό-
μενον ἐθέλουσιν ἀποσβεννύναι, εἴργοντες τὰ αὑτοῦ ὅποι[2]
τις βούλεται τρέπειν, οὔτε τῇδε, ᾗ αὖ κατὰ ἕτερον νόμον
τὰ τοιαῦτα λύεται. Κατὰ δὴ τίνα; Ὃς μετ' ἐκείνόν
ἐστι δεύτερος καὶ ἀναγκάζων ἀρετῆς ἐπιμελεῖσθαι τοὺς
πολίτας. ἐὰν γὰρ ἐπὶ τῷ αὑτοῦ κινδύνῳ τὰ πολλά τις τῶν
ἑκουσίων ξυμβολαίων προστάττῃ ξυμβάλλειν, χρηματί- B
ζοιντο μὲν ἂν ἧττον ἀναιδῶς ἐν τῇ πόλει, ἐλάττω δ' ἐν
αὐτῇ φύοιτο τῶν τοιούτων κακῶν, οἵων νῦν δὴ εἴπομεν.
Καὶ πολύ γε, ἦ δ' ὅς. Νῦν δέ γ', ἔφην ἐγώ, διὰ πάντα τὰ
τοιαῦτα τοὺς μὲν δὴ ἀρχομένους οὕτω διατιθέασιν ἐν τῇ

---

[1] καὶ Π: om. A.　　　[2] ὅποι K: ὅπῃ A.

πόλει οἱ ἄρχοντες· σφᾶς δὲ αὐτοὺς καὶ τοὺς αὐτῶν ἀρ᾽
οὐ τρυφῶντας μὲν τοὺς νέους καὶ ἀπόνους καὶ πρὸς τὰ τοῦ
C σώματος καὶ πρὸς τὰ τῆς ψυχῆς, μαλακοὺς δὲ καρτερεῖν
πρὸς ἡδονάς τε καὶ λύπας καὶ ἀργούς; Τί μήν; Αὐτοὺς
δὲ πλὴν χρηματισμοῦ τῶν ἄλλων ἠμεληκότας, καὶ οὐδὲν
πλείω ἐπιμέλειαν πεποιημένους ἀρετῆς ἢ τοὺς πένητας;
Οὐ γὰρ οὖν. Οὕτω δὴ παρεσκευασμένοι ὅταν παραβάλ-
λωσιν ἀλλήλοις οἵ τε ἄρχοντες καὶ οἱ ἀρχόμενοι ἢ ἐν ὁδῶν
πορείαις ἢ ἐν ἄλλαις τισὶ κοινωνίαις, ἢ κατὰ θεωρίας ἢ
κατὰ στρατείας, ἢ ξύμπλοι γιγνόμενοι ἢ συστρατιῶται, ἢ
D καὶ ἐν αὐτοῖς τοῖς κινδύνοις ἀλλήλους θεώμενοι μηδαμῇ
ταύτῃ καταφρονῶνται οἱ πένητες ὑπὸ τῶν πλουσίων, ἀλλὰ
πολλάκις ἰσχνὸς ἀνὴρ πένης, ἡλιωμένος, παραταχθεὶς ἐν
μάχῃ πλουσίῳ ἐσκιατροφηκότι, πολλὰς ἔχοντι σάρκας
ἀλλοτρίας, ἴδῃ ἄσθματός τε καὶ ἀπορίας μεστόν, ἀρ᾽ οἴει
αὐτὸν οὐχ ἡγεῖσθαι κακίᾳ τῇ σφετέρᾳ πλουτεῖν τοὺς
τοιούτους, καὶ ἄλλον ἄλλῳ παραγγέλλειν, ὅταν ἰδίᾳ ξυγ-
E γίγνωνται, ὅτι ἄνδρες[1] ἡμέτεροι· εἰσὶ γὰρ οὐδέν[2]; Εὖ
οἶδα μὲν οὖν, ἔφη, ἔγωγε, ὅτι οὕτω ποιοῦσιν. Οὐκοῦν
ὥσπερ σῶμα νοσῶδες μικρᾶς ῥοπῆς ἔξωθεν δεῖται προσλα-
βέσθαι πρὸς τὸ κάμνειν, ἐνίοτε δὲ καὶ ἄνευ τῶν ἔξω
στασιάζει αὐτὸ αὑτῷ, οὕτω δὴ καὶ ἡ κατὰ ταὐτὰ ἐκείνῳ
διακειμένη πόλις ἀπὸ σμικρᾶς προφάσεως, ἔξωθεν ἐπαγο-
μένων ἢ τῶν ἑτέρων ἐξ ὀλιγαρχουμένης πόλεως συμμαχίαν[3]
ἢ τῶν ἑτέρων ἐκ δημοκρατουμένης, νοσεῖ τε καὶ αὐτὴ
557 αὑτῇ μάχεται, ἐνίοτε δὲ καὶ ἄνευ τῶν ἔξω στασιάζει; | Καὶ
σφόδρα γε. Δημοκρατία δή, οἶμαι, γίγνεται, ὅταν οἱ
πένητες νικήσαντες τοὺς μὲν ἀποκτείνωσι τῶν ἑτέρων, τοὺς
δὲ ἐκβάλωσι, τοῖς δὲ λοιποῖς ἐξ ἴσου μεταδῶσι πολιτείας
τε καὶ ἀρχῶν, καὶ ὡς τὸ πολὺ ἀπὸ κλήρων αἱ ἀρχαὶ ἐν

---

[1] ἄνδρες nos: ἀνδρες codd.   [2] Hanc codicum ΑΠ lectionem defendit
Schneider in *Additamentis* p. 65: ἀνδρες ἡμέτεροί εἰσι παρ᾽ οὐδέν Baiter:
γὰρ om. Ζ q.   [3] ἐπαγομένων—συμμαχίαν Π et in marg. Α.

αὐτῇ γίγνωνται. Ἔστι γάρ, ἔφη, αὕτη ἡ κατάστασις δημοκρατίας, ἐάν τε καὶ δι' ὅπλων γένηται ἐάν τε καὶ διὰ φόβον ὑπεξελθόντων τῶν ἑτέρων.

XI. Τίνα δὴ οὖν, ἦν δ' ἐγώ, οὗτοι τρόπον οἰκοῦσι; καὶ ποία τις ἡ τοιαύτη αὖ πολιτεία; δῆλον γὰρ ὅτι ὁ **B** τοιοῦτος ἀνὴρ δημοκρατικός τις ἀναφανήσεται. Δῆλον, ἔφη. Οὐκοῦν πρῶτον μὲν δὴ ἐλεύθεροι, καὶ ἐλευθερίας ἡ πόλις μεστὴ καὶ παρρησίας γίγνεται, καὶ ἐξουσία ἐν αὐτῇ ποιεῖν ὅ τί τις βούλεται; Λέγεταί γε δή, ἔφη. Ὅπου δέ γε ἐξουσία, δῆλον ὅτι ἰδίαν ἕκαστος ἂν κατασκευὴν τοῦ αὑτοῦ βίου κατασκευάζοιτο ἐν αὐτῇ, ἥτις ἕκαστον ἀρέσκοι. Δῆλον. Παντοδαποὶ δὴ ἂν, οἶμαι, ἐν ταύτῃ τῇ πολιτείᾳ **C** μάλιστ' ἐγγίγνοιντο ἄνθρωποι. Πῶς γὰρ οὔ; Κινδυνεύει, ἦν δ' ἐγώ, καλλίστη αὕτη τῶν πολιτειῶν εἶναι· ὥσπερ ἱμάτιον ποικίλον πᾶσιν ἄνθεσι πεποικιλμένον, οὕτω καὶ αὕτη πᾶσιν ἤθεσιν πεποικιλμένη καλλίστη ἂν φαίνοιτο. καὶ ἴσως μέν, ἦν δ' ἐγώ, καὶ ταύτην, ὥσπερ οἱ παῖδές τε καὶ αἱ γυναῖκες τὰ ποικίλα θεώμενοι, καλλίστην ἂν πολλοὶ κρίνειαν. Καὶ μάλ', ἔφη. Καὶ ἔστιν γε, ὦ μακάριε, ἦν δ' ἐγώ, ἐπιτήδειον ζητεῖν ἐν αὐτῇ πολιτείαν. Τί δή; Ὅτι **D** πάντα γένη πολιτειῶν ἔχει διὰ τὴν ἐξουσίαν, καὶ κινδυνεύει τῷ βουλομένῳ πόλιν κατασκευάζειν, ὃ νῦν δὴ ἡμεῖς ἐποιοῦμεν, ἀναγκαῖον εἶναι εἰς δημοκρατουμένην ἐλθόντι πόλιν, ὃς ἂν αὐτὸν ἀρέσκῃ τρόπος, τοῦτον ἐκλέξασθαι, ὥσπερ εἰς παντοπώλιον ἀφικομένῳ πολιτειῶν, καὶ ἐκλεξαμένῳ οὕτω κατοικίζειν. Ἴσως γοῦν, ἔφη, οὐκ ἂν ἀποροῖ παραδειγμά- **E** των. Τὸ δὲ μηδεμίαν ἀνάγκην, εἶπον, εἶναι ἄρχειν ἐν ταύτῃ τῇ πόλει, μηδ' ἂν ᾖς ἱκανὸς ἄρχειν, μηδὲ αὖ ἄρχεσθαι, ἐὰν μὴ βούλῃ, μηδὲ πολεμεῖν πολεμούντων, μηδὲ εἰρήνην ἄγειν τῶν ἄλλων ἀγόντων, ἐὰν μὴ ἐπιθυμῇς[1] εἰρήνης, μηδὲ αὖ, ἐάν τις ἄρχειν νόμος σε διακωλύῃ ἢ

---

[1] ἐπιθυμῇς q : ἐπιθυμῇ A.

δικάζειν, μηδὲν ἧττον καὶ ἄρχειν καὶ δικάζειν[1], ἐὰν αὐτῷ
558 σοι ἐπίῃ, | ἆρ' οὐ θεσπεσία καὶ ἡδεῖα ἡ τοιαύτη[2] διαγωγὴ ἐν
τῷ παραυτίκα; Ἴσως, ἔφη, ἔν γε τούτῳ. Τί δέ; ἡ
πραότης ἐνίων τῶν δικασθέντων οὐ κομψή; ἢ οὔπω εἶδες
ἐν τοιαύτῃ πολιτείᾳ, ἀνθρώπων καταψηφισθέντων[3] θάνα-
τον ἢ φυγήν[4], οὐδὲν ἧττον αὐτῶν[5] μενόντων τε καὶ
ἀναστρεφομένων ἐν μέσῳ, καὶ[6] ὡς οὔτε φροντίζοντος οὔτε
ὁρῶντος οὐδενὸς περινοστεῖ ὥσπερ ἥρως; Καὶ πολλούς γ',
B ἔφη. Ἡ δὲ συγγνώμη καὶ οὐδ' ὁπωστιοῦν σμικρολογία
αὐτῆς, ἀλλὰ καταφρόνησις ὧν ἡμεῖς ἐλέγομεν σεμνύνοντες,
ὅτε τὴν πόλιν ᾠκίζομεν, ὡς εἰ μή τις ὑπερβεβλημένην
φύσιν ἔχοι, οὔποτ' ἂν γένοιτο ἀνὴρ ἀγαθός, εἰ μὴ παῖς ὢν
εὐθὺς παίζοι ἐν καλοῖς καὶ ἐπιτηδεύοι τὰ τοιαῦτα πάντα,
ὡς μεγαλοπρεπῶς καταπατήσασ'[7] ἅπαντα ταῦτα[8] οὐδὲν
φροντίζει, ἐξ ὁποίων ἄν τις ἐπιτηδευμάτων ἐπὶ τὰ πολιτικὰ
ἰὼν πράττῃ, ἀλλὰ τιμᾷ, ἐὰν φῇ μόνον εὔνους εἶναι τῷ
C πλήθει. Πάνυ γ', ἔφη, γενναία[9]. Ταῦτά[10] τε δή, ἔφην,
ἔχοι ἂν καὶ τούτων ἄλλα ἀδελφὰ δημοκρατία, καὶ εἴη, ὡς
ἔοικεν, ἡδεῖα πολιτεία καὶ ἄναρχος καὶ ποικίλη, ἰσότητά
τινα ὁμοίως ἴσοις τε καὶ ἀνίσοις διανέμουσα. Καὶ μάλ',
ἔφη, γνώριμα λέγεις.

XII. Ἄθρει δή, ἦν δ' ἐγώ, τίς ὁ τοιοῦτος ἰδίᾳ. ἢ
πρῶτον σκεπτέον, ὥσπερ τὴν πολιτείαν ἐσκεψάμεθα, τίνα
τρόπον γίγνεται; Ναί, ἔφη. Ἆρ' οὖν οὐχ ὧδε; τοῦ
D φειδωλοῦ ἐκείνου καὶ ὀλιγαρχικοῦ γένοιτ' ἄν, οἶμαι, ὑὸς
ὑπὸ τῷ πατρὶ τεθραμμένος ἐν τοῖς ἐκείνου ἤθεσι. Τί γὰρ
οὔ; Βίᾳ δὴ καὶ οὗτος ἄρχων τῶν ἐν αὑτῷ ἡδονῶν, ὅσαι
ἀναλωτικαὶ μέν, χρηματιστικαὶ δὲ μή· αἳ δὴ οὐκ ἀναγκαῖαι

---

[1] ἄρχειν καὶ δικάζειν Ξ q: ἀρχῆς καὶ δικάζῃς Α[1]: ἄρχῃς καὶ δικάζῃς Α[2].
[2] τοιαύτῃ Π: αὐτὴ Α.   [3] Ita codd.: ἀνθρώπων ‹τῶν› καταψηφισθέντων
Weil.   [4] θάνατον ἢ φυγήν nos: θανάτου ἢ φυγῆς codd.   [5] αὐτῶν
codd.: αὖ τῶν Weil.   [6] καὶ codd.: om. Weil.   [7] καταπατήσασ' q[2]:
καταπατήσας Α.   [8] ταῦτα Π: αὐτὰ Α.   [9] γενναία Ξ q[2]: γενναῖα Α.
[10] ταῦτά Π: ταὐτατά (sic) Α.

κέκληνται. Δῆλον, ἔφη. Βούλει οὖν, ἦν δ' ἐγώ, ἵνα μὴ
σκοτεινῶς διαλεγώμεθα, πρῶτον ὁρισώμεθα τάς τε ἀναγ-
καίους ἐπιθυμίας καὶ τὰς μή; Βούλομαι, ἦ δ' ὅς. Οὐκοῦν
ἅς τε οὐκ ἂν οἱοί τ' εἶμεν ἀποτρέψαι, δικαίως ἂν[1] ἀναγκαῖαι
καλοῖντο, καὶ ὅσαι ἀποτελούμεναι ὠφελοῦσιν ἡμᾶς; τούτων Ε
γὰρ ἀμφοτέρων ἐφίεσθαι ἡμῶν τῇ φύσει ἀνάγκη. ἢ οὔ;
Καὶ μάλα. Δικαίως δὴ | τοῦτο ἐπ' αὐταῖς ἐροῦμεν, τὸ 559
ἀναγκαῖον. Δικαίως. Τί δέ; ἅς γέ τις ἀπαλλάξειεν ἄν,
εἰ μελετῷ ἐκ νέου, καὶ <οὐδὲν>[2] πρὸς οὐδὲν ἀγαθὸν ἐνοῦσαι
δρῶσιν, αἱ δὲ καὶ τοὐναντίον, πάσας ταύτας εἰ μὴ ἀναγ-
καίους φαῖμεν εἶναι, ἆρ' οὐ καλῶς ἂν λέγοιμεν; Καλῶς
μὲν οὖν. Προελώμεθα δή τι παράδειγμα ἑκατέρων, αἵ
εἰσιν, ἵνα τύπῳ λάβωμεν αὐτάς; Οὐκοῦν χρή. Ἆρ' οὖν
οὐχ ἡ τοῦ φαγεῖν μέχρι ὑγιείας τε καὶ εὐεξίας καὶ αὐτοῦ
σίτου τε καὶ ὄψου ἀναγκαῖος ἂν εἴη; Οἶμαι. Ἡ μέν γέ Β
που τοῦ σίτου κατ' ἀμφότερα ἀναγκαία, ᾗ τε ὠφέλιμος ᾗ
τε παῦσαι ζῶντα δυνατή. Ναί. Ἡ δὲ ὄψου, εἴ πή τινα
ὠφελίαν πρὸς εὐεξίαν παρέχεται. Πάνυ μὲν οὖν. Τί δέ;
ἡ πέρα τούτων καὶ ἀλλοίων ἐδεσμάτων ἢ[3] τοιούτων ἐπι-
θυμία, δυνατὴ δὲ κολαζομένη ἐκ νέων καὶ παιδευομένη ἐκ
τῶν πολλῶν ἀπαλλάττεσθαι, καὶ βλαβερὰ μὲν σώματι,
βλαβερὰ δὲ ψυχῇ πρός τε φρόνησιν καὶ τὸ σωφρονεῖν, C
ἆρά γε ὀρθῶς οὐκ ἀναγκαία ἂν καλοῖτο; Ὀρθότατα μὲν
οὖν. Οὐκοῦν καὶ ἀναλωτικὰς φῶμεν εἶναι ταύτας, ἐκείνας
δὲ χρηματιστικὰς διὰ τὸ χρησίμους πρὸς τὰ ἔργα εἶναι;
Τί μήν; Οὕτω δὴ καὶ περὶ ἀφροδισίων καὶ τῶν ἄλλων
φήσομεν. Οὕτω. Ἆρ' οὖν καὶ ὃν νῦν δὴ κηφῆνα ὠνο-
μάζομεν, τοῦτον ἐλέγομεν τὸν τῶν τοιούτων ἡδονῶν καὶ
ἐπιθυμιῶν γέμοντα καὶ ἀρχόμενον ὑπὸ τῶν μὴ ἀναγκαίων,
τὸν δὲ ὑπὸ τῶν ἀναγκαίων φειδωλόν τε καὶ ὀλιγαρχικόν; D
Ἀλλὰ τί μήν;

---

[1] ἂν Vind. E: om. A.   [2] <οὐδὲν> nos: om. codd.   [3] ἢ Π:
ἡ A.

XIII. Πάλιν τοίνυν, ἦν δ᾽ ἐγώ, λέγωμεν, ὡς ἐξ ὀλιγαρχικοῦ δημοκρατικὸς γίγνεται. φαίνεται δέ μοι τά γε πολλὰ ὧδε γίγνεσθαι. Πῶς; Ὅταν νέος τεθραμμένος ὡς νῦν δὴ ἐλέγομεν, ἀπαιδεύτως τε καὶ φειδωλῶς, γεύσηται κηφήνων μέλιτος καὶ ξυγγένηται αἴθωσι θηρσὶ καὶ δεινοῖς, παντοδαπὰς ἡδονὰς καὶ ποικίλας καὶ παντοίως ἐχούσας δυναμένοις σκευάζειν, ἐνταῦθά που οἴου εἶναι ἀρχὴν αὐτῷ
E μεταβολῆς ὀλιγαρχικοῦ τοῦ ἐν ἑαυτῷ εἰς δημοκρατικόν[1]. Πολλὴ ἀνάγκη, ἔφη[2]. Ἆρ᾽ οὖν ὥσπερ ἡ πόλις μετέβαλλε βοηθησάσης τῷ ἑτέρῳ μέρει ξυμμαχίας ἔξωθεν, ὁμοίας ὁμοίῳ, οὕτω καὶ ὁ νεανίας μεταβάλλει βοηθοῦντος αὖ εἴδους ἐπιθυμιῶν ἔξωθεν τῷ ἑτέρῳ τῶν παρ᾽ ἐκείνῳ, ξυγγενοῦς τε καὶ ὁμοίου; Παντάπασιν μὲν οὖν. Καὶ ἐὰν μέν, οἶμαι, ἀντιβοηθήσῃ τις τῷ ἐν ἑαυτῷ ὀλιγαρχικῷ ξυμμαχία,
560 ἢ ποθεν παρὰ τοῦ πατρὸς ἢ καὶ τῶν ἄλλων οἰκείων, | νουθετούντων τε καὶ κακιζόντων, στάσις δὴ καὶ ἀντίστασις καὶ μάχη ἐν αὐτῷ πρὸς αὑτὸν τότε γίγνεται. Τί μήν; Καὶ ποτὲ μέν, οἶμαι, τὸ δημοκρατικὸν ὑπεχώρησε τῷ ὀλιγαρχικῷ, καί τινες τῶν ἐπιθυμιῶν αἱ μὲν διεφθάρησαν, αἱ δὲ καὶ ἐξέπεσον, αἰδοῦς τινος ἐγγενομένης ἐν τῇ τοῦ νέου ψυχῇ, καὶ κατεκοσμήθη πάλιν. Γίγνεται γὰρ ἐνίοτε, ἔφη. Αὖθις δέ, οἶμαι, τῶν ἐκπεσουσῶν ἐπιθυμιῶν ἄλλαι ὑπο-
B τρεφόμεναι ξυγγενεῖς δι᾽ ἀνεπιστημοσύνην τροφῆς πατρὸς πολλαί τε καὶ ἰσχυραὶ ἐγένοντο. Φιλεῖ γοῦν, ἔφη, οὕτω γίγνεσθαι. Οὐκοῦν εἵλκυσάν τε πρὸς τὰς αὐτὰς ὁμιλίας, καὶ λάθρᾳ ξυγγιγνόμεναι πλῆθος ἐνέτεκον. Τί μήν; Τελευτῶσαι δή, οἶμαι, κατέλαβον τὴν τοῦ νέου τῆς ψυχῆς ἀκρόπολιν, αἰσθόμεναι κενὴν μαθημάτων τε καὶ ἐπιτηδευμάτων καλῶν καὶ λόγων ἀληθῶν, οἳ δὴ ἄριστοι φρουροί τε
C καὶ φύλακες ἐν ἀνδρῶν θεοφιλῶν εἰσι διανοίαις. Καὶ πολύ γ᾽, ἔφη. Ψευδεῖς δὴ καὶ ἀλαζόνες, οἶμαι, λόγοι τε

---

[1] ὀλιγαρχικοῦ τοῦ—δημοκρατικόν nos: ὀλιγαρχικῆς τῆς—δημοκρατικήν codd. Cf. 559 E, 560 A.   [2] ἔφη Π et in marg. A.

καὶ δόξαι ἀντ' ἐκείνων ἀναδραμόντες κατέσχον τὸν αὐτὸν
τόπον τοῦ τοιούτου. Σφόδρα γ', ἔφη. Ἆρ' οὖν οὐ πάλιν
τε εἰς ἐκείνους τοὺς Λωτοφάγους ἐλθὼν φανερῶς κατοικεῖ,
καὶ ἐὰν παρ' οἰκείων τις βοήθεια τῷ φειδωλῷ αὐτοῦ τῆς
ψυχῆς ἀφικνῆται, κλῄσαντες οἱ ἀλαζόνες λόγοι ἐκεῖνοι τὰς
τοῦ βασιλικοῦ τείχους ἐν αὐτῷ πύλας οὔτε αὐτὴν τὴν
ξυμμαχίαν παριᾶσιν οὔτε πρέσβεις πρεσβυτέρων λόγους   D
ἰδιωτῶν¹ εἰσδέχονται, αὐτοί τε κρατοῦσι μαχόμενοι, καὶ
τὴν μὲν αἰδῶ ἠλιθιότητα ὀνομάζοντες ὠθοῦσιν ἔξω ἀτίμως
φυγάδα, σωφροσύνην δὲ ἀνανδρίαν καλοῦντές τε καὶ προ-
πηλακίζοντες ἐκβάλλουσι, μετριότητα δὲ καὶ κοσμίαν
δαπάνην ὡς ἀγροικίαν καὶ ἀνελευθερίαν οὖσαν πείθοντες
ὑπερορίζουσι μετὰ πολλῶν καὶ ἀνωφελῶν ἐπιθυμιῶν;
Σφόδρα γε. Τούτων δέ γέ που κενώσαντες καὶ καθήραντες
τὴν τοῦ κατεχομένου τε ὑπ' αὐτῶν καὶ τελουμένου ψυχὴν   E
μεγάλοισι τέλεσι, τὸ μετὰ τοῦτο ἤδη ὕβριν καὶ ἀναρχίαν
καὶ ἀσωτίαν καὶ ἀναίδειαν λαμπρὰς μετὰ πολλοῦ χοροῦ
κατάγουσιν ἐστεφανωμένας, ἐγκωμιάζοντες καὶ ὑποκοριζό-
μενοι, ὕβριν μὲν εὐπαιδευσίαν καλοῦντες, ἀναρχίαν δὲ
ἐλευθερίαν, ἀσωτίαν δὲ μεγαλοπρέπειαν, ἀναίδειαν δὲ
| ἀνδρείαν. ἆρ' οὐχ οὕτω πως, ἦν δ' ἐγώ, νέος ὢν μετα-   561
βάλλει ἐκ τοῦ ἐν ἀναγκαίοις ἐπιθυμίαις τρεφομένου εἰς²
τὴν τῶν μὴ ἀναγκαίων καὶ ἀνωφελῶν ἡδονῶν ἐλευθέρωσίν
τε καὶ ἄνεσιν; Καὶ μάλα γε, ἦ δ' ὅς, ἐναργῶς.] Ζῇ δή,
οἶμαι, μετὰ ταῦτα ὁ τοιοῦτος οὐδὲν μᾶλλον εἰς ἀναγκαίους
ἢ μὴ ἀναγκαίους ἡδονὰς ἀναλίσκων καὶ χρήματα καὶ
πόνους καὶ διατριβάς· ἀλλ' ἐὰν εὐτυχὴς ᾖ καὶ μὴ πέρα
ἐκβακχευθῇ, ἀλλά τι καὶ πρεσβύτερος γενόμενος τοῦ
πολλοῦ θορύβου παρελθόντος μέρη τε καταδέξηται τῶν   B
ἐκπεσόντων καὶ τοῖς ἐπεισελθοῦσι μὴ ὅλον ἑαυτὸν³
ἐνδῷ, εἰς ἴσον δή τι καταστήσας τὰς ἡδονὰς διάγει, τῇ

---

¹ ἰδιωτῶν codd.: δι' ὤτων Badham, speciosius quam verius.   ² εἰς
Π: om. A.   ³ ἑαυτὸν Ξ q: ἑαυτῷ A.

παραπιπτούσῃ ἀεὶ ὥσπερ λαχούσῃ τὴν ἑαυτοῦ ἀρχὴν
παραδιδούς, ἕως ἂν πληρωθῇ, καὶ αὖθις ἄλλῃ, οὐδεμίαν
ἀτιμάζων, ἀλλ᾽ ἐξ ἴσου τρέφων. Πάνυ μὲν οὖν. Καὶ λόγον
γε, ἦν δ᾽ ἐγώ, ἀληθῆ οὐ προσδεχόμενος οὐδὲ παριεὶς εἰς τὸ
C φρούριον, ἐάν τις λέγῃ, ὡς αἱ μέν εἰσι τῶν καλῶν τε καὶ
ἀγαθῶν ἐπιθυμιῶν ἡδοναί, αἱ δὲ τῶν πονηρῶν, καὶ τὰς μὲν
χρὴ ἐπιτηδεύειν καὶ τιμᾶν, τὰς δὲ κολάζειν τε καὶ δουλοῦ-
σθαι· ἀλλ᾽ ἐν πᾶσι τούτοις ἀνανεύει τε καὶ ὁμοίας φησὶν
ἁπάσας εἶναι καὶ τιμητέας ἐξ ἴσου. Σφόδρα γάρ, ἔφη,
οὕτω διακείμενος τοῦτο δρᾷ. Οὐκοῦν, ἦν δ᾽ ἐγώ, καὶ διαζῇ
τὸ καθ᾽ ἡμέραν οὕτω χαριζόμενος τῇ προσπιπτούσῃ ἐπι-
θυμίᾳ, τοτὲ[1] μὲν μεθύων καὶ καταυλούμενος, αὖθις δὲ
D ὑδροποτῶν καὶ κατισχναινόμενος, τοτὲ δ᾽ αὖ γυμναζόμενος,
ἔστιν δ᾽ ὅτε ἀργῶν καὶ πάντων ἀμελῶν, τοτὲ δ᾽ ὡς ἐν
φιλοσοφίᾳ διατρίβων· πολλάκις δὲ πολιτεύεται, καὶ
ἀναπηδῶν ὅ τι ἂν τύχῃ λέγει τε καὶ πράττει· κἂν ποτέ
τινας πολεμικοὺς ζηλώσῃ, ταύτῃ φέρεται, ἢ χρηματι-
στικούς, ἐπὶ τοῦτ᾽ αὖ. καὶ οὔτε τις τάξις οὔτε ἀνάγκη
ἔπεστιν αὐτοῦ τῷ βίῳ, ἀλλ᾽ ἡδύν τε δὴ καὶ ἐλευθέριον καὶ
μακάριον καλῶν τὸν βίον τοῦτον χρῆται αὐτῷ διὰ παντός.
E Παντάπασιν, ἦ δ᾽ ὅς, διελήλυθας βίον ἰσονομικοῦ τινὸς
ἀνδρός. Οἶμαι δέ γε, ἦν δ᾽ ἐγώ, καὶ παντοδαπόν τε καὶ
πλείστων ἠθῶν μεστόν, καὶ τὸν καλόν τε καὶ ποικίλον,
ὥσπερ ἐκείνην τὴν πόλιν, τοῦτον τὸν ἄνδρα εἶναι, ὃν
πολλοὶ ἂν καὶ πολλαὶ ζηλώσειαν τοῦ βίου, παραδείγματα
πολιτειῶν τε καὶ τρόπων πλεῖστα ἐν αὐτῷ ἔχοντα. Οὗτος
562 γάρ, ἔφη, ἔστιν. Τί οὖν; τετάχθω ἡμῖν κατὰ | δημοκρατίαν
ὁ τοιοῦτος ἀνήρ, ὡς δημοκρατικὸς ὀρθῶς ἂν προσαγορευό-
μενος; Τετάχθω, ἔφη.
    XIV. Ἡ καλλίστη δή, ἦν δ᾽ ἐγώ, πολιτεία τε καὶ ὁ
κάλλιστος ἀνὴρ λοιπὰ ἂν ἡμῖν εἴη διελθεῖν, τυραννίς τε
καὶ τύραννος. Κομιδῇ γ᾽, ἔφη. Φέρε δή, τίς τρόπος

----

[1] τοτὲ Π : τὸ Α.

τυραννίδος, ὦ φίλε ἑταῖρε, γίγνεται; ὅτι μὲν γὰρ ἐκ
δημοκρατίας μεταβάλλει, σχεδὸν δῆλον. Δῆλον. Ἀρ'
οὖν τρόπον τινὰ τὸν αὐτὸν ἔκ τε ὀλιγαρχίας δημοκρατία
γίγνεται καὶ ἐκ δημοκρατίας τυραννίς; Πῶς; Ὁ προὔ- B
θεντο, ἦν δ' ἐγώ, ἀγαθόν, καὶ δι' δ[1] ἤ[2] ὀλιγαρχία καθίστατο
—τοῦτο δ' ἦν πλοῦτος[3]· ἦ γάρ; Ναί. Ἡ πλούτου τοίνυν
ἀπληστία καὶ ἡ τῶν ἄλλων ἀμέλεια διὰ χρηματισμὸν
αὐτὴν ἀπώλλυ. Ἀληθῆ, ἔφη. Ἀρ' οὖν καὶ ὁ δημοκρατία
ὁρίζεται ἀγαθόν, ἡ τούτου ἀπληστία καὶ ταύτην καταλύει;
Λέγεις δ' αὐτὴν τί ὁρίζεσθαι; Τὴν ἐλευθερίαν, εἶπον.
τοῦτο γάρ που ἐν δημοκρατουμένῃ πόλει ἀκούσαις ἂν ὡς C
ἔχει τε κάλλιστον καὶ διὰ ταῦτα ἐν μόνῃ ταύτῃ ἄξιον
οἰκεῖν ὅστις φύσει ἐλεύθερος. Λέγεται γὰρ δή, ἔφη, καὶ
πολὺ τοῦτο τὸ ῥῆμα. Ἀρ' οὖν, ἦν δ' ἐγώ, ὅπερ ἦα νῦν
δὴ ἐρῶν, ἡ τοῦ τοιούτου ἀπληστία καὶ ἡ τῶν ἄλλων
ἀμέλεια καὶ ταύτην τὴν πολιτείαν μεθίστησίν τε καὶ
παρασκευάζει τυραννίδος δεηθῆναι; Πῶς; ἔφη. Ὅταν,
οἶμαι, δημοκρατουμένη πόλις ἐλευθερίας διψήσασα κακῶν
οἰνοχόων προστατούντων τύχῃ, καὶ πορρωτέρω τοῦ δέοντος D
ἀκράτου αὐτῆς μεθυσθῇ, τοὺς ἄρχοντας δή, ἂν μὴ πάνυ
πρᾷοι ὦσι καὶ πολλὴν παρέχωσι τὴν ἐλευθερίαν, κολάζει
αἰτιωμένη ὡς μιαρούς τε καὶ ὀλιγαρχικούς. Δρῶσιν γάρ,
ἔφη, τοῦτο. Τοὺς δέ γε, εἶπον, τῶν ἀρχόντων κατηκόους
προπηλακίζει ὡς ἐθελοδούλους τε καὶ οὐδὲν ὄντας, τοὺς δὲ
ἄρχοντας μὲν ἀρχομένοις, ἀρχομένους δὲ ἄρχουσιν ὁμοίους
ἰδίᾳ τε καὶ δημοσίᾳ ἐπαινεῖ τε καὶ τιμᾷ. ἀρ' οὐκ ἀνάγκη
ἐν τοιαύτῃ πόλει ἐπὶ πᾶν τὸ τῆς ἐλευθερίας ἰέναι; Πῶς E
γὰρ οὔ; Καὶ καταδύεσθαί γε, ἦν δ' ἐγώ, ὦ φίλε, εἴς τε τὰς
ἰδίας οἰκίας καὶ τελευτᾶν μέχρι τῶν θηρίων τὴν ἀναρχίαν
ἐμφυομένην. Πῶς, ἦ δ' ὅς, τὸ τοιοῦτον λέγομεν; Οἷον,
ἔφην, πατέρα μὲν ἐθίζεσθαι παιδὶ ὅμοιον γίγνεσθαι καὶ

---

[1] δ nos: οὖ codd.   [2] ἡ Π: om. A.   [3] πλοῦτος Vind. F: ὑπέρ-
πλουτος A.

φοβεῖσθαι τοὺς ὑεῖς, ὑὸν δὲ πατρί, καὶ μήτε αἰσχύνεσθαι
563 μήτε δεδιέναι τοὺς γονέας, ἵνα δὴ ἐλεύθερος ᾖ· μέτοικον | δὲ
ἀστῷ καὶ ἀστὸν μετοίκῳ ἐξισοῦσθαι, καὶ ξένον ὡσαύτως.
Γίγνεται γὰρ οὕτως, ἔφη. Ταῦτά τε, ἦν δ᾽ ἐγώ, καὶ σμικρὰ
τοιάδε ἄλλα γίγνεται· διδάσκαλός τε ἐν τῷ τοιούτῳ
φοιτητὰς φοβεῖται καὶ θωπεύει, φοιτηταί τε διδασκάλων
ὀλιγωροῦσιν, οὕτω δὲ καὶ παιδαγωγῶν· καὶ ὅλως οἱ μὲν
νέοι πρεσβυτέροις ἀπεικάζονται καὶ διαμιλλῶνται καὶ ἐν
λόγοις καὶ ἐν ἔργοις, οἱ δὲ γέροντες ξυγκαθιέντες τοῖς νέοις
B εὐτραπελίας τε καὶ χαριεντισμοῦ ἐμπίμπλανται, μιμού-
μενοι τοὺς νέους, ἵνα δὴ μὴ δοκῶσιν ἀηδεῖς εἶναι μηδὲ
δεσποτικοί. Πάνυ μὲν οὖν, ἔφη. Τὸ δέ γε, ἦν δ᾽ ἐγώ,
ἔσχατον, ὦ φίλε, τῆς ἐλευθερίας τοῦ πλήθους, ὅσον γίγνεται
ἐν τῇ τοιαύτῃ πόλει, ὅταν δὴ οἱ ἐωνημένοι καὶ αἱ ἐωνημέναι
μηδὲν ἧττον ἐλεύθεροι ὦσι τῶν πριαμένων. ἐν γυναιξὶ
δὲ πρὸς ἄνδρας καὶ ἀνδράσι πρὸς γυναῖκας ὅση ἡ ἰσο-
νομία καὶ ἐλευθερία γίγνεται, ὀλίγου ἐπελαθόμεθ᾽ εἰπεῖν.
C Οὐκοῦν κατ᾽ Αἰσχύλον, ἔφη, ἐροῦμεν ὅ τι νῦν ἦλθ᾽ ἐπὶ
στόμα; Πάνυ γε, εἶπον. καὶ ἔγωγε οὕτω λέγω. τὸ μὲν
γὰρ τῶν θηρίων τῶν ὑπὸ τοῖς ἀνθρώποις ὅσῳ ἐλευθερώτερά
ἐστιν ἐνταῦθα ἢ ἐν ἄλλῃ, οὐκ ἄν τις πείθοιτο ἄπειρος.
ἀτεχνῶς γὰρ αἵ τε κύνες κατὰ τὴν παροιμίαν οἷαίπερ αἱ
δέσποιναι, γίγνονταί τε δὴ καὶ ἵπποι καὶ ὄνοι πάνυ
ἐλευθέρως καὶ σεμνῶς εἰθισμένοι πορεύεσθαι, κατὰ τὰς
ὁδοὺς ἐμβάλλοντες τῷ ἀεὶ ἀπαντῶντι, ἐὰν μὴ ἐξίστηται·
D καὶ τἆλλα πάντα οὕτως μεστὰ ἐλευθερίας γίγνεται. Τὸ
ἐμόν γ᾽, ἔφη, ἐμοὶ λέγεις ὄναρ· αὐτὸς γὰρ εἰς ἀγρὸν
πορευόμενος θαμὰ αὐτὸ πάσχω. Τὸ δὲ δὴ κεφάλαιον, ἦν
δ᾽ ἐγώ, πάντων τούτων ξυνηθροισμένων ἐννοεῖς, ὡς ἁπαλὴν
τὴν ψυχὴν τῶν πολιτῶν ποιεῖ, ὥστε κἂν ὁτιοῦν δουλείας
τισὶ[1] προσφέρηται, ἀγανακτεῖν καὶ μὴ ἀνέχεσθαι; τελευ-
τῶντες γάρ που οἶσθ᾽ ὅτι οὐδὲ τῶν νόμων φροντίζουσιν

---

[1] τισὶ nos: τις codd.

γεγραμμένων ἢ ἀγράφων, ἵνα δὴ μηδαμῇ μηδεὶς αὐτοῖς ᾖ Ε
δεσπότης. Καὶ μάλ', ἔφη, οἶδα.

XV. Αὕτη μὲν τοίνυν, ἦν δ' ἐγώ, ὦ φίλε, ἡ ἀρχὴ
οὑτωσὶ καλὴ καὶ νεανικὴ, ὅθεν τυραννὶς φύεται, ὡς ἐμοὶ
δοκεῖ. Νεανικὴ δῆτα, ἔφη· ἀλλὰ τί τὸ μετὰ τοῦτο;
Ταὐτόν, ἦν δ' ἐγώ, ὅπερ ἐν τῇ ὀλιγαρχίᾳ νόσημα ἐγγενό-
μενον ἀπώλεσεν αὐτήν, τοῦτο καὶ ἐν ταύτῃ πλέον τε καὶ
ἰσχυρότερον ἐκ τῆς ἐξουσίας ἐγγενόμενον καταδουλοῦται
δημοκρατίαν. καὶ τῷ ὄντι τὸ ἄγαν τι ποιεῖν μεγάλην φιλεῖ
εἰς τοὐναντίον μεταβολὴν ἀνταποδιδόναι, ἐν ὥραις τε καὶ
ἐν | φυτοῖς καὶ ἐν σώμασιν, καὶ δὴ καὶ[1] ἐν πολιτείαις οὐχ 564
ἥκιστα. Εἰκός, ἔφη. Ἡ γὰρ ἄγαν ἐλευθερία ἔοικεν οὐκ
εἰς ἄλλο τι ἢ εἰς ἄγαν δουλείαν μεταβάλλειν καὶ ἰδιώτῃ
καὶ πόλει. Εἰκὸς γάρ. Εἰκότως τοίνυν, εἶπον, οὐκ ἐξ
ἄλλης πολιτείας τυραννὶς καθίσταται ἢ ἐκ δημοκρατίας,
ἐξ οἶμαι τῆς ἀκροτάτης ἐλευθερίας δουλεία πλείστη τε καὶ
ἀγριωτάτη. Ἔχει γάρ, ἔφη, λόγον. Ἀλλ' οὐ τοῦτ', οἶμαι,
ἦν δ' ἐγώ, ἠρώτας, ἀλλὰ ποῖον νόσημα ἐν ὀλιγαρχίᾳ τε Β
φυόμενον ταὐτὸν καὶ ἐν δημοκρατίᾳ δουλοῦται αὐτήν.
Ἀληθῆ, ἔφη, λέγεις. Ἐκεῖνο τοίνυν, ἔφην, ἔλεγον τὸ τῶν
ἀργῶν τε καὶ δαπανηρῶν ἀνδρῶν γένος, τὸ μὲν ἀνδρειότατον
ἡγούμενον αὐτῶν, τὸ δ' ἀνανδρότερον ἑπόμενον· οὓς δὴ
ἀφωμοιοῦμεν[2] κηφῆσι, τοὺς μὲν κέντρα ἔχουσι, τοὺς δὲ
ἀκέντροις. Καὶ ὀρθῶς γ', ἔφη. Τούτω τοίνυν, ἦν δ' ἐγώ,
ταράττετον ἐν πάσῃ πολιτείᾳ ἐγγιγνομένω, οἷον περὶ
σῶμα φλέγμα τε καὶ χολή· ὣ δὴ καὶ δεῖ τὸν ἀγαθὸν ἰατρόν C
τε καὶ νομοθέτην πόλεως μὴ ἧττον ἢ σοφὸν μελιττουργὸν
πόρρωθεν εὐλαβεῖσθαι, μάλιστα μὲν ὅπως μὴ ἐγγενή-
σεσθον, ἂν δὲ ἐγγένησθον, ὅπως ὅ τι τάχιστα ξὺν αὐτοῖσι
τοῖς κηρίοις ἐκτετμήσεσθον. Ναὶ μὰ Δία, ἦ δ' ὅς, παντά-
πασί γε. Ὧδε τοίνυν, ἦν δ' ἐγώ, λάβωμεν, ἵν' εὐκρινέστερον
ἴδωμεν ὃ βουλόμεθα. Πῶς; Τριχῇ διαστησώμεθα τῷ

---

[1] καὶ δὴ καὶ Π: καὶ Α.   [2] ἀφωμοιοῦμεν Ξ q²: ἀφομοιοῦμεν Α.

λόγῳ δημοκρατουμένην πόλιν, ὥσπερ οὖν καὶ ἔχει. ἐν μὲν
D γάρ που τὸ τοιοῦτον γένος ἐν αὐτῇ ἐμφύεται δι' ἐξουσίαν
οὐκ ἔλαττον ἢ ἐν τῇ ὀλιγαρχουμένῃ. Ἔστιν οὕτω. Πολὺ
δέ γε δριμύτερον ἐν ταύτῃ ἢ ἐν ἐκείνῃ. Πῶς; Ἐκεῖ μὲν
διὰ τὸ μὴ ἔντιμον εἶναι, ἀλλ' ἀπελαύνεσθαι τῶν ἀρχῶν,
ἀγύμναστον καὶ οὐκ ἐρρωμένον γίγνεται, ἐν δημοκρατίᾳ δὲ
τοῦτό που τὸ προεστὸς αὐτῆς ἐκτὸς ὀλίγων, καὶ τὸ μὲν
δριμύτατον αὐτοῦ λέγει τε καὶ πράττει, τὸ δ' ἄλλο περὶ
τὰ βήματα προσίζον βομβεῖ τε καὶ οὐκ ἀνέχεται τοῦ
E ἄλλα λέγοντος, ὥστε πάντα ὑπὸ τοῦ τοιούτου διοικεῖται ἐν
τῇ τοιαύτῃ πολιτείᾳ χωρίς τινων ὀλίγων. Μάλα γε, ἦ δ'
ὅς. Ἄλλο τοίνυν τοιόνδε ἀεὶ ἀποκρίνεται ἐκ τοῦ πλήθους.
Τὸ ποῖον; Χρηματιζομένων που πάντων οἱ κοσμιώτατοι
φύσει ὡς τὸ πολὺ πλουσιώτατοι γίγνονται. Εἰκός. Πλεῖ-
στον δή, οἶμαι, τοῖς κηφῆσι μέλι, καὶ εὐπορώτατον ἐντεῦθεν
βλίττειν[1]. Πῶς γὰρ ἄν, ἔφη, παρά γε τῶν σμικρὰ ἐχόντων
τις βλίσειεν[2]; Πλούσιοι δή, οἶμαι, οἱ τοιοῦτοι καλοῦνται
κηφήνων βοτάνη. Σχεδόν τι, ἔφη.

585	XVI. Δῆμος δ' ἂν εἴη | τρίτον γένος, ὅσοι αὐτουργοί
τε καὶ ἀπράγμονες, οὐ πάνυ πολλὰ κεκτημένοι· ὃ δὴ
πλεῖστόν τε καὶ κυριώτατον ἐν δημοκρατίᾳ, ὅταν περ
ἀθροισθῇ. Ἔστιν γάρ, ἔφη· ἀλλ' οὐ θαμὰ ἐθέλει ποιεῖν
τοῦτο, ἐὰν μὴ μέλιτός τι μεταλαμβάνῃ. Οὐκοῦν μεταλαμ-
βάνει, ἦν δ' ἐγώ, ἀεί, καθ' ὅσον δύνανται οἱ προεστῶτες,
τοὺς ἔχοντας τὴν οὐσίαν ἀφαιρούμενοι, διανέμοντες τῷ
B δήμῳ τὸ πλεῖστον αὐτοὶ ἔχειν. Μεταλαμβάνει γὰρ οὖν,
ἦ δ' ὅς, οὕτως. Ἀναγκάζονται δή, οἶμαι, ἀμύνεσθαι, λέ-
γοντές τε ἐν τῷ δήμῳ καὶ πράττοντες ὅπῃ δύνανται, οὗτοι
ὧν ἀφαιροῦνται. Πῶς γὰρ οὔ; Αἰτίαν δὴ ἔσχον ὑπὸ τῶν
ἑτέρων, κἂν μὴ ἐπιθυμῶσι νεωτερίζειν, ὡς ἐπιβουλεύουσι
τῷ δήμῳ καί εἰσιν ὀλιγαρχικοί. Τί μήν; Οὐκοῦν καὶ
τελευτῶντες, ἐπειδὰν ὁρῶσι τὸν δῆμον οὐχ ἑκόντα, ἀλλ'

---

¹ βλίττειν nos: βλίττει A.			² βλίσειε m: βλίσσειεν A.

ἀγνοήσαντά τε καὶ ἐξαπατηθέντα ὑπὸ τῶν διαβαλλόντων
ἐπιχειροῦντα σφᾶς ἀδικεῖν, τότ᾽ ἤδη, εἴτε βούλονται εἴτε C
μή, ὡς ἀληθῶς ὀλιγαρχικοὶ γίγνονται, οὐχ ἑκόντες, ἀλλὰ
καὶ τοῦτο τὸ κακὸν ἐκεῖνος ὁ κηφὴν ἐντίκτει κεντῶν αὐ-
τούς. Κομιδῇ μὲν οὖν. Εἰσαγγελίαι δὴ καὶ κρίσεις καὶ
ἀγῶνες περὶ ἀλλήλων γίγνονται. Καὶ μάλα. Οὐκοῦν ἕνα
τινὰ ἀεὶ δῆμος εἴωθεν διαφερόντως προΐστασθαι ἑαυτοῦ
καὶ τοῦτον τρέφειν τε καὶ αὔξειν μέγαν; Εἴωθε γάρ.
Τοῦτο μὲν ἄρα, ἦν δ᾽ ἐγώ, δῆλον, ὅτι, ὅταν περ φύηται D
τύραννος, ἐκ προστατικῆς ῥίζης καὶ οὐκ ἄλλοθεν ἐκβλα-
στάνει. Καὶ μάλα δῆλον. Τίς ἀρχὴ οὖν μεταβολῆς ἐκ
προστάτου ἐπὶ τύραννον; ἢ δῆλον ὅτι ἐπειδὰν ταὐτὸν
ἄρξηται δρᾶν ὁ προστάτης τῷ ἐν τῷ μύθῳ, ὃς περὶ τὸ ἐν
Ἀρκαδίᾳ τὸ τοῦ Διὸς τοῦ Λυκαίου ἱερὸν λέγεται; Τίς;
ἔφη. Ὡς ἄρα ὁ γευσάμενος τοῦ ἀνθρωπίνου σπλάγχνου,
ἐν ἄλλοις ἄλλων ἱερείων ἑνὸς ἐγκατατετμημένου, ἀνάγκη
δὴ τούτῳ λύκῳ γενέσθαι. ἢ οὐκ ἀκήκοας τὸν λόγον; E
Ἔγωγε. Ἆρ᾽ οὖν οὕτω καὶ ὃς ἂν δήμου προεστώς[1], λαβὼν
σφόδρα πειθόμενον ὄχλον, μὴ ἀπόσχηται ἐμφυλίου αἵμα-
τος, ἀλλ᾽ ἀδίκως ἐπαιτιώμενος, οἷα δὴ φιλοῦσιν, εἰς δικα-
στήρια ἄγων μιαιφονῇ, βίον ἀνδρὸς ἀφανίζων, γλώττῃ τε
καὶ στόματι ἀνοσίῳ γευόμενος φόνου ξυγγενοῦς, καὶ ἀν-
δρηλατῇ καὶ ἀποκτιννύῃ | καὶ ὑποσημαίνῃ χρεῶν τε ἀπο- 566
κοπὰς καὶ γῆς ἀναδασμόν, ἆρα τῷ τοιούτῳ ἀνάγκη δὴ τὸ
μετὰ τοῦτο καὶ εἵμαρται ἢ ἀπολωλέναι ὑπὸ τῶν ἐχθρῶν
ἢ τυραννεῖν καὶ λύκῳ ἐξ ἀνθρώπου γενέσθαι; Πολλὴ
ἀνάγκη, ἔφη. Οὗτος δή, ἔφην, ὁ στασιάζων γίγνεται πρὸς
τοὺς ἔχοντας τὰς οὐσίας. Οὗτος. Ἆρ᾽ οὖν ἐκπεσὼν μὲν
καὶ κατελθὼν βίᾳ τῶν ἐχθρῶν τύραννος ἀπειργασμένος
κατέρχεται; Δῆλον. Ἐὰν δὲ ἀδύνατοι ἐκβάλλειν αὐτὸν
ὦσιν ἢ ἀποκτεῖναι διαβάλλοντες τῇ πόλει, βιαίῳ δὴ B
θανάτῳ ἐπιβουλεύουσιν ἀποκτιννύναι λάθρα. Φιλεῖ γοῦν,

---

[1] προεστὼς Ξ q : προσεστὼς Α.

ἢ δ' ὅς, οὕτω γίγνεσθαι. Τὸ δὴ τυραννικὸν αἴτημα τὸ πολυθρύλητον ἐπὶ τούτῳ πάντες οἱ εἰς τοῦτο προβεβη- κότες ἐξευρίσκουσιν, αἰτεῖν τὸν δῆμον φύλακάς τινας τοῦ σώματος, ἵνα σῶς αὐτοῖς ᾖ ὁ τοῦ δήμου βοηθός. Καὶ μάλ', ἔφη. Διδόασι δή, οἶμαι, δείσαντες μὲν ὑπὲρ ἐκείνου, θαρ-
C ρήσαντες δὲ ὑπὲρ ἑαυτῶν. Καὶ μάλα. Οὐκοῦν τοῦτο ὅταν ἴδῃ ἀνὴρ χρήματα ἔχων καὶ μετὰ τῶν χρημάτων αἰτίαν μισόδημος εἶναι, τότε δὴ οὗτος, ὦ ἑταῖρε, κατὰ τὸν Κροίσῳ γενόμενον χρησμὸν

πολυψήφιδα παρ' Ἕρμον
φεύγει, οὐδὲ μένει, οὐδ' αἰδεῖται κακὸς εἶναι.

Οὐ γὰρ ἄν, ἔφη, δεύτερον αὖθις αἰδεσθείη. Ὁ δέ γε, οἶμαι, ἦν δ' ἐγώ, καταληφθεὶς θανάτῳ δίδοται. Ἀνάγκη. Ὁ δὲ δὴ προστάτης ἐκεῖνος αὐτὸς δῆλον δὴ ὅτι μέγας μεγαλω-
D στὶ οὐ κεῖται, ἀλλὰ καταβαλὼν ἄλλους πολλοὺς ἕστηκεν ἐν τῷ δίφρῳ τῆς πόλεως, τύραννος ἀντὶ προστάτου ἀπο- τετελεσμένος. Τί δ' οὐ μέλλει; ἔφη.

XVII. Διέλθωμεν δὴ τὴν εὐδαιμονίαν, ἦν δ' ἐγώ, τοῦ τε ἀνδρὸς καὶ τῆς πόλεως, ἐν ᾗ ἂν ὁ τοιοῦτος βροτὸς ἐγγέ- νηται; Πάνυ μὲν οὖν, ἔφη, διέλθωμεν. Ἀρ' οὖν, εἶπον, οὐ ταῖς μὲν πρώταις ἡμέραις τε καὶ χρόνῳ προσγελᾷ τε καὶ ἀσπάζεται πάντας, ᾧ ἂν περιτυγχάνῃ, καὶ οὔτε
E τύραννός φησιν εἶναι ὑπισχνεῖταί τε πολλὰ καὶ ἰδίᾳ καὶ δημοσίᾳ, χρεῶν τε ἠλευθέρωσε καὶ γῆν διένειμεν δήμῳ τε καὶ τοῖς περὶ ἑαυτόν, καὶ πᾶσιν ἵλεώς τε καὶ πρᾶος εἶναι προσποιεῖται; Ἀνάγκη, ἔφη. Ὅταν δέ γε, οἶμαι, πρὸς τοὺς ἔξω ἐχθροὺς τοῖς μὲν καταλλαγῇ, τοὺς δὲ καὶ διαφθείρῃ, καὶ ἡσυχία ἐκείνων γένηται, πρῶτον μὲν πολέμους τινὰς ἀεὶ κινεῖ, ἵν' ἐν χρείᾳ ἡγεμόνος ὁ δῆμος ᾖ. Εἰκός γε.
567 | Οὐκοῦν καὶ ἵνα χρήματα εἰσφέροντες πένητες γιγνόμενοι πρὸς τῷ[1] καθ' ἡμέραν ἀναγκάζωνται εἶναι καὶ ἧττον

---

[1] τῷ Ξ q: τὸ A[1]: τὼ (sic) A[2].

αὐτῷ ἐπιβουλεύωσι; Δῆλον. Καὶ ἄν γέ τινας, οἶμαι, ὑπο-
πτεύῃ ἐλεύθερα φρονήματα ἔχοντας μὴ ἐπιτρέψειν αὐτῷ
ἄρχειν, ὅπως ἂν τούτους μετὰ προφάσεως ἀπολλύῃ ἐν-
δοὺς τοῖς πολεμίοις; τούτων πάντων ἔνεκα τυράννῳ ἀεὶ
ἀνάγκη πόλεμον ταράττειν; Ἀνάγκη. Ταῦτα δὴ ποιοῦντα
ἕτοιμον μᾶλλον ἀπεχθάνεσθαι τοῖς πολίταις; Πῶς γὰρ B
οὔ; Οὐκοῦν καί τινας τῶν ξυγκαταστησάντων καὶ ἐν
δυνάμει ὄντων παρρησιάζεσθαι καὶ πρὸς αὐτὸν καὶ πρὸς
ἀλλήλους, ἐπιπλήττοντας τοῖς γιγνομένοις, οἳ ἂν τυγχά-
νωσιν ἀνδρικώτατοι ὄντες; Εἰκός γε. Ὑπεξαιρεῖν[1] δὴ
τούτους πάντας δεῖ τὸν τύραννον, εἰ μέλλει ἄρξειν, ἕως ἂν
μήτε φίλων μήτ' ἐχθρῶν λίπῃ μηδένα ὅτου τι ὄφελος.
Δῆλον. Ὀξέως ἄρα δεῖ ὁρᾶν αὐτόν, τίς ἀνδρεῖος, τίς
μεγαλόφρων, τίς φρόνιμος, τίς πλούσιος· καὶ οὕτως C
εὐδαίμων ἐστίν, ὥστε τούτοις ἅπασιν ἀνάγκη αὐτῷ, εἴτε
βούλεται εἴτε μή, πολεμίῳ εἶναι καὶ ἐπιβουλεύειν, ἕως ἂν
καθήρῃ[2] τὴν πόλιν. Καλόν γε, ἔφη, καθαρμόν. Ναί, ἦν
δ' ἐγώ, τὸν ἐναντίον ἢ οἱ ἰατροὶ τὰ σώματα· οἱ μὲν γὰρ
τὸ χείριστον ἀφαιροῦντες λείπουσι τὸ βέλτιστον, ὁ δὲ
τοὐναντίον. Ὡς ἔοικε γάρ, αὐτῷ, ἔφη, ἀνάγκη, εἴπερ
ἄρξει.

XVIII. Ἐν μακαρίᾳ ἄρα, εἶπον ἐγώ, ἀνάγκη δέδεται, D
ἢ προστάττει αὐτῷ ἢ μετὰ φαύλων τῶν πολλῶν οἰκεῖν
καὶ ὑπὸ τούτων μισούμενον ἢ μὴ ζῆν. Ἐν τοιαύτῃ, ἦ δ'
ὅς. Ἆρ' οὖν οὐχὶ ὅσῳ ἂν μᾶλλον τοῖς πολίταις ἀπεχθά-
νηται ταῦτα δρῶν, τοσούτῳ πλειόνων καὶ πιστοτέρων
δορυφόρων δεήσεται; Πῶς γὰρ οὔ; Τίνες οὖν οἱ πιστοί,
καὶ πόθεν αὐτοὺς μεταπέμψεται; Αὐτόματοι, ἔφη,
πολλοὶ ἥξουσι πετόμενοι, ἐὰν τὸν μισθὸν διδῷ. Κηφῆνας,
ἦν δ' ἐγώ, νὴ τὸν κύνα, δοκεῖς αὖ τινάς μοι λέγειν ξενι- E
κούς τε καὶ παντοδαπούς. Ἀληθῆ γάρ, ἔφη, δοκῶ σοι.

Τί[1] δέ; αὐτόθεν ἆρ᾽ οὐκ ἂν ἐθελήσειεν—Πῶς; Τοὺς
δούλους ἀφελόμενος τοὺς πολίτας, ἐλευθερώσας, τῶν περὶ
ἑαυτὸν δορυφόρων ποιήσασθαι; Σφόδρα γ᾽, ἔφη· ἐπεί
τοι καὶ πιστότατοι αὐτῷ οὗτοί εἰσιν. Ἦ μακάριον, ἦν δ᾽
ἐγώ, λέγεις τυράννου χρῆμα, εἰ τοιούτοις φίλοις τε καὶ
568 | πιστοῖς ἀνδράσι χρῆται τοὺς προτέρους ἐκείνους ἀπολέσας.
Ἀλλὰ μήν, ἔφη, τοιούτοις γε χρῆται. Καὶ θαυμάζουσι δή,
εἶπον, οὗτοι οἱ ἑταῖροι αὐτόν, καὶ ξύνεισιν οἱ νέοι πολῖται[2],
οἱ δ᾽ ἐπιεικεῖς μισοῦσί τε καὶ φεύγουσι; Τί δ᾽ οὐ μέλλου-
σιν; Οὐκ ἐτός, ἦν δ᾽ ἐγώ, ἥ τε τραγῳδία ὅλως σοφὸν δοκεῖ
εἶναι καὶ ὁ Εὐριπίδης διαφέρων ἐν αὐτῇ. Τί δή; Ὅτι καὶ
τοῦτο πυκνῆς διανοίας ἐχόμενον ἐφθέγξατο, ὡς ἄρα σοφοὶ
Β τύραννοί εἰσι τῶν σοφῶν συνουσίᾳ. καὶ ἔλεγε δῆλον
ὅτι τούτους εἶναι τοὺς σοφούς, οἷς ξύνεστιν. Καὶ ὡς
ἰσόθεόν γ᾽, ἔφη, τὴν τυραννίδα ἐγκωμιάζει, καὶ ἕτερα
πολλά, καὶ οὗτος καὶ οἱ ἄλλοι ποιηταί. Τοιγάρτοι, ἔφην,
ἅτε σοφοὶ ὄντες οἱ τῆς τραγῳδίας ποιηταὶ συγγιγνώσκου-
σιν ἡμῖν τε καὶ ἐκείνοις, ὅσοι ἡμῶν ἐγγὺς πολιτεύονται,
ὅτι αὐτοὺς εἰς τὴν πολιτείαν οὐ παραδεξόμεθα ἅτε τυραν-
νίδος ὑμνητάς. Οἶμαι ἔγωγ᾽, ἔφη, ξυγγιγνώσκουσιν
C ὅσοιπέρ γε αὐτῶν κομψοί. Εἰς δέ γε, οἶμαι, τὰς ἄλλας
περιιόντες πόλεις, ξυλλέγοντες τοὺς ὄχλους καλὰς φωνὰς
καὶ μεγάλας καὶ πιθανὰς μισθωσάμενοι, εἰς τυραννίδας τε
καὶ δημοκρατίας ἕλκουσι τὰς πολιτείας. Μάλα γε. Οὐκοῦν
καὶ προσέτι τούτων μισθοὺς λαμβάνουσι καὶ τιμῶνται,
μάλιστα μέν, ὥσπερ τὸ εἰκός, ὑπὸ τυράννων, δεύτερον δὲ
ὑπὸ δημοκρατίας· ὅσῳ δ᾽ ἂν ἀνωτέρω ἴωσιν πρὸς τὸ
D ἄναντες τῶν πολιτειῶν, μᾶλλον ἀπαγορεύει αὐτῶν ἡ τιμή,
ὥσπερ[3] ὑπὸ ἄσθματος ἀδυνατοῦσα πορεύεσθαι. Πάνυ
μὲν οὖν.

XIX. Ἀλλὰ δή, εἶπον, ἐνταῦθα μὲν ἐξέβημεν·

---

[1] τί q: τίς A.   [2] νέοι πολῖται codd.: νεοπολῖται legisse videtur
Pollux.   [3] ὥσπερ Π: ἢ ὥσπερ A.

λέγωμεν δὲ πάλιν ἐκεῖνο τὸ τοῦ τυράννου στρατόπεδον,
τὸ καλόν τε καὶ πολὺ καὶ ποικίλον καὶ οὐδέποτε ταὐτόν,
πόθεν θρέψεται. Δῆλον, ἔφη, ὅτι, ἐάν τε ἱερὰ χρήματα
ᾖ ἐν τῇ πόλει, ταῦτα ἀναλώσει, καί, ὅποι[1] ποτὲ ἂν ἀεὶ
ἐξαρκῇ, τὰ τῶν ἀπολομένων[2], ἐλάττους εἰσφορὰς ἀναγκά-
ζων τὸν δῆμον εἰσφέρειν. Τί δ' ὅταν δὴ ταῦτα ἐπιλίπῃ[3]; Ε
Δῆλον, ἔφη, ὅτι ἐκ τῶν πατρῴων θρέψεται αὐτός τε καὶ οἱ
συμπόται[4] τε καὶ ἑταῖροι καὶ ἑταῖραι. Μανθάνω, ἦν δ'
ἐγώ· ὅτι ὁ δῆμος, ὁ γεννήσας τὸν τύραννον, θρέψει αὐτόν
τε καὶ ἑταίρους[5]. Πολλὴ αὐτῷ, ἔφη, ἀνάγκη. Πῶς[6]
λέγεις; εἶπον· ἐὰν δὲ[7] ἀγανακτῇ τε καὶ λέγῃ ὁ δῆμος, ὅτι
οὔτε δίκαιον τρέφεσθαι ὑπὸ πατρὸς υἱὸν ἡβῶντα, ἀλλὰ
τοὐναντίον ὑπὸ υἱέος πατέρα, οὔτε τούτου αὐτὸν ἕνεκα
| ἐγέννησέν τε καὶ κατέστησεν, ἵνα, ἐπειδὴ μέγας γένοιτο, 569
τότε αὐτὸς δουλεύων τοῖς αὑτοῦ δούλοις τρέφοι ἐκεῖνόν τε
καὶ τοὺς δούλους μετὰ ξυγκλύδων ἄλλων, ἀλλ' ἵνα ἀπὸ[8]
τῶν πλουσίων τε καὶ καλῶν κἀγαθῶν λεγομένων ἐν τῇ
πόλει ἐλευθερωθείη ἐκείνου προστάντος, καὶ νῦν κελεύει
ἀπιέναι ἐκ τῆς πόλεως αὐτόν τε καὶ τοὺς ἑταίρους, ὥσπερ
πατὴρ υἱὸν ἐξ οἰκίας μετὰ ὀχληρῶν συμποτῶν ἐξελαύνων;
Γνώσεταί γε, νὴ Δία, ἦ δ' ὅς, τότ' ἤδη ὁ δῆμος, οἷος οἷον Β
θρέμμα γεννῶν ἠσπάζετό τε καὶ ηὖξεν, καὶ ὅτι ἀσθενέστερος
ὢν ἰσχυροτέρους ἐξελαύνει. Πῶς, ἦν δ' ἐγώ, λέγεις;
τολμήσει τὸν πατέρα βιάζεσθαι, κἂν μὴ πείθηται, τύπτειν
ὁ τύραννος; Ναί, ἔφη, ἀφελόμενός γε τὰ ὅπλα. Πατρα-
λοίαν, ἦν δ' ἐγώ, λέγεις τύραννον καὶ χαλεπὸν γηροτρόφον,
καὶ ὡς ἔοικε τοῦτο δὴ ὁμολογουμένη ἂν ἤδη τυραννὶς εἴη,
καί, τὸ λεγόμενον, ὁ δῆμος φεύγων ἂν καπνὸν δουλείας
ἐλευθέρων εἰς πῦρ δούλων δεσποτείας ἂν ἐμπεπτωκὼς εἴη, C

---

[1] καὶ ὅποι q: ὅποι A.   [2] ἀπολομένων q et corr. A²: ἀποδομένων A¹.

[3] ἐπιλίπῃ Ξ q: ἐπιλείπῃ A.   [4] συμπόται Π: συμπο.ται (sic) A.

[5] ἑταίρους Π: ἑτέρους A.   [6] πῶς Ξ: πῶς δὲ A.   [7] ἐὰν δὲ v: ἐάν τε
A.   [8] ἀπὸ q: ὑπὸ A.

ἀντὶ τῆς πολλῆς ἐκείνης καὶ ἀκαίρου ἐλευθερίας τὴν χαλε-
πωτάτην τε καὶ πικροτάτην δούλων δουλείαν μεταμπι-
σχόμενος. Καὶ μάλα, ἔφη, ταῦτα οὕτω γίγνεται. Τί οὖν;
εἶπον· οὐκ ἐμμελῶς ἡμῖν εἰρήσεται, ἐὰν φῶμεν ἱκανῶς
διεληλυθέναι, ὡς μεταβαίνει τυραννὶς ἐκ δημοκρατίας
γενομένη τε οἶα ἐστίν; Πάνυ μὲν οὖν ἱκανῶς, ἔφη.

τέλος πολιτείας Η´.

Θ.

I. Αὐτὸς δὴ λοιπός, ἦν δ᾽ ἐγώ, ὁ τυραννικὸς ἀνὴρ 571
σκέψασθαι, πῶς τε μεθίσταται ἐκ δημοκρατικοῦ γενό-
μενός τε ποῖός τίς ἐστιν καὶ τίνα τρόπον ζῇ, ἄθλιον ἢ
μακάριον. Λοιπὸς γὰρ οὖν ἔτι οὗτος, ἔφη. Οἶσθ᾽ οὖν, ἦν
δ᾽ ἐγώ, ὃ ποθῶ ἔτι; Τὸ ποῖον; Τὸ τῶν ἐπιθυμιῶν, οἷαί τε
καὶ ὅσαι εἰσίν, οὔ μοι δοκοῦμεν ἱκανῶς διῃρῆσθαι. τούτου
δὴ ἐνδεῶς ἔχοντος, ἀσαφεστέρα ἔσται ἡ ζήτησις οὗ ζητοῦ- B
μεν. Οὐκοῦν, ἦ δ᾽ ὅς, ἔτ᾽ ἐν καλῷ[1]; Πάνυ μὲν οὖν· καὶ
σκόπει γε ὃ ἐν αὐταῖς βούλομαι ἰδεῖν. ἔστιν δὲ τόδε.
τῶν μὴ ἀναγκαίων ἡδονῶν τε καὶ ἐπιθυμιῶν δοκοῦσί τινές
μοι εἶναι παράνομοι, αἳ κινδυνεύουσι μὲν ἐγγίγνεσθαι
παντί, κολαζόμεναι δὲ ὑπό τε τῶν νόμων καὶ τῶν βελτιόνων
ἐπιθυμιῶν μετὰ λόγου ἐνίων μὲν ἀνθρώπων ἢ παντάπασιν
ἀπαλλάττεσθαι ἢ ὀλίγαι λείπεσθαι καὶ ἀσθενεῖς, τῶν δὲ
ἰσχυρότεραι καὶ πλείους. Λέγεις δὲ καὶ τίνας, ἔφη, C
ταύτας; Τὰς περὶ τὸν ὕπνον, ἦν δ᾽ ἐγώ, ἐγειρομένας, ὅταν
τὸ μὲν ἄλλο τῆς ψυχῆς εὕδῃ, ὅσον λογιστικὸν καὶ ἥμερον
καὶ ἄρχον ἐκείνου, τὸ δὲ θηριῶδές τε καὶ ἄγριον ἢ σίτων ἢ
μέθης πλησθέν, σκιρτᾷ τε καὶ ἀπωσάμενον τὸν ὕπνον
ζητῇ ἰέναι καὶ ἀποπιμπλάναι τὰ αὑτοῦ ἤθη· οἶσθ᾽ ὅτι

---

[1] ἔτ᾽ ἐν καλῷ Ξ: ἔτ᾽ ἐγκαλῶ A.

πάντα ἐν τῷ τοιούτῳ τολμᾷ ποιεῖν, ὡς ἀπὸ πάσης λελυ-
μένον τε καὶ ἀπηλλαγμένον αἰσχύνης καὶ φρονήσεως.
D μητρί τε γὰρ ἐπιχειρεῖν μίγνυσθαι, ὡς οἴεται, οὐδὲν ὀκνεῖ
ἄλλῳ τε ὁτῳοῦν ἀνθρώπων καὶ θεῶν καὶ θηρίων, μιαιφονεῖν
τε ὁτιοῦν, βρώματός τε ἀπέχεσθαι μηδενός· καὶ ἑνὶ λόγῳ
οὔτε ἀνοίας οὐδὲν ἐλλείπει οὔτ' ἀναισχυντίας. Ἀληθέ-
στατα, ἔφη, λέγεις. Ὅταν δέ γε, οἶμαι, ὑγιεινῶς τις ἔχῃ
αὐτὸς αὑτοῦ καὶ σωφρόνως καὶ εἰς τὸν ὕπνον ἴῃ τὸ
λογιστικὸν μὲν ἐγείρας ἑαυτοῦ καὶ ἑστιάσας λόγων καλῶν
καὶ σκέψεων, εἰς σύννοιαν αὐτὸς αὑτῷ ἀφικόμενος, τὸ
E ἐπιθυμητικὸν δὲ μήτε ἐνδείᾳ δοὺς μήτε πλησμονῇ, ὅπως
572 ἂν κοιμηθῇ καὶ μὴ παρέχῃ θόρυβον τῷ | βελτίστῳ χαῖρον
ἢ λυπούμενον, ἀλλ' ἐᾷ αὐτὸ καθ' αὑτὸ μόνον καθαρὸν
σκοπεῖν καὶ ὀρέγεσθαί του καὶ αἰσθάνεσθαι ὃ μὴ οἶδεν,
ἤ τι τῶν γεγονότων ἢ ὄντων ἢ καὶ μελλόντων, ὡσαύτως δὲ
καὶ τὸ θυμοειδὲς πραΰνας καὶ μή τισιν εἰς ὀργὰς ἐλθὼν[1]
κεκινημένῳ τῷ θυμῷ καθεύδῃ, ἀλλ' ἡσυχάσας μὲν τὼ δύο
εἴδη, τὸ τρίτον δὲ κινήσας, ἐν ᾧ τὸ φρονεῖν ἐγγίγνεται,
οὕτω ἀναπαύηται, οἶσθ' ὅτι τῆς τ' ἀληθείας ἐν τῷ τοιούτῳ
B μάλιστα ἅπτεται καὶ ἥκιστα παράνομοι τότε αἱ ὄψεις
φαντάζονται τῶν ἐνυπνίων. Παντελῶς μὲν οὖν, ἔφη, οἶμαι
οὕτω. Ταῦτα μὲν τοίνυν ἐπὶ πλέον ἐξήχθημεν εἰπεῖν· ὃ
δὲ βουλόμεθα γνῶναι, τόδ' ἐστίν, ὡς ἄρα δεινόν τι καὶ
ἄγριον καὶ ἄνομον ἐπιθυμιῶν εἶδος ἑκάστῳ ἔνεστι, καὶ
πάνυ δοκοῦσιν ἡμῶν ἐνίοις μετρίοις εἶναι· τοῦτο δὲ ἄρα ἐν
τοῖς ὕπνοις γίγνεται ἔνδηλον. εἰ οὖν τι δοκῶ λέγειν καὶ
συγχωρεῖς, ἄθρει. Ἀλλὰ συγχωρῶ.

II. Τὸν τοίνυν δημοτικὸν ἀναμνήσθητι οἷον ἔφαμεν
C εἶναι. ἦν δέ που γεγονὼς ἐκ νέου ὑπὸ φειδωλῷ πατρὶ
τεθραμμένος, τὰς χρηματιστικὰς ἐπιθυμίας τιμῶντι μόνας,
τὰς δὲ μὴ ἀναγκαίους, ἀλλὰ παιδιᾶς τε καὶ καλλωπισμοῦ
ἕνεκα γιγνομένας ἀτιμάζοντι. ἦ γάρ; Ναί. Συγγενόμενος

---

[1] ἐλθὼν Π: ἐλθὸν Α.

δὲ κομψοτέροις ἀνδράσι καὶ μεστοῖς ὧν ἄρτι διήλθομεν
ἐπιθυμιῶν, ὁρμήσας εἰς ὕβριν τε πᾶσαν καὶ τὸ ἐκείνων
εἶδος μίσει τῆς τοῦ πατρὸς φειδωλίας, φύσιν δὲ τῶν
διαφθειρόντων βελτίω ἔχων, ἀγόμενος ἀμφοτέρωσε κατέστη D
εἰς μέσον ἀμφοῖν τοῖν τρόποιν καὶ μετρίως δή, ὡς ᾤετο,
ἑκάστων ἀπολαύων[1] οὔτε ἀνελεύθερον οὔτε παράνομον
βίον ζῇ, δημοτικὸς ἐξ ὀλιγαρχικοῦ γεγονώς. Ἦν γάρ,
ἔφη, καὶ ἔστιν αὕτη ἡ δόξα περὶ τὸν τοιοῦτον. Θὲς τοίνυν,
ἦν δ' ἐγώ, πάλιν τοῦ τοιούτου ἤδη πρεσβυτέρου γεγονότος
νέον υἱὸν ἐν τοῖς τούτου αὖ ἤθεσιν τεθραμμένον. Τίθημι.
Τίθει τοίνυν καὶ τὰ αὐτὰ ἐκεῖνα περὶ αὐτὸν γιγνόμενα,
ἅπερ καὶ περὶ τὸν πατέρα αὐτοῦ · ἀγόμενόν τε εἰς πᾶσαν E
παρανομίαν, ὀνομαζομένην δ' ὑπὸ τῶν ἀγόντων ἐλευθερίαν
ἅπασαν, βοηθοῦντά τε ταῖς ἐν μέσῳ ταύταις ἐπιθυμίαις
πατέρα τε καὶ τοὺς ἄλλους οἰκείους, τοὺς δ' αὖ παρα-
βοηθοῦντας · ὅταν δ' ἐλπίσωσιν οἱ δεινοὶ μάγοι τε καὶ
τυραννοποιοὶ οὗτοι μὴ ἄλλως τὸν νέον καθέξειν, ἐρωτά
τινα αὐτῷ μηχανωμένους ἐμποιῆσαι προστάτην τῶν ἀργῶν
καὶ τὰ ἕτοιμα διανεμο|μένων ἐπιθυμιῶν, ὑπόπτερον καὶ 573
μέγαν κηφῆνά τινα. ἢ τί ἄλλο οἴει εἶναι τὸν τῶν τοιούτων
ἔρωτα; Οὐδὲν ἔγωγε, ἦ δ' ὅς, ἀλλ' ἢ τοῦτο. Οὐκοῦν ὅταν
περὶ αὐτὸν βομβῶσαι αἱ ἄλλαι ἐπιθυμίαι, θυμιαμάτων τε
γέμουσαι καὶ μύρων καὶ στεφάνων καὶ οἴνων καὶ τῶν ἐν
ταῖς τοιαύταις συνουσίαις ἡδονῶν ἀνειμένων, ἐπὶ τὸ ἔσχα-
τον αὔξουσαί τε καὶ τρέφουσαι πόθου κέντρον ἐμποιήσωσι
τῷ κηφῆνι, τότε δὴ δορυφορεῖταί τε ὑπὸ μανίας καὶ οἰστρᾷ B
οὗτος ὁ προστάτης τῆς ψυχῆς, καὶ ἐάν τινας ἐν αὐτῷ
δόξας ἢ ἐπιθυμίας λάβῃ ποιουμένας χρηστὰς καὶ ἔτι
ἐπαισχυνομένας[2], ἀποκτείνει τε καὶ ἔξω ὠθεῖ παρ' αὐτοῦ,
ἕως ἂν καθήρῃ σωφροσύνης, μανίας[3] δὲ πληρώσῃ ἐπακτοῦ.
Παντελῶς, ἔφη, τυραννικοῦ ἀνδρὸς λέγεις γένεσιν. Ἆρ'

---

[1] ἑκάστων ἀπολαύων Π: ἑκάστων ἀπολαβὼν A¹: ἕκαστον ἀπολαβὼν A².
[2] ἐπαισχυνομένας Π: ἐπαισχυνόμενος A.   [3] μανίας Π: καὶ μανίας A.

οὖν, ἦν δ' ἐγώ, καὶ τὸ πάλαι διὰ τὸ τοιοῦτον τύραννος ὁ
Ἔρως λέγεται; Κινδυνεύει, ἔφη. Οὐκοῦν, ὦ φίλε, εἶπον,
C καὶ μεθυσθεὶς ἀνὴρ τυραννικόν τι φρόνημα ἴσχει; Ἴσχει
γάρ. Καὶ μὴν ὅ γε μαινόμενος καὶ ὑποκεκινηκὼς οὐ
μόνον ἀνθρώπων ἀλλὰ καὶ θεῶν ἐπιχειρεῖ τε καὶ ἐλπίζει
δυνατὸς εἶναι ἄρχειν. Καὶ μάλ', ἔφη. Τυραννικὸς δή[1],
ἦν δ' ἐγώ, ὦ δαιμόνιε, ἀνὴρ ἀκριβῶς γίγνεται, ὅταν ἢ φύσει
ἢ ἐπιτηδεύμασιν ἢ ἀμφοτέροις μεθυστικός τε καὶ ἐρωτικὸς
καὶ μελαγχολικὸς γένηται. Παντελῶς μὲν οὖν.

III. Γίγνεται μέν, ὡς ἔοικεν, οὕτω, καὶ τοιοῦτος ἀνήρ[2]·
D ζῇ δὲ δὴ πῶς; Τὸ τῶν παιζόντων, ἔφη, τοῦτο σὺ καὶ ἐμοὶ
ἐρεῖς. Λέγω δή, ἔφην. οἶμαι γάρ, τὸ μετὰ τοῦτο ἑορταὶ
γίγνονται παρ' αὐτοῖς καὶ κῶμοι καὶ θαλίαι[3] καὶ ἑταῖραι
καὶ τὰ τοιαῦτα πάντα, ὧν ἂν Ἔρως τύραννος ἔνδον οἰκῶν
διακυβερνᾷ τὰ τῆς ψυχῆς ἅπαντα. Ἀνάγκη, ἔφη. Ἀρ'
οὖν οὐ πολλαὶ καὶ δειναὶ παραβλαστάνουσιν ἐπιθυμίαι
ἡμέρας τε καὶ νυκτὸς ἑκάστης, πολλῶν δεόμεναι; Πολλαὶ
μέντοι. Ταχὺ ἄρα ἀναλίσκονται ἐάν τινες ὦσι πρόσοδοι.
E Πῶς δ' οὔ; Καὶ μετὰ τοῦτο δὴ δανεισμοὶ καὶ τῆς οὐσίας
παραιρέσεις. Τί μήν; Ὅταν δὲ δὴ πάντ' ἐπιλίπῃ, ἄρα
οὐκ ἀνάγκη μὲν τὰς ἐπιθυμίας βοᾶν πυκνάς τε καὶ σφο-
δρὰς ἐννενεοττευμένας, τοὺς δ' ὥσπερ ὑπὸ κέντρων ἐλαυ-
νομένους τῶν τε ἄλλων ἐπιθυμιῶν καὶ διαφερόντως ὑπ'
αὐτοῦ τοῦ ἔρωτος, πάσαις ταῖς ἄλλαις ὥσπερ δορυφόροις
ἡγουμένου, οἰστρᾶν καὶ σκοπεῖν, τίς τι ἔχει, ὃν δυνατὸν
574 ἀφελέσθαι ἀπατήσαντα ἢ | βιασάμενον; Σφόδρα γ', ἔφη.
Ἀναγκαῖον δὴ πανταχόθεν φέρειν, ἢ μεγάλαις ὠδῖσί τε
καὶ ὀδύναις ξυνέχεσθαι. Ἀναγκαῖον. Ἀρ' οὖν ὥσπερ αἱ
ἐν αὐτῷ ἡδοναὶ ἐπιγιγνόμεναι τῶν ἀρχαίων πλέον εἶχον
καὶ τὰ ἐκείνων ἀφῃροῦντο, οὕτω καὶ αὐτὸς ἀξιώσει νεώ-
τερος ὢν πατρός τε καὶ μητρὸς πλέον ἔχειν καὶ ἀφαιρεῖ-
σθαι, ἐὰν τὸ αὑτοῦ μέρος ἀναλώσῃ, ἀπονειμάμενος τῶν

---

[1] δὴ q: δὲ A.　　　[2] ἀνήρ Campbell: ἀνήρ codd.　　　[3] θαλίαι Π: θάλειαι A.

πατρῴων; Ἀλλὰ τί μήν; ἔφη. Ἂν δὲ δὴ αὐτῷ μὴ ἐπιτρέ-
πωσιν, ἆρ' οὐ τὸ μὲν πρῶτον ἐπιχειροῖ ἂν κλέπτειν καὶ B
ἀπατᾶν τοὺς γονέας; Πάντως. Ὁπότε δὲ μὴ δύναιτο,
ἁρπάζοι ἂν καὶ βιάζοιτο μετὰ τοῦτο; Οἶμαι, ἔφη. Ἀντε-
χομένων δὴ καὶ μαχομένων, ὦ θαυμάσιε, γέροντός τε καὶ
γραὸς ἆρ' εὐλαβηθείη ἂν καὶ φείσαιτο μή τι δρᾶσαι τῶν
τυραννικῶν; Οὐ πάνυ, ἦ δ' ὅς, ἔγωγε θαρρῶ περὶ τῶν
γονέων τοῦ τοιούτου. Ἀλλ', ὦ Ἀδείμαντε, πρὸς Διός,
ἕνεκα νεωστὶ φίλης καὶ οὐκ ἀναγκαίας ἑταίρας γεγονυίας
τὴν πάλαι φίλην καὶ ἀναγκαίαν μητέρα, ἢ ἕνεκα ὡραίου C
νεωστὶ φίλου γεγονότος οὐκ ἀναγκαίου τὸν ἄωρόν τε καὶ
ἀναγκαῖον πρεσβύτην πατέρα καὶ τῶν φίλων ἀρχαιότατον
δοκεῖ ἄν σοι ὁ τοιοῦτος πληγαῖς τε δοῦναι καὶ καταδου-
λώσασθαι ἂν αὐτοὺς ὑπ' ἐκείνοις, εἰ εἰς τὴν αὐτὴν οἰκίαν
ἀγάγοιτο; Ναὶ μὰ Δία, ἦ δ' ὅς. Σφόδρα γε μακάριον, ἦν
δ' ἐγώ, ἔοικεν εἶναι τὸ τυραννικὸν υἱὸν τεκεῖν. Πάνυ γ',
ἔφη. Τί δ', ὅταν δὴ τὰ πατρὸς καὶ μητρὸς ἐπιλείπῃ τὸν D
τοιοῦτον, πολὺ δὲ ἤδη ξυνειλεγμένον ἐν αὐτῷ ᾖ τὸ τῶν
ἡδονῶν σμῆνος, οὐ πρῶτον μὲν οἰκίας τινὸς ἐφάψεται
τοίχου ἤ τινος ὀψὲ νύκτωρ ἰόντος τοῦ ἱματίου, μετὰ δὲ
ταῦτα ἱερόν τι νεωκορήσει; καὶ ἐν τούτοις δὴ πᾶσιν, ἃς
πάλαι εἶχεν δόξας ἐκ παιδὸς περὶ καλῶν τε καὶ αἰσχρῶν,
τὰς δικαίας ποιουμένας, αἱ νεωστὶ ἐκ δουλείας λελυμέναι,
δορυφοροῦσαι τὸν ἔρωτα, κρατήσουσι μετ' ἐκείνου, αἱ
πρότερον μὲν ὄναρ ἐλύοντο ἐν ὕπνῳ, ὅτε ἦν αὐτὸς ἔτι ὑπὸ E
νόμοις τε καὶ πατρὶ δημοκρατούμενος ἐν ἑαυτῷ· τυραν-
νευθεὶς δὲ ὑπὸ ἔρωτος, οἷος ὀλιγάκις ἐγίγνετο ὄναρ, ὕπαρ
τοιοῦτος ἀεὶ γενόμενος, οὔτε τινὸς φόνου δεινοῦ ἀφέξεται
οὔτε βρώματος οὔτ' ἔργου, ἀλλὰ | τυραννικῶς ἐν αὐτῷ ὁ 575
ἔρως ἐν πάσῃ ἀναρχίᾳ καὶ ἀνομίᾳ ζῶν, ἅτε αὐτὸς ὢν
μόναρχος, τὸν ἔχοντά τε[1] αὐτὸν ὥσπερ πόλιν ἄξει ἐπὶ
πᾶσαν τόλμαν, ὅθεν αὑτόν τε καὶ τὸν περὶ αὑτὸν θόρυβον

---

[1] τε A: om. q.   Cf. tamen 373 B.

θρέψει, τὸν μὲν ἔξωθεν εἰσεληλυθότα ἀπὸ κακῆς ὁμιλίας,
τὸν δ' ἔνδοθεν ὑπὸ τῶν αὐτῶν τρόπων καὶ ἑαυτοῦ ἀνεθέντα
καὶ ἐλευθερωθέντα· ἢ οὐχ οὗτος ὁ βίος τοῦ τοιούτου;
Οὗτος μὲν οὖν, ἔφη. Καὶ ἂν μέν γε, ἦν δ' ἐγώ, ὀλίγοι οἱ
B τοιοῦτοι ἐν πόλει ὦσι καὶ τὸ ἄλλο πλῆθος σωφρονῇ,
ἐξελθόντες ἄλλον τινὰ δορυφοροῦσι τύραννον ἢ μισθοῦ
ἐπικουροῦσιν, ἐάν που πόλεμος ᾖ· ἐὰν δ' ἐν εἰρήνῃ τε καὶ
ἡσυχίᾳ γένωνται, αὐτοῦ δὴ ἐν τῇ πόλει κακὰ δρῶσι σμικρὰ
πολλά. Τὰ ποῖα δὴ λέγεις; Οἷα κλέπτουσι, τοιχωρυ-
χοῦσι, βαλλαντιοτομοῦσι, λωποδυτοῦσιν, ἱεροσυλοῦσιν,
ἀνδραποδίζονται· ἔστι δ' ὅτε συκοφαντοῦσιν, ἐὰν δυνατοὶ
ὦσι λέγειν, καὶ ψευδομαρτυροῦσι καὶ δωροδοκοῦσιν. Σμι-
C κρά γ', ἔφη, κακὰ λέγεις, ἐὰν ὀλίγοι ὦσιν οἱ τοιοῦτοι. Τὰ
γὰρ σμικρά, ἦν δ' ἐγώ, πρὸς τὰ μεγάλα σμικρά ἐστιν καὶ
ταῦτα δὴ πάντα πρὸς τύραννον πονηρίᾳ τε καὶ ἀθλιότητι
πόλεως, τὸ λεγόμενον, οὐδ' ἴκταρ βάλλει. ὅταν γὰρ δὴ
πολλοὶ ἐν πόλει γένωνται οἱ τοιοῦτοι καὶ ἄλλοι οἱ ξυνε-
πόμενοι αὐτοῖς καὶ αἴσθωνται ἑαυτῶν τὸ πλῆθος, τότε
οὗτοί εἰσιν οἱ τὸν τύραννον γεννῶντες μετὰ δήμου ἀνοίας,
ἐκεῖνον, ὃς ἂν αὐτῶν μάλιστα αὐτὸς ἐν αὑτῷ μέγιστον καὶ
D πλεῖστον ἐν τῇ ψυχῇ τύραννον ἔχῃ. Εἰκότως γ', ἔφη·
τυραννικώτατος γὰρ ἂν εἴη. Οὐκοῦν ἐὰν μὲν ἑκόντες
ὑπείκωσιν· ἐὰν δὲ μὴ ἐπιτρέπῃ ἡ πόλις, ὥσπερ τότε
μητέρα καὶ πατέρα ἐκόλαζεν, οὕτω πάλιν τὴν πατρίδα, ἐὰν
οἷός τ' ᾖ, κολάσεται ἐπεισαγόμενος νέους ἑταίρους, καὶ ὑπὸ
τούτοις δὴ δουλεύουσαν τὴν πάλαι φίλην μητρίδα τε,
Κρῆτές φασι, καὶ πατρίδα ἕξει τε καὶ θρέψει. καὶ τοῦτο
E δὴ τὸ τέλος ἂν εἴη τῆς ἐπιθυμίας τοῦ τοιούτου ἀνδρός.
Τοῦτο, ἦ δ' ὅς, παντάπασί γε. Οὐκοῦν, ἦν δ' ἐγώ, οὗτοί γε
τοιοίδε γίγνονται ἰδίᾳ καὶ πρὶν ἄρχειν; πρῶτον μὲν οἷς ἂν
ξυνῶσιν, ἢ κόλαξιν ἑαυτῶν ξυνόντες καὶ πᾶν ἑτοίμοις
576 ὑπηρετεῖν, ἢ ἐάν τού τι¹ δέωνται, αὐ|τοὶ ὑποπεσόντες, πάντα

---

¹ τού τι (vel του τί) Ξ q: τουτὶ A.

σχήματα τολμῶντες ποιεῖν ὡς οἰκεῖοι, διαπραξάμενοι δὲ
ἀλλότριοι; Καὶ σφόδρα γε. Ἐν παντὶ ἄρα τῷ βίῳ ζῶσι
φίλοι μὲν οὐδέποτε οὐδενί, ἀεὶ δέ του δεσπόζοντες ἢ
δουλεύοντες ἄλλῳ, ἐλευθερίας δὲ καὶ φιλίας ἀληθοῦς
τυραννικὴ φύσις ἀεὶ ἄγευστος. Πάνυ μὲν οὖν. Ἆρ' οὖν
οὐκ ὀρθῶς ἂν τοὺς τοιούτους ἀπίστους καλοῖμεν; Πῶς δ'
οὔ; Καὶ μὴν ἀδίκους γε ὡς οἷόν τε μάλιστα, εἴπερ ὀρθῶς
ἐν τοῖς πρόσθεν ὡμολογήσαμεν περὶ δικαιοσύνης, οἷόν B
ἐστιν. Ἀλλὰ μήν, ἦ δ' ὅς, ὀρθῶς γε. Κεφαλαιωσώμεθα
τοίνυν, ἦν δ' ἐγώ, τὸν κάκιστον. ἔστιν δέ που, οἷον ὄναρ
διήλθομεν, ὃς ἂν ὕπαρ τοιοῦτος ᾖ. Πάνυ μὲν οὖν. Οὐκοῦν
οὗτος γίγνεται ὃς ἂν τυραννικώτατος φύσει ὢν μοναρχήσῃ,
καὶ ὅσῳ ἂν πλείω χρόνον ἐν τυραννίδι βιῷ, τοσούτῳ
μᾶλλον τοιοῦτος. Ἀνάγκη, ἔφη διαδεξάμενος τὸν λόγον ὁ
Γλαύκων.

IV. Ἆρ' οὖν, ἦν δ' ἐγώ, ὃς ἂν φαίνηται πονηρότατος,
καὶ ἀθλιώτατος φανήσεται; καὶ ὃς ἂν πλεῖστον χρόνον C
καὶ μάλιστα τυραννεύσῃ, μάλιστά τε καὶ πλεῖστον χρόνον
τοιοῦτος γεγονὼς τῇ ἀληθείᾳ; τοῖς δὲ πολλοῖς πολλὰ καὶ
δοκεῖ. Ἀνάγκη, ἔφη, ταῦτα γοῦν οὕτως ἔχειν. Ἄλλο τι
οὖν, ἦν δ' ἐγώ, ὅ γε τυραννικὸς κατὰ τὴν τυραννουμένην
πόλιν ἂν εἴη ὁμοιότητι, δημοτικὸς δὲ κατὰ δημοκρατου-
μένην, καὶ οἱ ἄλλοι οὕτω; Τί μήν; Οὐκοῦν ὅ τι πόλις
πρὸς πόλιν ἀρετῇ καὶ εὐδαιμονίᾳ, τοῦτο καὶ ἀνὴρ πρὸς
ἄνδρα; Πῶς γὰρ οὔ; Τί οὖν ἀρετῇ[1] τυραννουμένη πόλις D
πρὸς βασιλευομένην οἷαν τὸ πρῶτον διήλθομεν; Πᾶν
τοὐναντίον, ἔφη· ἡ μὲν γὰρ ἀρίστη, ἡ δὲ κακίστη. Οὐκ
ἐρήσομαι, εἶπον, ὁποτέραν λέγεις· δῆλον γάρ. ἀλλ'
εὐδαιμονίας τε αὖ καὶ ἀθλιότητος ὡσαύτως ἢ ἄλλως
κρίνεις; καὶ μὴ ἐκπληττώμεθα πρὸς τὸν τύραννον ἕνα
ὄντα βλέποντες, μηδ' εἴ τινες ὀλίγοι περὶ ἐκεῖνον, ἀλλ' ὡς
χρὴ ὅλην τὴν πόλιν εἰσελθόντας θεάσασθαι, καταδύντες E

―――――――
[1] ἀρετῇ γρ in marg. A²: ἄρα ἡ A.

εἰς ἅπασαν καὶ ἰδόντες, οὕτω δόξαν ἀποφαινώμεθα. Ἀλλ'
ὀρθῶς, ἔφη, προκαλεῖ· καὶ δῆλον παντί, ὅτι τυραννουμένης
μὲν οὐκ ἔστιν ἀθλιωτέρα, βασιλευομένης δὲ οὐκ εὐδαιμονε-
στέρα. Ἀρ' οὖν, ἦν δ' ἐγώ, καὶ περὶ τῶν ἀνδρῶν τὰ αὐτὰ
577 ταῦτα προκαλού|μενος ὀρθῶς ἂν προκαλοίμην, ἀξιῶν κρίνειν
περὶ αὐτῶν ἐκεῖνον, ὃς δύναται τῇ διανοίᾳ εἰς ἀνδρὸς ἦθος
ἐνδὺς διιδεῖν, καὶ μὴ καθάπερ παῖς ἔξωθεν ὁρῶν ἐκπλήτ-
τεται ὑπὸ τῆς τῶν τυραννικῶν προστάσεως, ἣν πρὸς τοὺς
ἔξω σχηματίζονται, ἀλλ' ἱκανῶς διορᾷ; εἰ οὖν οἰοίμην δεῖν
ἐκείνου πάντας ἡμᾶς ἀκούειν, τοῦ δυνατοῦ μὲν κρῖναι,
ξυνῳκηκότος δὲ ἐν τῷ αὐτῷ καὶ παραγεγονότος ἔν τε ταῖς
B κατ' οἰκίαν πράξεσιν, ὡς πρὸς ἑκάστους τοὺς οἰκείους ἔχει,
ἐν οἷς μάλιστα γυμνὸς ἂν ὀφθείη[1] τῆς τραγικῆς σκευῆς, καὶ
ἐν αὖ τοῖς δημοσίοις κινδύνοις, καὶ ταῦτα πάντα ἰδόντα
κελεύοιμεν ἐξαγγέλλειν, πῶς ἔχει εὐδαιμονίας καὶ ἀθλιότη-
τος ὁ τύραννος πρὸς τοὺς ἄλλους; Ὀρθότατ' ἂν, ἔφη, καὶ
ταῦτα προκαλοῖο. Βούλει οὖν, ἦν δ' ἐγώ, προσποιησώμεθα
ἡμεῖς εἶναι τῶν δυνατῶν ἂν κρῖναι καὶ ἤδη ἐντυχόντων
τοιούτοις, ἵνα ἔχωμεν ὅστις ἀποκρινεῖται ἃ ἐρωτῶμεν;
Πάνυ γε.

C   V. Ἴθι δή μοι, ἔφην, ὧδε σκόπει. τὴν ὁμοιότητα
ἀναμιμνῃσκόμενος τῆς τε πόλεως καὶ τοῦ ἀνδρός, οὕτω
καθ' ἕκαστον ἐν μέρει ἀθρῶν, τὰ παθήματα ἑκατέρου λέγε.
Τὰ ποῖα; ἔφη. Πρῶτον μέν, ἦν δ' ἐγώ, ὡς πόλιν εἰπεῖν,
ἐλευθέραν ἢ δούλην τὴν τυραννουμένην ἐρεῖς; Ὡς οἷόν τ',
ἔφη, μάλιστα δούλην. Καὶ μὴν ὁρᾷς γε ἐν αὐτῇ δεσπότας
καὶ ἐλευθέρους. Ὁρῶ, ἔφη, σμικρόν γέ τι τοῦτο· τὸ δὲ
ὅλον, ὡς ἔπος εἰπεῖν, ἐν αὐτῇ καὶ τὸ ἐπιεικέστατον ἀτίμως
D τε καὶ ἀθλίως δοῦλον. Εἰ οὖν, εἶπον, ὅμοιος ἀνὴρ τῇ
πόλει, οὐ καὶ ἐν ἐκείνῳ ἀνάγκη τὴν αὐτὴν τάξιν ἐνεῖναι,
καὶ πολλῆς μὲν δουλείας τε καὶ ἀνελευθερίας γέμειν τὴν
ψυχὴν αὐτοῦ, καὶ ταῦτά αὐτῆς τὰ μέρη δουλεύειν, ἅπερ

[1] ἂν ὀφθείη II: ἀνοφθείη A.

ἦν ἐπιεικέστατα, μικρὸν δὲ καὶ τὸ μοχθηρότατον καὶ
μανικώτατον δεσπόζειν; Ἀνάγκη, ἔφη. Τί οὖν; δούλην
ἢ ἐλευθέραν τὴν τοιαύτην φήσεις εἶναι ψυχήν; Δούλην
δή που ἔγωγε. Οὐκοῦν ἥ γε αὖ δούλη καὶ τυραννουμένη
πόλις ἥκιστα ποιεῖ ἃ βούλεται; Πολύ γε. Καὶ ἡ τυραν-
νουμένη ἄρα ψυχὴ ἥκιστα ποιήσει ἃ ἂν βουληθῇ, ὡς περὶ Ε
ὅλης εἰπεῖν ψυχῆς· ὑπὸ δὲ οἴστρου ἀεὶ ἑλκομένη βίᾳ
ταραχῆς καὶ μεταμελείας μεστὴ ἔσται. Πῶς γὰρ οὔ;
Πλουσίαν δὲ ἢ πενομένην ἀνάγκη τὴν τυραννουμένην πόλιν
εἶναι; Πενομένην. Καὶ ψυχὴν ἄρα τυραννικὴν | πενιχρὰν 578
καὶ ἄπληστον ἀνάγκη ἀεὶ εἶναι. Οὕτως, ἦ δ᾽ ὅς. Τί δέ;
φόβου γέμειν ἄρ᾽ οὐκ ἀνάγκη τήν γε τοιαύτην πόλιν τόν
τε τοιοῦτον ἄνδρα; Πολλή γε. Ὀδυρμοὺς δὲ[1] καὶ στεναγ-
μοὺς καὶ θρήνους καὶ ἀλγηδόνας οἴει ἔν τινι ἄλλῃ πλείους
εὑρήσειν; Οὐδαμῶς. Ἐν ἀνδρὶ δὲ ἡγεῖ τὰ τοιαῦτα ἐν
ἄλλῳ τινὶ πλείω εἶναι ἢ ἐν τῷ μαινομένῳ ὑπὸ ἐπιθυμιῶν
τε καὶ ἐρώτων τούτῳ τῷ τυραννικῷ; Πῶς γὰρ ἄν; ἔφη.
Εἰς πάντα δή, οἶμαι, ταῦτά τε καὶ ἄλλα τοιαῦτα ἀπο-
βλέψας τήν γε[2] πόλιν τῶν πόλεων ἀθλιωτάτην ἔκρινας. Β
Οὐκοῦν ὀρθῶς; ἔφη. Καὶ μάλα, ἦν δ᾽ ἐγώ. ἀλλὰ περὶ τοῦ
ἀνδρὸς αὖ τοῦ τυραννικοῦ τί λέγεις εἰς ταὐτὰ ταῦτα ἀπο-
βλέπων; Μακρῷ, ἔφη, ἀθλιώτατον εἶναι τῶν ἄλλων ἁπάν-
των. Τοῦτο, ἦν δ᾽ ἐγώ, οὐκέτ᾽ ὀρθῶς λέγεις. Πῶς; ἦ δ᾽
ὅς. Οὔπω, ἔφην, οἶμαι, οὗτός ἐστιν ὁ τοιοῦτος μάλιστα.
Ἀλλὰ τίς μήν; Ὅδε ἴσως σοι ἔτι δόξει εἶναι τούτου
ἀθλιώτερος. Ποῖος; Ὅς ἄν, ἦν δ᾽ ἐγώ, τυραννικὸς ὢν μὴ C
ἰδιώτην βίον καταβιῷ, ἀλλὰ δυστυχὴς ᾖ καὶ αὐτῷ ὑπό
τινος συμφορᾶς ἐκπορισθῇ ὥστε τυράννῳ γενέσθαι. Τεκ-
μαίρομαί σε, ἔφη, ἐκ τῶν προειρημένων ἀληθῆ λέγειν.
Ναί, ἦν δ᾽ ἐγώ· ἀλλ᾽ οὐκ οἴεσθαι χρὴ τὰ τοιαῦτα, ἀλλ᾽ εὖ
μάλα τῷ τοιούτῳ λόγῳ σκοπεῖν. περὶ γάρ τοι τοῦ μεγίστου
ἡ σκέψις, ἀγαθοῦ τε βίου καὶ κακοῦ. Ὀρθότατα, ἦ δ᾽ ὅς.

---

[1] δὲ Ξ: τε Α.   [2] γε Ξ q²: τε Α.

D Σκόπει δή, εἰ ἄρα τι λέγω. δοκεῖ γάρ μοι δεῖν ἐννοῆσαι ἐκ
τῶνδε περὶ αὐτοῦ σκοποῦντας. Ἐκ τίνων; Ἐξ ἑνὸς
ἑκάστου τῶν ἰδιωτῶν, ὅσοι πλούσιοι ἐν πόλεσιν ἀνδράποδα
πολλὰ κέκτηνται. οὗτοι γὰρ τοῦτό γε προσόμοιον ἔχου-
σιν τοῖς τυράννοις, τὸ πολλῶν ἄρχειν· διαφέρει δὲ τὸ
ἐκείνου πλῆθος. Διαφέρει γάρ. Οἶσθ᾽ οὖν ὅτι οὗτοι
ἀδεῶς ἔχουσιν καὶ οὐ φοβοῦνται τοὺς οἰκέτας; Τί γὰρ ἂν
φοβοῖντο; Οὐδέν, εἶπον· ἀλλὰ τὸ αἴτιον ἐννοεῖς; Ναί·
ὅτι γε πᾶσα ἡ πόλις ἑνὶ ἑκάστῳ βοηθεῖ τῶν ἰδιωτῶν.

E Καλῶς, ἦν δ᾽ ἐγώ, λέγεις. τί δέ; εἴ τις θεῶν ἄνδρα ἕνα,
ὅτῳ ἔστιν ἀνδράποδα πεντήκοντα ἢ πλείω, ἄρας[1] ἐκ τῆς
πόλεως αὐτόν τε καὶ γυναῖκα καὶ παῖδας θείη εἰς ἐρημίαν
μετὰ τῆς ἄλλης οὐσίας τε καὶ τῶν οἰκετῶν, ὅπου αὐτῷ
μηδεὶς τῶν ἐλευθέρων μέλλοι βοηθήσειν, ἐν ποίῳ ἄν τινι
καὶ ὁπόσῳ φόβῳ οἴει γενέσθαι αὐτὸν περί τε αὐτοῦ καὶ
παίδων καὶ γυναικός, μὴ ἀπόλοιντο ὑπὸ τῶν οἰκετῶν; Ἐν
579 παντί, ἦ δ᾽ ὅς, ἔγωγε. Οὐκοῦν | ἀναγκάζοιτο ἄν τινας ἤδη
θωπεύειν αὐτῶν τῶν δούλων, καὶ ὑπισχνεῖσθαι πολλὰ καὶ
ἐλευθεροῦν οὐδὲν δεόμενος, καὶ κόλαξ αὐτὸς ἂν θεραπόντων
ἀναφανείη; Πολλὴ ἀνάγκη, ἔφη, αὐτῷ, ἢ ἀπολωλέναι. Τί
δ᾽, εἰ καὶ ἄλλους, ἦν δ᾽ ἐγώ, ὁ θεὸς κύκλῳ κατοικίσειεν[2]
γείτονας πολλοὺς αὐτῷ, οἳ μὴ ἀνέχοιντο, εἴ τις ἄλλος
ἄλλου δεσπόζειν ἀξιοῖ, ἀλλ᾽ εἴ πού τινα τοιοῦτον λαμβά-
νοιεν, ταῖς ἐσχάταις τιμωροῖντο τιμωρίαις; Ἔτι ἄν, ἔφη,
B οἶμαι, μᾶλλον ἐν παντὶ κακοῦ εἴη[3], κύκλῳ φρουρούμενος
ὑπὸ πάντων πολεμίων. Ἆρ᾽ οὖν οὐκ ἐν τοιούτῳ μὲν
δεσμωτηρίῳ δέδεται ὁ τύραννος, φύσει ὢν οἷον διεληλύ-
θαμεν, πολλῶν καὶ παντοδαπῶν φόβων καὶ ἐρώτων μεστός·
λίχνῳ δὲ ὄντι αὐτῷ τὴν ψυχὴν μόνῳ τῶν ἐν τῇ πόλει οὔτε
ἀποδημῆσαι ἔξεστιν οὐδαμόσε οὔτε θεωρῆσαι ὅσων δὴ καὶ
οἱ ἄλλοι ἐλεύθεροι ἐπιθυμηταί εἰσιν, καταδεδυκὼς δὲ ἐν τῇ

---

[1] ἄρας Π: ᾄρας A.   [2] κατοικίσειε q²: κατοικήσειεν A.   [3] εἴη Ξ q:
εἰ εἴη A, sed εἰ puncto notavit A².

οἰκίᾳ τὰ πολλὰ ὡς γυνὴ ζῇ, φθονῶν καὶ τοῖς ἄλλοις C
πολίταις, ἐάν τις ἔξω ἀποδημῇ καί τι ἀγαθὸν ὁρᾷ; Παντά-
πασιν μὲν οὖν, ἔφη.

VI. Οὐκοῦν τοῖς τοιούτοις κακοῖς πλείω καρποῦται
ἀνὴρ ὃς ἂν κακῶς ἐν ἑαυτῷ πολιτευόμενος, ὃν νῦν δὴ σὺ
ἀθλιώτατον ἔκρινας, τὸν τυραννικόν, μὴ ὡς[1] ἰδιώτης κα-
ταβιῷ, ἀλλὰ ἀναγκασθῇ ὑπό τινος τύχης τυραννεῦσαι,
καὶ ἑαυτοῦ ὢν ἀκράτωρ ἄλλων ἐπιχειρήσῃ ἄρχειν· ὥσπερ
εἴ τις κάμνοντι σώματι καὶ ἀκράτορι ἑαυτοῦ μὴ ἰδιωτεύων,
ἀλλ᾽ ἀγωνιζόμενος πρὸς ἄλλα σώματα καὶ μαχόμενος D
ἀναγκάζοιτο διάγειν τὸν βίον. Παντάπασιν, ἔφη, ὁμοιό-
τατά τε καὶ ἀληθέστατα λέγεις, ὦ Σώκρατες. Οὐκοῦν, ἦν
δ᾽ ἐγώ, ὦ φίλε Γλαύκων, παντελῶς τὸ πάθος ἄθλιον, καὶ
τοῦ ὑπὸ σοῦ κριθέντος χαλεπώτατα ζῆν χαλεπώτερον ἔτι
ζῇ ὁ τυραννῶν; Κομιδῇ γ᾽, ἔφη. Ἔστιν ἄρα τῇ ἀληθείᾳ,
κἂν εἰ μή τῳ δοκεῖ, ὁ τῷ ὄντι τύραννος τῷ ὄντι δοῦλος
καὶ κόλαξ[2] τὰς μεγίστας θωπείας καὶ δουλείας τῶν πονη- E
ροτάτων, καὶ τὰς ἐπιθυμίας οὐδ᾽ ὁπωστιοῦν ἀποπιμπλάς,
ἀλλὰ πλείστων ἐπιδεέστατος καὶ πένης τῇ ἀληθείᾳ φαί-
νεται, ἐάν τις ὅλην ψυχὴν ἐπίστηται θεάσασθαι, καὶ
φόβου γέμων διὰ παντὸς τοῦ βίου σφαδασμῶν τε καὶ
ὀδυνῶν πλήρης, εἴπερ τῇ τῆς πόλεως διαθέσει ἧς ἄρχει
ἔοικεν. ἔοικεν δέ· ἦ γάρ; Καὶ μάλα, ἔφη. | Οὐκοῦν καὶ 580
πρὸς τούτοις ἔτι ἀποδώσομεν τῷ ἀνδρὶ καὶ ἃ τὸ πρότερον
εἴπομεν, ὅτι ἀνάγκη καὶ εἶναι καὶ ἔτι μᾶλλον γίγνεσθαι
αὐτῷ ἢ πρότερον διὰ τὴν ἀρχὴν φθονερῷ, ἀπίστῳ, ἀδίκῳ,
ἀφίλῳ, ἀνοσίῳ καὶ πάσης κακίας πανδοκεῖ τε καὶ τροφεῖ,
καὶ ἐξ ἁπάντων τούτων μάλιστα μὲν αὐτῷ δυστυχεῖ εἶναι,
ἔπειτα δὲ καὶ τοὺς πλησίον αὐτῷ τοιούτους ἀπεργάζεσθαι.
Οὐδείς σοι, ἔφη, τῶν νοῦν ἐχόντων ἀντερεῖ. Ἴθι δή μοι,
ἔφην ἐγώ, νῦν ἤδη ὥσπερ ὁ διὰ πάντων κριτὴς ἀποφαίνεται, B

---

[1] μὴ ὡς Θ[1] cum Stobaeo: ὡς μὴ A.　　[2] καὶ κόλαξ post δοῦλος nos
dedimus: post δουλείας A.

καὶ σὺ οὕτω, τίς πρῶτος κατὰ τὴν σὴν δόξαν εὐδαιμονίᾳ
καὶ τίς δεύτερος, καὶ τοὺς ἄλλους ἑξῆς πέντε ὄντας κρῖνε,
βασιλικόν, τιμοκρατικόν, ὀλιγαρχικόν, δημοκρατικόν, τυ-
ραννικόν. Ἀλλὰ ῥᾳδία, ἔφη, ἡ κρίσις. καθάπερ γὰρ
εἰσῆλθον, ἔγωγε ὥσπερ χοροὺς κρίνω, ἀρετῇ καὶ κακίᾳ καὶ
εὐδαιμονίᾳ καὶ τῷ ἐναντίῳ.] Μισθωσώμεθα οὖν κήρυκα,
ἦν δ' ἐγώ, ἢ αὐτὸς ἀνείπω, ὅτι ὁ Ἀρίστωνος ὑὸς τὸν
C ἄριστόν τε καὶ δικαιότατον εὐδαιμονέστατον ἔκρινε, τοῦτον
δ' εἶναι τὸν βασιλικώτατον καὶ βασιλεύοντα αὐτοῦ, τὸν δὲ
κάκιστόν τε καὶ ἀδικώτατον ἀθλιώτατον, τοῦτον δὲ αὖ
τυγχάνειν ὄντα ὃς ἂν τυραννικώτατος ὢν ἑαυτοῦ τε ὅ τι
μάλιστα τυραννῇ καὶ τῆς πόλεως; Ἀνειρήσθω σοι, ἔφη.
Ἢ οὖν προσαναγορεύω, εἶπον, ἐάν τε λανθάνωσιν τοιοῦτοι
ὄντες ἐάν τε μὴ πάντας ἀνθρώπους τε καὶ θεούς; Προσ-
αναγόρευε, ἔφη.

VII. Εἶεν δή, εἶπον· αὕτη μὲν ἡμῖν ἡ ἀπόδειξις μία
D ἂν εἴη· δευτέραν δὲ ἰδὲ[1] τήνδε, ἐάν τι δόξῃ εἶναι. Τίς
αὕτη; Ἐπειδή, ὥσπερ πόλις, ἦν δ' ἐγώ, διῄρηται κατὰ
τρία εἴδη, οὕτω καὶ ψυχὴ ἑνὸς ἑκάστου τριχῇ, δέξεται[2] ὡς
ἐμοὶ δοκεῖ, καὶ ἑτέραν ἀπόδειξιν. Τίνα ταύτην; Τήνδε.
τριῶν ὄντων τρυτταὶ καὶ ἡδοναί μοι φαίνονται, ἑνὸς ἑκάστου
μία ἰδία[3], ἐπιθυμίαι τε ὡσαύτως καὶ ἀρχαί. Πῶς λέγεις;
ἔφη. Τὸ μέν, φαμέν, ἦν ᾧ μανθάνει ἄνθρωπος, τὸ δὲ ᾧ
θυμοῦται· τὸ δὲ τρίτον διὰ πολυειδίαν ἑνὶ οὐκ ἔσχομεν
E ὀνόματι προσειπεῖν ἰδίῳ αὐτοῦ, ἀλλὰ ὃ μέγιστον καὶ
ἰσχυρότατον εἶχεν ἐν αὐτῷ, τούτῳ ἐπωνομάσαμεν· ἐπι-
θυμητικὸν γὰρ αὐτὸ κεκλήκαμεν διὰ σφοδρότητα τῶν περὶ
τὴν ἐδωδὴν ἐπιθυμιῶν καὶ πόσιν καὶ ἀφροδίσια καὶ ὅσα ἄλλα
τούτοις ἀκόλουθα, καὶ φιλοχρήματον δή, ὅτι διὰ χρημάτων
581 μάλιστα ἀποτε|λοῦνται αἱ τοιαῦται ἐπιθυμίαι. Καὶ ὀρθῶς
γ', ἔφη. Ἆρ' οὖν καὶ τὴν ἡδονὴν αὐτοῦ καὶ φιλίαν εἰ

---

[1] δὲ ἰδὲ nos: δεῖ δὲ A: δὲ δεῖ vulgo cum Ξ q.   [2] δέξεται Ξ: τὸ
(punctis notatum) λογιστικὸν δέξεται A.   [3] ἰδία Π: ἰδίᾳ A.

φαῖμεν εἶναι τοῦ κέρδους, μάλιστ' ἂν εἰς ἓν κεφάλαιον
ἀπερειδοίμεθα τῷ λόγῳ, ὥστε τι ἡμῖν αὐτοῖς δηλοῦν, ὁπότε
τοῦτο τῆς ψυχῆς τὸ μέρος λέγοιμεν, καὶ καλοῦντες αὐτὸ
φιλοχρήματον καὶ φιλοκερδὲς ὀρθῶς ἂν καλοῖμεν; Ἐμοὶ
γοῦν δοκεῖ, ἔφη. Τί δέ; τὸ θυμοειδὲς οὐ πρὸς τὸ κρατεῖν
μέντοι φαμὲν καὶ νικᾶν καὶ εὐδοκιμεῖν ἀεὶ ὅλον ὡρμῆσθαι; Β
Καὶ μάλα. Εἰ οὖν φιλόνικον αὐτὸ καὶ φιλότιμον προσ-
αγορεύοιμεν, ἦ ἐμμελῶς ἂν ἔχοι; Ἐμμελέστατα μὲν οὖν.
Ἀλλὰ μὴν ᾧ γε μανθάνομεν, παντὶ δῆλον ὅτι πρὸς τὸ
εἰδέναι τὴν ἀλήθειαν ὅπη ἔχει πᾶν ἀεὶ τέταται, καὶ χρη-
μάτων τε καὶ δόξης ἥκιστα τούτων τούτῳ μέλει. Πολύ
γε. Φιλομαθὲς δὴ καὶ φιλόσοφον καλοῦντες αὐτὸ κατὰ
τρόπον ἂν καλοῖμεν; Πῶς γὰρ οὔ; Οὐκοῦν, ἦν δ' ἐγώ, καὶ
ἄρχει ἐν ταῖς ψυχαῖς τῶν μὲν τοῦτο, τῶν δὲ τὸ ἕτερον C
ἐκείνων, ὁπότερον ἂν τύχῃ; Οὕτως, ἔφη. Διὰ ταῦτα δὴ
καὶ ἀνθρώπων λέγομεν[1] τὰ πρῶτα τριττὰ γένη εἶναι,
φιλόσοφον, φιλόνικον, φιλοκερδές; Κομιδῇ γε. Καὶ ἡδονῶν
δὴ τρία εἴδη, ὑποκείμενα ἓν ἑκάστῳ τούτων; Πάνυ γε.
Οἶσθ' οὖν, ἦν δ' ἐγώ, ὅτι εἰ 'θέλοις τρεῖς τοιούτους ἀνθρώ-
πους ἐν μέρει ἕκαστον ἀνερωτᾶν, τίς τούτων τῶν βίων
ἥδιστος, τὸν ἑαυτοῦ ἕκαστος μάλιστα ἐγκωμιάσεται; ὅ τε
χρηματιστικὸς πρὸς τὸ κερδαίνειν τὴν τοῦ τιμᾶσθαι ἡδονὴν D
ἢ τὴν τοῦ μανθάνειν οὐδενὸς ἀξίαν φήσει εἶναι, εἰ μὴ εἴ τι
αὐτῶν ἀργύριον ποιεῖ; Ἀληθῆ, ἔφη. Τί δὲ ὁ φιλότιμος;
ἦν δ' ἐγώ· οὐ τὴν μὲν ἀπὸ τῶν χρημάτων ἡδονὴν φορτικήν
τινα ἡγεῖται, καὶ αὖ τὴν ἀπὸ τοῦ μανθάνειν, ὅ τι μὴ
μάθημα τιμὴν φέρει, καπνὸν καὶ φλυαρίαν; Οὕτως, ἔφη,
ἔχει. Τὸν δὲ φιλόσοφον, ἦν δ' ἐγώ, τί οἰώμεθα[2] τὰς ἄλλας
ἡδονὰς νομίζειν πρὸς τὴν τοῦ εἰδέναι τἀληθὲς ὅπη ἔχει καὶ Ε
ἐν τοιούτῳ τινὶ ἀεὶ εἶναι μανθάνοντα; τῆς <ἀληθινῆς>[3]

---

[1] λέγομεν Ξ q²: λέγωμεν Α.   [2] τί οἰώμεθα Graser: ποιώμεθα codd.

[3] <ἀληθινῆς> nos: om. codices. ἀληθινῆς pro ἡδονῆς coniecit Campbell.
τῆς ἡδονῆς punctis notavit Α².

ἡδονῆς οὐ πάνυ πόρρω, καὶ καλεῖν τῷ ὄντι ἀναγκαίας, ὡς
οὐδὲν τῶν ἄλλων δεόμενον, εἰ μὴ ἀνάγκη ἦν; Εὖ, ἔφη, δεῖ
εἰδέναι.

VIII. Ὅτε δὴ οὖν, εἶπον, ἀμφισβητοῦνται ἑκάστου
τοῦ εἴδους αἱ ἡδοναὶ καὶ αὐτὸς ὁ βίος, μὴ ὅτι πρὸς τὸ
κάλλιον καὶ αἴσχιον ζῆν μηδὲ τὸ χεῖρον καὶ ἄμεινον, ἀλλὰ
582 πρὸς αὐτὸ τὸ ἥδιον καὶ ἀλυπότερον, | πῶς ἂν εἰδεῖμεν, τίς
αὐτῶν ἀληθέστατα λέγει; Οὐ πάνυ, ἔφη, ἔγωγε ἔχω
εἰπεῖν. Ἀλλ' ὧδε σκόπει. τίνι χρὴ κρίνεσθαι τὰ μέλ-
λοντα καλῶς κριθήσεσθαι; ἆρ' οὐκ ἐμπειρίᾳ τε καὶ
φρονήσει καὶ λόγῳ; ἢ τούτων ἔχοι ἄν τις βέλτιον κριτή-
ριον; Καὶ πῶς ἄν; ἔφη. Σκόπει δή. τριῶν ὄντων τῶν
ἀνδρῶν τίς ἐμπειρότατος πασῶν ὧν εἴπομεν ἡδονῶν;
πότερον ὁ φιλοκερδής, μανθάνων αὐτὴν τὴν ἀλήθειαν
οἷόν ἐστιν, ἐμπειρότερος δοκεῖ σοι εἶναι τῆς ἀπὸ τοῦ
B εἰδέναι ἡδονῆς, ἢ ὁ φιλόσοφος τῆς ἀπὸ τοῦ κερδαίνειν;
Πολύ, ἔφη, διαφέρει. τῷ μὲν γὰρ ἀνάγκη γεύεσθαι τῶν
ἑτέρων ἐκ παιδὸς ἀρξαμένῳ· τῷ δὲ φιλοκερδεῖ, ὅπῃ πέφυκε
τὰ ὄντα μανθάνοντι, τῆς ἡδονῆς ταύτης, ὡς γλυκεῖά ἐστιν,
οὐκ ἀνάγκη γεύεσθαι οὐδ' ἐμπείρῳ γίγνεσθαι, μᾶλλον δὲ
καὶ προθυμουμένῳ οὐ ῥᾴδιον. Πολὺ ἄρα, ἦν δ' ἐγώ,
διαφέρει τοῦ γε φιλοκερδοῦς ὁ φιλόσοφος ἐμπειρίᾳ ἀμφο-
C τέρων τῶν ἡδονῶν. Πολὺ μέντοι. Τί δὲ τοῦ φιλοτίμου;
ἆρα μᾶλλον ἄπειρός ἐστι τῆς ἀπὸ τοῦ τιμᾶσθαι ἡδονῆς ἢ
ἐκεῖνος τῆς ἀπὸ τοῦ φρονεῖν; Ἀλλὰ τιμὴ μέν[1], ἔφη,
ἐάνπερ ἐξεργάζωνται ἐπὶ ὃ ἕκαστος ὥρμηκε, πᾶσιν αὐτοῖς
ἕπεται· καὶ γὰρ ὁ πλούσιος ὑπὸ πολλῶν τιμᾶται καὶ ὁ
ἀνδρεῖος καὶ ὁ σοφός· ὥστε ἀπό γε τοῦ τιμᾶσθαι, οἷόν
ἐστιν, πάντες τῆς ἡδονῆς ἔμπειροι· τῆς δὲ τοῦ ὄντος θέας,
οἵαν ἡδονὴν ἔχει, ἀδύνατον ἄλλῳ γεγεῦσθαι πλὴν τῷ
D φιλοσόφῳ. Ἐμπειρίας μὲν ἄρα, εἶπον, ἕνεκα κάλλιστα

---

[1] τιμὴ μὲν υ: τί μὴν Α.

τῶν ἀνδρῶν κρίνει οὗτος[1]. Πολύ γε. Καὶ μὴν μετά γε
φρονήσεως μόνος ἔμπειρος γεγονὼς ἔσται. Τί μήν; Ἀλλὰ
μὴν καὶ δι᾽ οὗ γε δεῖ ὀργάνου κρίνεσθαι, οὐ τοῦ φιλοκερδοῦς
τοῦτο ὄργανον οὐδὲ τοῦ φιλοτίμου, ἀλλὰ τοῦ φιλοσόφου.
Τὸ ποῖον; Διὰ λόγων που ἔφαμεν δεῖν κρίνεσθαι. ἢ
γάρ; Ναί. Λόγοι δὲ τούτου μάλιστα ὄργανον. Πῶς δ᾽
οὔ; Οὐκοῦν εἰ μὲν πλούτῳ καὶ κέρδει ἄριστα ἐκρίνετο τὰ
κρινόμενα, ἃ ἐπῄνει ὁ φιλοκερδὴς καὶ ἔψεγεν, ἀνάγκη ἂν E
ἦν ταῦτα ἀληθέστατα εἶναι. Πολλή γε. Εἰ δὲ τιμῇ τε
καὶ νίκῃ καὶ ἀνδρείᾳ, ἆρ᾽ οὐχ ἃ ὁ φιλότιμός τε καὶ ὁ
φιλόνικος; Δῆλον. Ἐπειδὴ δ᾽ ἐμπειρίᾳ καὶ φρονήσει
καὶ λόγῳ; Ἀνάγκη, ἔφη, ἃ ὁ φιλόσοφός τε καὶ ὁ φιλό-
λογος ἐπαινεῖ, ἀληθέστατα εἶναι. Τριῶν ἄρ᾽ οὐσῶν τῶν
| ἡδονῶν ἡ τούτου τοῦ μέρους τῆς ψυχῆς, ᾧ μανθάνομεν, 583
ἡδίστη ἂν εἴη, καὶ ἐν ᾧ ἡμῶν τοῦτο ἄρχει, ὁ τούτου βίος
ἥδιστος; Πῶς δ᾽ οὐ μέλλει; ἔφη· κύριος γοῦν ἐπαινέτης
ὢν ἐπαινεῖ τὸν ἑαυτοῦ βίον ὁ φρόνιμος. Τίνα δὲ δεύτερον,
εἶπον, βίον καὶ τίνα δευτέραν ἡδονήν φησιν ὁ κριτὴς εἶναι;
Δῆλον ὅτι τὴν τοῦ πολεμικοῦ τε καὶ φιλοτίμου· ἐγγυτέρω
γὰρ αὑτοῦ ἐστὶν ἢ ἡ τοῦ χρηματιστοῦ. Ὑστάτην δὴ τὴν
τοῦ φιλοκερδοῦς, ὡς ἔοικεν. Τί μήν; ἦ δ᾽ ὅς.

IX. Ταῦτα μὲν τοίνυν οὕτω δύ᾽ ἐφεξῆς ἂν εἴη καὶ δὶς B
νενικηκὼς ὁ δίκαιος τὸν ἄδικον· τὸ δὲ τρίτον Ὀλυμπικῶς
τῷ σωτῆρί τε καὶ τῷ Ὀλυμπίῳ Διί, ἄθρει ὅτι οὐδὲ πανα-
ληθής ἐστιν ἡ τῶν ἄλλων ἡδονὴ πλὴν τῆς τοῦ φρονίμου
οὐδὲ καθαρά, ἀλλ᾽ ἐσκιαγραφημένη τις, ὡς ἐγὼ δοκῶ μοι
τῶν σοφῶν τινὸς ἀκηκοέναι. καίτοι τοῦτ᾽ ἂν εἴη μέγιστόν
τε καὶ κυριώτατον τῶν πτωμάτων. Πολύ γε· ἀλλὰ πῶς
λέγεις; Ὧδ᾽, εἶπον, ἐξευρήσω, σοῦ ἀποκρινομένου ζητῶν
ἅμα. Ἐρώτα δή, ἔφη. Λέγε δή, ἦν δ᾽ ἐγώ· οὐκ ἐναντίον C
φαμὲν λύπην ἡδονῇ; Καὶ μάλα. Οὐκοῦν καὶ τὸ μήτε
χαίρειν μήτε λυπεῖσθαι εἶναί τι; Εἶναι μέντοι. Μεταξὺ

_____
[1] οὗτος Π: οὕτως Α.

τούτοιν ἀμφοῖν ἐν μέσῳ ὄν, ἡσυχίαν τινὰ περὶ ταῦτα τῆς
ψυχῆς; ἢ οὐχ οὕτως αὐτὸ λέγεις; Οὕτως, ἦ δ' ὅς. Ἆρ'
οὐ μνημονεύεις, ἦν δ' ἐγώ, τοὺς τῶν καμνόντων λόγους, οὓς
λέγουσιν ὅταν κάμνωσιν; Ποίους; Ὡς οὐδὲν ἄρα ἐστὶν
D ἥδιον τοῦ ὑγιαίνειν, ἀλλὰ σφᾶς ἐλελήθει, πρὶν κάμνειν,
ἥδιστον ὄν. Μέμνημαι, ἔφη. Οὐκοῦν καὶ τῶν περιωδυνίᾳ
τινὶ ἐχομένων ἀκούεις λεγόντων, ὡς οὐδὲν ἥδιον τοῦ
παύσασθαι ὀδυνώμενον; Ἀκούω. Καὶ ἐν ἄλλοις γε,
οἶμαι, πολλοῖς τοιούτοις αἰσθάνει γιγνομένους τοὺς ἀνθρώ-
πους, ἐν οἷς, ὅταν λυπῶνται, τὸ μὴ λυπεῖσθαι καὶ τὴν
ἡσυχίαν τοῦ τοιούτου ἐγκωμιάζουσιν ὡς ἥδιστον, οὐ τὸ
χαίρειν. Τοῦτο γάρ, ἔφη, τότε ἡδὺ ἴσως καὶ ἀγαπητὸν
E γίγνεται, ἡσυχία. Καὶ ὅταν παύσηται ἄρα, εἶπον, χαίρων
τις, ἡ τῆς ἡδονῆς ἡσυχία λυπηρὸν ἔσται. Ἴσως, ἔφη. Ὁ
μεταξὺ ἄρα νῦν δὴ ἀμφοτέρων ἔφαμεν εἶναι, τὴν ἡσυχίαν,
τοῦτό ποτε ἀμφότερα ἔσται, λύπη τε καὶ ἡδονή. Ἔοικεν.
Ἦ καὶ δυνατὸν τὸ μηδέτερα ὂν ἀμφότερα γίγνεσθαι; Οὔ
μοι δοκεῖ. Καὶ μὴν τό γε ἡδὺ ἐν ψυχῇ γιγνόμενον καὶ τὸ
584 λυπηρὸν κίνησίς τις ἀμφοτέρω ἐστόν. ἢ οὔ; Ναί. | Τὸ
δὲ μήτε λυπηρὸν μήτε ἡδὺ οὐχὶ ἡσυχία μέντοι καὶ ἐν μέσῳ
τούτοιν ἐφάνη ἄρτι; Ἐφάνη γάρ. Πῶς οὖν ὀρθῶς ἔστι
τὸ μὴ ἀλγεῖν ἡδὺ ἡγεῖσθαι ἢ τὸ μὴ χαίρειν ἀνιαρόν;
Οὐδαμῶς. Οὐκ ἔστιν ἄρα τοῦτο, ἀλλὰ φαίνεται, ἦν δ'
ἐγώ, παρὰ τὸ ἀλγεινὸν ἡδὺ καὶ παρὰ τὸ ἡδὺ ἀλγεινὸν τότε,
ἡ ἡσυχία, καὶ οὐδὲν ὑγιὲς τούτων τῶν φαντασμάτων πρὸς
ἡδονῆς ἀλήθειαν, ἀλλὰ γοητεία τις. Ὡς γοῦν ὁ λόγος,
B ἔφη, σημαίνει. Ἰδὲ τοίνυν, ἔφην ἐγώ, ἡδονάς, αἳ οὐκ ἐκ
λυπῶν εἰσίν, ἵνα μὴ πολλάκις οἰηθῇς ἐν τῷ παρόντι οὕτω
τοῦτο πεφυκέναι, ἡδονὴν μὲν παῦλαν λύπης εἶναι, λύπην
δὲ ἡδονῆς. Ποῦ δή, ἔφη, καὶ ποίας λέγεις; Πολλαὶ μέν,
εἶπον, καὶ ἄλλαι, μάλιστα δ' εἰ 'θέλεις ἐννοῆσαι τὰς περὶ
τὰς ὀσμὰς ἡδονάς. αὗται γὰρ οὐ προλυπηθέντι ἐξαίφνης
ἀμήχανοι τὸ μέγεθος γίγνονται παυσάμεναί τε λύπην

οὐδεμίαν καταλείπουσιν. Ἀληθέστατα, ἔφη. Μὴ ἄρα
πειθώμεθα καθαρὰν ἡδονὴν εἶναι τὴν λύπης ἀπαλλαγήν, C
μηδὲ λύπην τὴν ἡδονῆς. Μὴ γάρ. Ἀλλὰ μέντοι, εἶπον,
αἵ γε διὰ τοῦ σώματος ἐπὶ τὴν ψυχὴν τείνουσαι καὶ
λεγόμεναι ἡδοναὶ σχεδὸν αἱ πλεῖσταί τε καὶ μέγισται
τούτου τοῦ εἴδους εἰσί, λυπῶν τινὲς ἀπαλλαγαί. Εἰσὶ
γάρ. Οὐκοῦν καὶ αἱ πρὸ μελλόντων τούτων ἐκ προσδοκίας
γιγνόμεναι προησθήσεις τε καὶ προλυπήσεις κατὰ ταὐτὰ
ἔχουσιν; Κατὰ ταῦτά.

X. Οἶσθ᾽ οὖν, ἦν δ᾽ ἐγώ, οἷαί εἰσιν καὶ ᾧ μάλιστα D
ἐοίκασιν; Τῷ; ἔφη. Νομίζεις τι, εἶπον, ἐν τῇ φύσει εἶναι
τὸ μὲν ἄνω, τὸ δὲ κάτω, τὸ δὲ μέσον; Ἔγωγε. Οἴει οὖν
ἄν τινα ἐκ τοῦ κάτω φερόμενον πρὸς μέσον ἄλλο τι οἴεσθαι
ἢ ἄνω φέρεσθαι; καὶ ἐν μέσῳ στάντα, ἀφορῶντα ὅθεν
ἐνήνεκται, ἄλλοθί που ἂν ἡγεῖσθαι εἶναι ἢ ἐν τῷ ἄνω, μὴ
ἑωρακότα τὸ ἀληθῶς ἄνω; Μὰ Δί᾽ οὐκ ἔγωγε, ἔφη,
ἄλλως[1] οἶμαι οἰηθῆναι ἂν τὸν τοιοῦτον. Ἀλλ᾽ εἰ πάλιν γ᾽,
ἔφην, φέροιτο, κάτω τ᾽ ἂν οἴοιτο φέρεσθαι καὶ ἀληθῆ E
οἴοιτο; Πῶς γὰρ οὔ; Οὐκοῦν ταῦτα πάσχοι ἂν πάντα
διὰ τὸ μὴ ἔμπειρος εἶναι τοῦ ἀληθινῶς ἄνω τε ὄντος καὶ ἐν
μέσῳ καὶ κάτω; Δῆλον δή. Θαυμάζοις ἂν οὖν, εἰ καὶ
ἄπειροι ἀληθείας περὶ πολλῶν τε ἄλλων μὴ ὑγιεῖς δόξας
ἔχουσιν πρός τε ἡδονὴν καὶ λύπην καὶ τὸ μεταξὺ τούτων
οὕτω διάκεινται, ὥστε ὅταν μὲν ἐπὶ τὸ λυπηρὸν φέρωνται,
ἀληθῆ τε | οἴονται καὶ τῷ ὄντι λυποῦνται, ὅταν δὲ ἀπὸ 585
λύπης ἐπὶ τὸ μεταξύ, σφόδρα μὲν οἴονται πρὸς πληρώσει
τε καὶ ἡδονῇ γίγνεσθαι, ὥσπερ δὲ[2] πρὸς μέλαν φαιὸν
ἀποσκοποῦντες ἀπειρίᾳ λευκοῦ, καὶ τὸ ἄλυπον οὕτω πρὸς
λύπην[3] ἀφορῶντες ἀπειρίᾳ ἡδονῆς ἀπατῶνται; Μὰ Δία,
ἦ δ᾽ ὅς, οὐκ ἂν θαυμάσαιμι, ἀλλὰ πολὺ μᾶλλον, εἰ μὴ
οὕτως ἔχει. Ὧδέ γ᾽ οὖν, εἶπον, ἐννόει· οὐχὶ πεῖνα καὶ

---

[1] ἄλλως Π: ἀλλ᾽ ὡς A.   [2] δὲ q: om. A.   [3] τὸ ἄλυπον οὕτω
πρὸς λύπην Schleiermacher: πρὸς τὸ ἄλυπον οὕτω λύπην codd.

B δίψα καὶ τὰ τοιαῦτα κενώσεις τινές εἰσιν τῆς περὶ τὸ σῶμα
ἕξεως; Τί μήν; Ἄγνοια δὲ καὶ ἀφροσύνη ἆρ᾽ οὐ κενότης
ἐστὶ τῆς περὶ ψυχὴν αὖ ἕξεως; Μάλα γε. Οὐκοῦν
πληροῖτ᾽ ἂν ὅ τε τροφῆς μεταλαμβάνων καὶ ὁ νοῦν ἴσχων;
Πῶς δ᾽ οὔ; Πλήρωσις δὲ ἀληθεστέρα τοῦ ἧττον ἢ τοῦ
μᾶλλον ὄντος; Δῆλον, ὅτι τοῦ μᾶλλον. Πότερα οὖν
ἡγεῖ τὰ γένη μᾶλλον καθαρᾶς οὐσίας μετέχειν, τὰ οἷον
σίτου τε καὶ ποτοῦ καὶ ὄψου καὶ ξυμπάσης τροφῆς, ἢ τὸ
C δόξης τε ἀληθοῦς εἶδος καὶ ἐπιστήμης καὶ νοῦ καὶ ξυλλή-
βδην αὖ πάσης ἀρετῆς; ὧδε δὲ κρῖνε· τὸ τοῦ ἀεὶ ὁμοίου
ἐχόμενον καὶ ἀθανάτου καὶ ἀληθείας καὶ αὐτὸ τοιοῦτον ὂν
καὶ ἐν τοιούτῳ γιγνόμενον μᾶλλον εἶναί σοι δοκεῖ, ἢ τὸ
μηδέποτε ὁμοίου καὶ θνητοῦ καὶ αὐτὸ τοιοῦτο καὶ ἐν
τοιούτῳ γιγνόμενον; Πολύ, ἔφη, διαφέρει τὸ τοῦ ἀεὶ
ὁμοίου. Ἡ οὖν ἀεὶ <ἀν>ομοίου[1] οὐσία οὐσίας τι μᾶλλον
ἢ <ἢ>[2] ἐπιστήμης μετέχει; Οὐδαμῶς. Τί δ᾽; ἀληθείας;
Οὐδὲ τοῦτο. Εἰ δὲ ἀληθείας ἧττον, οὐ καὶ οὐσίας;
D Ἀνάγκη. Οὐκοῦν ὅλως τὰ περὶ τὴν τοῦ σώματος θερα-
πείαν γένη τῶν γενῶν αὖ τῶν περὶ τὴν τῆς ψυχῆς θεραπείαν
ἧττον ἀληθείας τε καὶ οὐσίας μετέχει; Πολύ γε. Σῶμα
δὲ αὐτὸ ψυχῆς οὐκ οἴει οὕτως; Ἔγωγε. Οὐκοῦν τὸ τῶν
μᾶλλον ὄντων πληρούμενον καὶ αὐτὸ μᾶλλον ὂν ὄντως
μᾶλλον πληροῦται ἢ τὸ τῶν ἧττον ὄντων καὶ αὐτὸ ἧττον
ὄν; Πῶς γὰρ οὔ; Εἰ ἄρα τὸ πληροῦσθαι τῶν φύσει
προσηκόντων ἡδύ ἐστι, τὸ τῷ ὄντι καὶ τῶν ὄντων πληρού-
E μενον μᾶλλον μᾶλλον ὄντως τε καὶ ἀληθεστέρως χαίρειν
ἂν ποιοῖ ἡδονῇ ἀληθεῖ, τὸ δὲ τῶν ἧττον ὄντων μεταλαμβάνον
ἧττόν τε ἂν ἀληθῶς καὶ βεβαίως πληροῖτο καὶ ἀπιστοτέρας
ἂν ἡδονῆς καὶ ἧττον ἀληθοῦς μεταλαμβάνοι. Ἀναγκαιό-
586 τατα, ἔφη. Οἱ ἄρα φρονήσεως καὶ ἀρετῆς ἄπειροι, εὐω|χίαις
δὲ καὶ τοῖς τοιούτοις ἀεὶ ξυνόντες, κάτω, ὡς ἔοικεν, καὶ
μέχρι πάλιν πρὸς τὸ μεταξὺ φέρονταί τε καὶ ταύτῃ

---

[1] ἀεὶ <ἀν>ομοίου nos: ἀεὶ ὁμοίου A.　　　[2] <ἢ> nos: om. codd.

πλανῶνται διὰ βίου, ὑπερβάντες δὲ τοῦτο πρὸς τὸ ἀληθῶς
ἄνω οὔτε ἀνέβλεψαν πώποτε οὔτε ἠνέχθησαν, οὐδὲ τοῦ
ὄντος τῷ ὄντι ἐπληρώθησαν, οὐδὲ βεβαίου τε καὶ καθαρᾶς
ἡδονῆς ἐγεύσαντο, ἀλλὰ βοσκημάτων δίκην κάτω ἀεὶ
βλέποντες καὶ κεκυφότες εἰς γῆν καὶ εἰς τραπέζας βόσκον-
ται χορταζόμενοι καὶ ὀχεύοντες, καὶ ἕνεκα τῆς τούτων B
πλεονεξίας λακτίζοντες καὶ κυρίττοντες ἀλλήλους σιδηροῖς
κέρασί τε καὶ ὁπλαῖς ἀποκτιννύασι δι' ἀπληστίαν, ἅτε
οὐχὶ τοῖς οὖσιν οὐδὲ τὸ ὂν οὐδὲ τὸ στέγον ἑαυτῶν πιμ-
πλάντες.　Παντελῶς, ἔφη ὁ Γλαύκων, τὸν τῶν πολλῶν, ὦ
Σώκρατες, χρησμῳδεῖς βίον. Ἀρ' οὖν οὐκ ἀνάγκη καὶ
ἡδοναῖς ξυνεῖναι μεμιγμέναις λύπαις, εἰδώλοις τῆς ἀληθοῦς
ἡδονῆς καὶ ἐσκιαγραφημέναις, ὑπὸ τῆς παρ' ἀλλήλας
θέσεως ἀποχραινομέναις, ὥστε σφοδροὺς ἑκατέρας φαίνε- C
σθαι καὶ ἔρωτας ἑαυτῶν λυττῶντας τοῖς ἄφροσιν ἐντίκτειν
καὶ περιμαχήτους εἶναι, ὥσπερ τὸ τῆς Ἑλένης εἴδωλον ὑπὸ
τῶν ἐν Τροίᾳ Στησίχορός φησι γενέσθαι περιμάχητον
ἀγνοίᾳ τοῦ ἀληθοῦς; Πολλὴ ἀνάγκη, ἔφη, τοιοῦτόν τι
αὐτὸ εἶναι.

XI. Τί δέ; περὶ τὸ θυμοειδὲς οὐχ ἕτερα τοιαῦτα
ἀνάγκη γίγνεσθαι, ὃς ἂν αὐτὸ τοῦτο διαπράττηται, ἢ
φθόνῳ διὰ φιλοτιμίαν ἢ βίᾳ διὰ φιλονικίαν ἢ θυμῷ διὰ
δυσκολίαν πλησμονὴν τιμῆς τε καὶ νίκης καὶ θυμοῦ διώκων D
ἄνευ λογισμοῦ τε καὶ νοῦ; Τοιαῦτα, ἦ δ' ὅς, ἀνάγκη καὶ
περὶ τοῦτο εἶναι. Τί οὖν; ἦν δ' ἐγώ· θαρροῦντες λέγωμεν,
ὅτι καὶ περὶ τὸ φιλοκερδὲς καὶ τὸ φιλόνικον ὅσαι ἐπιθυμίαι
εἰσίν, αἱ μὲν ἂν τῇ ἐπιστήμῃ καὶ λόγῳ ἑπόμεναι καὶ μετὰ
τούτων τὰς ἡδονὰς διώκουσαι, ἃς ἂν τὸ φρόνιμον ἐξηγῆται,
λαμβάνωσι, τὰς ἀληθεστάτας τε λήψονται, ὡς οἷόν τε
αὐταῖς ἀληθεῖς λαβεῖν, ἅτε ἀληθείᾳ ἑπομένων, καὶ τὰς
ἑαυτῶν οἰκείας, εἴπερ τὸ βέλτιστον ἑκάστῳ τοῦτο καὶ E
οἰκειότατον; Ἀλλὰ μήν, ἔφη, οἰκειότατόν γε. Τῷ φιλο-
σόφῳ ἄρα ἑπομένης ἁπάσης τῆς ψυχῆς καὶ μὴ στασιαζούσης

ἑκάστῳ τῷ μέρει ὑπάρχει εἴς τε τἆλλα τὰ ἑαυτοῦ πράττειν
καὶ δικαίῳ εἶναι, καὶ δὴ καὶ τὰς ἡδονὰς τὰς ἑαυτοῦ ἕκαστον
587 καὶ τὰς βελτίστας καὶ εἰς τὸ δυνατὸν | τὰς ἀληθεστάτας
καρποῦσθαι. Κομιδῇ μὲν οὖν. Ὅταν δὲ ἄρα τῶν ἑτέρων
τι κρατήσῃ, ὑπάρχει αὐτῷ μήτε τὴν ἑαυτοῦ ἡδονὴν ἐξευ-
ρίσκειν τά τε ἄλλ᾽ ἀναγκάζειν ἀλλοτρίαν καὶ μὴ ἀληθῆ
ἡδονὴν διώκειν. Οὕτως, ἔφη. Οὐκοῦν ἃ πλεῖστον φιλο-
σοφίας τε καὶ λόγου ἀφέστηκεν, μάλιστ᾽ ἂν τοιαῦτα
ἐξεργάζοιτο; Πολύ γε. Πλεῖστον δὲ λόγου ἀφίσταται
οὐχ ὅπερ νόμου τε καὶ τάξεως; Δῆλον δή. Ἐφάνησαν
B δὲ πλεῖστον ἀφεστῶσαι οὐχ αἱ ἐρωτικαί τε καὶ τυραννικαὶ
ἐπιθυμίαι; Πολύ γε. Ἐλάχιστον δὲ αἱ βασιλικαί τε
καὶ κόσμιαι; Ναί. Πλεῖστον δή, οἶμαι, ἀληθοῦς ἡδονῆς
καὶ οἰκείας ὁ τύραννος ἀφεστήξει, ὁ δὲ ὀλίγιστον. Ἀνάγκη.
Καὶ ἀηδέστατα ἄρα, εἶπον, ὁ τύραννος βιώσεται, ὁ δὲ
βασιλεὺς ἥδιστα. Πολλὴ ἀνάγκη. Οἶσθ᾽ οὖν, ἦν δ᾽ ἐγώ,
ὅσῳ ἀηδέστερον ζῇ τύραννος βασιλέως; Ἂν εἴπῃς, ἔφη.
Τριῶν ἡδονῶν, ὡς ἔοικεν, οὐσῶν, μιᾶς μὲν γνησίας, δυοῖν δὲ
C νόθαιν[1], τῶν νόθων εἰς τὸ ἐπέκεινα ὑπερβὰς ὁ τύραννος,
φυγὼν νόμον τε καὶ λόγον, δούλαις τισὶ δορυφόροις ἡδοναῖς
ξυνοικεῖ, καὶ ὁπόσῳ ἐλαττοῦται οὐδὲ πάνυ ῥᾴδιον εἰπεῖν,
πλὴν ἴσως ὧδε. Πῶς; ἔφη. Ἀπὸ τοῦ ὀλιγαρχικοῦ
τρίτος που ὁ τύραννος ἀφειστήκει· ἐν μέσῳ γὰρ αὐτῶν ὁ
δημοτικὸς ἦν. Ναί. Οὐκοῦν καὶ ἡδονῆς τρίτῳ εἰδώλῳ
πρὸς ἀλήθειαν ἀπ᾽ ἐκείνου ξυνοικοῖ ἄν, εἰ τὰ πρόσθεν
ἀληθῆ; Οὕτω. Ὁ δέ γε ὀλιγαρχικὸς ἀπὸ τοῦ βασιλικοῦ
D αὖ τρίτος, ἐὰν εἰς ταὐτὸν ἀριστοκρατικὸν καὶ βασιλικὸν
τιθῶμεν. Τρίτος γάρ. Τριπλασίου ἄρα, ἦν δ᾽ ἐγώ,
τριπλάσιον ἀριθμῷ ἀληθοῦς ἡδονῆς ἀφέστηκεν τύραννος.
Φαίνεται. Ἐπίπεδον ἄρ᾽, ἔφην, ὡς ἔοικεν, τὸ εἴδωλον κατὰ
τὸν τοῦ μήκους ἀριθμὸν ἡδονῆς τυραννικῆς ἂν εἴη. Κομιδῇ
γε. Κατὰ δὲ δύναμιν καὶ τρίτην αὔξην δῆλον δὴ ἀπόστασιν

---

[1] νόθαιν Π: νόθων A[1]: νόθοιν A[2].

ὅσην ἀφεστηκὼς γίγνεται.   Δῆλον, ἔφη, τῷ γε λογιστικῷ.
Οὐκοῦν ἐάν τις μεταστρέψας ἀληθείᾳ ἡδονῆς τὸν βασιλέα Ε
τοῦ τυράννου ἀφεστηκότα λέγῃ ὅσον ἀφέστηκεν, ἐννεακαι-
εικοσικαιεπτακοσιοπλασιάκις ἥδιον αὐτὸν ζῶντα εὑρήσει
τελειωθείσῃ τῇ πολλαπλασιώσει, τὸν δὲ τύραννον ἀνιαρό-
τερον τῇ αὐτῇ ταύτῃ ἀποστάσει.   Ἀμήχανον, ἔφη, λογισμὸν
καταπεφόρηκας[1] τῆς διαφορότητος τοῖν ἀνδροῖν, τοῦ τε
δικαίου καὶ | τοῦ ἀδίκου, πρὸς ἡδονήν τε καὶ λύπην.   Καὶ 588
μέντοι καὶ ἀληθῆ καὶ προσήκοντά γε, ἦν δ' ἐγώ, βίοις
ἀριθμόν, εἴπερ αὐτοῖς προσήκουσιν ἡμέραι καὶ νύκτες καὶ
μῆνες καὶ ἐνιαυτοί.   Ἀλλὰ μήν, ἔφη, προσήκουσιν.   Οὐκοῦν
εἰ τοσοῦτον ἡδονῇ νικᾷ ὁ ἀγαθός τε καὶ δίκαιος τὸν κακόν τε
καὶ ἄδικον, ἀμηχάνῳ δὴ ὅσῳ πλείονι νικήσει εὐσχημοσύνῃ
τε βίου καὶ κάλλει καὶ ἀρετῇ;   Ἀμηχάνῳ μέντοι νὴ Δία,
ἔφη.

XII.   Εἶεν δή, εἶπον· ἐπειδὴ ἐνταῦθα λόγου γεγόναμεν, Β
ἀναλάβωμεν τὰ πρῶτα λεχθέντα, δι' ἃ δεῦρ' ἥκομεν. ἦν δέ
που λεγόμενον λυσιτελεῖν ἀδικεῖν τῷ τελέως μὲν ἀδίκῳ,
δοξαζομένῳ δὲ δικαίῳ.   ἢ οὐχ οὕτως ἐλέχθη;   Οὕτω μὲν
οὖν.   Νῦν δή, ἔφην, αὖ οὕτω[2] διαλεγώμεθα, ἐπειδὴ διω-
μολογησάμεθα τό τε ἀδικεῖν καὶ τὸ δίκαια πράττειν ἣν
ἑκάτερον ἔχει δύναμιν.   Πῶς; ἔφη.   Εἰκόνα πλάσαντες
τῆς ψυχῆς λόγῳ, ἵνα εἰδῇ ὁ ἐκεῖνα λέγων, οἷα ἔλεγεν.
Ποίαν τινά; ἢ δ' ὅς.   Τῶν τοιούτων τινά, ἦν δ' ἐγώ, οἷαι C
μυθολογοῦνται παλαιαὶ γενέσθαι φύσεις, ἥ τε Χιμαίρας
καὶ ἡ Σκύλλης καὶ Κερβέρου, καὶ ἄλλαι τινὲς συχναὶ
λέγονται ξυμπεφυκυῖαι ἰδέαι πολλαὶ εἰς ἓν γενέσθαι.
Λέγονται γάρ, ἔφη.   Πλάττε τοίνυν μίαν μὲν ἰδέαν θηρίου
ποικίλου καὶ πολυκεφάλου, ἡμέρων δὲ θηρίων ἔχοντος
κεφαλὰς κύκλῳ καὶ ἀγρίων καὶ δυνατοῦ μεταβάλλειν καὶ
φύειν ἐξ αὐτοῦ πάντα ταῦτα.   Δεινοῦ πλάστου, ἔφη, τὸ

---

[1] καταπεφόρηκας Α: καταπεφώρακας Ξ².   [2] αὖ οὕτω C. Schmidt:
αὐτῷ codd.

D ἔργον· ὅμως δέ, ἐπειδὴ εὐπλαστότερον κηροῦ καὶ τῶν
τοιούτων λόγος, πεπλάσθω. Μίαν δὴ τοίνυν ἄλλην ἰδέαν
λέοντος, μίαν δὲ ἀνθρώπου· πολὺ δὲ μέγιστον ἔστω τὸ
πρῶτον καὶ δεύτερον τὸ δεύτερον. Ταῦτα, ἔφη, ῥᾷω· καὶ
πέπλασται. Σύναπτε τοίνυν αὐτὰ εἰς ἓν τρία ὄντα, ὥστε
πῃ ξυμπεφυκέναι ἀλλήλοις. Συνῆπται, ἔφη. Περίπλασον
δὴ αὐτοῖς ἔξωθεν ἑνὸς εἰκόνα, τὴν τοῦ ἀνθρώπου, ὥστε τῷ
E μὴ δυναμένῳ τὰ ἐντὸς ὁρᾶν, ἀλλὰ τὸ ἔξω μόνον ἔλυτρον
ὁρῶντι ἓν ζῷον φαίνεσθαι, ἄνθρωπον. Περιπέπλασται,
ἔφη. Λέγωμεν δὴ τῷ λέγοντι, ὡς λυσιτελεῖ τούτῳ ἀδικεῖν
τῷ ἀνθρώπῳ, δίκαια δὲ πράττειν οὐ ξυμφέρει, ὅτι οὐδὲν
ἄλλο φησὶν ἢ λυσιτελεῖν αὐτῷ τὸ παντοδαπὸν θηρίον
εὐωχοῦντι ποιεῖν ἰσχυρὸν καὶ τὸν λέοντα καὶ τὰ περὶ τὸν
589 λέοντα, τὸν δὲ ἄνθρωπον λιμοκτονεῖν | καὶ ποιεῖν ἀσθενῆ,
ὥστε ἕλκεσθαι ὅπῃ ἂν ἐκείνων ὁπότερον ἄγῃ, καὶ μηδὲν
ἕτερον ἑτέρῳ ξυνεθίζειν μηδὲ φίλον ποιεῖν, ἀλλ' ἐᾶν αὐτὰ
ἐν αὑτοῖς δάκνεσθαί τε καὶ μαχόμενα ἐσθίειν ἄλληλα.
Παντάπασι γάρ, ἔφη, ταῦτ' ἂν λέγοι ὁ τὸ ἀδικεῖν ἐπαινῶν.
Οὐκοῦν αὖ ὁ τὰ δίκαια λέγων λυσιτελεῖν φαίη ἂν δεῖν
ταῦτα πράττειν καὶ ταῦτα λέγειν, ὅθεν τοῦ ἀνθρώπου ὁ
B ἐντὸς ἄνθρωπος ἔσται ἐγκρατέστατος καὶ τοῦ πολυκεφάλου
θρέμματος ἐπιμελήσεται, ὥσπερ γεωργὸς τὰ μὲν ἥμερα
τρέφων καὶ τιθασεύων, τὰ δὲ ἄγρια ἀποκωλύων φύεσθαι,
ξύμμαχον ποιησάμενος τὴν τοῦ λέοντος φύσιν, καὶ κοινῇ
πάντων κηδόμενος, φίλα ποιησάμενος ἀλλήλοις τε καὶ
αὑτῷ, οὕτω θρέψει; Κομιδῇ γὰρ αὖ λέγει ταῦτα ὁ τὸ
δίκαιον ἐπαινῶν. Κατὰ πάντα τρόπον δὴ ὁ μὲν τὰ δίκαια
C ἐγκωμιάζων ἀληθῆ ἂν[1] λέγοι, ὁ δὲ τὰ ἄδικα ψεύδοιτο.
πρός τε γὰρ ἡδονὴν καὶ πρὸς εὐδοξίαν καὶ ὠφελίαν
σκοπουμένῳ ὁ μὲν ἐπαινέτης τοῦ δικαίου ἀληθεύει, ὁ δὲ
ψέκτης οὐδὲν ὑγιὲς οὐδ' εἰδὼς ψέγει ὅ τι ψέγει. Οὔ μοι
δοκεῖ, ἦ δ' ὅς, οὐδαμῇ γε. Πείθωμεν τοίνυν αὐτὸν πράως,

---

[1] ἀληθῆ ἂν Π: ἀλήθειαν Α.

οὐ γὰρ ἑκὼν ἁμαρτάνει, ἐρωτῶντες· ὦ μακάριε, οὐ καὶ τὰ
καλὰ καὶ αἰσχρὰ νόμιμα διὰ τὰ τοιαῦτ' ἂν φαῖμεν γε-
γονέναι; τὰ μὲν καλὰ τὰ ὑπὸ τῷ ἀνθρώπῳ, μᾶλλον δὲ D
ἴσως τὰ ὑπὸ τῷ θείῳ τὰ θηριώδη ποιοῦντα τῆς φύσεως,
αἰσχρὰ δὲ τὰ ὑπὸ τῷ ἀγρίῳ τὸ ἥμερον δουλούμενα;
ξυμφήσει ἢ πῶς; Ἐὰν ἐμοί[1], ἔφη, πείθηται. Ἔστιν οὖν,
εἶπον, ὅτῳ λυσιτελεῖ ἐκ τούτου τοῦ λόγου χρυσίον λαμβά-
νειν ἀδίκως, εἴπερ τοιόνδε τι γίγνεται, λαμβάνων τὸ χρυσίον
ἅμα καταδουλοῦται τὸ βέλτιστον ἑαυτοῦ τῷ μοχθηροτάτῳ;
ἢ εἰ μὲν λαβὼν χρυσίον υἱὸν ἢ θυγατέρα ἐδουλοῦτο, καὶ E
ταῦτ' εἰς ἀγρίων τε καὶ κακῶν ἀνδρῶν, οὐκ ἂν αὐτῷ
ἐλυσιτέλει οὐδ' ἂν πάμπολυ ἐπὶ τούτῳ λαμβάνειν, εἰ δὲ τὸ
ἑαυτοῦ θειότατον ὑπὸ τῷ ἀθεωτάτῳ τε καὶ μιαρωτάτῳ
δουλοῦται καὶ μηδὲν ἐλεεῖ, οὐκ ἄρα ἄθλιός ἐστι καὶ | πολὺ 590
ἐπὶ δεινοτέρῳ ὀλέθρῳ χρυσὸν δωροδοκεῖ ἢ Ἐριφύλη ἐπὶ
τῇ τοῦ ἀνδρὸς ψυχῇ τὸν ὅρμον δεξαμένη; Πολὺ μέντοι, ἦ
δ' ὃς ὁ Γλαύκων· ἐγὼ γάρ σοι ὑπὲρ ἐκείνου ἀποκρινοῦμαι.

XIII. Οὐκοῦν καὶ τὸ ἀκολασταίνειν οἴει διὰ τοιαῦτα
πάλαι ψέγεσθαι, ὅτι ἀνίεται ἐν τῷ τοιούτῳ τὸ δεινόν, τὸ
μέγα ἐκεῖνο καὶ πολυειδὲς θρέμμα πέρα τοῦ δέοντος; Δῆ-
λον, ἔφη. Ἡ δ' αὐθαδία καὶ δυσκολία ψέγεται οὐχ ὅταν
τὸ λεοντῶδές τε καὶ ὀφεῶδες αὔξηται καὶ συντείνηται B
ἀναρμόστως; Πάνυ μὲν οὖν. Τρυφὴ δὲ καὶ μαλθακία
οὐκ ἐπὶ τῇ αὐτοῦ τούτου χαλάσει τε καὶ ἀνέσει ψέγεται,
ὅταν ἐν αὐτῷ δειλίαν ἐμποιῇ; Τί μήν; Κολακεία δὲ καὶ
ἀνελευθερία οὐχ ὅταν τις τὸ αὐτὸ τοῦτο, τὸ θυμοειδές,
ὑπὸ τῷ ὀχλώδει θηρίῳ ποιῇ καὶ ἕνεκα χρημάτων καὶ τῆς
ἐκείνου ἀπληστίας προπηλακιζόμενον ἐθίζῃ ἐκ νέου ἀντὶ
λέοντος πίθηκον γίγνεσθαι; Καὶ μάλα, ἔφη. Βαναυσία C
δὲ καὶ χειροτεχνία διὰ τί, οἴει, ὄνειδος φέρει; ἢ δι' ἄλλο
τι φήσομεν ἢ ὅταν τις ἀσθενὲς φύσει ἔχῃ τὸ τοῦ βελτίστου
εἶδος ὥστε μὴ ἂν δύνασθαι ἄρχειν τῶν ἐν αὐτῷ θρεμμάτων

---

[1] ἐὰν ἐμοί Stobaeus: ἐὰν μοι codd.

ἀλλὰ θεραπεύειν ἐκεῖνα, καὶ τὰ θωπεύματα αὐτῶν μόνον
δύνηται μανθάνειν; Ἔοικεν, ἔφη. Οὐκοῦν ἵνα καὶ ὁ
τοιοῦτος ὑπὸ ὁμοίου ἄρχηται οἷόπερ ὁ βέλτιστος, δοῦλον
D αὐτόν φαμεν δεῖν εἶναι ἐκείνου τοῦ βελτίστου, ἔχοντος ἐν
αὑτῷ τὸ θεῖον ἄρχον, οὐκ ἐπὶ βλάβῃ τῇ τοῦ δούλου
οἰόμενοι δεῖν ἄρχεσθαι αὐτόν, ὥσπερ Θρασύμαχος ᾤετο
τοὺς ἀρχομένους, ἀλλ' ὡς ἄμεινον ὂν παντὶ ὑπὸ θείου καὶ
φρονίμου ἄρχεσθαι, μάλιστα μὲν οἰκεῖον ἔχοντος ἐν αὑτῷ[1],
εἰ δὲ μή, ἔξωθεν ἐφεστῶτος, ἵνα εἰς δύναμιν πάντες ὅμοιοι
ὦμεν καὶ φίλοι, τῷ αὐτῷ κυβερνώμενοι; Καὶ ὀρθῶς γ',
E ἔφη. Δηλοῖ δέ γε, ἦν δ' ἐγώ, καὶ ὁ νόμος, ὅτι τοιοῦτον
βούλεται[2], πᾶσι τοῖς ἐν τῇ πόλει ξύμμαχος ὤν, καὶ ἡ τῶν
παίδων ἀρχή, τὸ μὴ ἐᾶν ἐλευθέρους εἶναι, ἕως ἂν ἐν αὐτοῖς
ὥσπερ ἐν πόλει πολιτείαν καταστήσωμεν καὶ τὸ βέλτιστον
591 θεραπεύ|σαντες τῷ παρ' ἡμῖν τοιούτῳ ἀντικαταστήσωμεν
φύλακα ὅμοιον καὶ ἄρχοντα ἐν αὐτῷ, καὶ τότε δὴ ἐλεύθερον
ἀφίεμεν. Δηλοῖ γάρ, ἦ δ' ὅς. Πῇ δὴ οὖν φήσομεν, ὦ
Γλαύκων, καὶ κατὰ τίνα λόγον λυσιτελεῖν ἀδικεῖν ἢ ἀκο-
λασταίνειν ἤ τι αἰσχρὸν ποιεῖν, ἐξ ὧν πονηρότερος μὲν
ἔσται, πλείω δὲ χρήματα ἢ ἄλλην τινὰ δύναμιν κεκτή-
σεται; Οὐδαμῇ, ἦ δ' ὅς. Πῇ δ' ἀδικοῦντα λανθάνειν καὶ
B μὴ διδόναι δίκην λυσιτελεῖν; ἢ οὐχὶ ὁ μὲν λανθάνων ἔτι
πονηρότερος γίγνεται, τοῦ δὲ μὴ λανθάνοντος καὶ κολαζο-
μένου τὸ μὲν θηριῶδες κοιμίζεται καὶ ἡμεροῦται, τὸ δὲ
ἥμερον ἐλευθεροῦται, καὶ ὅλη ἡ ψυχὴ εἰς τὴν βελτίστην
φύσιν καθισταμένη τιμιωτέραν ἕξιν λαμβάνει, σωφροσύνην
τε καὶ δικαιοσύνην μετὰ φρονήσεως κτωμένη, ἢ σῶμα
ἰσχύν τε καὶ κάλλος μετὰ ὑγιείας λαμβάνον, τοσούτῳ
ὅσῳπερ ψυχὴ σώματος τιμιωτέρα; Παντάπασιν μὲν οὖν,
C ἔφη. Οὐκοῦν ὅ γε νοῦν ἔχων πάντα τὰ αὑτοῦ εἰς τοῦτο
ξυντείνας βιώσεται, πρῶτον μὲν τὰ μαθήματα τιμῶν, ἃ

---

[1] οἰκεῖον ἔχοντος ἐν αὑτῷ A: οἰκείου ἐνόντος ἐν αὑτῷ Madvig.   [2] βού-
λεται Ξ²: βουλεύεται A.

τοιαύτην αὐτοῦ τὴν ψυχὴν ἀπεργάσεται¹, τὰ δὲ ἄλλα
ἀτιμάζων; Δῆλον, ἔφη. Ἔπειτά γ', εἶπον, τὴν τοῦ
σώματος ἕξιν καὶ τροφὴν οὐχ ὅπως τῇ θηριώδει καὶ ἀλόγῳ
ἡδονῇ ἐπιτρέψας ἐνταῦθα τετραμμένος ζήσει², ἀλλ' οὐδὲ
πρὸς ὑγίειαν βλέπων οὐδὲ τοῦτο πρεσβεύων, ὅπως ἰσχυρὸς
ἢ ὑγιὴς ἢ καλὸς ἔσται, ἐὰν μὴ καὶ σωφρονήσειν μέλλῃ ἀπ'
αὐτῶν, ἀλλ' ἀεὶ τὴν ἐν τῷ σώματι ἁρμονίαν τῆς ἐν τῇ D
ψυχῇ ἕνεκα ξυμφωνίας ἁρμοττόμενος φαίνηται. Παντά-
πασι μὲν οὖν, ἔφη, ἐάνπερ μέλλῃ τῇ ἀληθείᾳ μουσικὸς
εἶναι. Οὐκοῦν, εἶπον, καὶ τὴν ἐν τῇ τῶν χρημάτων κτήσει
ξύνταξίν τε καὶ ξυμφωνίαν; καὶ τὸν ὄγκον τοῦ πλήθους
οὐκ ἐκπληττόμενος ὑπὸ τοῦ τῶν πολλῶν μακαρισμοῦ
ἄπειρον αὐξήσει, ἀπέραντα κακὰ ἔχων. Οὐκ οἶμαι, ἔφη.
Ἀλλ' ἀποβλέπων γε, εἶπον, πρὸς τὴν ἐν αὑτῷ πολιτείαν E
καὶ φυλάττων, μή τι παρακινῇ αὑτοῦ τῶν ἐκεῖ διὰ πλῆθος
οὐσίας ἢ δι' ὀλιγότητα, οὕτως κυβερνῶν προσθήσει καὶ
ἀναλώσει τῆς οὐσίας καθ' ὅσον ἂν οἷός τ' ᾖ. Κομιδῇ μὲν
οὖν, ἔφη. Ἀλλὰ μὴν καὶ τιμάς γε, εἰς ταὐτὸν ἀποβλέ|πων, 592
τῶν μὲν μεθέξει καὶ γεύσεται ἑκών, ἃς ἂν ἡγῆται ἀμείνω
αὑτὸν ποιήσειν, ἃς δ' ἂν λύσειν τὴν ὑπάρχουσαν ἕξιν,
φεύξεται ἰδίᾳ καὶ δημοσίᾳ. Οὐκ ἄρα, ἔφη, τά γε πολιτικὰ
ἐθελήσει πράττειν, ἐάνπερ τούτου κήδηται. Νὴ τὸν κύνα,
ἦν δ' ἐγώ, ἔν γε τῇ ἑαυτοῦ πόλει καὶ μάλα, οὐ μέντοι ἴσως
ἔν γε τῇ πατρίδι, ἐὰν μὴ θεία τις ξυμβῇ τύχη. Μανθάνω,
ἔφη· ἐν ᾗ νῦν διήλθομεν οἰκίζοντες πόλει λέγεις, τῇ ἐν
λόγοις κειμένῃ· ἐπεὶ γῆς γε οὐδαμοῦ οἶμαι αὐτὴν εἶναι. B
Ἀλλ', ἦν δ' ἐγώ, ἐν οὐρανῷ ἴσως παράδειγμα ἀνάκειται
τῷ βουλομένῳ ὁρᾶν καὶ ὁρῶντι ἑαυτὸν κατοικίζειν. δια-
φέρει δὲ οὐδέν, εἴτε που ἔστιν εἴτε ἔσται· τὰ γὰρ ταύτης
μόνης ἂν πράξειεν, ἄλλης δὲ οὐδεμιᾶς. Εἰκός γ', ἔφη.

<hr>

¹ ἀπεργάσεται Π: ἀπεργάζεται Α.　　² ζήσει Ξ: ζώσει Α¹: ζῴη Α².

ΤΕΛΟC ΠΟΛΙΤΕΙΑC Θ'.

I.

595　Ι. Καὶ μήν, ἦν δ᾽ ἐγώ, πολλὰ μὲν καὶ ἄλλα περὶ αὐτῆς ἐννοῶ, ὡς παντὸς ἄρα μᾶλλον ὀρθῶς ᾠκίζομεν τὴν πόλιν, οὐχ ἥκιστα δὲ ἐνθυμηθεὶς περὶ ποιήσεως λέγω. Τὸ ποῖον; ἔφη. Τὸ μηδαμῇ παραδέχεσθαι αὐτῆς ὅση μιμητική. παντὸς γὰρ μᾶλλον οὐ παραδεκτέα νῦν καὶ

B ἐναργέστερον, ὡς ἐμοὶ δοκεῖ, φαίνεται, ἐπειδὴ χωρὶς ἕκαστα διῄρηται τὰ τῆς ψυχῆς εἴδη. Πῶς λέγεις; Ὡς μὲν πρὸς ὑμᾶς εἰρῆσθαι—οὐ γάρ μου κατερεῖτε πρὸς τοὺς τῆς τραγῳδίας ποιητὰς καὶ τοὺς ἄλλους ἅπαντας τοὺς μιμητικούς—λώβη ἔοικεν εἶναι πάντα τὰ τοιαῦτα τῆς τῶν ἀκουόντων διανοίας, ὅσοι μὴ ἔχουσι φάρμακον τὸ εἰδέναι αὐτὰ οἷα τυγχάνει ὄντα. Πῇ δή, ἔφη, διανοούμενος λέγεις; Ῥητέον, ἦν δ᾽ ἐγώ· καίτοι φιλία γέ τίς με καὶ αἰδὼς ἐκ παιδὸς ἔχουσα περὶ Ὁμήρου ἀποκωλύει λέγειν. ἔοικε

C μὲν γὰρ τῶν καλῶν ἁπάντων τούτων τῶν τραγικῶν πρῶτος διδάσκαλός τε καὶ ἡγεμὼν γενέσθαι. ἀλλ᾽ οὐ γὰρ πρό γε τῆς ἀληθείας τιμητέος ἀνήρ, ἀλλ᾽, ὃ λέγω, ῥητέον. Πάνυ μὲν οὖν, ἔφη. Ἄκουε δή, μᾶλλον δὲ ἀποκρίνου. Ἐρώτα. Μίμησιν ὅλως ἔχοις ἄν μοι εἰπεῖν ὅ τί ποτ᾽ ἐστίν; οὐδὲ γάρ τοι αὐτὸς πάνυ τι ξυννοῶ, τί βούλεται εἶναι. Ἦ που ἄρ᾽, ἔφη, ἐγὼ συννοήσω. Οὐδέν γε, ἦν δ᾽

596 ἐγώ, ἄτοπον, ἐπεὶ πολλά τοι ὀξύτερον βλεπόντων ἀμ|βλύτερον ὁρῶντες πρότεροι εἶδον. Ἔστιν, ἔφη, οὕτως· ἀλλὰ

σοῦ παρόντος οὐδ' ἂν προθυμηθῆναι οἷός τε εἴην εἰπεῖν, εἰ
τί μοι καταφαίνεται, ἀλλ' αὐτὸς ὅρα. Βούλει οὖν ἐνθένδε
ἀρξώμεθα ἐπισκοποῦντες, ἐκ τῆς εἰωθυίας μεθόδου; εἶδος
γάρ πού τι ἓν ἕκαστον εἰώθαμεν τίθεσθαι περὶ ἕκαστα τὰ
πολλά, οἷς ταὐτὸν ὄνομα ἐπιφέρομεν. ἢ οὐ μανθάνεις;
Μανθάνω. Θῶμεν δὴ καὶ νῦν ὅ τι βούλει τῶν πολλῶν.
οἷον, εἰ 'θέλεις, πολλαί πού εἰσι κλῖναι καὶ τράπεζαι. Β
Πῶς δ' οὔ; 'Αλλὰ ἰδέαι γέ που περὶ ταῦτα τὰ σκεύη
δύο, μία μὲν κλίνης, μία δὲ τραπέζης. Ναί. Οὐκοῦν καὶ
εἰώθαμεν λέγειν, ὅτι ὁ δημιουργὸς ἑκατέρου τοῦ σκεύους
πρὸς τὴν ἰδέαν βλέπων οὕτω ποιεῖ ὁ μὲν τὰς κλίνας, ὁ δὲ
τὰς τραπέζας, αἷς ἡμεῖς χρώμεθα, καὶ τἆλλα κατὰ ταὐτά;
οὐ γάρ που τήν γε ἰδέαν αὐτὴν δημιουργεῖ οὐδεὶς τῶν
δημιουργῶν· πῶς γάρ; Οὐδαμῶς. 'Αλλ' ὅρα δὴ καὶ
τόνδε τίνα καλεῖς τὸν δημιουργόν. Τὸν ποῖον; Ὃς πάντα C
ποιεῖ, ὅσαπερ εἷς ἕκαστος τῶν χειροτεχνῶν. Δεινόν τινα
λέγεις καὶ θαυμαστὸν ἄνδρα. Οὔπω γε, ἀλλὰ τάχα
μᾶλλον φήσεις. ὁ αὐτὸς γὰρ οὗτος χειροτέχνης οὐ μόνον
πάντα οἷός τε σκεύη ποιῆσαι, ἀλλὰ καὶ τὰ ἐκ τῆς γῆς
φυόμενα ἅπαντα ποιεῖ καὶ ζῷα πάντα ἐργάζεται, τά τε
ἄλλα καὶ ἑαυτόν, καὶ πρὸς τούτοις γῆν καὶ οὐρανὸν καὶ
θεοὺς καὶ πάντα τὰ ἐν οὐρανῷ καὶ τὰ ἐν ῞Αιδου ὑπὸ γῆς
ἅπαντα ἐργάζεται. Πάνυ θαυμαστόν, ἔφη, λέγεις σοφι- D
στήν. 'Απιστεῖς; ἦν δ' ἐγώ. καί μοι εἰπέ, τὸ παράπαν
οὐκ ἄν σοι δοκεῖ εἶναι τοιοῦτος δημιουργός, ἢ τινὶ μὲν
τρόπῳ γενέσθαι ἂν τούτων ἁπάντων ποιητής, τινὶ δὲ οὐκ
ἄν; ἢ οὐκ αἰσθάνει, ὅτι κἂν αὐτὸς οἷός τ' εἴης πάντα ταῦτα
ποιῆσαι τρόπῳ γέ τινι; Καὶ τίς, ἔφη, ὁ τρόπος οὗτος;
Οὐ χαλεπός, ἦν δ' ἐγώ, ἀλλὰ πολλαχῇ καὶ ταχὺ δη-
μιουργούμενος· τάχιστα δέ που, εἰ 'θέλεις λαβὼν κάτ-
οπτρον περιφέρειν πανταχῇ· ταχὺ μὲν ἥλιον ποιήσεις Ε
καὶ τὰ ἐν τῷ οὐρανῷ, ταχὺ δὲ γῆν, ταχὺ δὲ σαυτόν τε καὶ
τἆλλα ζῷα καὶ σκεύη καὶ φυτὰ καὶ πάντα ὅσα νῦν δὴ

ἐλέγετο. Ναί, ἔφη, φαινόμενα, οὐ μέντοι ὄντα γέ που τῇ
ἀληθείᾳ. Καλῶς, ἦν δ' ἐγώ, καὶ εἰς δέον ἔρχει τῷ λόγῳ.
τῶν τοιούτων γάρ, οἶμαι, δημιουργῶν καὶ ὁ ζῳγράφος ἐστίν.
ἢ γάρ; Πῶς γὰρ οὔ; Ἀλλὰ φήσεις οὐκ ἀληθῆ, οἶμαι,
αὐτὸν ποιεῖν ἃ ποιεῖ. καίτοι τρόπῳ γέ τινι καὶ ὁ ζῳγρά-
φος κλίνην ποιεῖ. ἢ οὔ; Ναί, ἔφη, φαινομένην γε καὶ
οὗτος.

597   II. Τί δὲ ὁ κλινοποιός; οὐκ ἄρτι | μέντοι ἔλεγες, ὅτι
οὐ τὸ εἶδος ποιεῖ, ὃ δή φαμεν εἶναι ὃ ἔστι κλίνη, ἀλλὰ
κλίνην τινά; Ἔλεγον γάρ. Οὐκοῦν εἰ μὴ ὃ ἔστιν ποιεῖ,
οὐκ ἂν τὸ ὂν ποιοῖ, ἀλλά τι τοιοῦτον, οἷον τὸ ὄν, ὂν δὲ οὔ;
τελέως δὲ εἶναι ὂν τὸ τοῦ κλινουργοῦ ἔργον ἢ ἄλλου τινὸς
χειροτέχνου εἴ τις φαίη, κινδυνεύει οὐκ ἂν ἀληθῆ λέγειν;
Οὔκουν, ἔφη, ὥς γ' ἂν δόξειεν τοῖς περὶ τοὺς τοιούσδε
λόγους διατρίβουσιν. Μηδὲν ἄρα θαυμάζωμεν, εἰ καὶ
B τοῦτο ἀμυδρόν τι τυγχάνει ὂν πρὸς ἀλήθειαν. Μὴ γάρ.
Βούλει οὖν, ἔφην, ἐπ' αὐτῶν τούτων ζητήσωμεν τὸν
μιμητὴν τοῦτον, τίς ποτ' ἐστίν; Εἰ βούλει, ἔφη. Οὐκοῦν
τρυτταί τινες κλῖναι αὗται γίγνονται· μία μὲν ἡ ἐν[1]
τῇ φύσει οὖσα, ἣν φαῖμεν ἄν, ὡς ἐγῷμαι, θεὸν ἐργάσασθαι.
ἢ τίν' ἄλλον; Οὐδένα, οἶμαι. Μία δέ γε ἣν ὁ τέκτων.
Ναί, ἔφη. Μία δὲ ἣν ὁ ζῳγράφος. ἢ γάρ; Ἔστω.
Ζῳγράφος δή, κλινοποιός, θεός, τρεῖς οὗτοι ἐπιστάται
C τρισὶν εἴδεσι κλινῶν. Ναὶ τρεῖς. Ὁ μὲν δὴ θεός, εἴτε
οὐκ ἐβούλετο, εἴτε τις ἀνάγκη ἐπῆν μὴ πλέον ἢ μίαν ἐν τῇ
φύσει ἀπεργάσασθαι αὐτὸν κλίνην, οὕτως ἐποίησεν μίαν
μόνον αὐτὴν ἐκείνην ὃ ἔστιν κλίνη· δύο δὲ τοιαῦται ἢ
πλείους οὔτε ἐφυτεύθησαν ὑπὸ τοῦ θεοῦ οὔτε μὴ φύωσιν.
Πῶς δή; ἔφη. Ὅτι, ἦν δ' ἐγώ, εἰ δύο μόνας ποιήσειεν,
πάλιν ἂν μία ἀναφανείη, ἧς ἐκεῖναι ἂν αὖ ἀμφότεραι
τὸ εἶδος ἔχοιεν, καὶ εἴη ἂν ὃ ἔστιν κλίνη ἐκείνη, ἀλλ' οὐχ
αἱ δύο. Ὀρθῶς, ἔφη. Ταῦτα δή, οἶμαι, εἰδὼς ὁ θεός,

----
[1] ἐν II : om. A.

βουλόμενος εἶναι ὄντως κλίνης ποιητὴς ὄντως οὔσης, ἀλλὰ D
μὴ κλίνης τινός, μηδὲ κλινοποιός τις, μίαν φύσει αὐτὴν
ἔφυσεν. Ἔοικεν. Βούλει οὖν τοῦτον μὲν φυτουργὸν
τούτου προσαγορεύωμεν ἤ τι τοιοῦτον; Δίκαιον γοῦν, ἔφη,
ἐπειδήπερ φύσει γε καὶ τοῦτο καὶ τἆλλα πάντα πεποίηκεν.
Τί δὲ τὸν τέκτονα; ἆρ' οὐ δημιουργὸν κλίνης; Ναί. Ἦ
καὶ τὸν ζωγράφον δημιουργὸν καὶ ποιητὴν τοῦ τοιούτου;
Οὐδαμῶς. Ἀλλὰ τί αὐτὸν κλίνης φήσεις εἶναι; Τοῦτο, ἦ
δ' ὅς, ἔμοιγε δοκεῖ μετριώτατ' ἂν προσαγορεύεσθαι, μιμητὴς E
οὗ ἐκεῖνοι δημιουργοί. Εἶεν, ἦν δ' ἐγώ· τὸν τοῦ τρίτου
ἄρα γεννήματος ἀπὸ τῆς φύσεως μιμητὴν καλεῖς; Πάνυ
μὲν οὖν, ἔφη. Τοῦτ' ἄρα ἔσται καὶ ὁ τραγῳδοποιός, εἴπερ
μιμητής ἐστι, τρίτος τις ἀπὸ βασιλέως καὶ τῆς ἀληθείας
πεφυκώς, καὶ πάντες οἱ ἄλλοι μιμηταί. Κινδυνεύει. Τὸν
μὲν δὴ μιμητὴν ὡμολογήκαμεν· εἰπὲ δέ μοι | περὶ τοῦ 598
ζωγράφου τόδε· πότερα ἐκεῖνο αὐτὸ τὸ ἐν τῇ φύσει
ἕκαστον δοκεῖ σοι ἐπιχειρεῖν μιμεῖσθαι ἢ τὰ τῶν δημιουρ-
γῶν ἔργα; Τὰ τῶν δημιουργῶν, ἔφη. Ἄρα οἷα ἔστιν ἢ
οἷα φαίνεται; τοῦτο γὰρ ἔτι διόρισον. Πῶς λέγεις; ἔφη.
Ὧδε. κλίνη, ἐάν τε ἐκ πλαγίου αὐτὴν θεᾷ ἐάν τε καταν-
τικρὺ ἢ ὁπῃοῦν, μή τι διαφέρει αὐτὴ ἑαυτῆς, ἢ διαφέρει
μὲν οὐδέν, φαίνεται δὲ ἀλλοία; καὶ τἆλλα ὡσαύτως;
Οὕτως, ἔφη· φαίνεται, διαφέρει δ' οὐδέν. Τοῦτο δὴ αὐτὸ B
σκόπει. πρὸς πότερον ἡ γραφικὴ πεποίηται περὶ ἕκαστον;
πότερα πρὸς τὸ ὄν, ὡς ἔχει, μιμήσασθαι, ἢ πρὸς τὸ
φαινόμενον, ὡς φαίνεται, φαντάσματος ἢ ἀληθείας οὖσα
μίμησις; Φαντάσματος, ἔφη. Πόρρω ἄρα που τοῦ
ἀληθοῦς ἡ μιμητική ἐστιν καί, ὡς ἔοικεν, διὰ τοῦτο πάντα
ἀπεργάζεται, ὅτι σμικρόν τι ἑκάστου ἐφάπτεται καὶ τοῦτο
εἴδωλον. οἷον ὁ ζωγράφος, φαμέν, ζωγραφήσει ἡμῖν
σκυτοτόμον, τέκτονα, τοὺς ἄλλους δημιουργούς, περὶ C
οὐδενὸς τούτων ἐπαΐων τῶν τεχν<ιτ>ῶν[1]· ἀλλ' ὅμως

---

[1] τεχν<ιτ>ῶν nos : τεχνῶν codd.

παῖδάς τε καὶ ἄφρονας ἀνθρώπους, εἰ ἀγαθὸς εἴη ζωγράφος,
γράψας ἂν τέκτονα καὶ πόρρωθεν ἐπιδεικνὺς ἐξαπατῷ ἂν
τῷ δοκεῖν ὡς ἀληθῶς τέκτονα εἶναι. Τί δ' οὔ; Ἀλλὰ
γάρ, οἶμαι, ὦ φίλε, τόδε δεῖ περὶ πάντων τῶν τοιούτων
διανοεῖσθαι· ἐπειδάν τις ἡμῖν ἀπαγγέλλῃ περί του, ὡς
ἐνέτυχεν ἀνθρώπῳ πάσας ἐπισταμένῳ τὰς δημιουργίας καὶ
D τἆλλα πάντα, ὅσα εἷς ἕκαστος οἶδεν, οὐδὲν ὅ τι οὐχὶ
ἀκριβέστερον ὁτουοῦν ἐπισταμένῳ, ὑπολαμβάνειν δεῖ τῷ
τοιούτῳ, ὅτι εὐήθης τις ἄνθρωπος, καί, ὡς ἔοικεν, ἐντυχὼν
γόητί τινι καὶ μιμητῇ ἐξηπατήθη, ὥστε ἔδοξεν αὐτῷ
πάσσοφος εἶναι, διὰ τὸ αὐτὸς μὴ οἷός τ' εἶναι ἐπιστήμην
καὶ ἀνεπιστημοσύνην καὶ μίμησιν ἐξετάσαι. Ἀληθέ-
στατα, ἔφη.

III. Οὐκοῦν, ἦν δ' ἐγώ, μετὰ τοῦτο ἐπισκεπτέον
τήν τε τραγῳδίαν καὶ τὸν ἡγεμόνα αὐτῆς Ὅμηρον, ἐπειδή
E τινων ἀκούομεν, ὅτι οὗτοι πάσας μὲν τέχνας ἐπίστανται,
πάντα δὲ τὰ ἀνθρώπεια τὰ πρὸς ἀρετὴν καὶ κακίαν καὶ τά
γε θεῖα· ἀνάγκη γὰρ τὸν ἀγαθὸν ποιητήν, εἰ μέλλει περὶ
ὧν ἂν ποιῇ καλῶς ποιήσειν, εἰδότα ἄρα ποιεῖν, ἢ μὴ οἷόν
τε εἶναι ποιεῖν. δεῖ δὴ ἐπισκέψασθαι, πότερον μιμηταῖς
τούτοις οὗτοι ἐντυχόντες ἐξηπάτηνται καὶ τὰ ἔργα αὐτῶν
599 ὁρῶν|τες οὐκ αἰσθάνονται τρίτα[1] ἀπέχοντα τοῦ ὄντος καὶ
ῥᾴδια ποιεῖν μὴ εἰδότι τὴν ἀλήθειαν· φαντάσματα γάρ,
ἀλλ' οὐκ ὄντα ποιοῦσιν· ἢ τι καὶ λέγουσιν καὶ τῷ ὄντι οἱ
ἀγαθοὶ ποιηταὶ ἴσασιν περὶ ὧν δοκοῦσιν τοῖς πολλοῖς
εὖ λέγειν. Πάνυ μὲν οὖν, ἔφη, ἐξεταστέον. Οἴει οὖν,
εἴ τις ἀμφότερα δύναιτο ποιεῖν, τό τε μιμηθησόμενον καὶ
τὸ εἴδωλον, ἐπὶ τῇ τῶν εἰδώλων δημιουργίᾳ ἑαυτὸν ἀφεῖναι
ἂν σπουδάζειν καὶ τοῦτο προστήσασθαι τοῦ ἑαυτοῦ βίου
B ὡς βέλτιστον ἔχοντα; Οὐκ ἔγωγε. Ἀλλ' εἴπερ γε, οἶμαι,
ἐπιστήμων εἴη τῇ ἀληθείᾳ τούτων πέρι, ἅπερ καὶ μιμεῖται,
πολὺ πρότερον ἐν τοῖς ἔργοις ἂν σπουδάσειεν ἢ ἐπὶ τοῖς

---

[1] τρίτα Herwerden : τριττὰ codd.

μιμήμασι, καὶ πειρῷτο ἂν πολλὰ καὶ καλὰ ἔργα ἑαυτοῦ
καταλιπεῖν μνημεῖα, καὶ εἶναι προθυμοῖτ' ἂν μᾶλλον
ὁ ἐγκωμιαζόμενος ἢ ὁ ἐγκωμιάζων. Οἶμαι, ἔφη· οὐ γὰρ
ἐξ ἴσου ἥ τε τιμὴ καὶ ἡ ὠφελία. Τῶν μὲν τοίνυν ἄλλων
πέρι μὴ ἀπαιτῶμεν λόγον Ὅμηρον ἢ ἄλλον ὁντινοῦν τῶν
ποιητῶν, ἐρωτῶντες, εἰ ἰατρικὸς ἦν τις αὐτῶν, ἀλλὰ μὴ C
μιμητὴς μόνον ἰατρικῶν λόγων, τίνας ὑγιεῖς ποιητής τις
τῶν παλαιῶν ἢ τῶν νέων λέγεται πεποιηκέναι, ὥσπερ
Ἀσκληπιός, ἢ τίνας μαθητὰς ἰατρικῆς κατελίπετο, ὥσπερ
ἐκεῖνος τοὺς ἐκγόνους, μηδ' αὖ περὶ τὰς ἄλλας τέχνας
αὐτοὺς ἐρωτῶμεν, ἀλλ' ἐῶμεν· περὶ δὲ ὧν μεγίστων τε
καὶ καλλίστων ἐπιχειρεῖ λέγειν Ὅμηρος, πολέμων τε πέρι
καὶ στρατηγιῶν καὶ διοικήσεων πόλεων καὶ παιδείας πέρι D
ἀνθρώπου, δίκαιόν που ἐρωτᾶν αὐτὸν πυνθανομένους· ὦ
φίλε Ὅμηρε, εἴπερ μὴ τρίτος ἀπὸ τῆς ἀληθείας εἶ ἀρετῆς
πέρι, εἰδώλου δημιουργός, ὃν δὴ μιμητὴν ὡρισάμεθα, ἀλλὰ
καὶ δεύτερος, καὶ οἷός τε ἦσθα γιγνώσκειν, ποῖα ἐπιτηδεύ-
ματα βελτίους ἢ χείρους ἀνθρώπους ποιεῖ ἰδίᾳ καὶ
δημοσίᾳ, λέγε ἡμῖν, τίς τῶν πόλεων διὰ σὲ βέλτιον
ᾤκησεν, ὥσπερ διὰ Λυκοῦργον Λακεδαίμων καὶ δι' ἄλλους
πολλοὺς πολλαὶ μεγάλαι τε καὶ σμικραί; σὲ δὲ τίς E
αἰτιᾶται πόλις νομοθέτην ἀγαθὸν γεγονέναι καὶ σφᾶς
ὠφεληκέναι; Χαρώνδαν μὲν γὰρ Ἰταλία καὶ Σικελία, καὶ
ἡμεῖς Σόλωνα· σὲ δὲ τίς; ἕξει τινὰ εἰπεῖν; Οὐκ οἶμαι,
ἔφη ὁ Γλαύκων· οὔκουν λέγεταί γε οὐδ' ὑπ' αὐτῶν
Ὁμηριδῶν. Ἀλλὰ δή τις πόλεμος ἐπὶ Ὁμήρου ὑπ' ἐκείνου 600
ἄρχοντος ἢ ξυμβουλεύοντος εὖ πολεμηθεὶς μνημονεύεται;
Οὐδείς. Ἀλλ' οἷα δὴ εἰς τὰ ἔργα σοφοῦ ἀνδρὸς πολλαὶ
ἐπίνοιαι καὶ εὐμήχανοι εἰς τέχνας ἤ τινας ἄλλας πράξεις
λέγονται, ὥσπερ αὖ Θάλεώ τε πέρι τοῦ Μιλησίου καὶ
Ἀναχάρσιος τοῦ Σκύθου; Οὐδαμῶς τοιοῦτον οὐδέν. Ἀλλὰ
δὴ εἰ μὴ δημοσίᾳ, ἰδίᾳ τισὶν ἡγεμὼν παιδείας αὐτὸς ζῶν
λέγεται Ὅμηρος γενέσθαι, οἳ ἐκεῖνον ἠγάπων ἐπὶ συνουσίᾳ

B καὶ τοῖς ὑστέροις ὁδόν τινα παρέδοσαν βίου Ὁμηρικήν,
ὥσπερ Πυθαγόρας αὐτός τε διαφερόντως ἐπὶ τούτῳ
ἠγαπήθη, καὶ οἱ ὕστεροι ἔτι καὶ νῦν Πυθαγόρειον τρόπον
ἐπονομάζοντες τοῦ βίου διαφανεῖς πη δοκοῦσιν εἶναι ἐν
τοῖς ἄλλοις; Οὐδ' αὖ, ἔφη, τοιοῦτον οὐδὲν λέγεται. ὁ γὰρ
Κρεώφυλος, ὦ Σώκρατες, ἴσως, ὁ τοῦ Ὁμήρου ἑταῖρος, τοῦ
ὀνόματος ἂν γελοιότερος ἔτι πρὸς παιδείαν φανείη, εἰ τὰ
λεγόμενα περὶ Ὁμήρου ἀληθῆ. λέγεται γὰρ ὡς πολλή
τις ἀμέλεια περὶ αὐτὸν ἦν ὑπ'[1] αὐτοῦ ἐκείνου, ὅτε ἔζη.

C   IV. Λέγεται γὰρ οὖν, ἦν δ' ἐγώ. ἀλλ' οἴει, ὦ Γλαύ-
κων, εἰ τῷ ὄντι οἷός τ' ἦν παιδεύειν ἀνθρώπους καὶ βελτίους
ἀπεργάζεσθαι Ὅμηρος, ἅτε περὶ τούτων οὐ μιμεῖσθαι
ἀλλὰ γιγνώσκειν δυνάμενος, οὐκ ἄρ' ἂν πολλοὺς ἑταίρους
ἐποιήσατο καὶ ἐτιμᾶτο καὶ ἠγαπᾶτο ὑπ' αὐτῶν, ἀλλὰ
Πρωταγόρας μὲν ἄρα ὁ Ἀβδηρίτης καὶ Πρόδικος ὁ Κεῖος
καὶ ἄλλοι πάμπολλοι δύνανται τοῖς ἐφ' ἑαυτῶν παριστάναι
D ἰδίᾳ ξυγγιγνόμενοι, ὡς οὔτε οἰκίαν οὔτε πόλιν τὴν αὐτῶν
διοικεῖν οἷοί τ' ἔσονται, ἐὰν μὴ σφεῖς αὐτῶν ἐπιστατήσωσιν
τῆς παιδείας, καὶ ἐπὶ ταύτῃ τῇ σοφίᾳ οὕτω σφόδρα
φιλοῦνται, ὥστε μόνον οὐκ ἐπὶ ταῖς κεφαλαῖς περιφέρουσιν
αὐτοὺς οἱ ἑταῖροι· Ὅμηρον δ' ἄρα οἱ ἐπ' ἐκείνου, εἴπερ
οἷός τ' ἦν πρὸς ἀρετὴν ὀνινάναι[2] ἀνθρώπους, ἢ Ἡσίοδον
ῥαψῳδεῖν ἂν περιιόντας εἴων, καὶ οὐχὶ μᾶλλον ἂν αὐτῶν
E ἀντείχοντο ἢ τοῦ χρυσοῦ καὶ ἠνάγκαζον παρὰ σφίσιν οἴκοι
εἶναι, ἢ εἰ μὴ ἔπειθον, αὐτοὶ ἂν ἐπαιδαγώγουν ὅπη ἦσαν,
ἕως ἱκανῶς παιδείας μεταλάβοιεν; Παντάπασιν, ἔφη,
δοκεῖς μοι, ὦ Σώκρατες, ἀληθῆ λέγειν. Οὐκοῦν τιθῶμεν
ἀπὸ Ὁμήρου ἀρξαμένους πάντας τοὺς ποιητικοὺς μιμητὰς
εἰδώλων ἀρετῆς εἶναι καὶ τῶν ἄλλων, περὶ ὧν ποιοῦσιν, τῆς
δὲ ἀληθείας οὐχ ἅπτεσθαι, ἀλλ' ὥσπερ νῦν δὴ ἐλέγομεν, ὁ
601 ζωγράφος σκυτοτόμον ποιήσει δοκοῦντα | εἶναι, αὐτός τε οὐκ

_____

[1] ὑπ' Ast: ἐπ' codd.   [2] ὀνινάναι Matthiaeus: ὀνεῖναι (sic) A[1]: ὀνίναι
(sic) A[2].

ἐπαΐων περὶ σκυτοτομίας καὶ τοῖς μὴ ἐπαΐουσιν, ἐκ τῶν
χρωμάτων δὲ καὶ σχημάτων θεωροῦσιν; Πάνυ μὲν οὖν.
Οὕτω δή, οἶμαι, καὶ τὸν ποιητικὸν φήσομεν χρώματα ἄττα
ἑκάστων τῶν τεχνῶν τοῖς ὀνόμασι καὶ ῥήμασιν ἐπιχρω-
ματίζειν, αὐτὸν οὐκ ἐπαΐοντα ἀλλ' ἢ μιμεῖσθαι, ὥστε
ἑτέροις[1] τοιούτοις ἐκ τῶν λόγων θεωροῦσι δοκεῖν, ἐάν τε
περὶ σκυτοτομίας τις λέγῃ ἐν μέτρῳ καὶ ῥυθμῷ καὶ
ἁρμονίᾳ, πάνυ εὖ δοκεῖν λέγεσθαι[2], ἐάν τε περὶ στρατηγίας
ἐάν τε περὶ ἄλλου ὁτουοῦν· οὕτω φύσει αὐτὰ ταῦτα B
μεγάλην τινὰ κήλησιν ἔχειν. ἐπεὶ γυμνωθέντα γε τῶν τῆς
μουσικῆς χρωμάτων τὰ τῶν ποιητῶν, αὐτὰ ἐφ' αὑτῶν
λεγόμενα, οἶμαί σε εἰδέναι οἷα φαίνεται. τεθέασαι γάρ
που. Ἔγωγ', ἔφη. Οὐκοῦν, ἦν δ' ἐγώ, ἔοικεν τοῖς τῶν
ὡραίων προσώποις, καλῶν δὲ μή, οἷα γίγνεται ἰδεῖν, ὅταν
αὐτὰ τὸ ἄνθος προλίπῃ; Παντάπασιν, ἦ δ' ὅς. Ἴθι δή,
τόδε ἄθρει· ὁ τοῦ εἰδώλου ποιητής, ὁ μιμητής, φαμέν, τοῦ
μὲν ὄντος οὐδὲν ἐπαΐει, τοῦ δὲ φαινομένου· οὐχ οὕτως; C
Ναί. Μὴ τοίνυν ἡμίσεως αὐτὸ καταλίπωμεν ῥηθέν, ἀλλ'
ἱκανῶς ἴδωμεν. Λέγε, ἔφη. Ζωγράφος, φαμέν, ἡνίας τε
γράψει καὶ χαλινόν; Ναί. Ποιήσει δέ γε σκυτοτόμος καὶ
χαλκεύς; Πάνυ γε. Ἀρ' οὖν ἐπαΐει οἵας δεῖ τὰς ἡνίας
εἶναι καὶ τὸν χαλινὸν ὁ γραφεύς; ἢ οὐδ' ὁ ποιήσας, ὅ τε
χαλκεὺς καὶ ὁ σκυτεύς, ἀλλ' ἐκεῖνος, ὅσπερ τούτοις ἐπί-
σταται χρῆσθαι, μόνος ὁ ἱππικός; Ἀληθέστατα. Ἀρ' οὖν
οὐ περὶ πάντα οὕτω φήσομεν ἔχειν; Πῶς; Περὶ ἕκαστον D
ταύτας τινὰς τρεῖς τέχνας εἶναι, χρησομένην, ποιήσουσαν,
μιμησομένην; Ναί. Οὐκοῦν ἀρετὴ καὶ κάλλος καὶ ὀρθότης
ἑκάστου σκεύους καὶ ζῴου καὶ πράξεως οὐ πρὸς ἄλλο τι ἢ
τὴν χρείαν ἐστίν, πρὸς[3] ἣν ἂν ἕκαστον ᾖ πεποιημένον ἢ
πεφυκός; Οὕτως. Πολλὴ ἄρα ἀνάγκη τὸν χρώμενον

---

[1] αὐτὸν—ἑτέροις Π et in marg. A² (ubi tamen ἀλλὰ pro ἀλλ' ἢ et ἐν
τοῖς pro ἑτέροις): om. A¹.   [2] ἐν μέτρῳ—λέγεσθαι Π et in marg. A²:
om. A.   [3] πρὸς Π: om. A.

ἑκάστῳ ἐμπειρότατόν τε εἶναι καὶ ἄγγελον γίγνεσθαι τῷ
ποιητῇ, οἷα ἀγαθὰ ἢ κακὰ ποιεῖ ἐν τῇ χρείᾳ ᾧ χρῆται.
οἷον αὐλητής που αὐλοποιῷ ἐξαγγέλλει περὶ τῶν αὐλῶν
E οἳ ἂν ὑπηρετῶσιν[1] ἐν τῷ αὐλεῖν, καὶ ἐπιτάξει οἵους δεῖ
ποιεῖν, ὁ δ' ὑπηρετήσει. Πῶς δ' οὔ; Οὐκοῦν ὁ μὲν εἰδὼς
ἐξαγγέλλει περὶ χρηστῶν καὶ πονηρῶν αὐλῶν, ὁ δὲ
πιστεύων ποιήσει; Ναί. Τοῦ αὐτοῦ ἄρα σκεύους ὁ μὲν
ποιητὴς πίστιν ὀρθὴν ἕξει περὶ κάλλους τε καὶ πονηρίας,
602 ξυνὼν τῷ εἰδότι καὶ ἀναγκαζόμενος ἀκούειν | παρὰ τοῦ
εἰδότος, ὁ δὲ χρώμενος ἐπιστήμην. Πάνυ γε. Ὁ δὲ
μιμητὴς πότερον ἐκ τοῦ χρῆσθαι ἐπιστήμην ἕξει ὧν ἂν
γράφῃ, εἴτε καλὰ καὶ ὀρθὰ εἴτε μή, ἢ δόξαν ὀρθὴν διὰ τὸ
ἐξ ἀνάγκης συνεῖναι τῷ εἰδότι καὶ ἐπιτάττεσθαι οἷα χρὴ
γράφειν; Οὐδέτερα. Οὔτε ἄρα εἴσεται οὔτε ὀρθὰ δοξάσει
ὁ μιμητὴς περὶ ὧν ἂν μιμῆται πρὸς κάλλος ἢ πονηρίαν.
Οὐκ ἔοικεν. Χαρίεις ἂν εἴη ὁ ἐν τῇ ποιήσει μιμητικὸς
B πρὸς σοφίαν περὶ ὧν ἂν ποιῇ. Οὐ πάνυ. Ἀλλ' οὖν δὴ
ὅμως γε μιμήσεται, οὐκ εἰδὼς περὶ ἑκάστου, ὅπῃ πονηρὸν
ἢ χρηστόν· ἀλλ', ὡς ἔοικεν, οἷον φαίνεται καλὸν εἶναί τοῖς
πολλοῖς τε καὶ μηδὲν εἰδόσιν, τοῦτο μιμήσεται. Τί γὰρ
ἄλλο; Ταῦτα μὲν δή, ὥς γε φαίνεται, ἐπιεικῶς ἡμῖν
διωμολόγηται, τόν τε μιμητικὸν μηδὲν εἰδέναι ἄξιον λόγου
περὶ ὧν μιμεῖται, ἀλλ' εἶναι παιδιάν τινα καὶ οὐ σπουδὴν
τὴν μίμησιν, τούς τε τῆς τραγικῆς ποιήσεως ἁπτομένους ἐν
ἰαμβείοις καὶ ἐν ἔπεσι πάντας εἶναι μιμητικοὺς ὡς οἷόν τε
μάλιστα. Πάνυ μὲν οὖν.

V. Πρὸς Διός, ἦν δ' ἐγώ, τὸ δὲ δὴ μιμεῖσθαι τοῦτο οὐ
περὶ τρίτον μέν τί ἐστιν ἀπὸ τῆς ἀληθείας; ἢ γάρ; Ναί.
Πρὸς δὲ δὴ ποῖόν τί ἐστιν τῶν τοῦ ἀνθρώπου ἔχον τὴν
δύναμιν, ἣν ἔχει; Τοῦ ποίου τινὸς πέρι λέγεις; Τοῦ
τοιοῦδε. ταὐτόν που ἡμῖν μέγεθος ἐγγύθεν τε καὶ πόρρωθεν
διὰ τῆς ὄψεως οὐκ ἴσον φαίνεται. Οὐ γάρ. Καὶ ταὐτὰ

---

[1] ὑπηρετῶσιν A: an ὑπερέχωσιν?

καμπύλα τε καὶ εὐθέα ἐν ὕδατί τε θεωμένοις καὶ ἔξω, καὶ
κοῖλά τε δὴ καὶ ἐξέχοντα διὰ τὴν περὶ τὰ χρώματα αὖ
πλάνην τῆς ὄψεως, καὶ πᾶσά τις ταραχὴ δήλη ἡμῖν ἐνοῦσα D
αὕτη ἐν τῇ ψυχῇ· ᾧ δὴ ἡμῶν τῷ παθήματι τῆς φύσεως ἡ
σκιαγραφία ἐπιθεμένη γοητείας οὐδὲν ἀπολείπει, καὶ ἡ
θαυματοποιία καὶ αἱ ἄλλαι πολλαὶ τοιαῦται μηχαναί.
Ἀληθῆ. Ἆρ' οὖν οὐ τὸ μετρεῖν καὶ ἀριθμεῖν καὶ ἱστάναι
βοήθειαι χαριέσταται πρὸς αὐτὰ ἐφάνησαν, ὥστε μὴ
ἄρχειν ἐν ἡμῖν τὸ φαινόμενον μεῖζον ἢ ἔλαττον ἢ πλέον
ἢ βαρύτερον, ἀλλὰ τὸ λογισάμενον καὶ μετρῆσαν ἢ
καὶ στῆσαν; Πῶς γὰρ οὔ; Ἀλλὰ μὴν τοῦτό γε τοῦ Ε
λογιστικοῦ ἂν εἴη τοῦ ἐν ψυχῇ ἔργον. Τούτου γὰρ οὖν.
Τούτῳ δὲ πολλάκις μετρήσαντι καὶ σημαίνοντι μείζω
ἄττα εἶναι ἢ ἐλάττω ἕτερα ἑτέρων ἢ ἴσα τἀναντία φαίνεται[1].
Ναί. Οὐκοῦν ἔφαμεν τῷ αὐτῷ ἅμα περὶ ταὐτὰ ἐναντία
δοξάζειν ἀδύνατον εἶναι; Καὶ ὀρθῶς γ' ἔφαμεν. | Τὸ παρὰ 603
τὰ μέτρα ἄρα δοξάζον τῆς ψυχῆς τῷ κατὰ τὰ μέτρα οὐκ
ἂν εἴη ταὐτόν. Οὐ γὰρ οὖν. Ἀλλὰ μὴν τὸ μέτρῳ γε καὶ
λογισμῷ πιστεῦον βέλτιστον ἂν εἴη τῆς ψυχῆς. Τί μήν;
Τὸ ἄρα τούτῳ ἐναντιούμενον τῶν φαύλων ἄν τι εἴη ἐν
ἡμῖν. Ἀνάγκη. Τοῦτο τοίνυν διομολογήσασθαι βουλό-
μενος ἔλεγον, ὅτι ἡ γραφικὴ καὶ ὅλως ἡ μιμητικὴ πόρρω
μὲν τῆς ἀληθείας ὂν τὸ αὑτῆς ἔργον ἀπεργάζεται, πόρρω
δ' αὖ φρονήσεως ὄντι τῷ ἐν ἡμῖν προσομιλεῖ τε καὶ ἑταίρα B
καὶ φίλη ἐστὶν ἐπ' οὐδενὶ ὑγιεῖ οὐδ' ἀληθεῖ. Παντάπασιν,
ἦ δ' ὅς. Φαύλη ἄρα φαύλῳ ξυγγιγνομένη φαῦλα γεννᾷ ἡ
μιμητική. Ἔοικεν. Πότερον, ἦν δ' ἐγώ, ἡ κατὰ τὴν
ὄψιν μόνον, ἢ καὶ ἡ[2] κατὰ τὴν ἀκοήν, ἣν δὴ ποίησιν
ὀνομάζομεν; Εἰκός γ', ἔφη, καὶ ταύτην. Μὴ τοίνυν, ἦν δ'
ἐγώ, τῷ εἰκότι μόνῳ πιστεύσωμεν ἐκ τῆς γραφικῆς, ἀλλὰ
καὶ ἐπ' αὐτὸ αὖ ἔλθωμεν τῆς διανοίας τοῦτο, ᾧ προσομιλεῖ C

---

[1] φαίνεται nos: φαίνεται ἅμα περὶ ταὐτά (sive ταῦτα) codd.   [2] καὶ
ἡ q: om. A¹: καὶ A².

ἡ τῆς ποιήσεως μιμητική, καὶ ἴδωμεν, φαῦλον ἢ σπουδαῖόν
ἐστιν. Ἀλλὰ χρή. Ὧδε δὴ προθώμεθα· πράττοντας,
φαμέν, ἀνθρώπους μιμεῖται ἡ μιμητικὴ βιαίους ἢ ἑκουσίας
πράξεις καὶ ἐκ τοῦ πράττειν ἢ εὖ οἰομένους ἢ κακῶς
πεπραγέναι καὶ ἐν τούτοις δὴ πᾶσιν ἢ[1] λυπουμένους ἢ
χαίροντας. μή τι ἄλλο ἦν[2] παρὰ ταῦτα; Οὐδέν. Ἀρ᾿
D οὖν ἐν ἅπασι τούτοις ὁμονοητικῶς ἄνθρωπος διάκειται;
ἢ ὥσπερ κατὰ τὴν ὄψιν ἐστασίαζεν καὶ ἐναντίας εἶχεν ἐν
ἑαυτῷ δόξας ἅμα περὶ τῶν αὐτῶν, οὕτω καὶ ἐν ταῖς
πράξεσι στασιάζει τε καὶ μάχεται αὐτὸς αὑτῷ; ἀνα-
μιμνήσκομαι δέ, ὅτι τοῦτό γε νῦν οὐδὲν δεῖ ἡμᾶς διομο-
λογεῖσθαι· ἐν γὰρ τοῖς ἄνω λόγοις ἱκανῶς πάντα ταῦτα
διωμολογησάμεθα, ὅτι μυρίων τοιούτων ἐναντιωμάτων ἅμα
γιγνομένων ἡ ψυχὴ γέμει ἡμῶν. Ὀρθῶς, ἔφη. Ὀρθῶς
E γάρ, ἦν δ᾿ ἐγώ· ἀλλ᾿ ὃ τότε ἀπελίπομεν, νῦν μοι δοκεῖ
ἀναγκαῖον εἶναι διεξελθεῖν. Τὸ ποῖον; ἔφη. Ἀνήρ, ἦν δ᾿
ἐγώ, ἐπιεικὴς τοιᾶσδε τύχης[3] μετασχών, υἱὸν ἀπολέσας ἤ
τι ἄλλο ὧν περὶ πλείστου ποιεῖται, ἐλέγομέν που καὶ τότε
ὅτι ῥᾷστα οἴσει τῶν ἄλλων. Πάνυ γε. Νῦν δέ γε τόδ᾿
ἐπισκεψώμεθα, πότερον οὐδὲν ἀχθέσεται, ἢ τοῦτο μὲν
ἀδύνατον, μετριάσει δέ πως πρὸς λύπην. Οὕτω μᾶλλον,
604 ἔφη, τό γε ἀληθές. | Τόδε[4] νῦν μοι περὶ αὐτοῦ εἰπέ· πότερον
μᾶλλον αὐτὸν οἴει τῇ λύπῃ μαχεῖσθαί τε καὶ ἀντιτενεῖν[5],
ὅταν ὁρᾶται ὑπὸ τῶν ὁμοίων, ἢ ὅταν ἐν ἐρημίᾳ μόνος
αὐτὸς καθ᾿ αὑτὸν γίγνηται; Πολύ που, ἔφη, διοίσει, ὅταν
ὁρᾶται. Μονωθεὶς δέ γε, οἶμαι, πολλὰ μὲν τολμήσει
φθέγξασθαι, ἃ εἴ τις αὐτοῦ ἀκούοι αἰσχύνοιτ᾿ ἄν, πολλὰ
δὲ ποιήσει, ἃ οὐκ ἂν δέξαιτό τινα ἰδεῖν δρῶντα. Οὕτως
ἔχει, ἔφη.

VI. Οὐκοῦν τὸ μὲν ἀντιτείνειν διακελευόμενον λόγος

¹ πᾶσιν (sive πᾶσι) ἢ Π: πᾶσιν Α¹: πᾶσι Α². ² ἦν Ast: ᾖ Α. Vide
sis 399 A—B. ³ τύχης Π: ψυχῆς Α. ⁴ Τόδε υ: τὸ δὲ Α. ⁵ ἀντιτενεῖν
q: ἀντιτείνειν Α.

καὶ νόμος ἐστίν, τὸ δὲ ἕλκον ἐπὶ τὰς λύπας αὐτὸ τὸ πάθος; B
Ἀληθῆ. Ἐναντίας δὲ ἀγωγῆς γιγνομένης ἐν τῷ ἀνθρώπῳ
περὶ τὸ αὐτὸ ἅμα δύο φαμὲν ἐν¹ αὐτῷ ἀναγκαῖον εἶναι.
Πῶς δ' οὔ; Οὐκοῦν τὸ μὲν ἕτερον τῷ νόμῳ ἕτοιμον
πείθεσθαι, ᾗ ὁ νόμος ἐξηγεῖται; Πῶς; Λέγει που ὁ νόμος,
ὅτι κάλλιστον ὅ τι μάλιστα ἡσυχίαν ἄγειν ἐν ταῖς
ξυμφοραῖς καὶ μὴ ἀγανακτεῖν, ὡς οὔτε δῆλου ὄντος τοῦ
ἀγαθοῦ τε καὶ κακοῦ τῶν τοιούτων, οὔτε εἰς τὸ πρόσθεν
οὐδὲν προβαῖνον τῷ χαλεπῶς φέροντι, οὔτε τι τῶν
ἀνθρωπίνων ἄξιον ὂν μεγάλης σπουδῆς, ὅ τε δεῖ ἐν αὐτοῖς C
ὅ τι τάχιστα παραγίγνεσθαι ἡμῖν, τούτῳ ἐμποδὼν γιγνό-
μενον τὸ λυπεῖσθαι. Τίνι, ἦ δ' ὅς, λέγεις; Τῷ βουλεύεσθαι,
ἦν δ' ἐγώ, περὶ τὸ γεγονὸς καὶ ὥσπερ ἐν πτώσει κύβων
πρὸς τὰ πεπτωκότα τίθεσθαι τὰ αὐτοῦ πράγματα, ὅπῃ ὁ
λόγος αἱρεῖ² βέλτιστ' ἂν ἔχειν, ἀλλὰ μὴ προσπταίσαντας
καθάπερ παῖδας ἐχομένους τοῦ πληγέντος³ ἐν τῷ βοᾶν
διατρίβειν, ἀλλ' ἀεὶ ἐθίζειν τὴν ψυχὴν ὅ τι τάχιστα
γίγνεσθαι πρὸς τῷ⁴ ἰᾶσθαί τε καὶ ἐπανορθοῦν τὸ πεσόν τε D
καὶ νοσῆσαν, ἰατρικῇ θρηνῳδίαν⁵ ἀφανίζοντα. Ὀρθότατα
γοῦν ἄν τις, ἔφη, πρὸς τὰς τύχας οὕτω προσφέροιτο.
Οὐκοῦν, φαμέν, τὸ μὲν βέλτιστον τούτῳ τῷ λογισμῷ
ἐθέλει ἕπεσθαι. Δῆλον δή. Τὸ δὲ πρὸς τὰς ἀναμνήσεις
τε τοῦ πάθους καὶ πρὸς τοὺς ὀδυρμοὺς ἄγον καὶ ἀπλήστως
ἔχον αὐτῶν ἆρ' οὐκ ἀλόγιστόν τε φήσομεν εἶναι καὶ ἀργὸν
καὶ δειλίας φίλον; Φήσομεν μὲν οὖν. Οὐκοῦν τὸ μὲν
πολλὴν μίμησιν καὶ ποικίλην ἔχει, τὸ ἀγανακτητικόν· τὸ δὲ E
φρόνιμόν τε καὶ ἡσύχιον ἦθος, παραπλήσιον ὂν ἀεὶ αὐτὸ⁶
αὐτῷ, οὔτε ῥᾴδιον μιμήσασθαι οὔτε μιμουμένου⁷ εὐπετὲς
καταμαθεῖν, ἄλλως τε καὶ πανηγύρει καὶ παντοδαποῖς

---

¹ ἐν q: om A.   ² αἱρεῖ Ξ q: ἐρεῖ A.   ³ πληγέντος Π: πλήττοντος
A.   ⁴ τῷ (sive τῶ) q: τὸ A.   ⁵ ἰατρικῇ θρηνῳδίαν Stobaeus: ἰατρικὴν
θρηνῳδίαν A²: A¹ fortasse ἰατρικὴν καὶ θρηνῳδίαν.   ⁶ αὐτὸ in marg. A²:
om. A¹.   ⁷ μιμουμένου Π: μιμούμενον A.

ἀνθρώποις εἰς θέατρα ξυλλεγομένοις. ἀλλοτρίου γάρ
605 που πάθους ἡ μίμησις αὐτοῖς γίγνεται. | Παντάπασι
μὲν οὖν. Ὁ δὴ μιμητικὸς ποιητὴς δῆλον ὅτι οὐ πρὸς τὸ
τοιοῦτον τῆς ψυχῆς πέφυκέ τε καὶ ἡ σοφία αὐτοῦ τούτῳ
ἀρέσκειν πέπηγεν, εἰ μέλλει εὐδοκιμήσειν ἐν τοῖς πολλοῖς,
ἀλλὰ πρὸς τὸ ἀγανακτητικόν τε καὶ ποικίλον ἦθος διὰ τὸ
εὐμίμητον εἶναι. Δῆλον. Οὐκοῦν δικαίως ἂν αὐτοῦ ἤδη
ἐπιλαμβανοίμεθα καὶ τιθεῖμεν ἀντίστροφον αὐτὸν τῷ
ζωγράφῳ· καὶ γὰρ τῷ φαῦλα ποιεῖν πρὸς ἀλήθειαν ἔοικεν
Β αὐτῷ, καὶ τῷ πρὸς ἕτερον τοιοῦτον ὁμιλεῖν τῆς ψυχῆς,
ἀλλὰ μὴ πρὸς τὸ βέλτιστον, καὶ ταύτῃ ὡμοίωται. καὶ
οὕτως ἤδη ἂν ἐν δίκῃ οὐ παραδεχοίμεθα εἰς μέλλουσαν
εὐνομεῖσθαι πόλιν, ὅτι τοῦτο ἐγείρει τῆς ψυχῆς καὶ τρέφει
καὶ ἰσχυρὸν ποιῶν ἀπόλλυσι τὸ λογιστικόν, ὥσπερ ἐν
πόλει ὅταν τις μοχθηροὺς ἐγκρατεῖς ποιῶν παραδιδῷ
τὴν πόλιν, τοὺς δὲ χαριεστέρους φθείρῃ· ταὐτὸν καὶ τὸν
μιμητικὸν ποιητὴν φήσομεν κακὴν πολιτείαν ἰδίᾳ ἑκάστου
τῇ ψυχῇ ἐμποιεῖν, τῷ ἀνοήτῳ αὐτῆς χαριζόμενον καὶ οὔτε
C τὰ μείζω οὔτε τὰ ἐλάττω διαγιγνώσκοντι, ἀλλὰ τὰ αὐτὰ
τοτὲ μὲν μεγάλα ἡγουμένῳ, τοτὲ · δὲ σμικρά, εἴδωλα
εἰδωλοποιοῦντα[1], τοῦ δὲ ἀληθοῦς πόρρω πάνυ ἀφεστῶτα.
Πάνυ μὲν οὖν.

VII. Οὐ μέντοι πω τό γε μέγιστον κατηγορήκαμεν
αὐτῆς. τὸ γὰρ καὶ τοὺς ἐπιεικεῖς ἱκανὴν εἶναι λωβᾶσθαι,
ἐκτὸς πάνυ τινῶν ὀλίγων, πάνδεινόν που. Τί δ' οὐ
μέλλει, εἴπερ γε δρᾷ αὐτό; Ἀκούων σκόπει. οἱ γάρ που
βέλτιστοι ἡμῶν ἀκροώμενοι Ὁμήρου ἢ ἄλλου τινὸς τῶν
D τραγῳδοποιῶν μιμουμένου τινὰ τῶν ἡρώων ἐν πένθει
ὄντα καὶ μακρὰν ῥῆσιν ἀποτείνοντα ἐν τοῖς ὀδυρμοῖς ἢ
καὶ ᾄδοντάς τε καὶ κοπτομένους, οἶσθ' ὅτι χαίρομέν τε καὶ
ἐνδόντες ἡμᾶς αὐτοὺς ἑπόμεθα συμπάσχοντες καὶ σπουδά-
ζοντες ἐπαινοῦμεν ὡς ἀγαθὸν ποιητήν, ὃς ἂν ἡμᾶς ὅ τι

---

[1] εἰδωλοποιοῦντα *q*²: εἰδωλοποιοῦντι Α.

μάλιστα οὕτω διαθῇ. Οἶδα· πῶς δ' οὔ; Ὅταν δὲ οἰκεῖόν
τινι ἡμῶν κῆδος γένηται, ἐννοεῖς αὖ ὅτι ἐπὶ τῷ ἐναντίῳ
καλλωπιζόμεθα, ἂν δυνώμεθα ἡσυχίαν ἄγειν καὶ καρτε-
ρεῖν, ὡς τοῦτο μὲν ἀνδρὸς ὄν, ἐκεῖνο δὲ γυναικός, ὃ τότε Ε
ἐπῃνοῦμεν. Ἐννοῶ, ἔφη. Ἡ καλῶς οὖν, ἦν δ' ἐγώ, οὗτος
ὁ ἔπαινος ἔχει, τὸ ὁρῶντα τοιοῦτον ἄνδρα, οἷον ἑαυτόν
τις μὴ ἀξιοῖ εἶναι ἀλλ' αἰσχύνοιτο ἄν, μὴ βδελύττεσθαι
ἀλλὰ χαίρειν τε καὶ ἐπαινεῖν; Οὐ μὰ τὸν Δί', ἔφη, οὐκ
εὐλόγῳ ἔοικεν. | Ναί, ἦν δ' ἐγώ, εἰ ἐκείνῃ γ' αὐτὸ σκοποίης. 606
Πῇ; Εἰ ἐνθυμοῖο, ὅτι τὸ βίᾳ κατεχόμενον τότε ἐν ταῖς
οἰκείαις ξυμφοραῖς καὶ πεπεινηκὸς τοῦ δακρῦσαί τε καὶ
ἀποδύρασθαι ἱκανῶς καὶ ἀποπλησθῆναι, φύσει ὂν τοιοῦτον
οἷον τούτων ἐπιθυμεῖν, τοῦτό ἐστιν[1] τὸ ὑπὸ τῶν ποιητῶν
πιμπλάμενον καὶ χαῖρον· τὸ δὲ φύσει βέλτιστον ἡμῶν,
ἅτε οὐχ ἱκανῶς πεπαιδευμένον λόγῳ οὐδὲ ἔθει, ἀνίησιν
τὴν φυλακὴν τοῦ θρηνώδους τούτου, ἅτε ἀλλότρια πάθη Β
θεωροῦν, καὶ ἑαυτῷ οὐδὲν αἰσχρὸν ὄν, εἰ ἄλλος ἀνὴρ
ἀγαθὸς φάσκων εἶναι ἀκαίρως πενθεῖ, τοῦτον ἐπαινεῖν καὶ
ἐλεεῖν· ἀλλ' ἐκεῖνο κερδαίνειν ἡγεῖται, τὴν ἡδονήν, καὶ
οὐκ ἂν δέξαιτο αὐτῆς στερηθῆναι καταφρονήσας ὅλου τοῦ
ποιήματος. λογίζεσθαι γάρ, οἶμαι, ὀλίγοις τισὶν μέτεστιν,
ὅτι ἀπολαύειν ἀνάγκη ἀπὸ τῶν ἀλλοτρίων εἰς τὰ οἰκεῖα·
θρέψαντα γὰρ ἐν ἐκείνοις ἰσχυρὸν τὸ ἐλεεινὸν οὐ ῥᾴδιον
ἐν τοῖς αὑτοῦ πάθεσι κατέχειν. Ἀληθέστατα, ἔφη. Ἀρ' C
οὐχ ὁ αὐτὸς λόγος καὶ περὶ τοῦ γελοίου, ὅτι, ἂν[2] αὐτὸς
αἰσχύνοιο γελωτοποιῶν, ἐν μιμήσει δὲ κωμῳδικῇ ἢ καὶ
ἰδίᾳ ἀκούων σφόδρα χαρῇς καὶ μὴ μισῇς ὡς πονηρά,
ταὐτὸν ποιεῖς ὅπερ ἐν τοῖς ἐλέοις; ὃ γὰρ τῷ λόγῳ αὖ
κατεῖχες ἐν σαυτῷ βουλόμενον γελωτοποιεῖν, φοβούμενος
δόξαν βωμολοχίας, τότ' αὖ ἀνίῃς[3] καὶ ἐκεῖ νεανικὸν
ποιήσας ἔλαθες πολλάκις ἐν τοῖς οἰκείοις ἐξενεχθεὶς ὥστε

---

[1] τοῦτό ἐστι q: τότ' ἐστὶν τοῦτο A.   [2] ἂν Schneider: ἂ codd.
[3] ἀνίῃς Ξ q: ἂν εἴῃς A.

D κωμῳδοποιὸς γενέσθαι. Καὶ μάλα, ἔφη. Καὶ περὶ
ἀφροδισίων δὴ καὶ θυμοῦ καὶ περὶ πάντων τῶν ἐπιθυμη-
τικῶν τε καὶ λυπηρῶν καὶ ἡδέων ἐν τῇ ψυχῇ, ἃ δή φαμεν
πάσῃ πράξει ἡμῖν ἕπεσθαι, ὅτι τοιαῦτα ἡμᾶς ἡ ποιητικὴ
μίμησις ἐργάζεται; τρέφει γὰρ ταῦτα ἄρδουσα, δέον
αὐχμεῖν, καὶ ἄρχοντα ἡμῖν καθίστησιν, δέον ἄρχεσθαι
αὐτά, ἵνα βελτίους τε καὶ εὐδαιμονέστεροι ἀντὶ χειρόνων
καὶ ἀθλιωτέρων γιγνώμεθα. Οὐκ ἔχω ἄλλως φάναι, ἦ δ'
E ὅς. Οὐκοῦν, εἶπον, ὦ Γλαύκων, ὅταν Ὁμήρου ἐπαινέταις
ἐντύχῃς λέγουσιν, ὡς τὴν Ἑλλάδα πεπαίδευκεν οὗτος ὁ
ποιητὴς καὶ πρὸς διοίκησίν τε καὶ παιδείαν τῶν ἀνθρω-
πίνων πραγμάτων ἄξιος ἀναλαβόντι μανθάνειν τε καὶ
κατὰ τοῦτον τὸν ποιητὴν πάντα τὸν αὑτοῦ βίον κατα-
607 σκευασάμενον ζῆν, | φιλεῖν μὲν χρὴ καὶ ἀσπάζεσθαι ὡς
ὄντας βελτίστους εἰς ὅσον δύνανται, καὶ συγχωρεῖν Ὅμηρον
ποιητικώτατον εἶναι καὶ πρῶτον τῶν τραγῳδοποιῶν, εἰδέναι
δέ, ὅτι ὅσον μόνον ὕμνους θεοῖς καὶ ἐγκώμια τοῖς ἀγαθοῖς
ποιήσεως παραδεκτέον εἰς πόλιν· εἰ δὲ τὴν ἡδυσμένην
Μοῦσαν παραδέξει ἐν μέλεσιν ἢ ἔπεσιν, ἡδονή σοι καὶ λύπη
ἐν τῇ πόλει βασιλεύσετον ἀντὶ νόμου τε καὶ τοῦ κοινῇ ἀεὶ
B δόξαντος εἶναι βελτίστου λόγου. Ἀληθέστατα, ἔφη.

VIII. Ταῦτα δή, ἔφην, ἀπολελογήσθω[1] ἡμῖν ἀναμνη-
σθεῖσιν περὶ ποιήσεως, ὅτι εἰκότως ἄρα τότε αὐτὴν ἐκ τῆς
πόλεως ἀπεστέλλομεν τοιαύτην οὖσαν· ὁ γὰρ λόγος ἡμᾶς
ᾕρει. προσείπωμεν δὲ αὐτῇ, μὴ καί τινα σκληρότητα
ἡμῶν καὶ ἀγροικίαν καταγνῷ, ὅτι παλαιὰ μέν τις διαφορὰ
φιλοσοφίᾳ τε καὶ ποιητικῇ· καὶ γὰρ ἡ λακέρυζα πρὸς
δεσπόταν κύων ἐκείνη κραυγάζουσα, καὶ μέγας ἐν
ἀφρόνων κενεαγορίαισι, καὶ ὁ τῶν λίαν[2] σοφῶν
C ὄχλος κράτων[3], καὶ οἱ λεπτῶς μεριμνῶντες ὅτι ἄρα
πένονται, καὶ ἄλλα μυρία σημεῖα παλαιᾶς ἐναντιώσεως

---

[1] ἀπολελογήσθω Ξ q: ἀπολελογίσθω A.　　　[2] λίαν Herwerden: δία A.
[3] κράτων nos: κρατῶν codd.

τούτων· ὅμως δὲ εἰρήσθω, ὅτι ἡμεῖς γε, εἴ τινα ἔχοι λόγον
εἰπεῖν ἡ πρὸς ἡδονὴν ποιητικὴ καὶ ἡ μίμησις, ὡς χρὴ
αὐτὴν εἶναι ἐν πόλει εὐνομουμένῃ, ἄσμενοι ἂν καταδεχοί-
μεθα, ὡς ξύνισμέν γε ἡμῖν αὐτοῖς κηλουμένοις ὑπ᾽ αὐτῆς·
ἀλλὰ γὰρ τὸ δοκοῦν ἀληθὲς οὐχ ὅσιον προδιδόναι. ἢ γάρ,
ὦ φίλε, οὐ κηλεῖ ὑπ᾽ αὐτῆς καὶ σύ, καὶ μάλιστα ὅταν δι᾽ D
Ὁμήρου θεωρῇς αὐτήν; Πολύ γε. Οὐκοῦν δικαία ἐστὶν
οὕτω κατιέναι, ἀπολογησαμένη ἐν μέλει ἤ τινι ἄλλῳ
μέτρῳ; Πάνυ μὲν οὖν. Δοῖμεν δέ γέ που ἂν καὶ τοῖς
προστάταις αὐτῆς, ὅσοι μὴ ποιητικοί, φιλοποιηταὶ δέ,
ἄνευ μέτρου λόγον ὑπὲρ αὐτῆς εἰπεῖν, ὡς οὐ μόνον ἡδεῖα,
ἀλλὰ καὶ ὠφελίμη πρὸς τὰς πολιτείας καὶ τὸν βίον τὸν
ἀνθρώπινόν ἐστιν· καὶ εὐμενῶς ἀκουσόμεθα. κερδανοῦμεν
γάρ που, ἐὰν μὴ μόνον ἡδεῖα φανῇ ἀλλὰ καὶ ὠφελίμη. Ε
Πῶς δ᾽ οὐ μέλλομεν, ἔφη, κερδαίνειν; Εἰ δέ γε μή, ὦ
φίλε ἑταῖρε, ὥσπερ οἱ ποτέ του ἐρασθέντες, ἐὰν ἡγήσωνται
μὴ ὠφέλιμον εἶναι τὸν ἔρωτα, βίᾳ μέν, ὅμως δὲ ἀπέχονται,
καὶ ἡμεῖς οὕτως, διὰ τὸν ἐγγεγονότα μὲν ἔρωτα τῆς τοιαύ-
της ποιήσεως ὑπὸ τῆς τῶν καλῶν πολιτειῶν τροφῆς | εὔνοι 608
μὲν ἐσόμεθα φανῆναι αὐτὴν ὡς βελτίστην καὶ ἀληθεστά-
την, ἕως δ᾽ ἂν μὴ οἵα τ᾽ ᾖ ἀπολογήσασθαι, ἀκροασόμεθ᾽
αὐτῆς ἐπᾴδοντες ἡμῖν αὐτοῖς τοῦτον τὸν λόγον, ὃν λέγομεν,
καὶ ταύτην τὴν ἐπῳδήν, εὐλαβούμενοι πάλιν ἐμπεσεῖν εἰς
τὸν παιδικόν τε καὶ τὸν τῶν πολλῶν ἔρωτα. ᾀσόμεθα[1] δ᾽[2]
ὡς οὐ σπουδαστέον ἐπὶ τῇ τοιαύτῃ ποιήσει ὡς ἀληθείας τε
ἁπτομένῃ[3] καὶ σπουδαίᾳ, ἀλλ᾽ εὐλαβητέον αὐτὴν ὂν τῷ
ἀκροωμένῳ, περὶ τῆς ἐν αὑτῷ πολιτείας δεδιότι, καὶ B
νομιστέα ἅπερ εἰρήκαμεν περὶ ποιήσεως. Παντάπασιν,
ἦ δ᾽ ὅς, ξύμφημι. Μέγας γάρ, ἔφην, ὁ ἀγών, ὦ φίλε
Γλαύκων, μέγας, οὐχ ὅσος δοκεῖ, τὸ χρηστὸν ἢ κακὸν
γενέσθαι, ὥστε οὔτε τιμῇ ἐπαρθέντα οὔτε χρήμασιν οὔτε

---

[1] ᾀσόμεθα Madvig: αἰσθόμεθα codd.   [2] δ᾽ Π: δ᾽ οὖν A.   [3] ἁπτομένῃ
Π: ἁπτομένη A.

ἀρχῇ οὐδεμιᾷ οὐδέ γε ποιητικῇ ἄξιον ἀμελῆσαι δικαιο-
σύνης τε καὶ τῆς ἄλλης ἀρετῆς. Ξύμφημί σοι, ἔφη, ἐξ
C ὧν διεληλύθαμεν· οἶμαι δὲ καὶ ἄλλον ὁντινοῦν.

IX. Καὶ μήν, ἦν δ' ἐγώ, τά γε μέγιστα ἐπίχειρα
ἀρετῆς καὶ προκείμενα ἆθλα οὐ διεληλύθαμεν. Ἀμήχανόν
τι, ἔφη, λέγεις μέγεθος, εἰ τῶν εἰρημένων μείζω ἐστὶν ἄλλα.
Τί δ' ἄν, ἦν δ' ἐγώ, ἔν γε ὀλίγῳ χρόνῳ μέγα γένοιτο; πᾶς
γὰρ οὗτός γε ὁ ἐκ παιδὸς μέχρι πρεσβύτου χρόνος πρὸς
πάντα ὀλίγος πού τις ἂν εἴη. Οὐδὲν μὲν οὖν, ἔφη. Τί
οὖν; οἴει ἀθανάτῳ πράγματι ὑπὲρ τοσούτου δεῖν χρόνου
D ἐσπουδακέναι, ἀλλ' οὐχ[1] ὑπὲρ τοῦ παντός; Οἶμαι ἔγωγ',
ἔφη. ἀλλὰ τί τοῦτο λέγεις; Οὐκ ᾔσθησαι, ἦν δ' ἐγώ, ὅτι
ἀθάνατος ἡμῶν ἡ ψυχὴ καὶ οὐδέποτε ἀπόλλυται; καὶ ὃς
ἐμβλέψας μοι καὶ θαυμάσας εἶπε· Μὰ Δί', οὐκ ἔγωγε· σὺ
δὲ τοῦτ' ἔχεις λέγειν; Εἰ μὴ ἀδικῶ γ', ἔφην. οἶμαι δὲ καὶ
σύ· οὐδὲν γὰρ χαλεπόν. Ἔμοιγ', ἔφη· σοῦ δ' ἂν ἡδέως
ἀκούσαιμι τὸ οὐ χαλεπὸν τοῦτο. Ἀκούοις ἄν, ἦν δ' ἐγώ.
Λέγε μόνον, ἔφη.

E Ἀγαθόν τι, εἶπον, καὶ κακὸν καλεῖς; Ἔγωγε. Ἆρ'
οὖν ὥσπερ ἐγὼ περὶ αὐτῶν διανοεῖ; Τὸ ποῖον; Τὸ
μὲν ἀπολλύον καὶ διαφθεῖρον πᾶν τὸ κακὸν εἶναι, τὸ δὲ
σῷζον καὶ ὠφελοῦν τὸ ἀγαθόν. Ἔγωγ', ἔφη. Τί δέ;
κακὸν ἑκάστῳ τι καὶ[2] ἀγαθὸν λέγεις; οἷον ὀφθαλμοῖς
609 | ὀφθαλμίαν καὶ ξύμπαντι τῷ σώματι νόσον σίτῳ τε ἐρυσί-
βην σηπεδόνα τε ξύλοις, χαλκῷ δὲ καὶ σιδήρῳ ἰόν, καί,
ὅπερ λέγω, σχεδὸν πᾶσι ξύμφυτον ἑκάστῳ κακόν τε καὶ
νόσημα; Ἔγωγ', ἔφη. Οὐκοῦν ὅταν τῷ τι τούτων
προσγένηται, πονηρόν τε ποιεῖ ᾧ προσεγένετο, καὶ τελευ-
τῶν ὅλον διέλυσεν καὶ ἀπώλεσεν; Πῶς γὰρ οὔ; Τὸ
ξύμφυτον ἄρα κακὸν ἑκάστου καὶ ἡ πονηρία ἕκαστον
ἀπόλλυσιν, ἢ εἰ μὴ τοῦτο ἀπολεῖ, οὐκ ἂν ἄλλο γε αὐτὸ ἔτι
B διαφθείρειεν. οὐ γὰρ τό γε ἀγαθὸν μή ποτέ τι ἀπολέσῃ,

---

[1] οὐχ Π et in marg. A²: om. A¹.   [2] τι καὶ Π: τί A¹: τί δὲ καὶ A².

οὐδὲ αὖ τὸ μήτε κακὸν μήτε ἀγαθόν. Πῶς γὰρ ἄν; ἔφη.
Ἐὰν ἄρα τι εὑρίσκωμεν τῶν ὄντων, ᾧ ἔστι μὲν κακόν, ὃ
ποιεῖ αὐτὸ μοχθηρόν, τοῦτο μέντοι οὐχ οἷόν τε αὐτὸ λύειν
ἀπολλύον, οὐκ ἤδη εἰσόμεθα, ὅτι τοῦ πεφυκότος οὕτως
ὄλεθρος οὐκ ἦν; Οὕτως, ἔφη, εἰκός. Τί οὖν; ἦν δ᾽ ἐγώ·
ψυχῇ ἆρ᾽ οὐκ ἔστιν ὃ ποιεῖ αὐτὴν κακήν; Καὶ μάλα,
ἔφη· ἃ νῦν[1] δὴ διῇμεν πάντα, ἀδικία τε καὶ ἀκολασία καὶ C
δειλία καὶ ἀμαθία. Ἦ[2] οὖν τι τούτων αὐτὴν διαλύει τε
καὶ ἀπόλλυσι; καὶ ἐννόει μὴ ἐξαπατηθῶμεν οἰηθέντες τὸν
ἄδικον ἄνθρωπον καὶ ἀνόητον, ὅταν ληφθῇ ἀδικῶν, τότε
ἀπολωλέναι ὑπὸ τῆς ἀδικίας, πονηρίας οὔσης ψυχῆς. ἀλλ᾽
ὧδε ποίει· ὥσπερ σῶμα ἡ σώματος πονηρία νόσος οὖσα
τήκει καὶ διόλλυσι καὶ ἄγει εἰς τὸ μηδὲ σῶμα εἶναι, καὶ ἃ
νῦν δὴ ἐλέγομεν ἅπαντα ὑπὸ τῆς οἰκείας κακίας τῷ
προσκαθῆσθαι καὶ ἐνεῖναι διαφθειρούσης εἰς τὸ μὴ εἶναι D
ἀφικνεῖται—οὐχ οὕτω; Ναί. Ἴθι δή, καὶ ψυχὴν κατὰ
τὸν αὐτὸν τρόπον σκόπει. ἆρα ἐνοῦσα ἐν αὐτῇ ἀδικία καὶ
ἡ ἄλλη κακία τῷ ἐνεῖναι καὶ προσκαθῆσθαι φθείρει αὐτὴν
καὶ μαραίνει, ἕως ἂν εἰς θάνατον ἀγαγοῦσα τοῦ σώματος
χωρίσῃ; Οὐδαμῶς, ἔφη, τοῦτό γε. Ἀλλὰ μέντοι ἐκεῖνό
γε ἄλογον, ἦν δ᾽ ἐγώ, τὴν μὲν ἄλλου πονηρίαν ἀπολλύναι
τι, τὴν δὲ αὐτοῦ μή. Ἄλογον. Ἐννόει γάρ, ἦν δ᾽ ἐγώ, ὦ
Γλαύκων, ὅτι οὐδ᾽ ὑπὸ τῆς τῶν σιτίων πονηρίας, ἣ ἂν ᾖ E
αὐτῶν ἐκείνων, εἴτε παλαιότης εἴτε σαπρότης εἴτε ἡτισοῦν
οὖσα, οὐκ οἰόμεθα δεῖν σῶμα ἀπόλλυσθαι· ἀλλ᾽ ἐὰν μὲν
ἐμποιῇ ἡ αὐτῶν πονηρία τῶν σιτίων τῷ σώματι σώματος
μοχθηρίαν, φήσομεν αὐτὸ δι᾽ ἐκεῖνα ὑπὸ τῆς αὐτοῦ κακίας
νόσου οὔσης ἀπολωλέναι· ὑπὸ δὲ σιτίων πονηρίας ἄλλων
ὄντων ἄλλο | ὂν τὸ σῶμα, ὑπ᾽ ἀλλοτρίου κακοῦ μὴ ἐμποιή- 610
σαντος τὸ ἔμφυτον κακόν, οὐδέποτε ἀξιώσομεν διαφθεί-
ρεσθαι. Ὀρθότατα[3], ἔφη, λέγεις.

---

[1] ψυχῇ—νῦν Π et in màrg. A²: om. A¹.   [2] ἦ Π: ᾖ A.   [3] ὀρθότατα
Stephanus: ὀρθότατ᾽ ἂν codd.

X.   Κατὰ τὸν αὐτὸν τοίνυν λόγον, ἦν δ' ἐγώ, ἐὰν μὴ σώματος πονηρία ψυχῇ ψυχῆς πονηρίαν ἐμποιῇ, μή ποτε ἀξιῶμεν ὑπὸ ἀλλοτρίου κακοῦ ἄνευ τῆς ἰδίας πονηρίας ψυχὴν ἀπόλλυσθαι, τῷ ἑτέρου κακῷ ἕτερον. Ἔχει γάρ, ἔφη, λόγον. Ἡ τοίνυν ταῦτα ἐξελέγξωμεν ὅτι οὐ καλῶς

B λέγομεν, ἢ ἕως ἂν ᾖ ἀνέλεγκτα, μή ποτε[1] φῶμεν ὑπὸ πυρετοῦ μηδ' αὖ ὑπ' ἄλλης νόσου μηδ' αὖ ὑπὸ σφαγῆς, μηδ' εἴ τις ὅ τι σμικρότατα ὅλον τὸ σῶμα κατατέμοι, ἕνεκα τούτων μηδὲν μᾶλλόν ποτε ψυχὴν ἀπόλλυσθαι, πρὶν ἄν τις ἀποδείξῃ, ὡς διὰ ταῦτα τὰ παθήματα τοῦ σώματος αὐτὴ ἐκείνη ἀδικωτέρα καὶ ἀνοσιωτέρα γίγνεται· ἀλλοτρίου δὲ κακοῦ ἐν ἄλλῳ γιγνομένου, τοῦ δὲ ἰδίου ἑκάστῳ μὴ

C ἐγγιγνομένου, μήτε ψυχὴν μήτε ἄλλο μηδὲν ἐῶμεν φάναι τινὰ ἀπόλλυσθαι. Ἀλλὰ μέντοι, ἔφη, τοῦτό γε οὐδεὶς ποτε δείξει, ὡς τῶν ἀποθνησκόντων ἀδικώτεραι αἱ ψυχαὶ διὰ τὸν θάνατον γίγνονται. Ἐὰν δέ γέ τις, ἔφην ἐγώ, ὁμόσε τῷ λόγῳ τολμᾷ ἰέναι καὶ λέγειν, ὡς πονηρότερος καὶ ἀδικώτερος γίγνεται ὁ ἀποθνήσκων, ἵνα δὴ μὴ ἀναγκάζηται ἀθανάτους τὰς ψυχὰς ὁμολογεῖν, ἀξιώσομέν που, εἰ ἀληθῆ λέγει ὁ ταῦτα λέγων, τὴν ἀδικίαν εἶναι θανάσιμον τῷ

D ἔχοντι ὥσπερ νόσον, καὶ ὑπ' αὐτοῦ τούτου[2] ἀποκτιννύντος τῇ ἑαυτοῦ φύσει ἀποθνήσκειν τοὺς λαμβάνοντας αὐτό, τοὺς μὲν μάλιστα θᾶττον, τοὺς δ' ἧττον σχολαίτερον, ἀλλὰ μὴ ὥσπερ νῦν διὰ τοῦτο[3] ὑπ' ἄλλων δίκην ἐπιτιθέντων ἀποθνήσκουσιν οἱ ἄδικοι. Μὰ Δί', ἦ δ' ὅς, οὐκ ἄρα πάνδεινον φανεῖται ἡ ἀδικία, εἰ θανάσιμον ἔσται τῷ λαμβάνοντι· ἀπαλλαγὴ γὰρ ἂν εἴη κακῶν· ἀλλὰ μᾶλλον οἶμαι αὐτὴν φανήσεσθαι πᾶν τοὐναντίον τοὺς ἄλλους ἀπο-

E κτιννῦσαν, εἴπερ οἷόν τε, τὸν δ' ἔχοντα καὶ μάλα ζωτικὸν παρέχουσαν, καὶ πρός γ' ἔτι τῷ ζωτικῷ ἄγρυπνον· οὕτω πόρρω που, ὡς ἔοικεν, ἐσκήνηται τοῦ θανάσιμος εἶναι. Καλῶς, ἦν δ' ἐγώ, λέγεις. ὁπότε γὰρ δὴ μὴ ἱκανὴ ᾖ γε

---

[1] μή ποτε Π: μήτε Α.   [2] τούτου q: τοῦ Α.   [3] τοῦτο q: τούτου Α.

οἰκεία πονηρία καὶ τὸ οἰκεῖον κακὸν ἀποκτεῖναι καὶ
ἀπολέσαι ψυχήν, σχολῇ τό γε ἐπ' ἄλλου ὀλέθρῳ τεταγμέ-
νον κακὸν ψυχὴν ἤ τι ἄλλο ἀπολεῖ, πλὴν ἐφ' ᾧ τέτακται.
Σχολῇ γ', ἔφη, ὥς γε τὸ εἰκός. Οὐκοῦν ὁπότε μηδ' ὑφ'
ἑνὸς ἀπόλλυται κακοῦ, μήτε οἰκείου μήτε ἀλλο|τρίου, δῆλον 611
ὅτι ἀνάγκη αὐτὸ ἀεὶ ὂν εἶναι· εἰ δ' ἀεὶ ὄν, ἀθάνατον.
Ἀνάγκη, ἔφη.

XI. Τοῦτο μὲν τοίνυν, ἦν δ' ἐγώ, οὕτως ἐχέτω· εἰ δ'
ἔχει, ἐννοεῖς, ὅτι ἀεὶ ἂν εἶεν αἱ αὐταί. οὔτε γὰρ ἄν που
ἐλάττους γένοιντο μηδεμιᾶς ἀπολλυμένης οὔτε αὖ πλείους.
εἰ γὰρ ὁτιοῦν τῶν ἀθανάτων πλέον γίγνοιτο, οἶσθ' ὅτι ἐκ
τοῦ θνητοῦ ἂν γίγνοιτο καὶ πάντα ἂν εἴη τελευτῶντα
ἀθάνατα. Ἀληθῆ λέγεις. Ἀλλ', ἦν δ' ἐγώ, μήτε τοῦτο
οἰώμεθα· ὁ γὰρ λόγος οὐκ ἐάσει· μήτε γε αὖ τῇ ἀληθεστάτῃ B
φύσει τοιοῦτον εἶναι ψυχήν, ὥστε πολλῆς ποικιλίας καὶ
ἀνομοιότητός τε καὶ διαφορᾶς γέμειν αὐτὸ πρὸς αὐτό.
Πῶς λέγεις; ἔφη. Οὐ ῥᾴδιον, ἦν δ' ἐγώ, ἀΐδιον εἶναι
σύνθετόν τε ἐκ πολλῶν καὶ μὴ τῇ καλλίστῃ κεχρημένον
συνθέσει, ὡς νῦν ἡμῖν ἐφάνη ἡ ψυχή. Οὔκουν εἰκός γε.
Ὅτι μὲν τοίνυν ἀθάνατον ψυχή, καὶ ὁ ἄρτι λόγος καὶ οἱ
ἄλλοι ἀναγκάσειαν ἄν· οἷον δ' ἐστὶν τῇ ἀληθείᾳ, οὐ
λελωβημένον δεῖ αὐτὸ θεάσασθαι ὑπό τε τῆς τοῦ σώματος C
κοινωνίας καὶ ἄλλων κακῶν, ὥσπερ νῦν ἡμεῖς θεώμεθα,
ἀλλ' οἷόν ἐστιν καθαρὸν γιγνόμενον, τοιοῦτον ἱκανῶς
λογισμῷ διαθεατέον[1], καὶ πολὺ κάλλιον αὐτὸ εὑρήσει καὶ
ἐναργέστερον δικαιοσύνας τε καὶ ἀδικίας διόψεται καὶ
πάντα ἃ νῦν διήλθομεν. νῦν δὲ εἴπομεν μὲν ἀληθῆ περὶ
αὐτοῦ, οἷον ἐν τῷ παρόντι φαίνεται· τεθεάμεθα μέντοι
διακείμενον αὐτό, ὥσπερ οἱ τὸν θαλάττιον Γλαῦκον ὁρῶντες
οὐκ ἂν ἔτι ῥᾳδίως αὐτοῦ ἴδοιεν τὴν ἀρχαίαν φύσιν, ὑπὸ τοῦ D
τά τε παλαιὰ τοῦ σώματος μέρη τὰ μὲν ἐκκεκλάσθαι[2], τὰ
δὲ συντετρῖφθαι καὶ πάντως λελωβῆσθαι ὑπὸ τῶν κυμάτων,

---

[1] διαθεατέον Ξ q: διαθετέον A.   [2] ἐκκεκλάσθαι Π: κεκλάσθαι A.

ἄλλα δὲ προσπεφυκέναι, ὄστρεά τε καὶ φυκία καὶ πέτρας,
ὥστε παντὶ μᾶλλον θηρίῳ ἐοικέναι ἢ οἷος ἦν φύσει, οὕτω
καὶ τὴν ψυχὴν ἡμεῖς θεώμεθα διακειμένην ὑπὸ μυρίων
κακῶν. ἀλλὰ δεῖ, ὦ Γλαύκων, ἐκεῖσε βλέπειν. Ποῖ; ἦ δ'
E ὅς. Εἰς τὴν φιλοσοφίαν αὐτῆς, καὶ ἐννοεῖν ὧν ἅπτεται καὶ
οἵων ἐφίεται ὁμιλιῶν, ὡς ξυγγενὴς οὖσα τῷ τε θείῳ καὶ
ἀθανάτῳ καὶ τῷ ἀεὶ ὄντι, καὶ οἷα ἂν γένοιτο τῷ τοιούτῳ
πᾶσα ἐπισπομένη καὶ ὑπὸ ταύτης τῆς ὁρμῆς ἐκκομισθεῖσα
ἐκ τοῦ πόντου, ἐν ᾧ νῦν ἐστίν, καὶ περικρουσθεῖσα πέτρας
612 τε καὶ ὄστρεα, ἃ νῦν αὐτῇ ἅτε γῆν ἐστιωμένῃ | γεηρὰ καὶ
πετρώδη πολλὰ καὶ ἄγρια περιπέφυκεν ὑπὸ τῶν εὐδαιμόνων
λεγομένων ἑστιάσεων. καὶ τότ' ἄν τις ἴδοι αὐτῆς τὴν
ἀληθῆ φύσιν, εἴτε πολυειδὴς εἴτε μονοειδής, εἴτε ὅπῃ ἔχει
καὶ ὅπως. νῦν δὲ τὰ ἐν τῷ ἀνθρωπίνῳ βίῳ πάθη τε καὶ
εἴδη, ὡς ἐγῷμαι, ἐπιεικῶς αὐτῆς διεληλύθαμεν. Παντάπασι
μὲν οὖν, ἔφη.

XII. Οὐκοῦν, ἦν δ' ἐγώ, τά τε ἄλλα ἀπελυσάμεθα¹ ἐν
B τῷ λόγῳ, καὶ οὐ τοὺς μισθοὺς οὐδὲ τὰς δόξας δικαιοσύνης
ἐπῃνέκαμεν², ὥσπερ Ἡσίοδόν τε καὶ Ὅμηρον ὑμεῖς ἔφατε,
ἀλλ' αὐτὸ δικαιοσύνην αὐτῇ ψυχῇ ἄριστον ηὕρομεν καὶ
ποιητέον εἶναι αὐτῇ τὰ δίκαια, ἐάν τ' ἔχῃ τὸν Γύγου
δακτύλιον, ἐάν τε μή, καὶ πρὸς τοιούτῳ δακτυλίῳ τὴν
Ἄϊδος κυνῆν; Ἀληθέστατα, ἔφη, λέγεις. Ἆρ' οὖν, ἦν δ'
ἐγώ, ὦ Γλαύκων, νῦν ἤδη ἀνεπίφθονόν ἐστιν πρὸς ἐκείνοις
καὶ τοὺς μισθοὺς τῇ δικαιοσύνῃ καὶ τῇ ἄλλῃ ἀρετῇ ἀπο-
C δοῦναι, ὅσους τε καὶ οἵους τῇ ψυχῇ παρέχει παρ' ἀνθρώπων
τε καὶ θεῶν, ζῶντός τε ἔτι τοῦ ἀνθρώπου καὶ ἐπειδὰν
τελευτήσῃ; Παντάπασι μὲν οὖν, ἦ δ' ὅς. Ἆρ' οὖν
ἀποδώσετέ μοι ἃ ἐδανείσασθε ἐν τῷ λόγῳ; Τί μάλιστα;
Ἔδωκα ὑμῖν τὸν δίκαιον δοκεῖν ἄδικον εἶναι καὶ τὸν ἄδικον
δίκαιον. ὑμεῖς γὰρ ἡγεῖσθε³, κἂν εἰ μὴ δυνατὸν εἴη ταῦτα

---

¹ ἀπελυσάμεθα Α: ἀπεδυσάμεθα Ξ. ² ἐπῃνέκαμεν corr. Α²: ἐπηνέγ-
καμεν (sic) Α¹. Cf. 363 Α. ³ ἡγεῖσθε Π: ἡτεῖσθε Α.

λανθάνειν καὶ θεοὺς καὶ ἀνθρώπους, ὅμως δοτέον εἶναι τοῦ
λόγου ἕνεκα, ἵνα αὐτὴ δικαιοσύνη πρὸς ἀδικίαν αὐτὴν D
κριθείη. ἢ οὐ μνημονεύεις; Ἀδικοίην μέντ᾽ ἄν, ἔφη, εἰ
μή. Ἐπειδὴ[1] τοίνυν κεκριμέναι εἰσίν, ἐγὼ πάλιν ἀπαιτῶ
ὑπὲρ δικαιοσύνης, ὥσπερ ἔχει δόξης καὶ παρὰ θεῶν καὶ
παρ᾽ ἀνθρώπων, καὶ ἡμᾶς ὁμολογεῖν περὶ αὐτῆς δοκεῖσθαι
οὕτω, ἵνα καὶ τὰ νικητήρια κομίσηται, ἃ[2] ἀπὸ τοῦ δοκεῖν
κτωμένη δίδωσι τοῖς ἔχουσιν αὐτήν, ἐπειδὴ καὶ τὰ ἀπὸ τοῦ
εἶναι ἀγαθὰ διδοῦσα ἐφάνη καὶ οὐκ ἐξαπατῶσα τοὺς τῷ
ὄντι λαμβάνοντας αὐτήν. Δίκαια, ἔφη, αἰτεῖ. Οὐκοῦν, ἦν E
δ᾽ ἐγώ, πρῶτον μὲν τοῦτο ἀποδώσετε, ὅτι θεούς γε οὐ
λανθάνει ἑκάτερος αὐτῶν οἷός ἐστιν; Ἀποδώσομεν, ἔφη.
Εἰ δὲ μὴ λανθάνετον, ὁ μὲν θεοφιλὴς ἂν εἴη, ὁ δὲ θεομισής,
ὥσπερ καὶ κατ᾽ ἀρχὰς ὡμολογοῦμεν. Ἔστι ταῦτα[3]. Τῷ
δὲ θεοφιλεῖ οὐχ ὁμολογήσομεν, ὅσα γε[4] ἀπὸ θεῶν | γίγνεται, 613
πάντα γίγνεσθαι ὡς οἷόν τε ἄριστα, εἰ μή τι ἀναγκαῖον
αὐτῷ κακὸν ἐκ προτέρας ἁμαρτίας ὑπῆρχεν; Πάνυ μὲν
οὖν. Οὕτως ἄρα ὑποληπτέον περὶ τοῦ δικαίου ἀνδρός, ἐάν
τ᾽ ἐν πενίᾳ γίγνηται ἐάν τ᾽ ἐν νόσοις ἤ τινι ἄλλῳ τῶν
δοκούντων κακῶν, ὡς τούτῳ ταῦτα εἰς ἀγαθόν τι τελευτήσει
ζῶντι ἢ καὶ ἀποθανόντι. οὐ γὰρ δὴ ὑπό γε θεῶν ποτὲ
ἀμελεῖται, ὃς ἂν προθυμεῖσθαι ἐθέλῃ δίκαιος γίγνεσθαι καὶ
ἐπιτηδεύων ἀρετὴν εἰς ὅσον δυνατὸν ἀνθρώπῳ ὁμοιοῦσθαι B
θεῷ. Εἰκός γ᾽, ἔφη, τὸν τοιοῦτον μὴ ἀμελεῖσθαι ὑπὸ τοῦ
ὁμοίου. Οὐκοῦν περὶ τοῦ ἀδίκου τἀναντία τούτων δεῖ
διανοεῖσθαι; Σφόδρα γε. Τὰ μὲν δὴ παρὰ θεῶν τοιαῦτ᾽
ἂν εἴη νικητήρια τῷ δικαίῳ. Κατὰ γοῦν ἐμὴν δόξαν, ἔφη.
Τί δέ, ἦν δ᾽ ἐγώ, παρ᾽ ἀνθρώπων; ἆρ᾽ οὐχ ὧδε ἔχει, εἰ δεῖ
τὸ ὂν τιθέναι; οὐχ οἱ μὲν δεινοί τε καὶ ἄδικοι δρῶσιν ὅπερ

---

[1] ἐπειδὴ Flor. C: ἐπειδὴ ἦν A¹. Pro ἐπειδὴ—ἐγώ praebet in marg. A²
ἐπειδὴ τοίνυν, ἦν δ᾽ ἐγώ, κεκριμέναι εἰσί.   [2] ἃ Ξ q: om. A¹, sed ante
δίδωσι reposuit A².   [3] In verbis ἔστι ταῦτα desinit Π.   [4] γε Ξ q et
corr. A²: τε A¹.

οἱ δρομῆς, ὅσοι ἂν θέωσιν εὖ ἀπὸ τῶν κάτω, ἀπὸ δὲ τῶν

C ἄνω μή; τὸ μὲν πρῶτον ὀξέως ἀποπηδῶσιν, τελευτῶντες
δὲ καταγέλαστοι γίγνονται, τὰ ὦτα ἐπὶ τῶν ὤμων ἔχοντες
καὶ ἀστεφάνωτοι ἀποτρέχοντες· οἱ δὲ τῇ ἀληθείᾳ δρομικοὶ
εἰς τέλος ἐλθόντες τά τε ἆθλα λαμβάνουσιν καὶ στεφα-
νοῦνται. οὐχ οὕτω καὶ περὶ τῶν δικαίων τὸ πολὺ
συμβαίνει; πρὸς τέλος ἑκάστης πράξεως καὶ ὁμιλίας καὶ
τοῦ βίου εὐδοκιμοῦσί τε καὶ τὰ ἆθλα παρὰ τῶν ἀνθρώπων
φέρονται; Καὶ μάλα. Ἀνέξει ἄρα λέγοντος ἐμοῦ περὶ
τούτων ἅπερ αὐτὸς ἔλεγες περὶ τῶν ἀδίκων; ἐρῶ γὰρ δή,

D ὅτι οἱ μὲν δίκαιοι, ἐπειδὰν πρεσβύτεροι γένωνται, ἐν τῇ
αὑτῶν πόλει ἄρχουσί τε, ἂν βούλωνται, τὰς ἀρχάς, γαμοῦσί
τε ὁπόθεν ἂν βούλωνται, ἐκδιδόασί τε εἰς οὓς ἂν ἐθέλωσι·
καὶ πάντα, ἃ σὺ περὶ ἐκείνων, ἐγὼ νῦν λέγω περὶ τῶνδε·
καὶ αὖ καὶ περὶ τῶν ἀδίκων, ὅτι οἱ πολλοὶ αὐτῶν, καὶ ἐὰν
νέοι ὄντες λάθωσιν, ἐπὶ τέλους τοῦ δρόμου αἱρεθέντες
καταγέλαστοί εἰσιν, καὶ γέροντες γιγνόμενοι ἄθλιοι προ-
πηλακίζονται ὑπὸ ξένων τε καὶ ἀστῶν, μαστιγούμενοι καὶ

E ἃ ἄγροικα ἔφησθα σὺ εἶναι, ἀληθῆ λέγων[1]· πάντα ἐκεῖνα
οἴου καὶ ἐμοῦ ἀκηκοέναι ὡς πάσχουσιν. ἀλλ᾽ ὃ λέγω, ὅρα
εἰ ἀνέξει. Καὶ πάνυ, ἔφη· δίκαια γὰρ λέγεις.

XIII. Ἃ μὲν τοίνυν, ἦν δ᾽ ἐγώ, ζῶντι τῷ δικαίῳ παρὰ

614 θεῶν τε καὶ ἀνθρώπων | ἆθλά τε καὶ μισθοὶ καὶ δῶρα
γίγνεται πρὸς ἐκείνοις τοῖς ἀγαθοῖς οἷς αὐτὴ παρείχετο ἡ
δικαιοσύνη, τοιαῦτ᾽ ἂν εἴη. Καὶ μάλ᾽, ἔφη, καλά τε καὶ
βέβαια. Ταῦτα τοίνυν, ἦν δ᾽ ἐγώ, οὐδέν ἐστι πλήθει οὐδὲ
μεγέθει πρὸς ἐκεῖνα, ἃ τελευτήσαντα ἑκάτερον περιμένει.
χρὴ δ᾽ αὐτὰ ἀκοῦσαι, ἵνα τελέως ἑκάτερος[2] αὐτῶν ἀπειλήφῃ
τὰ ὑπὸ τοῦ λόγου ὀφειλόμενα ἀκοῦσαι[3]. Λέγοις ἄν, ἔφη,

B ὡς οὐ πολλὰ ἀλλ᾽[4] ἥδιον ἀκούοντι. Ἀλλ᾽ οὐ μέντοι σοι,

---

[1] λέγων Ast: λέγων εἶτα στρεβλώσονται (στρεβλήσονται q) καὶ ἐκκανθή-
σονται codd.   [2] ἑκάτερος Ξ²: ἑκάτερον Α.   [3] ἀκοῦσαι Α: secludit
Stephanus.   [4] ἀλλ᾽ Ξ q¹: ἀλλ᾽ Α.

ἦν δ' ἐγώ, Ἀλκίνου γε ἀπόλογον ἐρῶ, ἀλλ' ἀλκίμου μὲν
ἀνδρός, Ἠρὸς τοῦ Ἀρμενίου, τὸ γένος Παμφύλου· ὅς ποτε
ἐν πολέμῳ τελευτήσας, ἀναιρεθέντων δεκαταίων τῶν νεκρῶν
ἤδη διεφθαρμένων, ὑγιὴς μὲν ἀνῃρέθη, κομισθεὶς δ' οἴκαδε
μέλλων θάπτεσθαι δωδεκαταῖος ἐπὶ τῇ πυρᾷ κείμενος
ἀνεβίω, ἀναβιοὺς δ' ἔλεγεν ἃ ἐκεῖ ἴδοι. ἔφη δέ, ἐπειδὴ οὗ
ἐκβῆναι τὴν ψυχήν, πορεύεσθαι μετὰ πολλῶν, καὶ ἀφικνεῖ- C
σθαι σφᾶς εἰς τόπον τινὰ δαιμόνιον, ἐν ᾧ τῆς τε γῆς δύ'
εἶναι χάσματα ἐχομένω ἀλλήλοιν καὶ τοῦ οὐρανοῦ αὖ ἐν
τῷ ἄνω ἄλλα¹ καταντικρύ· δικαστὰς δὲ μεταξὺ τούτων
καθῆσθαι, οὕς, ἐπειδὴ διαδικάσειαν, τοὺς μὲν δικαίους
κελεύειν πορεύεσθαι τὴν εἰς δεξιάν τε καὶ ἄνω διὰ τοῦ
οὐρανοῦ, σημεῖα περιάψαντας τῶν δεδικασμένων ἐν τῷ
πρόσθεν, τοὺς δὲ ἀδίκους τὴν εἰς ἀριστεράν τε καὶ κάτω,
ἔχοντας καὶ τούτους ἐν τῷ ὄπισθεν σημεῖα πάντων ὧν D
ἔπραξαν. ἑαυτοῦ δὲ προσελθόντος εἰπεῖν, ὅτι δέοι αὐτὸν
ἄγγελον ἀνθρώποις γενέσθαι τῶν ἐκεῖ καὶ διακελεύοιντό οἱ
ἀκούειν τε καὶ θεᾶσθαι πάντα τὰ ἐν τῷ τόπῳ. ὁρᾶν δὴ
ταύτῃ μὲν καθ' ἑκάτερον τὸ χάσμα τοῦ οὐρανοῦ τε καὶ
τῆς γῆς ἀπιούσας τὰς ψυχάς, ἐπειδὴ αὐταῖς δικασθείη,
κατὰ δὲ τὼ ἑτέρω ἐκ μὲν τοῦ ἀνιέναι ἐκ τῆς γῆς μεστὰς
αὐχμοῦ τε καὶ κόνεως, ἐκ δὲ τοῦ ἑτέρου καταβαίνειν ἑτέρας
ἐκ τοῦ οὐρανοῦ καθαράς. καὶ τὰς ἀεὶ ἀφικνουμένας ὥσπερ E
ἐκ πολλῆς πορείας φαίνεσθαι ἥκειν καὶ ἀσμένας εἰς τὸν
λειμῶνα ἀπιούσας οἷον ἐν πανηγύρει κατασκηνᾶσθαι καὶ
ἀσπάζεσθαί τε ἀλλήλας ὅσαι γνώριμαι, καὶ πυνθάνεσθαι
τάς τε ἐκ τῆς γῆς ἡκούσας παρὰ τῶν ἑτέρων τὰ ἐκεῖ καὶ
τὰς ἐκ τοῦ οὐρανοῦ τὰ παρ' ἐκείναις. διηγεῖσθαι δὲ ἀλλή-
λαις τὰς μὲν ὀδυρομένας τε καὶ κλαούσας, ἀναμιμνησκο-
μένας | ὅσα τε καὶ οἷα πάθοιεν καὶ ἴδοιεν ἐν τῇ ὑπὸ γῆς 615
πορείᾳ—εἶναι δὲ τὴν πορείαν χιλιέτη—τὰς δ' αὖ ἐκ τοῦ
οὐρανοῦ εὐπαθείας διηγεῖσθαι καὶ θέας ἀμηχάνους τὸ

¹ ἄλλα Ξ q: ἀλλὰ A.

κάλλος. τὰ μὲν οὖν πολλά, ὦ Γλαύκων, πολλοῦ χρόνου διηγήσασθαι· τὸ δ' οὖν κεφάλαιον ἔφη τόδε εἶναι, ὅσα πώποτέ τινα ἠδίκησαν καὶ ὅσους ἕκαστοι, ὑπὲρ ἁπάντων δίκην δεδωκέναι ἐν μέρει, ὑπὲρ ἑκάστου δεκάκις· τοῦτο δ'

B εἶναι κατὰ ἑκατονταετηρίδα ἑκάστην, ὡς βίου ὄντος τοσούτου τοῦ ἀνθρωπίνου, ἵνα δεκαπλάσιον τὸ ἔκτισμα τοῦ ἀδικήματος ἐκτίνοιεν, καὶ οἷον εἴ τινες πολλῶν[1] θανάτων ἦσαν αἴτιοι, ἢ πόλεις προδόντες ἢ στρατόπεδα, καὶ εἰς δουλείας ἐμβεβληκότες ἢ τινος ἄλλης κακουχίας μεταίτιοι, πάντων τούτων δεκαπλασίας ἀλγηδόνας ὑπὲρ ἑκάστου κομίσαιντο, καὶ αὖ εἴ τινας εὐεργεσίας εὐεργετηκότες καὶ δίκαιοι καὶ ὅσιοι γεγονότες εἶεν, κατὰ ταὐτὰ τὴν ἀξίαν

C κομίζοιντο. τῶν δὲ εὐθὺς γενομένων[2] καὶ ὀλίγον χρόνον βιούντων πέρι ἄλλα ἔλεγεν οὐκ ἄξια μνήμης. εἰς δὲ θεοὺς ἀσεβείας τε καὶ εὐσεβείας καὶ γονέας καὶ αὐτόχειρος[3] φόνου μείζους ἔτι τοὺς μισθοὺς διηγεῖτο. ἔφη γὰρ δὴ παραγενέσθαι ἐρωτωμένῳ ἑτέρῳ ὑπὸ ἑτέρου, ὅπου εἴη Ἀρδιαῖος ὁ μέγας. ὁ δὲ Ἀρδιαῖος οὗτος τῆς Παμφυλίας ἔν τινι πόλει τύραννος ἐγεγόνει, ἤδη χιλιοστὸν ἔτος εἰς ἐκεῖνον τὸν χρόνον, γέροντά τε πατέρα ἀποκτείνας καὶ

D πρεσβύτερον ἀδελφὸν καὶ ἄλλα δὴ πολλά τε καὶ ἀνόσια εἰργασμένος, ὡς ἐλέγετο. ἔφη οὖν τὸν ἐρωτώμενον εἰπεῖν, οὐχ ἥκει, φάναι, οὐδ' ἂν ἥξει δεῦρο.

XIV. Ἐθεασάμεθα γὰρ οὖν δὴ καὶ τοῦτο τῶν δεινῶν θεαμάτων. ἐπειδὴ ἐγγὺς τοῦ στομίου ἦμεν μέλλοντες ἀνιέναι καὶ τἆλλα πάντα πεπονθότες, ἐκεῖνόν τε κατείδομεν ἐξαίφνης καὶ ἄλλους σχεδόν τι αὐτῶν τοὺς πλείστους τυράννους· ἦσαν δὲ καὶ ἰδιῶταί τινες τῶν μεγάλα ἡμαρ-

E τηκότων· οὓς οἰομένους ἤδη ἀναβήσεσθαι οὐκ ἐδέχετο τὸ στόμιον, ἀλλ' ἐμυκᾶτο, ὁπότε τις τῶν οὕτως ἀνιάτως ἐχόντων εἰς πονηρίαν ἢ μὴ ἱκανῶς δεδωκὼς δίκην ἐπιχειροῖ

---

[1] πολλῶν Ξ: πολλοί A.　　　　[2] γενομένων A: ἀπογενομένων Cobet.
[3] αὐτόχειρος Ast: αὐτόχειρας codd.

ἀνιέναι. ἐνταῦθα δὴ ἄνδρες, ἔφη, ἄγριοι, διάπυροι ἰδεῖν,
παρεστῶτες καὶ καταμανθάνοντες τὸ φθέγμα, τοὺς μὲν
διαλαβόντες ἦγον, τὸν δὲ Ἀρδιαῖον καὶ ἄλλους συμποδί-
σαντες χεῖράς τε καὶ πόδας | καὶ κεφαλήν, καταβαλόντες 616
καὶ ἐκδείραντες, εἷλκον παρὰ τὴν ὁδὸν ἐκτὸς ἐπ᾽ ἀσπαλάθων
κνάπτοντες[1] καὶ τοῖς ἀεὶ παριοῦσι σημαίνοντες, ὧν ἕνεκά
τε καὶ εἰς ὅ τι[2] ἐμπεσούμενοι ἄγοιντο. ἔνθα δὴ φόβων ἔφη
πολλῶν καὶ παντοδαπῶν σφίσι γεγονότων τοῦτον ὑπερ-
βάλλειν, μὴ γένοιτο ἑκάστῳ τὸ φθέγμα, ὅτε ἀναβαίνοι, καὶ
ἀσμενέστατα ἕκαστον σιγήσαντος ἀναβῆναι. καὶ τὰς μὲν
δὴ δίκας τε καὶ τιμωρίας τοιαύτας τινὰς εἶναι καὶ αὖ τὰς B
εὐεργεσίας ταύταις ἀντιστρόφους. ἐπειδὴ δὲ τοῖς ἐν τῷ
λειμῶνι ἑκάστοις ἑπτὰ ἡμέραι γένοιντο, ἀναστάντας ἐντεῦ-
θεν δεῖν τῇ ὀγδόῃ πορεύεσθαι, καὶ ἀφικνεῖσθαι τεταρταίους
ὅθεν καθορᾶν ἄνωθεν διὰ παντὸς τοῦ οὐρανοῦ καὶ γῆς
τεταμένον φῶς εὐθύ, οἷον κίονα, μάλιστα τῇ ἴριδι προσ-
φερῆ, λαμπρότερον δὲ καὶ καθαρώτερον· εἰς ὃ ἀφικέσθαι
προελθόντας[3] ἡμερησίαν ὁδὸν καὶ ἰδεῖν αὐτόθι κατὰ μέσον
τὸ φῶς ἐκ τοῦ οὐρανοῦ τὰ ἄκρα αὐτοῦ τῶν δεσμῶν C
τεταμένα· εἶναι γὰρ τοῦτο τὸ φῶς ξύνδεσμον τοῦ οὐρανοῦ,
οἷον τὰ ὑποζώματα τῶν τριήρων, οὕτω πᾶσαν συνέχον τὴν
περιφοράν· ἐκ δὲ τῶν ἄκρων τεταμένον Ἀνάγκης ἄτρακτον,
δι᾽ οὗ πάσας ἐπιστρέφεσθαι τὰς περιφοράς· οὗ τὴν μὲν
ἠλακάτην τε καὶ τὸ ἄγκιστρον εἶναι ἐξ ἀδάμαντος, τὸν δὲ
σφόνδυλον μεικτὸν ἔκ τε τούτου καὶ ἄλλων γενῶν. τὴν δὲ
τοῦ σφονδύλου φύσιν εἶναι τοιάνδε· τὸ μὲν σχῆμα οἷάπερ D
ἡ τοῦ ἐνθάδε· νοῆσαι δὲ δεῖ ἐξ ὧν ἔλεγεν, τοιόνδε αὐτὸν
εἶναι, ὥσπερ ἂν εἰ ἐν ἑνὶ μεγάλῳ σφονδύλῳ κοίλῳ καὶ
ἐξεγλυμμένῳ διαμπερὲς ἄλλος τοιοῦτος ἐλάττων ἐγκέοιτο
ἁρμόττων, καθάπερ οἱ κάδοι οἱ εἰς ἀλλήλους ἁρμόττοντες·
καὶ οὕτω δὴ τρίτον ἄλλον καὶ τέταρτον καὶ ἄλλους τέττα-

---

[1] κνάπτοντες Ξ q[2]: κνάμπτοντες A.   [2] ὅ τι Hermann: ὅ τι τὸν
τάρταρον A.   [3] προελθόντας q: προελθόντες A.

ρας. ὀκτὼ γὰρ εἶναι τοὺς ξύμπαντας σφονδύλους, ἐν
E ἀλλήλοις ἐγκειμένους, κύκλους ἄνωθεν τὰ χείλη φαίνοντας,
νῶτον συνεχὲς ἑνὸς σφονδύλου ἀπεργαζομένους περὶ τὴν
ἠλακάτην· ἐκείνην δὲ διὰ μέσου τοῦ ὀγδόου διαμπερὲς
ἐληλάσθαι. τὸν μὲν οὖν πρῶτόν τε καὶ ἐξωτάτω σφόνδυλον
πλατύτατον τὸν τοῦ χείλους κύκλον ἔχειν, τὸν δὲ τοῦ
ἕκτου δεύτερον, τρίτον δὲ τὸν τοῦ τετάρτου, τέταρτον δὲ
τὸν τοῦ ὀγδόου, πέμπτον δὲ τὸν τοῦ ἑβδόμου, ἕκτον δὲ τὸν
τοῦ πέμπτου, ἕβδομον δὲ τὸν τοῦ τρίτου, ὄγδοον δὲ τὸν τοῦ
δευτέρου. καὶ τὸν μὲν τοῦ μεγίστου ποικίλον, τὸν δὲ τοῦ
ἑβδόμου λαμπρότατον, τὸν δὲ τοῦ ὀγδόου τὸ χρῶμα ἀπὸ
617 τοῦ ἑβδόμου ἔχειν | προσλάμποντος, τὸν δὲ τοῦ δευτέρου
καὶ πέμπτου παραπλήσια ἀλλήλοις, ξανθότερα ἐκείνων,
τρίτον[1] δὲ λευκότατον χρῶμα ἔχειν, τέταρτον δὲ ὑπέρυθρον,
δεύτερον δὲ λευκότητι τὸν ἕκτον. κυκλεῖσθαι δὲ δὴ
στρεφόμενον τὸν ἄτρακτον ὅλον μὲν τὴν αὐτὴν φοράν, ἐν
δὲ τῷ ὅλῳ περιφερομένῳ τοὺς μὲν ἐντὸς ἑπτὰ κύκλους τὴν
ἐναντίαν τῷ ὅλῳ ἠρέμα περιφέρεσθαι, αὐτῶν δὲ τούτων
B τάχιστα μὲν ἰέναι τὸν ὄγδοον, δευτέρους δὲ καὶ ἅμα
ἀλλήλοις τόν τε ἕβδομον καὶ ἕκτον καὶ πέμπτον, τρίτον[1] δὲ
φορᾷ ἰέναι, ὡς σφίσι φαίνεσθαι, ἐπανακυκλούμενον τὸν
τέταρτον· τέταρτον δὲ τὸν τρίτον καὶ πέμπτον τὸν δεύτερον.
στρέφεσθαι δὲ αὐτὸν ἐν τοῖς τῆς Ἀνάγκης γόνασιν. ἐπὶ
δὲ τῶν κύκλων αὐτοῦ ἄνωθεν ἐφ' ἑκάστου βεβηκέναι
Σειρῆνα συμπεριφερομένην, φωνὴν μίαν ἱεῖσαν, ἕνα τόνον·
ἐκ πασῶν δὲ ὀκτὼ οὐσῶν μίαν ἁρμονίαν ξυμφωνεῖν. ἄλλας
C δὲ καθημένας πέριξ δι' ἴσου τρεῖς, ἐν θρόνῳ ἑκάστην,
θυγατέρας τῆς Ἀνάγκης, Μοίρας, λευχειμονούσας, στέμ-
ματα ἐπὶ τῶν κεφαλῶν ἐχούσας, Λάχεσίν τε καὶ Κλωθὼ
καὶ Ἄτροπον, ὑμνεῖν πρὸς τὴν τῶν Σειρήνων ἁρμονίαν,
Λάχεσιν μὲν τὰ γεγονότα, Κλωθὼ δὲ τὰ ὄντα, Ἄτροπον
δὲ τὰ μέλλοντα. καὶ τὴν μὲν Κλωθὼ τῇ δεξιᾷ χειρὶ

---

[1] τρίτον q: τὸν τρίτον A.

ἐφαπτομένην συνεπιστρέφειν τοῦ ἀτράκτου τὴν ἔξω
περιφοράν, διαλείπουσαν χρόνον, τὴν δὲ Ἄτροπον τῇ
ἀριστερᾷ τὰς ἐντὸς αὖ ὡσαύτως· τὴν δὲ Λάχεσιν ἐν μέρει D
ἑκατέρας ἑκατέρᾳ τῇ χειρὶ ἐφάπτεσθαι.

XV. Σφᾶς οὖν, ἐπειδὴ ἀφικέσθαι, εὐθὺς δεῖν ἰέναι
πρὸς τὴν Λάχεσιν. προφήτην οὖν τινα σφᾶς πρῶτον μὲν
ἐν τάξει διαστῆσαι, ἔπειτα λαβόντα ἐκ τῶν τῆς Λαχέσεως
γονάτων κλήρους τε καὶ βίων παραδείγματα, ἀναβάντα
ἐπί τι βῆμα ὑψηλὸν εἰπεῖν· Ἀνάγκης θυγατρὸς κόρης
Λαχέσεως λόγος. ψυχαὶ ἐφήμεροι, ἀρχὴ ἄλλης περιόδου
θνητοῦ γένους θανατηφόρου. οὐχ ὑμᾶς δαίμων λήξεται, E
ἀλλ' ὑμεῖς δαίμονα αἱρήσεσθε. πρῶτος δ' ὁ λαχὼν
πρῶτος αἱρείσθω βίον, ᾧ συνέσται ἐξ ἀνάγκης. ἀρετὴ
δὲ ἀδέσποτον· ἣν τιμῶν καὶ ἀτιμάζων πλέον καὶ ἔλαττον
αὐτῆς ἕκαστος ἕξει. αἰτία ἑλομένου· θεὸς ἀναίτιος.
ταῦτα εἰπόντα ῥῖψαι ἐπὶ πάντας τοὺς κλήρους, τὸν δὲ
παρ' αὐτὸν πεσόντα ἕκαστον ἀναιρεῖσθαι, πλὴν οὗ. ἃ
δὲ[1] οὐκ ἐᾶν. τῷ δὲ ἀνελομένῳ δῆλον εἶναι, ὁπόστος
εἰλήχει. | μετὰ δὲ τοῦτο αὖθις τὰ τῶν βίων παραδείγματα 618
εἰς τὸ πρόσθεν σφῶν θεῖναι ἐπὶ τὴν γῆν, πολὺ πλείω τῶν
παρόντων· εἶναι δὲ παντοδαπά· ζῴων τε γὰρ πάντων
βίους καὶ δὴ καὶ τοὺς ἀνθρωπίνους ἅπαντας. τυραννίδας
τε γὰρ ἐν αὐτοῖς εἶναι, τὰς μὲν διατελεῖς, τὰς δὲ καὶ
μεταξὺ διαφθειρομένας καὶ εἰς πενίας τε καὶ φυγὰς καὶ
εἰς πτωχείας τελευτώσας· εἶναι δὲ καὶ δοκίμων ἀνδρῶν
βίους, τοὺς μὲν ἐπὶ εἴδεσιν καὶ κατὰ κάλλη καὶ τὴν ἄλλην B
ἰσχύν τε καὶ ἀγωνίαν, τοὺς δ' ἐπὶ γένεσιν καὶ προγόνων
ἀρεταῖς, καὶ ἀδοκίμων κατὰ ταῦτά· ὡσαύτως δὲ καὶ
γυναικῶν. ψυχῆς δὲ τάξιν οὐκ ἐνεῖναι, διὰ τὸ ἀναγκαίως
ἔχειν ἄλλον ἑλομένην βίον ἀλλοίαν γίγνεσθαι· τὰ δ'
ἄλλα ἀλλήλοις τε καὶ πλούτοις καὶ πενίαις, τὰ δὲ νόσοις,
τὰ δ' ὑγιείαις μεμῖχθαι, τὰ δὲ καὶ μεσοῦν τούτων. ἔνθα

---

[1] ἃ δὲ Ξ: εδε (sic) A¹: ἔδει A².

δή, ὡς ἔοικεν, ὦ φίλε Γλαύκων, ὁ πᾶς κίνδυνος ἀνθρώπῳ,
C καὶ διὰ ταῦτα μάλιστα ἐπιμελητέον, ὅπως ἕκαστος ἡμῶν
τῶν ἄλλων μαθημάτων ἀμελήσας τούτου τοῦ μαθήματος
καὶ ζητητὴς καὶ μαθητὴς ἔσται, ἐάν ποθεν οἶός τ᾽ ᾖ μαθεῖν
καὶ ἐξευρεῖν, τίς αὐτὸν ποιήσει δυνατὸν καὶ ἐπιστήμονα,
βίον καὶ χρηστὸν καὶ πονηρὸν διαγιγνώσκοντα, τὸν βελτίω
ἐκ τῶν δυνατῶν ἀεὶ πανταχοῦ αἱρεῖσθαι, <καὶ>[1] ἀναλογι-
ζόμενον πάντα τὰ νῦν δὴ ῥηθέντα, καὶ ξυντιθέμενα ἀλλήλοις
καὶ διαιρούμενα, πρὸς ἀρετὴν βίου πῶς ἔχει, εἰδέναι τί
D κάλλος πενίᾳ ἢ πλούτῳ κραθὲν καὶ μετὰ ποίας τινὸς
ψυχῆς ἕξεως κακὸν ἢ ἀγαθὸν ἐργάζεται, καὶ τί εὐγένειαι
καὶ δυσγένειαι καὶ ἰδιωτεῖαι καὶ ἀρχαὶ καὶ ἰσχύες καὶ
ἀσθένειαι καὶ εὐμαθίαι καὶ δυσμαθίαι καὶ πάντα τὰ
τοιαῦτα τῶν φύσει περὶ ψυχὴν ὄντων καὶ τῶν ἐπικτήτων
τί ξυγκεραννύμενα πρὸς ἄλληλα ἐργάζεται, ὥστε ἐξ
ἁπάντων αὐτῶν δυνατὸν εἶναι συλλογισάμενον αἱρεῖσθαι,
πρὸς τὴν τῆς ψυχῆς φύσιν ἀποβλέποντα, τόν τε χείρω
E καὶ τὸν ἀμείνω βίον χείρω μὲν καλοῦντα ὃς αὐτὴν ἐκεῖσε
ἄξει, εἰς τὸ ἀδικωτέραν γίγνεσθαι, ἀμείνω δὲ ὅστις εἰς τὸ
δικαιοτέραν. τὰ δὲ ἄλλα πάντα χαίρειν ἐάσει· ἑωράκαμεν
γάρ, ὅτι ζῶντί τε καὶ τελευτήσαντι αὕτη κρατίστη αἵρεσις.
619 ἀδαμαντί|νως δὴ δεῖ ταύτην τὴν δόξαν ἔχοντα εἰς Ἅιδου
ἰέναι, ὅπως ἂν ᾖ καὶ ἐκεῖ ἀνέκπληκτος ὑπὸ πλούτων τε
καὶ τῶν τοιούτων κακῶν, καὶ μὴ ἐμπεσὼν εἰς τυραννίδας
καὶ ἄλλας τοιαύτας πράξεις πολλὰ μὲν ἐργάσηται καὶ
ἀνήκεστα κακά, ἔτι δὲ αὐτὸς μείζω πάθῃ, ἀλλὰ γνῷ τὸν
μέσον ἀεὶ τῶν τοιούτων βίον αἱρεῖσθαι καὶ φεύγειν τὰ
ὑπερβάλλοντα ἑκατέρωσε καὶ ἐν τῷδε τῷ βίῳ κατὰ τὸ
δυνατὸν καὶ ἐν παντὶ τῷ ἔπειτα· οὕτω γὰρ εὐδαιμονέστατος
B γίγνεται ἄνθρωπος.

XVI. Καὶ δὴ οὖν καὶ τότε ὁ ἐκεῖθεν ἄγγελος ἤγγελλε
τὸν μὲν προφήτην οὕτως εἰπεῖν· καὶ τελευταίῳ ἐπιόντι,

---

[1] <καὶ> Hermann: om. codd.

ξὺν νῷ ἑλομένῳ, συντόνως ζῶντι κεῖται βίος ἀγαπητός,
οὐ κακός. μήτε ὁ ἄρχων αἱρέσεως ἀμελείτω, μήτε ὁ τελευ-
τῶν ἀθυμείτω. εἰπόντος δὲ ταῦτα τὸν πρῶτον λαχόντα
ἔφη εὐθὺς ἐπιόντα τὴν μεγίστην τυραννίδα ἑλέσθαι καὶ
ὑπὸ ἀφροσύνης τε καὶ λαιμαργίας οὐ πάντα ἱκανῶς ἀνα-
σκεψάμενον ἑλέσθαι, ἀλλ' αὐτὸν λαθεῖν ἐνοῦσαν εἱμαρ- C
μένην παίδων αὑτοῦ βρώσεις καὶ ἄλλα κακά· ἐπειδὴ δὲ
κατὰ σχολὴν σκέψασθαι, κόπτεσθαί τε καὶ ὀδύρεσθαι τὴν
αἵρεσιν, οὐκ ἐμμένοντα τοῖς προρρηθεῖσιν ὑπὸ τοῦ προφή-
του· οὐ γὰρ ἑαυτὸν αἰτιᾶσθαι τῶν κακῶν, ἀλλὰ τύχην τε
καὶ δαίμονας καὶ πάντα μᾶλλον ἀνθ' ἑαυτοῦ. εἶναι δὲ
αὐτὸν τῶν ἐκ τοῦ οὐρανοῦ ἡκόντων, ἐν τεταγμένῃ πολι-
τείᾳ ἐν τῷ προτέρῳ βίῳ βεβιωκότα, ἔθει ἄνευ φιλοσοφίας
ἀρετῆς μετειληφότα. ὡς δὲ καὶ εἰπεῖν, οὐκ ἐλάττους εἶναι D
ἐν τοῖς τοιούτοις ἁλισκομένους τοὺς ἐκ τοῦ οὐρανοῦ
ἥκοντας, ἅτε πόνων ἀγυμνάστους· τῶν δ' ἐκ τῆς γῆς
τοὺς πολλούς, ἅτε αὐτούς τε πεπονηκότας ἄλλους τε ἑω-
ρακότας, οὐκ ἐξ ἐπιδρομῆς τὰς αἱρέσεις ποιεῖσθαι. διὸ δὴ
καὶ μεταβολὴν τῶν κακῶν καὶ τῶν ἀγαθῶν ταῖς πολλαῖς
τῶν ψυχῶν γίγνεσθαι καὶ διὰ τὴν τοῦ κλήρου τύχην.
ἐπεὶ εἴ τις ἀεί, ὁπότε εἰς τὸν ἐνθάδε βίον ἀφικνοῖτο,
ὑγιῶς φιλοσοφοῖ, καὶ ὁ κλῆρος αὐτῷ τῆς αἱρέσεως μὴ ἐν E
τελευταίοις πίπτοι, κινδυνεύει ἐκ τῶν ἐκεῖθεν ἀπαγγελ-
λομένων οὐ μόνον ἐνθάδε εὐδαιμονεῖν ἄν, ἀλλὰ καὶ τὴν
ἐνθένδε ἐκεῖσε καὶ δεῦρο πάλιν πορείαν οὐκ ἂν χθονίαν
καὶ τραχεῖαν πορεύεσθαι, ἀλλὰ λείαν τε καὶ οὐρανίαν.
ταύτην[1] γὰρ δὴ ἔφη τὴν θέαν ἀξίαν εἶναι ἰδεῖν, ὡς ἕκασται
αἱ ψυχαὶ ᾑροῦντο τοὺς βίους. | ἐλεεινήν τε γὰρ ἰδεῖν εἶναι 620
καὶ γελοίαν καὶ θαυμασίαν. κατὰ συνήθειαν γὰρ τοῦ
προτέρου βίου τὰ πολλὰ αἱρεῖσθαι. ἰδεῖν μὲν γὰρ
ψυχὴν ἔφη τήν ποτε Ὀρφέως γενομένην κύκνου βίον
αἱρουμένην, μίσει τοῦ γυναικείου γένους διὰ τὸν ὑπ'

----

[1] ταύτην—μίγνυσθαι (620 D) om. q.

ἐκείνων θάνατον οὐκ ἐθέλουσαν ἐν γυναικὶ γεννηθεῖσαν
γενέσθαι· ἰδεῖν δὲ τὴν Θαμύρου ἀηδόνος ἑλομένην· ἰδεῖν
δὲ καὶ κύκνον μεταβάλλοντα εἰς ἀνθρωπίνου βίου αἵρεσιν,
B καὶ ἄλλα ζῷα μουσικὰ ὡσαύτως. εἰκοστὴν[1] δὲ λαχοῦσαν
ψυχὴν ἑλέσθαι λέοντος βίον· εἶναι δὲ τὴν Αἴαντος τοῦ
Τελαμωνίου, φεύγουσαν ἄνθρωπον γενέσθαι, μεμνημένην
τῆς τῶν ὅπλων κρίσεως. τὴν δ' ἐπὶ τούτῳ Ἀγαμέμνονος·
ἔχθρᾳ δὲ καὶ ταύτην τοῦ ἀνθρωπίνου γένους διὰ τὰ
πάθη ἀετοῦ διαλλάξαι βίον. ἐν μέσοις δὲ λαχοῦσαν
τὴν Ἀταλάντης ψυχήν, κατιδοῦσαν μεγάλας τιμὰς ἀθλη-
τοῦ ἀνδρός, οὐ δύνασθαι παρελθεῖν, ἀλλὰ λαβεῖν. μετὰ
C δὲ ταύτην ἰδεῖν τὴν Ἐπειοῦ τοῦ Πανοπέως εἰς τεχνικῆς
γυναικὸς ἰοῦσαν φύσιν· πόρρω δ' ἐν ὑστάτοις ἰδεῖν τὴν
τοῦ γελωτοποιοῦ Θερσίτου πίθηκον ἐνδυομένην. κατὰ
τύχην δὲ τὴν Ὀδυσσέως, λαχοῦσαν πασῶν ὑστάτην,
αἱρησομένην ἰέναι, μνήμῃ δὲ τῶν προτέρων πόνων φιλο-
τιμίας λελωφηκυῖαν ζητεῖν περιιοῦσαν χρόνον πολὺν βίον
ἀνδρὸς ἰδιώτου ἀπράγμονος καὶ μόγις εὑρεῖν κείμενόν που
D καὶ παρημελημένον ὑπὸ τῶν ἄλλων καὶ εἰπεῖν ἰδοῦσαν,
ὅτι τὰ αὐτὰ ἂν ἔπραξεν καὶ πρώτη λαχοῦσα, καὶ ἀσμένην
ἑλέσθαι. καὶ ἐκ τῶν ἄλλων δὴ θηρίων ὡσαύτως εἰς
ἀνθρώπους ἰέναι καὶ εἰς ἄλληλα, τὰ μὲν ἄδικα εἰς τὰ
ἄγρια, τὰ δὲ δίκαια εἰς τὰ ἥμερα μεταβάλλοντα, καὶ
πάσας μίξεις μίγνυσθαι. ἐπειδὴ δ' οὖν πάσας τὰς ψυχὰς
τοὺς βίους ᾑρῆσθαι, ὥσπερ ἔλαχον, ἐν τάξει προσιέναι
πρὸς τὴν Λάχεσιν· ἐκείνην δ' ἑκάστῳ ὃν εἵλετο δαίμονα,
E τοῦτον φύλακα ξυμπέμπειν τοῦ βίου καὶ ἀποπληρωτὴν
τῶν αἱρεθέντων. ὃν πρῶτον μὲν ἄγειν αὐτὴν πρὸς τὴν
Κλωθώ, ὑπὸ τὴν ἐκείνης χεῖρά τε καὶ ἐπιστροφὴν τῆς τοῦ
ἀτράκτου δίνης, κυροῦντα ἣν λαχὼν εἵλετο μοῖραν· ταύτης
δ' ἐφαψάμενον αὖθις ἐπὶ τὴν τῆς Ἀτρόπου ἄγειν νῆσιν,
ἀμετάστροφα τὰ ἐπικλωσθέντα ποιοῦντα· ἐντεῦθεν δὲ

---

[1] ὡσαύτως. εἰκοστὴν Vind. F: ὡσαύτως εἰκός. τὴν A.

δὴ ἀμεταστρεπτὶ ὑπὸ τὸν τῆς | Ἀνάγκης ἰέναι θρόνον, 621
καὶ δι' ἐκείνου διεξελθόντα, ἐπειδὴ καὶ οἱ ἄλλοι διῆλθον,
πορεύεσθαι ἅπαντας εἰς τὸ τῆς Λήθης πεδίον διὰ καύματός
τε καὶ πνίγους δεινοῦ· καὶ γὰρ εἶναι αὐτὸ κενὸν δένδρων
τε καὶ ὅσα γῆ φύει. σκηνᾶσθαι οὖν σφᾶς ἤδη ἑσπέρας
γιγνομένης παρὰ τὸν Ἀμέλητα ποταμόν, οὗ τὸ ὕδωρ
ἀγγεῖον οὐδὲν στέγειν. μέτρον μὲν οὖν τι τοῦ ὕδατος
πᾶσιν ἀναγκαῖον εἶναι πιεῖν· τοὺς δὲ φρονήσει μὴ σῳζο-
μένους πλέον πίνειν τοῦ μέτρου· τὸν δὲ ἀεὶ πιόντα πάντων B
ἐπιλανθάνεσθαι. ἐπειδὴ δὲ κοιμηθῆναι καὶ μέσας νύκτας
γενέσθαι, βροντήν τε καὶ σεισμὸν γενέσθαι, καὶ ἐντεῦθεν
ἐξαπίνης ἄλλον ἄλλῃ φέρεσθαι ἄνω εἰς τὴν γένεσιν,
ἄττοντας ὥσπερ ἀστέρας. αὐτὸς δὲ τοῦ μὲν ὕδατος
κωλυθῆναι πιεῖν· ὅπῃ μέντοι καὶ ὅπως εἰς τὸ σῶμα
ἀφίκοιτο, οὐκ εἰδέναι, ἀλλ' ἐξαίφνης ἀναβλέψας ἰδεῖν
ἕωθεν αὐτὸν κείμενον ἐπὶ τῇ πυρᾷ.

    καὶ οὕτως, ὦ Γλαύκων, μῦθος ἐσώθη καὶ οὐκ ἀπώλετο,
καὶ ἡμᾶς ἂν σώσειεν, ἂν πειθώμεθα αὐτῷ, καὶ τὸν τῆς C
Λήθης ποταμὸν εὖ διαβησόμεθα καὶ τὴν ψυχὴν οὐ
μιανθησόμεθα. ἀλλ' ἂν ἐμοὶ πειθώμεθα, νομίζοντες
ἀθάνατον ψυχὴν καὶ δυνατὴν πάντα μὲν κακὰ ἀνέχεσθαι,
πάντα δὲ ἀγαθά, τῆς ἄνω ὁδοῦ ἀεὶ ἑξόμεθα καὶ δικαιοσύνην
μετὰ φρονήσεως παντὶ τρόπῳ ἐπιτηδεύσομεν, ἵνα καὶ ἡμῖν
αὐτοῖς φίλοι ὦμεν καὶ τοῖς θεοῖς, αὐτοῦ τε μένοντες ἐνθάδε,
καὶ ἐπειδὰν τὰ ἆθλα αὐτῆς κομιζώμεθα, ὥσπερ οἱ νικηφόροι D
περιαγειρόμενοι, καὶ ἐνθάδε καὶ ἐν τῇ χιλιέτει πορείᾳ, ἣν
διεληλύθαμεν, εὖ πράττωμεν.

                    τέλοc πολιτείαc ί.

Cambridge:

PRINTED BY J. & C. F. CLAY,
AT THE UNIVERSITY PRESS.